中华传统文化经典百篇

国务院参事室
中央文史研究馆 编

袁行霈 王仲伟 陈进玉 主编

中华书局

图书在版编目（CIP）数据

中华传统文化经典百篇/国务院参事室,中央文史研究馆编;袁行霈,王仲伟,陈进玉主编. —北京:中华书局,2020.7
(2023.7 重印)
ISBN 978-7-101-13296-0

Ⅰ.中… Ⅱ.①国…②中…③袁…④王…⑤陈… Ⅲ.中华文化-通俗读物 Ⅳ.K203-49

中国版本图书馆 CIP 数据核字（2018）第 117230 号

书　　名	中华传统文化经典百篇
编　　者	国务院参事室　中央文史研究馆
主　　编	袁行霈　王仲伟　陈进玉
责任编辑	吴麒麟　彭玉珊
版式设计	毛　淳
责任印制	管　斌
出版发行	中华书局
	（北京市丰台区太平桥西里 38 号　100073）
	http://www.zhbc.com.cn
	E-mail:zhbc@zhbc.com.cn
印　　刷	北京新华印刷有限公司
版　　次	2020 年 7 月第 1 版
	2023 年 7 月第 7 次印刷
规　　格	开本/880×1230 毫米　1/32
	印张 17¼　插页 2　字数 500 千字
印　　数	43001-47000 册
国际书号	ISBN 978-7-101-13296-0
定　　价	48.00 元

凡 例

一、为传承中华民族的历代文化经典，弘扬中华民族优秀传统文化，展现传统文化在当代的意义，并为构建中华民族的精神家园，实现中华民族伟大复兴的"中国梦"提供精神助力，国务院参事室、中央文史研究馆特此编纂《中华传统文化经典百篇》。

二、本书选文注重思想性、学术性、现实性和可读性的统一，提倡并引导读者阅读原典，以便准确全面地领悟中华文化的精髓和真谛。本书所选的内容涉及中华文化的各个方面，其重点是那些关乎修身立德、治国理政、申张大义、嫉恶刺邪，以及伦理亲情的传世佳作。本书既是历代名著名篇的精粹选本，也是中华民族优秀传统文化的一个较小体量的缩影。

三、本书面向社会各界广大读者，包括各级领导干部、公务员、大专院校师生等。

四、本书的选录范围，上起先秦，下迄近代，历时数千年，包括先秦诗歌、辞赋及历代论说、语录、史传、奏议、碑志、杂记、序跋、尺牍等多方面的题材，希望能从各个角度、各个层次，全面反映中国优秀传统文化的面貌及其深邃的精神内核。

五、本书拟定所选篇目后，十分慎重地确定各篇底本。原文中的古今字、通假字一般不作改动，惟异体字在转换为简体字时，则根据现行标准作适当对换。每篇选文的末尾一律注明出处，即底本名称和所在卷数。

六、本书对每篇选文，均设置【题解】、【注释】、【解析】三个栏目加以诠释。【题解】部分简介作者生平、成书概况、篇题含义及该文写作背景，力求要言不繁，言之有据。【注释】部分解释字词，注明难字读音，串讲句子大意。对历史典故、地理沿革、职官制度等疑难问题，亦不回避。务求准确、晓畅，避免繁琐引录古籍原文。【解析】部分阐释文章主题，旨在以历史唯物主义的观点，站在社会主义核心价值观的高度，深入浅出地发掘中华文化永世不磨的精神内涵与特质，切中肯綮，雅俗共赏。

七、本书所选篇目，大多以原篇目为题（如《桃花源记》、《阿房宫赋》

之类）。出自某书而原本未设篇目者，即以某书为题并注明选录几则（如《老子》、《论语》之类）。在原书中未独立命名的文字（如《子产不毁乡校》、《论贵粟疏》之类），今则参考前人选本另拟新题。

八、本书所收各篇的编次，不分文体类别，概以作者时代或成书先后为序。凡同一时代的作者，则按其生卒年先后为序。成书年代或作者生卒年尚存异说者，则暂取一说，并在【题解】中予以说明。

九、本书卷末附有《本书引用参考书目》。

目　录

皋陶谟　…………………………………　《尚书》(1)

洪　范　…………………………………　《尚书》(5)

无　逸　…………………………………　《尚书》(12)

《周易》二卦　…………………………　《周易》(16)

　　　乾　卦

　　　坤　卦

《诗经》四篇　…………………………　《毛诗》(29)

　　　关　雎

　　　鹿　鸣

　　　文　王

　　　清　庙

子产不毁乡校　…………………………　《左传》(36)

子产论政宽猛　…………………………　《左传》(38)

召公谏厉王弭谤　………………………　《国语》(40)

牧　民　…………………………………　《管子》(42)

《老子》九章　…………………………　《老子》(46)

《论语》二十六章　……………………　《论语》(53)

《孙子》二篇　…………………………《孙子兵法》(64)

　　　计　篇

　　　势　篇

兼　爱　…………………………………　《墨子》(69)

非　攻　…………………………………　《墨子》(73)

《孟子》三章 ……………………………… 《孟子》(75)

　　齐桓晋文之事

　　天时不如地利

　　民为贵

逍遥游 …………………………………… 《庄子》(82)

秋　水 …………………………………… 《庄子》(87)

更　法 ………………………………… 《商君书》(99)

劝　学 …………………………………… 《荀子》(104)

天　论 …………………………………… 《荀子》(114)

五　蠹 ………………………………… 《韩非子》(119)

《孝经》四章 ……………………………… 《孝经》(122)

邲之战 ………………………………… 《公羊传》(126)

礼　运 …………………………………… 《礼记》(129)

中　庸 …………………………………… 《礼记》(133)

大　学 …………………………………… 《礼记》(141)

察　今 ………………………………… 《吕氏春秋》(149)

上古天真论 …………………………… 《黄帝内经》(152)

邹忌讽齐王纳谏 ……………………… 《战国策》(159)

触詟说赵太后 ………………………… 《战国策》(162)

离　骚 ………………………………… 〔战国〕屈原(166)

谏逐客书 ……………………………… 〔秦〕李斯(172)

过秦论 ……………………………… 〔西汉〕贾谊(177)

论贵粟疏 …………………………… 〔西汉〕晁错(183)

举贤良对策 ……………………… 〔西汉〕董仲舒(187)

越王句践世家 …………………… 〔西汉〕司马迁（196）

廉颇蔺相如列传 ……………… 〔西汉〕司马迁（202）

史记·货殖列传序 …………… 〔西汉〕司马迁（213）

报任少卿书 ……………………… 〔西汉〕司马迁（218）

汉书·艺文志序 ………………… 〔东汉〕班固（228）

苏武传 …………………………… 〔东汉〕班固（244）

张骞传 …………………………… 〔东汉〕班固（254）

论衡·自纪篇 …………………… 〔东汉〕王充（262）

说文解字叙 ……………………… 〔东汉〕许慎（269）

刺世疾邪赋 ……………………… 〔东汉〕赵壹（277）

典论·论文 …………………… 〔三国魏〕曹丕（281）

周易略例·明象 ……………… 〔三国魏〕王弼（285）

出师表 ………………………… 〔三国蜀〕诸葛亮（289）

庄子注序 ………………………… 〔西晋〕郭象（294）

崇有论 …………………………… 〔西晋〕裴頠（298）

桃花源记 ………………………… 〔东晋〕陶渊明（306）

北山移文 ……………………… 〔南朝齐〕孔稚圭（308）

齐民要术序 …………………… 〔北朝魏〕贾思勰（313）

涉 务 ………………………… 〔北朝齐〕颜之推（320）

鉴 识 …………………………… 〔唐〕刘知幾（324）

《贞观政要》三则 ……………… 〔唐〕吴兢（331）

　　君 道

　　择 官

　　慎 终

奉天请罢琼林大盈二库状 ⋯⋯⋯〔唐〕陆贽（342）

原　毁 ⋯⋯⋯⋯⋯⋯⋯⋯⋯⋯〔唐〕韩愈（348）

师　说 ⋯⋯⋯⋯⋯⋯⋯⋯⋯⋯〔唐〕韩愈（351）

捕蛇者说 ⋯⋯⋯⋯⋯⋯⋯⋯〔唐〕柳宗元（354）

种树郭橐驼传 ⋯⋯⋯⋯⋯⋯〔唐〕柳宗元（357）

阿房宫赋 ⋯⋯⋯⋯⋯⋯⋯⋯⋯〔唐〕杜牧（360）

僧玄奘传 ⋯⋯⋯⋯⋯〔五代后晋〕刘昫等（363）

待漏院记 ⋯⋯⋯⋯⋯⋯〔北宋〕王禹偁（366）

岳阳楼记 ⋯⋯⋯⋯⋯⋯〔北宋〕范仲淹（370）

六国论 ⋯⋯⋯⋯⋯⋯⋯〔北宋〕苏洵（373）

朋党论 ⋯⋯⋯⋯⋯⋯⋯〔北宋〕欧阳修（376）

五代史·伶官传序 ⋯⋯⋯⋯〔北宋〕欧阳修（379）

爱莲说 ⋯⋯⋯⋯⋯⋯⋯〔北宋〕周敦颐（382）

谏院题名记 ⋯⋯⋯⋯⋯⋯〔北宋〕司马光（384）

西　铭 ⋯⋯⋯⋯⋯⋯⋯⋯〔北宋〕张载（386）

答司马谏议书 ⋯⋯⋯⋯⋯〔北宋〕王安石（390）

游褒禅山记 ⋯⋯⋯⋯⋯⋯〔北宋〕王安石（393）

赤壁赋 ⋯⋯⋯⋯⋯⋯⋯⋯〔北宋〕苏轼（396）

潮州韩文公庙碑 ⋯⋯⋯⋯⋯〔北宋〕苏轼（401）

中庸章句序 ⋯⋯⋯⋯⋯⋯〔南宋〕朱熹（407）

指南录后序 ⋯⋯⋯⋯⋯⋯〔南宋〕文天祥（412）

正气歌序 ⋯⋯⋯⋯⋯⋯⋯〔南宋〕文天祥（417）

学政说 ⋯⋯⋯⋯⋯⋯⋯⋯〔金〕元好问（420）

吏　道　……………………　〔元〕邓牧（424）

送东阳马生序　……………　〔明〕宋濂（427）

答顾东桥书　………………　〔明〕王守仁（430）

报刘一丈　…………………　〔明〕宗臣（437）

五人墓碑记　………………　〔明〕张溥（440）

狱中上母书　………………　〔明〕夏完淳（444）

几何原本序　………………　〔明〕徐光启（448）

海瑞传　……………………　〔清〕张廷玉等（451）

郑和传　……………………　〔清〕张廷玉等（461）

原　君　……………………　〔清〕黄宗羲（466）

《日知录》二则　……………　〔清〕顾炎武（470）

　　　　正　始

　　　　廉　耻

读通鉴论·叙论　……………　〔清〕王夫之（475）

狱中杂记　…………………　〔清〕方苞（482）

哀盐船文　…………………　〔清〕汪中（488）

原　学　……………………　〔清〕章学诚（493）

畴人传序　…………………　〔清〕阮元（497）

病梅馆记　…………………　〔清〕龚自珍（502）

海国图志原叙　……………　〔清〕魏源（505）

养晦堂记　…………………　〔清〕曾国藩（510）

译《天演论》自序　…………　〔近代〕严复（514）

原　强　……………………　〔近代〕严复（520）

少年中国说 ·················〔近代〕梁启超（525）

本书引用参考书目 ······························（533）
后　记/袁行霈 ·····························（540）

皋陶谟

《尚书》

【题解】

《尚书》就是"上古的书",记载了自尧舜至东周的历史,基本内容是古代帝王的文告和君臣谈话记录。全书按朝代编排,分为《虞书》、《夏书》、《商书》和《周书》四部分。春秋战国时期称《书》,汉代改称为《尚书》,"以为上古帝王之书"(王充《论衡·正说篇》)。儒家尊其为经典,故又称《书经》。《尚书》相传经孔子搜求、编订,用以教授门徒。先秦儒家所传《尚书》原有百馀篇,秦焚书后多失传,后世出现今文、古文两种传本。秦博士伏生传授的二十八篇(不含《泰誓》篇),因为用汉隶写成,被称为《今文尚书》;经孔子后人孔安国整理的"孔壁古文本",较《今文尚书》多十六篇,由先秦古文字写成,被称为《古文尚书》。东晋元帝时,豫章内史梅赜献上伪托为汉代孔安国作作的《孔传古文尚书》,共五十八篇,其内容实际是今、古文的合编本。这部《尚书》由于汇聚了前人的解说,注释详明,加上王朝的提倡,很快便成为法定标准文本并流传后世。但到宋代,吴棫、朱熹等学者怀疑其为伪书,清人阎若璩的《尚书古文疏证》进一步考订辨伪,力证其伪,故后人又称之为伪《孔传》,其书中各篇的真伪需要分别具体论定。现今通行的《十三经注疏》本《尚书》,是唐代孔颖达据伪《孔传》所编订的《五经正义》本。

本篇节选自《尚书·虞书》。皋陶(gāoyáo 高摇),也写作"咎繇"。"谟"是谋划的意思。"皋陶谟"是指皋陶为帝舜谋划政事。

曰若稽古[1],皋陶曰:"允迪厥德[2],谟明弼谐[3]。"禹曰:"俞[4]!如何?"皋陶曰:"都[5]!慎厥身[6],修思永。惇叙九族[7],庶明励翼[8],迩可远在兹[9]。"禹拜昌言曰[10]:"俞!"

皋陶曰:"都!在知人,在安民。"禹曰:"吁!咸若时[11],惟帝其难之[12]。知人则哲[13],能官人[14]。安民则惠[15],黎民怀之。能哲而惠,何忧乎驩兜[16]，何迁乎有苗[17]，何畏乎巧言令色孔壬[18]？"

皋陶曰："都！亦行有九德[19]，亦言其人有德，乃言曰载采采[20]。"禹曰："何？"皋陶曰："宽而栗[21]，柔而立[22]，愿而恭[23]，乱而敬[24]，扰而毅[25]，直而温[26]，简而廉[27]，刚而塞[28]，强而义[29]，彰厥有常，吉哉[30]！

"日宣三德[31]，夙夜浚明有家[32]。日严祗敬六德[33]，亮采有邦[34]。翕受敷施[35]，九德咸事[36]，俊乂在官[37]，百僚师师[38]，百工惟时[39]，抚于五辰[40]，庶绩其凝[41]。无教逸欲有邦[42]，兢兢业业，一日二日万几[43]。无旷庶官[44]，天工[45]，人其代之。天叙有典[46]，敕我五典五惇哉[47]！天秩有礼[48]，自我五礼有庸哉[49]！同寅协恭和衷哉[50]！天命有德，五服五章哉[51]！天讨有罪，五刑五用哉[52]！政事懋哉[53]！懋哉！天聪明[54]，自我民聪明。天明畏[55]，自我民明威[56]。达于上下[57]，敬哉有土[58]。"

皋陶曰："朕言惠[59]，可厎行。"禹曰："俞！乃言厎可绩。"皋陶曰："予未有知，思曰赞赞襄哉[60]！"

《尚书注疏》卷四

【注释】

[1]曰若稽古：考察古时立治之道。曰若，发语词，无义。稽，稽考，考察。　[2]允迪厥德：真诚地遵行古代贤王（这里特指尧）的德行。允，诚实，真实。迪，遵行。厥，代词，指先贤。　[3]谟明弼（bì 币）谐：治国方略得以实现，群臣同心协力。谟，谋，指治国方略。弼，辅助，这里指大臣。　[4]俞：叹词，表肯定、应允。　[5]都：叹词，表感叹。　[6]"慎厥身"二句：慎修其身，思为长久之道。　[7]惇（dūn 蹲）叙九族：以宽厚的态度对待同族的人。惇，敦厚。叙，同"序"，次第。　[8]庶明励翼：众人皆明其教，各自勉励辅佐治国。庶，众多。翼，辅助，言如鸟之羽翼而奉戴之。　[9]迩可远在兹：由近及远，先从自身做起。迩，近。兹，这里。　[10]昌言：美言。　[11]咸若时：大家都这样。时，通"是"，这样。　[12]惟帝其难之：尧也知道知人安民为难。惟，即使。　[13]哲：明智。　[14]官人：指用人得当。官，任用。　[15]惠：仁爱。　[16]驩（huān 欢）兜：尧时大臣，因与共工一同为非作恶，被舜流放到崇山。　[17]迁：流放。有苗：即"三苗"，古代部族

名。因作乱，被舜流放到三危。　　[18]巧言令色：《论语·学而》："巧言令色，鲜矣仁！"令色，伪善的面貌。孔：很。壬：奸佞。　　[19]九德：即下文所说"宽而栗"等九种品德。　　[20]乃言曰载采采：说某人有好的德行，必须以许多事实作为依据。载，施行。采采，许多事。　　[21]宽而栗：宽宏豁达而恭敬谨慎，不随意。栗，威严。　　[22]柔而立：性情温和，而又有自己的主见。　　[23]愿而恭：谨慎谦逊而严肃认真，不怕事。愿，小心谨慎，含有怕事之意。　　[24]乱而敬：有治国才能，且办事认真，不恃才放旷。乱，治，这里指治理才能。　　[25]扰而毅：善于听取意见，且行事果断，不为纷杂意见所迷惑。扰，柔顺，这里指能听取他人意见。毅，刚毅，果断。　　[26]直而温：行为正直而态度温和，不生硬。　　[27]简而廉：从大处着眼，而从小处着手。简，弘大。廉，廉约。　　[28]刚而塞：性情刚正，但又思虑周全，不鲁莽。刚，刚正。塞，充实。　　[29]强而义：坚强勇敢且不违道义。义，合宜。　　[30]吉：善。　　[31]三德：九德之中有其三。　　[32]浚（jùn 俊）明有家：恭敬努力可以做卿大夫。　　[33]祗（zhī 支）：恭敬。　　[34]亮采有邦：可以辅佐天子处理政事而为诸侯。亮，辅佐。采，事务。　　[35]翕（xī 吸）受敷施：合三德与六德而并用之，并布施政教，普遍推行。翕，合聚。敷，普遍。　　[36]九德咸事：行为合于九德的人，都让他担任一定的事务。事，任职。　　[37]俊乂（yì 义）在官：才德超群的人，都获得官位。俊，才德超过千人者。乂，才德超过百人者。　　[38]百僚师师：指众大夫互相学习效法。　　[39]百工惟时：各方面事务的负责人都把自己的职责事务做好。百工，百官。时，善。　　[40]抚于五辰：顺应天象变化来处理政务。抚，顺从。五辰，指金木水火土五星，这里泛指天象。　　[41]绩：功绩。凝：成就。　　[42]无教逸欲有邦：治国者不要贪图安逸和私欲。　　[43]一日二日万几：一天之内发生的事情很多。一日二日，指每天。万几，万端，指事务纷繁。　　[44]无旷庶官：不要让官位空缺。这里指不要任用不称职的人，不称其职无异于官位空缺。旷，空缺。　　[45]"天工"二句：指官职是天命所设，人代天行治国之事。意思是不称其职的人是不能代替上天的。　　[46]天叙有典：上天规定了人伦次序的常法。叙，次序。典，常法。　　[47]敕（chì 斥）：告诫，命令。五典：指君臣、父子、兄弟、夫妇、朋友五者之间的伦常秩序。五惇：使上述五种关系深厚。　　[48]天秩有礼：上天规定了人的尊卑等级，以及相应的不同礼节。秩，次序。礼，礼节，这里指五礼。　　[49]自我五礼有庸：指天子、诸侯、大夫、士、庶五种人应遵从五礼。庸，用，这里指推行五礼。　　[50]同寅（yín 银）协恭和衷哉：君臣之间互相尊重，恭敬和善，同心同德。寅，恭，恭敬。衷，和善。　　[51]五服五章：五服指天子、诸侯、大夫、士、庶人五等礼服。章，文采。五服文采各异，表示等级不同。　　[52]五刑：指墨、劓（yì 义）、刵（fèi 废）、宫、大辟五种刑罚。五用：用来惩罚五种罪人。　　[53]懋（mào 冒）：勤勉。　　[54]聪明：指听取意见和观察问题。　　[55]天明畏：上天明察（扬善惩恶）可畏。　　[56]自我民明威：上天的可畏是由下民扬善惩恶的行为决定的。　　[57]达于上下：上天与下民相通，意指天意与民意相通。　　[58]有土：指拥有国土者。　　[59]"朕言惠"二句：我所说的都合乎事理，可以付诸实践。惠，顺，合乎事理。厎（zhǐ 纸），致，使达到。　　[60]思曰赞赞襄哉：不过是想赞助治国之道罢了。赞，辅佐。襄，完成，这里指治国这件事。

【解析】

　　本篇记录了帝舜与大臣谋议政事的过程，其中中心发言人是大臣皋陶。皋陶发言，中心内容就是希望帝舜继承帝尧的治国传统，使国家得到进一步发展。他提出修身、知人、安民三条具体建议，并以"九德"作为修身、知人的详细标准，强调君王应以身作则，言传身教。接着，皋陶列出上天所规定的五典、五礼、五服及五刑，建议君主据此整顿社会伦常与等级秩序，用礼仪制度规范人们的社会行为，用刑罚来惩治犯罪的人。最后，他指出天意与民意相通，上天考察政治得失，是以庶民的意见为标准。

　　皋陶的发言充分体现了古代为政的德政思想和民本思想。他从修身、用人的标准提出九德，目的就是为了安民。尧帝时发生的四大恶人事件正是关于用人的典型事例：用人不当，就会给庶民造成灾难。因此，他强调在礼制的规范下，帝王能够"慎厥身，修思永"，以身作则，自上而下以宽厚仁慈的道德规范人们的社会行为，最终达到全民整体素质的提高。这种以德为政的治国方针，突显了庶民百姓的重要性，也体现出我国较早的民本思想。

　　文中提出的"九德"准则与修己立人等意见，是对领导者的全面素质的要求，直至今日也仍具借鉴意义。

洪 范

《尚书》

【题解】

《洪范》篇在《今文尚书》和《古文尚书》中都有。汉人《书序》说："武王胜殷，杀受，立武庚，以箕子归，作《洪范》。"又据《史记·宋世家》、《尚书大传》等文献记载，此篇为文王建国十三年，武王伐纣胜利后箕子所作。随着出土文献的不断发现，近代以来的研究认为，此篇的成书时间当在商末，但自西周至战国，曾经过后人附益加工。（刘起釪《〈洪范〉成书时代考》）"洪"的意思是大，"范"的意思是法。"洪范"是说"大法"，即治国之道。

惟十有三祀[1]，王访于箕子[2]。王乃言曰："呜呼！箕子，惟天阴骘下民[3]，相协厥居[4]，我不知其彝伦攸叙[5]。"

箕子乃言曰："我闻在昔，鲧陻洪水[6]，汨陈其五行[7]。帝乃震怒，不畀洪范九畴[8]，彝伦攸斁[9]。鲧则殛死[10]，禹乃嗣兴[11]，天乃锡禹洪范九畴[12]，彝伦攸叙。

"初一曰五行[13]，次二曰敬用五事[14]，次三曰农用八政[15]，次四曰协用五纪[16]，次五曰建用皇极[17]，次六曰乂用三德[18]，次七曰明用稽疑[19]，次八曰念用庶征[20]，次九曰向用五福[21]，威用六极[22]。

"一、五行：一曰水，二曰火，三曰木，四曰金，五曰土。水曰润下[23]，火曰炎上[24]，木曰曲直[25]，金曰从革[26]，土爰稼穑[27]。润下作咸[28]，炎上作苦，曲直作酸，从革作辛，稼穑作甘。

"二、五事：一曰貌，二曰言，三曰视，四曰听，五曰思。貌曰恭[29]，言曰从[30]，视曰明，听曰聪，思曰睿[31]。恭作肃，从作乂[32]，明作哲[33]，聪作谋[34]，睿作圣[35]。

"三、八政：一曰食[36]，二曰货[37]，三曰祀，四曰司空[38]，五曰司徒[39]，六曰司寇[40]，七曰宾[41]，八曰师[42]。

"四、五纪：一曰岁，二曰月，三曰日，四曰星辰，五曰历数[43]。

"五、皇极：皇建其有极[44]。敛时五福[45]，用敷锡厥庶民[46]。惟时厥庶民于汝极[47]，锡汝保极。凡厥庶民，无有淫朋[48]，人无有比德[49]，惟皇作极[50]。凡厥庶民，有猷有为有守[51]，汝则念之。不协于极[52]，不罹于咎，皇则受之[53]。而康而色[54]，曰：'予攸好德[55]。'汝则锡之福。时人斯其惟皇之极[56]。无虐茕独而畏高明[57]。人之有能有为，使羞其行[58]，而邦其昌[59]。凡厥正人[60]，既富方穀[61]，汝弗能使有好于而家[62]，时人斯其辜[63]。于其无好德[64]，汝虽锡之福，其作汝用咎[65]。无偏无陂[66]，遵王之义；无有作好[67]，遵王之道；无有作恶，遵王之路。无偏无党，王道荡荡[68]；无党无偏，王道平平[69]；无反无侧[70]，王道正直。会其有极[71]，归其有极。曰皇极之敷言[72]，是彝是训，于帝其训，凡厥庶民，极之敷言，是训是行[73]，以近天子之光[74]。曰天子作民父母[75]，以为天下王。

"六、三德：一曰正直[76]，二曰刚克[77]，三曰柔克[78]。平康正直[79]，强弗友刚克[80]，燮友柔克[81]，沉潜刚克[82]，高明柔克。惟辟作福[83]，惟辟作威，惟辟玉食。臣无有作福、作威、玉食。臣之有作福、作威、玉食，其害于而家，凶于而国。人用侧颇僻[84]，民用僭忒[85]。

"七、稽疑：择建立卜筮人[86]，乃命卜筮，曰雨[87]，曰霁，曰蒙，曰驿，曰克，曰贞[88]，曰悔，凡七。卜五，占用二，衍忒[89]。立时人作卜筮，三人占[90]，则从二人之言。汝则有大疑[91]，谋及乃心[92]，谋及卿士，谋及庶人，谋及卜筮。汝则从[93]、龟从、筮从、卿士从、庶民从，是之谓大同。身其康强，子孙其逢吉[94]。汝则从、龟从、筮从、卿士逆、庶民逆，吉。卿士从、龟从、筮从、汝则逆、庶民逆，吉。庶民从、龟从、筮从、汝则逆、卿士逆，吉。汝则从、龟从、筮逆、卿士逆、庶民逆，作内吉[95]，作外凶。龟、筮共违于人，用静吉[96]，用作凶。

"八、庶征：曰雨，曰旸[97]，曰燠[98]，曰寒，曰风。曰时五者来备[99]，各以其叙，庶草蕃庑[100]。一极备[101]，凶；一极无，凶。曰休征[102]：曰肃[103]，时雨若；曰乂，时旸若；曰晢，时燠若；曰谋，时寒若；曰圣，时风若。曰咎征[104]：曰狂[105]，恒雨若；曰僭[106]，恒旸若；曰豫[107]，恒燠若；曰急[108]，恒寒若；曰蒙[109]，恒风若。曰王省惟岁[110]，卿士惟月，师尹惟日。岁、月、日时无易[111]，百谷用成[112]，乂用明，俊民用章[113]，家用平康。日、月、岁时既易，百谷用不成，乂用昏不明，俊民用微[114]，家用不宁。庶民惟星。星有好风[115]，星有好雨。日月之行[116]，则有冬有夏。月之从星[117]，则以风雨。

“九、五福：一曰寿，二曰富，三曰康宁，四曰攸好德，五曰考终命[118]。六极：一曰凶短折[119]，二曰疾，三曰忧，四曰贫，五曰恶，六曰弱。”

《尚书注疏》卷一二

【注释】

[1]惟：句首发语词。下文同。十有三祀：即十三年，指文王受命建周的第十三年，武王继位的第四年。有，通“又”。祀，年。　　[2]王访于箕（jī 机）子：周武王询问箕子。箕子，殷纣王的叔父和大臣。　　[3]阴骘（zhì 至）：庇护。骘，定。　　[4]相协厥居：使下民和谐地安住。相，帮助。一说相为使的意思。厥，指下民。　　[5]彝（yí 仪）伦：常理。攸叙：所序，引申为制定，规定。　　[6]鲧（gǔn 滚）：相传为禹的父亲。陻（yīn 音）：堵塞。　　[7]汩（gǔ 古）陈其五行：扰乱了天帝所创造的五行规律。汩，乱。陈，列。其，指下文的天帝。五行，金、木、水、火、土。详见下文。　　[8]畀（bì 币）：给予。九畴：九类。　　[9]斁（dù 杜）：败坏。　　[10]殛（jí 及）：诛杀。　　[11]嗣兴：指大禹接替父亲治理洪水。　　[12]锡：通“赐”，赐予。下文同。　　[13]初一：第一。　　[14]敬用五事：敬慎地做五件事。五事，指貌、言、视、听、思。详见下文。　　[15]农用八政：勤勉地做好食、货、祀等八种政务。详见下文。　　[16]协用五纪：使五种计时方法与天时相合。协，合。五纪，岁、月、日、星辰、历数五种计时方式。详见下文。　　[17]皇极：君王所建立的法则。皇，大。极，居中，引申为中道，此处指法则。一说为至高无上的原则。　　[18]乂（yì 义）用三德：要用正直、刚克、柔克三种德行治民。详见下文。　　[19]明用稽疑：要明确是非，用卜问的方式解决疑难问题。稽，卜问。　　[20]念用庶征：用心考察各种征兆。　　[21]向用五福：用五福来引导人们行善。向，通“飨（xiǎng 享）”，劝勉。五福，指寿、富、康宁、好德、终命这五种福。详见下文。　　[22]威用六极：用六种惩罚使人畏惧。威，通“畏”，畏惧。六极，指凶短折、疾、忧、贫、

恶、弱六种惩罚。详见下文。　[23]水曰润下：水向下润泽。以下几句是在描绘五种物质的自然属性。　[24]炎上：向上燃烧。　[25]曲直：指木材用来作器物时可以弯曲，也可以伸直。　[26]从革：可以变化形状，指金属类的东西可以根据人的需求变成不同形状。革，变化。　[27]爰：通"曰"。稼穑：泛指农业活动。　[28]润下作咸：水的味道是咸的。以下几句是在讲这五种物质所对应的味道。　[29]貌曰恭：容貌要恭敬。以下几句在讲五事的要求。　[30]从：顺从，指说话要合乎情理。　[31]睿（ruì 瑞）：通达，思虑广远。　[32]从作义：说话合乎情理，则天下可治。以下几句在讲不同的态度行为会有不同的结果。　[33]哲（zhé 哲）：明智。　[34]聪作谋：指如果听取意见广泛就能善谋。　[35]睿作圣：如果考虑问题通达，就可以成为圣人。　[36]食：代指农业。　[37]货：代指工商业。　[38]司空：掌管建筑工程等的官职。　[39]司徒：掌管教育的官职。　[40]司寇：掌管司法的官职。　[41]宾：宾客，指外交事务。　[42]师：军队，指军事管理。　[43]历数：即历法。　[44]皇建其有极：君王建立他的统治法则。其，代词，代指君王。　[45]时：通"是"，代词，这。　[46]敷：遍布，普遍。　[47]"惟时厥庶民于汝极"二句：这样百姓面对你的统治法则，就会帮助你保卫、守护它们。意指百姓拥护君王的统治。　[48]无有淫朋：不要结党营私。淫，邪恶。朋，朋党。　[49]人：指臣子，与上文的"庶民"相对。比德：勾结做奸邪之事。　[50]惟皇作极：只遵守君王建立的准则。　[51]"有猷（yóu 尤）有为有守"二句：（百姓中）有谋略、有作为、有操守的，你就要记住并任用他们。猷，谋划。念，时常想到。　[52]"不协于极"二句：（行为）不合法则，但还没有犯罪的（人）。罹（lí 离），遭受。　[53]受：接受，容纳，引申为宽容。　[54]而康而色：假如他态度谦恭。第一个"而"为连词，假如；第二个"而"为代词，你。康，和悦。色，脸色。　[55]予攸好（hào 浩）德：我喜欢（您建立的）道德准则。　[56]时人：这些人。斯：乃。　[57]无虐茕（qióng 穷）独而畏高明：不要欺侮孤独无依的人而畏惧高贵显赫的人。茕独，泛指鳏寡孤独、无依无靠的人。高明，指高贵显赫的贵族。下同。　[58]使羞其行：使他的才华德行能够施展。羞，进献。　[59]而邦其昌：这样国家就会昌盛。其，乃，就。　[60]正人：指做官的人。　[61]既富方穀：既要给他们爵禄使之富贵，同时又要让他们行善政。方，并。穀，善。一说指禄位。　[62]而家：国家。而，你。　[63]时人斯其辜：这些人就将会犯罪。辜，罪过。　[64]于其无好德：对于那些不赞成你所建立的道德准则的人。　[65]其作汝用咎：他们为你做事用就是罪恶的行为。意指他们会给你带来危害。　[66]无：通"勿"。陂（pō 坡）：颇，偏颇，歪斜。　[67]无有作好：不要作私好。意指不要徇私枉法。　[68]荡荡：宽广。　　[69]平平（piánpián 骈骈）：形容治理有序。　　[70]反、侧：指违犯法度。　　[71]"会其有极"二句：会集那些遵守准则的人，使他们归向君王的法则。　　[72]"曰皇极之敷言"三句：君王所建立的是要遵守的法令，既是君王的训导，也是天帝的意志。　　[73]是训是行：按照这个法则行事。　　[74]以近天子之光：用来接近天子的光辉。意指依附天子。　　[75]"曰天子作民父母"二句：天子应当像臣民的父母一般，做天下臣民的君王。　　[76]正直：端正人的曲直。　　[77]刚克：以刚强取胜。克，胜。　　[78]柔克：以柔顺取胜。　　[79]平康正直：对待平和康宁的人，要以正直的方式。以下几句都在讲对待不同的人要用不同的方式。　　[80]强弗友：强硬且不亲善（的人）。友，亲近。　　[81]燮（xiè 泄）友：态度和顺可亲（的人）。　　[82]沉潜：都表示低下意，用以指代庶民。与下文的"高明"相对。　　[83]辟：指君王。　　[84]人用侧颇僻：指臣子背离准则。　　[85]民用僭（jiàn 见）忒（tè 特）：臣民因此犯上作乱。忒，作恶。　　[86]卜筮：以龟甲、蓍草占卦。　　[87]雨、霁、蒙、驿、克：是龟甲卜卦的五种兆象。霁，兆形像雨止而云气在上。蒙，兆形像雾气蒙蒙。驿，兆形像不连贯的云气。克，兆形交错。　　[88]贞、悔：蓍草占筮的两种卦象。贞，内卦。悔，外卦。　　[89]衍忒：指推演卜筮所得卦象的变化（以判断吉凶）。衍，通"演"，推演。忒，变更。　　[90]"三人占"二句：如果三人占卜，听从两个人的判断。　　[91]则：假若。　　[92]谋及乃心：你自己要先考虑。乃，你，你的。　　[93]从：占卜术语，指占卜结果与占卜者意愿相符合。与下文"逆"相对。　　[94]逢：大，盛。　　[95]"作内吉"二句：对内吉利，对外就不吉利。　　[96]"用静吉"二句：不做事就吉利，做事就凶险。　　[97]旸（yáng 羊）：日出，放晴。　　[98]燠（yù 玉）：暖，热。　　[99]时五者来备：这五种现象都能按照一定的规律发生。备，齐备。　　[100]蕃庑（wǔ 五）：（草木）生长旺盛。　　[101]一极备：（上述五种现象中的）一种现象过多。与下文的"一极无"对应。　　[102]休征：各种好的征兆。休，美好。　　[103]"曰肃"二句：（君王治理政务）如果态度恭肃，雨就会按时而来。雨，原作"寒"，今据顾颉刚、刘起釪《尚书校释译论》改。这几句对应上文"五事"，并用不同的征兆说明不同的治理态度。　　[104]咎征：各种不吉的征兆。　　[105]"曰狂"二句：君王行为狂妄，大雨就会下个不停。恒，长久，持续。　　[106]僭（jiàn 见）：过失，差错。　　[107]豫：一本作"舒"，安逸。　　[108]急：急躁，指行事不周全。　　[109]蒙：昏昧，指办事糊涂。　　[110]"王省（xǐng 醒）惟岁"三句：大意是说王、卿士、师尹三者职责不同，观察他们的角度时段也应不同。君王之所视察，就像一年包括四时；卿士就像月，统属于岁；师尹就像日，统属于月。省，视察。师尹，众官之长，指大夫官。　　[111]岁、月、日时无易：大意是年月日四时皆正常,则政治清明。易,变化。　　[112]用:因此。下同。成:丰收。　　[113]俊民用章:贤能的人因此能够得到任用。章,显明,这里指提拔。　　[114]微:不明,昏暗,这里指不被提拔。　　[115]"星有好风"二句:有的星喜欢带来风,有的星喜欢带来雨。古代天文学认为月亮经过某些星宿会带来特定的气象变化。此处比喻庶民的喜好变化无常。好,爱好,喜欢。　　[116]"日月之行"二句:日月运行有常,就会有冬夏这样的四季变化。比喻庶民应像众星为日月所统率一样,臣服于统治,这样国家才会安定。　　[117]"月之从星"二句:如果月亮偏离太阳而顺从于星星,就会带来风或是雨。比喻君臣顺纵庶民的欲望,就会带来灾祸。　　[118]考终命:高寿善终。考,老。　　[119]凶短折:早死。凶,未成人而死。短,年未二十而死。折,未婚而死。

【解析】

　　《洪范》篇记载了箕子对武王关于治理天下问题的回答,内容深刻丰富,是研究上古政治、哲学思想的重要文献。文章一开始就通过武王与箕子的对话,交代了本篇的缘起与主题,即如何治理好国家。然后简单地阐述了"洪范九畴"即九条治理大法的内容,作为全篇的纲目。自此以下逐条讲解五行、五事、八政、五纪、皇极、三德、稽疑、庶征、五福、六极这些具体内容。

　　全篇系统阐发了治理国家的原则和方法,提出了"皇极"这一重要概念,强调君王要树立统治原则最高标准。所谓皇极,即"无偏无陂,遵王之义;无有作好,遵王之道;无有作恶,遵王之路。无偏无党,王道荡荡;无党无偏,王道平平;无反无侧,王道正直。"这一段话的核心就是"王道正直,公正不偏",是国君为维护社会秩序、处理社会事务、统一臣民思想而采取的中道原则。《左传》襄公三年在赞扬晋国祁奚荐贤的事迹时说:"《商书》曰:'无偏无党,王道荡荡。'其祁奚之谓矣。"为什么说祁奚符合王道的原则?是因为他"称其仇,不为谄;立其子,不为比;举其偏,不为党"。这正是《洪范》宣扬的公平正直之道。如何达到这一目标,《洪范》提出了治理国家的三种手段——"三德",即正直、刚克、柔克。"刚克"和"柔克"是"正直"的两翼和补充,不仅仅针对"沉潜"(庶民)和"高明"(贵族)两类不同身份的人,而且用来区别对待持不同政治态度的人。以"刚克"镇压"强弗友"的反抗者,以"柔克"软化"燮友"的驯服者。这种刚柔相济的施政手段,正是历代帝王交替运用德与法、刑与礼、怀柔与高压的统治方式。

此外《洪范》提出为政要处理好八方面的政事，即"农用八政"。八政中，最有意义的是以食、货居首，即强调农业和工商业，其后才是祭祀、军事等其他活动。殷商时期，纣王笃信天命，把"祀"与"戎"放在首位，而箕子所提出的这一治国之道是以衣食为本，说明了对经济的重视。后来史书的《食货志》之名即源于此，唐代杜佑《通典》将"食货"居于《通典》各门之首，《管子》经济思想"仓廪实，则知礼节；衣食足，则知荣辱"，都是《洪范》八政以食货为先的延伸与发展。

文中还提出为政要敬用五事，五事指貌、言、视、听、思，讲的是对行为和思想的五种要求，强调当政者要明察、善断。殷代统治的特点是"殷人尊神，率民以事神，先鬼而后礼"（《礼记·表记》）。在这样的神权背景下，箕子所提出的《洪范》五事，已不再用神的意志来概括一切，而是注意将视听所得的经验和理性思考结合起来，这就超出了人的感性认识阶段，对理性思考提出了更高的要求。

同时，上古思想中许多重要的哲学命题在本篇中也有重要的论述，例如对"五行"的论述、对卜筮与天象吉凶关系的讨论等，这对研究上古历史与哲学思想都有极为重要的参考价值。尽管《洪范》篇体现出的上古哲学与政治思想，不可避免地带有天人感应思想、神化君权的色彩，但其哲学思想的体系性与完整性，政治理论的方法性与实践性，都体现出中华上古文明的高度成熟，对后世影响深远。

无 逸

《尚书》

【题解】

《今文尚书》和《古文尚书》皆存《无逸》篇，二者内容相同，只是所在篇次各异。关于该篇成书时间，据《史记·鲁周公世家》记载，周公还政周成王以后，怕成王"有所淫泆"，所以写《无逸》"以诫成王"。因此一般认为是在周公还政以后所作。但与《尚书》其他篇目相比，本篇文字相对平易、流畅，所以宋代胡宏《皇王大纪》怀疑该篇为周公绝笔，较之周公其他诸诰最为晚出，今人张西堂则认为可能成于春秋末年。

本篇是周公劝谏成王之作，"无逸"是说不要贪图安逸享乐。

周公曰："呜呼！君子所其无逸[1]。先知稼穑之艰难[2]，乃逸[3]，则知小人之依。相小人[4]，厥父母勤劳稼穑[5]，厥子乃不知稼穑之艰难，乃逸乃谚[6]，既诞[7]，否则侮厥父母[8]，曰：'昔之人无闻知[9]。'"

周公曰："呜呼！我闻曰，昔在殷王中宗[10]，严恭寅畏[11]，天命自度[12]，治民祗惧[13]，不敢荒宁[14]，肆中宗之享国[15]，七十有五年。其在高宗[16]，时旧劳于外[17]，爰暨小人[18]。作其即位[19]，乃或亮阴[20]，三年不言[21]，其惟不言，言乃雍[22]。不敢荒宁，嘉靖殷邦[23]。至于小大[24]，无时或怨[25]。肆高宗之享国，五十有九年。其在祖甲[26]，不义惟王[27]，旧为小人。作其即位，爰知小人之依[28]，能保惠于庶民[29]，不敢侮鳏寡[30]。肆祖甲之享国，三十有三年。自时厥后[31]，立王生则逸，生则逸，不知稼穑之艰难，不闻小人之劳，惟耽乐之从[32]。自时厥后，亦罔或克寿[33]，或十年，或七八年，或五六年，或四三年。"

周公曰："呜呼！厥亦惟我周太王[34]、王季[35]，克自抑畏[36]。文王卑服[37]，即康功田功[38]。徽柔懿恭[39]，怀保小民，惠鲜鳏寡[40]。自朝至于日中昃[41]，不遑暇食[42]，用咸和万民[43]。文王不敢盘于游田[44]，以庶邦惟正之供[45]。文王受命惟中身[46]，厥享国五十年。"

周公曰:"呜呼!继自今嗣王[47],则其无淫于观、于逸、于游、于田[48],以万民惟正之供。无皇曰[49]:'今日耽乐。'乃非民攸训[50],非天攸若,时人丕则有愆[51]。无若殷王受之迷乱[52],酗于酒德哉[53]!"

周公曰:"呜呼!我闻曰,古之人犹胥训告[54],胥保惠,胥教诲,民无或胥譸张为幻[55]。此厥不听,人乃训之[56],乃变乱先王之正刑[57],至于小大。民否则厥心违怨[58],否则厥口诅祝。"

周公曰:"呜呼!自殷王中宗,及高宗,及祖甲,及我周文王,兹四人迪哲[59]。厥或告之曰:'小人怨汝詈汝[60]。'则皇自敬德[61]。厥愆[62],曰:'朕之愆。'允若时[63],不啻不敢含怒[64]。此厥不听,人乃或譸张为幻,曰:'小人怨汝詈汝。'则信之,则若时,不永念厥辟[65],不宽绰厥心,乱罚无罪,杀无辜。怨有同[66],是丛于厥身。"

周公曰:"呜呼!嗣王其监于兹[67]。"

《尚书注疏》卷一六

【注释】

[1]君子所其无(wù 勿)逸:君子在位,不应该贪图安逸享乐。君子,地位高的人,这里指做官的人。所,处在。其,指其位。无,通"毋",不要。 [2]稼穑(sè 色):稼本指种植庄稼,穑指收获庄稼,此处泛指农业劳动。 [3]"乃逸"二句:这样,处在安逸的环境,就会知道百姓的痛苦了。乃,这样。小人,与上文的"君子"相对,地位低的人,这里指普通百姓。依,通"隐",隐痛,疾苦。 [4]相(xiàng 象):看。 [5]厥:他,指上文的"小人"。 [6]乃逸乃谚:不仅安逸享受,行为还放肆不恭。谚,通"喭",粗野。 [7]既诞:时间久了以后。诞,《汉石经》作"延",表示长久。 [8]否则:于是。 [9]昔之人无闻知:上了年纪的人什么也不懂。昔,久。闻知,指知识。 [10]殷王中宗:指太戊,殷代第七世贤主。因商从成汤以后,政教渐衰。到太戊时,殷商复兴,故称中宗。 [11]严恭:指外貌庄敬。寅畏:指内心敬畏。恭、寅,都表示恭敬义,前者强调外在,后者强调内心。 [12]天命自度(duó 夺):以天命为标准来衡量。度,衡量。 [13]祗(zhī 支)惧:敬慎小心。祗,恭敬。 [14]荒宁:荒怠自安,此处指安逸纵乐。 [15]"肆中宗之享国"二句:所以中宗在位七十五年。肆,所以。享国,指在王位。有,通"又"。 [16]高宗:指武丁,商王小乙

之子,勤于政事,使商朝的政治、经济、军事、文化得到空前发展,史称"武丁盛世"。 [17]时旧劳于外:高宗从前在外和百姓一起劳作。时,通"是",指高宗。相传高宗为太子时,其父小乙曾命令他出外行役。 [18]爰(yuán 元)暨小人:于是和百姓(共同稼穑)。爰,于是。暨,连词,和。 [19]作:等到。其:指高宗。 [20]乃或亮阴:又碰到他的父亲死去,居丧守孝。或,又。亮阴,一作"谅闇(ān 安)",居丧守孝。 [21]言:说话,这里指讨论国事。 [22]言乃雍:等到守丧结束开口说话时君臣和谐。意思是深得大臣拥护。雍,和谐。 [23]嘉靖:安定。 [24]小:指百姓。大:指群臣。 [25]无时或怨:没有人发怨言。时,通"是",指高宗。 [26]祖甲:武丁的儿子帝甲。一说成汤之孙太甲。 [27]"不义惟王"二句:祖甲以为代兄为王不合道义,逃亡民间,做过很久的平民百姓。东汉经学家马融说:"祖甲有兄祖庚,而祖甲贤,武丁欲立之。祖甲以王废长立少,不义,逃亡民间。故曰不义惟王,久为小人也。"旧,久,长时间。一说"旧"为"过去"义。 [28]爰:于是。 [29]保惠于庶民:安定百姓,爱护众民。保,安。惠,仁爱。 [30]鳏(guān 官):年老无妻的人。寡:年老无夫的人。 [31]"自时厥后"二句:从这以后,所立的君主生来就贪图安逸。时,通"是",这。厥,指上述三位帝王。 [32]惟耽乐之从:只是沉溺于享乐之中。 [33]亦罔或克寿:没有国君能够长寿。罔,没有。克,能够。 [34]周太王:即古公亶父,文王的祖父,周公的曾祖。 [35]王季:文王的父亲,周公的祖父,名季历。 [36]抑:谦下。畏:敬畏。 [37]卑服:从事卑贱的劳作。服,从事。一说卑服指生活节俭。 [38]即:就,从事。康功:开通道路的劳动。康,指路。田功:耕种田地的劳动。 [39]"徽柔懿恭"二句:(他)和蔼仁慈,善良恭敬,使百姓和睦、安定。徽,善良。懿,美。 [40]惠:仁爱,爱护。鲜:善,这里指善待百姓。 [41]自朝至于日中昃(zè 责,去声):从早上到中午到下午。日中,中午。昃,太阳偏西。 [42]不遑(huáng 皇)暇食:没有闲暇时间吃饭。遑暇,空闲。 [43]用:以。咸和:和谐。咸,通"諴",和睦。 [44]盘:安乐。田:田猎。 [45]以庶邦惟正之供:文王使众国进贡正常的赋税(从不横征暴敛)。以,使。正,正税,指正常的进贡。供,进献。 [46]受命惟中身:中年受命为君。受命,接受天命。中身,中年。 [47]继自今嗣王:从今以后的继位君主。 [48]淫:过度。观:观游,这里指不合礼制、不合时节的观游。 [49]无(wù 勿)皇曰:不要遽然地说。皇,遽(jù 据),仓猝。 [50]"非民攸训"二句:不是教导百姓的好榜样,也不是顺从天意的好君主。若,顺从。 [51]时人丕则有愆(qiān 千):这样的人于是就有了过错。丕则,同上文的"否则",于是。愆,过错。 [52]殷王受:即纣王。 [53]酗于酒德:把酗酒作为酒德。酗,沉迷于酒。于,为。 [54]胥:互相。训告：劝导。　　[55]民无或胥譸（zhōu 周）张为幻：百姓没有互相欺骗诈惑的。譸张，欺诳。幻，欺诈，惑乱。　　[56]人乃训之：人们就会以此为榜样（相互欺诈）。训，榜样。一说人们就会顺从自己的意愿。训，顺从。　　[57]正刑：政策法令。　　[58]“民否则厥心违怨”二句：百姓无所适从，就会心生反抗怨恨的情绪，口中发出诅咒的语言。诅祝，诅咒。　　[59]迪哲：通达明智。迪，蹈，实践。哲，智慧。　　[60]詈（lì 力）：骂。　　[61]皇自：自己更加。　　[62]厥愆：“厥或愆之”的省文，有人指出他们的过错。　　[63]允若时：确实像这样。允，信，确实。时，通“是”，这样。　　[64]不啻（chì 赤）：不但。　　[65]“不永念厥辟（bì 必）”二句：不多考虑国家的法度，不放宽自己的胸怀。辟，法度。　　[66]“怨有同”二句：民心同怨，这种怨恨的情绪就会聚集在你身上。丛，聚集。　　[67]监：通“鉴”，鉴戒，可以对照引为教训。

【解析】

　　西周初年，周公东征，初定天下，但仍面临着内忧外患、民生凋敝的局面。加之成王年少，初掌政权，经验不足。在此情况下，周公作《无逸》，总结殷商统治经验，告诫成王要勤政，切勿贪图安逸享乐。文中首先对成王提出要求“君子所其无逸”，怎样才能做到这一点？周公认为首先要了解“稼穑之艰难”，这样才能知晓百姓的疾苦。随后，周公以商周几代圣明君主为例，进一步说明无逸的重要性。最后周公告诫成王及后世嗣君要力戒逸乐，正确对待民众的怨詈，虚心听取臣民意见。

　　《无逸》篇体现了周初统治阶级的执政理念，对后世君主产生了深远的影响。成王、康王秉承无逸思想，勤勉为政，实现了“成康之治”，使周王朝达到了繁荣昌盛的顶峰。汉朝光武帝以《无逸》为鉴，虚心纳谏，开创“光武中兴”。清朝康熙帝则直接受《无逸》篇的影响，实践“无逸”之道，重农保民，开创了“康乾盛世”。

《周易》二卦

《周易》

【题解】

《周易》在先秦一般只称作《易》，后来儒家尊之为经，自汉代以来称《易经》。传世的《周易》由"经"、"传"两部分组成，"经"指原经或文本，其内容包括六十四卦的卦名、卦爻象和卦爻辞，约产生在西周初期至中期之间。"传"包括"十翼"，即《彖（tuàn 团，去声）》上下、《象》上下、《系辞》上下、《文言》、《序卦》、《说卦》、《杂卦》七种十篇，主要是解释"经"的文字，约成书于战国末年。"传"之解"经"，其特色在于将《易》由原来的卜筮之书发展转化为道德义理阐释之书，从而使《易》一跃成为"群经之首"，在中国文化史上产生了很大的影响。《周易》这部书，把认识客观规律和人们对这种规律的利用两者结合起来，指导人们根据形势的变化采取正确的决策，实质上是一部"开物成务"、"极深研几"之书。早期的《周易》，"经"、"传"并未混在一起，汉儒把《彖》、《象》纂入"经"中。《文言》是专门解释乾坤二卦的，三国的王弼把它取出，放在乾坤二卦的卦、爻辞后面，作为乾坤二卦的结论，后世因利就便，也就成为习惯。唐代孔颖达奉命撰修《周易正义》，取王弼注而为之疏，使王弼本成为流传最广的本子。这里所选的乾坤二卦，居《周易》六十四卦之首，在《周易》哲学体系中占有极其重要的地位。《周易》以阴阳作为最高的哲学范畴，而乾坤二卦对天地之间阴阳两大势力的性质和功能做了全面的阐发，它们是进入《周易》哲学体系的门户，如果不先读懂乾坤二卦，便无从窥见易道的底蕴。

乾 卦

▤（乾下乾上）乾[1]：元，亨，利，贞。

初九[2]：潜龙，勿用[3]。

九二：见龙在田[4]，利见大人。

九三：君子终日乾乾[5]，夕惕若。厉，无咎。

九四：或跃在渊[6]，无咎。

九五：飞龙在天[7]，利见大人。

上九：亢龙有悔[8]。

用九[9]：见群龙无首，吉。

《彖》曰[10]：大哉乾元[11]，万物资始，乃统天。云行雨施[12]，品物流形。大明终始，六位时成。时乘六龙以御天。乾道变化[13]，各正性命。保合大和，乃利贞。首出庶物，万国咸宁。

《象》曰[14]：天行健[15]，君子以自强不息。"潜龙勿用"，阳在下也[16]。"见龙在田"，德施普也[17]。"终日乾乾"，反复道也[18]。"或跃在渊"，进无咎也。"飞龙在天"[19]，大人造也。"亢龙有悔"，盈不可久也。"用九"，天德不可为首也[20]。

《文言》曰[21]："元"者善之长也[22]，"亨"者嘉之会也，"利"者义之和也，"贞"者事之干也。君子体仁足以长人[23]，嘉会足以合礼，利物足以和义，贞固足以干事。君子行此四德者，故曰"乾：元、亨、利、贞"。

初九曰："潜龙勿用"，何谓也？子曰："龙德而隐者也[24]。不易乎世，不成乎名，遁世无闷，不见是而无闷。乐则行之，忧则违之，确乎其不可拔，潜龙也。"

九二曰："见龙在田，利见大人"，何谓也？子曰："龙德而正中者也[25]。庸言之信，庸行之谨，闲邪存其诚，善世而不伐，德博而化。《易》曰：'见龙在田，利见大人'，君德也。"

九三曰："君子终日乾乾，夕惕若，厉，无咎"，何谓也？子曰："君子进德修业[26]。忠信所以进德也，修辞立其诚，所以居业也。知至至之，可与言几也。知终终之，可与存义也。是故居上位而不骄，在下位而不忧。故乾乾因其时而惕，虽危无咎矣。"

九四曰："或跃在渊，无咎"，何谓也？子曰："上下无常[27]，非为邪也。进退无恒，非离群也。君子进德修业，欲及时也。故无咎。"

九五曰："飞龙在天，利见大人"，何谓也？子曰："同声相应[28]，同气相求。水流湿，火就燥，云从龙，风从虎。圣人作而万物睹。本乎天者亲上，本乎地者亲下，则各从其类也。"

上九曰："亢龙有悔"，何谓也？子曰："贵而无位[29]，高而无民，贤人在下位而无辅，是以动而有悔也。"

"潜龙勿用"[30]，下也。"见龙在田"，时舍也。"终日乾乾"，行事也。"或跃在渊"，自试也。"飞龙在天"，上治也。"亢龙有悔"，穷之灾也。乾元"用九"，天下治也。

"潜龙勿用"，阳气潜藏[31]。"见龙在田"，天下文明[32]。"终日乾乾"，与时偕行[33]。"或跃在渊"，乾道乃革[34]。"飞龙在天"，乃位乎天德[35]。"亢龙有悔"，与时偕极[36]。乾元"用九"，乃见天则[37]。

"乾，元"者[38]，始而亨者也；"利，贞"者，性情也。乾始能以美利利天下，不言所利，大矣哉！大哉乾乎！刚健中正，纯粹精也。六爻发挥[39]，旁通情也。"时乘六龙"，以"御天"也。"云行雨施"，天下平也。

君子以成德为行[40]，日可见之行也。"潜"之为言也[41]，隐而未见，行而未成，是以君子"弗用"也。

君子学以聚之[42]，问以辩之，宽以居之，仁以行之。《易》曰："见龙在田，利见大人"，君德也。

九三重刚而不中[43]，上不在天，下不在田。故乾乾因其时而惕，虽危无咎矣。

九四重刚而不中[44]，上不在天，下不在田，中不在人，故"或"之。"或"之者，疑之也，故"无咎"。

夫"大人"者，与天地合其德[45]，与日月合其明，与四时合其序，与鬼神合其吉凶。先天而天弗违[46]，后天而奉天时[47]。天且弗违，而况于人乎？况于鬼神乎？

"亢"之为言也，知进而不知退，知存而不知亡，知得而不知丧。其唯圣人乎[48]！知进退存亡而不失其正者，其唯圣人乎！

《周易注疏》卷一

【注释】

[1]乾：卦名。以天为象，以健为义。乾卦，包含元、亨、利、贞四种德性。《子夏易传》说："元，始也。亨，通也。利，和也。贞，正也。"就是说，乾卦是代表一切事物的原始根源，它是毫无阻碍，无不通达，绝对祥和有益而无害的，而且是洁净清正的。一说，"元、亨、利、贞"当读作"元亨，利贞"，元亨是大通顺，利贞是占问的事有利，贞是占问。　　[2]初九：乾卦☰有六画，称六爻（yáo 姚）。"—"为阳爻，称九。初九，指最下第一爻为阳爻。九二、九三指从下往上数第二、第三阳爻。上九，指最上阳爻。　　[3]潜龙，勿用：意思是说，乾卦的第一爻（初九），象征潜伏着的龙，以不用为佳。龙是中国古人最崇敬的生物，而且相信它具有神灵的作用，古人因借用龙的功能，说明卦爻变化的不可捉摸而可以想象的状态。子夏说："龙所以象阳也。"潜龙，便是潜伏隐藏的龙。　　[4]"见龙在田"二句：乾卦的第二爻（九二），象征已经出现在田地上的龙一样，可以见到高贵的大人物而有利了。第一个"见"，同"现"。田，地。大人，指圣明德备的人。　　[5]"君子终日乾乾"四句：是说君子整天固守刚健中正的德性，虽然到了夜晚，还要像白天一样的警惕自励。为学为道的君子只有这样惕励，才不会有过失和忧患。乾乾，借用重复本卦的卦名，作为形容词用。乾卦代表了至阳、至刚、至健、至中、至正等道理。把乾乾两字重复地用作形容词，就是表示人要效法乾卦的德性与精神，随时随地固守着刚健、中正、如阳的德性。惕，小心谨慎。厉，严谨而危正的德性。　　[6]或跃在渊："或"是将然之辞。"或跃"谓将欲跳跃而尚在犹疑，跃跃欲试而有所图进。九三阳爻居刚位，故戒之以惕惧；九四阳爻居柔位，故有跳跃之志而又能犹疑三思。如此则可保前景无忧害。　　[7]"飞龙在天"二句：此君子显达之象。飞龙在天，谓龙飞于天，表示升腾之象。利见大人，是有贵人相助之义，亦表示外部客观环境有利。　　[8]亢龙：即龙飞得太高。有悔，有不好的事情。比喻处在高危的地位。　　[9]用九：乾卦所特有，与《周易》筮法、占法有关。从卦象层面上讲，就是乾卦六爻全为"老阳"的卦象。从数的角度解释，就是说乾卦六爻全为"九"。这条辞反映乾中有坤但乾不是坤的特点，朱熹《周易本义》论"用九"说："六爻皆变，刚而能柔。"　　[10]《象》：指《象传》，它是对卦名、卦体、卦义予以解说的文字。　　[11]"大哉乾元"三句：是说乾元之气太伟大了，它使万物得以萌生，并且统领主宰大自然的运作过程。乾元，指"天"的元气，即充沛宇宙间、开创万物的阳气。统，统领。天，犹言大自然。　　[12]"云行雨施"五句：是说云雨以时兴降，各类物种在大气的流动中随之长成；太阳终而复始地周天运动，宇宙上下四方之位于是确定。这就好像太阳按时乘驾着六龙有规律地运行于天空。品物，即各类事物。流形，流布成形。这是指万物因雨水的滋润而不断变化发展、壮大成形。大明，即太阳。终始，指太阳

东升西落的周天运动。六位，也可以说成六合、六虚，指上下四方之位或天地四时（即两仪四象）。卦有六爻六位以象宇宙，所以六位亦指六爻所在的六个位置。六位时成，就造化而言，谓乾元大明终始有序，宇宙六合于是确定；就《易》而言，谓乾元大明之德圆而神，由于它的终始有序的运动而使得六十四卦各卦的爻位因之确定。"时乘六龙以御天"一句，就象而言，是说太阳乘驾六龙有规律地运行于天；就意而言，是说圣人凭借乾卦六爻的往复规律而驾御自然。　　[13]"乾道变化"六句：是说由乾元之气所决定的天道有规律地运动变化，使得万物各得其所；乾元之气恒久维持和谐的状态，所以它能施利于万物并使万物正常运作。天道生长、万物终始相续，天下万物都可宁定安吉。　　[14]《象》：指《象传》，它是对卦辞、爻辞予以诠释的文字。　　[15]"天行健"二句：是说天道运动不止，这便是乾卦的意象。君子应当效法乾道，自觉奋勉，永无止息。行，运转不停。君子，指有才德之人。以，是以，所以。　　[16]阳在下：指初九阳气初生而居下。阳气微弱，喻君子所处之客观环境不利，行动的时机不成熟。　　[17]德施普：指九二阳气出现于地面，其生养之德普及万物。　　[18]反复道：指反复行道不使偏差。反复，指重复践行。道，正道。　　[19]"飞龙在天"二句：是说爻已至五，龙飞于天，君子风云际会，成为获得显爵之大人，可大有作为于天下。造，指有所作为。　　[20]天德：指刚之德。《周易正义》："天德刚健，当以柔和接待于下，不可更怀尊刚为物之首，故云'天德不可为首'也。"　　[21]《文言》：即释说乾、坤二卦之言，为《十翼》之一，又称《文言传》。六十四卦只有乾、坤二卦有《文言传》。　　[22]"'元'者善之长也"四句：元是众善之首，亨是美的集合，利是义的体现，贞是治事的根本。嘉，美。会，会合。和，反应，体现。贞，正。干，根本。　　[23]"君子体仁足以长人"四句：君子履行仁善则足以为人君长，会合众美则足以符合礼，施利于万物则足以体现义，坚守正道则足以治事。长人，为众人之君长。贞固，坚持正道。　　[24]"龙德而隐者也"九句：是说有龙一样的品德而不得不暂且隐居的人，他不会为污浊的世俗改变节操，不迷恋于成就功名，逃离这个世俗不感到苦闷，不为世人称许也不感到苦闷。称心的事付诸实施，不称心的事绝不实行，具有坚定不可动摇的意志，这就是潜龙的品格。"龙德而隐者"，《周易正义》认为这是"以人事释'潜龙'之义"。遁，隐避。不见是，不被世人所称许。违，弃，不用。确，坚定。拔，转移，动摇。　　[25]"龙德而正中者也"六句：是说有龙一样的品德而立身中正的人，始终能做到言必守信，行必谨慎，防范邪僻而保持诚挚，为善于世而不自夸，德泽广施以感化天下。正中，指九二居下卦之中。庸，有平常和中和的双重意思。闲，防止。存，保持。善世，为善于世，亦可训为治世。伐，夸耀。德博，德泽广被。化，感化天下。　　[26]"君子进德修业"至"虽危无咎矣"：这几句讲的是君子如何增进美德和修养功业，即追求忠信可以增进美德，修治言论而立足于诚挚可以积蓄功业。能预知事物如何进展而采取相应的行动，这样的人才可能保有适宜之行。所以能居高位而不骄横，在下位而不忧愁。勤勉于事而随时惕惧，虽有危险亦可无害。知至至之，知，预知。前"至"谓进展，指事物如何进展。后"至"谓自己的行动如何进展，指采取相应的行动。言几，讨论几微之理。原本无"言"字，今据阮元校勘记补。知终终之，前"终"字谓事物发展的终极结果，后"终"字谓自己行动的终极走向。存义，使自己的行动保持适宜。因其时，指随时。　　[27]"上下无常"七句：这是譬喻贤人的上升、下降是无常则的，并非有违正道；他的进取、隐退也是无定规的，并非随波逐流。君子增进美德、修养功业，应该抓住时机，所以没有什么过失。无常、无恒，指无常则、无定规。邪，违离正道。离，当用为"丽"，依附，趋附。群，犹言世俗。　　[28]"同声相应"十句：这是譬喻同类的声音互相感应，同样的气息互相求合。水向低湿处流，火往干燥处烧，云随龙吟而兴，风随虎啸而起，圣人奋起治世而万物显明可见。依存于天的亲近于上，依存于地的亲近于下，各以类相从而发挥作用。　　[29]"贵而无位"四句：这是譬喻某种人太尊贵了反而没有位置可以安身，太高贵了下面难有亲上的人。贤人都处在下位而高高在上者得不到好的辅助，所以一旦轻举妄动就将"有所悔恨"。　　[30]"潜龙勿用"至"穷之灾也"：这几句话是说，初九爻在最下的一位，所以不起作用，是谓"潜龙勿用"。九二爻的"见龙在田"，是说已得其时、得其位了。九三爻的"终日乾乾"，是指对于事功行为所持的态度。九四爻的"或跃在渊"有自试的现象。九五爻的"飞龙在天"，是说在上位治道的情况。上九爻的"亢龙有悔"，已经达到爻位的最高点，难免会有物极必反的灾晦。时舍，谓阳气舒发，时机已到。舍，通"舒"。穷，尽，极。　　[31]阳气潜藏：指初九如阳气潜伏，藏而未发。　　[32]天下文明：指九二如阳气发出地面，万物焕发光彩。　　[33]与时偕行：指九三如阳气发展到一定阶段，万物将趋于繁盛。行，发展。　　[34]乾道乃革：指九四如阳气发展至一个新阶段，万物正临转化。乾道，天道，即大自然的运行规律。革，变革。　　[35]乃位乎天德：位，此言尊居"天位"。天德，指九五如阳气发展到最旺盛阶段，万物已至繁茂。　　[36]与时偕极：极，穷极，穷困。爻位至上则时已穷，上九亢极则行必困。　　[37]乃见天则：乾德至极而能通其变，不为盈满，及时退返，和光同尘，如此最能体现天之法则。天则，自然法则，客观规律。　　[38]"'乾，元'者"至"纯粹精也"：这几句是说，乾卦象征天，有元亨之德，它能化生万物并使之亨通。和谐有利，贞正坚固，是天所蕴含的本性和内情。天以嘉美的惠利泽及万物，而它却不自伐其德，这真是太伟大了。伟大的天，它刚健中正，纯粹至精。　　[39]"六爻发挥"六句：是说乾卦六爻的运动变化，曲尽万物的发展情理。乾德有规律地运移其六爻，如同乘驾六龙而健行于周天，行云降雨，带来天下太平。发，动，运动。挥，移动，变化。旁通，犹言曲尽。情，天地万物的情理。时，按时，有规律。　　[40]"君子以成德为行"二句：是说君子以德业的成就，作为行为的目的。而德性之目标，以平日可以显见的行为作为标准。成德，成就德业。为行，作为立身行事之目的。日，俞樾《群经平议》以为"日"是"曰"之讹，"曰可见之行"，是说要把这种理想体现在具体的行动上。　　[41]"'潜'之为言也"四句：初九爻辞所讲的"潜"，意思是隐藏着而没有显现，行动尚未显著，所以君子暂时不施展才用。　　[42]"君子学以聚之"四句：是说君子靠学习来积累知识，靠发问来辨决疑难，胸怀宽阔而居于适当之位，心存仁爱而施诸一切行为。聚，积累知识。辩，通"辨"。仁以行之，即以仁爱之心行事，《中庸》"力行近乎仁"即此。　　[43]"九三重刚而不中"五句：是说九三是多重阳刚叠成的，居位不正中，上不达于高天，下不立于地面，所以要不断健强振作，随时保持警惕，这样即使面临危险也可免遭咎害。重刚而不中，初九、九二均为阳刚之爻，九三仍为阳爻，故称"重刚"。六十四卦的每卦只有二、五两爻居中，故九三"不中"。　　[44]"九四重刚而不中"八句：是说九四是多重阳刚叠成的，居位不正中，上不达于高天，下不立于地面，中不处于人境，所以强调"或"。强调"或"的意思，就是说要有所疑虑而多方审度，这样就能不遭咎害。中不在人，指九四之位近于天，远于地，故说中不在人。　　[45]"与天地合其德"四句：这是通过多种比拟来赞扬九五的"大人"。合，犹言符合、相同。　　[46]先天：先于天象，这里指自然界尚未出现变化时，就预先采取必要的措施。　　[47]后天：后于天象，这里指自然界出现变化之后，及时采取适当的措施。天时，指大自然的阴晴寒暑等变化规律。　　[48]其唯圣人乎：这是《文言》作者的慨叹语，与末句相同而复用，旨在渲染慨叹语气。

坤　卦

☷（坤下坤上）坤[1]：元，亨。利牝马之贞[2]。君子有攸往[3]，先迷，后得主，利。西南得朋[4]，东北丧朋。安贞吉[5]。

《彖》曰：至哉坤元[6]！万物资生，乃顺承天。坤厚载物[7]，德合无疆。含弘光大，品物咸亨。牝马地类[8]，行地无疆，柔顺利贞。君子攸行[9]，先迷失道，后顺得常。西南得朋[10]，乃与类行。东北丧朋，乃终有庆。安贞之吉[11]，应地无疆。

《象》曰：地势坤[12]，君子以厚德载物[13]。

初六[14]：履霜[15]，坚冰至。

《象》曰：履霜坚冰[16]，阴始凝也。驯致其道，至坚冰也。

六二：直方大[17]，不习无不利[18]。

《象》曰：六二之动[19]，直以方也。不习无不利，地道光也。

六三：含章[20]，可贞。或从王事[21]，无成有终。

《象》曰：含章可贞[22]，以时发也。或从王事，知光大也。

六四：括囊[23]，无咎无誉。

《象》曰：括囊无咎[24]，慎不害也。

六五：黄裳[25]，元吉。

《象》曰：黄裳元吉[26]，文在中也。

上六：龙战于野[27]，其血玄黄[28]。

《象》曰：龙战于野[29]，其道穷也。

用六[30]：利永贞[31]。

《象》曰：用六永贞[32]，以大终也。

《文言》曰：坤，至柔而动也刚[33]，至静而德方[34]。后得主而有常[35]，含万物而化光[36]。坤道其顺乎，承天而时行[37]。

积善之家，必有馀庆；积不善之家，必有馀殃。臣弑其君，子弑其父，非一朝一夕之故，其所由来者渐矣，由辩之不早辩也[38]。《易》曰"履霜坚冰至"，盖言顺也[39]。

直其正也[40]，方其义也。君子敬以直内[41]，义以方外，敬义立而德不孤。"直方大，不习无不利"，则不疑其所行也[42]。

阴虽有美[43]，含之，以从王事，弗敢成也。地道也，妻道也，臣道也，地道无成而代有终也。

天地变化[44]，草木蕃。天地闭，贤人隐。《易》曰"括囊，无咎无誉"，盖言谨也。

君子黄中通理[45]，正位居体，美在其中而畅于四支，发于事业，美之至也！

阴疑于阳必战[46]，为其嫌于无阳也[47]，故称"龙"焉；犹未离其类也[48]，故称"血"焉。夫玄黄者[49]，天地之杂也，天玄而地黄。

《周易注疏》卷一

【注释】

[1]"坤:元,亨"句:坤,卦名,以地为象,以顺为义。元,亨,词义与乾卦略同,此处特指"地"配合"天",也能开创化生万物,并使之亨通。《周易本义》"元亨"连读,训为"大亨",可备一说。　　[2]利牝(pìn 聘)马之贞:贞,正也,指守持正固。"牝马"柔顺而能行地,故取为坤德之象。　　[3]"君子有攸往"四句:这几句说明坤德在于柔顺、居后,抢先必迷,随后则利。攸,所。"先迷,后得主,利"三句,《周易本义》读作"先迷后得,主利",朱骏声《六十四卦经解》以"利"属下文,读作"先迷后得主,利西南"。两说可并存。　　[4]"西南得朋"二句:尚秉和《周易尚氏学》取《十二辟卦图》为说,指出坤居西北亥位,阴气逆行,沿西南方向前行遇"阳"渐盛,若沿东北方向前行则失"阳"渐尽;而"阴得阳为朋",故西南行"得朋",东北"丧朋"。此说阐明"阴阳为朋"之理甚为精当,今从之。　　[5]安贞吉:这是归结"得朋"、"丧朋"之义,说明坤德以安顺守正为吉。　　[6]"至哉坤元"三句:是说伟大的坤元之气,万物依靠它成长,它顺从禀承天的志向。至,形容词,指大地生养万物之德美善至极。　　[7]"坤厚载物"四句:是说地体深厚而能普载万物,德性广合而能久远无疆。它含育一切使之发扬光大,万物亨通畅达遍受滋养。无疆,兼含地域无涯和时间无限之义。"含弘光大,品物咸亨",《周易集解》引崔憬曰:"含育万物为弘,光华万物为大。动植各遂其性,故言'品物咸亨'也。"　　[8]"牝马地类"三句:是说母马与地有类同的德性,其持久的耐性使其在大地上健行不已,其柔顺的品格使其利于持守正道。利贞,利于持守正道。　　[9]"君子攸行"三句:是说君子有所前往,要是抢先居首必然迷入歧途、偏失正道,要是随从人后、温和柔顺就能使福庆久长。先,即先动,谓贸然先行。后,即后动,谓谨慎随行。坤主柔节,故宜后不宜先。得常,谓坤德能顺则福庆常保。　　[10]"西南得朋"四句:是说往西南将得到友朋,可以和朋类共赴前方;往东北将丧失友朋,但最终也仍有喜庆福祥。西南,谓阳方。朋,指得阳为友。类,众。阴无阳不行,南行得阳以为友,故可与众偕行。东北,谓阴方,行往阴方则失阳以为友。"东北丧朋,乃终有庆",是说往东北方向虽丧阳失朋,但行至终极,必将旋转为西南方,则也出现得朋之"庆",故曰"乃终有庆"。这是揭示阴阳循环消长之理,表明只要安顺守持坤德,即使"丧朋",也将出现"得朋"之时。　　[11]"安贞之吉"二句:安守正道而获得吉祥,是说要应合坤地的美德而永远保持下去。安贞,安守正道。应地,应合效法坤地美德。无疆,永远保持下去。　　[12]地势坤:此释坤卦上下"坤"皆为"地"之象。《说卦传》谓坤象取地、其义为顺,《大象传》即依此为说。　　[13]厚德载物:是说地势是顺着天的,君子应效法地,用深厚的德泽来化育人物。　　[14]初六:居卦下第一位,故称"初";以其阴爻,故称"六"。　　[15]"履霜"二句:是

说阴气初起，必增积渐盛，犹如微霜预示着坚冰将至。履，践，踩。　　[16]"履霜坚冰"四句：是说履践秋霜意味着冬日的阴气已开始凝积，依照循序渐进的规律，坚冰必然到来。"驯致其道，至坚冰也"即"坚冰之至，驯致其道也"，为协韵而倒其语序。驯，顺，循。就客体而言，是说气自然积渐之规律；就主体而言，是说察知几微而因循之。　　[17]直方大：这是从六二的位、体、用三方面说明爻义之美。《周易正义》："生物不邪谓之'直'也，地体安静是其'方'也，无物不载是其'大'也。"尚秉和《周易尚氏学》："方者，地之体；大者，地之用；而二又居中直之位，故曰'直方大'。"　　[18]不习无不利：六二之爻位居中得正，能行中正之道，虽未娴熟于事，然亦无所不利，此所谓"不习"之事。习，犹言学习。　　[19]"六二之动"四句：是说六二的举动行止，正直而端方，无所修习却能无所不利，是因为效法了广大的地道。地道，指地的柔顺之道。　　[20]"含章"二句：是说六三阴居阳位，犹如内含美德而不轻易发露，故可守贞。含，怀有。章，文采，指美德。　　[21]"或从王事"二句：或，不定之辞，含抉择时机之义。成，成功。无成，犹言不以成功自居。有终，即尽"臣职"至终。此二句承前文义，展示"含章可贞"的具体情状。　　[22]"含章可贞"四句：内怀美德而可以守正，这是说六三同时也能够抓住时机发挥才能；或许还会追随君王做事，说明其智虑明智而远大。知光大，知，通"智"。六三居下卦之上，有为臣服多艰难之象，故须"知光大"才能摆正位置，慎行免咎。　　[23]"括囊"二句：是说六四处位不中，其时不利施用，故以"括囊"喻缄口不言、隐居不出。这样虽不致惹害，但也不获赞誉，故曰"无咎无誉"。括，闭也，犹言"束紧"。　　[24]"括囊无咎"二句：《象传》说："束紧囊口，免遭咎害。"说明六四必须谨慎小心才能不惹祸患。六四以阴居阴，有谦退自守、慎而又慎之象，这是处位不利能获无咎的重要条件。故爻辞以"括囊"为喻，《象传》以"慎不害"设戒。　　[25]"黄裳（cháng　常）"二句：是说六五以柔居上卦之中，其德谦下，故获"元吉"。黄，居"五色"之"中"，象征中道。裳，古代服装是上衣下裳，故"裳"象征"谦下"。元，大也，犹言"至大"。　　[26]"黄裳元吉"二句：《象传》说："黄色裙裳，至为吉祥。"说明六五以温文之德守持中道。"文在中"，文，谓温文，与威武相对，亦喻坤德。六五获"元吉"，在于居尊而能柔和谦下，与乾卦九五阳刚向上正好相反。　　[27]龙战于野：是说上六阴气至盛，阴极阳来，二气交互和合，故有"龙战"之象。龙，喻阳刚之气。战，接。龙战，指阴阳交合。　　[28]其血玄黄：此句承上句意，谓阴阳二气交合，流出青黄交杂之血。尚秉和《周易尚氏学》："万物出生之本，由于血。血者，天地所遗氤氲之气。天玄地黄，'其血玄黄'者，言此血为天地所和合，故能生万物也。"　　[29]"龙战于野"二句：二龙交战于野外，这意味着阴道盛极而走向困穷。本爻"龙战"的喻意，含两个方面：一、阴气至盛，终究要导致阳来；二、坤道穷尽，则转入阴阳交合。所谓"天地生生之德"，就在两者矛盾统一中体现出来。此爻明显反映了《周易》阴阳相推、变易不穷的思想。 [30]用六：义与乾卦"用九"相对，但"用六"是就阴爻而言。 [31]利永贞：是说柔极能济之以刚则利。永，永久，含"健"义。能永久守正，即见阳刚之质。 [32]"用六永贞"二句：即"用六永贞"，（由阴变阳，）以小变大来作终结。所谓"大"，即阳大阴小。"以大终"犹言"以阳为归宿"。 [33]至柔而动也刚：尚秉和《周易尚氏学》："坤柔动刚，义与'用六'、'大终'同。言坤虽至柔，遇六则变阳矣。" [34]方：古人以为天圆地方，此处含流布四方之意。 [35]后得主而有常：《周易正义》："阴主卑退，若在事之后，不为物先，即'得主'也；此阴之恒理，故云'有常'。" [36]含万物而化光：此句与《象传》"含弘光大，品物咸亨"之义同。《周易本义》："复明'亨'义。" [37]承天而时行：《周易集解》引荀爽曰："承天之施，因四时而行之也。"以上几句大意是，大地极为柔顺但变动时却显示出刚强，极为安静但柔美的品德却流布四方。随从人后、有人作主，于是保持福庆久长；包容一切、普载万物，于是焕发无限光芒。大地体现的规律多么柔顺啊！它禀承天的意志沿着四时运行得当。这一节是总释坤卦卦辞大义，以下六节分释六爻喻旨。 [38]两个"辩"：通"辨"，别也。 [39]盖言顺也：《象传》"顺"作"驯"，朱熹疑"顺"当作"慎"。在这里，此"顺"字兼驯（循）、顺、慎而言。就客体现象而说，坚冰之至有循次积渐之过程；就主体教训而说，谓当因依其理而慎行之。本节是释坤卦初六爻辞，主要阐发了防微杜渐的意义。 [40]"直其正也"二句：义，宜也。《易经蒙引》："此'正'、'义'二字，皆以见成之德言。然直不自直，必由于敬；方不自方，必由于义。直，即'主忠信'；方，即'徙义'。直，即心无私；方，即事当理。" [41]"君子敬以直内"三句："敬以直内，义以方外"两句复申直、方之义，犹言"以敬使内心正直，以义使外形端方"。德不孤，指美德广布，人所响应。 [42]不疑其所行：指美德充沛，所行必畅达无碍，故不须疑虑。 [43]"阴虽有美"至"地道无成而代有终也"：这几句大意是，阴柔在下者纵然有美德，只是含藏不露而用来辅助君王的事业，不敢把成功归属己有。坤阴对乾阳来说是处于从属地位的地道、妻道和臣道，它们本无所谓成功，而仅仅是替乾阳成就事功罢了。这里指出坤道在客观上是"成物"的，但在主观上要不以为"成"、不自居其"成"。代有终，即替乾阳成就事功而归功于乾阳。代，替。有，同"为"。终，犹"成"。 [44]"天地变化"四句：天地变化，草木蕃盛。天地闭塞，贤人隐遁。 [45]"君子黄中通理"五句：是说君子修美于内而通达于外，时位正当而居中得体。内在的美德，流通于四肢，发挥于事业，这真是完美至极了。黄，中之色，六五柔居上卦中位，故称"黄中"。理，指美在其中而见之于外的文理。正位居体，犹言"体居正位"，即正确居处已位。支，通"肢"。　　[46]阴疑于阳必战：是说上六处坤之极，阴极返阳，犹"凝情"于阳，故必致交合。疑，通"凝"，犹言"凝情"。　　[47]"为其嫌于无阳也"二句：是说爻辞取"龙"喻阳，是虑及读者或疑卦中无阳，不明爻义。嫌，《说文解字》："不平于心也，一曰疑也，从女兼声。"　　[48]"犹未离其类也"二句：是说上六既阴极遇阳，阴阳必合，故爻辞称"血"以明交合。类，朋类，指阳性"配偶"。　　[49]"夫玄黄者"三句：这三句说明爻辞"其血玄黄"，是譬喻天地交合之血混合。尚秉和《周易尚氏学》："言此血非阴非阳，亦阴亦阳，为天地所和合，故能生万物。"又曰："阴阳合为'类'，离则为独阴独阳。独阴独阳不能生，即不成为'血'。既曰'血'，即阴阳类也，天地杂也。"这一段大意是说，阴气凝情于阳气必然相互交合。作《易》者是怕读者疑惑于坤卦没有阳爻，所以在爻辞中称"龙"代表阳；又因为阴不曾离失其配偶阳，所以在爻辞中称"血"代表阴阳交合。至于血的颜色为青黄相杂，这是说明天地阴阳的血交互混合：天为青色，地为黄色。杂，指血色相混。

【解析】

　　《周易》六十四卦，乾为纯阳之卦，坤为纯阴之卦；乾卦是阳卦之首，坤卦是阴卦之首。乾坤二卦集中体现了阴阳哲学的基本原理，是深入理解易道的关键。另一方面，六十四卦有不少事不同而文同者，这些文字的基本含义，在乾坤二卦里首先表现出来。如乾卦之"元亨利贞"，坤卦之"西南东北"，各有一定含义，别的卦用时，皆本此以为说。故而乾坤二卦在《周易》一书中又有着起例的作用。

　　作为《周易》六十四卦之首，乾卦以天为象征形象，具有阳性、刚健的特征。其卦辞"元亨利贞"经由《彖传》解释，被提炼为四个德性范畴，称为乾之四德，其用意在于表明阳气是宇宙万物"资始"之本。但阳气的自身发展，又有一定的规律，于是，六爻拟取龙作为阳的象征，从潜龙到亢龙，层层推进，形象地展示了阳气萌生、进长、盛壮乃至穷衰消亡的变化过程。其中九五"飞龙在天"，体现阳气至盛至美的情状；上九"亢龙有悔"，则披露物极必反、阳极生阴的哲理。

　　坤卦继乾卦之后，寓有地以承天的意旨。全卦之义，在于揭示阴与阳既相对立、又相依存的关系。在这对矛盾中，阴依顺于阳而存在、发展。就卦象看，坤以地为象征形象，其义主顺。坤卦六爻主要抒发阴在附从阳的前提下的发展变化规律。二处下守中，五居尊谦下，三、四或"奉君"或"退处"，皆呈"坤，顺"之德，而以二、五最为美善；至于初六履霜与上六龙战，两相对照，又深刻体现了阴气积微必著、盛极返阳的辩证思想。

乾坤二卦不仅展示了《周易》作者对客观世界的一种纯粹理性认识，还具有一种普遍的实践指导功能。如《系辞》所说："夫《易》何为者也？夫《易》开物成务，冒天下之道，如斯而已者也。是故圣人以通天下之志，以定天下之业，以断天下之疑。"《周易》作为一部"开物成务"之书，其中的易道囊括了天地万物之理，可以启发人们的智慧，开通人们的思想，把这个易道用于处理实际的事务，就能通权达变，决断疑惑，采取正确的行动，做成一番事业。乾坤二卦对人们的启示意义，正在于要"推天道以明人事"，从天道的刚健有为中学会自强不息、奋发有为；从地道的柔顺宽容中学会宽厚涵容、厚德载物。乾坤并健，刚而能柔，柔中有刚。人们也要如同宇宙的自然法则那样，把自强不息与厚德载物结成一种双向互补、协调并济的关系，既勇猛进取又虚怀若谷。

关于《周易》的核心思想，在《乾卦·彖传》中有一个经典表述："乾道变化，各正性命。保合大和，乃利贞。首出庶物，万国咸宁。""大和"即"太和"，是最高的和谐，既包括人与自然的和谐，也包括人与人之间的和谐。《周易》的核心思想是追求一种以大和为最高目标的天与人、自然与社会的整体和谐，其思维模式是一个阴阳互补的宇宙观、世界观，代表了中国文化自强不息、厚德载物的根本精神，对我们今天人类社会的建设也具有很大的启发意义。

《诗经》四篇

《毛诗》

【题解】

《诗经》是中国第一部诗歌总集，共收录305篇。其时代自西周初年至春秋中叶（约前11世纪至前6世纪）。原来只称《诗》或"诗三百"，如《论语·季氏》云："不学诗，无以言。"《论语·为政》云："诗三百，一言以蔽之，曰：思无邪。"汉武帝建元五年（前136）置"五经博士"，将《诗》与《易》、《尚书》、《礼》、《春秋》并列，是官方确认《诗》为"经"的开始。这体现了对它的尊崇，并一直沿袭了下来。可见在古人心目中早已把《诗经》视为中华传统文化最重要的原典之一。

汉代传授《诗》的有鲁、齐、韩、毛四家，后来其他三家诗先后亡佚，只有《毛诗》流传至今。《毛诗》在《关雎》之下有《毛诗序》一篇。序又分小序和大序，小序解释各篇的大意；大序是《诗经》全书的总序，其中说道："治世之音安以乐，其政和；乱世之音怨以怒，其政乖；亡国之音哀以思，其民困。"又说道："上以风化下，下以风刺上，主文而谲谏，言之者无罪，闻之者足以戒。"这些话对中国诗学都有重大的影响。

孔子曾将"诗三百"作为政治教化、美育和言语教育的教材，他说："小子何莫学夫诗？诗可以兴，可以观，可以群，可以怨。迩之事父，远之事君；多识于鸟兽草木之名。"（《论语·阳货》）又说："不学诗，无以言。"（《论语·季氏》）这些话对后世影响很大。

《诗经》有"六义"、"四始"之说。"六义"指风、雅、颂三种体式和赋、比、兴三种表现手法。"四始"一说指"风"、"小雅"、"大雅"、"颂"各自的第一篇，即《关雎》、《鹿鸣》、《文王》、《清庙》，本书所选的四篇正是《诗经》的"四始"之篇。

关　雎

关关雎鸠[1]，在河之洲[2]。窈窕淑女[3]，君子好逑[4]。
参差荇菜[5]，左右流之[6]。窈窕淑女，寤寐求之[7]。
求之不得，寤寐思服[8]。悠哉悠哉[9]，辗转反侧[10]。
参差荇菜，左右采之。窈窕淑女，琴瑟友之[11]。
参差荇菜，左右芼之。窈窕淑女，钟鼓乐之[12]。

《毛诗注疏》卷一

【注释】

[1]关关雎鸠（jūjiū 居究）：关关，水鸟雌雄和鸣声。雎鸠，水鸟名，相传"生有定偶而不相乱，偶常并游而不相狎"。　　[2]洲：水中的陆地。　　[3]窈窕（yǎotiǎo 杳挑，上声）淑女：窈窕，美心为窈，美状为窕。淑，美善。　　[4]君子好逑（qiú 求）：君子，有身份的男子的通称。好逑，好的匹配。逑，配偶。　　[5]参差（cēncī 岑，阴平 呲）荇（xìng 幸）菜：参差，长短不齐的样子。荇菜，一种可食的水生植物。　　[6]左右流之：指采荇菜的女子时而向左、时而向右地采摘。流，通"摎（liú 留）"，捋取。下文"左右采之"、"左右芼（mào 貌）之"与此句意思相同。　　[7]寤寐（wùmèi 务妹）：寤，醒来。寐，入睡。　　[8]思服：思，发语词，无实际意义。服，思念。　　[9]悠哉悠哉：形容时间之久长。　　[10]辗转反侧："辗"与"转"同义，"反"与"侧"同义，连起来用表示坐卧不宁的样子。　　[11]琴瑟友之：琴瑟，皆为古代弹拨乐器。友之，把她当成亲密的朋友对待。　　[12]钟鼓乐之：钟鼓，皆为古代打击乐器。乐之，使淑女感到快乐。第四、五两章的后两句皆为迎娶后的想象之辞。

【解析】

《关雎》为"风"（又称"国风"）的第一篇。"风"为地方乐调，共有十五国风，即当时十五个地区的地方乐调，其词大多属于民俗歌谣之类。

《毛诗序》说："诗者，志之所之也。在心为志，发言为诗。情动于中而形于言，言之不足，故嗟叹之；嗟叹之不足，故永歌之；永歌之不足，不知手之舞之，足之蹈之也。"第一首《关雎》正是这种创作过程生动而具体的体现。第一章以雎鸠的和鸣兴起"窈窕淑女，君子好逑"，正所谓"情动于中而形于言"，为全诗之要领。第二章的"寤寐求之"，第三章的"求之不得，寤寐思服。悠哉悠哉，辗转反侧"，正所谓"言之不足，故嗟叹之；嗟叹之不足，故永歌之"，而这种嗟叹、永歌又是那么真率，毫无扭捏矫饰之态；第四章的"琴瑟友之"，第五章的"钟鼓乐之"，写君子想象中的婚嫁场面，正是"永歌之不足，不知手之舞之，足之蹈之也"这种兴奋状态的生发。

全诗感情既饱满炽烈，又"和乐平正"（方玉润《诗经原始》语），"乐而不淫"，正应了孔子的评价："诗三百，一言以蔽之，曰：思无邪。"这也体现了我们的先民在婚恋观上是多么的大胆坦诚、真率纯洁。把《关雎》放在《诗经》的第一篇，有将婚恋视为"人伦之始"的意思。

鹿　鸣

呦呦鹿鸣，食野之苹[1]。我有嘉宾，鼓瑟吹笙。吹笙鼓簧[2]，承筐是将[3]。人之好我[4]，示我周行[5]。

呦呦鹿鸣，食野之蒿。我有嘉宾，德音孔昭[6]。视民不恌[7]，君子是则是傚。我有旨酒[8]，嘉宾式燕以敖[9]。

呦呦鹿鸣，食野之芩。我有嘉宾，鼓瑟鼓琴。鼓瑟鼓琴，和乐且湛[10]。我有旨酒，以燕乐嘉宾之心。

《毛诗注疏》卷九

【注释】

[1]苹：一种陆生的可食植物。下文"蒿"、"芩（qín 秦）"同义。　[2]簧：乐管内发声的舌片。　[3]承筐是将：古人宴享时有奉送币帛的侑宾之礼，这句就是说在宴会上进行着侑宾之礼。承，奉送。筐，盛币帛的器物。将，进行。　[4]人之好我：人，指与会的嘉宾。我，指设宴的主人。　[5]示我周行（háng 航）：嘉宾宣示大道，向我表达友好之情。示，告。周行，大道，正道。　[6]德音孔昭：德音，美好的品德和声誉。孔昭，非常昭著。　[7]"视民不恌（tiāo 挑，阴平）"二句：嘉宾所说的绝非轻佻之言，因而可以把它作为规则加以效法。视，通"示"。恌，通"佻"，轻薄。傚（xiào 笑），同"效"，效法。　[8]旨酒：醇美的酒。　[9]嘉宾式燕以敖：嘉宾既可得到宴享之乐，又

可得到遨游之乐。燕，通"宴"。敖，通"遨"。　　[10]湛（dān　丹）：通"媅
（dān　丹）"，乐，尽兴。

【解析】

　　《鹿鸣》是"小雅"的第一篇，描写的是周人宴享宾客的场面、过程。先
有奉币帛以侑宾的礼仪，再有歌乐中的酒食尽欢，最后有鼓乐齐鸣的合乐。
宴饮活动的重点集中体现在主人的敬宾、嘉宾的美德，以及宴享活动维系
人心的作用上。"人之好我，示我周行"，这是说对主人报答的最好方式就
是向他示以美德大道；"我有嘉宾，德音孔昭"，这是说对嘉宾的最大敬意
就是能使其德音得到显著的发扬；"和乐且湛"，"以燕乐嘉宾之心"，宴饮
最重要的社会意义就在于营造一种祥和的氛围，使宾主身心都得到愉悦。

文　王

　　文王在上[1]，於昭于天[2]。周虽旧邦[3]，其命维新。有周不显[4]，帝命
不时。文王陟降[5]，在帝左右。

　　亹亹文王[6]，令闻不已。陈锡哉周[7]，侯文王孙子。文王孙子，本支
百世[8]，凡周之士，不显亦世[9]。

　　世之不显，厥犹翼翼[10]。思皇多士[11]，生此王国。王国克生[12]，维
周之桢。济济多士[13]，文王以宁。

　　穆穆文王[14]，於缉熙敬止[15]。假哉天命[16]，有商孙子。商之孙
子，其丽不亿。上帝既命，侯于周服。

　　侯服于周，天命靡常[17]。殷士肤敏[18]，祼将于京[19]。厥作祼将，常
服黼冔[20]。王之荩臣[21]，无念尔祖[22]。

　　无念尔祖，聿修厥德[23]。永言配命[24]，自求多福。殷之未丧师[25]，克
配上帝。宜鉴于殷，骏命不易[26]。

　　命之不易，无遏尔躬[27]。宣昭义问[28]，有虞殷自天[29]。上天之
载，无声无臭[30]。仪刑文王[31]，万邦作孚[32]。

《毛诗注疏》卷一六

【注释】

[1]文王在上：周文王（名姬昌）的神灵在上天。史载周人自姬昌开始称王，周人认为这是周族受天命之始。　[2]於（wū 乌）昭于天：得到天命而彰显昭著。於，叹美声。　[3]"周虽旧邦"二句：周邦虽是旧邦，但至文王而有新的开始。旧邦，历史悠久的邦国。命，天命，国祚。维，乃。　[4]"有周不显"二句：周国得以彰显，天命得以继承。时，通"承"。不，通"丕"，意为大。　[5]"文王陟（zhì 至）降"二句：是说文王神灵的上下往来，始终在天帝的左右。陟降，上下。帝，天帝。　[6]亹亹（wěiwěi 尾尾）：勤勉貌。　[7]"陈锡哉周"二句：是说接受上天厚赐的是周文王的子孙。陈，通"申"，重复。锡，通"赐"。陈锡，即厚赐。侯，维，只有。孙子，犹言子孙。　[8]本支百世：本支，根干和枝叶。这里指周的本宗和支系。百世，世世代代。　[9]不显亦世：不，通"丕"。不显，即大显。下文"世之不显"同。亦，通"奕"。亦世，即累世。　[10]厥犹翼翼：厥，其。犹，通"猷（yóu 尤）"，谋略。翼翼，谨慎貌。　[11]思皇多士：思，语气词，无实义。皇，滋长，增加。　[12]"王国克生"二句：是说周王国能培育出"多士"，他们是国家的栋梁。克，能。维，是。桢，根干，骨干。　[13]济济：众多貌。　[14]穆：和睦端庄。　[15]於（wū 乌）缉熙敬止：缉熙，光明正大。敬止，诚敬谨慎。止，语尾助词。　[16]"假哉天命"六句：是说天命是伟大的，商不下数万的子孙既已接受天命，服从了周。假，大。有商，古人在称某朝时常在前加一"有"字。丽，数目。不亿，不止一亿。古时以十万为一亿。侯，乃，于是。服，服事，臣服。　[17]靡：无，不。　[18]殷士肤敏：殷士，指助祭的殷人后代。肤敏，壮美敏捷。　[19]祼（guàn 灌）将于京：殷人的后代也来到京城进行助祭。祼，祭祀的一种形式，也称"灌祭"。将，进行。　[20]常服黼冔（fǔxǔ 府许）：常，通"尚"，还是，依然。黼冔，殷人依然穿戴着他们的礼服和礼帽。　[21]王之荩（jìn 近）臣：王，指主祭的周王。一说周成王。荩，进用。指周王所进用的殷商旧臣。　[22]无念尔祖：周人劝殷商旧臣弃旧从新，不要再怀想商之先祖。　[23]聿（yù 玉）：循，遵行。　[24]永言配命：永远膺承上天之命。　[25]"殷之未丧师"二句：是说殷朝在未丧失民心时，他们也能配享上帝。　[26]骏命不易：骏命，大命，天命。不易，不容易。　[27]无遏（è 饿）尔躬：是说天命不易长保，只是不要在你们身上中断。遏，止。　[28]宣昭义问：宣昭，发扬光大。问，通"闻"。"义问"即令闻，好名声。　[29]有虞殷自天：还须知道殷鉴是来自天意的。有，通"又"。虞，揣度。殷，通"依"，依从。"虞殷"含有借鉴之意。　[30]无声无臭（xiù 嗅）：无声无息。　[31]仪刑：效法。刑，通"型"，模范。　[32]孚：信，信服。

【解析】

《文王》是"大雅"的第一篇，《毛诗序》说："雅者，正也，言王政之所由废兴也。政有小大，故有小雅焉，有大雅焉。"《文王》一诗，歌颂的是周文王如何建国以及周王子孙如何守成王业，属于政之大者。第一章以"文王在上，於昭于天"始，以"文王陟降，在帝左右"结，是说周文王的开国称王乃受命于天，"周虽旧邦，其命维新"，强调文王是新受命者，有一个新的开始。第二章"文王孙子，本支百世"，第三章"思皇多士"、"济济多士"，反复强调"多士"的重要性，指出国家只有培育出大批的新人成为国家的栋梁，文王开创的基业才能"不显亦世"，长治久安。第四章、第五章"商之孙子，其丽不亿。上帝既命，侯于周服"，是说要想自己长治久安，必须使敌人臣服，而这种臣服不能只靠武力，而要让他们心悦诚服，他们可以保留自己的文化而侯服于新王。其中"天命靡常"一句强调天命并非固定不变的，而是取决于人事。第六章"殷之未丧师，克配上帝。宜鉴于殷，骏命不易"，进一步写殷人也曾得到过天命，所以更应以殷为鉴。第七章作为结章，与第一章相呼应，既然要以天命为本，就应敬畏天命。别看"上天之载，无声无臭"，但它是公平的，是会选择的，只有效法文王，才能得到万邦的诚信。

要之，此诗在对周文王充满敬意的回忆与歌颂中，也对周王朝自身的发展做出清醒的思考。诗中反复表述要敬畏天命，培养人才，以殷亡为借鉴等，都是古人给我们留下的治国理政的宝贵经验和教训。

清　庙

於穆清庙[1]，肃雝显相。济济多士[2]，秉文之德[3]。对越在天[4]，骏奔走在庙[5]。不显不承[6]，无射于人斯！

《毛诗注疏》卷一九

【注释】

[1] "於（wū 乌）穆清庙"二句：进入肃穆的清庙，人们好像又见到文王本身的相貌。於穆，犹言"穆穆"，意为肃穆。清庙，肃然清静的庙宇。肃，敬。雝

（yōng 拥），同"雍"，谐和。显，明，指有明德。相，助，指助祭者。　　[2]济济多士：济济，众多。多士，指参加祭祀的众多诸侯和公卿大臣。　　[3]秉文之德：都秉持着文王的德行。　　[4]对越在天：是说报答文王的在天之灵。对，报答。越，宣扬。　　[5]骏：通"逡"，形容奔走时急速的样子。周时在庙堂祭祀时以小步速行为恭敬。　　[6]"不显不承"二句：是说文王的功德多么显赫，多么盛美，人们都在毫不懈怠地继承着他的盛德和功业。不，通"丕"，大。承，通"烝"，美善。射（yì 意）：厌倦、懈怠。斯，句末语助词。

【解析】

　　颂是宗庙之乐歌，分"周颂"、"鲁颂"、"商颂"。这首《清庙》为"周颂"的第一篇，写的是周人祭祀周文王的情景。据最新的出土文献《战国楚竹书·孔子诗论》第五简记载，孔子曾这样说："《清庙》，王德也，至矣！敬宗庙之礼，以为其本；秉文之德，以为其蘖。"这些话准确地揭示了此诗的两大主旨。"於穆清庙，肃雝显相"，"骏奔走在庙"，这都是"敬宗庙之礼"。"祭神如神在"（《论语·八佾》），祭祀祖先应恭恭敬敬地恪尽职责，怀着一颗敬畏之心，感念他的伟大业绩，从而继承和巩固王德之本。"无射于人斯"，是要求子孙能毫不懈怠地"秉文之德"。而"秉文之德"的关键是"济济多士"，要有德才兼备的人才，使王德不断地"分蘖"发扬。这样看来，祭祀宗庙祖先不仅仅是形式，而是要通过这种形式追本溯源，不忘本初，凝聚人心，警示后人，紧抓人才的培养，从而光大祖先的王德和基业。

子产不毁乡校

《左传》

【题解】

《春秋左氏传》，简称《左传》，《春秋》三传之一，是我国第一部编年体史籍。"传"是注释说明的意思。"《春秋》三传"都是注释鲁史《春秋》的，另两种（《公羊传》和《穀梁传》）偏重发挥义理，只有《左传》是以叙事为主，史料价值很高。相传《左传》为春秋末期鲁国史官左丘明所编纂，但其实际成书年代或在战国中前期。此书记载了从鲁隐公元年（前722）至鲁哀公二十七年（前468）二百五十多年间东周列国的政治、经济和文化。《左传》的思想内涵极为丰富，大体上以儒家思想为主，也囊括了法家、兵家等多方面内容。内中尤以"民本"思想特别值得我们重视。本段文字出自《左传》襄公三十一年（前542），篇题为前人所加。

郑人游于乡校[1]，以论执政[2]。然明谓子产曰[3]："毁乡校，何如？"子产曰："何为？夫人朝夕退而游焉，以议执政之善否。其所善者，吾则行之；其所恶者，吾则改之，是吾师也。若之何毁之？我闻忠善以损怨[4]，不闻作威以防怨。岂不遽止[5]？然犹防川。大决所犯[6]，伤人必多，吾不克救也。不如小决使道[7]，不如吾闻而药之也[8]。"然明曰："蔑也今而后知吾子之信可事也[9]。小人实不才。若果行此，其郑国实赖之[10]，岂唯二三臣？"

仲尼闻是语也[11]，曰："以是观之，人谓子产不仁，吾不信也。"

《春秋左传注疏》卷四〇

【注释】

[1]乡校：古代地方学校。周代特指六乡州党的学校。　　[2]执政：执政的大臣。　　[3]然明：春秋时期郑国大夫，姓然明，名蔑蔑（zōngmiè 宗灭），故

下文自称蔑。子产：姬姓，公孙氏，名侨（？—前522），字子产。春秋时期郑国著名政治家、思想家。郑简公十二年（前554）为卿，二十三年开始主政郑国，相郑简公、郑定公二十馀年。　　[4]损：减少。　　[5]岂不遽（jù 巨）止：难道不能迅速制止议论？遽，赶快，疾速。　　[6]决：堤岸溃破。　　[7]道：同"导"，疏通。　　[8]吾闻而药之：我听到这些来救治弊端。药之，使之为药，救治。　　[9]信：确实。　　[10]赖：依靠。　　[11]仲尼：孔子字仲尼。

【解析】

　　不毁乡校一事发生在子产主政郑国的第二年（前542）。其时子产推行一系列治国新举措，遭到部分人的反对。于是，郑国人聚集乡校，批评子产的施政举措。大夫然明建议子产毁乡校，以杜绝众人的议论；而子产以政治家的气度欢迎这些批评，认为压制舆论会使民怨沸腾，诚恳接受批评才是施政的良策。《国语·周语上》"召公谏厉王弭谤"的记载说，周厉王为人暴虐，又拒绝批评，最终被臣民抛弃。子产显然熟悉这段历史，从中汲取了教训，因而做出了如此明智正确的选择。

子产论政宽猛

《左传》

【题解】

本文选自《左传》昭公二十年（前522），篇名为前人所加。这段文字记载了子产临终前对继任者子大（tài 太）叔的政治嘱托。子大叔对遗嘱的违背与遵从所造成的后果，正折射出子产作为政治家的远见卓识；而孔子对子产、子大叔执政的评价，则体现了儒家宽严相济的中和思想。

郑子产有疾。谓子大叔曰[1]："我死，子必为政[2]。唯有德者能以宽服民，其次莫如猛。夫火烈，民望而畏之，故鲜死焉[3]。水懦弱，民狎而玩之[4]，则多死焉。故宽难。"疾数月而卒。

大叔为政，不忍猛而宽。郑国多盗，取人于萑苻之泽[5]。大叔悔之，曰："吾早从夫子，不及此。"兴徒兵以攻萑苻之盗[6]，尽杀之，盗少止。

仲尼曰："善哉！政宽则民慢，慢则纠之以猛。猛则民残[7]，残则施之以宽。宽以济猛[8]，猛以济宽，政是以和。《诗》曰'民亦劳止[9]，汔可小康[10]。惠此中国，以绥四方[11]'，施之以宽也。'毋从诡随[12]，以谨无良。式遏寇虐[13]，惨不畏明'，纠之以猛也。'柔远能迩[14]，以定我王'，平之以和也。又曰'不竞不絿[15]，不刚不柔。布政优优[16]，百禄是遒[17]'，和之至也。"

及子产卒，仲尼闻之，出涕曰："古之遗爱也[18]。"

《春秋左传注疏》卷四九

【注释】

[1]子大叔：姓游，名吉，春秋时郑国贵族，继子产之后主政郑国。其人熟悉典故，娴于辞令，知名于诸侯国。　　[2]为政：执政。　　[3]鲜：少。　　[4]狎

（xiá　侠）：轻忽，轻慢。玩：弄。　　　[5]取（jù　聚）：通"聚"，聚集。萑苻（huánfú　桓伏）之泽：芦苇丛生的水泽。　　　[6]徒兵：步兵。　　　[7]残：残忍，残暴。　　　[8]济：调剂，弥补，补益。　　[9]"民亦劳止"四句：见于《诗·大雅·民劳》。　　　[10]汔（qì　气）：差不多。　　　[11]绥：安。　　　[12]"毋从诡随"四句：见于《诗·大雅·民劳》。诡随，不顾是非而妄随人者。　　　[13]式：应。遏：止。　　　[14]"柔远能迩"二句：见于《诗·大雅·民劳》。迩，近。　　　[15]"不竞不絿（qiú　求）"四句：见于《诗·商颂·长发》。竞，强。絿，缓。　　　[16]布政：施政。优优：宽裕之貌。　　　[17]遒（qiú　求）：聚。　　　[18]遗爱：指有古人高尚德行、被人敬爱的人。

【解析】

　　本文是一篇关于子产、孔子治国理念的重要文献。子产临终前将其治民理政的经验传授给继任者子大叔，认为民之性，畏惧严苛而亵于宽松，故在春秋乱世，为政当以猛为主。子大叔继任后，不忍用猛而用宽，导致郑国多盗贼。子大叔感悟到子产遗嘱的道理，于是发兵歼灭群盗。针对郑国的政局变化，孔子阐述了治民当以宽严相济的儒家中和思想。孔子认为德治与法治应协调施用，而以德治礼治为主导，以达到社会和谐的效果。

召公谏厉王弭谤

《国语》

【题解】

《国语》是中国最早的一部国别体史书。相传为春秋末期鲁国史官左丘明编纂，但实际成书年代应在战国初期。《国语》二十一卷，分周、鲁、齐、晋、郑、楚、吴、越八国记事，起自西周中期，下迄战国初年，前后约五百年。与《左传》不同，《国语》以记言为主，记事为辅，士大夫的嘉言善语构成此书的主体。《国语》的编纂既有惩恶扬善的劝诫意味，又有汲取历史经验教训的用意，对今人亦多有启发。本篇选自《周语上》，篇题为后人所拟。"召公"一作"邵公"。

　　厉王虐[1]，国人谤王[2]。召公告王曰[3]："民不堪命矣！"王怒，得卫巫[4]，使监谤者[5]。以告，则杀之。国人莫敢言，道路以目[6]。

　　王喜，告召公曰："吾能弭谤矣[7]，乃不敢言。"召公曰："是鄣之也[8]。防民之口，甚于防川。川壅而溃[9]，伤人必多，民亦如之。是故为川，决之使导；为民者，宣之使言。故天子听政，使公卿至于列士献诗[10]，瞽献曲[11]，史献书[12]，师箴[13]，瞍赋[14]，矇诵[15]，百工谏[16]，庶人传语，近臣尽规，亲戚补察，瞽、史教诲，耆、艾修之[17]，而后王斟酌焉[18]，是以事行而不悖。民之有口也，犹土之有山川也，财用于是乎出；犹其有原隰衍沃也[19]，衣食于是乎生。口之宣言也，善败于是乎兴，行善而备败，所以阜财用衣食者也[20]。夫民虑之于心，而宣之于口，成而行之，胡可壅也[21]？若壅其口，其与能几何？"

　　王弗听，于是国人莫敢出言。三年[22]，乃流王于彘。

《国语》卷一《周语上》

【注释】

[1]厉王：周厉王（？—前828），姬姓，名胡。周夷王姬燮之子，西周第十

位君主。虐，残暴。　　[2]国人：指居住在大邑内的人。谤，指责别人的过失。　　[3]召公：召穆公，姬姓，名虎。为厉王朝的卿士。　　[4]卫巫：卫国的巫师。　　[5]监：察看，监视。　　[6]目：不敢发言，用眼色表态示意。　　[7]弭（mǐ 米）：止息。　　[8]鄣：同"障"，阻塞。　　[9]壅（yōng 庸）：堵塞。　　[10]列士：古称天子之上士，以别于诸侯之上士。献诗：进献诗歌，用以讽谏。　　[11]瞽（gǔ 鼓）：乐官，古代以瞽者为之。瞽，眼失明。曲：原作"典"，据徐元诰《国语集解》改。　　[12]史献书：外史进献史志文献以尽规鉴之效。　　[13]箴：规谏，告诫。　　[14]瞍（sǒu 叟）：盲人。古代乐官以盲人充任。　　[15]矇：目盲。亦指一时失明。　　[16]百工：各种工匠。　　[17]耆（qí 棋）、艾：尊长，师长。亦泛指老年人。　　[18]斟酌：反复考虑、择善而定。　　[19]隰（xí 习）：低湿的地方。　　[20]阜（fù 复）：谓使之丰厚、富有。　　[21]胡：原作"故"，据徐元诰《国语集解》改。　　[22]"三年"二句：由于周厉王统治暴虐，国人不堪忍受，三年后（前841）国人暴动，推翻厉王的统治，厉王逃亡至彘，最终死在那里。彘（zhì 智），在今山西霍县东北。

【解析】

　　召公用"防民之口，甚于防川"来比拟压制民间呼声的危害，并指出民间的声音有利于天子施政，而且周代已有天子纳谏的制度，厉公不应该弭谤。以人为鉴，可以明得失。厉公拒绝纳谏，最终为民所弃。因此，在上者时刻关注百姓的声音，随时反思修正自己的行为，是极为重要的。

牧 民

《管子》

【题解】

《管子》是战国时期管仲（？—前645）后学对管仲思想、言行的记述与发挥之作，其中也夹杂了秦汉时期的一些作品。《汉书·艺文志》将其列为"道家"，《隋书·经籍志》则将其列为"法家"。在道家、法家为主体之外，书中亦有儒家、纵横家、兵家之说，间杂阴阳家、农家思想。此书虽非管仲本人所作，但对了解战国时期的学术思想以及齐国的政治文化均有重要价值。汉代初年许多思想家的论著以及《史记》、《汉书》中都援引过《管子》。《管子》一书经西汉刘向整理后，定为八十六篇，今本存七十六篇。《牧民》是《管子》的第一篇，讲的是治理国家的总体原则与方法，共分《国颂》、《四维》、《四顺》、《士经》、《六亲五法》五章，这里所选的是前三章。

国 颂 [1]

凡有地牧民者[2]，务在四时[3]，守在仓廪[4]。国多财，则远者来；地辟举[5]，则民留处；仓廪实，则知礼节；衣食足，则知荣辱；上服度[6]，则六亲固；四维张[7]，则君令行。故省刑之要[8]，在禁文巧；守国之度，在饰四维[9]；顺民之经[10]，在明鬼神[11]，祗山川，敬宗庙，恭祖旧。不务天时，则财不生；不务地利，则仓廪不盈。野芜旷，则民乃菅[12]；上无量[13]，则民乃妄。文巧不禁，则民乃淫[14]；不璋两原[15]，则刑乃繁。不明鬼神，则陋民不悟[16]；不祗山川，则威令不闻；不敬宗庙[17]，则民乃上校；不恭祖旧，则孝悌不备[18]。四维不张，国乃灭亡。

【注释】

[1]国颂：形容治理国家所应有的样子。颂，形容。　　[2]牧民：管理人

民。牧，本义为养牛人。　　[3]务在四时：这是说要根据天时的变化，在不同的季节里完成不同的工作，也就是《论语·学而》篇所说"使民以时"。《管子》中专有《四时》一篇论述这一问题。　　[4]守在仓廪(lǐn 凛)：其职守在于使粮仓充实。廪，粮仓。　　[5]"地辟举"二句：土地开发了，人民就会留下来居住。辟，开辟。举，开发。　　[6]"上服度"二句：大意是说在上之人用度有法，则家国巩固。服，用。度，法度，这里是有节度的意思。六亲，泛指亲属。古代为宗法社会，国民皆为部族成员，这里的六亲可理解为国民。　　[7]四维：即下文所说的礼、义、廉、耻四项纲纪。维，本义为系物的大绳，可泛指一切事物赖以固定的东西，引申为纲纪。　　[8]"省刑之要"二句：省约刑罚的关键，在于禁止舞文弄巧。文，文饰，掩盖。巧，巧骗，伪诈。"文巧"指文过饰非、钻法律空子，即《韩非子·五蠹》所说的"儒以文乱法"。　　[9]饰：通"饬"，整饬，端正。　　[10]顺民之经：教训人民的办法。顺，通"训"。　　[11]"在明鬼神"四句：明，尊敬。祇(zhī 支)，恭敬。祖旧，宗亲、故旧。此数句与《管子·四称》"敬其山川、宗庙、社稷及至先故之大臣，收聚以忠而大富之"意思相同。"祖旧"即"先故之大臣"，故下文说"不恭祖旧，则孝悌不备"。　　[12]民乃菅(jiān尖)："菅"，一说当作"奸"，一说当作"营"，营即乱。　　[13]上无量：在上之人用度无量，即上文"上服度"的反面。　　[14]民乃淫：人民便有淫邪行为。淫，多的，过度的。《管子·五辅》："若民有淫行邪性，树为淫辞，作为淫巧，以上诒君上，而下惑百姓，移国动众，以害民务者，其刑死流。"　　[15]不璋两原：璋，当作"墇"，"障"之古字，拥堵。两原，承上文而言，"上无量"乃"妄"之原，"文巧不禁"乃"淫"之原。原，通"源"。　　[16]陋民不悟：陋，小。一说"悟"不合韵，当作"信"。　　[17]"不敬宗庙"二句：意思是说如果不敬宗庙，老百姓就会不知尊卑而抗上。校(jiào 较)，抗，较量。一说即"效"，上无所尊，下亦效之。　　[18]悌(tì 替)：敬爱兄长，恭顺。

四　维

国有四维，一维绝则倾，二维绝则危，三维绝则覆，四维绝则灭。倾可正也，危可安也，覆可起也，灭不可复错也[1]。何谓四维？一曰礼，二曰义，三曰廉，四曰耻。礼不逾节[2]，义不自进，廉不蔽恶，耻不从枉。故不逾节，则上位安；不自进，则民无巧诈；不蔽恶[3]，则行自全；不从枉，则邪事不生。

【注释】

[1]复错:"错"字疑为衍文,《艺文类聚》卷五三引《管子》作"得复"。 [2]"礼不逾节"四句:大意是说有了礼,就不会不知节制;有了义,就不会急于自荐、冒进;有了廉,恶行无法隐蔽;有了耻,就不会去跟随那些邪枉而无羞耻心的人。 [3]"不蔽恶"二句:不隐蔽恶行,则其品行完备。行自全,相当于"完人"之意。

四 顺

政之所兴[1],在顺民心;政之所废,在逆民心。民恶忧劳,我佚乐之[2];民恶贫贱,我富贵之;民恶危坠[3],我存安之;民恶灭绝,我生育之。能佚乐之[4],则民为之忧劳;能富贵之,则民为之贫贱;能存安之,则民为之危坠;能生育之,则民为之灭绝。故刑罚不足以畏其意[5],杀戮不足以服其心。故刑罚繁而意不恐[6],则令不行矣;杀戮众而心不服,则上位危矣。故从其四欲[7],则远者自亲;行其四恶,则近者叛之。故知予之为取者[8],政之宝也。

《管子》卷一

【注释】

[1]兴:《艺文类聚》卷五三引《管子》作"行",顺民心则行。 [2]佚:通"逸",安逸。 [3]"民恶危坠"二句:老百姓厌恶忧心、恐惧的生活,我存恤百姓使其安定下来。存,恤问。 [4]"能佚乐之"八句:大意是说谁能使百姓安逸、快乐,百姓就会替他操劳;谁能使百姓富贵,百姓就会甘心为他受穷;谁能存恤百姓,百姓就会为他担忧;谁能生养、化育百姓,百姓就会甘心为他赴死。 [5]"故刑罚不足以畏其意"二句:刑罚不足以使百姓畏惧,杀戮不足以使百姓心服。 [6]"故刑罚繁而意不恐"四句:刑罚繁琐却不能使百姓畏惧,法令就无法施行;杀戮众多但老百姓并不心服,在上之人的位子就坐不稳了。 [7]"故从其四欲"四句:能满足百姓的"四欲",远方的人就会来亲附;如果做了"四恶"之事,身边的人也会背叛。四欲,指上文说的"佚乐"、"富贵"、"存安"、"生育"。四恶,指"忧劳"、"贫贱"、"危坠"、"灭绝"。 [8]"故知予之为取者"二句:知道"给予"也就是"索取"的道理,这是从政的法宝。予,授予,给予。

【解析】

《牧民》篇中以礼、义、廉、耻为"国之四维",把它们作为维持国家与社会稳定的四大纲纪而提到了一个很高的位置。"四维"当中缺了任何一样,国家就要倾颓;缺了两样,政权就要濒危;缺了三样或四样,社会就要坍毁。如果没有了道德的维系,单纯或过分依赖刑罚制裁,法律就会越来越繁琐、严苛。其结果是对老百姓的威慑力越来越小,社会治理的成本日益提高,效力却逐渐减弱了。

那么,礼义廉耻应该如何养成呢?《管子》里有一个很著名的论断:"仓廪实,则知礼节;衣食足,则知荣辱。"道德不能仅靠凭空说教,必须要有一定的物质前提。人只有在满足了温饱之后,才能顾及礼义廉耻,因此"凡治国之道,必先富民"(《管子·治国》)。这和孔子主张的先"富之",既而"教之"的观点(《论语·子路》),是一脉相承的。

尽可能地满足百姓的生活需求,做到"顺民心",这是治理国家的关键所在。渴望安乐富裕,希望免除恐惧,需要繁衍生息,这都是人最基本的需求,也是最大的"民心"。统治者如果能想百姓之所想,多为百姓谋福祉,那么百姓也会义无反顾地报以最大的支持。

《老子》九章

《老子》

【题解】

老子（前571？—前471？）姓李，名耳，字聃（dān 丹。一说本字伯阳，谥聃），楚国苦县厉乡曲仁里（今河南鹿邑东）人，一说今安徽涡阳人。曾任周朝"守藏室之史"（管理周王室藏书的官员），中国古代哲学家、思想家，道家学派的创始人，又被后世道教尊为始祖。《史记》卷六三有传。据司马迁《史记》本传记载，老子在出函谷关前，被关令尹喜强留著书，言道德之意五千言乃去，最后不知所终。关于老子其人，司马迁的时代已莫能明，一说是楚人老莱子，与孔子同时，一说是周太史儋（dān 丹），在孔子死后129年。老子哲学分为"道"与"德"两个部分，"道"与"德"是体用关系，以"道"为宇宙的本源，解释宇宙及世间万物的变化。老子哲学蕴含着朴素的辩证法观念，如"有无相生"、"正复为奇"等等。老子主张"自然"、"无为"，司马迁认为"李耳无为自化，清静自正"，就是对老子哲学极为简括精当的说明。关于老子其书，过去有很多的争论。1973年，湖南长沙马王堆第三号汉墓出土了帛书《老子》甲、乙本。甲本抄写的年代，至晚在汉高祖时期，约前206—前195年之间。乙本抄写的年代，可能在汉惠帝时期，约前194—前180年之间。1993年，湖北荆门郭店出土了《老子》甲、乙、丙三组楚简文本，进一步证明，《老子》一书的成书时间不晚于战国中期偏晚之前。从形式上看，《老子》一书与先秦诸子之书不同之处主要有两点：一是虽不免有后学的增补修改，但基本上出自一人的手笔。二是全书基本是韵语，可以称作哲理性的散文诗。《老子》一书的通行本主要是西汉河上公《老子章句》和三国魏王弼《老子注》。这里所选的《老子》共有九章，涉及老子的"道"论、"德"论两个部分，是老子哲学思想的精髓所在。

二　章

　　天下皆知美之为美，斯恶已[1]；皆知善之为善，斯不善已。故有无相生[2]，难易相成，长短相较[3]，高下相倾[4]，音声相和，前后相随。是以圣人处无为之事[5]，行不言之教；万物作焉而不辞[6]，生而不有，为而不恃，功成而弗居。夫唯弗居，是以不去。

【注释】

[1]恶：丑，与"美"相对。已：通"矣"。　　[2]有无：此处的"有"、"无"指的是现象界中事物的"有"、"无"，而非本体论意义上的"有"、"无"。　　[3]较：郭店竹简本作"形"。依韵例，作"形"字是。形，比较。　　[4]倾：帛书本作"盈"，张松如认为此处避汉惠帝刘盈讳而改。　　[5]圣人：道家理想中的人物"圣人"与儒家不同，道家"圣人"特征是清静无为、取法自然。无为：顺其自然。　　[6]辞：郭店竹简、帛书甲乙本作"始"，顺其自然而不为先。

八　章

　　上善若水[1]。水善利万物而不争，处众人之所恶，故几于道[2]。居善地[3]，心善渊[4]，与善仁[5]，言善信[6]，正善治[7]，事善能[8]，动善时[9]。夫唯不争，故无尤[10]。

【注释】

[1]上善若水：意思是说上善之人，如水之性。上善，上善之人，即道家的圣人。以下几句都是以水德为喻，对上善之人作出的写状。　　[2]几：接近。　　[3]善地：善于选择地方。　　[4]善渊：善于保持沉静。　　[5]善仁：善于保持宽厚。　　[6]善信：善于保持诚信。　　[7]正：一作"政"。善治：善于保持清静。　　[8]善能：善于发挥所长。　　[9]善时：善于选择时机。　　[10]尤：过失。

二十二章

曲则全，枉则直[1]，洼则盈，敝则新[2]，少则得，多则惑。是以圣人抱一[3]，为天下式。不自见[4]，故明；不自是，故彰；不自伐[5]，故有功；不自矜[6]，故长。夫唯不争，故天下莫能与之争。古之所谓曲则全者，岂虚言哉！诚全而归之。

【注释】

[1]枉：屈。　　[2]敝：旧。　　[3]抱一：守道。　　[4]见：同"现"，表现，显现。　　[5]自伐：自我夸耀。　　[6]自矜（jīn 今）：自大。

二十五章

有物混成[1]，先天地生。寂兮寥兮[2]，独立不改[3]，周行而不殆，可以为天下母。吾不知其名，字之曰道，强为之名曰大。大曰逝[4]，逝曰远，远曰反。故道大，天大，地大，王亦大[5]。域中有四大，而王居其一焉。人法地，地法天，天法道，道法自然[6]。

【注释】

[1]物：同"道之为物"之"物"，这里指道。　　[2]寂兮寥兮：没有声音和形状。兮，虚词。　　[3]"独立不改"二句：意思是说道的独立性和永恒性，大道运行，无处不在，周而复始。周行，一说无处不在地运行。周，遍。另一说循环往复地运行。周，循环。　　[4]"大曰逝"三句：意思是说道的运行周流不息，无远弗届，最后又返回自然混成的本原状态。以上是对道的运行特性的说明。　　[5]王：有的版本作"人"。　　[6]自然：自然而然。

三十三章

知人者智，自知者明。胜人者有力，自胜者强。知足者富。强行者有志。不失其所者久[1]。死而不亡者寿[2]。

以上《老子道德经》上篇

【注释】

[1]不失其所者久：不失去根基或本性的人才能长久。　　　[2]死而不亡者寿：肉体消亡而道长存的人才算长寿。

四十四章

名与身孰亲[1]？身与货孰多[2]？得与亡孰病[3]？是故甚爱必大费[4]，多藏必厚亡。知足不辱，知止不殆[5]，可以长久。

【注释】

[1]名与身孰亲：名利与生命哪个更值得珍惜？　　　[2]身与货孰多：生命与身外之物哪个更贵重？多，这里有贵重的意思。　　　[3]得与亡孰病：得到与失去哪个是灾祸？病，灾祸。　　　[4]甚爱必大费：过度的吝惜必然引起更大的浪费。　　　[5]殆：危险。

五十七章

以正治国[1]，以奇用兵，以无事取天下[2]。吾何以知其然哉？以此。天下多忌讳[3]，而民弥贫；民多利器，国家滋昏；人多伎巧，奇物滋起；法令滋彰，盗贼多有。故圣人云："我无为而民自化，我好静而民自正，我无事而民自富，我无欲而民自朴。"

【注释】

[1]"以正治国"二句：以清静之道治国，以诡奇之法用兵。奇和正是一组相反的概念。正，这里指的是清静无为之道。奇，与后来孙子所谓的"兵者，诡道也"有相通之处。　　　[2]以无事取天下：在老子看来，有正则有奇，奇正相生，正可以治国，奇可以用兵，但是只有无事才可以取天下。无事，无为。下文的"无为"、"好静"、"无事"、"无欲"就是其具体的展开。　　　[3]忌讳：这里指法令、戒条及规定等。

六十七章

天下皆谓我道大，似不肖[1]。夫唯大，故似不肖。若肖，久矣其细也夫！我有三宝，持而保之。一曰慈[2]，二曰俭[3]，三曰不敢为天下先。慈，故能勇；俭，故能广；不敢为天下先，故能成器长[4]。今舍慈且勇，舍俭且广，舍后且先，死矣！夫慈[5]，以战则胜，以守则固。天将救之，以慈卫之。

【注释】

[1]似不肖：因为道具有"逝"、"远"、"反"的特性，所以，道不可能与任何事物相似。肖，相似。　　[2]慈：慈爱，宽厚。　　[3]俭：与"啬"同义，节俭，有而不尽用。　　[4]器长：万物的首长。器，与"道"相对。该句有的版本又作"故能为成器长"，故一说"成器"乃成词，犹"大器"，成，大。后说亦可从。　　[5]"夫慈"三句：慈则相悯、相恤、相爱，故无论战与守，皆能取得胜利。这与孟子的"仁者无敌"的观念有一致之处。

七十七章

天之道，其犹张弓与？高者抑之，下者举之；有馀者损之，不足者补之。天之道，损有馀而补不足。人之道则不然[1]，损不足以奉有馀。孰能有馀以奉天下？唯有道者。是以圣人为而不恃[2]，功成而不处，其不欲见贤。

以上《老子道德经》下篇

【注释】

[1]人之道：与"天之道"相对，指社会的一般规律。　　[2]"是以圣人为而不恃"三句：陈鼓应据严灵峰《老子达解》认为最后三句与上文意义不相连属，乃错简，但帛书乙本已如此。见，同"现"，显现，表现。

【解析】

老子哲学，一切都是围绕着他所预设的"道"来展开的，由此呈现为宇宙论—人生论—政治论三个层次。

第二十五章是对"道"的具体描述。老子的"道"，不同于西方哲学的

"绝对理念"和"绝对精神","道"是有实体性的具体存在,它先天地而生,无声无形,是"天下母",宇宙万物皆由它创生而来,即所谓的"道生一,一生二,二生三,三生万物"(第四十二章),"道"是浑朴的、独立的、永恒的,大道流行,周流不息,无远弗届,最后又回归到本初的状态。

"道"最大的特性就是"自然","自然"即自然而然的意思。如果说,孔子哲学的核心是"仁",那么老子哲学的核心则是"自然"。"道"是本体性的、始源性的,而"德"则是与"道"二而一的哲学范畴。"德者,得也","德"是"道"的具体展开。"道"内蕴于"德",而"德"无往而不体现于"道"之中。

老子从经验世界出发,以类比论证的方式阐述了对立转化规律。第二章的"有无相生"、第二十二章的"曲则全"等等,都体现了老子哲学的深刻之处。世间的万事万物以及一切现象皆相反相成,而人间的价值观如美与丑、善与恶等等,也同样如此。善于从反面来把握事物正反面的意义,这是老子乃至道家哲学的特异、卓异之处。朴素的辩证思维观念,构成了老子哲学的方法论。

哲学是为人生的"思维的花朵"。就老子哲学的体系而言,"道"与"德"的下落,便是老子哲学的人生论。除了第二章、二十五章以外,本篇所选的第八章、二十二章、三十三章、四十四章、五十七章、六十七章、七十七章,均是对"德"这一范畴的具体展开。

"反者道之动,弱者道之用"(第四十章),既是老子对"道"的体察的结果,也是其哲学思辨的基本方法。"反"是老子哲学认识论的主干,"反"兼具二义:一是"相反",二是"返本"。"相反",提示着从宇宙万物以及现象运行的反面来把握其意义;"返本",则要求回到"道"的"自然"的状态。所谓"道法自然"的"自然",落实于老子哲学的人生论,其核心概念便是"无为"。

"天之道,不争而善胜,不言而善应"(第七十三章),"天之道,利而不害;圣人之道,为而不争"(第八十一章),所以,与此相一致的,"功成而弗居"(第二章),"不争"(第八、二十二章),"知足"、"知止"(第四十四章),"无为"(第五十七章),"慈"、"俭"、"不敢为天下先"(第六十七章），"功成而不处"（第七十七章）等等，都是对"无为"思想的具体论说。

　　毕竟，老子所处的时代及其"周守藏室之史"的身份，决定了《老子》一书在某种程度上又具有"献策资政"的性质。因此，其人生论的再一步下落，就构成了老子的政治论。"以道莅天下"（第六十章），"清静为天下正"（第四十五章），"清静"便是老子开出的治国理政的药方。在老子看来，"人之道"已经背离了"天之道"，"天下多忌讳，而民弥贫"等等（第五十七章），"人之道则不然，损不足以奉有馀"等等（第七十七章），就是老子对现实清醒体察的结果。在老子看来，正是由于统治者的恣意妄为、欲望膨胀，才造成了人世间的种种矛盾和不平等。"朝甚除，田甚芜，仓甚虚；服文采，带利剑，厌饮食，财货有馀，是谓道夸。非道也哉"（第五十三章），这显然已经是老子对统治者横征暴敛的抗议了。而老子所谓的"失道而后德，失德而后仁"（第三十八章），正是对统治者"有为"之害的深刻揭示。

　　毋庸置疑，老子哲学标志着先秦哲学已达到了一个新的高度，"人法地，地法天，天法道，道法自然"，这四句话既表现了老子哲学的宏大气象，也昭示着老子哲学抽象思辨的高度，"道法自然"已深刻地影响了中国人的思维方式。道家哲学与儒家哲学共同构成了中国文化的主干。可以说，儒道互补，儒显而道隐，是中国文化的基本特征。

《论语》二十六章

《论语》

【题解】

　　孔子（前551—前479），名丘，字仲尼，鲁国陬邑（今山东曲阜东南）人。出身于没落贵族家庭，幼年丧父，家境清贫。曾做过管理仓库和牧畜的小吏，后专心教授弟子，整理古代文献，以好礼、知礼闻名。鲁定公时出任中都宰、司空、司寇等职，后因政治理想难以实现，毅然离开鲁国，到了齐国。后又带领弟子周游卫、宋、陈、蔡等国，历时十四年之久。鲁哀公十一年（前484）归鲁，十六年卒。孔子是儒家学派创始人，是我国古代最有影响的思想家和教育家。《论语》一书由孔子弟子、再传弟子等记录并编纂，记录了孔子及其主要弟子的言行，成书时间约在战国初年，是了解孔子及其思想的主要依据，也是儒家经典文献之一。今传《论语》共二十篇，各篇若干章不等。后人比较重要的注释之作有魏何晏《论语集解》、梁皇侃《论语义疏》、宋邢昺《论语注疏》、宋朱熹《论语集注》、清刘宝楠《论语正义》等。今选二十六章。

　　曾子曰[1]："吾日三省吾身[2]：为人谋而不忠乎？与朋友交而不信乎[3]？传不习乎[4]？"

《论语注疏》卷一《学而》

【注释】

　　[1]曾子：孔子弟子曾参，字子舆。　　[2]省（xǐng　醒）：反省。　　[3]信：守信用。　　[4]传：指老师的传授。

　　子曰："君子食无求饱，居无求安，敏于事而慎于言[1]，就有道而正焉[2]，可谓好学也已。"

《论语注疏》卷一《学而》

【注释】

　　[1]敏于事而慎于言：做事勤敏而说话谨慎。　　[2]就有道而正焉：就教于有

德多才之人来端正自身。就，趋向，靠近。

子曰："道之以政[1]，齐之以刑，民免而无耻；道之以德[2]，齐之以礼，有耻且格。"

《论语注疏》卷二《为政》

【注释】

[1]"道之以政"三句：大意是用政令来训导，用刑罚来治理，人民就会想法逃避制裁而没有羞耻心。道，同"导"，训导。政，法制，禁令。齐，整治，整顿。刑，刑罚。免，逃避。　[2]"道之以德"三句：大意是用道德来训导，用礼教来治理，人民就会有羞耻心而归顺。格，至，来，引申为归服。

子曰："富与贵是人之所欲也，不以其道得之[1]，不处也。贫与贱是人之所恶也，不以其道得之[2]，不去也。君子去仁[3]，恶乎成名？君子无终食之间违仁[4]，造次必于是[5]，颠沛必于是。"

《论语注疏》卷四《里仁》

【注释】

[1]"不以其道得之"二句：不按仁义之道而得到富贵，君子不会居有。处，居。　[2]"不以其道得之"二句：据上下文义，前一"不"字当为衍文，是说若行仁义之道而得到贫贱，君子不会逃避。　[3]"君子去仁"二句：是说君子离开仁道，还能在哪方面成就名声呢？恶（wū 乌），何。　[4]君子无终食之间违仁：君子哪怕是吃一顿饭的时间也不会离开仁道。终食，吃完饭。　[5]"造次必于是"二句：是说紧急的时刻、困顿的时刻，都一定执着于仁道。造次，匆忙。是，指"仁"。

子曰："士志于道，而耻恶衣恶食者[1]，未足与议也[2]。"

《论语注疏》卷四《里仁》

【注释】

[1]耻恶衣恶食：以衣服不好、饮食不好为耻。　[2]未足与议：不值得与其共谋大事。

子曰："君子喻于义[1]，小人喻于利。"

《论语注疏》卷四《里仁》

【注释】

[1]喻：知晓。

子贡曰[1]："如有博施于民而能济众[2]，何如？可谓仁乎？"子曰："何事于仁[3]，必也圣乎！尧、舜其犹病诸[4]！夫仁者，己欲立而立人[5]，己欲达而达人。能近取譬[6]，可谓仁之方也已。"

《论语注疏》卷六《雍也》

【注释】

[1]子贡：孔子弟子端木赐，字子贡。　[2]博施于民而能济众：博施恩惠给老百姓，并能周济大众。　[3]何事于仁：哪里只是仁。孔子认为"仁"是推己及人的同情和施恩，若能博爱大众、普施广济，则不止于仁，而是已达到"圣"的境界。事，犹止，仅。　[4]病诸：认为艰难。诸，指"博施于民而能济众"。　[5]"己欲立而立人"二句：自己想成功，也使别人成功；自己想通达，也使别人通达。　[6]近取譬：是说从近处自身类推，将心比心。近，指自身。取譬，寻取比喻。

子曰："默而识之[1]，学而不厌，诲人不倦[2]，何有于我哉[3]？"

《论语注疏》卷七《述而》

【注释】

[1]识（zhì 志）：记。　[2]诲：教导。　[3]何有于我哉：对我来说还有什么呢？意谓此外无他。

子曰："德之不修，学之不讲，闻义不能徙[1]，不善不能改，是吾忧也。"

《论语注疏》卷七《述而》

【注释】

[1]闻义不能徙：听到正义而不能奔赴。徙，趋赴。

子曰："饭疏食[1]，饮水，曲肱而枕之[2]，乐亦在其中矣。不义而富且贵[3]，于我如浮云。"

《论语注疏》卷七《述而》

【注释】

[1]饭：吃。疏食：粗饭。　　[2]曲肱（gōng 弓）：弯曲胳膊。　　[3]"不义而富且贵"二句：用不正当手段得来的富贵，对于我就如同天上的浮云一般。

子曰："盖有不知而作之者[1]，我无是也[2]。多闻，择其善者而从之，多见而识之[3]，知之次也[4]。"

《论语注疏》卷七《述而》

【注释】

[1]不知而作：不懂而盲目造作。　　[2]是：指"不知而作"。　　[3]识（zhì 志）：记。　　[4]知之次：次一等的知，即学而知。孔子认为"生而知之者上也，学而知之者次也"（《论语·季氏》）。

曾子曰："士不可以不弘毅[1]，任重而道远。仁以为己任，不亦重乎？死而后已，不亦远乎？"

《论语注疏》卷八《泰伯》

【注释】

[1]弘毅：志向远大，意志坚强。

子曰："三军可夺帅也[1]，匹夫不可夺志也。"

《论语注疏》卷九《子罕》

【注释】

[1]三军：军队的通称。

子路、曾皙、冉有、公西华侍坐[1]。

子曰："以吾一日长乎尔[2]，毋吾以也。居则曰[3]：'不吾知也！'如或知尔[4]，则何以哉？"

子路率尔而对曰[5]："千乘之国[6]，摄乎大国之间[7]，加之以师旅，因之以饥馑[8]，由也为之，比及三年[9]，可使有勇，且知方也[10]。"夫子哂之[11]。

"求！尔何如？"

对曰："方六七十[12]，如五六十，求也为之，比及三年，可使足民。如其礼乐[13]，以俟君子。"

"赤！尔何如？"

对曰："非曰能之，愿学焉。宗庙之事，如会同[14]，端章甫[15]，愿为小相焉[16]。"

"点！尔何如？"

鼓瑟希[17]，铿尔[18]，舍瑟而作[19]，对曰："异乎三子者之撰[20]。"

子曰："何伤乎[21]？亦各言其志也。"

曰："莫春者[22]，春服既成[23]，冠者五六人[24]，童子六七人，浴乎沂[25]，风乎舞雩[26]，咏而归。"

夫子喟然叹曰："吾与点也[27]！"

三子者出，曾皙后。曾皙曰："夫三子者之言何如？"

子曰："亦各言其志也已矣。"

曰："夫子何哂由也？"

曰："为国以礼，其言不让，是故哂之。"

"唯求则非邦也与[28]？"

"安见方六七十如五六十而非邦也者？"

"唯赤则非邦也与？"

"宗庙会同，非诸侯而何？赤也为之小[29]，孰能为之大？"

《论语注疏》卷一一《先进》

【注释】

[1]子路：仲由，字子路。曾皙：名点，曾参之父。冉有：名求，字子有。公西华：名赤，字子华。四人皆孔子弟子。侍坐：在尊长近旁陪坐。　[2]"以吾一日长乎尔"二句：因为我比你们年长一些，不要因为我而难以畅所欲言。　[3]居：平素家居。　[4]"如或知尔"二句：如果有人了解你们，那你们将怎么做呢？

何以，何用，何为。　　[5]率尔：急遽的样子。　　[6]千乘（shèng 剩）：一千辆兵车。古时四匹马驾一辆车合称"乘"，车乘多少可反映一个国家的大小和强弱。　　[7]摄：夹处。　　[8]因：承接。饥馑（jǐn 紧）：饥荒。　　[9]比及：等到。　　[10]知方：明白规矩道义。　　[11]哂（shěn 审）：微笑。此处带有讥笑之意。　　[12]方六七十，如五六十：指疆土纵横六七十里，或五六十里的小国。如，或。　　[13]"如其礼乐"二句：至于礼乐教化，有待君子来做了。　　[14]如：或。会同：会、同本为诸侯朝见天子之礼的名称，这里当指诸侯之间聘问相见之礼。　　[15]端章甫：穿戴好礼服礼帽。端，古代的一种黑色礼服。章甫，商代玄冠之名，亦用为礼帽。此处皆用作动词。　　[16]相：在主人（包括天子、诸侯、大夫）左右襄助行礼的司仪。相分大小，小相指职务轻微之相。　　[17]鼓瑟希：弹瑟声稀落渐尽。希，同"稀"。　　[18]铿尔：铿的一声。形容投瑟之声。　　[19]作：站起来。　　[20]异乎三子者之撰：是说自己的志向与三人所述不同。撰，述。　　[21]伤：妨害。　　[22]莫春：季春三月。莫，同"暮"。　　[23]春服：春日穿的夹衣。　　[24]冠者：指成人。古时男子年二十而冠。　　[25]沂：古水名。源出山东曲阜东南尼山，流经曲阜南二里处，往西注入泗水。　　[26]风乎舞雩（yú 鱼）：在舞雩台上吹风。舞雩，台名，祭天求雨之处。雩祭有歌舞，故称舞雩。　　[27]与：赞同。　　[28]唯求则非邦也与：冉求讲的难道就不是邦国吗？　　[29]"赤也为之小"二句：是说公西赤自称只能作小相，那谁能作大相？

颜渊问仁[1]。子曰："克己复礼为仁[2]。一日克己复礼，天下归仁焉[3]。为仁由己，而由人乎哉？"

颜渊曰："请问其目[4]。"子曰："非礼勿视，非礼勿听，非礼勿言，非礼勿动。"

颜渊曰："回虽不敏，请事斯语矣[5]。"

《论语注疏》卷一二《颜渊》

【注释】

[1]颜渊：孔子弟子颜回，字子渊。　　[2]克己复礼为仁：约束自己而复归于礼就是仁。克，克制，约束。复，返。　　[3]归仁：称许为仁。归，犹"与"，赞许。　　[4]目：条目，细则。　　[5]请事斯语：请让我按照这句话去做吧。事，从事。

子贡问政[1]。子曰："足食[2]，足兵，民信之矣。"

子贡曰："必不得已而去,于斯三者何先?"曰:"去兵。"

子贡曰："必不得已而去,于斯二者何先?"曰:"去食。自古皆有死,民无信不立[3]。"

《论语注疏》卷一二《颜渊》

【注释】

[1]政:指为政之道。　　[2]"足食"二句:食指粮食储备,兵指军事(包括兵卒与兵器等)储备。　　[3]民无信不立:如果人民对政府没有信任,国家根本站不住。

季康子问政于孔子[1]。孔子对曰:"政者,正也。子帅以正[2],孰敢不正?"

《论语注疏》卷一二《颜渊》

【注释】

[1]季康子:季孙肥,鲁哀公时的正卿,"康"为其谥号。　　[2]子帅以正:您带头端正。帅,引导,带头。

樊迟问仁[1]。子曰:"爱人。"问知。子曰:"知人。"樊迟未达[2]。子曰:"举直错诸枉[3],能使枉者直[4]。"

樊迟退,见子夏曰:"乡也吾见于夫子而问知[5],子曰:'举直错诸枉,能使枉者直。'何谓也?"子夏曰:"富哉言乎[6]! 舜有天下,选于众[7],举皋陶[8],不仁者远矣[9]。汤有天下,选于众,举伊尹[10],不仁者远矣。"

《论语注疏》卷一二《颜渊》

【注释】

[1]樊迟:孔子弟子樊须,字子迟。　　[2]达:明白。　　[3]举直错诸枉:选拔正直的人,把他们放在邪曲之人上面进行统治。错,通"措",置。枉,邪曲,不正直。　　[4]使枉者直:使邪曲之人正直起来。　　[5]乡(xiàng　象):同"向",刚才。　　[6]富:充裕,丰厚。　　[7]选于众:在众人中选拔人才。　　[8]皋陶(gāoyáo　高摇):传说中的东夷族首领,舜时掌刑法,后被禹选为继承人,因早死,未继位。　　[9]不仁者远:不仁的人远离而去。　　[10]伊

尹：商朝贤臣，助汤灭夏建立商朝。

子曰："其身正[1]，不令而行；其身不正，虽令不从。"

《论语注疏》卷一三《子路》

【注释】

[1]"其身正"二句：在位者自身端正，即使不下命令，事情也能行得通。

子夏为莒父宰[1]，问政。子曰："无欲速[2]，无见小利[3]。欲速则不达；见小利，则大事不成。"

《论语注疏》卷一三《子路》

【注释】

[1]子夏：孔子弟子卜商，字子夏。莒（jǔ 举）父：鲁国邑名，其地约在今山东莒县西。宰：邑的长官。　　[2]无欲速：不要贪图快速。　　[3]无见小利：不要只看小利。

子曰："君子和而不同[1]，小人同而不和。"

《论语注疏》卷一三《子路》

【注释】

[1]和：调和。同：等同。

子曰："君子道者三[1]，我无能焉：仁者不忧[2]，知者不惑，勇者不惧。"子贡曰："夫子自道也。"

《论语注疏》卷一四《宪问》

【注释】

[1]君子道：君子之道。者：指代君子之道的内涵。　　[2]"仁者不忧"二句：有仁德的人不忧愁，有智慧的人不迷惑。

子曰："志士仁人，无求生以害仁[1]，有杀身以成仁[2]。"

《论语注疏》卷一五《卫灵公》

【注释】

[1]求生以害仁：贪求生存而损害仁道。　　[2]杀身以成仁：牺牲自身来成全

仁道。

　　子贡问曰："有一言而可以终身行之者乎[1]？"子曰："其恕乎？己所不欲[2]，勿施于人。"

《论语注疏》卷一五《卫灵公》

【注释】

[1]一言：一个字。　　[2]"己所不欲"二句：自己不愿意做的事情，不要强加给别人。

　　季氏将伐颛臾[1]。冉有、季路见于孔子[2]，曰："季氏将有事于颛臾[3]。"

　　孔子曰："求！无乃尔是过与[4]？夫颛臾，昔者先王以为东蒙主[5]，且在邦域之中矣，是社稷之臣也。何以伐为[6]？"

　　冉有曰："夫子欲之[7]，吾二臣者皆不欲也。"

　　孔子曰："求！周任有言曰[8]：'陈力就列[9]，不能者止。'危而不持，颠而不扶，则将焉用彼相矣[10]？且尔言过矣，虎兕出于柙[11]，龟玉毁于椟中[12]，是谁之过与？"

　　冉有曰："今夫颛臾固而近于费[13]。今不取，后世必为子孙忧。"

　　孔子曰："求！君子疾夫舍曰欲之而必为之辞[14]。丘也闻有国有家者，不患寡而患不均[15]，不患贫而患不安。盖均无贫，和无寡，安无倾[16]。夫如是，故远人不服，则修文德以来之[17]。既来之，则安之。今由与求也，相夫子，远人不服，而不能来也；邦分崩离析，而不能守也；而谋动干戈于邦内。吾恐季孙之忧，不在颛臾，而在萧墙之内也[18]。"

《论语注疏》卷一六《季氏》

【注释】

[1]季氏：指季康子。颛臾（zhuānyú　专于）：春秋时鲁国的附庸国，在今山东费县西北。　　[2]季路：子路又字季路。　　[3]有事：指用兵。　　[4]无乃尔是过与：难道不应该责备你们吗？　　[5]东蒙主：主持东蒙的祭祀。东蒙即蒙山，在今山东蒙阴南。　　[6]何以伐为：为什么要讨伐？　　[7]夫子：指季康子。　　[8]周任：古代一位史官。　　[9]陈力就列：贡献力量，就任职

位。　　[10]相：辅佐。时冉有、子路皆为季氏家宰。　　[11]兕（sì 四）：兽名。柙（xiá 匣）：关野兽的笼子。　　[12]椟（dú 独）：匣子。　　[13]固：指国势强固。费（bì 必）：鲁国季氏的采邑。　　[14]君子疾夫舍曰欲之而必为之辞：君子憎恨那种不直说想要什么，而一定要编些托辞的做法。　　[15]"不患寡而患不均"二句：当作"不患贫而患不均，不患寡而患不安"（下文"均无贫"、"和无寡"可证），是说拥有国家的人，不担忧贫困而担忧财富不均，不担忧人口少而担忧人民不安定。　　[16]安无倾：安定就不会倾覆。　　[17]文德：指礼乐仁义的教化。来：招来。　　[18]萧墙：宫室的门屏。本句是说季孙的忧患不在颛臾，而在内部朝政的混乱。

　　子张问仁于孔子。孔子曰："能行五者于天下为仁矣。""请问之。"曰："恭，宽，信，敏，惠。恭则不侮[1]，宽则得众，信则人任焉[2]，敏则有功[3]，惠则足以使人。"

《论语注疏》卷一七《阳货》

【注释】

　　[1]恭则不侮：恭敬就不会受到侮辱。　　[2]信则人任焉：有信用则别人会为其效力。　　[3]敏则有功：勤敏就会有成就。

【解析】

　　孔子思想体系的核心是"仁"。据杨伯峻《论语译注》统计，《论语》中讲到"仁"共109次，孔子在多种场合对不同的人讲到"仁"，其内容并不一致，后人也有不同的解说。总体来看，孔子认为"仁"首先是"爱人"（《颜渊》），是一种普遍的仁爱，其中最基本的当然是家族亲情之爱。要做到仁爱，就要求能够体恤他人，推己及人，"己欲立而立人，己欲达而达人"（《雍也》），"己所不欲，勿施于人"（《卫灵公》）。自己想要成就的，也要成就别人；自己不愿意做的事情，也不要施加给别人，这就是"忠恕"（《里仁》）。比"仁"更高的目标是广济博施，泛爱大众，"博施于民而能济众"（《雍也》），这就达到了更高层次的"圣"。

　　孔子的政治主张和治国理想也与仁德密切相关，主张以德治国。他认为"政者，正也"（《颜渊》），为政者应当首先修养仁德，端正自身，百姓才会归心，远方的人才会归附。"其身正，不令而行；其身不正，虽令不从。"（《子路》）应该选拔那些正直有德的人才来管理国家，"举直错诸枉，能使枉者直"（《颜渊》）。治理国家不能仅靠政令刑罚，而要以德治、礼治为主导："道之以政，齐之以刑，民免而无耻；道之以德，齐之以礼，有耻且格。"（《为政》）一个国家最重要的是人民对政府的信任，粮食和军备都在其次："民无信不立。"（《颜渊》）社会贫富均平，人民和睦安定，国家就不会倾覆："均无贫，和无寡，安无倾。"（《季氏》）

　　孔子的仁学还强调人格的修养和道德的完善。他认为人可以通过学习来修养自身，达到完善的人格境界，成为"君子"。君子的德行最重要的就是仁："君子去仁，恶乎成名？君子无终食之间违仁。"（《里仁》）具体来说，又可以表现为仁爱、智慧、勇敢，表现为恭敬、宽厚、守信、勤敏、恩惠，表现为言行一致、谦逊有礼、勇于担当等等。君子以仁为己任，为了仁道可以牺牲自己的生命："无求生以害仁，有杀身以成仁。"（《卫灵公》）君子不会以衣服不好、饮食不好为耻，而只会担心自己没有修养德行、改过迁善。若不按仁义之道而得富贵，君子决不会居有；若行仁义之道而致贫贱，君子也决不逃避。

　　孔子的仁学实际是人学。他重视人，强调人要自重自律，修养完美的人格；强调推己及人，实现和谐的人际关系；强调德泽于民，为政者应端正自身获得人民的信任。这种积极的人道主义、人本思想，是孔子思想中最具有价值的内容。

《孙子》二篇

《孙子兵法》

【题解】

孙武（前545?—前470?），齐国乐安（今山东惠民）人。由齐至吴，向吴王阖闾进呈所著兵法十三篇，受到重用，被任命为吴国将领，帮助吴国取得了一系列重大的军事胜利。其《孙子兵法》一书，成为后世军事著作的经典，孙子因此被誉为"兵圣"。《史记》卷六五有传。《计篇》是《孙子兵法》的第一篇，论述了用兵之前的整体准备，包括内外两方面，内指对自身情况的把握，外指克敌策略的选择。孙武用兵有整体性思维，注意到一些基础性因素对战争的决定性作用（如道、天、地、将、法等），也强调正确的战略决策是胜利的必要前提。该篇论述的正是这些基础与前提。《势篇》是《孙子兵法》一书的第五篇。"势"是先秦时期的一个重要概念，兵书中对"势"的最初探讨应溯源到孙武。上面所选的《计篇》曾说"势者，因利而制权也"，而《势篇》则是对其论说的进一步发挥，讨论的问题涉及势与奇正、任势与战人等各个方面。

计 篇

孙子曰：兵者，国之大事，死生之地[1]，存亡之道，不可不察也。故经之以五事[2]，校之以计[3]，而索其情[4]：一曰道，二曰天，三曰地，四曰将，五曰法。道者，令民与上同意也，故可以与之死，可以与之生，而不畏危[5]。天者，阴阳、寒暑、时制也[6]。地者，远近、险易、广狭、死生也[7]。将者，智、信、仁、勇、严也。法者，曲制、官道、主用也[8]。凡此五者，将莫不闻，知之者胜，不知者不胜。故校之以计，而索其情，曰：主孰有道？将孰有能？天地孰得？法令孰行？兵众孰强？士卒孰练？赏罚孰明？吾以此知胜负矣。将听吾计，用之必胜[9]，留之；将不听吾计，用之必败，去之。

计利以听，乃为之势[10]，以佐其外[11]。势者，因利而制权也[12]。兵者，诡道也[13]。故能而示之不能，用而示之不用，近而示之远，远而示之近。利而诱之，乱而取之[14]，实而备之，强而避之，怒而挠之[15]，卑而骄之，佚而劳之[16]，亲而离之。攻其无备，出其不意。此兵家之胜，不可先传也。

夫未战而庙算胜者[17]，得算多也；未战而庙算不胜者，得算少也。多算胜，少算不胜，而况于无算乎！吾以此观之，胜负见矣。

《十一家注孙子校理》卷上

【注释】

[1]死生之地：指决定生死之所在。　[2]五事：谓后文道、天、地、将、法五种事项。　[3]校（jiào　较）：比较，衡量。计：此处指综合测评，并非现在意义上的计谋、计策。　[4]情：真实情况。　[5]而不畏危：不畏惧于危疑。　[6]阴阳：原指日照的情况，此处指天地阴阳之气。寒暑：指气候。时制：指时令。　[7]死生：指死地、生地，所谓"死地"指进难攻退难守之地，"生地"义相反，故有"置之死地而后生"之说。　[8]曲制：军队编制。官道：指设官分职、明权任责的原则。主用：指军费、军粮等问题。　[9]用之必胜：用兵一定胜利。　[10]乃为之势：创造取胜的潜在可能性。势，取胜的态势。　[11]外：境外，指战争发生的地方，攻伐多在自己国境之外。或指常规以外的情况。曹操注："常法之外也。"　[12]利：指有利的因素。权：权变，灵活处置。　[13]诡道：欺诈之道。　[14]乱而取之：敌贪利必乱，趁敌军混乱而攻取之。　[15]挠：骚扰。　[16]佚：安逸。　[17]庙：庙堂，指国君议政之所。算：算筹，喻指计算策划。

势　篇

孙子曰：凡治众如治寡，分数是也[1]；斗众如斗寡[2]，形名是也[3]；三军之众，可使毕受敌而无败者[4]，奇正是也；兵之所加，如以碫投卵者[5]，虚实是也[6]。

凡战者，以正合[7]，以奇胜。故善出奇者，无穷如天地，不竭如江河。终而复始，日月是也；死而复生，四时是也。声不过五[8]，五声之变，不可胜听也。色不过五[9]，五色之变，不可胜观也。味不过五，五味之变，不可胜尝也。战势不过奇正[10]，奇正之变，不可胜穷也。奇正相生，如循环之无端，孰能穷之？

激水之疾，至于漂石者[11]，势也；鸷鸟之疾[12]，至于毁折者，节也。是故善战者，其势险，其节短。势如彍弩[13]，节如发机[14]。

纷纷纭纭，斗乱而不可乱也[15]；浑浑沌沌，形圆而不可败也[16]。乱生于治[17]，怯生于勇，弱生于强。治乱[18]，数也；勇怯，势也；强弱，形也。

故善动敌者[19]，形之[20]，敌必从之；予之[21]，敌必取之。以利动之，以卒待之[22]。

故善战者，求之于势，不责于人，故能择人而任势[23]。任势者，其战人也[24]，如转木石。木石之性，安则静，危则动，方则止，圆则行。故善战人之势，如转圆石于千仞之山者，势也。

《十一家注孙子校理》卷中

【注释】

[1]分数：划分组织，指军队的组织编制。　　[2]斗众：使很多人斗，即指挥很多人的意思。斗寡义同。　　[3]形名：曹操注："旌旗曰形，金鼓曰名。"　　[4]"可使毕受敌而无败者"二句：毕，原作"必"，王晳注："'必'当作'毕'，字误也。奇正还相生，故毕受敌而无败也。"尽、处处的意思。奇（jī 基）正，曹操注："先出合战为正，后出为奇。""奇"指留下的机动部队。　　[5]碬（duàn 段）：原作"破"，孙星衍校曰："按'破'当为'碬'，从段。唐以后多遐音者，以字之讹而作音也。"今从其说。砺石，此处泛指石头。　　[6]虚实：指兵力集中或分散。　　[7]"以正合"二句：摆开阵势交战，靠灵活变化取胜。　　[8]声不过五：五声谓宫、商、角、徵、羽。　　[9]色不过五：五色谓青、赤、黄、白、黑。　　[10]战势：指作战的态势。　　[11]漂石：把石头冲起。　　[12]鸷（zhì 至）鸟：猛禽。　　[13]彍（kuò 扩）：弩拉满之状。弩：是一种装有臂的弓，威力比弓更大。　　[14]发机：弩的发射装置，类似扳机，扣下它，箭即发射。　　[15]斗乱而不可乱：指战斗场面虽然混乱，但仍在掌控之中，有条不紊。　　[16]形圆而不可败也：指阵容严整周全难以突破。　　[17]"乱生于治"三句：这是说战斗时，军队本来是整齐、勇猛、强大的，混乱、胆怯、虚弱等情况

只是其临时的表象。　　[18]"治乱"六句：意为治乱取决于军队编制，勇怯源于力量对比，强弱决定于指挥号令。　　[19]动敌：指诱导牵制敌人。　　[20]形之：指作出样子。　　[21]"予之"二句：意指留给敌人"小利"，敌人必然去抢夺它。　　[22]卒：兵卒。　　[23]择：通"释"，此处指不依赖。任势：依赖"势"，依靠力量对比。　　[24]战：使……战，此处是指挥人战斗的意思。

【解析】

《计篇》是《孙子兵法》的首篇，在孙武的观念中，战争不是单纯的攻城略地，而是综合国力的比拼与智谋胆识的较量。基于对战争如此深刻的认识，孙武强调在开战之前，首先要对敌我双方整体的情况进行精确的衡量测评，只有在条件允许开战的情况下，才能做下一步战略谋划的工作（即"计利以听，乃为之势"）。可以看出，孙武反对"为战争而战争"、"穷兵黩武"的愚蠢做法，他将战争纳入国家发展的统摄之下，"兵者，国之大事也，生死存亡之道，不可不察也"。钱基博《孙子章句训义》讲论此句时强调"'国'字须着眼，此为十三篇命脉所寄"。孙武强调战争是维护国家的一种手段，国家的安危才是用兵者所要考虑的首要因素。所以在该文上半部分很明显地体现了孙武"慎用兵"的思想，他建议用兵之前要"经之以五事"，"校之以计"，以此来论证本次战争的可行性。可见孙武对待战争慎重的态度，一本言兵的书在开头先言不能用兵的情况，这很能代表中国"武以止戈"的武德传统。这种对战争深入客观的认识也成了贯穿本书的一个主旨。

在《势篇》中，孙武对势有很多直接的阐发，如"激水之疾，至于漂石者，势也"，"故善战者，其势险"。这里用高处的流水来比喻兵家"势"的道理，以此推之，军事意义上的"势"应该是指在战斗时令自己处于对自身有利的力量对比状态，即上文所谓不断扩大自身优势，拉开与敌人的差距，形成一种居高临下、必将取胜的态势，所以文中说："勇怯，势也。"

至于如何"任势"，孙武强调了"制权"的思想，他在第二段中阐明："战势不过奇正，奇正之变，不可胜穷也。"在孙武的观念中，战场是纷繁复杂的，将帅的作战计划也应该灵活多变、不拘一格，一切都可以权变，只有力争取胜之势才是不变的。孙武还强调"奇正之变"是不会穷尽的，这意味着战争的形势及相应的计策、手段也是有无数种可能性的，所以在他的兵法中，很少看到条条框框，大多是深邃精辟的道理。后人读之，唯有深悟巧用，方能得其精髓。由此来看，《孙子兵法》在西方被译为"战争的艺术"（*The Art of War*），绝对是名副其实的。

兼 爱

《墨子》

【题解】

墨子（前468？—前376）姓墨名翟，鲁国人。春秋战国之际的思想家、政治家，墨家学派的创始人。墨子思想在先秦时代与儒家并称为显学。春秋战国之际，战争频仍，墨子思想在此种特殊的历史背景中产生，带有明显的底层苦行色彩。

《墨子》一书大部分是墨子及其后学的著述。现存《墨子》十五卷。"兼爱"、"非攻"、"尚贤"、"节用"等是其个性鲜明的思想主张。先秦之后，墨学渐渐凋落，至于清代，随着考据、经世之学的兴起，毕沅、王念孙、王引之、俞樾、孙诒让等人先后奉献出整理解读成果，为二十世纪墨学研究奠定了重要的基础。

"兼爱"是说天下必须"兼相爱，交相利"，这是墨子思想的核心，一切主张皆以此为出发点。《墨子》一书中，《兼爱》分上、中、下三篇，内容大抵相同，论述各有偏重详略之不同。这里选的是中篇。

子墨子言曰[1]：仁人之所以为事者，必兴天下之利，除去天下之害，以此为事者也。然则天下之利何也？天下之害何也？子墨子言曰：今若国之与国之相攻，家之与家之相篡[2]，人之与人之相贼[3]，君臣不惠忠，父子不慈孝，兄弟不和调，此则天下之害也。然则崇此害亦何用生哉[4]？以不相爱生邪？子墨子言：以不相爱生。今诸侯独知爱其国，不爱人之国，是以不惮举其国以攻人之国。今家主独知爱其家[5]，而不爱人之家，是以不惮举其家以篡人之家。今人独知爱其身，不爱人之身，是以不惮举其身以贼人之身。是故诸侯不相爱，则必野战，家主不相爱，则必相篡，人与人不相爱，则必相贼，君臣不相爱，则不惠忠，父子不相爱，则不慈孝，兄弟不相爱，则不和调。天下之人皆不相爱，强必执弱，富必侮贫，贵必敖贱[6]，诈必欺愚。凡天下祸篡怨恨，其所以起者，以不相爱生也，是以仁者非之。

既以非之，何以易之？子墨子言曰：以兼相爱，交相利之法易之。然则兼相爱，交相利之法，将奈何哉？子墨子言：视人之国，若视其国，视人之家，若视其家，视人之身，若视其身。是故诸侯相爱，则不野战，家主相爱，则不相篡，人与人相爱，则不相贼，君臣相爱，则惠忠，父子相爱，则慈孝，兄弟相爱，则和调。天下之人皆相爱，强不执弱，众不劫寡，富不侮贫，贵不敖贱，诈不欺愚。凡天下祸篡怨恨，可使毋起者，以相爱生也，是以仁者誉之。

然而今天下之士君子曰："然，乃若兼则善矣。虽然，天下之难物于故也[7]。"子墨子言曰：天下之士君子，特不识其利、辩其故也。今若夫攻城野战，杀身为名，此天下百姓之所皆难也[8]。苟君说之[9]，则士众能为之。况于兼相爱、交相利则与此异。夫爱人者，人必从而爱之；利人者，人必从而利之；恶人者，人必从而恶之；害人者，人必从而害之。此何难之有？特上弗以为政[10]，士不以为行故也。昔者晋文公好士之恶衣[11]，故文公之臣，皆牂羊之裘[12]，韦以带剑[13]，练帛之冠[14]，入以见于君，出以践于朝。是其故何也？君说之，故臣为之也。昔者楚灵王好士细要[15]，故灵王之臣皆以一饭为节[16]，胁息然后带[17]，扶墙然后起，比期年[18]，朝有黧黑之色。是其故何也？君说之，故臣能之也。昔越王句践，好士之勇，教驯其臣，和合之，焚舟失火，试其士曰："越国之宝尽在此！"越王亲自鼓其士而进之。士闻鼓音[19]，破碎乱行，蹈火而死者左右百人有馀，越王击金而退之。是故子墨子言曰：乃若夫少食恶衣[20]，杀身而为名，此天下百姓之所皆难也。若苟君说之，则众能为之。况兼相爱、交相利与此异矣。夫爱人者，人亦从而爱之；利人者，人亦从而利之；恶人者，人亦从而恶之；害人者，人亦从而害之。此何难之有焉？特上不以为政，而士不以为行故也。

然而今天下之士君子曰："然，乃若兼则善矣。虽然，不可行之物也，譬若挈太山越河、济也[21]。"子墨子言：是非其譬也。夫挈太山而越河、济，可谓毕劫有力矣[22]，自古及今，未有能行之者也。况乎兼相爱、交相利则与此异，古者圣王行之。何以知其然？古者禹治天下，西为西河、渔窦[23]，以泄渠孙皇之水。北为防、原、泒[24]，注后之邸、嘑池之窦[25]，洒为底柱[26]，凿为龙门，以利燕、代、胡、貉与西河之民[27]；东方漏之陆，防孟诸之泽，洒为九浍[28]，以楗东土之水，以利冀州之民。南为江、汉、淮、汝，东流之，注五湖之处，以利荆、楚、干、越与南夷之民[29]。此言禹之事，吾今行兼矣。昔者文王之治西土，若日若月，乍光于四方，于西土，不为大国侮小国，不为众庶侮鳏寡，不为暴势夺穑人黍稷狗彘。天屑临文王慈[30]，是以老而无子者，有所得终其寿；连独无兄弟者[31]，有所杂于生人之间；少失其父母者，有所放依而长。此文王之事，则吾今行兼矣。昔者武王将事泰山隧[32]，《传》曰："泰山！有道曾孙周王有事[33]，大事既获，仁人尚作，以祇商夏[34]，蛮夷丑貉[35]。虽有周亲，不若仁人。万方有罪，维予一人。"此言武王之事，吾今行兼矣。

是故子墨子言曰：今天下之君子，忠实欲天下之富而恶其贫，欲天下之治而恶其乱，当兼相爱，交相利。此圣王之法，天下之治道也，不可不务为也。

《墨子閒（jiàn 间）诂》卷四

【注释】

[1]子墨子言：第一个"子"是称老师，此为弟子所记，故称"老师墨子说"。　[2]家：指大夫之采邑。篡：用强力夺取。　[3]贼：害良为贼。　[4]崇：俞樾《诸子平议》："崇字无意义，乃察字之误。"何用生：何以生。　[5]家主：卿大夫。　[6]敖：同"傲"。　[7]天下之难物于故也：这句话的意思是说，能够兼爱于天下固然是大好事，但是真正施行起来还是很困难的。《墨子閒诂》云"于"同"迂"，迂远难行之事。难物于故，指（兼爱之事）迂远难行的缘故。　[8]难：谴责，质问。　[9]说：通"悦"，高兴，喜欢。　[10]特：只不过。政：政策，政事。　[11]恶衣：粗陋的衣服。　[12]牂（zāng 赃）羊：母羊。　[13]韦以带剑：用没有装饰的熟牛皮来佩带剑器。　[14]练帛之冠：素色的布做成的帽子。　[15]要：同"腰"。　[16]一饭：一顿饭。　[17]胁息然后带：深吸一口气才系上腰带。胁息，吸气。　[18]比期（jī 基）年：等过了一年。　[19]"士闻鼓音"二句：这里指士兵听到鼓声一拥而上，破坏了阵行。《墨子閒诂》云"碎"当作"阵"。一说"碎"是"萃"的假借字，有聚集义。　[20]乃若：就像。　[21]挈（qiè 切）太山越河、济：举起泰山越过黄河、济水。挈，举起。济，这里指山西

垣曲县王屋山之沇(yǎn 衍)水。　　[22]毕劫:疾劲。毕,疾,快。劫,与"劼"当形近而讹。劼(jié 节),有力。　　[23]西河:指黄河在山西、陕西两省交界的一段,因南北流向与东相对而称西河。渔窦:一说"渔"为"漂(hēi 黑)"之误。"漂",即黑水。黑水,一说即龙门(今山西河津)。窦,沟渠,这里指河。　　[24]防、原、㲲(gū 估):防,防水,《水经注·圣水》郦道元注云:"防水出良乡县西北大防山南。"原,水名,无考。㲲,毕沅云雁门㲲水。这里指三条水均是嘑池的源头。　　[25]后之邸:当即昭馀祁,古大泽之名,在今山西祁县。嘑池之窦:即滹沱河。嘑(hū 乎),同"呼"。　　[26]洒为底柱:在砥柱山被分流。洒,分流之意。底柱,即砥柱山,也称门山。　　[27]胡、貉(mò 墨):指当时居住于北方与东北地区的少数民族。　　[28]洒:分作。九浍(huì 绘):九河。　　[29]干:《墨子闲诂》云"干"即吴国,古代干国被吴国吞并,故亦用"干"称吴国。　　[30]崖临:苃临,青睐。　　[31]连:《墨子闲诂》引王引之说云"连"疑当作"逴"(chuō 戳),逴犹独也。连独,即逴独,这里指孤独无兄弟。　　[32]隧:地道,这里作动词用,掘地通路。　　[33]曾孙:古代诸侯祭天时自称。　　[34]祇:《墨子闲诂》云"祇"应读为"振",即拯救。　　[35]丑貉:即九貉,指四裔。丑,众多。

【解析】

　　墨子认为,国家治乱的根本原因,在于是否"相爱"。父子、兄弟、君臣自利不相爱,则一国必乱;国与国之间自利,相互为"盗贼",则天下必乱。所以,他主张应该"视人家若其家,视人国若其国","天下兼相爱则治"。墨子的这一思想是他对所生活的内忧外困的国家环境的真实反映。他这种推己及人的相爱互利的思想,还推广到社会关系及国家与国家之间,显示了墨子在战乱年代期望人们通过兼相爱来实现美好与和平的善良愿望。

　　本篇中,墨子指出,国家社会混乱的根本原因是"不相爱",如果要想长治久安,就得"兼相爱,交相利"。而"兼爱"思想又面临对复杂人性的考验,因而在方法论上,墨子指出,"苟君悦之,则士众能为之"。紧接着,他回溯了上古时期大禹、周文王、周武王的胸怀天下治理国家的丰功伟业,历史地论证了"兼爱"乃"圣王之道而万民之大利也"。

　　"兼爱"思想在现代仍然具有一定的启发意义,它有利于家庭、社会的道德伦理建设,同时,也有利于国家与国家之间建立和平共处、互惠共赢的外交关系。

非 攻

《墨子》

【题解】

"春秋无义战"，诸侯国之间动辄兵戎相见。处于春秋战国之交的墨子对此深恶痛绝，因而《墨子》一书中有《非攻》三篇专议此事。"非"就是"讥"，墨子毫不讳言自己对不义战争的讥讽和反对。这里所选的是《非攻》三篇的第一篇。

今有一人，入人园圃[1]，窃其桃李，众闻则非之，上为政者，得则罚之。此何也？以亏人自利也。至攘人犬豕鸡豚者[2]，其不义又甚入人园圃窃桃李。是何故也？以亏人愈多，其不仁兹甚[3]，罪益厚。至入人栏厩[4]，取人马牛者，其不仁义又甚攘人犬豕鸡豚。此何故也？以其亏人愈多。苟亏人愈多，其不仁兹甚，罪益厚。至杀不辜人也，扡其衣裘[5]，取戈剑者，其不义又甚入人栏厩、取人马牛。此何故也？以其亏人愈多。苟亏人愈多，其不仁兹甚矣，罪益厚。当此，天下之君子皆知而非之，谓之不义。今至大为攻国，则弗知非，从而誉之，谓之义。此可谓知义与不义之别乎？

杀一人，谓之不义，必有一死罪矣。若以此说往，杀十人，十重不义，必有十死罪矣；杀百人，百重不义，必有百死罪矣。当此，天下之君子皆知而非之，谓之不义。今至大为不义攻国，则弗知非，从而誉之，谓之义，情不知其不义也[6]，故书其言以遗后世。若知其不义也，夫奚说书其不义以遗后世哉[7]？今有人于此，少见黑曰黑，多见黑曰白，则以此人不知白黑之辩矣[8]。少尝苦曰苦，多尝苦曰甘，则必以此人为不知甘苦之辩矣。今小为非，则知而非之；大为非攻国，则不知非，从而誉之，谓之义。此可谓知义与不义之辩乎？是以知天下之君子也，辩义与不义之乱也。

【注释】

[1]园圃：园，指果园。圃，指菜地。此处偏指果园。 [2]攘：偷盗。豕（shǐ 史）、豚（tún 屯）：指大猪小猪。 [3]兹：同"滋"，增加。 [4]栏厩（jiù 旧）：栏，通"阑"，围栏。厩，马棚。这里泛指牲畜棚。 [5]扡（tuō 拖）：抢夺。 [6]情：通"诚"。 [7]奚（xī 希）说：用什么说辞来书写历史传给后世呢。奚，何，什么。 [8]辩：通"辨"，分别，分辨。

【解析】

本文上承墨子"兼爱"思想，认为国家与国家之间也应该兼相爱护，交相互利，不应彼此攻伐侵犯。本篇告诫人们在辨别是非善恶上要有开阔的眼光，要审慎地分辨战争"义"与"不义"的性质。

"非攻"体现了墨子思想中对于战争、和平、天意、民生的重要思考，也体现了先秦墨家对于以往历史的认知方法。本文先说"亏人愈多，其不仁兹甚"，人们容易分辨小的是非善恶，而往往会在国家政治方面尤其是战争性质上失去分辨力，从而引出"至大为攻国"，即是"大不义"。

为充分了解墨子的"非攻"思想，这里顺便提及《非攻》的另外两篇。《非攻中》说，百姓生活四时、制度一丝一毫不可荒废，而战争给人民带来的恰恰是无限的"夺民之用，废民之利"的伤害，甚至是为一己一国之利，而杀民数万数千。并且，以"攻占"而亡的国家也不可胜数。故以"攻占"为利的国家显然是不明智的。《非攻下》则论证"义战"的必要性，从上古一直到夏商周三代来看"攻"与"诛"的重要差异。墨子的这一论证有一个重要的基础，就是对于天命的顺应，当然，这里的"天命"很大程度上是鉴于一个国家独立自主生存下去而采取的必要行动。

清人俞樾在《墨子闲诂序》中说："窃尝推而论之，墨子惟兼爱是以尚同，惟尚同是以非攻，惟非攻是以讲求备御之法……嗟乎！今天下一大战国也，以孟子反本一言为主，而以墨子之书辅之，倘足以安内而攘外乎？"此番议论或有助于我们对战争与和平问题的思考。

《孟子》三章

《孟子》

【题解】

　　孟子名轲,战国时邹国(在今山东邹城一带)人。生卒年缺乏明确记载,前人考证有公元前约385至304年,及公元前约372至289年等不同说法。孟子为孔子之后儒家学派的主要代表,曾受业于子思之门人。早年在邹鲁一带讲学授徒,齐威王时游齐国,又先后游历宋国、滕国、梁国等,宣讲仁政主张,齐宣王时再至齐。因不为诸侯所重,晚年归乡,与弟子整理典籍,作《孟子》七篇。《孟子》全面反映了孟轲的思想主张,是儒家经典"十三经"之一。历代重要注本有东汉赵岐《孟子章句》、宋题名孙奭的《孟子注疏》、宋朱熹《孟子集注》、清焦循《孟子正义》等。《孟子》文章长于辩论,富有文采,善用比喻,是先秦散文代表作。全书包括《梁惠王》、《公孙丑》、《滕文公》等七篇,每篇又分上下。今节选《梁惠王上》"齐桓晋文之事"、《公孙丑下》"天时不如地利"、《尽心下》"民为贵"。

齐桓晋文之事

　　齐宣王问曰[1]:"齐桓、晋文之事可得闻乎[2]?"

　　孟子对曰:"仲尼之徒无道桓、文之事者[3],是以后世无传焉,臣未之闻也。无以[4],则王乎?"

　　曰:"德何如,则可以王矣?"

　　曰:"保民而王[5],莫之能御也[6]。"

　　曰:"若寡人者,可以保民乎哉?"

　　曰:"可。"

　　曰:"何由知吾可也?"

　　曰:"臣闻之胡龁曰[7],王坐于堂上,有牵牛而过堂下者,王见之,曰:'牛何之[8]?'对曰:'将以衅钟[9]。'王曰:'舍之。吾不忍其觳觫[10]，若无罪而就死地。'对曰：'然则废衅钟与？'曰：'何可废也？以羊易之。'不识有诸[11]？"

曰："有之。"

曰："是心足以王矣。百姓皆以王为爱也[12]，臣固知王之不忍也。"

王曰："然，诚有百姓者[13]。齐国虽褊小[14]，吾何爱一牛？即不忍其觳觫，若无罪而就死地，故以羊易之也。"

曰："王无异于百姓之以王为爱也[15]。以小易大，彼恶知之？王若隐其无罪而就死地[16]，则牛羊何择焉[17]？"

王笑曰："是诚何心哉[18]？我非爱其财，而易之以羊也。宜乎百姓之谓我爱也。"

曰："无伤也，是乃仁术也，见牛未见羊也。君子之于禽兽也，见其生，不忍见其死；闻其声，不忍食其肉。是以君子远庖厨也[19]。"

王说[20]，曰："《诗》云：'他人有心[21]，予忖度之。'夫子之谓也。夫我乃行之[22]，反而求之，不得吾心。夫子言之，于我心有戚戚焉[23]。此心之所以合于王者，何也？"

曰："有复于王者曰：'吾力足以举百钧[24]，而不足以举一羽；明足以察秋毫之末[25]，而不见舆薪[26]。'则王许之乎[27]？"

曰："否。"

"今恩足以及禽兽，而功不至于百姓者，独何与？然则一羽之不举[28]，为不用力焉；舆薪之不见，为不用明焉；百姓之不见保[29]，为不用恩焉。故王之不王，不为也，非不能也。"

曰："不为者与不能者之形[30]，何以异？"

曰："挟太山以超北海[31]，语人曰：'我不能。'是诚不能也。为长者折枝[32]，语人曰：'我不能。'是不为也，非不能也。故王之不王，非挟太山以超北海之类也。王之不王，是折枝之类也。老吾老[33]，以及人之老；幼吾幼，以及人之幼。天下可运于掌[34]。《诗》云：'刑于寡妻[35]，至于兄弟，以御于家邦。'言举斯心加诸彼而已。故推恩足以保四海[36]，不推恩无以保妻子。古之人所以大过人者，无他焉，善推其所为而已矣。今恩足以及禽兽，而功不至于百姓者，独何与？权然后知轻重[37]，度然后知长短[38]，物皆然，心为甚。王请度之！抑王兴甲兵[39]，危士臣[40]，构怨于诸侯[41]，然后快于心与？"

王曰："否，吾何快于是？将以求吾所大欲也[42]。"

曰："王之所大欲，可得闻与？"

王笑而不言。

曰："为肥甘不足于口与[43]？轻暖不足于体与[44]？抑为采色不足视于目与[45]？声音不足听于耳与？便嬖不足使令于前与[46]？王之诸臣皆足以供之，而王岂为是哉？"

曰："否，吾不为是也。"

曰："然则王之所大欲可知已。欲辟土地，朝秦楚[47]，莅中国而抚四夷也[48]。以若所为[49]，求若所欲，犹缘木而求鱼也[50]。"

王曰："若是其甚与[51]？"

曰："殆有甚焉[52]。缘木求鱼，虽不得鱼，无后灾。以若所为，求若所欲，尽心力而为之，后必有灾。"

曰："可得闻与？"

曰："邹人与楚人战[53]，则王以为孰胜？"

曰："楚人胜。"

曰："然则小固不可以敌大，寡固不可以敌众，弱固不可以敌强。海内之地，方千里者九[54]，齐集有其一[55]。以一服八，何以异于邹敌楚哉？盖亦反其本矣[56]。今王发政施仁[57]，使天下仕者皆欲立于王之朝[58]，耕者皆欲耕于王之野，商贾皆欲藏于王之市[59]，行旅皆欲出于王之途[60]，天下之欲疾其君者皆欲赴诉于王[61]。其若是，孰能御之？"

王曰："吾惛[62]，不能进于是矣[63]。愿夫子辅吾志，明以教我。我虽不敏[64]，请尝试之。"

曰："无恒产而有恒心者[65]，惟士为能。若民，则无恒产，因无恒心。苟无恒心，放辟邪侈[66]，无不为已。及陷于罪，然后从而刑之，是罔民也[67]？焉有仁人在位，罔民而可为也？是故明君制民之产[68]，必使仰足以事父母[69]，俯足以畜妻子[70]，乐岁终身饱，凶年免于死亡。然后驱而之善，故民之从之也轻[71]。今也制民之产，仰不足以事父母，俯不足以畜妻子，乐岁终身苦，凶年不免于死亡。此惟救死而恐不赡[72]，奚暇治礼义哉[73]？王欲行之，则盍反其本矣。五亩之宅，树之以桑，五十者可以衣帛矣[74]。鸡豚狗彘之畜[75]，无失其时，七十者可以食肉矣。百亩之田，勿夺其时，八口之家可以无饥矣。谨庠序之教[76]，申之以孝悌之义[77]，颁白者不负戴于道路矣[78]。老者衣帛食肉，黎民不饥不寒，然而不王者，未之有也。"

《孟子注疏》卷一下

【注释】

[1]齐宣王：战国时齐国国君，姓田，名辟疆，谥宣。　　[2]齐桓、晋文：春秋时齐国、晋国国君，先后称霸。齐桓即齐桓公，姓姜，名小白。晋文即晋文公，姓姬，名重耳。齐宣王询问齐桓、晋文称霸之事，意欲效仿。　　[3]仲尼之徒：指儒家学派。儒家学派主张王道，反对霸道，故不称说齐桓、晋文之事。　　[4]"无以"二句：不得已一定要说的话，就说说王天下吧。无以，无已，不停止。王（wàng 忘），统治，称王。　　[5]保：安。　　[6]御：阻挡。　　[7]胡龁（hé 核）：齐宣王近臣。　　[8]之：往。　　[9]衅钟：指以牲畜血涂抹于钟上举行祭祀。　　[10]觳觫（húsù 壶速）：恐惧战栗的样子。　　[11]不识有诸：不知道有没有这事？诸，"之乎"的合音。　　[12]爱：吝惜，吝啬。　　[13]诚有百姓者：的确有这样的百姓。　　[14]褊（biǎn 贬）小：狭小。　　[15]无异：不要觉得奇怪。　　[16]隐：哀怜，痛惜。　　[17]牛羊何择焉：牛和羊有什么区别呢？择，区别。　　[18]是诚何心哉：这究竟是什么想法呢？是，指以羊易牛之事。齐宣王自己也说不清楚为何如此。　　[19]庖（páo 袍）厨：厨房。　　[20]说：同"悦"，高兴。　　[21]"他人有心"二句：出自《诗·小雅·巧言》。别人有什么心思，我能够推测出来。忖度，揣想。　　[22]"夫我乃行之"三句：我只是如此做了，反过来探究为何如此，我也不知道自己当时的想法。乃，如此。　　[23]戚戚：心动的样子。　　[24]百钧：三千斤。古代三十斤为一钧。　　[25]明：视力。秋毫：鸟兽在秋天新长出的细毛。末：末端。　　[26]舆薪：整车柴。舆，车箱，泛指车。　　[27]许：相信。　　[28]一羽之不举：一根羽毛都举不起来。　　[29]见保：被安抚。　　[30]"不为者与不能者之形"二句：不做和不能做的情形，有什么不同？形，情况。　　[31]挟：夹在腋下。太山：即泰山。超：越过。北海：指渤海。　　[32]折枝：折取树枝，言不难。一说为折腰，或按摩，均是比喻其轻而易举。　　[33]"老吾老"二句：敬

养自己的长辈，并推及别人家的长辈。第一个"老"字为动词。下句"幼吾幼"同。　　[34]天下可运于掌：天下可以在手掌中运转。比喻容易。　　[35]"刑于寡妻"三句：出自《诗·大雅·思齐》。先给自己的妻子做榜样，再及于兄弟，进而治理封邑和国家。刑，通"型"，典型，榜样。御，治理。　　[36]推恩：推广恩德。　　[37]权：称量。　　[38]度（duó 夺）：丈量。　　[39]抑：难道。兴甲兵：指发起战争。　　[40]危士臣：使将士危险。　　[41]构怨：结怨，结仇。　　[42]求吾所大欲：追求我想要的最大欲望。　　[43]肥甘：指肥美的食物。　　[44]轻暖：指又轻又暖的衣服。　　[45]抑：还是。　　[46]便嬖（piánbì 骈必）：近臣，君主左右受宠幸的人。　　[47]朝秦楚：使秦国和楚国来朝见，使其称臣。　　[48]莅中国而抚四夷：统治中原并安抚四方少数民族。莅，临，治理。　　[49]若：这样的。　　[50]缘木而求鱼：爬到树上去捉鱼。缘，攀援。　　[51]若是其甚与：有这样严重吗？　　[52]殆有甚焉：恐怕比这样更严重。　　[53]邹：即邾国，故地在今山东邹城一带。邹与楚大小实力悬殊。　　[54]方千里者九：面积纵横千里的地方有九个。　　[55]齐集有其一：齐国的土地汇集起来只占九分之一。　　[56]盖亦反其本矣：何不返回到根本上来呢。指推行仁政。盖（hé 何），通"盍"，何不。　　[57]发政施仁：指采取措施，推行仁道。　　[58]仕者：做官的人。　　[59]商贾（gǔ 古）：商人。藏：指储藏货物。　　[60]途：道路。　　[61]疾：痛恨。　　[62]惛（hūn 昏）：糊涂。　　[63]不能进于是：是说对孟子所说不能完全理解。进于是，进到这一步。　　[64]敏：聪敏，有才能。　　[65]恒产：长久维持生活的财产。恒心：常存的善心。　　[66]放辟邪侈：放纵邪辟，不守法度。辟，邪僻。侈，过度，放纵。　　[67]罔民：对人民张罗网，陷害人民。罔，通"网"。　　[68]制民之产：规定人民的产业。　　[69]事：供奉。　　[70]畜（xù 蓄）妻子：养活妻子和孩子。　　[71]从之也轻：指很容易就可以服从君王。轻，轻易。　　[72]赡：足够。　　[73]奚暇：哪里有空暇。　　[74]衣帛：穿丝织的衣服。　　[75]豚（tún 屯）：小猪。彘（zhì 志）：猪。　　[76]庠（xiáng 祥）序：学校。　　[77]孝悌：孝顺父母，敬爱兄长。　　[78]颁白者：指头发斑白的老人。颁，通"斑"。负戴：背负或头顶重物。

天时不如地利

　　孟子曰："天时不如地利[1]，地利不如人和[2]。三里之城[3]，七里之郭，环而攻之而不胜[4]。夫环而攻之，必有得天时者矣。然而不胜者，是天时不如地利也。城非不高也，池非不深也[5]，兵革非不坚利也[6]，米粟非不多也。委而去之[7]，是地利不如人和也。故曰域民不以封疆之界[8]，固国不以山溪之险，威天下不以兵革之利[9]。得道者多助，失道者寡助。寡助之至，亲戚畔之[10]；多助之至，天下顺之。以天下之所顺，攻亲戚之所畔，故君子有不战[11]，战必胜矣。"

《孟子注疏》卷四上

【注释】

[1]天时：指有利于战争的气候条件。地利：指有利于战争的地理条件。[2]人和：指人事和谐，民心和乐。　　[3]"三里之城"二句：古代都邑四周城垣一般有两重，内城为城，外城为郭。三里、七里皆指城郭边长，喻其小。　　[4]环：指围城。　　[5]池：护城河。　　[6]兵革：兵器和甲胄，泛指武器装备。　　[7]委：舍弃。　　[8]域民：意为使人民居留在国界内。域，居。封疆之界：指国家的疆界。　　[9]威：扬威。　　[10]亲戚：指父母兄弟等。畔：通"叛"。　　[11]有：或，要么。

民为贵

孟子曰："民为贵，社稷次之[1]，君为轻。是故得乎丘民而为天子[2]，得乎天子为诸侯，得乎诸侯为大夫。诸侯危社稷，则变置[3]。牺牲既成[4]，粢盛既洁[5]，祭祀以时，然而旱干水溢[6]，则变置社稷[7]。"

《孟子注疏》卷一四上

【注释】

[1]社稷：古代帝王、诸侯所祭的土神和谷神。后用"社稷"代表国家。　　[2]得乎丘民而为天子：得到百姓的信任，就可以做天子。丘民，众民，百姓。　　[3]变置：指改立诸侯。　　[4]牺牲：祭祀用的牲畜。成：肥壮。　　[5]粢盛（zīchéng 资成）：盛在祭器内供祭祀的谷物。洁：洁净。[6]旱干水溢：指发生旱灾和水灾。　　[7]变置社稷：改立土谷之神。

【解析】

孟子继承并发展了孔子的仁学思想，提出较为系统的"仁政"主张和民贵君轻理论，是儒家民本思想的代表人物。以上三章比较集中地反映了孟子的仁政学说及民本思想。

孟子认为人性本善，人皆有不忍人之心，将这种不忍人之心推广到治理国家，就是仁政。"齐桓晋文之事"记述孟子和齐宣王的问答，孟子避而不谈齐宣王关心的霸业，而是循循善诱，用各种比喻层层递进阐述自己的仁政主张。他从齐宣王不忍见牛被杀一事说起，指出这种不忍之心即是仁术。"举斯心加诸彼"，推此不忍之心于天下，既敬养爱护自己的老人和孩子，也能推己及人、敬养爱护别人的老人和孩子，这样天下人都愿意归服，如此就可成就王道，保有四海。孟子还提出了施行仁政的具体内容，这就是要使人民有固定的产业，百亩之田、五亩之宅，农桑畜养，依时而行，"仰足以事父母，俯足以畜妻子，乐岁终身饱，凶年免于死亡"。人民生活无忧，加以礼义教育，自然天下向善，远人归服。若不顾百姓疾苦，仅凭武力争霸，则不仅如缘木求鱼不可得，还会因失去民心而给统治者自己招来灾祸。

"天时不如地利"则从战争角度阐述仁政和民心的重要性。孟子认为决定战争胜负的最关键因素是"人和"，即人民的拥护。"得道者多助，失道者寡助"，若统治者暴虐无道失去民心，无论城池如何坚固，兵器如何锐利，也不可能获得最后的胜利。

"民为贵"更是将人民对于国家的重要性排在第一位，旗帜鲜明地提出了"民为贵，社稷次之，君为轻"的观点。君主若危害国家利益，可以变置；土谷之神若不能保佑风调雨顺，也可以变置。只有人民是无法更替的，是国家政权稳固的根本力量。得乎丘民而为天子，得民心者得天下。孟子在《梁惠王下》回答齐宣王对"汤放桀，武王伐纣"的质疑时曾说："贼仁者谓之贼，贼义者谓之残。残贼之人，谓之一夫。闻诛一夫纣矣，未闻弑君也。"《离娄上》也说："桀、纣之失天下也，失其民也。失其民者，失其心也。得天下有道，得其民，斯得天下矣。得其民有道，得其心斯得民矣。得其心有道，所欲与之聚之，所恶勿施尔也。"从正反两方面说明民心向背的重要性，可为民贵君轻论的最好注脚。这也是孟子思想中富有民本精神的内容，对后世产生了积极深刻的影响。

逍遥游

《庄子》

【题解】

庄周（前369？—前286），战国时宋国蒙（今河南商丘东北）人。曾为蒙漆园吏，与楚威王、齐宣王生活在同一时期。楚威王欲聘之为相，庄周笑言"不为有国者所羁"，终身不仕。《史记》卷六三有传。庄周之学，上承老子，著述十馀万言，后人结集为《庄子》一书。唐朝天宝元年（742），封庄周为南华真人，故《庄子》别称《南华真经》。今所传世的《庄子》是晋朝郭象的注本，现存三十三篇，分为《内篇》七，《外篇》十五，《杂篇》十一。这篇《逍遥游》见于《庄子·内篇》卷一，是全书的首篇，全文可分为三章，这里所选的只是第一章。"逍遥"是说"物任其性，事称其能，各当其分"（晋郭象语），也就是闲放不拘、恬适自得的意思。

北冥有鱼[1]，其名为鲲[2]。鲲之大，不知其几千里也。化而为鸟，其名为鹏[3]。鹏之背，不知其几千里也。怒而飞，其翼若垂天之云[4]。是鸟也，海运则将徙于南冥[5]。南冥者，天池也。

《齐谐》者[6]，志怪者也。《谐》之言曰："鹏之徙于南冥也，水击三千里[7]，抟扶摇而上者九万里[8]，去以六月息者也[9]。"野马也[10]，尘埃也，生物之以息相吹也[11]。天之苍苍[12]，其正色邪？其远而无所至极邪？其视下也[13]，亦若是则已矣。

且夫水之积也不厚，则其负大舟也无力。覆杯水于坳堂之上[14]，则芥为之舟[15]，置杯焉则胶，水浅而舟大也。风之积也不厚，则其负大翼也无力。故九万里，则风斯在下矣[16]，而后乃今培风[17]。背负青天而莫之夭阏者[18]，而后乃今将图南。

蜩与学鸠笑之曰[19]："我决起而飞[20]，抢榆枋[21]，时则不至[22]，而控于地而已矣[23]，奚以之九万里而南为[24]？"适莽苍者[25]，三飡而反[26]，腹犹果然[27]。适百里者，宿舂粮[28]。适千里者，三月聚粮。之二虫又何知[29]?

小知不及大知[30]，小年不及大年[31]。奚以知其然也？朝菌不知晦朔[32]，蟪蛄不知春秋[33]，此小年也。楚之南有冥灵者[34]，以五百岁为春，五百岁为秋。上古有大椿者，以八千岁为春，八千岁为秋。而彭祖乃今以久特闻[35]，众人匹之[36]，不亦悲乎！

汤之问棘也是已[37]："穷发之北[38]，有冥海者，天池也。有鱼焉，其广数千里，未有知其修者[39]，其名为鲲。有鸟焉，其名为鹏，背若太山，翼若垂天之云，抟扶摇羊角而上者九万里[40]，绝云气，负青天，然后图南，且适南冥也。斥鴳笑之曰[41]：'彼且奚适也？我腾跃而上，不过数仞而下[42]，翱翔蓬蒿之间，此亦飞之至也，而彼且奚适也？'"此小大之辩也[43]。

故夫知效一官[44]，行比一乡[45]，德合一君[46]，而徵一国者[47]，其自视也亦若此矣。而宋荣子犹然笑之[48]。且举世而誉之而不加劝[49]，举世而非之而不加沮[50]，定乎内外之分[51]，辩乎荣辱之境，斯已矣[52]。彼其于世，未数数然也[53]。虽然，犹有未树也[54]。夫列子御风而行[55]，泠然善也[56]，旬有五日而后反。彼于致福者[57]，未数数然也[58]。此虽免乎行[59]，犹有所待者也。若夫乘天地之正[60]，而御六气之辩[61]，以游无穷者[62]，彼且恶乎待哉[63]！故曰至人无己[64]，神人无功[65]，圣人无名[66]。

《庄子集释》卷一上

【注释】

[1]北冥：即北海。"冥"，这里指水深而暗，广漠无涯。下文"南冥"，义同。　[2]鲲（kūn 昆）：一种绝大之鱼。　[3]鹏：一种绝大之鸟。　[4]垂天之云：形容两翼展开，如天空的云影遮天蔽日。　[5]海运：海上飞行。　[6]《齐谐》：齐谐为人名，他写的书，专记怪异之事，后人名之为《齐谐》。　[7]水击三千里：鹏起飞时，两翼拍击水面，行三千里才渐次升入高空。一说鹏两翼激起的浪花高达三千里。　[8]抟（tuán 团）：旋转上升。扶摇：盘旋的气流。　[9]去以六月息：是说这鹏一举飞去，六个月后，抵达天池才歇息。一说"息"为呼吸，鹏飞行半年才呼吸一次。　[10]野马：天地间的游走雾气，就像野马奔驰一样，蒸腾不已。　[11]以息相吹：息，气息。以

上三句是说，野马奔腾般的雾气和细微的尘埃，都因为受到生物气息的吹拂，动荡不停。这和鹏飞九万里相比，虽说大小悬殊，但就任乎自然而言，二者并无不同。　　[12]"天之苍苍"二句：天的蓝色，难道真是天的正色吗？其，同"岂"。　　[13]"其视下也"二句：是说鹏从高空向下看，也不过像人们仰望天空而已，意思是说都不一定能看透真相。"其"指鹏。　　[14]坳（ào 傲）堂：堂上低凹之处。　　[15]芥：草芥，小草。　　[16]风斯在下：鹏所以能飞高九万里，是因为有风在下面负托。　　[17]培风：培，通"凭"，凭风，乘风。　　[18]莫之夭阏（è 遏）：是说鹏背之上只有青天，再无其他东西遮拦阻挡。夭，即"閼"，遮拦。阏，阻塞。　　[19]蜩（tiáo 条）与学鸠：蝉与斑鸠。　　[20]决：同"赽"，疾速。　　[21]抢榆枋：想高飞也不过落在榆树和枋树（檀）上。抢，同"集"，落在。　　[22]则：或者，可能。　　[23]控：投。　　[24]奚以之九万里而南为：哪里用得着爬升到九万里向南飞呢？　　[25]适：往。莽苍：近郊的林野处。　　[26]三飡而反：是说到近郊去，一天（三顿饭）工夫便可以打个来回。飡，同"餐"。反，同"返"。　　[27]果然：充实（饱）的样子。　　[28]宿舂粮：出发前一天晚上必须捣米储备食粮。　　[29]之二虫：指蜩与学鸠。之，此。　　[30]知：同"智"。　　[31]小年：年，年龄。以上二句是说，见识浅、寿命短者，无法和见识多、寿命长者相比。　　[32]朝菌不知晦朔：朝菌，又名日及，即一种大芝，天阴生粪堆上，见日则死，所以不知一个月的始终。晦，阴历每月最后一天。朔，阴历每月的初一。一说"朝菌"当作"朝秀"，一种朝生暮死之虫。"晦"指黑夜，"朔"指平明。　　[33]蟪蛄（huìgū 绘姑）不知春秋：蟪蛄，一名寒蝉，春生夏死，夏生秋死，所以不知道整年的光景。　　[34]冥灵：传说中一种寿命很长的树。　　[35]彭祖：即篯（jiān 尖）铿，据说曾为尧臣，封于彭城，经过虞、夏，一直活到商代，年七百馀岁。　　[36]匹：比。是说世人的年寿与彭祖相比，正如同"朝菌"、"蟪蛄"一般，长短悬殊，所以可悲。　　[37]汤：又称武汤、成汤等，是商朝的创建者。棘：《列子》作夏革，汤时为大夫。　　[38]穷发：北方极远处的不毛之地。发（髮），毛，指草木。　　[39]修：长。　　[40]羊角：旋风（曲而上行如羊角）。　　[41]斥鷃（yàn 宴）：水泽中的小雀。　　[42]仞：八尺为仞。一说七尺。　　[43]辩：同"辨"，区别。　　[44]知效一官：是说其人的才智较低者只能胜任一官之职。　　[45]行比一乡：是说其人的才智只够庇护一乡之地。比，通"庇"。　　[46]德合一君：是说其人之才智只能投合一个国君的心意。　　[47]而徵一国：是说其人的才智只能取信于一国之人。而，能。徵，信。　　[48]宋荣子犹然笑之：是说宋荣子嗤笑上面说的四种人。宋荣子即先秦思想家宋鈃（jiān 坚），战国时宋国人，其学说近于墨家。犹然，微笑自得的样子。　　[49]劝：鼓励，引申为得意。是说宋荣子不因为世人的毁誉而加重自己的得失之心。　　[50]沮：沮丧。　　[51]内外之分：是说自身与外部环境的关系，把握好分寸。内，自我。外，外物。　　[52]斯已矣：就是如此（指宋荣子的思想修养）。　　[53]未数（shuò 朔）数然：是说像宋荣子这样的人，世上并不多见。数数，屡屡，频繁出现。　　[54]犹有未树：是说宋荣子的修养虽然世所罕见，但他依然执着于"内外之分"、"荣辱之境"，还没能确立至德，走向逍遥之途。树，"竖"的假借字。　　[55]列子御风："列子"即列御寇，春秋郑穆公时人，其学本于黄帝、老子。传说列子曾遇风仙，学得御风之术。御，驾，乘。　　[56]泠（líng 零）然：轻妙的样子。　　[57]致福：是说列子御风而往，无所不顺。致，得。福，无所不顺。　　[58]未数数然：是说列子这样的人，世上也不常见。　　[59]"此虽免乎行"二句：是说御风可以免去步行，但仍然要依仗风力，所以列子也不足羡慕。待，依凭。　　[60]乘天地之正：天地以万物为体，而万物以自然为正，自然就是去除人为的痕迹，所以"乘天地之正"就是顺应万物之性而行。乘，驾驭。　　[61]御六气之辩：顺应自然的意外变化。六气，阴阳、风雨、晦明等自然现象。辩，通"变"。　　[62]无穷：指时间的无始无终，空间的无边无际。　　[63]恶（wū 乌）乎待：何所待。是说既能顺乎万物之性，又能适应意外之变，便可以与天地同始终，自不必有待于外物相助。恶，何。　　[64]至人无己：是说至人顺天应物，可以达到忘其自我的境界。"至人"是庄子理想中修养最高的人。　　[65]神人无功："神人"是庄子理想中仅次于"至人"一等的人。无功，无意追求功名，只求为人们造福。　　[66]圣人无名："圣人"是儒家理想中修养最高的人，而在庄子理想中则居于"至人"、"神人"之下，为第三等。无名，不求名位。以上三句，"至"言其体，"神"言其用，"圣"言其名，其实是同一种表达，都是指上文所说的那种能够"乘天地之正，御六气之辩"，"游无穷"，"恶乎待"的人。

【解析】

　　这篇文章的大旨，是摆脱一切物累，求得精神上的解脱，以赢得最大的自由空间。这对人们摆脱名缰利锁有所启发。

　　文章借助夸饰的言辞，形象地说明一个深奥的道理。这个道理概括为一句话，便是"有待"与"恶乎待"的关系。像鹏这样庞然而充满生机的大物，似乎可以遨游四海，畅行无碍，但鹏的飞行也是有条件的，如果"风之积也不厚，则其负大翼也无力"，"而后乃今培风"。这个"培风"就是飞翔的凭借，也就是所谓"有待"。作者在这里十分强调"有待"，其真实意图正是为了在后文提出自己的正面主张，那就是"恶乎待"，亦即"无所待"。如何才能做到"无待"呢？文章的末段画龙点睛，回答了这个问题："若夫乘天地之正，而御六气之辩，以游无穷者，彼且恶乎待哉？故曰至人无己，神人无功，圣人无名。"意思是说，如果一个人挣脱了自身对于功名利禄、金钱权位之类的贪欲，去除了精神层面的一己之私，才能在精神上无待而游于无穷。

秋　水

《庄子》

【题解】

本文出自《庄子》外篇。《庄子》外篇与杂篇多以各篇首句中二字为题。本文借"秋水"名篇，无意间营造了一个汪洋恣肆的意象，同时也辉映出文章汗漫无际的论辩气象。本文首先不吝笔墨，详尽地描绘了河伯与海神若的七次问答，将哲学问题进行层层深入的阐释。由此引出夔、蚿、蛇、风等各种异象都是发自天机的论述，然后假借孔子之口来说明天命自然，指出公孙龙子"小知不及大知"的局限。最后又回到庄子这里，通过庄子与惠子在濠梁之上展开的一场关于异物能否相知的辩论结束全文。文章所举的事例不只一个，抒发的议论也各有侧重，不过其重点表达的应该是"无以人灭天，无以故灭命，无以得殉名，谨守而勿失，是谓反其真"的"反真"思想。也就是唐朝成玄英所说的："夫愚智夭寿，穷通荣辱，禀之自然，各有其分。唯当谨固守持，不逐于物，得于分内而不丧于道者，谓反本还源、复于真性者也。"（《庄子注疏》卷六）

秋水时至[1]，百川灌河。泾流之大[2]，两涘渚崖之间[3]，不辩牛马[4]。于是焉河伯欣然自喜[5]，以天下之美为尽在己。顺流而东行，至于北海[6]，东面而视，不见水端。于是焉河伯始旋其面目[7]，望洋向若而叹曰[8]："野语有之曰[9]：'闻道百，以为莫己若者。'我之谓也。且夫我尝闻少仲尼之闻而轻伯夷之义者[10]，始吾弗信；今我睹子之难穷也，吾非至于子之门则殆矣，吾长见笑于大方之家[11]。"

北海若曰："井蛙不可以语于海者[12]，拘于虚也[13]；夏虫不可以语于冰者，笃于时也[14]；曲士不可以语于道者[15]，束于教也。今尔出于崖涘，观于大海，乃知尔丑[16]，尔将可与语大理矣。天下之水，莫大于海，万川归之，不知何时止而不盈；尾闾泄之[17]，不知何时已而不虚；春秋不变，水旱不知。此其过江河之流，不可为量数。而吾未尝以此自多者[18]，自以比形于天地而受气于阴阳[19]，吾在于天地之间，犹小石小木之在大山也[20]。方存乎见少，又奚以自多[21]！计四海之在天地之间也，不似礨空之在大泽乎[22]？计中国之在海内[23]，不似稊米之在大仓乎[24]？号物之数谓之万，人处一焉。人卒九州[25]，谷食之所生，舟车之所通，人处一焉。此其比万物也，不似豪末之在于马体乎[26]？五帝之所连，三王之所争，仁人之所忧，任士之所劳[27]，尽此矣。伯夷辞之以为名，仲尼语之以为博，此其自多也，不似尔向之自多于水乎？"

河伯曰："然则吾大天地而小豪末，可乎？"北海若曰："否。夫物，量无穷，时无止，分无常，终始无故[28]。是故大知观于远近[29]，故小而不寡，大而不多，知量无穷[30]。证曏今故[31]，故遥而不闷[32]，掇而不跂，知时无止。察乎盈虚，故得而不喜，失而不忧，知分之无常也。明乎坦途，故生而不说[33]，死而不祸，知终始之不可故也。计人之所知，不若其所不知；其生之时，不若未生之时；以其至小求穷其至大之域[34]，是故迷乱而不能自得也。由此观之，又何以知豪末之足以定至细之倪[35]，又何以知天地之足以穷至大之域！"

河伯曰："世之议者皆曰：'至精无形[36]，至大不可围。'是信情乎[37]？"北海若曰："夫自细视大者不尽，自大视细者不明。夫精，小之微也；垺[38]，大之殷也[39]，故异便[40]。此势之有也。夫精粗者，期于有形者也；无形者，数之所不能分也；不可围者，数之所不能穷也。可以言论者，物之粗也；可以意致者，物之精也；言之所不能论[41]，意之所不能察致者，不期精粗焉。是故大人之行[42]，不出乎害人，不多仁恩[43]；动不为利，不贱门隶[44]；货财弗争[45]，不多辞让；事焉不借人[46]，不多食乎力，不贱贪污；行殊乎俗，不多辟异[47]；为在从众，不贱佞谄[48]；世之爵禄不足以为劝[49]，戮耻不足以为辱[50]；知是非之不可为分，细大之不可为倪。闻曰：'道人不闻[51]，至德不得，大人无己。'约分之至也[52]。"

河伯曰："若物之外，若物之内，恶至而倪贵贱[53]？恶至而倪小大？"北海若曰："以道观之，物无贵贱。以物观之，自贵而相贱；以俗观之，贵贱不在己[54]。以差观之，因其所大而大之，则万物莫不大。因其所小而小之，则万物莫不小。知天地之为稊米也，知豪末之为丘山也，则差数睹矣[55]。以功观之，因其所有而有之，则万物莫不有；因其所无而无之，则万物莫不无。知东西之相反而不可以相无，则功分定矣[56]。以趣观之，因其所然而然之，则万物莫不然；因其所非而非之，则万物莫不非。知尧、桀之自然而相非，则趣操睹矣[57]。昔者尧、舜让而帝[58]，之、哙让而绝[59]；汤、武争而王[60]，白公争而灭[61]。由此观之，争让之礼，尧、桀之行，贵贱有时，未可以为常也。梁丽可以冲城[62]，而不可以窒穴，言殊器也。骐骥骅骝[63]，一日而驰千里，捕鼠不如狸狌[64]，言殊技也。鸱鸺夜撮蚤[65]，察毫末，昼出瞋目而不见丘山，言殊性也。故曰盖师是而无非[66]，师治而无乱乎？是未明天地之理，万物之情者也。是犹师天而无地，师阴而无阳，其不可行明矣。然且语而不舍，非愚则诬也。帝王殊禅[67]，三代殊继[68]。差其时，逆其俗者，谓之篡夫；当其时，顺其俗者，谓之义之徒。默默乎河伯[69]，女恶知贵贱之门[70]，小大之家！"

河伯曰："然则我何为乎？何不为乎？吾辞受趣舍[71]，吾终奈何？"北海若曰："以道观之，何贵何贱，是谓反衍[72]。无拘而志[73]，与道大蹇[74]。何少何多，是谓谢施[75]。无一而行，与道参差[76]。严乎若国之有君[77]，其无私德；繇繇乎若祭之有社[78]，其无私福；泛泛乎其若四方之无穷，其无所畛域[79]。兼怀万物，其孰承翼[80]？是谓无方[81]。万物一齐，孰短孰长？道无终始，物有死生，不恃其成。一虚一满，不位乎其形[82]。年不可举，时不可止。消息盈虚[83]，终则有始。是所以语大义之方，论万物之理也。物之生也，若骤若驰，无动而不变，无时而不移。何为乎？何不为乎？夫固将自化[84]。"

河伯曰："然则何贵于道邪[85]？"北海若曰："知道者必达于理，达于理者必明于权，明于权者不以物害己。至德者[86]，火弗能热，水弗能溺，寒暑弗能害，禽兽弗能贼。非谓其薄之也[87]，言察乎安危，宁于祸福，谨于去就，莫之能害也。故曰天在内，人在外，德在乎天[88]。知天人之行[89]，本乎天，位乎得；蹢躅而屈伸，反要而语极[90]。"曰："何谓天？何谓人？"北海若曰："牛马四足，是谓天；落马首，穿牛鼻，是谓人。故曰无以人灭天，无以故灭命[91]，无以得殉名[92]。谨守而勿失，是谓反其真。”

夔怜蚿[93]，蚿怜蛇，蛇怜风，风怜目，目怜心。夔谓蚿曰：“吾以一足趻踔而行[94]，予无如矣。今子之使万足，独奈何？”蚿曰：“不然。子不见夫唾者乎？喷则大者如珠，小者如雾，杂而下者不可胜数也。今予动吾天机[95]，而不知其所以然。”蚿谓蛇曰：“吾以众足行，而不及子之无足，何也？”蛇曰：“夫天机之所动，何可易邪？吾安用足哉！”蛇谓风曰：“予动吾脊胁而行，则有似也[96]。今子蓬蓬然起于北海[97]，蓬蓬然入于南海，而似无有[98]，何也？”风曰：“然。予蓬蓬然起于北海而入于南海也，然而指我则胜我，鰌我亦胜我[99]。虽然，夫折大木，蜚大屋者[100]，唯我能也，故以众小不胜为大胜也[101]。为大胜者，唯圣人能之。”

孔子游于匡[102]，宋人围之数匝[103]，而弦歌不惙[104]。子路入见，曰：“何夫子之娱也？”孔子曰：“来，吾语女[105]。我讳穷久矣[106]，而不免，命也；求通久矣，而不得，时也。当尧、舜而天下无穷人，非知得也[107]；当桀、纣而天下无通人，非知失也。时势适然。夫水行不避蛟龙者，渔父之勇也；陆行不避兕虎者[108]，猎夫之勇也；白刃交于前，视死若生者，烈士之勇也；知穷之有命，知通之有时，临大难而不惧者，圣人之勇也。由处矣[109]，吾命有所制矣[110]。”无几何，将甲者进[111]，辞曰[112]：“以为阳虎也[113]，故围之。今非也，请辞而退。”

公孙龙问于魏牟曰[114]：“龙少学先王之道[115]，长而明仁义之行。合同异[116]，离坚白；然不然，可不可；困百家之知，穷众口之辩，吾自以为至达已。今吾闻庄子之言，汒焉异之[117]。不知论之不及与？知之弗若与？今吾无所开吾喙[118]，敢问其方。”公子牟隐机大息[119]，仰天而笑曰：“子独不闻夫埳井之蛙乎[120]？谓东海之鳖曰：‘吾乐与！出跳梁乎井干之上[121]，入休乎缺甃之崖[122]；赴水则接腋持颐[123]，蹶泥则没足灭跗[124]；还虷、蟹与科斗[125]，莫吾能若也！且夫擅一壑之水[126]，而跨跱埳井之乐[127]，此亦至矣。夫子奚不时来入观乎？’东海之鳖左足未入，而右膝已絷矣[128]，于是逡巡而却[129]，告之海曰：‘夫千里之远，不足以举其大；千仞之高[130]，不足以极其深。禹之时十年九潦[131]，而水弗为加益；汤之时八年七旱，而崖不为加损[132]。夫不为顷久推移[133]，不以多少进退者，此亦东海之大乐也。'于是埳井之蛙闻之，适适然惊[134]，规规然自失也[135]。且夫知不知是非之竟[136]，而犹欲观于庄子之言，是犹使蚊负山，商蚷驰河也[137]，必不胜任矣。且夫知不知论极妙之言而自适一时之利者，是非埳井之蛙与？且彼方跐黄泉而登大皇[138]，无南无北，奭然四解[139]，沦于不测；无东无西，始于玄冥，反于大通。子乃规规然而求之以察[140]，索之以辩，是直用管窥天，用锥指地也，不亦小乎！子往矣！且子独不闻夫寿陵馀子之学行于邯郸与[141]？未得国能，又失其故行矣，直匍匐而归耳。今子不去，将忘子之故，失子之业。"公孙龙口呿而不合[142]，舌举而不下，乃逸而走。

庄子钓于濮水[143]。楚王使大夫二人往先焉[144]，曰："愿以境内累矣[145]！"庄子持竿不顾，曰："吾闻楚有神龟，死已三千岁矣，王巾笥而藏之庙堂之上[146]。此龟者，宁其死为留骨而贵乎？宁其生而曳尾于涂中乎？"二大夫曰："宁生而曳尾涂中。"庄子曰："往矣，吾将曳尾于涂中。"

惠子相梁[147]，庄子往见之。或谓惠子曰："庄子来，欲代子相。"于是惠子恐，搜于国中三日三夜。庄子往见之，曰："南方有鸟，其名为鹓鶵[148]，子知之乎？夫鹓鶵，发于南海而飞于北海，非梧桐不止，非练实不食[149]，非醴泉不饮。于是鸱得腐鼠[150]，鹓鶵过之，仰而视之曰：'吓[151]！'今子欲以子之梁国而吓我邪？"

庄子与惠子游于濠梁之上[152]。庄子曰："儵鱼出游从容[153]，是鱼之乐也。"惠子曰："子非鱼，安知鱼之乐？"庄子曰："子非我，安知我不知鱼之乐？"惠子曰："我非子，固不知子矣；子固非鱼也，子之不知鱼之乐，全矣！"庄子曰："请循其本[154]。子曰'汝安知鱼乐'云者，既已知吾知之而问我。我知之濠上也。"

《庄子集释》卷六下

【注释】

[1]时至：按时而至。　　[2]泾（jīng 经）流：指直流的水波。　　[3]涘

（sì 俟）：岸，水边。渚：水中陆地。　　[4]不辩牛马：以上三句的意思是水流甚大，两岸与洲渚之间隔水不能分辨牛马。辩，通"辨"，分辨，辨识。　　[5]河伯：河神，黄河之神。即《庄子·大宗师》"冯夷得之，以游大川"中的"冯夷"，一名冯迟。　　[6]北海：春秋战国时指今渤海。　　[7]旋：回转。　　[8]望洋：仰视或远视的样子。若：海神，即下文的"北海若"。　　[9]野语：俗语，俚语。　　[10]少（shǎo 烧，上声）仲尼之闻：看不起孔子的学问。伯夷：商朝末年诸侯孤竹君的长子，与弟叔齐互让国君之位，俱逃离故国。周武王灭商后，二人义不食周粟，饿死于首阳山。　　[11]大方之家：指见多识广、明晓大道之人。　　[12]蛙：虾蟆。一作"鱼"。　　[13]虚：一作"墟"，住所，处所。　　[14]笃：固，困。　　[15]曲士：乡曲之士，喻指孤陋寡闻之人。以上是说井中之蛙囿于所居之地而不知大海，夏生秋死之虫为时所蔽而不知冰霜，偏执固陋之人困于名教而不知大道。三者都因为自身的有限而不知有限之外的无限。　　[16]丑：惭愧，羞耻。　　[17]尾闾（lǘ 驴）：古代传说中的海底泄水之处。一名沃焦，位于东大海之中，海水从这里外泄。　　[18]自多：自满。多，赞美。　　[19]比（bì 庇）形于天地：寄形于天地之间。　　[20]大（tài 太）山：即太山，泰山。大，"太"的古字。　　[21]奚：何也。以上是说海若处于天地之间就好比小石小木在泰山之上，极言己之渺小，又怎会以此自大自多。　　[22]礨空（lěikǒng 垒孔）：蚁穴，一说小洞。　　[23]中国：即后文之所谓"九州"。　　[24]稊（tí 啼）：稗，果实像小米。大（tài 太）仓：设在京城的国家粮库。　　[25]人卒：当作"大率"，是总计之辞，意思是大致、大体。　　[26]豪末：指毫毛的末端。　　[27]任士：以天下为己任的贤人。　　[28]终始无故：是说事物时刻处于变化之中，没有恒常不变的。　　[29]大知（zhì 智）：有大智慧的人。　　[30]知量无穷：是说物的品类无穷，但各称其情，故虽小而不以为少，虽大而不以为多。　　[31]矞（xiàng 象）：表明。今故：指今古。　　[32]"遥而不闷"二句：是说不因寿长而厌生悒闷，不因龄促而欣企长命。掇（zhuō 捉），短，与"遥而不闷"的"遥"相对。跂（qǐ 企），欣企，盼望。　　[33]说（yuè 悦）：通"悦"，喜悦。　　[34]"以其至小求穷其至大之域"二句：意思同于《庄子·养生主》："吾生也有涯，而知也无涯。以有涯随无涯，殆已！""至小"为"智"，"至大"为"境"。　　[35]倪（ní 霓）：分际。　　[36]精：精细，与"大"相对。与后文"夫精，小之微也"相应。　　[37]信：真实，果真无欺。　　[38]垺（póu 抔）：大，盛。　　[39]殷：盛，大。　　[40]故异便：是说大小虽异，各有便宜。　　[41]"言之所不能论"三句：是说精粗是对于人们可以识见的有形的东西所下的判断，而事物的妙理等孕于无形，是超越于言意之表的，这就不是精粗所能涵盖的范围了。　　[42]大人：得道而任自然之人。　　[43]不多仁恩：是说对于得道而任自然的人而言，行动不是为践行外界所推崇的仁恩，不害于人，纯然出自于天性，亦不以合乎仁恩而自得。　　[44]不贱门隶：自己行动不出于利益，却也不轻视以利益为追求的守门仆隶。《论语·述而》："子曰：'富而可求也，虽执鞭之士，吾亦为之。'"孔子认为在合乎道义的情况下追求富贵，就算是身执贱役，自己也愿意。而庄子却从根本上否定标准的存在。　　[45]"货财弗争"二句："大人"虽不争财货，亦不以"辞让"之举而自高。　　[46]"事焉不借人"三句：不假借人力而行事，不以"食乎力"即自食其力而自多，不轻贱贪利忘义之人。《庄子·天地》记载子贡见灌园老人抱瓮浇菜，"用力甚多而见功寡"，向他推荐省力的机械，老人以由机械生机事、由机事生机心而拒绝。这里的灌园老人即是所谓的"事焉不借人"、"食乎力"者，但灌园老人以此"自多"，对子贡说"吾非不知，羞而不为"，是没能做到"不多食乎力，不贱贪污"，并没真正达于道。　　[47]不多辟异：是说"大人"行事与众不同，却不是刻意为之、标新立异，不以自己乖僻怪异而自得自满。辟异，乖僻怪异。　　[48]不贱佞谄：是说"大人"行事从众，行为随俗，却不是专意迎合，乃是"和而不同"、"周而不比"，但并不轻贱谄媚奉承的人。　　[49]爵禄：官爵和俸禄。劝：勉励，鼓励。　　[50]戮耻：刑戮之耻。即《庄子·逍遥游》宋荣子"举世而誉之而不加劝，举世而非之而不加沮"。　　[51]"道人不闻"三句：同于《庄子·逍遥游》所说"至人无己，神人无功，圣人无名"。道人不闻，是说体道之人无功名闻世。至德不得，得，同"德"。用《老子》"上德不德，是以有德"之意，也与后文中"无以得殉名"的"得"同义。大人无己，是说顺天应物，纯任自然。即庄子理想中的最高境界"至人"。　　[52]约分：各依分限，适于天性。　　[53]恶（wū屋）至而倪贵贱：即以物的性分内外如何判定事物的贵贱与大小。恶，何，哪里。倪，区分。一说通"睨"，看，看出。　　[54]贵贱不在己：是说因出发角度的不同而生出不同的评价。以上从"道"、"物"、"俗"三个角度简单说明，下文从"差"、"功"、"趣"三方面详细阐释。　　[55]则差数睹矣：这是说从物的分别、差别出发，若从大的标准来衡量，那么万物在某种程度上都是大的，反之亦然。天地对于比它更大的空间而言就如同稊米一样小，豪末较之于更小的存在就如同山丘一般大。　　[56]则功分定矣：是说物相反方能相成，彼此相济。譬如从方向上而言，有东才有西。即《老子》第二章所谓的"有无相生，难易相成，长短相较，高下相倾，音声相和，前后相随"。　　[57]趣操：趋向志操，情趣志操。　　[58]让：禅让。　　[59]之：战国时燕国国相子之，苏秦的女婿，受燕王哙禅位。哙（kuài快）：战国时燕王姬哙，燕易王之子，听信苏秦的族弟苏代之言而禅位给子之。国人不服子之，后齐宣王用苏代的建议讨伐燕国，杀死了姬哙与子之，燕国几乎亡国。　　[60]王（wàng望）：以仁义取得天下。商与周的开国君主都是以干戈革命而取得天下。　　[61]白公：即白公胜，因封于白邑而得名。楚平王之孙，太子建之子。平王娶秦女而疏远太子建，太子建逃到郑国生了白公胜，因楚国的政治内乱，白公胜与伍子胥逃到吴国，后被楚国令尹子西迎回，僭称公，犯上作乱而被叶公子高杀死。　　[62]梁丽：一说房屋的栋梁，一说小船，应是类似楼车一类的战车。冲：攻击。　　[63]骐（qí 其）骥（jì 冀）骅（huá 滑）骝（liú 留）：泛指良马。　　[64]狸狌（shēng 生）：野猫。　　[65]鸱鸺（chīxiū 痴休）夜撮蚤：猫头鹰一类的鸟晚上抓取蚤虱。　　[66]盖：不尽之辞。师：以……为师，一说是顺应的意思。　　[67]帝王：五帝与三王的并称。　　[68]三代：夏、商、周三个朝代。　　[69]默默：无知的样子。　　[70]女（rǔ 汝）：通"汝"，你。恶（wū 乌）：怎么。　　[71]辞受趣舍：辞让受纳，进趋退舍。趣（qū 趋），同"趋"，趋向，追逐。　　[72]反衍：也作"畔衍"或"叛衍"，漫衍合为一家的意思。　　[73]而：尔，汝。　　[74]蹇（jiǎn 检）：不顺遂，不顺服。　　[75]谢施：代谢施用。或积少成多，或散多为少，不断变化。　　[76]参差：不一致，是说不要执着于一，与道乖离。　　[77]严（yǎn 俨）：通"俨"，俨然、庄严的样子。国君端拱无为而天下大治。　　[78]繇（yōu 悠）繇：自得从容的样子。　　[79]畛（zhěn 枕）域：界限，范围。　　[80]承翼：接承羽翼，即扶持偏爱。　　[81]无方：无定一方。方指一边，无方即不偏爱任何一方。　　[82]不位乎其形：不以形为位，即不执守形骸、拘持名节。　　[83]消息：消长，增减，盛衰。　　[84]自化：自然变化不假人力。　　[85]然则何贵于道邪：承接上文而发问，既然为与不为混一，凡与圣一齐，任自然而变化，那么所谓的"道"又有什么可贵的呢？　　[86]至德者：这里的"至德者"正如《庄子·逍遥游》中居住在姑射山的神人，外物不能危害于他。　　[87]薄：轻视，鄙薄。　　[88]德在乎天：至德在乎天然，不在人为。　　[89]"知天人之行"三句：是说至人应物变化，顺化自然，进退屈伸没有定执。蹢躅（dízhú 迪竹），徘徊不进之貌，进退不定之貌。躅，同"躅"。　　[90]反要：即返本归源。要，枢要，事物的本源。　　[91]故：故意，刻意，人为也。命：天命，本性，自然。　　[92]得：即前文所言"本乎天，位乎得"的"得"，也是"至德不得"的"得"。　　[93]夔（kuí 葵）：传说中的一足兽，像牛。蚿（xián 贤）：百足虫，属于无脊椎动物。怜：爱尚，羡慕。夔羡慕蚿的多足。一说作哀愍，夔以一足自得，同情百足之蚿的烦劳辛苦。　　[94]趻踔（chěnchuō 碜戳）：跳踔，跳跃。　　[95]天机：天性自然。　　[96]有似：是说蛇虽然无足，却像是有足的样子。　　[97]蓬蓬然：风吹动貌。一说是尘动貌。　　[98]似无有：即无形，而风动无形象却有力。一说是无肖，因为风无形所以无所像的意思。　　[99]鳛（qiú 求）：一作蹂，用脚蹴踏。　　[100]蜇

（fēi 飞）：通"飞"，大风将屋厦飘飞起来。　　[101]以众小不胜为大胜：是说人虽然可以用手指风，用脚踏风，风无能为力，此是小不胜也。但风却具有摧折树木、飘飞大屋的能力，此是大胜也。　　[102]匡：春秋时卫国之地，孔子从鲁国到卫国，途经匡这个地方。　　[103]宋：误字，当作"卫"。　　[104]惙（chuò 辍）：通"辍"，止。　　[105]女（rǔ 汝）：通"汝"，你。　　[106]讳穷：害怕不得志。　　[107]知（zhì 智）：智慧。　　[108]兕（sì 肆）：古代兽名，皮厚，可以制甲，一说是雌犀牛。　　[109]由：即子路。子路名仲由，字子路，又字季路，孔子弟子。　　[110]制：分限。　　[111]将甲者：带兵的将官。　　[112]辞：致歉。　　[113]阳虎：一名阳货，春秋后期鲁国人，季孙氏家臣，曾侵暴卫邑的人民。孔子长相与其相似，匡人误以为孔子是阳虎，所以才出现了围困孔子的事情。　　[114]公孙龙：即公孙龙子，字子秉，战国时期赵人，曾为平原君门客，名家代表人物。擅长诡辩之术，提出了"离坚白"、"白马非马"等命题。曾游魏，与公子牟论学。魏牟：战国时期魏国公子牟，因封于中山，也叫中山公子牟，曾与公孙龙交好，后改宗庄子。　　[115]先王：指尧舜禹汤等。　　[116]"合同异"二句：公孙龙子以博辩闻名，能离同为异，亦能合异为同，认为坚硬与白色不能同时求于白石，前者是触觉，后者是视觉。　　[117]汒（máng 忙）：迷茫。　　[118]喙（huì 卉）：鸟兽的嘴，借指人的嘴。指公孙龙子听闻庄子之言，茫然不知所措，三缄其口。　　[119]隐机：即"隐几"，凭靠着几案。大（tài 太）息：深深地叹息。　　[120]埳（kǎn 坎）井：浅井。一说坏井。　　[121]跳梁：即"跳踉"，跳跃的意思。干（hán 韩）：井栏。　　[122]甃（zhòu 皱）：用砖瓦等砌的井壁。　　[123]接腋持颐：形容水浅。腋，臂下。颐，面颊。　　[124]蹶（jué 掘）：踏、踩。趺（fū 夫）：脚背。　　[125]还（xuán 旋）：顾视。虷（hán 寒）：井中赤虫。科斗：即今之蝌蚪。　　[126]擅：专。　　[127]跱（zhì 峙）：据有，占有。　　[128]絷（zhí 值）：拘束，羁绊。　　[129]逡巡：从容。　　[130]仞：八尺为仞。一说为七尺。　　[131]潦（lǎo 老）：积水。　　[132]崖：涯际，边际。　　[133]顷：少时。久：多时。这句是说大海不因时间的长短而改变。　　[134]适适（tìtì 惕惕）然：惊恐失色貌。　　[135]规规然：惊恐自失貌。　　[136]知不知是非之竟：是说公孙龙子的聪明并不足以穷究是非之境，是俗知而非真知。　　[137]商蚷（jù 距）：虫名，也作商距，即马蚿，陆地小虫，无法渡水。　　[138]跐（cǐ 此）：踏，踩。大（tài 太）皇：亦作太皇，指天。　　[139]奭（shì 释）然：消散、消释的样子。　　[140]规规然：经营之貌，一说浅陋拘泥貌。察：观察。　　[141]寿陵：燕邑。馀子：弱龄未壮的少年，一说尚未到服役年龄的少年。邯郸：赵都。　　[142]呿（qù 去）：张口的样子。　　[143]濮（pú 仆）水：战国时陈地河流，流经今河南濮阳。　　[144]楚王：指战国时期楚威王熊商，楚宣王之子，致力于恢复楚庄王时代的霸业，在世期间积极扩张楚国领土，志在使楚国成为诸侯之首。　　[145]愿以境内累矣：这是客气的说法，表示希望将国事托付于庄子。　　[146]巾笥（sì 嗣）：藏之以笥，覆之以巾。　　[147]惠子：即惠施，战国时期宋人，为梁惠王之相。名家学派的开山鼻祖和代表人物，与庄子相交甚深。　　[148]鹓鶵（yuānchú 鸳雏）：鸾凤之类，一说是凤凰之子。　　[149]练实：竹食，竹子所结的子实，形如小麦。　　[150]鸱（chī 痴）：鹞鹰。　　[151]吓（hè 贺）：怒斥声。　　[152]濠梁：即下文之"濠上"。濠是水名，梁是桥梁。　　[153]儵（tiáo 条）：通"鲦"，儵鱼，又名白儵、白鲦。　　[154]请循其本：追溯其本源。郭象注："寻惠子之本言，云非鱼则无缘相知耳。今子非我也，而云'汝安知鱼乐'者，是知我之非鱼也。苟知我之非鱼，则凡相知者，果可以此知彼，不待是鱼然后知鱼也。故循子'安知'之云，已知吾之所知矣。而方复问我，我正知之于濠上耳，岂待入水哉！"

【解析】

《秋水》先以河伯与北海若的问答引出，凡七问七答。

第一层，河伯极言己之孤陋，不知有"更大"的存在，见海则明己之小。海神若从此意出发，言明在比"大"更大的存在面前，大亦小矣，就像河伯所认为"更大"的海在天地之间不过一稊米，所以诚在自满。

第二层，河伯问以大为大以小为小可乎，海神若更纠以无大无小。万事万物恒在变化，所以大亦可为小，小也可变大。故而以有限的智识追求无限的"道"，只能迷乱而不自得。

第三层，既然有形的大小在不断变化，那么河伯又从无形的大小来发问，改换为至精至大的概念。海神若答以其无形，不能言尽意致，所以无从言精粗，也无从分精粗也。并由"无分精粗"引出混一是非的"大人"，不自是而非人。

第四层，既有混一是非，则河伯又添出贵贱来与小大同说。有形的大小不可确定，无形的精粗不可区分，是非在"大人"这里又相混一，那么从物性的内外又怎样区分贵贱与大小？海神若答以无一定的标准。因角度的不同，生出的评价各异，且同一种行为在不同的背景下成败互异，是以无统一的标准。

第五层，既无标准，河伯问自己当凭借什么来取舍。海神若答以齐万物，顺物自化，蹈无为之境。

第六层，河伯又以听任造化所为，则我亦何必学道来发问，海神若答：知"道"之人明达事物的"理"，所以能够不以物害己，是以天为本。

第七层，河伯由此而问天与人将如何区别，海神若由"天"、"人"的解释进而引出本篇的主旨之所在——"无以人灭天，无以故灭命，无以得殉名，谨守而勿失，是谓反其真。"接下来的寓言正是对于"反真"思想的进一步论述。

夔、蚿、蛇、风四者的问答无不落脚于"天机"上，天机即秉分自然、不假人力。而文中更是只论到"风"便停止了进一步的阐释，省去"目"、"心"不论，引发了后人无限思量与猜测。意其因通过前四者已经引出了"天机"，即上文的"无以人灭天"，意思表达已经清楚了。再者风虽是无形之物，却并不是虚无不可见，尚可由言意而致。眼睛接物自然，究竟是凭借什么能够看到万物难以说明，而心又是通过什么来获得感知就更非语言可以表达，所以"目"与"心"就是言意之外了，正是无分"精粗"，照应上文，故阙而不论。庄子认为语言形诸文字，意思就已经缺了。轮扁斫轮，"得之于手而应于心"却是"口不能言"，故认为书籍更是古人思想的"糟粕"。这里不论"目"与"心"，正是言不尽意的意思。庄子哲学意识到了世间事物的相对性，这自有其合理性，但是由此走向了相对主义的方法论和不可知论，则是错误的。

孔子被围于匡地，与子路的问答无非传递这样一个观点：时命出于自然，不以人力为迁，所以安时处顺，和光同尘。在某种意义上就是践行"无以故灭命"的思想。

公孙龙子被魏牟批评为浅井之蛙，其诡辩虽一时独步，却是"小知不及大知"，受限于自己的智识，如同夏虫不可语于冰，难以与论庄子的至道。

庄子钓于濮水，楚威王派人表示将以国事交付于他，但庄子"持竿不顾"，表示自己宁愿像龟一样曳尾泥涂中全其天性，而不愿"以得殉名"。紧接着惠子的故事，庄子与惠子可谓知己，虽二人执见不同，惠施死后庄子却叹息自己无可为质。但《庄子》一书中却从不乏庄子对惠子无情的嘲讽，颇令人不解，宋代林希逸认为此乃朋友之间的诙谐，算不得真。惠子为梁惠王的国相，听说庄子要取代自己，在国内搜捕庄子。庄子将自己比作鹓鶵，嘲笑惠子国相之位不过是丑腐的死鼠，非心之所向，性命所安，不以外物为累。

濠梁之乐是《庄子》最著名的寓言之一。庄子与惠子游于桥上，庄子感慨鱼在水中从容游乐，惠子驳以异物而不得相知，故庄子不可能知道鱼之乐。惠子的立论颇像前文所说的"夔怜蚿，蚿怜蛇，蛇怜风，风怜目，目怜心"，因其异于己而生"怜"，是不知对方；而庄子反驳立论于"道"，虽是异物，但道则一也，正如夔、蚿、蛇、风皆发于"天机"，鱼性在水，人则陆居，其发自天性却是一样的，所以可知鱼之乐。惠子立足于有限的智识，而庄子则立足于天地之至道，是庄子高妙之处。

更　法

《商君书》

【题解】

《商君书》，又作《商子》，原二十九篇，现存二十四篇。旧题"商鞅撰"。关于《商君书》的作者，一说是伪书，一说是商鞅，一说是商鞅遗著和其他法家遗著的合编。由于《商君书》所反映的是商鞅的思想，故认为是商鞅后学所编较为合理。商鞅（前390？—前338），战国时期政治思想家。卫国国君后裔，故也称卫鞅。又因他是姬姓公孙氏，也称公孙鞅。商鞅曾在魏国做过小官，后在秦孝公的支持下进行变法，对秦国户籍、军功爵制度、土地制度、行政区划、度量衡等方面进行改革。他在经济上主张重农抑商。秦孝公曾封他商於十五邑，故号为商君，又称商鞅。秦孝公去世后，公子虔等诬陷商鞅谋反，不久商鞅被杀。《更法》是《商君书》的第一篇，记商鞅和甘龙、杜挚在秦孝公面前讨论变法事宜，阐明了商鞅变法的理论基础。

孝公平画[1]，公孙鞅、甘龙、杜挚三大夫御于君[2]。虑世事之变[3]，讨正法之本，求使民之道。

君曰："代立不忘社稷[4]，君之道也；错法务明主长[5]，臣之行也。今吾欲变法以治，更礼以教百姓，恐天下之议我也。"

公孙鞅曰："臣闻之：'疑行无成[6]，疑事无功。'君亟定变法之虑[7]，殆无顾天下之议之也[8]。且夫有高人之行者，固见负于世[9]；有独知之虑者，必见骜于民[10]。语曰：'愚者暗于成事[11]，知者见于未萌。民不可与虑始，而可与乐成。'郭偃之法曰[12]：'论至德者，不和于俗；成大功者，不谋于众。'法者，所以爱民也；礼者，所以便事也。是以圣人苟可以强国，不法其故；苟可以利民，不循其礼。"

孝公曰："善！"

甘龙曰："不然。臣闻之：'圣人不易民而教[13]，知者不变法而治。'因民而教者，不劳而功成；据法而治者，吏习而民安。今若变法，不循秦国之故，更礼以教民，臣恐天下之议君，愿孰察之[14]。"

公孙鞅曰："子之所言，世俗之言也。夫常人安于故习，学者溺于所闻[15]。此两者，所以居官而守法，非所与论于法之外也。三代不同礼而王[16]，五霸不同法而霸[17]。故知者作法[18]，而愚者制焉；贤者更礼，而不肖者拘焉。拘礼之人不足与言事，制法之人不足与论变[19]。君无疑矣。"

杜挚曰："臣闻之：'利不百，不变法；功不十，不易器。'臣闻：'法古无过[20]，循礼无邪。'君其图之[21]！"

公孙鞅曰："前世不同教，何古之法？帝王不相复[22]，何礼之循？伏羲、神农，教而不诛[23]；黄帝、尧、舜，诛而不怒[24]；及至文、武[25]，各当时而立法，因事而制礼。礼、法以时而定；制、令各顺其宜；兵甲器备，各便其用。臣故曰：治世不一道[26]，便国不必法古。汤、武之王也[27]，不修古而兴；殷、夏之灭也[28]，不易礼而亡。然则反古者未必可非，循礼者未足多是也[29]。君无疑矣。"

孝公曰："善！吾闻穷巷多怪[30]，曲学多辨[31]。愚者之笑[32]，智者哀焉；狂夫之乐，贤者丧焉[33]。拘世以议，寡人不之疑矣。"于是遂出《垦草令》[34]。

《商君书·更法》

【注释】

[1]孝公：此处指秦孝公（前381—前338），公元前361年即位。平画：评议筹画。　[2]甘龙：秦孝公时名臣，时任大夫，后为太师，反对商鞅变法。杜挚（zhì 质）：秦孝公时名臣，破魏有功，官至左司空，是商鞅变法的反对派人物。御：侍奉。　[3]"虑世事之变"三句：是说秦孝公和商鞅、甘龙、杜挚等人思考时事的变化，讨论政治法度的根本，探求役使百姓的方法。正（zhèng 政）法，政治法度。使，役使。　[4]"代立不忘社稷"二句：是说接替先人作了国君，不忘国家，是作国君的正道。代，接替。社稷，土神和谷神，代指国家。　[5]"错法务明主长"二句："错法务明主长"原作"错法务民主张"。孙诒让曰："'错法务民主张'句义殊不可通。《新序·善谋篇》作'错法务明主长'，是也，当据校正。"今从其说。此句是说措置法度，使君主光明，是人臣要做

的事情。错，通"措"，措置，建立。主长，君主。　　[6]"疑行无成"二句：是说行动时犹豫，就难成功；做事犹豫，就不会有成就。　　[7]亟(jí 急)：急切，迫切。　　[8]殆(dài 代)：大概，恐怕。　　[9]固见负于世：是说高人的行为一般被世人反对。固，本来，原来。负，《史记》卷六八《商君列传》作"非"，非议。　　[10]必见骜(áo 敖)于民：是说有独到见解的人，必然被百姓所轻视。见骜，被轻视，"骜"通"傲"。　　[11]"愚者暗于成事"四句：是说愚昧之人在事情完成后还看不明白，智慧之人在事情未发生之前就观察到了。百姓不能与他们共同考虑事业的开端，只能和他们欢庆成功。暗，愚昧，昏乱。知(zhì 智)，通"智"。　　[12]郭偃：春秋时晋国大夫，曾辅佐晋文公变法。　　[13]"圣人不易民而教"二句：是说圣贤不会改变百姓的生活习惯来教化百姓，智者不会改变法度来治理国家。　　[14]孰(shú 熟)：通"熟"，缜密，周详。　　[15]学者溺于所闻：学者局限于自己的见闻。溺，沉湎，陷于困境。　　[16]三代不同礼而王：夏、商、周三代礼制虽有不同，但都成就了王业。　　[17]五霸不同法而霸：五霸法度不同，却都成就了霸业。五霸，指春秋时的齐桓公、晋文公、秦穆公、宋襄公、楚庄王。一说指春秋时的齐桓公、晋文公、楚庄王、吴王阖闾和越王句践。　　[18]"故知者作法"四句：是说所以智慧之人制定法令，愚昧之人受法令的制裁，贤达者改革礼制，庸人受到礼制约束。不肖(xiào 孝)者，不贤者。拘，约束，限制。　　[19]制法之人：拘泥于旧法之人。　　[20]"法古无过"二句：效法古制不会有过错，遵守旧礼不会有偏差。法，效法。循，遵守。无邪，没有偏差。　　[21]图：考虑，谋划。　　[22]帝王不相复：帝王不互相因袭。　　[23]"伏羲、神农"二句：伏羲、神农教导百姓而不滥杀无辜。伏羲，又称太昊(hào 浩)，古代传说中的三皇之首，中华文明的始祖，曾作八卦，结绳纪事，教民渔猎等。神农，即炎帝，古代传说中的五帝之一，中华文明的祖先，曾教民种植五谷，豢养牲畜，尝百草以辨药物。　　[24]"黄帝、尧、舜"二句：黄帝、尧、舜惩罚有罪之人而不过度。黄帝，古代五帝之首，姬姓，轩辕氏，曾统一华夏部落，推算历法，教民播种五谷，作干支和乐器，以及创立医学等。尧，陶唐氏，五帝之一，曾设官掌管时令，制定历法，用鲧治水，征伐苗民。舜，有虞氏，五帝之一，史称虞舜，曾派禹治水，并禅位于禹。怒，超越，过度。　　[25]文、武：周文王、周武王。　　[26]"治世不一道"二句：是说治理国家不只有一种方法，对国家有利不必效法古人。便国，对国家有利。　　[27]"汤、武之王也"二句：是说商汤、周武不拘泥于古法而兴起。汤，成汤(？—约前1588)，名履，夏朝末年征讨夏桀，建立了商朝。武，周武王姬发(约前1087—前1034)，商朝末年征伐商纣，灭掉商朝，创建西周。　　[28]"殷、夏之灭也"二句：是说殷商、夏朝不改革礼制而灭亡。殷(约前1600—前1046)，即商朝。我国历史上第二个朝代。由商汤在亳建立，历十七代三十一王，商纣王时被周武王所灭。夏（约前2070—前1600），我国历史上的第一个朝代。禹死后，其子启称王，改变了原有的禅让制，历十四代十七王，夏桀时被商汤所灭。　　[29]多：称赞。　　[30]穷巷多怪（lìn 吝）：贫穷的巷子出来的人都很吝啬。怪，同"吝"，吝啬。　　[31]曲学多辨：孤陋寡闻的人多喜欢诡辩。曲学，偏颇狭隘的学问，也指学识浅陋的人。辨，通"辩"，诡辩。　　[32]愚者之笑：原作"愚者笑之"。孙诒让曰："'笑之'《新序》作'之笑'，与下文'狂夫之乐'正相对，是也。当据乙正。"今从其说。　　[33]丧：原作"器"，今据蒋礼鸿《商君书锥指》改。一说"丧"当作"哭"。　　[34]《垦草令》：见《商君书·垦令》，是督促农民开垦荒地的命令。

【解析】

秦孝公即位后，深感国势积弱，乃广纳贤才以图强。公元前361年，商鞅入秦，得到秦孝公的重用。秦孝公六年（前356），商鞅主持变法，编造户籍，实行连坐，废除特权，奖励军功，定秦爵二十级，重农抑商，奖励耕织，收到一定的效果。孝公十二年（前350），又开阡陌，推行县制，迁都咸阳，统一度量衡，革除陋习。两次变法使秦国趋于强大，为秦统一六国奠定了基础。《商君书》记商鞅变法的理论基础和具体措施以及秦国的一些政治与军事制度，描绘了商鞅等变法派与守旧派之间的冲突和斗争，是战国中期重要的法家代表论著。商鞅强调变法，主张农战结合，重刑厚赏，重本抑末，其思想就反映在《商君书》中。

《更法》主要阐述了商鞅变法的理论基础，为全书之纲。针对秦孝公既想变法求存，又担心遭致非议的两难心理，商鞅试图劝说秦孝公打消顾虑，不必在意民众的非议。商鞅认为圣人只要能使国家强盛，不需沿袭旧的法度；只要有利于民，不需遵循旧的礼法。针对甘龙因袭旧俗教化民众，可以使官吏熟悉法令，而百姓得以安定的言论，他以三代王业和春秋五霸为例，指出智者创行法度，贤者改革礼制；针对杜挚效法古人没有过错的言论，他以伏羲、神农、黄帝、尧、舜、周文王、周武王为例，指出他们"当时而立法，因事而制礼"的变革理念，又以夏、商亡于守旧来劝说秦孝公积极变法，最终打消了秦孝公的疑虑，从而使孝公支持变法，一系列改革措施得以顺利推行。

　　商鞅是战国时期法家的代表。他强调礼制和法治，认为"法者，所以爱民；礼者，所以便事也"，反映出他强烈的依法治国、强国利民的思想。他强调礼制和法度要因时而定，制度和法令要顺应当时社会的需要。这一因时事而变革的理念是与时俱进的。

劝 学

《荀子》

【题解】

荀子（前298？—前238？），名况，字卿，赵国猗氏（今山西安泽）人。西汉时为避宣帝刘询讳，曾一度改称"孙卿"（"荀"、"孙"二字古音相通）。年十五，游学于齐稷下学宫。齐襄王初年，为列大夫，并任稷下祭酒。后去齐适楚，楚相春申君用为兰陵（今山东苍山）令。春申君死，荀子废，定居兰陵。《史记》卷七四有传。

《荀子》一书由荀子与其弟子合力撰写而成，首篇即《劝学》。所谓"劝学"，就是鼓励学习之意。本篇针对学习的宗旨、意义、态度、内容、步骤、方法、途径等一系列根本问题展开详细论述，堪称我国古代教育理论的典范之作。

君子曰：学不可以已[1]。青[2]，取之于蓝[3]，而青于蓝；冰，水为之，而寒于水。木直中绳[4]，鞣以为轮[5]，其曲中规[6]，虽有槁暴[7]，不复挺者[8]，鞣使之然也。故木受绳则直[9]，金就砺则利[10]，君子博学而日参省乎己[11]，则知明而行无过矣[12]。

故不登高山，不知天之高也；不临深溪[13]，不知地之厚也；不闻先王之遗言，不知学问之大也。干、越、夷、貉之子[14]，生而同声，长而异俗，教使之然也。《诗》曰[15]："嗟尔君子，无恒安息。靖共尔位，好是正直。神之听之，介尔景福。"神莫大于化道[16]，福莫长于无祸。

吾尝终日而思矣[17]，不如须臾之所学也；吾尝跂而望矣[18]，不如登高之博见也[19]。登高而招，臂非加长也，而见者远；顺风而呼，声非加疾也[20]，而闻者彰[21]。假舆马者[22]，非利足也[23]，而致千里；假舟楫者[24]，非能水也[25]，而绝江河[26]。君子生非异也[27]，善假于物也。

南方有鸟焉，名曰蒙鸠[28]，以羽为巢，而编之以发[29]，系之苇苕[30]。风至苕折，卵破子死。巢非不完也，所系者然也。西方有木焉，名曰射干[31]，茎长四寸，生于高山之上，而临百仞之渊[32]。木茎非能长也，所立者然也。蓬生麻中[33]，不扶而直。白沙在涅[34]，与之俱黑。兰槐之根是为芷[35]，其渐之滫，君子不近，庶人不服。其质非不美也，所渐者然也[36]。故君子居必择乡[37]，游必就士，所以防邪僻而近中正也。

物类之起[38]，必有所始；荣辱之来，必象其德[39]。肉腐出虫，鱼枯生蠹[40]。怠慢忘身[41]，祸灾乃作。强自取柱[42]，柔自取束。邪秽在身[43]，怨之所构。施薪若一[44]，火就燥也。平地若一，水就湿也[45]。草木畴生[46]，禽兽群焉，物各从其类也。是故质的张而弓矢至焉[47]，林木茂而斧斤至焉[48]，树成荫而众鸟息焉，醯酸而蚋聚焉[49]。故言有召祸也[50]，行有招辱也，君子慎其所立乎！

积土成山[51]，风雨兴焉；积水成渊，蛟龙生焉；积善成德[52]，而神明自得，圣心备焉。故不积跬步[53]，无以至千里；不积小流，无以成江海。骐骥一跃[54]，不能十步；驽马十驾[55]，功在不舍[56]。锲而舍之[57]，朽木不折；锲而不舍[58]，金石可镂。螾无爪牙之利[59]，筋骨之强，上食埃土[60]，下饮黄泉[61]，用心一也。蟹六跪而二螯[62]，非蛇蟺之穴无可寄托者[63]，用心躁也[64]。是故无冥冥之志者[65]，无昭昭之明；无惛惛之事者，无赫赫之功。行衢道者不至[66]，事两君者不容。目不能两视而明，耳不能两听而聪。螣蛇无足而飞[67]，梧鼠五技而穷。《诗》曰："尸鸠在桑[68]，其子七兮；淑人君子，其仪一兮；其仪一兮，心如结兮。"故君子结于一也。

昔者瓠巴鼓瑟而流鱼出听[69]，伯牙鼓琴而六马仰秣。故声无小而不闻[70]，行无隐而不形。玉在山而草木润[71]，渊生珠而崖不枯。为善不积邪[72]，安有不闻者乎？

学恶乎始[73]？恶乎终？曰：其数则始乎诵经[74]，终乎读礼；其义则始乎为士[75]，终乎为圣人。真积力久则入[76]，学至乎没而后止也。故学数有终，若其义则不可须臾舍也[77]。为之[78]，人也；舍之，禽兽也。故《书》者[79]，政事之纪也；《诗》者[80]，中声之所止也；《礼》者[81]，法之大分，类之纲纪也，故学至乎《礼》而止矣。夫是之谓道德之极。《礼》

之敬文也[82]，《乐》之中和也，《诗》、《书》之博也，《春秋》之微也，在天地之间者毕矣。

君子之学也[83]，入乎耳，著乎心，布乎四体，形乎动静。端而言[84]，蝡而动，一可以为法则。小人之学也[85]，入乎耳，出乎口。口、耳之间则四寸耳，曷足以美七尺之躯哉？古之学者为己[86]，今之学者为人。君子之学也，以美其身；小人之学也，以为禽犊[87]。故不问而告谓之傲[88]，问一而告二谓之囋。傲，非也；囋，非也；君子如向矣[89]。

学莫便乎近其人[90]。《礼》、《乐》法而不说[91]，《诗》、《书》故而不切[92]，《春秋》约而不速。方其人之习君子之说[93]，则尊以遍矣，周于世矣。故曰学莫便乎近其人。

学之经莫速乎好其人[94]，隆礼次之。上不能好其人，下不能隆礼，安特将学杂识志[95]，顺《诗》、《书》而已耳，则末世穷年，不免为陋儒而已。将原先王[96]，本仁义，则礼正其经纬蹊径也。若挈裘领[97]，诎五指而顿之，顺者不可胜数也。不道礼宪[98]，以《诗》、《书》为之，譬之犹以指测河也，以戈舂黍也，以锥飡壶也，不可以得之矣。故隆礼，虽未明，法士也[99]；不隆礼[100]，虽察辩，散儒也。

问楛者[101]，勿告也；告楛者，勿问也；说楛者，勿听也；有争气者[102]，勿与辩也。故必由其道至[103]，然后接之，非其道则避之。故礼恭[104]，而后可与言道之方；辞顺，而后可与言道之理；色从，而后可与言道之致。故未可与言而言谓之傲[105]，可与言而不言谓之隐，不观气色而言谓之瞽。故君子不傲，不隐，不瞽，谨顺其身[106]。《诗》曰："匪交匪舒[107]，天子所予。"此之谓也。

百发失一[108]，不足谓善射；千里蹞步不至[109]，不足谓善御。伦类不通[110]，仁义不一，不足谓善学。学也者[111]，固学一之也。一出焉[112]，一入焉，涂巷之人也。其善者少，不善者多，桀、纣、盗跖也[113]。全之尽之[114]，然后学者也。

君子知夫不全不粹之不足以为美也[115]，故诵数以贯之，思索以通之，为其人以处之，除其害者以持养之，使目非是无欲见也[116]，使耳非是无欲闻也，使口非是无欲言也，使心非是无欲虑也。及至其致好之也[117]，目好之五色，耳好之五声，口好之五味，心利之有天下。

　　是故权利不能倾也[118]，群众不能移也，天下不能荡也。生乎由是[119]，死乎由是，夫是之谓德操。德操然后能定[120]，能定然后能应，能定能应[121]，夫是之谓成人。天见其明[122]，地见其光，君子贵其全也。

《荀子集解》卷一

【注释】

　　[1]已：终止，停止。　　[2]青：靛（diàn 电）青。　　[3]取：提取，提炼。蓝：蓼（liǎo 辽，上声）蓝草，叶可做蓝色染料。　　[4]中（zhòng 仲）：符合。绳：木工用的墨线，用来衡量木材的曲直。　　[5]鞣（róu 柔）：通"揉"，使直的东西弯曲。　　[6]规：圆规，量圆的工具。　　[7]有：通"又"。槁暴（gǎopù 搞瀑）：晒干。槁，枯干。暴，晒。　　[8]挺：直。　　[9]受绳：经过墨绳校正。　　[10]金：金属制成的刀剑。砺：磨刀石。　　[11]参：检验。省（xǐng 醒）：反省，考察。一说"参"通"叁（三）"。《论语·学而》："曾子曰：'吾日三省吾身。'"　　[12]知：同"智"。　　[13]溪：山涧。　　[14]"干、越、夷、貉之子"四句：意为干国、越国、夷族、貉族的人，刚生下时啼哭的声音都是一样的，而长大后风俗习惯却不相同，这是由于后天所受教育不同的结果。干、越，春秋时国名，在今江苏、浙江一带。干，本一小国，被吴所灭，故又称吴为干。夷、貉（mò 莫。通"貊"），古代对东方和北方少数民族的蔑称。子，这里指人。　　[15]"《诗》曰"七句：《诗经》中说："你这个君子啊，不要老是想着安逸，安于你的职位吧，爱好正直的德行。这样，神就会了解你，给你极大的幸福。"（见《诗·小雅·小明》）靖，安。共，通"恭"，看重。好，爱好。介，助。景，大。　　[16]神：此处指最高的精神境界。《诗》中所谓神，指神灵，荀子引《诗》对于神作了新的解释。化道：受道的教化，指思想行动符合道。道，指社会、政治、思想的总原则。　　[17]"吾尝终日而思矣"二句：大意是我曾经整天苦思冥想，但是不如学习一会儿收获大。尝，曾经。须臾（yú 鱼），一会儿。　　[18]跂（qǐ 企）：踮起脚后跟。　　[19]博见：看得宽广。　　[20]疾：壮，这里指声音宏亮。　　[21]彰：清楚。　　[22]假：凭借，利用。　　[23]利足：指跑得很快。　　[24]楫：同"楫"，船桨。　　[25]能水：指水性好。能，善。　　[26]绝：动词，指渡过。　　[27]"君子生非异也"二句：君子的本性和别人并没有什么不同，只不过是善于借助和利用客观事物罢了。善，擅长。　　[28]蒙鸠：即"鹪鹩"（jiāoliáo 骄燎），一种羽毛赤褐色的

小鸟，体长约三寸。　　[29]编之以发：用毛发编结起来。　　[30]系：联结。苕苕（tiáo 条）：芦苇的嫩条。苕，芦苇。　　[31]射干：一种草药名，又称"乌扇"。　　[32]仞（rèn 认）：长度单位。古时八尺或七尺为一仞。　　[33]蓬：草名，又称"飞蓬"。　　[34]"白沙在涅（niè 聂）"二句：原无，今据《尚书正义·洪范》篇引文补。涅，黑土。　　[35]"兰槐之根是为芷（zhǐ 止）"四句：大意是兰槐的根叫作芷，如果把它浸到臭水里，君子就不去接近它，普通人也不会佩戴它。兰槐，即"白芷"，香草名，开白花，气味香，古人把它的苗称为"兰"，根称为"芷"。其，若，如果。渐，浸泡。滫（xiǔ 朽），酸臭的淘米水，这里指污水。庶人，众人，普通人。服，佩戴。　　[36]所渐者然也：是由于它浸入了臭水的缘故。　　[37]"故君子居必择乡"三句：因此君子定居时一定要谨慎地选择好地方，外出必须和有学问有道德的人交往，这是为了防止受邪恶人的影响，而使自己接近于正道。游，外出交往。中正，恰当正确的东西，指上文"神莫大于化道"的"道"。　　[38]起：发生。　　[39]必象其德：一定和他自己的品德优劣相应。象，相似，相应。　　[40]蠹（dù 杜）：蛀虫。　　[41]"怠慢忘身"二句：懒散到了不顾自己的一切行为，灾祸就要降临了。　　[42]"强自取柱"二句：质地坚硬的东西自然会被人们用作支柱，质地柔软的材料自然会被人们用来捆东西。　　[43]"邪秽在身"二句：自己行为邪恶肮脏，那就必然造成人们对你的怨恨。秽（huì 绘），污秽，肮脏。构，结，造成。　　[44]"施薪若一"二句：堆放的柴草看起来一样，火总是先从干燥的柴草烧起。　　[45]湿：潮湿，这里指低洼的地方。　　[46]畴：通"俦"，同类，同处。　　[47]质的（dì 第）：指箭靶。质，古时一种箭靶。的，箭靶中心的目标。　　[48]斤：与斧相似，比斧小而刃横，一般用以砍木。　　[49]醯（xī 西）：醋。蜹（ruì 瑞）：类似蚊子的昆虫。　　[50]"故言有召祸也"三句：所以说话有时会招来祸害，做事情有时会引来耻辱，君子谨慎地对待自己言论和行动的立脚点。立，立脚点，这里指学什么，以什么为指导。　　[51]"积土成山"二句：土堆积起来成了山，风雨就从这里形成了。古代有山吐云纳雾的说法，并认为风雨是从山中形成的。荀子借此说明只要坚持不懈，专心一意，就能有所作为。　　[52]"积善成德"三句：不断地做好事而养成高尚的品德，那么自然就会达到最高的智慧，也就具备了圣人的精神境界。神明，最高的智慧。自得，自然达到。　　[53]蹞（kuǐ 葵，上声）步：半步。蹞，同"跬"。　　[54]骐骥（qíjì 棋寄）：千里马，传说能日行千里。　　[55]驽（nú 奴）马：劣马。十驾：十天的路程。驾，一天的行程。　　[56]舍：放弃。　　[57]锲（qiè 窃）：用刀子刻。　　[58]"锲而不舍"二句：如果坚持雕刻而不停止，那么金石也可以雕出花纹。镂（lòu 漏），雕刻。　　[59]螾（yǐn 蚓）：同"蚓"，即"蚯蚓"。　　[60]埃土：尘土。　　[61]黄泉：地下的泉水。　　[62]六跪：六足。蟹实有八足。螯（áo　熬）：螃蟹如钳形的脚。　　[63]蟮（shàn　善）：同"鳝"，即"鳝鱼"。　　[64]躁：浮躁，不专心。　　[65]"是故无冥冥之志者"四句：所以没有刻苦钻研精神的人，在学习上就不会有显著的成绩；不能埋头苦干的人，在事业上就不能取得巨大的成就。冥冥，幽暗，这里比喻专心致志、埋头苦干。昭昭，显著。惛惛，意思与"冥冥"同。赫赫，巨大。　　[66]"行衢道者不至"二句：在歧途上徘徊不定的人是达不到目的地的，同时事奉两个君主的人，任何一方都不会容纳他。衢（qú　渠），十字路，这里指歧路。　　[67]"螣（téng　腾）蛇无足而飞"二句：螣蛇虽然没有脚，但是能飞；鼫（shí　时）鼠虽然有五种技能，但仍然没有办法。螣蛇，古时传说一种能飞的蛇。梧鼠，鼫鼠（据《大戴礼记》），一种形状像兔的鼠类。据说它有多种技能，但都不能专心一意做到底。所以，它能飞，却不能上屋；能爬树，却不能爬到树顶；能游泳，却不能渡过山涧；能打洞，却不能掩身；善行走，却不能走在别的动物前头。穷，没有办法。　　[68]"尸鸠在桑"六句：见《诗·曹风·鳲鸠》。大意为：布谷鸟居住在桑树上，专心一意将七只小鸟哺育；那善良的君子，行动要专一不邪；行动专一不邪啊，意志才能坚定不变。尸鸠，布谷鸟。据说这种鸟在桑树上哺育七只小鸟，早晨从上而下喂它们，傍晚又从下而上喂它们，天天如此，从不间断。鳲鸠，即尸鸠，布谷鸟。淑人，善人。仪，仪表，举止，这里指行动。一，专一。结，凝结，这里是坚定的意思。　　[69]"昔者瓠（hù　户）巴鼓瑟而流鱼出听"二句：古代瓠巴弹瑟，瑟声悠扬，连河底的鱼都游出来听；伯牙弹琴，琴声悦耳，连马也仰头停食而听。瓠巴，传说古代擅长弹瑟的人。流，《大戴礼记》引文为"沉"。伯牙，传说古代善弹琴的人。六马，古代天子用六匹马驾车。秣（mò　末），饲料。　　[70]"故声无小而不闻"二句：所以声音不管多么小，总会被人听见；行动不管多么隐蔽，也总会显露出来。　　[71]"玉在山而草木润"二句：山上如果有了宝玉，草木都会滋润；深渊里如果有了珍珠，渊边山崖都会增添光彩。不枯，不枯燥，这里指有色彩。　　[72]"为善不积邪"二句：为善只怕不积累吗？若积善，哪有不为人知的道理呢？邪，疑问词，"吧"的意思。　　[73]"学恶（wū　乌）乎始"二句：学习从哪里开始？在哪里结束？恶，疑问词，哪里。　　[74]数：数术，即方法、办法。经：指儒家经典。　　[75]"其义则始乎为士"二句：学习的原则，就是从作士开始，最后成为圣人。义，原则。荀子在《儒效》篇中说："彼学者：行之，曰士也；敦慕焉，君子也；知之，圣人也。"　　[76]"真积力久则入"二句：学习如果能踏实持久，就深入了；学习要到死，然后才停止。没（mò　末），通"殁"，死。　　[77]须臾：一会儿。舍：离开。　　[78]"为之"四句：努力学习的，这是人；放弃学习的，就如同禽兽了。　　[79]"故《书》者"二句：所以《尚书》这本书，是记载政事的。《书》，即《尚书》、《书经》。纪，通"记"，记载。　　[80]"《诗》者"二句：《诗》把符合乐章标准的诗歌都收集下来了。中声，符合标准的乐章。止，存。　　[81]"《礼》者"四句：《礼》，讲的是确定法律的总纲，是以法类推的各种条例的纲要，所以说学习一定要到《礼》才算完成。《礼》，据《大略》"亡于《礼经》而顺人心者，皆礼也"，这里的《礼》可能即指《礼经》。大分，总纲。类，类比，指以法类推的条例。纲纪，纲要。荀子在《王制》篇中说："有法者以法行，无法者以类举。"是说有法律条文规定的，按照规定办；没有法律条文规定的，要以法类推。　　[82]"《礼》之敬文也"五句：《礼》所规定的敬重礼节仪式的准则，《乐》所培养的和谐一致的感情，《诗》、《书》所记载的广博的知识，《春秋》所包含的隐微道理，这些把天地间的事情都完备地包括了。敬，敬重。文，指礼节、仪式。《乐》，即《乐经》，现已失传。中和，和谐。微，隐微，隐含褒贬劝诫之意。毕，完全，完备。　　[83]"君子之学也"五句：君子为学，听在耳里，记在心上，外散于身体仪态之中，而表现于一举一动之间。著，通"贮"，积贮。布，分布，指体现。四体，四肢，这里指仪表举止。形，表现。　　[84]"端而言"三句：即使是极细小的言行，都可以作为别人学习的榜样。端，通"喘"，小声说话的样子。蝡（rú　如），同"蠕"，慢慢行动的样子。一，都。　　[85]"小人之学也"五句：小人为学，从耳朵里进，从嘴巴里出，口耳之间不过才四寸，怎么能够对七尺之躯有所补益呢？则，通"财"，"才"的意思。曷（hé　河），何，怎么。躯，身体。　　[86]"古之学者为己"二句：古代的人，学习是为了提高自己；现在有的人，学习是为了给别人看。　　[87]禽犊：家禽、小牛，古时常用它们作为礼物互相赠送。这里用来比喻那些小人学了一点东西就到处卖弄，讨人喜欢。　　[88]"故不问而告谓之傲"二句：所以别人不问，你告诉他，这是急躁；问一而告二，这是啰嗦。傲，通"躁"，急躁。嗷（zàn　赞），唠叨。　　[89]君子如向矣：君子当如钟的回响一样，问什么答什么。如向，好像回响那样。向，同"响"。这里指君子回答问题要适度。　　[90]学莫便乎近其人：学习的途径没有比接近良师益友更省事的了。便，简便，省事。其人，指良师益友。　　[91]《礼》、《乐》法而不说：《礼》、《乐》规定了一定的法度，但没有详细说明道理。法，法度。说，说明道理。　　[92]"《诗》、《书》故而不切"二句：《诗》、《书》记载的都是过去的东西，而不切合当前的实际。《春秋》讲的道理隐晦不明，使人不能很快理解。故，过去，旧。切，切合实际。约，隐晦，不明。速，迅速，这里指很快理解。　　[93]"方其人之习君子之说"三句：效仿贤师而聆听学习君子的学说，就能养成崇高的品格，得到诸经之传，而合于世用。方，通"仿"，仿效。说，学说。尊，崇高。以，而。遍，全面。周，周到，这里有通达的意思。　　[94]"学之经莫速乎好其人"二句：学习的途径没有比诚心请教良师益友收效更快的了，其次是尊崇礼义。经，通"径"，道路，途径。隆礼，尊崇礼义。　　[95]"安特将学杂识志"四句：安，这里解作"则"。特，只，仅仅。杂，指杂记之书、百家之说。识、志，都是记的意思。顺，通"训"，解释。末世穷年，一生一世，一辈子。陋儒，学识浅陋的儒生。　　[96]"将原先王"三句：要考察先王的旨意，寻求礼义的根本，那么学习礼义是正确的途径。经纬，南北为经，东西为纬，这里指四通八达。蹊径，小路，这里指道路。　　[97]"若挈（qiè　切）裘领"三句：这就好像用手握住皮衣的领子，用力抖动，皮衣的毛自然就顺了。挈，用手提起。裘，皮袍。诎，同"屈"。顿，抖搂，整顿。　　[98]"不道礼宪"六句：不实行礼法，而用《诗》、《书》去办事，就好像用手指去测量河水的深度，用戈舂米，用锥子当筷子吃饭一样，是达不到预期目的的。道，实行。宪，法令。飱（cān　餐），同"餐"，吃。壶，古代盛食品的器皿，这里指食品。　　[99]法士：指遵守礼法的人。　　[100]"不隆礼"三句：不尊崇礼法，即使聪明善辩，终究也是不守礼法的儒生。察辩，明察善辩。散儒，指不遵守礼法的儒生。　　[101]"问楛（kǔ　苦）者"二句：有人问不符合礼法的事，不要告诉他。楛，恶劣，这里指不合礼法。　　[102]有争气者：态度蛮横、不讲道理的人。　　[103]"故必由其道至"三句：所以必须是按照道的标准来请教的人，才接待他；不按照道的标准来请教的人，就回避他。　　[104]"故礼恭"六句：所以见来的人恭敬有礼，然后才可以和他谈论"道"的方向；见他言词谦逊，然后才可以给他讲解"道"的内容；见他表现得乐意听从，然后才可以进一步和他谈论"道"的深刻含义。理，条理，指道的内容。致，极点。　　[105]"故未可与言而言谓之傲"三句：所以对那些不可以交谈的人偏要交谈，叫作急躁；对那些可以交谈的人却不交谈，叫作隐瞒；不看对方的表情就去交谈，叫作盲目。隐，隐瞒。瞽（gǔ　古），盲。　　[106]谨顺其身：谨慎地对待那些来请教的人。　　[107]"匪交匪舒"二句：见《诗·小雅·采菽》。不急迫，不缓慢，就会受到天子的赏赐。交，通"绞"，急迫。舒，缓慢。予，赐予。　　[108]"百发失一"二句：射一百次箭，有一次没射中，也不能叫作善于射箭。　　[109]"千里跬步不至"二句：一千里的路程，只差半步没有达到，也不能叫作善于驾车。　　[110]"伦类不通"三句：对各类事物不能融会贯通，触类旁通，对仁义不能做到完全彻底，就不能够叫作善于学习。伦类，泛指各类事物。一，指下文的"全之尽之"，这里有完全彻底的意思。　　[111]"学也者"二句：学习，本来就应该一心一意，要学到完全彻底。　　[112]"一出焉"三句：一会儿这样去学，一会儿又不这样去学了，这是普通的人。涂巷之人，这里指普通的人。涂，指道路。巷，小巷，胡同。　　[113]桀：夏朝最后一个君主。纣：商朝最后一个君主。他们都是荒淫无道之主。盗跖（zhí　直）：传说春秋末年的一个大盗。　　[114]"全之尽之"二句：学习要达到完全彻底，才称得上是一个好的学者。　　[115]"君子知夫不全不粹之不足以为美也"五句：君子知道学识不全面、不纯粹是不足以称为完美的，所以他反复学习以达到前后联系，用心思考以达到融会贯通，效法良师益友努力地去实行，除掉有害的东西，培养有益的学识。夫，指示代词，指学习。粹，纯粹。诵数，即上文讲的"其数则始乎诵经，终乎读礼"，指按照由经到礼的次序去学习。贯，联系。处，居，这里是实行的意思。　　[116]"使目非是无欲见"四句：使眼睛非所学不去看，耳朵非所学不去听，嘴巴非所学不去说，心非所学不愿去想。　　[117]"及至其致好之也"五句：到了极其喜好学习的时候，就像目好看五色，耳好听五声，口好食五味，心中所好，则远甚于拥有天下。五色，即青、黄、赤、白、黑。五声，即宫、商、角、徵、羽。五味，即酸、辛、苦、甜、咸。　　[118]"是故权利不能倾也"三句：因此权力和利益不能打动他，众人不能改变他，天下之大也不足以动摇他的心志。　　[119]"生乎由是"三句：活着坚持这样去做，到死也不改变它，这就叫道德操守。　　[120]"德操然后能定"二句：有德操就有定力，有定力才能应对外来事物。定，坚定。应，应对，即能应付各种事变。　　[121]"能定能应"二句：内有定，外有应，才可称为全人。成人，即前文所言"全之尽之"的学者。　　[122]"天见其明"三句：天显现出它的光明，地显现出它的广大，君子所贵就在其全啊。见，同"现"，显现。光，通"广"。贵，重视。

【解析】

荀子认为，学习的根本目的在于培养道德操守，涵育君子人格。故而在为学之初，就必须首先树立起"精诚专一"、"持之以恒"的人格取向，才能够善始善终，升堂入室，最终达到"积善成德"、完全纯粹的精神境界。

《劝学》首先从"内外因关系"的角度论证了学习的重要性，指出作为"外因"的学习是升华个人内在品性、才能的必由之路。如："木直中绳，輮以为轮，其曲中规，虽有槁暴，不复挺者，輮使之然也。"即是以"中绳"的"直木"比喻人内在的才能、品性，而以"輮"喻外在的学习，以"轮"喻有用之材。只有借助与"輮"相似的学习这一外在历程，如"直木"一般的内在才能、品性才得以定型并获得发展，晋级为如"轮"一般"虽有槁暴，不复挺者"的成器之才。

然而，教育和学习又是一种独特的外因。它能够超越外在的自然环境而对个人的才能、品性发挥直接的升华与促进作用。比如，文中的"干、越、夷、貉之子，生而同声，长而异俗，教使之然也"即就此而言，从侧面指出了教育和学习对涵育个体人格乃至社会习俗的决定性意义。

在从外因角度阐明学习和教育的重要性之后，《劝学》将论述的重点转移到了发挥学习者内在主观能动性方面，着重论述为学的态度、内容、方法和技巧。首先，该篇创造性地提出了"君子善假于物"的观点。此观点的内涵较为丰富：其一，教育和学习本身就是君子赖以提升自我、不断成长的一种可"假"之"物"，故而"须臾之所学"，也会收获比"终日而思"更为显著的效果。其二，要提高学习的效率，还必须善于借鉴前人、他人先进、有效的学习方法和成功经验，以便像借"登高"达到"见者远"、借"顺风"达到"闻者彰"、借"舆马"达到"致千里"、借"舟楫"达到"绝江河"一般，收到事半功倍的良好效果。

在从方法论的角度树立起"善假于物"的学习观之后，《劝学》进一步点明学习者应秉持的态度，即从细微处着眼，如"积土成山"、"积水成渊"一样，精诚专一、持之以恒、锲而不舍地积累品德、修养、学识与才能，在"积跬步"的悠悠历程中让自己的生命持续得到成长，通过不懈地提升自己的精神层次来升华到"得神明"、"备圣心"的超远、纯粹之境界。

找到了科学的方法，具备了坚定的态度，下一步就要指明学习的范围与途径了。即"始乎诵经，终乎读礼"。如此则既可仰闻先王之教化，又可备晓礼法而在当今之世灵活运用，以收获实绩。

最后，该篇对论述的内容进行了归纳，点出学习的宗旨和方向，即从"为士"开始，达到"为圣人"而结束。故而学习之目的在于培养人格、生命而令其日趋完美，而学习之终极目的则是成为"圣人"。此"圣人"也可称之为"成人"，即"天见其明，地见其光，君子贵其全"的集大成之人。

天 论

《荀子》

【题解】

《荀子》经西汉刘向校录整理，定为十二卷三十二篇，取名《孙卿新书》。唐代中叶杨倞为之作注，重新编次，分为二十卷，称《荀卿子》。宋以后则通称为《荀子》。清代王先谦采集各家之说，撰有《荀子集解》，是现在通行的注本。《荀子》现存三十二篇，多为荀子本人所著，也有部分篇章是其弟子整理的。本篇《天论》集中体现了荀子的天人观，这里所选的是前半部分。

天行有常[1]，不为尧存[2]，不为桀亡[3]。应之以治则吉[4]，应之以乱则凶。强本而节用[5]，则天不能贫；养备而动时[6]，则天不能病；循道而不忒[7]，则天不能祸。故水旱不能使之饥[8]，寒暑不能使之疾，祅怪不能使之凶[9]。本荒而用侈，则天不能使之富；养略而动罕[10]，则天不能使之全；倍道而妄行[11]，则天不能使之吉。故水旱未至而饥，寒暑未薄而疾[12]，祅怪未至而凶。受时与治世同[13]，而殃祸与治世异，不可以怨天，其道然也。故明于天人之分[14]，则可谓至人矣[15]。

不为而成，不求而得，夫是之谓天职[16]。如是者，虽深，其人不加虑焉[17]；虽大，不加能焉[18]；虽精，不加察焉。夫是之谓不与天争职。天有其时，地有其财，人有其治，夫是之谓能参[19]。舍其所以参而愿其所参[20]，则惑矣。

列星随旋[21]，日月递照[22]，四时代御[23]，阴阳大化[24]，风雨博施，万物各得其和以生[25]，各得其养以成[26]，不见其事而见其功，夫是之谓神。皆知其所以成，莫知其无形，夫是之谓天。唯圣人为不求知天。

天职既立，天功既成，形具而神生[27]，好恶、喜怒、哀乐臧焉[28]，夫是之谓天情[29]。耳目鼻口形[30]，能各有接而不相能也，夫是之谓天官。心居中虚[31]，以治五官，夫是之谓天君[32]。财非其类[33]，以养其类，夫是之谓天养。顺其类者谓之福，逆其类者谓之祸，夫是之谓天政[34]。暗其天君[35]，乱其天官[36]，弃其天养[37]，逆其天政，背其天情[38]，以丧天功，夫是之谓大凶。圣人清其天君，正其天官，备其天养，顺其天政，养其天情，以全其天功。如是，则知其所为，知其所不为矣，则天地官而万物役矣[39]。其行曲治[40]，其养曲适，其生不伤，夫是之谓知天。

故大巧在所不为[41]，大智在所不虑[42]。所志于天者[43]，已其见象之可以期者矣[44]。所志于地者，已其见宜之可以息者矣[45]。所志于四时者，已其见数之可以事者矣[46]。所志于阴阳者，已其见和之可以治者矣[47]。官人守天[48]，而自为守道也。

治乱，天邪？曰日月、星辰、瑞历[49]，是禹、桀之所同也。禹以治，桀以乱，治乱非天也。时邪？曰繁启蕃长于春夏[50]，畜积收臧于秋冬，是又禹、桀之所同也。禹以治，桀以乱，治乱非时也。地邪？曰得地则生，失地则死，是又禹、桀之所同也。禹以治，桀以乱，治乱非地也。《诗》曰："天作高山[51]，大王荒之。彼作矣，文王康之。"此之谓也。

天不为人之恶寒也辍冬[52]，地不为人之恶辽远也辍广，君子不为小人之匈匈也辍行[53]。天有常道矣，地有常数矣，君子有常体矣。君子道其常[54]，而小人计其功。《诗》曰："礼义之不愆[55]，何恤人之言兮！"此之谓也。

楚王后车千乘[56]，非知也[57]；君子啜菽饮水[58]，非愚也；是节然也[59]。若夫志意修[60]，德行厚，知虑明，生于今而志乎古，则是其在我者也。故君子敬其在己者[61]，而不慕其在天者；小人错其在己者[62]，而慕其在天者。君子敬其在己者，而不慕其在天者，是以日进也；小人错其在己者，而慕其在天者，是以日退也。故君子之所以日进[63]，与小人之所以日退，一也。君子小人之所以相县者[64]，在此耳。

【注释】

[1]天行有常：自然界的运行经久不变。　　[2]尧：上古五帝之一，传说中的贤君。　　[3]桀：夏朝末代君主，荒淫残暴，常被用来指代暴君。　　[4]应：应对。治：按道理、规律做事。　　[5]本：这里指农业，古代以农业为本业。　　[6]养备而动时：衣食给养充备并按时令行事。　　[7]循：遵循，顺从。忒（tè 特）：差错。此句原作"修道而不贰"，现依王念孙说改。　　[8]故水旱不能使之饥："饥"下原有"渴"字，现依王念孙说删。　　[9]祆（yāo 妖）怪：自然界的反常变异。祆，通"妖"。下文皆同。　　[10]略：粗略，不足。罕：稀少。　　[11]倍：通"背"，违背。　　[12]薄：迫近。　　[13]"受时与治世同"二句：（乱世之人）所遇到的天时与社会安定时期（的人）相同，但遭受的灾祸却与安定时期（的人）不同。时，天时。　　[14]天人之分：自然规律与人事各有不同，所谓天行有常，不为尧存，不为桀亡。　　[15]至人：明白至理的人。　　[16]天职：自然的职能。　　[17]其人：指上文所说的至人。　　[18]能：力，这里指用力加以干预。　　[19]参：参与配合。"天"、"地"、"人"三者各有其道，相互参配。　　[20]舍其所以参而愿其所参：舍弃自身用以与天、地相参配的职能，而向往所参配的天、地的职能。意指舍弃人的治理，而指望天地的恩赐。　　[21]列星：有固定排列位置的星，如二十八宿等。随旋：相随旋转。　　[22]递：更替。　　[23]四时代御：四季交替着发挥作用。代，交替。御，控制。　　[24]阴阳：古人认为宇宙万物由阴、阳二气组成，两者不断运动、相互作用而生成万事万物。化：变化生成。　　[25]和：指阴阳二气的调和。　　[26]养：指风雨对万物的滋养。　　[27]形具而神生：人的形体具备，精神也随之产生。　　[28]臧：同"藏"，蕴藏。下文同。　　[29]天情：天生的情感。　　[30]"耳目鼻口形"三句：耳、目、鼻、口及四肢百骸各自与外物接触但不能相互代用，这叫作天然的感官。　　[31]中虚：中部空虚的地方，指胸腔。　　[32]天君：天然的主宰。　　[33]"财非其类"三句：人类能够利用不是自身同类的万物来奉养人类，这就叫作天然的给养。财，通"裁"，裁夺，利用。　　[34]天政：天然赏罚的政令。　　[35]暗其天君：使心昏暗，神志糊涂。　　[36]乱其天官：指感官享受过度，纵情声色饮食，不得其宜。　　[37]弃其天养：指暴殄天物，不能务本节用。　　[38]背其天情：指喜怒哀乐没有节制。　　[39]天地官：天地能行使自己的职能为人所用。万物役：万物为人类所使用。　　[40]曲：周，遍。　　[41]所不为：即"有所不为"，指圣人只发挥人的职能，不与天争职。　　[42]所不虑：即"有所不虑"，指不求知天。　　[43]志：认识，了解。　　[44]已其见象之可以期者矣：止于天所表现出的那些征象，从而可据以预期的（那部分）。已，止，停止。　　[45]宜：适宜，这里指适宜万物生长的

条件。息：蕃息，指作物生长。　　[46]数：历数，四时变化的次序规律。事：指从事农业生产。　　[47]和：原作"知"，现依王念孙说改。意为调和，这里指阴阳二气所显现的调和状态。　　[48]"官人守天"二句：大意是只掌握人为之事，不与天争职，这就是遵守了根本的道理和法则。守天，指遵守自然规律。道，指前文所提出的"明于天人之分"。　　[49]瑞历：即历象。　　[50]繁启蕃长于春夏：（百物）在春夏繁密地萌芽，茂盛地成长。繁，多。启，发。蕃，茂盛。　　[51]"天作高山"四句：语出《诗·周颂·天作》。高山，指岐山。大王，太王，即古公亶父，周文王的祖父。荒，治，垦荒。康，使之安定。　　[52]恶（wù 务）：厌恶。辍：废止。　　[53]君子不为小人之匈匈也辍行：原作"君子不为小人匈匈也辍行"，现依王先谦说改。匈匈，通"讻（xiōng 凶）讻"，喧哗吵闹的样子。　　[54]"君子道其常"二句：君子遵循常规，而小人计较一时的功利。道，行，经由。　　[55]"礼义之不愆（qiān 千）"二句：此处所引是没有收入《诗经》中的逸诗。愆，过错，过失。恤，忧虑。原无"礼义之不愆"五字，现依《文选》卷四五东方朔《答客难》篇补。　　[56]后车：侍从之车。乘（shèng 剩）：古代四马驾一车为一乘。　　[57]知：同"智"，与下文"知虑明"的"知"相同。　　[58]啜（chuò 绰）：吃。菽（shū 书）：豆类的总称，泛指粗粮。　　[59]节然：偶然。　　[60]志意修：原作"心意修"，现依王念孙说改。　　[61]敬：重视，谨慎对待。　　[62]错：通"措"，搁置，舍弃。　　[63]"君子之所以日进"三句：意为君子日进和小人日退的道理是相同的，二者都有所慕，所慕的对象不同，导致结果不同。一，同。　　[64]县：同"悬"，悬殊。

【解析】

　　在荀子的时代，人们往往将一些难以解释的现象看作是天降的吉凶，由此导致了人们畏惧于天，遇事便求神问鬼，而忽视了人自身的作为。针对这种现象，荀子深刻探讨了天与人、自然与社会之间的关系，强调人对于社会发展的重要作用。

　　荀子在开篇便一针见血地提出"天行有常"，自然的运行有其自身的规律，不以朝代的治乱和人的贤愚为转移。荀子进一步提出要"明于天人之分"，将自然界和人类社会区分开来，反对用自然的现象来说明社会的治乱。在明确了天与人各自特点的基础上，荀子对天人关系作了辩证的探讨：一方面正是自然界的演化才形成了人类，所以人类必然要受自然界的约束。因此，荀子提出要顺应自然规律，按规律办事。另一方面，他又强调发挥人的主观能动性，认为人在自然面前不是无所作为的，主张"制天命而用之"。

　　荀子在《天论》中所描述的"天"具有物质性、规律性、客观性等特点，这种对自然界本质属性的认识，达到前所未有的水平。而"明于天人之分"和"制天命而用之"的提出，有别于一切天人感应说，标志着人类在对自身伟大力量的认识方面，前进了一大步。

五　蠹

《韩非子》

【题解】

韩非（前280? —前233），战国末期韩国公子，喜刑名法术之学，与李斯俱师荀子。韩非口吃而善著述，有《孤愤》、《五蠹》等十馀万言，受到秦国重视。后因不为韩国国君所用，到了秦国，遭李斯等人谗言，被迫自杀。《史记》卷六三有传。

《汉书·艺文志》著录《韩子》五十五篇，今存《韩非子》一书，具有代表性的作品有《显学》、《五蠹》、《定法》、《难势》、《诡使》、《六反》、《问辩》诸篇。韩非思想历来被认为是中国法家思想的重要成果，其中也能够找到儒家、道家、墨家、名家，甚至兵家学说的影子。因此，不少研究者认为韩非思想是集先秦各家思想之大成者。

蠹（dù 杜），本义为蛀虫，喻有害于国的事或人。《五蠹》篇，是说治理国家的过程中要批判的五种人群或思想。他们分别是，儒者（战国末期儒家）、言说者（纵横家）、患御者（逃避战争者）、带剑者（游侠）、工商之徒。韩非主张养耕战之士（农民、军队），这种议论正是所谓"论世之事，因为之备"（《五蠹》）。据《史记》记载，秦王（即后来的秦始皇嬴政）见《孤愤》、《五蠹》，叹曰："寡人得见此人与之游，死不恨矣！"可见此文在当时影响之大。本文所选的是《五蠹》篇的后半部分。

鄙谚曰："长袖善舞，多钱善贾[1]。"此言多资之易为工也。故治强易为谋，弱乱难为计。故用于秦者，十变而谋希失[2]；用于燕者，一变而计希得。非用于秦者必智，用于燕者必愚也，盖治乱之资异也。故周去秦为从，期年而举[3]；卫离魏为衡，半岁而亡。是周灭于从，卫亡于衡也。使周、卫缓其从衡之计，而严其境内之治，明其法禁，必其赏罚，尽其地力，以多其积；致其民死以坚其城守，天下得其地则其利少，攻其国则其伤大；万乘之国莫敢自顿于坚城之下，而使强敌裁其弊也，此必不亡之术也。舍必不亡之术而道必灭之事，治国者之过也。智困于内而政乱于外，则亡不可振也。

民之政计，皆就安利如辟危穷[4]。今为之攻战，进则死于敌，退则死于诛，则危矣。弃私家之事而必汗马之劳[5]，家困而上弗论[6]，则穷矣。穷危之所在也，民安得勿避？故事私门而完解舍[7]，解舍完则远战，远战则安。行货赂而袭当途者则求得[8]，求得则私安，私安则利之所在，安得勿就？是以公民少而私人众矣。

夫明王治国之政，使其商工游食之民少而名卑，以寡趣本务而趋末作[9]。今世近习之请行[10]，则官爵可买，官爵可买，则商工不卑也矣。奸财货贾得用于市，则商人不少矣。聚敛倍农，而致尊过耕战之士，则耿介之士寡，而高价之民多矣。

是故乱国之俗，其学者，则称先王之道以籍仁义[11]，盛容服而饰辩说，以疑当世之法[12]，而贰人主之心。其言古者[13]，为设诈称[14]，借于外力，以成其私，而遗社稷之利。其带剑者，聚徒属，立节操，以显其名，而犯五官之禁[15]。其患御者[16]，积于私门，尽货赂，而用重人之谒，退汗马之劳。其商工之民，修治苦窳之器[17]，聚弗靡之财[18]，蓄积待时，而侔农夫之利[19]。此五者，邦之蠹也。人主不除此五蠹之民，不养耿介之士，则海内虽有破亡之国，削灭之朝，亦勿怪矣。

《韩非子集解》卷一九

【注释】

[1]贾（gǔ 古）：做买卖。　　[2]希：同"稀"，稀少。这里指计谋用于强秦，大体不会发生过失，因为"多资之易为工"，即内部强大。　　[3]期（jī 基）年：满一年。　　[4]辟：通"避"，避开。　　[5]汗马之劳：指战争的劳苦。　　[6]上弗论：君主不加过问。　　[7]事：侍奉。解：通"廨"，官府，官舍。　　[8]货赂：用宝货进行贿赂。袭：因袭，追随。当途者：指有权势的当政者。　　[9]以寡趣本务而趋末作：意思是百姓不务本分而求那些商工游食之事。趣，同"趋"。　　[10]近习：亲近熟悉的人。　　[11]籍：通"藉"，凭借。　　[12]疑：通"拟"，匹敌，抗衡。　　[13]言古者：推崇古法的人。一说"言谈者"，指好口辩言谈之人。　　[14]为：通"伪"。　　[15]五官：古代指司徒、司空、司马、司士、司寇五种官职。　　[16]患御者：害怕或逃避战争的

人。　　[17]苦窳（gǔyǔ 古宇）之器：指粗劣、不坚实的商品。　　[18]弗：一说通
"费"。　　[19]侔：通"牟"，牟取。

【解析】

本文开篇先说时移世易，人口增多，资源变少，"事力劳而供养薄"，所
以难免"争"。这种情况下，上古的秩序和仁爱思想也就渐渐不适应新的时
代。所以作者说："仁义辩智非所以持国也。"这种态度与当时战乱时期各诸
侯国亟需强大实力从而稳固国家地位有密切的关系，正所谓"古今异俗，新
故异备"，这体现了作者进化的历史观。在韩非看来，当时很多国君都是"举
浮淫之蠹，而加之于功实之上"（《史记·老子韩非列传》）。他对儒家思想中
"圣人"的道德理想如何普及于民提出了质疑，他说，要求千千万万老百姓都
成为孔子这样的人是不可能的，真正能够让大多数老百姓有所理解和信服，
还是应依据适当的权势和法律。所以，他说："故明主之道，一法而不求智，
固术而不慕信，故法不败而群官无奸诈矣。"

接着，他根据实际情形，提出在建设国家的进程中五种带来危害的人
群或思想。他认为"儒以文乱法"。儒家思想中血亲伦理的爱和社会性的大
法则必然发生矛盾，这和墨家"兼爱"之说有所重合。他还认为，"侠以武
犯禁"。当时社会混乱，游侠甚众，他们凭借武力，严重扰乱了社会治安。他
批判了那些主张"纵横"、以辩说为长的策士们，"谈言者务为辨而不周于
用"，这些看似能够运筹帷幄的国家外交策略，并不能从根本上让一个国家
强大。而后，他批判当时社会上存在的因为害怕或逃避战争以充私门的混乱
现象，那些为了逃避战争不惜"行货赂而袭当途者"以求得安稳的人，败坏
了社会风气，使国力减弱。在他看来，农业才是根本，而那些工商游食之民，
并不能给社会带来益处，他们只会通过聚敛财富，卖官鬻爵，扰乱社会风气，
以致削弱耕战的力量。

正如韩非在本篇文章中提到的那样，法家思想产生于特殊的"争"的历史
时期，这种看似严酷的学说，是为应付混乱和激变时局的。在这种情形下，如
果想要迅速成为一个强大的国家，应该采用更为严苛的政策以树立权威，同
时通过发展耕战来增强自己的实力。韩非的主张中有些可供我们参考。

《孝经》四章

《孝经》

【题解】

《孝经》记孔子向曾参讲述孝道的言论。其成书约在战国时期，至于作者则历来众说纷纭，有孔子说、曾子说、曾子门人说、子思说、孔子门人说、齐鲁间儒者说、孟子门人说和汉儒说等各种说法。大多认为此书是子思所作。子思（前483—前402），姓孔，名伋，字子思，是孔子的嫡孙，曾子的学生。孔子的学说由曾子传子思，然后由子思再传孟子。《孝经》有今文经和古文经之别，在历史上曾引起今古文之争。两者的章节和文字有所不同。古文《孝经》二十二章。今文《孝经》十八章，经西汉刘向校定而定型。今文《孝经》版本众多，通用版本有清阮元校刻《十三经注疏》本。本文选取《孝经》之《开宗明义章》、《纪孝行章》、《广要道章》、《谏诤章》四章，以见《孝经》之宗旨大要，其中包括推行孝道之理由及其事亲、谏诤等思想。

开宗明义章

仲尼居[1]，曾子侍[2]。子曰："先王有至德要道[3]，以顺天下，民用和睦[4]，上下无怨。汝知之乎？"曾子避席曰[5]："参不敏[6]，何足以知之。"子曰："夫孝，德之本也，教之所由生也。复坐[7]，吾语汝。身体发肤，受之父母，不敢毁伤，孝之始也[8]。立身行道[9]，扬名于后世，以显父母[10]，孝之终也。夫孝，始于事亲，中于事君，终于立身。《大雅》云[11]：'无念尔祖[12]，聿修厥德。'"

《孝经注疏》卷一

【注释】

[1]仲尼：即孔子（前551—前479），名丘，字仲尼。鲁国陬（zōu 邹）邑（今山东曲阜东南）人，春秋时期著名思想家和教育家，儒家学说的创始人。后世多尊其为孔圣人。居：平素家居。　　[2]曾子：曾参（前505—前435），字子舆，鲁

国南武城（今山东费县西南）人，孔子七十二弟子之一。孔子以他能通孝道而向其传授孝的道理。他是孔子儒家学说的主要传承人。侍：陪侍。　　[3]先王：前代的圣贤帝王，指尧、舜、禹、汤、周文王、周武王等。至德要道：最高的、完美的道德，至关重要的道理、方法。　　[4]用：因此。　　[5]避席：起身离开席位。表示敬意。　　[6]不敏：谦词，犹不才，不聪明。　　[7]复坐：回到席位上。　　[8]始：开端。　　[9]立身行道：修养自身，奉行道义。　　[10]显：使显耀。　　[11]《大雅》：《诗》之一部分，凡三十一篇，为西周王室贵族的作品，主要歌颂周祖先及武王、宣王的事迹。　　[12]"无念尔祖"二句：是说你怎么能不追念你的先祖呢，要努力发扬他的美德啊。见《诗·大雅·文王》。聿（yù　玉），句首语气词。厥，其，他的。

纪孝行章

　　子曰："孝子之事亲也[1]，居则致其敬，养则致其乐，病则致其忧，丧则致其哀，祭则致其严。五者备矣，然后能事亲。事亲者[2]，居上不骄，为下不乱，在丑不争。居上而骄则亡，为下而乱则刑，在丑而争则兵。三者不除，虽日用三牲之养[3]，犹为不孝也。"

《孝经注疏》卷六

【注释】

　　[1]"孝子之事亲也"六句：是说孝子侍奉双亲，日常起居要做到恭敬；进奉膳食时要和颜悦色；父母有疾病，要感到忧虑；父母去世，要表现出悲痛；祭祀父母，要庄严肃穆。致，通"至"，尽，极。　　[2]"事亲者"四句：是说侍奉双亲，要身居高位但不傲慢，在下层能恭谨奉上，与众人相处能和顺不争斗。丑，众，卑贱之人。　　[3]"虽日用三牲之养"二句：即使每日用三牲奉养双亲，也属不孝。三牲，古代祭祀所用。有大小三牲之分，大三牲指羊、豕、牛，谓之太牢，是郊祀中最高等级的祭祀标准，用于大祀；小三牲指鸡、鸭、兔，缺少牛。此处当指大三牲，泛指美味佳肴。

广要道章

　　子曰："教民亲爱，莫善于孝。教民礼顺[1]，莫善于悌。移风易俗，莫善于乐[2]。安上治民，莫善于礼。礼者，敬而已矣。故敬其父，则子悦；敬其兄，则弟悦；敬其君，则臣悦；敬一人，而千万人悦。所敬者寡，而悦者众。此之谓要道也。"

《孝经注疏》卷六

【注释】

[1]"教民礼顺"二句：是说教育人民讲礼仪，知顺从，再没有比尊重兄长更好的方式了。悌(tì 替)，敬重兄长。　[2]乐：音乐。《礼记·乐记》："乐也者，圣人之所乐也，而可以善民心，其感人深，其移风易俗，故先王著其教焉。"

谏诤章

曾子曰："若夫慈爱、恭敬、安亲、扬名[1]，则闻命矣[2]。敢问子从父之令，可谓孝乎？"子曰："是何言与[3]？是何言与？昔者，天子有争臣七人[4]，虽无道[5]，不失其天下；诸侯有争臣五人[6]，虽无道，不失其国；大夫有争臣三人[7]，虽无道，不失其家；士有争友，则身不离于令名[8]；父有争子，则身不陷于不义。故当不义，则子不可以不争于父，臣不可以不争于君。故当不义，则争之。从父之令，又焉得为孝乎！"

《孝经注疏》卷七

【注释】

[1]扬名：即《孝经·开宗明义章》所指"立身行道，扬名于后世"，也即《广扬名章》所指"是以行成于内，而名立于后世矣"。　[2]闻命：接受教导。　[3]与：通"欤"，句末语气词，表示疑问或感叹。　[4]争臣七人：天子有三公四辅，"三公"即太师、太傅、太保，"四辅"即疑、承、辅、弼。争臣，谏臣。　[5]无道：不遵守王道。　[6]争臣五人：是天子派去辅佐诸侯的人。一说为三卿和内史、外史。"三卿"指司马、司徒、司空。　[7]争臣三人：大夫的家臣。《孔传》说三人是家相、室老、侧室。　[8]令名：美名，好名声。

【解析】

《孝经》十八章大体可以分为三个部分。第一部分，开宗明义，讲述了

《孝经》的理论基础，即"孝"是"德之本"，"教之所由生"。孝可分为事亲、事君和立身三个阶段（《开宗明义章》），进而分析了天子、诸侯、卿大夫、士和庶人等五种不同层次的人所行"孝道"的不同内涵（《天子章》、《诸侯章》、《卿大夫章》、《士章》、《庶人章》）。第二部分，将孝道与政治结合起来，明确了以孝治天下的要求和方法。孔子强调"夫孝，天之经也，地之义也，民之行也"（《三才章》），而圣人之道德皆源自于孝，而以孝治天下也基本取得了良好的效果（《孝治章》、《圣治章》）。孝道乃"德之本"，君主施政而推广孝道，是至关重要的道理和最高的美德（《广要道章》、《广至德章》）。孝道通行，上下一心，则可使统治更加顺畅（《感应章》）。不孝者则要施以五刑（《五刑章》）。第三部分讲述了行孝的礼仪。孝子行孝道要在双亲家居、赡养、生病、去世和祭祀时有相应的表现（《纪孝行章》、《丧亲章》）。当然行孝也不是一味顺从，必要时需要对长辈进行规劝（《谏诤章》）。

　　本文所选《开宗明义章》是本书之纲，阐述了《孝经》的宗旨和义理，指出孝乃一切道德的根本，孝可以分为事亲、事君和立身三个阶段。《纪孝行章》指明孝子侍奉双亲时在居、养、病、丧、祭等五方面应有的行为。《广要道章》阐释了推广孝道作为至关重要道理的理由。《谏诤章》则指出尊者、长者有不义行为时，晚辈要对其进行规劝。

　　孝是中华民族的优良传统。尊老、敬老、养老是现今我国公民的法定义务和责任。《孝经》倡导孝行，强调了尊老、敬老、养老的原则和方法，在今天仍有其重要意义。

邲之战

《公羊传》

【题解】

《春秋公羊传》简称《公羊传》，是儒家经典《春秋》三传之一，相传为战国齐人公羊高所传，但今本《公羊传》则出于西汉公羊寿、胡毋生之手。《公羊传》作为解释《春秋》之书，起止时间与《春秋》相同。与《左传》重在叙事讲史不同，《公羊传》通过"设问"的方式，挖掘《春秋》经的微言大义，阐述了儒家"大一统"、"尊王攘夷"、"张三世"等思想。《公羊传》有强烈的政治伦理色彩，后世往往借其议政，内中深邃的历史哲学也值得我们重视。本文选自《公羊传》宣公十二年（前597），篇题为后人所加。

【经】夏六月乙卯[1]，晋荀林父帅师及楚子战于邲[2]，晋师败绩[3]。

【传】大夫不敌君，此其称名氏以敌楚子何[4]？不与晋而与楚子为礼也[5]。曷为不与晋而与楚子为礼也[6]？庄王伐郑，胜乎皇门[7]，放乎路衢[8]。郑伯肉袒[9]，左执茅旌[10]，右执鸾刀[11]，以逆庄王曰[12]："寡人无良[13]，边垂之臣[14]，以干天祸[15]。是以使君王沛焉[16]，辱到敝邑[17]。君如矜此丧人[18]，锡之不毛之地[19]，使帅一二耋老而绥焉[20]，请唯君王之命[21]。"庄王曰："君之不令臣交易为言[22]，是以使寡人得见君之玉面[23]，而微至乎此[24]。"庄王亲自手旌，左右㧑军退舍七里[25]。将军子重谏曰[26]："南郢之与郑[27]，相去数千里[28]，诸大夫死者数人，厮役扈养[29]，死者数百人，今君胜郑而不有[30]，无乃失民臣之力乎？"庄王曰："古者杆不穿[31]，皮不蠹，则不出于四方。是以君子笃于礼而薄于利，要其人而不要其土，告从[32]，不赦，不详[33]，吾以不详道民[34]，灾及吾身，何日之有[35]？"既则晋师之救郑者至，曰："请战。"庄王许诺[36]。将军子重谏曰："晋，大国也，王师淹病矣[37]，君请勿许也。"庄王曰："弱者吾威之[38]，强者吾辟之[39]，是以使寡人无以立乎天下。"令之还师而逆晋寇。庄王鼓之，晋师大败，晋众之走者[40]，舟中之指可掬矣[41]。庄王曰："嘻！吾两君不相好，百姓何罪？"令之还师而佚晋寇[42]。

《春秋公羊传注疏》卷一六

【注释】

[1]夏六月乙卯：清包慎言认为，宣公十二年（前597）六月无乙卯，当是五月十四日。　　[2]晋荀林父帅师及楚子战于邲（bì 必）：晋国中军主将荀林父率军与楚庄王在郑国邲地大战。荀林父，晋国大夫，姓荀，名林父。因任中行之将，以官为氏，别为中行氏。荀林父为晋军中军主将，即晋军最高将领。楚子，指楚庄王，姓芈（mǐ 米），熊氏，名侣。鲁文公十四年（前613）至鲁宣公十八年（前591）在位，春秋五霸之一。邲，郑地，在今河南荥阳东北。　　[3]败绩：此指军队溃败。　　[4]此其称名氏以敌楚子何：据《公羊传》之义，大夫与国君名位不对等，故大夫帅师常称"某人"，而此处"荀林父"称其名氏与楚子对等，含有对晋贬斥之义。敌，对等。　　[5]与（yù 预）：赞同。　　[6]曷：何，为什么。　　[7]皇门：郑国郭门名。　　[8]放：直至。路衢（qú 渠）：四通八达的道路。　　[9]郑伯肉袒（tǎn 坦）：指郑襄公脱去上衣袒露肌肤，表示向楚国投降谢罪。郑伯，姬姓，郑氏，名坚，春秋时期郑国第十一位国君。肉袒，脱去上衣袒露肌肤，古代在祭祀或谢罪时表示恭敬惶恐。　　[10]茅旌：一种旗帜，杆端以牦牛尾做装饰。"茅"，通"旄"。"茅旌"与下句中的"鸾刀"皆为宗庙祭祀所用，郑襄公执此二器以示宗庙将不血食，愿归顺楚庄王。　　[11]鸾刀：环上有铃的刀，古代祭祀时用于割牲。鸾，铃。　　[12]逆：迎接。　　[13]寡人：言己为寡德之人，古代君主用作谦称。无良：没有良好的德行。　　[14]边垂：边境。垂，通"陲"。　　[15]干：冒犯，触犯。　　[16]是以使君王沛焉：因此引发了您的盛怒。是以，因此。沛，水盛貌，这里引申为盛怒的样子。　　[17]辱到敝邑：承蒙您来到我们国家。辱，谦辞，相当于"承蒙"、"蒙辱"之意。敝邑，谦称自己的国家。　　[18]矜：怜悯，同情。丧人：丧国之人，郑伯自称。　　[19]锡：通"赐"，赐予。　　[20]耋（dié 叠）老：老年人，这里指老臣。绥：安定。　　[21]请唯君王之命：唯君主之命是听，表示臣服。　　[22]令：善。交易：往来。　　[23]见君之玉面：尊称与对方见面。　　[24]而微至乎此：如果不是因为这个缘故，我怎么能至于此呢？微，若没有。　　[25]撝（huī 挥）：指挥。退舍：退却，退避。　　[26]子重：楚庄王之弟，名婴齐，字子重，任楚令尹。　　[27]郢（yǐng 影）：春秋时楚国都城，在今湖北江陵的纪南城。　　[28]相去：相距。　　[29]厮役扈（hù 护）养：指各类

隶役。艾草为防者曰厮，汲水浆者曰役，养马者曰扈，炊享者曰养。　　[30]胜郑而不有：战胜了郑国却不能实际拥有郑国。　　[31]杅（yú　余）不穿，皮不蠹（dù　杜）：器皿磨穿，皮革损坏，这里指物资出现匮乏。杅，盛汤浆的器皿。穿、蠹，这里皆指损坏。　　[32]告从：请求归顺。　　[33]不详：不吉利。详，通"祥"，吉利。　　[34]道（dǎo　导）：引导。　　[35]何日之有：还能有多少时日。　　[36]许诺：同意。　　[37]淹病：长时间的困顿疲惫。淹，长久，长期。病，疲惫困乏。　　[38]弱者吾威之：弱国我欺凌威慑他们。威，威慑。　　[39]强者吾辟之：强国我躲避他们。辟，通"避"，躲避。　　[40]走：逃跑。　　[41]舟中之指可掬：船里被砍掉的手指都可以捧起来了，极言其多。指，手指。掬，捧。　　[42]令之还师而佚晋寇：楚庄王命令将军子重班师回国，让溃败的晋师可以逃归。佚，通"逸"，使逃走，放走。

【解析】

郑之战是春秋时期晋楚争霸中的重要战役。楚国在此战后，势力达到顶峰，楚庄王成为春秋五霸之一。《公羊传》认为，郑之战中楚庄王有礼，《春秋》是赞许楚庄王的。在伐郑中，楚庄王不灭其国，笃于礼而薄于利，此霸者之智；遇强晋不避而战胜之，此霸者之勇；悯晋军伤残而留其生路，此霸者之仁。显然，郑之战中的楚庄王符合儒家理想中的贤君，故《春秋》予以褒奖。

礼 运

《礼记》

【题解】

　　《礼记》，又名《小戴礼记》，是战国到秦汉时期礼学资料的汇编，相传为孔子七十子后学和汉代学者所作，与《周礼》、《仪礼》合称"三礼"。《礼记》有《大戴礼记》和《小戴礼记》两种。《大戴礼记》由汉代戴德所传，共八十五篇，今存三十九篇；《小戴礼记》由汉代戴圣所传，共四十九篇，后收入"十三经"，由东汉郑玄作注，唐代孔颖达正义，这就是《礼记正义》，是目前比较通行的注本。《礼记》内容广博，是研究先秦时期社会情况、典章制度和儒家思想的重要资料，其中有记载婚丧祭礼和日常生活的各项礼节条文，如《曲礼》、《檀弓》、《丧服小记》、《少仪》等；有专门解释《仪礼》的，如《冠义》、《昏义》等；有托名孔子言论的，如《仲尼燕居》、《儒行》等；还有反映儒家思想的论述，如《礼运》、《大学》等。《礼记·礼运》篇在《十三经注疏》本《礼记注疏》中分卷二一、卷二二两篇，这里所选的是卷二一的开头部分、卷二二的中间一段。礼运，即礼的运行。关于《礼运》的作者和成书年代，历代众说纷纭。目前一般认为其主体部分由子游记录，大概写于战国初期，又经后人整理成为目前所看到的《礼运》篇。

　　昔者仲尼与于蜡宾[1]，事毕，出游于观之上[2]，喟然而叹。仲尼之叹，盖叹鲁也。言偃在侧[3]，曰："君子何叹？"孔子曰："大道之行也[4]，与三代之英，丘未之逮也，而有志焉。大道之行也，天下为公，选贤与能[5]，讲信修睦[6]。故人不独亲其亲[7]，不独子其子，使老有所终[8]，壮有所用，幼有所长[9]，矜寡孤独废疾者[10]，皆有所养，男有分[11]，女有归。货恶其弃于地也[12]，不必藏于己；力恶其不出于身也，不必为己。是故谋闭而不兴[13]，盗窃乱贼而不作，故外户而不闭[14]，是谓大同[15]。今大道既隐，天下为家[16]。各亲其亲，各子其子，货力为己，大人世及以为礼[17]，城郭沟池以为固[18]，礼义以为纪[19]。以正君臣，以笃父子，以睦兄弟，以和夫妇，以设制度，以立田里[20]，以贤勇知[21]，以功为己。故谋用是作[22]，而兵由此起。禹、汤、文、武、成王、周公[23]，由此其选也。此六君子者，未有不谨于礼者也，以著其义[24]，以考其信，著有过，刑仁讲让[25]，示民有常[26]。如有不由此者[27]，在埶者去，众以为殃。是谓小康[28]。"

《礼记注疏》卷二一

【注释】

[1]昔者仲尼与（yù 预）于蜡（zhà 乍）宾：从前孔子以陪祭者的身份参加蜡祭。与，参加。蜡，古代天子或诸侯年终举行的一种祭祀。宾，陪祭的人。　[2]观（guàn 贯）：宗庙或宫廷门外两旁的高建筑物。　[3]言偃：孔子弟子，姓言，名偃，字子游，吴人。　[4]"大道之行也"四句：意思是大道实行的时代和夏、商、周三代英明之主当政的时代，我都没有赶上，但有书籍记载那时的情况。大道，指五帝时期的治国之道。英，杰出人物。丘，孔子自称。逮，及，赶上。志，记载。一说有志于此，表示心里向往。　[5]与（jǔ 举）：通"举"，推举。　[6]讲信修睦：讲求诚信，相处和睦。　[7]"故人不独亲其亲"二句：所以人们不只是孝敬自己的双亲，不只是抚爱自己的子女。第一个"亲"字，把……当作双亲。第一个"子"字，把……当作子女。　[8]终：终其天年。　[9]长（zhǎng 掌）：成长。　[10]矜（guān 官）：通"鳏"，老而无妻的人。寡：年老无夫的人。孤：年幼丧父的人。独：年老无子女的人。　[11]"男有分（fèn 份）"二句：男子都有自己的职务，女子到了适婚年龄都能出嫁。分，职分。归，出嫁。　[12]"货恶（wù 务）其弃于地也"四句：意思是说对于财货，唯恐它丢弃在地上不被利用，倒不一定自己占有收藏。对于能力，唯恐自己有却没有发挥出来，倒不一定是为自己出力。恶，讨厌，憎恶。　[13]是故谋闭而不兴：因此为非作歹的念头被闭塞而不会发生。闭，杜绝。兴，起。　[14]外户而不闭：从外面把门关上但不用插门闩，意指不用防范别人。　[15]大同：高度的和平。　[16]天下为家：天下是私家的，指把天子之位传给自己的子孙。　[17]大人世及以为礼：天子诸侯世袭相承成为礼制。大人，天子诸侯。世，父子相传。及，兄弟相传。　[18]沟池：指护城河。　[19]纪：纲纪，准则。　[20]立田里：划分田地和住宅。这里指有关田里的制度。　[21]贤勇知（zhì 智）：尊崇勇猛之人和才智之士。贤，尊重，重视。知，同"智"，智

慧。　　[22]谋用是作：谋乱由此而兴起。用，由。是，这。　　[23]"禹、汤、文、武、成王、周公"二句：因此大禹、商汤、文王、武王、成王、周公，就是在这样的时代背景下产生的杰出人物。选，选拔出来的，这里指在这样的环境中产生的杰出人物。　　[24]"以著其义"二句：用礼来彰显道义，成就诚信。著，显露。　　[25]刑仁讲让：把合于仁的行为定为法则，提倡不争。刑，通"型"，把……当作法则。　　[26]常：常法，常规。　　[27]"如有不由此者"三句：如果有不遵守礼义的，即使有权势也会被罢免职务，百姓视之为祸害。埶（shì是），同"势"，权势。　　[28]小康：小安，相对于"大同"而言。

　　（孔子曰）故圣人耐以天下为一家[1]，以中国为一人者，非意之也[2]，必知其情，辟于其义[3]，明于其利，达于其患[4]，然后能为之。何谓人情？喜、怒、哀、惧、爱、恶、欲，七者弗学而能。何谓人义？父慈、子孝、兄良、弟弟[5]、夫义、妇听、长惠[6]、幼顺、君仁、臣忠十者，谓之人义。讲信修睦，谓之人利。争夺相杀，谓之人患。故圣人之所以治人七情，修十义，讲信修睦，尚辞让，去争夺，舍礼何以治之？饮食男女，人之大欲存焉。死亡贫苦，人之大恶存焉。故欲恶者，心之大端也[7]。人藏其心，不可测度也。美恶皆在其心，不见其色也[8]。欲一以穷之[9]，舍礼何以哉？

《礼记注疏》卷二二

【注释】

　　[1]耐（néng　能）：同"能"，能够。　　[2]非意之也：并不是主观臆想。意，揣度，臆想。　　[3]辟：通晓。　　[4]达：通晓，明白。　　[5]第二个"弟（tì　替）"字：同"悌"，敬爱兄长。　　[6]长（zhǎng　掌）惠：年长者关爱年幼者。惠，关爱。与下文"幼顺"相对。　　[7]端：头绪，源头。这里指欲望和憎恶是引发人之七情的根源。　　[8]不见（xiàn　现）其色也：不表现在脸色上。色，脸上的神情、气色。　　[9]欲一以穷之：想用一种方法尽知人心的美恶。穷，穷尽。

【解析】

　　礼乐文化是儒家思想体系的核心，儒家经典的主要内容之一就是倡导以礼治国。那么，"礼"是什么，如何运用到社会治理中？《礼运》篇对此作了一个总结性的回答。本篇节选的内容主要阐释了"礼"的作用及重要性，文章借孔子对子游"喟然而叹"，提出了著名的"大同"、"小康"概念，描绘了两幅美好的社会理想图景。在"天下为公"的"大同"社会，社会秩序主要靠内部的自觉意识维系，但进入到"天下为家"的"小康"社会中，"大道既隐"，社会秩序需要外在的力量来规范，而最根本的约束力量便是"礼"。古代贤明之君以礼为纲纪，知人情，知人义，以此来保持社会的安定、有序。

尽管孔子向往远古公有制的大同社会，但他明白实现大同社会相当困难，只能作为一种理想，"小康"才是他实际追求的目标，这也是孔子一生致力于宣扬礼义的重要原因。

《礼运》中所描绘的"大同"社会，是一个儒家的理想社会，社会治理秩序的最根本特征就是"天下为公"。"天下为公"的字面意义指天下是天下人共有之天下，其思想意义则在后世的理解中不断得到丰富。古代儒家认为大同社会是公天下而不是家天下，政治制度和伦理观念一切为公而不为己；政权传贤不传子，用人选能不任亲，孝慈既行于家，亦推广于社会。这种古代的天下观和大同社会理想，以及公而无私的价值观，为后世儒家所传承，在中国历史上发挥了重要影响，并成为近代中国人推翻君主制、追求共和、向往理想社会的重要理念基础。

《礼运》描述了小康之世的图景，鲜明地提出礼治在实现社会和谐中所起的重要作用。尽管这种和谐是一种等级化的和谐，与当今的人人平等观念有所区别，但它所呈现的儒家的社会政治理想——倡导社会各阶层的人们按照"礼"的规范和谐相处，对当今中国社会的和谐建设具有重要的参照意义。

中　庸

《礼记》

【题解】

关于《中庸》的作者和产生年代，众说纷纭，一般认为是孔子之孙子思所作，成书约在战国初期。《中庸》最初并非独立成篇，原是《礼记》中的第三十一篇。自汉代起，不断有人为它作注解。从唐代开始受到重视，韩愈、李翱为维护道统而推崇《中庸》与《大学》，认为是与《孟子》同样重要的经书。北宋程颢、程颐大力推崇《中庸》，将其视为"孔门传授心法"。南宋朱熹继承二程思想，将《中庸》从《礼记》中抽出来，重新校对章句并作注，将它与《大学》、《论语》、《孟子》并列为"四书"，著成《四书章句集注》，与"五经"处于同等重要的地位。《中庸》比较通行的注本有收入《十三经注疏》的《礼记注疏》和朱熹的《中庸章句》。

何谓"中庸"？代表性的有两种观点，一是认为庸即"用"，中庸就是以中为用，在承认事物两面性的前提下，取其中端，力戒偏颇。如郑玄《三礼目录》："名曰'中庸'者，以其记中和之为用也。庸，用也。"二是认为庸即"常"，如朱熹《中庸章句》："中者，不偏不倚，无过不及之名。庸，平常也。"是讲"中"如何运用在普通的日常生活中。

本文是《中庸》的节选。

天命之谓性[1]，率性之谓道，修道之谓教。道也者，不可须臾离也，可离非道也。是故君子戒慎乎其所不睹[2]，恐惧乎其所不闻。莫见乎隐[3]，莫显乎微，故君子慎其独也[4]。喜怒哀乐之未发谓之中[5]，发而皆中节谓之和[6]。中也者，天下之大本也；和也者，天下之达道也[7]。致中和[8]，天地位焉，万物育焉。

仲尼曰："君子中庸[9]，小人反中庸。君子之中庸也[10]，君子而时中。小人之中庸也[11]，小人而无忌惮也[12]。"

子曰："中庸其至矣乎[13]！民鲜能久矣。"

子曰："道之不行也[14]，我知之矣。知者过之[15]，愚者不及也。道之不明也，我知之矣。贤者过之，不肖者不及也。人莫不饮食也[16]，鲜能知味也。"

子曰："道其不行矣夫。"

子曰："舜其大知也与！舜好问而好察迩言[17]，隐恶而扬善，执其两端[18]，用其中于民，其斯以为舜乎！"

子曰："人皆曰'予知'[19]，驱而纳诸罟擭陷阱之中，而莫之知辟也。人皆曰'予知'，择乎中庸而不能期月守也[20]。"

子曰："回之为人也[21]，择乎中庸，得一善，则拳拳服膺而弗失之矣[22]。"

子曰："天下国家可均也[23]，爵禄可辞也，白刃可蹈也，中庸不可能也。"（以下有省略）

哀公问政。子曰："文、武之政，布在方策[24]，其人存则其政举，其人亡则其政息。人道敏政[25]，地道敏树。夫政也者，蒲卢也[26]。故为政在人，取人以身[27]，修身以道，修道以仁。仁者，人也，亲亲为大；义者，宜也，尊贤为大。亲亲之杀[28]，尊贤之等，礼所生也。在下位不获乎上[29]，民不可得而治矣。故君子不可以不修身，思修身不可以不事亲，思事亲不可以不知人，思知人不可以不知天。天下之达道五，所以行之者三，曰：君臣也，父子也，夫妇也，昆弟也[30]，朋友之交也。五者，天下之达道也。知、仁、勇三者，天下之达德也，所以行之者一也[31]。或生而知之[32]，或学而知之，或困而知之，及其知之一也[33]。或安而行之[34]，或利而行之，或勉强而行之，及其成功一也。"

子曰："好学近乎知，力行近乎仁，知耻近乎勇。知斯三者，则知所以修身；知所以修身，则知所以治人；知所以治人，则知所以治天下国家矣。"凡为天下国家有九经，曰：修身也，尊贤也，亲亲也，敬大臣也，体群臣也[35]，子庶民也[36]，来百工也[37]，柔远人也[38]，怀诸侯也[39]。修身则道立，尊贤则不惑，亲亲则诸父昆弟不怨，敬大臣则不眩[40]，体群臣则士之报礼重[41]，子庶民则百姓劝[42]，来百工则财用足，柔远人则四方归之，怀诸侯则天下畏之。

齐明盛服[43]，非礼不动，所以修身也。去谗远色，贱货而贵德，所以劝贤也[44]。尊其位，重其禄，同其好恶[45]，所以劝亲亲也。官盛任使[46]，所以劝大臣也。忠信重禄，所以劝士也。时使薄敛[47]，所以劝百姓也。日省月试[48]，既廪称事[49]，所以劝百工也。送往迎来，嘉善而矜不能[50]，所以柔远人也。继绝世[51]，举废国[52]，治乱持危[53]，朝聘以时，厚往而薄来，所以怀诸侯也。

凡为天下国家有九经，所以行之者一也。凡事豫则立[54]，不豫则废。言前定则不跲[55]，事前定则不困，行前定则不疚[56]，道前定则不穷。

《礼记注疏》卷五二

【注释】

[1]"天命之谓性"三句：天所赋予人的叫作性，遵循天性而行叫作道，使人修养道叫作教。率，依循。　　[2]"是故君子戒慎乎其所不睹"二句：因此君子在没有人看见的时候也警戒谨慎，在没有人听到的时候也小心畏惧。指时刻谨慎守道。乎，相当于介词"于"，在。　　[3]"莫见（xiàn 现）乎隐"二句：没有比在幽暗处更容易显现的了，没有比在细微的事情上更容易显露的了。指在幽暗之处、细微之事上，都没有离道的表现。莫，没有。见，同"现"。　　[4]慎其独：在独处时也谨慎守道。　　[5]发：产生，生发。　　[6]中（zhòng 仲）节：符合节度。　　[7]达道：通达的道理，公认的准则。　　[8]"致中和"三句：到达中和的境界，天地各安其所，万物生育繁衍。位，得其正位。　　[9]"君子中庸"二句：君子的言行符合中庸之道，小人的言行违反中庸之道。君子，道德品质高尚的人。小人，道德品质低下的人。　　[10]"君子之中庸也"二句：君子之所以能够达到中庸，是因为他们的言行时刻合宜适中。　　[11]小人之中庸也：依陆德明《经典释文》引王肃本，此处应作"小人之反中庸也"。　　[12]无忌惮：无所顾忌和畏惧。　　[13]"中庸其至矣乎"二句：中庸作为一种道德真是至高无上的了，很少有人能长时间地做到这一点。鲜（xiǎn 显），少。一说很少有人能够做到，已经很久了。　　[14]道：指中庸之道。　　[15]知（zhì 智）：同"智"，智慧。　　[16]"人莫不饮食也"二句：人们没有不吃不喝的，但很少有人能够真正品尝辨知滋味。这两句用来比喻中庸之道很难做到。　　[17]好察

迩言：喜欢仔细辨别浅近的话。迩，近。　　[18]"执其两端"三句：大意是说舜能够掌握过和不及的两端，选取适中点，然后施行到民众中，这大概就是舜之所以被称为舜的原因吧。　　[19]"人皆曰'予知'"三句：人人都说"我是明智的"，但在利益的驱使下，像动物一样被驱赶到捕兽的网、木笼和陷阱中，连躲避都不知道。罟（gǔ　古），网。擭（huò　或），装有机关的捕兽木笼。　　[20]期（jī　击）月：一整个月。　　[21]回：颜回，字子渊，春秋末期鲁国人，孔子弟子。　　[22]拳拳服膺（yīng　英）：牢牢记在心中。拳拳，奉持之貌，牢握不舍的样子。膺，胸。　　[23]"天下国家可均也"四句：天下国家可以平治，官爵俸禄可以辞掉，利刃可以踩踏，只有中庸之道是不容易做到的。　　[24]布：公布，记载。方：书写用的木版。策：竹简。　　[25]"人道敏政"二句：治理百姓的方式是努力行政，就如治理土地的方式是努力种植一样。敏，勤勉，努力。树，种植草木。　　[26]蒲卢：即蜾蠃，俗称土蜂（细腰蜂）。古人认为蒲卢不能生子，取桑虫的幼子当作自己的幼子。这里孔子用蒲卢喻政，古代贤君之政不能自举，须待贤君推行，就如蒲卢不能自生，而待桑虫之子。　　[27]取人以身：明君招取贤人，在于自身的品德修养。　　[28]亲亲之杀（shài　晒）：对亲人的亲情有远近亲疏之别。亲亲，第一个"亲"是动词，亲近爱护；第二个"亲"是名词，亲人。杀，等级，差别。　　[29]"在下位不获乎上"二句：这两句是纰误而重出在此。　　[30]昆弟：兄弟。　　[31]一：一致，一样。　　[32]或：有的人。　　[33]及其知之一也：（这几种人当初的情况有差别，）等到他们都知道以后也就一样了。　　[34]安：无所妄求，从容自觉。　　[35]体：体恤，体察。　　[36]子：像对待子女一样地爱护。　　[37]来（lài　赖）：同"勑"，劝勉。　　[38]柔：和好，安抚。　　[39]怀：安抚，抚慰。　　[40]不眩：不迷乱。　　[41]报礼重：以重礼相回报，指能为君死于患难之中。　　[42]劝：努力。　　[43]齐明盛服：穿戴整齐明洁的衣冠。　　[44]劝：勉励，鼓励。　　[45]同其好恶（hàowù　浩务）：对亲人的赏罚原则保持一致。好，这里指奖赏。恶，这里指诛罚。　　[46]官盛任使：设置众多官属以供大臣差遣（，使大臣不亲自做琐事）。盛，多。　　[47]时使薄敛：使用百姓不违农时，薄收赋税。时，适时。　　[48]省（xǐng　醒）：省察，察看。　　[49]既廪（lǐn　凛）称事：使其所得禄粮与其工作相称。既廪，指古代官府所发的给养。既，通"饩（xì戏）"，粮食。　　[50]矜：怜惜，同情。　　[51]继绝世：延续世系已断绝的诸侯国。　　[52]举废国：振兴已废置的诸侯国。　　[53]治乱持危：有乱事的要为之治理，有危难的要加以扶持。　　[54]豫：同"预"，提前作准备。　　[55]跲（jiá莢）：绊倒，窒碍。这里指言语不畅。　　[56]疚：灾祸。

在下位不获乎上，民不可得而治矣。获乎上有道[1]，不信乎朋友，不获乎上矣。信乎朋友有道，不顺乎亲，不信乎朋友矣。顺乎亲有道，反诸身不诚，不顺乎亲矣。诚身有道，不明乎善，不诚乎身矣。诚者，天之道也。诚之者[2]，人之道也。诚者，不勉而中[3]，不思而得，从容中道，圣人也。诚之者，择善而固执之者也[4]。博学之[5]，审问之，慎思之，明辨之，笃行之。有弗学[6]，学之弗能，弗措也。有弗问，问之弗知，弗措也。有弗思，思之弗得，弗措也。有弗辨，辨之弗明，弗措也。有弗行，行之弗笃，弗措也。人一能之[7]，己百之。人十能之，己千之。果能此道矣，虽愚必明，虽柔必强。

自诚明谓之性[8]，自明诚谓之教。诚则明矣，明则诚矣。唯天下至诚[9]，为能尽其性。能尽其性，则能尽人之性。能尽人之性，则能尽物之性。能尽物之性，则可以赞天地之化育[10]。可以赞天地之化育，则可以与天地参矣[11]。

其次致曲[12]，曲能有诚[13]，诚则形，形则著，著则明，明则动，动则变，变则化。唯天下至诚为能化。

至诚之道，可以前知。国家将兴，必有祯祥[14]。国家将亡，必有妖孽[15]。见乎蓍龟[16]，动乎四体。祸福将至，善必先知之，不善必先知之。故至诚如神。

诚者自成也[17]，而道自道也。诚者，物之终始，不诚无物。是故君子诚之为贵。诚者，非自成己而已也，所以成物也。成己，仁也；成物，知也[18]。性之德也，合外内之道也，故时措之宜也[19]。故至诚无息，不息则久，久则征[20]，征则悠远，悠远则博厚，博厚则高明。博厚所以载物也，高明所以覆物也，悠久所以成物也。博厚配地，高明配天，悠久无疆。如此者，不见而章[21]，不动而变，无为而成。天地之道可壹言而尽也[22]，其为物不贰[23]，则其生物不测。天地之道博也，厚也，高也，明也，悠也，久也。（以下有省略）

大哉圣人之道！洋洋乎发育万物，峻极于天[24]。优优大哉[25]！礼仪三百[26]，威仪三千，待其人然后行。故曰："苟不至德[27]，至道不凝焉。"故君子尊德性而道问学[28]，致广大而尽精微，极高明而道中庸，温故而知新，敦厚以崇礼。是故居上不骄，为下不倍[29]。国有道，其言足以兴，国无道，其默足以容[30]。《诗》曰[31]："既明且哲，以保其身。"其此之谓与！

《礼记注疏》卷五三

【注释】

[1]道：途径，方法。　　[2]"诚之者"二句：使自身真诚，是做人的道理。　　[3]不勉而中（zhòng 众）：不用勤勉努力就能合于至善。　　[4]固执：坚定地执行。　　[5]"博学之"五句：广泛地学习，详细地问，慎重地考虑，明确地分辨，踏踏实实地实行。之，指代这几个动作的对象。　　[6]"有弗学"三句：意思是除非不学，学了就不放下。措，废弃，搁置。　　[7]"人一能之"二句：别人学它一次就会，我却学习一百次。意思是要多下功夫。能，完成。　　[8]"自诚明谓之性"二句：由至诚之心而明晓道德，这叫作天性。由于明晓道理而有至诚之心，这叫作教化。自，从，由。　　[9]"唯天下至诚"二句：只有天下至诚之人，才能彻底发挥他的天性。　　[10]赞：辅佐，帮助。　　[11]参：匹配。一说"参"同"三"。　　[12]其次致曲：那些次于圣人的贤人，能够推至细小的事物上。其次，指自明诚者。曲，犹小之事。　　[13]"曲能有诚"七句：在细小的事物上能真诚，真诚就都表现出来，表现出来就会逐渐显著，逐渐显著就会更加昭明，昭明就会感动人心，感动人心就会改变人，改变人就能化恶为善。　　[14]祯（zhēn真）祥：吉祥，这里指吉兆。　　[15]妖孽：灾异，这里指凶兆。　　[16]"见（xiàn 现）乎蓍（shī 尸）龟"二句：意思是说吉凶的征兆都会体现在占筮和占卜的结果上，表现在动作仪态上。见，同"现"。蓍龟，古代用于占卜的蓍草和龟甲。四体，一说是龟之四足。　　[17]"诚者自成也"二句：诚是自我成就完善的，而道是自己履行的。自道（dǎo 导），引导自我通达于道。　　[18]知（zhì 智）：同"智"。　　[19]时措之宜：随时施行都能适宜。　　[20]征：征验，证实。一说"征"为"彻"之字误。　　[21]不见（xiàn 现）而章：不须表现而自然彰显。见，同"现"。章，同"彰"，彰显，昭著。　　[22]可壹言而尽也：可以用一句话来概括。　　[23]不贰：真诚，没有二心。　　[24]峻：高大。　　[25]优优：宽裕之貌。　　[26]"礼仪三百"二句：（圣人制定了）大的礼仪三百之多，具体行事的仪礼三千之多。三百、三千，虚数，指多。　　[27]"苟不至德"二句：如果不是具备最高德行的人，最伟大的道理也就不会形成。凝，凝聚。　　[28]尊德性而道问学：尊崇德性而勤问好学。　　[29]倍：通"背"，背离，背叛。　　[30]其默足以容：他静默自守足以容身自保，免于祸害。其，人称代

词,指贤人。　　[31]"《诗》曰"三句:出自《诗·大雅·烝民》。大意是既明达又智慧,足以保全其身。

【解析】

中庸是儒家思想体系中的重要道德准则,也是儒家所追求的为人处世的最高境界。"中庸"一词始见于《论语·雍也》篇。《礼记·中庸》篇是对《论语》以来的中庸思想所进行的最为系统的阐发,主要阐释了两个问题,一是何谓中庸,一是中庸的核心思想是什么。

什么是中庸?中庸即中和、时中、无过无不及,就是在思考问题或为人处世时,要做到恰到好处,合时宜。偏离中庸就会走极端,孔子把超过了"中",称为"过",把达不到"中",称为"不及"。中庸的哲学意义就是在承认事物存在两面性的前提下,随时折中、平衡,力戒偏颇。

中庸的核心思想是"诚"。什么是"诚"?"诚"就是真实无妄。"诚"有天道、人道之别,"诚者,天之道也。诚之者,人之道也"。天道的关键在于"诚",而人道的终极目标则是对"诚"的追求。如何达到"诚"?《中庸》提出要明善,要择善而固执之,并且要终生渐积。

"诚"是中国传统哲学中重要的思想范畴,具有本体论、道德论的双重文化内涵。在思想史上,《中庸》是第一部对"诚"进行了深入系统阐释的儒家经典。《中庸》中的"诚"将天(自诚明)与人(自明诚)连接起来,成为天人合一的枢纽。同时,它既是道德本体,也是道德实践,对君子提出了内在修为与外在践行相互合一的高要求;它既是个体自身的修养,也是人际关系充分协调的原则。

《中庸》因其内涵的丰富性和哲理的思辨性,成为"四书"中最难理解而争议最多的一部书,曾经被扣上各种帽子不断遭受误读与扭曲。但其实拨开《中庸》神秘的面纱,里面蕴含着极其朴实的道理。如本篇选文以"诚"贯穿全文,其实内涵在于强调人的道德修养。文中提出君子要"素其位而行",就是提倡得其分、安其位,不做好高骛远之事;提出"言顾行,行顾言",就是要求言行一致、表里如一;提出"人一能之,己百之。人十能之,己千之",强调人的坚持不懈、自强奋斗;提出"诚者,非自成己而已也,所以成物也。

成己，仁也；成物，知也。性之德也，合外内之道也"，认为自我完善后的真正目的在于兼善天下，将道德修养提升到了儒家兼济天下思想的最高境界，也为世人展示了积极的人生意义。

《中庸》的这些理念都成为鞭策人们修身养性、完善自我的思想圭臬，中山大学的校训"博学、审问、慎思、明辨、笃行"，就是来自本篇。这些思想内化为人们的言行规范，无形中推动了社会主义精神文明建设的进程。

大 学

《礼记》

【题解】

关于《大学》的作者及产生年代，主要有两种不同的说法。一种认为《大学》是儒家的政治哲学，产生于春秋战国时期，为孔子弟子曾子所作；另一种则认为《大学》产生于两汉时期，作者不可考。现在一般认为《大学》为曾子所作。《大学》自唐代以后逐渐受到重视。北宋理学家程颢、程颐对《大学》格外推崇，南宋朱熹继承二程思想，将其列为"四书"之首。《大学》通行的版本有两种，一为《十三经注疏》本《礼记注疏》，一为朱熹《大学章句》本。朱熹注本将《大学》重新编次，分为经、传两部分，阐述章旨，并按照自己的见解补编了"格物传"一章。何谓"大学"？郑玄《礼记目录》说："名曰'大学'者，以记其博学可以为政矣。"可见"大学"是使学问广大之意。而朱熹《大学章句序》则说："《大学》之书，古之大学所以教人之法也。"认为《大学》得名于"大学"，古代贵族子弟十五入大学，《大学》是对他们进行"穷理正心、修己治人"教育的教学方法。

大学之道，在明明德[1]，在亲民[2]，在止于至善[3]。知止而后有定[4]，定而后能静，静而后能安，安而后能虑，虑而后能得[5]。物有本末，事有终始，知所先后，则近道矣。

古之欲明明德于天下者[6]，先治其国。欲治其国者，先齐其家。欲齐其家者，先修其身。欲修其身者，先正其心。欲正其心者，先诚其意[7]。欲诚其意者，先致其知[8]，致知在格物[9]。物格而后知至，知至而后意诚，意诚而后心正，心正而后身修，身修而后家齐，家齐而后国治，国治而后天下平。自天子以至于庶人，壹是皆以修身为本[10]。其本乱而末治者[11]，否矣。其所厚者薄[12]，而其所薄者厚，未之有也。此谓知本，此谓知之至也[13]。

所谓诚其意者，毋自欺也。如恶恶臭[14]，如好好色[15]，此之谓自谦[16]。故君子必慎其独也[17]。小人闲居为不善[18]，无所不至，见君子而后厌然[19]，揜其不善[20]，而著其善。人之视己，如见其肺肝然[21]，则何益矣。此谓诚于中，形于外，故君子必慎其独也。曾子曰[22]："十目所视，十手所指，其严乎！"富润屋，德润身，心广体胖[23]，故君子必诚其意。

《诗》云："瞻彼淇澳[24]，菉竹猗猗。有斐君子，如切如磋，如琢如磨。瑟兮僴兮，赫兮喧兮。有斐君子，终不可諠兮。"如切如磋者，道学也[25]。如琢如磨者，自修也。瑟兮僴兮者，恂栗也[26]。赫兮喧兮者，威仪也。有斐君子，终不可諠兮者，道盛德至善，民之不能忘也。《诗》云："於戏[27]！前王不忘。"君子贤其贤而亲其亲[28]，小人乐其乐而利其利[29]，此以没世不忘也[30]。《康诰》曰[31]："克明德[32]。"《大甲》曰："顾諟天之明命[33]。"《帝典》曰："克明峻德[34]。"皆自明也。汤之《盘铭》曰[35]："苟日新[36]，日日新，又日新。"《康诰》曰："作新民[37]。"《诗》曰："周虽旧邦[38]，其命惟新。"是故君子无所不用其极[39]。《诗》云："邦畿千里[40]，惟民所止。"《诗》云："缗蛮黄鸟[41]，止于丘隅。"子曰："于止[42]，知其所止，可以人而不如鸟乎？"《诗》云："穆穆文王[43]，於缉熙敬止。"为人君止于仁，为人臣止于敬，为人子止于孝，为人父止于慈，与国人交止于信。子曰："听讼[44]，吾犹人也，必也使无讼乎！"无情者不得尽其辞[45]，大畏民志[46]，此谓知本。

所谓修身在正其心者，身有所忿懥则不得其正[47]，有所恐惧则不得其正，有所好乐则不得其正[48]，有所忧患则不得其正。心不在焉，视而不见，听而不闻，食而不知其味，此谓修身在正其心。

所谓齐其家在修其身者，人之其所亲爱而辟焉[49]，之其所贱恶而辟焉，之其所畏敬而辟焉，之其所哀矜而辟焉[50]，之其所敖惰而辟焉[51]。故好而知其恶[52]，恶而知其美者，天下鲜矣。故谚有之曰："人莫知其子之恶，莫知其苗之硕。"此谓身不修，不可以齐其家。

所谓治国必先齐其家者，其家不可教而能教人者，无之。故君子不出家而成教于国。孝者，所以事君也；弟者[53]，所以事长也；慈者[54]，所以使众也。《康诰》曰："如保赤子[55]。"心诚求之，虽不中[56]，不远矣。未有学养子而后嫁者也。一家仁，一国兴仁；一家让，一国兴让；一人贪戾[57]，一国作乱。其机如此[58]。此谓一言偾事[59]，一人定国。尧舜率天下以仁，而民从之；桀纣率天下以暴，而民从之。其所令反其所好[60]，而民不从。是故君子有诸己而后求诸人[61]，无诸己而后非诸人。所藏乎身不恕[62]，而能喻诸人者[63]，未之有也。故治国在齐其家。《诗》云："桃之夭夭[64]，其叶蓁蓁，之子于归，宜其家人。"宜其家人而后可以教国人。《诗》云："宜兄宜弟[65]。"宜兄宜弟而后可以教国人。《诗》云："其仪不忒[66]，正是四国。"其为父子兄弟足法[67]，而后民法之也。此谓治国在齐其家。

所谓平天下在治其国者，上老老而民兴孝[68]，上长长而民兴弟[69]，上恤孤而民不倍，是以君子有絜矩之道也[70]。所恶于上毋以使下[71]，所恶于下毋以事上，所恶于前毋以先后，所恶于后毋以从前，所恶于右毋以交于左，所恶于左毋以交于右，此之谓絜矩之道。《诗》云："乐只君子[72]，民之父母。"民之所好好之[73]，民之所恶恶之，此之谓民之父母。《诗》云："节彼南山[74]，维石岩岩。赫赫师尹，民具尔瞻。"有国者不可以不慎，辟则为天下僇矣[75]。《诗》云："殷之未丧师[76]，克配上帝。仪监于殷，峻命不易。"道得众则得国，失众则失国。

是故君子先慎乎德，有德此有人[77]，有人此有土，有土此有财，有财此有用。德者本也，财者末也。外本内末，争民施夺[78]。是故财聚则民散，财散则民聚。是故言悖而出者亦悖而入[79]，货悖而入者亦悖而出。《康诰》曰："惟命不于常[80]。"道善则得之，不善则失之矣。《楚书》曰[81]："楚国无以为宝，惟善以为宝。"舅犯曰[82]："亡人无以为宝[83]，仁亲以为宝。"《秦誓》曰[84]："若有一个臣[85]，断断兮无他技[86]，其心休休焉[87]，其如有容焉。人之有技，若己有之。人之彦圣[88]，其心好之，不啻若自其口出[89]，实能容之，以能保我子孙黎民，尚亦有利哉！人之有技，媚嫉以恶之[90]。人之彦圣，而违之俾不通[91]，实不能容，以不能保我子孙黎民，亦曰殆哉！"唯仁人放流之[92]，迸诸四夷，不与同中国。此谓唯仁人为能爱人，能恶人。见贤而不能举，举而不能先，命也[93]。见不善而不能退，退而不能远，过也。好人之所恶[94]，恶人之所好，是谓拂人之性[95]，菑必逮夫身[96]。是故君子有大道，必忠信以得之，骄泰以失之[97]。生财有大道，生之者众，食之者寡，为之者疾[98]，用之者舒，则财恒足矣。仁者以财发身，不仁者以身发财。未有上好仁而下不好义者也，未有好义其事不终者也，未有府库财非其财者也[99]。孟献子曰[100]："畜马乘不察于鸡豚[101]，伐冰之家不畜牛羊[102]，百乘之家不畜聚敛之臣[103]。与其有聚敛之臣[104]，宁有盗臣。"此谓国不以利为利，以义为利也。长国家而务财用者[105]，必自小人矣。彼为善之[106]，小人之使为国家，菑害并至，虽有善者，亦无如之何矣[107]。此谓国不以利为利，以义为利也。

《礼记注疏》卷六○

【注释】

[1]明明德：彰显人光明的德行。第一个"明"，彰明。第二个"明"，光明，明亮。　[2]亲民：亲爱人民。一说"亲"当为"新"，使人自新，见朱熹《大学章句》。　[3]止于至善：达到最美善的境界。至，最。　[4]知止而后有定：知道应该达到的目标后才能有确定的志向。　[5]得：指得其所止，也就是达于至善。　[6]古之欲明明德于天下者：古代想把内心美好德行推广到天下的人。　[7]诚其意：使自己的意念真实。诚，实。　[8]致其知：获得知识。　[9]格物：推究事物的原理。格，穷究。　[10]壹是：一切，全部。　[11]本乱：指不修身。末治：指国家治理得井井有条。　[12]"其所厚者薄"三句：对应当厚待的对象却用力薄，而该用力薄的却用力厚，（如此想达到治国、平天下的目的，）还没有过这样的事。　[13]知之至：学习知识的最高境界。至，极。　[14]恶恶臭（xiù 秀）：厌恶难闻的气味。前"恶"读wù（务），后"恶"读è（饿）。臭，同"嗅"。　[15]好好色：喜欢美色。前"好"读hào（浩），后"好"读hǎo（郝）。　[16]谦：通"慊（qiè 妾）"，满足。　[17]慎其独：在独处时也谨慎守道。　[18]闲居：独处。　[19]厌（yǎn 掩）然：掩饰躲藏的样子。　[20]"揜（yǎn 掩）其不善"二句：掩藏自己不好的行径，而彰显自己好的地方。揜，遮掩。　[21]如见其肺肝然：（别人看自己）好像能看见自己的肺和肝一样。意指做了坏事是遮掩不住的。　[22]"曾子曰"四句：曾子说过："（独处的时候）就像有好多只眼睛盯着你，好多双手指着你，多么让人畏惧呀！"十目、十手，均为虚指，这里指众多。　[23]心广体胖（pán 盘）：人的

心胸宽广，身体才能舒适安泰。胖，宽舒。 [24]"瞻彼淇澳(yù 玉)"九句：引自《诗·卫风·淇澳》。淇，淇水。澳，指水岸深曲之处。菉(lù 录)竹，草名。猗(yī 依)猗，茂盛的样子。斐，有文采。如切如磋，如琢如磨，指君子无论在学问还是品行上都追求精益求精。切、磋、琢、磨，分别指的是古代把骨头、象牙、玉、石头加工成器物。瑟，庄严的样子。僩(xiàn 线)，心胸开阔的样子。赫，明亮的样子。喧，显赫的样子。諠(xuān 宣)，同"谖"，忘记。 [25]道学：说的是研讨学问。下文"道盛德至善"仿此。 [26]恂(xún 寻)栗：内心谨慎而有所戒惧。 [27]"於戏(wūhū 呜呼)"二句：引自《诗·周颂·烈文》。赞美前代君王德不可忘。於戏，叹词，即呜呼。前王，指周武王。 [28]君子贤其贤而亲其亲：继位的君子尊重前代君王的贤德，亲近前代君王的族亲。 [29]小人乐其乐而利其利：百姓乐于享受前代君王所创造的欢乐和利益。意指百姓因此不忘前代君王。 [30]没(mò 莫)世：终身，永远。 [31]《康诰(gào 告)》曰：《康诰》及下文的《大(tài 太)甲》、《帝典》都是《尚书》篇名。《帝典》即《尧典》。 [32]克明德：能彰显美好的德行。克，能够。 [33]顾諟(shì 是)天之明命：时刻顾念上帝英明的命令。諟，通"是"，此，这。 [34]峻德：大德。 [35]汤之《盘铭》：商王成汤沐浴之盘，上面刻有警戒自己的文辞。 [36]"苟日新"三句：假如今日更新自身，那么就要天天更新，每天更新。 [37]作新民：重新改造殷民。指周公以殷商徐民封康叔，望殷人剔除商纣时代的恶俗，改过自新。 [38]"周虽旧邦"二句：引自《诗·大雅·文王》。意思是周虽然是旧有的诸侯邦国，但它承受天命，不断自新。 [39]无所不用其极：没有一个地方不竭尽全力。极，尽。 [40]"邦畿(jī 击)千里"二句：引自《诗·商颂·玄鸟》。意思是殷商方圆千里，人民因君主贤德选择居住在这里。邦畿，王都。 [41]"缗(mián 棉)蛮黄鸟"二句：引自《诗·小雅·绵蛮》。缗蛮，小鸟貌。缗，通"绵"。丘隅，山丘。 [42]"于止"三句：大意是黄鸟尚且知道选择该栖息的地方，人难道还不如鸟吗？此处指人应当择礼义乐土而居。 [43]"穆穆文王"二句：引自《诗·大雅·文王》。大意是端庄谦恭的周文王，不断走向光明，敬其所处的位置。穆穆，庄严和善的样子。缉，继续。熙，光明。 [44]"听讼"三句：语出《论语·颜渊》。大意是审理案件我和别人一样，一定要使人们之间没有争执。听，审理。讼，案件。 [45]无情者不得尽其辞：没有实情的人不能够肆意编造谎言。情，实情。 [46]畏：使敬畏。 [47]忿懥(zhì 至)：生气，怨恨。 [48]好乐(hàoyào 浩药)：喜欢。 [49]人之其所亲爱而辟焉：意思是（不能修身的）人对于所亲爱的人难免偏爱。辟，通"僻"，偏见，偏差。 [50]哀矜：哀怜，怜悯。 [51]敖惰：傲慢怠惰。敖，同"傲"。 [52]"故好(hào 浩)而知其恶"三句：因此喜欢某一事物但还能看到它的缺点，厌恶某一事物但还能看到它的优点，这样的人已经很少了。　　[53]弟（tì 替）：同"悌"，敬爱兄长。　　[54]"慈者"二句：慈爱子女的感情，可以用来对待民众。　　[55]如保赤子：（对待民众）如同爱护婴儿。保，养育。　　[56]中（zhòng 仲）：符合。　　[57]贪戾：贪婪暴戾。　　[58]机：关键。　　[59]偾（fèn 奋）事：败坏事情。　　[60]"其所令反其所好"二句：君王颁布的命令与自己的喜好相反，百姓是不会遵从的。　　[61]"君子有诸己而后求诸人"二句：君子自己有了美好德行之后才会要求别人，自己没有不良恶习之后才会指责他人。诸，相当于"之于"。非，指责。　　[62]恕：宽恕，指推己及人之道。　　[63]喻：使明白。　　[64]"桃之夭夭"四句：引自《诗·周南·桃夭》。意思是桃花娇艳美好，枝叶繁茂，这个女子就要出嫁了，她一定能使夫家美满和睦。夭夭，少壮美盛的样子。蓁（zhēn 贞）蓁，草木茂盛的样子。之子，这个女子。归，嫁。　　[65]宜兄宜弟：引自《诗·小雅·蓼萧》。这是一首赞美周成王的诗，因其有德，宜为人兄，宜为人弟。　　[66]"其仪不忒（tè 特）"二句：引自《诗·曹风·鸤鸠》。意思是君子容貌举止庄重严肃，能够成为四方国家的表率。忒，差错。　　[67]足法：足以为人们所效法。　　[68]老老：尊敬老人。　　[69]长长：敬重兄长。　　[70]絜（xié 偕）矩之道：用同样的尺度衡量他人与自己，指以推己及人为准则的道德规范。絜，指用绳子量围长。矩，画直角或方形用的曲尺。　　[71]所恶于上毋以使下：凡是上面的人为我所厌恶的态度，我不会用它对待下面的人。下面几句意思与此相仿。　　[72]"乐只君子"二句：引自《诗·小雅·南山有台》。只，语气词。　　[73]"民之所好（hào 浩）好（hào 浩）之"二句：百姓喜欢的就喜欢，百姓厌恶的就厌恶。　　[74]"节彼南山"四句：引自《诗·小雅·节南山》。意思是雄伟高大的南山，山崖险峻。权势显赫的太师伊尹，民众都仰望着你。节，高峻的样子。岩岩，岩石层叠高峻的样子。赫赫，显盛。师尹，周幽王太师尹氏。　　[75]辟：通"僻"，偏差，这里指偏离正道。僇（lù 路）：通"戮"，杀。　　[76]"殷之未丧师"四句：引自《诗·大雅·文王》。意思是殷朝还没有丧失民心的时候，能够得到上天的保佑；应当借鉴殷朝兴亡的经验教训，永保天命并非易事。师，众人。克，能。仪，通"宜"。监，借鉴。峻，大。　　[77]此：乃，才。下同。　　[78]争民施夺：争民利夺民财。　　[79]"是故言悖而出者亦悖而入"二句：大意是说君王颁布的政教悖逆人心，民众也会违抗君命；君王悖逆人心厚敛财货，财货也悖逆君心不能长久。　　[80]惟命不于常：天命不是永恒的。　　[81]《楚书》：指《国语》中的《楚语》。　　[82]舅犯：即狐偃，字子犯，晋文公重耳之舅。　　[83]亡人：流亡在外的人。　　[84]《秦誓》：《尚书》篇名。　　[85]个：一本作"介"。　　[86]断断：诚实专一的样子。　　[87]"其心休休焉”二句：心地宽厚，能够容人容物。休休，宽容好善的样子。　　[88]彦圣：道德高尚。　　[89]不啻（chì　赤）若自其口出：（喜好别人）不只体现在语言上。啻，仅仅，只。　　[90]媢（mào　冒）嫉：嫉妒。　　[91]违之俾（bǐ　笔）不通：打击他人，使其不被重用。俾，使。通，指不通于国君，即不被重用。　　[92]“唯仁人放流之”三句：只有仁人能够放逐这些嫉妒贤才之辈，将他们驱逐到四方蛮夷之地，不与他们同住在中原地区。迸（bǐng　丙），通“屏”，排除。中国，中原地区。　　[93]命：当为“慢”字，轻慢。　　[94]“好（hào　浩）人之所恶（wù　务）”二句：喜欢人们所厌恶的，厌恶人们所喜欢的。　　[95]拂：逆，违背。　　[96]菑（zāi　灾）：通“灾”。逮：及。　　[97]骄泰：骄纵，傲慢。　　[98]“为之者疾”二句：创造财富迅速，消费财富缓慢。舒，缓慢。　　[99]未有府库财非其财者也：没有（臣民爱好道义）而国库里的财货竟不属于国家所有的。　　[100]孟献子：春秋时期鲁国大夫，仲孙氏，名蔑，谥号曰献。　　[101]畜（xù　序）马乘（shèng　剩）不察于鸡豚：喂养四匹马的大夫，就不管喂鸡养猪的事情了。畜，饲养。乘，四匹为一乘。古时由士初为大夫的人才能使用一乘。　　[102]伐冰之家：指卿大夫以上之家。古时只有卿大夫以上等级的，在举行丧祭的时候才能使用冰块。　　[103]百乘之家：拥有百乘车马的公卿之家（即有采地者）。　　[104]“与其有聚敛之臣”二句：与其有聚敛财富的家臣，还不如有盗窃主人财物的臣属。　　[105]长国家：统治国家。长，做……首领。　　[106]彼为善之：（如果）君王赞赏这些小人。彼，指国君。　　[107]无如之何：不知道该怎么办。

【解析】

　　《大学》在儒家文化的传承中占有重要地位。文章通篇阐述“修己治人”之道，基本内容可概括为“三纲领”和“八条目”。三纲领为“明明德”、“亲民”、“止于至善”。八条目为“格物”、“致知”、“诚意”、“正心”、“修身”、“齐家”、“治国”、“平天下”。八条目是对三纲领的具体展开和说明。三纲领中“明明德”指君子的道德修养，它是一切行为的根基；“亲民”是儒家强烈社会责任感和担当的体现；而“止于至善”则是最终所要达到的理想境界。八条目以“修身”为核心，“格物”、“致知”、“诚意”、“正心”都是“修身”的具体步骤，“齐家”、“治国”、“平天下”则是“修身”的自然结果和外化。因此，在儒家的思想体系中，“修己”和“治人”是教育与政治相结合的完整形态，也是推己及人的一个过程。

　　《大学》篇蕴含着儒家深邃的政治道理，强调为政在人，而人的根本在于德，德是政治运作的基础。而德的完善、扩充都需要人的自我修养，德是修身更为具体的层面，构成了修身的内涵。因此全篇谈论最多的就是修身。《大学》对德的要求有两方面，一方面是对自身的要求，如"明明德"、"君子先慎乎德"，另一方面是指对待他人时所体现的德，如"仁"、"义"、"让"等。因此它所建设的是社会中人与人之间的关系，文中所提出的"恕道"、"絜矩之道"，都在阐释以己及人，客观、公正地对待自己和周围的人，使家庭、社会各阶层的关系都能处于和睦的状态。儒家所提出的这种和谐社会理想，体现了崇尚和谐共处的中华民族精神，对于今人构建社会主义和谐社会仍有借鉴价值。此外，在德、财的关系上，德是精神性的，财是物质性的，《大学》提出"德者本也，财者末也"，深刻体现了中华民族的精神意向。

　　《大学》篇也详尽阐释了个人修养的具体途径和方法，其中提出的诚意、正心、慎独等要求，对世人无不具有警示意义。

察　今

《吕氏春秋》

【题解】

战国晚期，秦相吕不韦（？—前235）组织门客编成《吕氏春秋》二十六卷。《吕氏春秋》又名《吕览》，其成书约在秦王政（始皇帝）八年（前239）。全书分十二纪、八览、六论，共一百六十篇，约二十馀万言。全书篇章划分十分整齐，结构上组合成一个所谓"法天地"的完整体系。十二纪按照一年十二个月的顺序排列，是时间的纵向流程。八览是由八方、八极等观念而来的，是空间的横向划分。六论缘于六亲、六义等人间事象。《吕氏春秋》博采先秦诸子各派学说，目的是为秦国统一天下、治理国家提供思想武器。本文选自卷一五《慎大览》中的第八篇。题目"察今"的意思是制定法令制度必须考察当今的实际情况，即"察今变法"。

八曰：上胡不法先王之法[1]？非不贤也，为其不可得而法[2]。先王之法，经乎上世而来者也，人或益之，人或损之，胡可得而法？虽人弗损益，犹若不可得而法[3]。东夏之命[4]，古今之法，言异而典殊[5]。故古之命多不通乎今之言者，今之法多不合乎古之法者。殊俗之民，有似于此。其所为欲同[6]，其所为异。口惛之命不愉[7]，若舟车衣冠滋味声色之不同。人以自是，反以相诽。天下之学者多辩，言利辞倒[8]，不求其实，务以相毁，以胜为故[9]。先王之法，胡可得而法？虽可得，犹若不可法。

凡先王之法，有要于时也[10]。时不与法俱至，法虽今而至，犹若不可法。故择先王之成法[11]，而法其所以为法[12]。先王之所以为法者，何也？先王之所以为法者，人也，而己亦人也。故察己则可以知人，察今则可以知古。古今一也，人与我同耳。有道之士，贵以近知远，以今知古，以益所见[13]，知所不见。故审堂下之阴[14]，而知日月之行，阴阳之变；见瓶水之冰，而知天下之寒，<u>鱼鳖</u>之藏也；尝一脟肉[15]，而知一镬之味[16]，一鼎之调[17]。

荆人欲袭宋，使人先表澭水[18]。澭水暴益[19]，荆人弗知，循表而夜涉，溺死者千有馀人，军惊而坏都舍[20]。向其先表之时可导也[21]，今水已变而益多矣，荆人尚犹循表而导之，此其所以败也。今世之主，法先王之法也，有似于此。其时已与先王之法亏矣[22]，而曰此先王之法也，而法之以为治，岂不悲哉？

故治国无法则乱，守法而弗变则悖，悖乱不可以持国。世易时移，变法宜矣。譬之若良医，病万变，药亦万变。病变而药不变，向之寿民[23]，今为殇子矣[24]。故凡举事必循法以动，变法者因时而化，若此论则无过务矣[25]。

夫不敢议法者，众庶也[26]；以死守者[27]，有司也[28]；因时变法者，贤主也。是故有天下七十一圣[29]，其法皆不同。非务相反也，时势异也。故曰良剑期乎断，不期乎镆铘[30]；良马期乎千里，不期乎骥骜[31]。夫成功名者，此先王之千里也。

楚人有涉江者，其剑自舟中坠于水，遽契其舟[32]，曰：“是吾剑之所从坠[33]。”舟止，从其所契者入水求之。舟已行矣，而剑不行，求剑若此，不亦惑乎？以此故法为其国，与此同。时已徙矣，而法不徙，以此为治，岂不难哉？

有过于江上者，见人方引婴儿而欲投之江中，婴儿啼。人问其故，曰：“此其父善游。”其父虽善游，其子岂遽善游哉？此任物[34]，亦必悖矣。荆国之为政，有似于此。

《吕氏春秋》卷一五

【注释】

[1]上：国君。胡：何，为什么。前“法”：取法，效法。后“法”：法令，法度。　[2]不可得：不可能。　[3]犹若：仍然，还是。　[4]东：指东夷，东方少数民族。夏：指华夏，中原各国。命：名，指事物的名称。　[5]典：典章制度。　[6]其所为欲同：“为”为衍文。　[7]口惛（hūn 昏）之命不愉：各地方言的发音不同，难于通晓。口惛，指方言。一说“惛”通“吻”。愉，通“谕”，通晓。　[8]言利辞倒：言语犀利，颠倒是非。　[9]故：事。　[10]要于时：成

于时，切合时代的需要。要，成。　　[11]择：通"释"，放弃，丢开。　　[12]所以为法：用来制定法令的依据。　　[13]"以益所见"二句：是说以其所见推知所不见。一说"益"即"盖"字之误，"以益"当作"盖以"。　　[14]阴：指日月的影子。　　[15]一脟(luán 栾)肉：一块肉。脟，通"脔"，切成块状的肉。　　[16]镬(huò 货)：无足的鼎。与下文的"鼎"，都是古代的煮肉器具。　　[17]调(tiáo 条)：调和，这里指调味。　　[18]表：做标记。下文"循表"中的"表"指标记。澭水：也作"灉水"，其故道为黄河所淤塞，已无遗迹可寻，当在今河南境内。　　[19]暴：突然。益：水漫外溢，这个意义后来写作"溢"。　　[20]都舍：大房子。　　[21]向：从前。可导：指可以顺着标记渡过去。　　[22]亏：通"诡"，差异。　　[23]寿民：长寿的人。　　[24]殇(shāng 伤)子：未成年而死的孩子。　　[25]无过务：无错事。务，事。　　[26]众庶：指百姓。庶，众。　　[27]以死守者：一说"守"下当有"法"字。　　[28]有司：指各级官吏。　　[29]七十一圣：指古代的圣贤君主。言其数之多，非实指。　　[30]镆铘(mòyé 莫爷)：宝剑名。　　[31]骥(jì 记)骜(áo 熬)：二者皆千里马之名。　　[32]契：刻。　　[33]所从坠：从这里坠落。　　[34]任物：对待事物。任，审查。

【解析】

　　《察今》首先设问："上胡不法先王之法？"然后自答其问，指出先王之法虽好，但它是根据当时的社会现实制定的，只适合先王之世。时至今日，不但法令条文有增补删减，更重要的是客观的现实形势已发生变化，因此后世立法治国，不能沿袭先王成法，唯一值得效法的是先王立法的精神，即"法其所以为法"。这就抓住了问题的要害与本质。既然不能墨守成规，那当然就要因时变法了。接下来再设一问："先王之所以为法者，何也？"强调先王立法的依据是"人"，出发点是人而不是古代的成法。因此，当今之人亦应从当今的实际出发，以此作为立法的根据。经过前面的论述推导，然后正面提出了"察今"是为了"变法"，而"变法"又必须"察今"，"故察己则可以知人，察今则可以知古"的题意。为了使论点更加明确和形象，文章又用"循表夜涉"、"刻舟求剑"和"引婴投江"三个寓言故事，以画龙点睛式的笔法，嘲讽治国者不知审时度势、固守旧法的迂腐愚昧，从而深化了顺应时势、法与时变的论题。

上古天真论

《黄帝内经》

【题解】

《黄帝内经》是我国最早的医学典籍之一，居传统医学四大经典之首（其馀三者为《难经》、《伤寒杂病论》、《神农本草经》），相传为黄帝所作，被称为医之始祖。但后世多认为该书是由中国历代黄老医家传承增补并发展创作而成，最终成型于西汉，作者亦非一人。

《黄帝内经》理论体系博大精深，其中包含"阴阳五行学说"、"藏象学说"、"病因学说"、"养生学说"、"药物治疗学说"、"经络治疗学说"等中医学基础理论。这些理论彼此存在严密的逻辑关系，共同建构了较为完备的传统医学理论及治疗实践模式体系。

《黄帝内经》分《灵枢》、《素问》两部分，共一百六十二篇。其中《素问》共二十四卷八十一篇，主要通过黄帝与岐伯等人的"对问"来阐释医理。"素"可解释为本，"问"是指黄帝问于医学先知——岐伯。《素问》保存了先秦时期《揆度》、《医经》、《上经》、《下经》、《金匮》等二十多本古医书的经典理论，重点论述了脏腑、经络、病因、病机、病证、诊法、治疗原则以及针灸等内容，为后来中医理论的发展、创新奠定了基础。

《素问》之名最早见于张仲景《伤寒杂病论》序，其注本最早为隋代全元起注本，但宋以后便亡佚了。现存版本中较为完善者是唐代王冰注本，后经宋代林亿校正，孙兆改误，称《重广补注黄帝内经素问》。卷一《上古天真论》专论养生，主要阐述上古之人如何保养先天真气而延年益寿。本文为节选。

昔在黄帝[1]，生而神灵，弱而能言，幼而徇齐[2]，长而敦敏[3]，成而登天[4]。乃问于天师曰[5]：余闻上古之人，春秋皆度百岁[6]，而动作不衰。今时之人，年半百而动作皆衰者，时世异耶？人将失之耶[7]？

岐伯对曰：上古之人，其知道者[8]，法于阴阳[9]，和于术数[10]，食饮有节，起居有常，不妄作劳[11]，故能形与神俱[12]，而尽终其天年[13]，度百岁乃去。今时之人不然也，以酒为浆[14]，以妄为常[15]，醉以入房[16]，以欲竭其精，以耗散其真[17]，不知持满[18]，不时御神[19]。务快其心，逆于生乐[20]，起居无节[21]，故半百而衰也。

夫上古圣人之教下也，皆谓之虚邪贼风[22]，避之有时[23]，恬惔虚无[24]，真气从之[25]，精神内守[26]，病安从来[27]？是以志闲而少欲，心安而不惧，形劳而不倦，气从以顺，各从其欲，皆得所愿。故美其食[28]，任其服，乐其俗，高下不相慕，其民故曰朴。是以嗜欲不能劳其目[29]，淫邪不能惑其心，愚智贤不肖，不惧于物，故合于道。所以能年皆度百岁而动作不衰者，以其德全不危也[30]。

黄帝曰：余闻上古有真人者[31]，提挈天地，把握阴阳，呼吸精气，独立守神，肌肉若一，故能寿敝天地，无有终时，此其道生。中古之时，有至人者[32]，淳德全道[33]，和于阴阳，调于四时，去世离俗，积精全神[34]，游行天地之间，视听八达之外[35]。此盖益其寿命而强者也，亦归于真人。其次有圣人者，处天地之和，从八风之理[36]，适嗜欲于世俗之间，无恚嗔之心[37]，行不欲离于世，被服章[38]，举不欲观于俗[39]，外不劳形于事[40]，内无思想之患，以恬愉为务[41]，以自得为功，形体不敝，精神不散，亦可以百数。其次有贤人者，法则天地[42]，象似日月，辩列星辰，逆从阴阳，分别四时，将从上古[43]，合同于道，亦可使益寿而有极时。

《黄帝内经素问》卷一

【注释】

[1]黄帝：古华夏部落联盟首领，中国远古时代华夏民族的共主，传说中的五帝之一。他是有熊国君少典与附宝之子，本姓公孙，后改姬姓，故称姬轩辕。居轩辕之丘，号轩辕氏，建都于有熊，亦称有熊氏。史载黄帝因有土德之瑞，故号黄帝。黄帝以统一华夏部落与征服东夷、九黎族而统一中华的伟绩载入史册。黄帝被尊为中华"人文初祖"。他在位期间，播百谷草木，大力发展生产，始制衣冠、建舟车、制音律、创医学等。见《史记·五帝本纪》。　　[2]徇（xùn　迅）齐：非常聪明、敏慧。徇，通"迅"，疾速，引申指敏慧。　　[3]敦敏：诚信敏达。　　[4]登

天：指登帝位，为天子。　　[5]天师：古代称有道术的人，这里指岐伯。中国上古时期最有声望的医学家，后世尊称为"华夏中医始祖"、"医圣"。今传《素问》基本上是黄帝询问，岐伯作答，以阐述医学理论，显示了岐伯高深的医学造诣。中国传统医学素称"岐黄"，或谓"岐黄之术"，岐伯当居首要地位。　　[6]春秋：年龄。　　[7]人将失之耶：（还是）现在的人违背了养生规律造成的呢？　　[8]知道：懂得养生的规律和道理。　　[9]阴阳：指天地之常道。在中国古代文明中，阴阳被认为是蕴藏在自然规律背后并推动自然发展变化的基础因素，也是各种事物孕育、发展、成熟、衰退直至消亡的原动力，更是奠定中华文明逻辑思维基础的核心要素。这里的"阴阳"既是天地万物的准则，也是治病必须推求的根本。　　[10]和于术数：把各种适合生命规律的方法或行为有机、和谐地结合起来进行养生。术数，多种适合生命规律的养生方法。术，技巧，方法。数，中国传统文化中"数"具有相互关联的双重含义，即数学之"数"与哲学之"数"。比如《周易》中的象数就是哲学之"数"。这里的"数"指反映事物的规律。《老子》第四十二章："万物负阴而抱阳，冲气以为和。"《四气调神大论》曰："阴阳四时者，万物之始终，死生之本，逆之则灾害生，从之则苛疾不起，是谓得道。"本句所阐述的也是此道理。"法于阴阳，和于术数"是养生至理，所以首先要加以阐释。　　[11]劳：劳损，损耗。　　[12]形与神俱：指形与神的高度协调平衡状态，即生命存在以及身心健康的基本特征。这里的健康是指人体在形态结构、生理机能和精神心理方面的完好、协调状态。张介宾《类经·藏象类》有："形神俱备，乃为全体。"形，人的肉体。神，观照自己、观照万物的精神。《内经》直接以"神"来指代人的生命现象，以"神"的存在与否作为判定人生死之标准。因"神"在，万物才有生命，这是《内经》的生化之道。我国古代道家思想认为"神"是有形与无形之间转化互通的主因，而且"神"在生理上为人体生化功能之主宰，但在文化层次上则表现为智慧。中医学的精妙之处就在于从无形处着眼，来把握有形的官能，因此在对待"形"、"神"关系方面更为强调"神"的作用。即使偶有强调"形"之处，比如"神"由"形"而立、依于"形"而存，但其目的还是为人之有意义的生存提供一个借以使用的工具，借以深入阐明"神"的灵妙。过分强调"形"的作用，只能导致"神"的呆滞，终使其"形"也不能相保。这是人的生命中一以贯之的道理。　　[13]天年：天赋的年寿，就是一个人在保持身体各器官都健康运行状态下的自然寿命。　　[14]以酒为浆：把酒当作浆水一样。指纵饮无度。　　[15]以妄为常：以虚妄为真常。这里"以妄为常"不仅仅是指错误的生活方式，更是指错误的世界观、认识论。由于人们不懂得养生之道，认虚假为真实，所以才会产生劳倦过度、好逸恶劳、饮食不节、起居无常、贪酒好色等等不良的生活习惯。"妄"、"常"意义相反。"以妄为常"是这些错误生活方式的内在原因，"以酒为浆"等则是其外在表现。　　[16]醉以入房：乘着酒兴纵意房事。　　[17]以耗散其真：指因放纵情欲而消耗、减损人体生命的本原。耗，轻易使用而消耗、减损。真，本原，即先天赋予的生命本原。　　[18]不知持满：《老子》第九章："持而盈之，不如其已。"端着盛满液体的器皿稍不注意就可能洒落，反而不如适可而止。这里指不善养生者纵欲无度，不知适可而止的道理。　　[19]御神：调节心神。　　[20]逆于生乐：背弃了养生的乐趣。逆，背弃，背离。生乐，世俗生活的快乐。在养生家看来，人如果背弃了养生的乐趣，就违背了恬淡虚无的养生之道，就要"不时御神"，这样精神就不能内守而向外散放——这就是"以欲竭其精，以耗散其真"。　　[21]起居无节：生活没有规律。节，规律。　　[22]虚邪贼风：泛指一切不正常的气候变化和有害于人体的内外界致病因素。虚，指人体正气（正常功能）不足的状态。邪，四时中自然界及人体内的不正之气。古人认为，由于人体阴阳二气的消长变化与四季气候变化节律相同步，无论在哪一节令中，如果有与该节令常态相反的气候出现，人体都可能因不适应这种反季节的气候而导致内在正常功能不足，即产生"虚"。那么这种反季节的气候则趁虚而入，导致人体机能的失调。因此反季节的气候可称为"外风"或"外邪"，人体内部失调之机能便被称为"内风"或"内邪"。两者合称为"风邪"。"邪"干"正"，即失常的机能妨碍正常功能的发挥，则又更进一步加剧了"虚"。贼，意谓危害人体健康的因素。王冰注："邪乘虚入，是谓虚邪。窃害中和，谓之贼风。"　　[23]避之有时：适时地避让。《灵枢》说：邪气不得其虚，不能独伤人。　　[24]恬惔虚无：指生活淡泊质朴，心境平和宁静，外不受物欲之诱惑，内不存情虑之激扰，堪称物我两忘的境界。恬惔虚无本为道家所尊奉的养生之根本途径，后被道教养生学说所袭用，并深刻地影响了中医养生学说，这在《黄帝内经》中有多处反映。　　[25]真气从之：指真气顺从于"道"（生命本然的规律）。精神清静就不会耗费真气，不会干扰真气的升降出入。唯此，真气才能很好地按照"道"，即生命本然的规律生化运行。这应是"恬惔虚无，真气从之"以及后文"道生"的真意。　　[26]精神内守：中医认为人的精气和神气均应潜守于内，不宜妄泄，妄泄则为致病之由。精神，指精气与神气二者而言。内守，即守于内（体内）。　　[27]安：哪里。　　[28]"故美其食"五句：所以都能以自己所食用的食物为甘美，所穿着的衣服为舒适，所处的环境为安乐，不因地位的尊卑而羡慕嫉妒，这样的人民才称得上是朴实。由于人们无欲无求，所以心意自足。《老子》第四十六章："祸莫大于不知足，咎莫大于欲得，故知足之足，常足矣。"《内经》中的许多观点应该是源于《老子》，如本句就与《老子》第八十章"甘其食，美其服，安其居，乐其俗"之意略同。据此可以看出医道合流符合历史的事实，故而医家与道家以及道教之间的关系浑融通贯而为一体。　　[29]"是以嗜欲不能劳其目"五句：所好的欲望不能干扰他们的视听，过分而不合理的情欲也无法扰乱他们的心态。无论是愚笨的、聪明的，或者是有才能的、能力差的，都能追求内心的安定，而不汲汲于外物的获得或丧失，故而能够符合养生之道。　[30]德全不危：养生之道完备而无偏颇。德，人符合"道"而表现出的本性，即本原的生命规律。因符合本原的生命规律，故而能够远离危难，得终天年。　[31]"余闻上古有真人者"九句：我听说上古时代有一种人称作真人，他能把握天地自然变化之机，掌握阴阳消长之要，吐故纳新，保养精气，精神内守，超然独立，肌肉形体，永恒不变，所以能与天地同寿，永无终结。这是因为契合养生之道，因而能够长生。真人，成道之人。本文认为真人是境界在圣人、贤人之上，且超然于天地之外，不受阴阳束缚之人。真人、至人与圣人、贤人的分别之处在于寿命的无限与有限。挈（qiè 窃），提，悬持，这里引申为把握。精气，天地间的灵气。肌肉，形体。敝，衰败。寿敝天地，与天地共同衰败，即与天地同寿。古人认为天地无衰败之时，故而寿敝天地的真人亦无衰败之时。这几句讲真人心合于气，气合于神，神合于无，所以能够呼吸天地灵气，保养精神，使身体长存不衰。此句应和上文"真气从之，精神内守"一起理解，其核心之意是按照自然之理，守住自身之"神"，则能够支配自身功能长久保持正常运行的状态，得以长生不衰。　[32]至人：达到某种道德标准的人。此处的道德与今天理解的"道德"一词不同。道家认为，物由"道"而各得其"德"。"德"即由普遍之"道"而派生出的各种事物之独特本性及必由规律。这里的至人，即高度符合人类独特本性及必由规律的人。他与真人的区别在于后者主动把握天地普遍之道，而至人较为被动地符合于人类独特本性及必由规律，虽亦可归于真人，但终究属于真人当中较低的层次。　[33]淳德全道：指品德敦厚，道德全备。　[34]积精全神：积聚精气，保全神气。亦即本篇前文所说"精神内守，病安从来"，又说"呼吸精气，独立守神"，皆强调精神在养生长寿、祛病延年方面的重要作用。　[35]八达：指道路八面通达，此处引申为世界之八方。　[36]从八风之理：顺合于八风的变化。八风，八种季候风。《易纬通卦验》说："八节之风谓之八风。立春条风至，春分明庶风至，立夏清明风至，夏至景风至，立秋凉风至，秋分阊阖风至，立冬不周风至，冬至广莫风至。"　[37]恚（huì 汇）：怨，恨，怒。嗔：怒。　[38]被服章：不欲离于世俗服饰。一说此文为衍文。　[39]举不欲观于俗：不刻意让自己的举动凸显于世俗之中。观，显示。　[40]"外不劳形于事"二句：就外在而言不使形体过度劳累，内在来说不让思想有所负担。　[41]"以恬愉为务"五句：务求精神安逸愉悦，以悠然自得为成就，形体不会衰惫，精神不会耗散，也可以活到百馀岁。　[42]"法则天地"五句：以天地为法则，观察日月的运行，分辨星辰的位置，顺从阴阳的消长，根据四时气候的变化来调养身体。法则天地，指贤人能效法天地间阴阳的变化规律而养生。法，效法。象，模拟。逆，上溯。　　　[43]"将从上古"三句：希望追随上古真人，以求符合于养生之道。这样，也能够使寿命延长到极限。

【解析】

我国传统医学典籍浩如烟海，而《黄帝内经》则是现存文献中最早的一部经典。此书既总结了秦汉以前的医疗经验，更汲取古代哲学与自然科学的成就，融合人类对生命规律的认识，从宏观上为我国传统医学奠定了理论基础。

该书《素问》的首篇《上古天真论》，揭示了先天真元之气在人类生命历程中的重要作用，着重探讨了上古之人保养先天真元之气而祛病延年的原则、方法和道理。其中"天"，指先天；"真"指"真气"，也称"元气"。"天真"即指先天禀赋的真元之气，亦即人类生命的原动力。本篇在论述如何保养"天真"的过程中，也揭示出了中医学"主动合道"的能动精神。

从整体来说，本篇首先采用古今对比的方法，从正反两方面论述养生的原则、方法和目的，并引出了"形与神俱"的观点；而后以真人、至人、圣人、贤人为例，论述养生效果所能达到的四个不同层次，阐明养生原则与方法的实际功用。

在论证养生的原则和方法时，本篇借岐伯之口，通过阐述古人的生活方式及养生方法，提出"法于阴阳，和于术数"是养生的基本原则，并指出应遵循自然界和人体的阴阳规律来展开养生实践。而这些养生原则在生活中的具体表现则是"食饮有节，起居有常，不妄作劳"，此即养生保健的常规性法则。在此基础上遵循自然界寒暑往来的阴阳变化规律，即可远离损害健康的因素，探求到适合生命规律的养生方法。

这里提出的"形与神俱，而尽终其天年"可谓养生的要点，是指通过养生达到健康长寿之目的。健康与长寿两者缺一不可，在长寿的基础上提高生活质量，这才是养生的要旨。要达到"形与神俱"，就必须内守"精神"，敛聚真气而使之符合于道。真气即"天真"。作为人类生命的原动力，先天禀赋的真元之气宜汇聚内守而不宜放散，这是由人类生命的本原规律所决定的。真气不散，则能够驱动人体的各种官能正常运行，避免内外风邪的侵扰，使人体保持阴阳动态平衡的健康状态。而敛聚真气的要旨则在于"精神内守"。唯其如此，方能"外不劳形于事，内无思想之患"，避免各种内外不利因素对于真元之气的耗散效应。于是，本篇的养生理论逻辑也就清晰起来，即凭借"精神内守"而保持"真气不散"，使之合于"道"，这样就能够有效驱动人体的各种官能正常运行，达到"形与神俱，而尽终其天年"之目的。

由此可见，人体的正常生命活动应当是形与神的协调统一，"形与神俱"是生命存在和身心健康的基本特征。正因如此，我国传统医学非常重视调神养性，推崇恬淡虚无的精神境界，追求平和安详的情绪状态，就是为了达到本篇所言"以恬愉为务，以自得为功，形体不敝，精神不散"之境界，如此才能"形与神俱"，尽享天年。故而这里提出的"形与神俱"正是对中医学"形神合一"观的精辟概括。

邹忌讽齐王纳谏

《战国策》

【题解】

《战国策》又称《国策》，是一部国别体史书，记载了战国初年至秦灭六国约二百四十年间西周、东周及秦、齐、楚、赵、魏、韩、燕、宋、卫、中山各国之事，分为十二策，三十三卷，共四百九十七篇。全书以战国时期策士的游说活动为中心，表现他们的政治主张和言行策略，反映了这一时期各国政治、外交的情状，以及东周战国时代的历史特点和社会风貌。由于作者并非一人，成书并非一时，书中文章作者大多不知是谁，西汉刘向编定为三十三篇，书名亦为刘向所拟。《战国策》没有系统完整的体例，都是相互独立的单篇，全书的思想内容也比较复杂，主体上体现了纵横家的思想倾向，同时也反映出了战国时期思想活跃、文化多元的历史特点。《战国策》有东汉高诱注，宋时已有缺失。宋鲍彪作新注，改变原书次序。元吴师道又据鲍注本重新校刻为《战国策》十卷，商务印书馆《四部丛刊》影印元至正本即此本。

邹忌（前385?—前319），一作"驺忌"，尊称"驺子"，战国时期齐国人。有辩才，善鼓琴，以鼓琴游说齐威王，被用为相国，封于下邳（今江苏邳县西南），号成侯。邹忌有才华，是齐威王的得力助手，帮助持政，出谋划策。他曾劝说齐威王奖励群臣吏民进谏，积极革新政治，修订法律，选拔人才，奖励贤臣，处罚奸吏，并选荐得力大臣坚守四境，从此齐国渐强。本文就是写他规劝威王除弊纳谏的情况。事情见于《战国策·齐策一》，篇题为前人所拟。

邹忌修八尺有馀[1]，身体昳丽[2]。朝服衣冠窥镜[3]，谓其妻曰："我孰与城北徐公美[4]？"其妻曰："君美甚，徐公何能及公也！"城北徐公，齐国之美丽者也。忌不自信，而复问其妾曰："吾孰与徐公美？"妾曰："徐公何能及君也！"旦日[5]，客从外来，与坐谈，问之客曰："吾与徐公孰美？"客曰："徐公不若君之美也[6]。"明日徐公来，孰视之[7]，自以为不如，窥镜而自视，又弗如远甚[8]。暮寝而思之，曰："吾妻之美我者[9]，私我也[10]；妾之美我者，畏我也；客之美我者，欲有求于我也。"

于是入朝见威王，曰："臣诚知不如徐公美[11]，臣之妻私臣，臣之妾畏臣，臣之客欲有求于臣，皆以美于徐公。今齐地方千里，百二十城，宫妇左右莫不私王[12]，朝廷之臣莫不畏王，四境之内莫不有求于王。由此观之，王之蔽甚矣[13]。"王曰："善[14]。"

乃下令："群臣吏民，能面刺寡人之过者[15]，受上赏；上书谏寡人者[16]，受中赏；能谤议于市朝[17]，闻寡人之耳者，受下赏。"令初下，群臣进谏，门庭若市[18]。数月之后，时时而间进[19]。期年之后[20]，虽欲言，无可进者。燕、赵、韩、魏闻之，皆朝于齐[21]。此所谓战胜于朝廷[22]。

《战国策》卷八

【注释】

[1]修八尺有馀：身高八尺多。修，长，高。古尺比今尺短，"八尺有馀"在当时被认为是标准身材的高度。　[2]身体：一本作"而形貌"。映（yì 意）丽：光艳美丽。映，光艳。　[3]朝：早晨。服：穿戴。窥镜：照镜子。　[4]"我孰与"句：我和城北的徐公相比，谁更美。孰，谁，哪个。　[5]旦日：明日。　[6]若：如。　[7]孰视之：仔细看他。孰，古"熟"字。　[8]弗如：不如。　[9]美我：认为我美。　[10]私我：对我有偏爱。　[11]诚知：确实知道。　[12]宫妇左右：宫里的后妃及左右侍臣。　[13]蔽：受到的蒙蔽。　[14]善：对，好，表示赞同。　[15]面刺：当面指责。　[16]上书：进呈奏章。寡人：古代国君的谦称。　[17]谤议于市朝：在公众场合进行指摘议论。议：一本作"讥"。　[18]门庭若市：形容进谏者的拥挤，使得王宫殿门前像闹市一样。　[19]时时而间（jiàn 建）进：不定什么时候，偶然有人提意见。时时，不定什么时候。间，间或。　[20]期（jī 基）年：满一年。　[21]皆朝于齐：都来齐国朝见，可见齐国之强盛。　[22]"此所谓"句：这叫作在朝廷之上取得胜利。意思是说只要把国内政治整顿好，不用打仗，就能战胜别的国家。

【解析】

这篇短文讲述了齐国大臣邹忌以自身的生活经验设喻，通过类比联想，向齐王阐明了一个重要的道理：为政必须善于纳谏。全文短小精悍，论事缜密。邹忌先说自己的生活体验，指出妻、妾、客的三种回答是出于不同的动机，给齐威王一个清晰的合乎逻辑的判断。然后再拿齐王所处的生活环境和自己的经历作比较，指出齐王受蔽的严重。这种现身说法，比喻贴切，论据确凿，而且修辞简丽，用意深刻，故而收到了立竿见影的效果。齐威王接受了邹忌的进谏，下达了广开言路、纳谏除蔽的诏令，励精图治，国富民强，致以后二十馀年中，列国诸侯，都不敢侵犯齐国，成为国君纳谏的一个好榜样，也给读者一个从善如流的好形象。

此外，这篇短文内容相同的地方很多，如对话有重复有排比，但作者能加以种种不同的变化，详略适当，很见匠心。

触詟说赵太后

《战国策》

【题解】

本文选自《战国策·赵策四》。公元前265年前后，赵惠文王去世，孝成王继位，由于孝成王年纪太小，所以由其母赵威后代为掌权。当时国内动荡不安，秦国也趁机攻打赵国，并占领了赵国三座城市。赵国形势危急，只好向齐国求救。齐国则要求赵威后以其小儿子长安君为人质，才肯出兵。赵威后溺爱长安君，执意不肯，致使国家危机日深。在这种严重的形势下，赵国大臣触詟（zhé 哲）因势利导，以柔克刚，用"爱子则为之计深远"的道理说服了赵威后，让她同意爱子出质于齐，来换取救援，以解除国难。触詟，一说名触龙。

赵太后新用事[1]，秦急攻之。赵氏求救于齐。齐曰："必以长安君为质[2]，兵乃出。"太后不肯，大臣强谏。太后明谓左右："有复言令长安君为质者，老妇必唾其面[3]。"

左师触詟愿见太后[4]。太后盛气而胥之[5]。入而徐趋[6]，至而自谢，曰："老臣病足[7]，曾不能疾走[8]，不得见久矣。窃自恕，而恐太后玉体之有所郄也[9]，故愿望见太后。"太后曰："老妇恃辇而行[10]。"曰："日食饮得无衰乎[11]？"曰："恃粥耳。"曰："老臣今者殊不欲食[12]，乃自强步[13]，日三四里，少益耆食[14]，和于身也[15]。"太后曰："老妇不能。"太后之色少解[16]。

左师公曰："老臣贱息舒祺[17]，最少，不肖[18]；而臣衰，窃爱怜之。愿令得补黑衣之数[19]，以卫王宫，没死以闻[20]。"太后曰："敬诺[21]。年几何矣[22]？"对曰："十五岁矣。虽少，愿及未填沟壑而托之[23]。"太后曰："丈夫亦爱怜其少子乎[24]？"对曰："甚于妇人。"太后笑曰："妇人异甚[25]。"对曰："老臣窃以为媪之爱燕后贤于长安君[26]。"曰:"君过矣[27]!不若长安君之甚。"左师公曰:"父母之爱子,则为之计深远[28]。媪之送燕后也[29],持其踵[30],为之泣,念悲其远也,亦哀之矣。已行,非弗思也,祭祀必祝之,祝曰:'必勿使反[31]。'岂非计久长有子孙相继为王也哉?"太后曰:"然。"

左师公曰:"今三世以前,至于赵之为赵,赵主之子孙侯者[32],其继有在者乎?"曰:"无有。"曰:"微独赵[33],诸侯有在者乎?"曰:"老妇不闻也[34]。""此其近者祸及身,远者及其子孙。岂人主之子孙则必不善哉?位尊而无功,奉厚而无劳[35],而挟重器多也[36]。今媪尊长安君之位,而封之以膏腴之地,多予之重器,而不及今令有功于国,一旦山陵崩[37],长安君何以自托于赵[38]?老臣以媪为长安君计短也[39],故以为其爱不若燕后。"太后曰:"诺,恣君之所使之[40]。"于是为长安君约车百乘[41],质于齐,齐兵乃出。

子义闻之曰[42]:"人主之子也,骨肉之亲也,犹不能恃无功之尊,无劳之奉,而守金玉之重也[43],而况人臣乎?"

《战国策》卷二一

【注释】

[1]赵太后:赵孝成王的母亲赵威后。新用事:刚执掌国政。这时赵惠文王死后不久,子孝成王新立。此时孝成王年少,故由赵威后执政。   [2]长安君:赵太后幼子。长安君是他的封号。质:抵押。和别国结盟,派地位重要的人作质,以示信任。   [3]唾其面:意谓要当面斥责他。唾,以口水唾之。   [4]左师:官名。   [5]盛气而胥之:很生气地等待着他。胥,通"须",等待。原本作"揖",据《史记》改。   [6]徐趋:慢慢地走。徐,慢。趋,快走。当时臣见君应该快步走,触詟的脚有毛病,所以只能慢慢走。   [7]病足:脚有毛病。   [8]疾走:快步走。   [9]郄(xì 细):通"隙",裂缝,引申为病苦。   [10]恃辇(niǎn 捻)而行:这里说靠坐车行动。辇:古代两人拉的车,秦汉以后特指皇帝坐的车子。   [11]衰:衰退,减少。   [12]殊:很,极。   [13]"乃自强步"二句:每天才勉强走三四里路。   [14]少益耆食:稍微增加了一些食量。耆,通"嗜"。   [15]和于身也:使身体顺适些。   [16]色少解:太后的脸色略为和缓了些。解,通"懈"。   [17]贱息:谦称自己的儿子。息,子。舒祺:触詟小儿子名。   [18]不肖:不贤或不才。   [19]愿令得补黑衣之数:当时侍卫

穿黑衣，这是说希望让他充当侍卫。　　[20]没死以闻：冒昧地提出请求。没死，即"昧死"，表示极度冒昧，这是臣子对君王说话时的用语。　　[21]敬诺：非常同意。　　[22]几何：多少。　　[23]填沟壑：原指死后没有人埋葬，被扔在山沟里。这里是委婉的说法，即指死。　　[24]丈夫：男子汉。少子：小儿子。　　[25]异甚：特别厉害。　　[26]媪（ǎo　袄）：老年妇女称媪。燕后：赵太后之女，嫁到燕国为后，故称燕后。　　[27]君过矣：您想错了。　　[28]计深远：作长久打算。　　[29]送燕后：太后送燕后出嫁。　　[30]持其踵（zhǒng　肿）：这里指燕后出嫁时，太后紧跟在她身后不忍分别。一说抓住脚后跟。踵，脚后跟。　　[31]必勿使反：古代诸侯的女儿嫁到别国，只有被废或亡国时，才返回父母之国。这里是说太后常为燕后祈祷，希望她永远不要因为遭到不幸而返回本国。反，同"返"。　　[32]"赵主之子孙侯者"二句：是说赵王的子孙曾封过侯的，他们的后代还有继续为侯的吗？　　[33]微独：非但，不仅。微，非。　　[34]不闻：没听说，意思是说"没有"。　　[35]奉：通"俸"，即俸禄。　　[36]重器：贵重的东西。　　[37]山陵崩：指死，一般用于国王，这里指赵太后。　　[38]何以自托于赵：自己凭什么托身于赵国，指身居高位。　　[39]计短：考虑得不长远。　　[40]恣君之所使之：任凭您指派他。恣，任凭。　　[41]约车百乘：备车百辆。　　[42]子义：人名。赵国贤士。　　[43]守金玉之重：保守贵重的地位。金玉比喻贵重。

【解析】

　　秦攻赵，赵求救于齐，齐提出以长安君为质的条件，赵太后拒绝接受，大臣们纷纷进谏。太后恼怒说："有复言令长安君为质者，老妇必唾其面。"触龙在这种情况下要见太后，太后自然会想到他求见的用意，因此"盛气而胥之"。但触龙只与太后说"老"、"病"，谈"饮食"，以谦恭的态度询问太后的身体状况，谈养生之道，这席话全出乎太后意料之外。之后触龙仅仅向太后提出让自己的小儿子入宫当禁卫军的要求，而不提长安君，使太后以为触龙是为自己小儿子将来的工作而来。接下来触龙故意正话反说："老臣窃以为媪之爱燕后贤于长安君。"逼得太后赶紧声明："君过矣！不若长安君之甚。"触龙就势接过话茬，从她对待燕后的态度分析了她对儿女的前途是有长远考虑的，表明她深明大义，紧接着又用一反问句："岂非计久长有子孙相继为王也哉？"引出结论：并不是这些子孙全不好，问题就在于他们"位尊而无功，奉厚而无劳"。然后顺势指出太后爱长安君的错误："尊长安君之位，而封之以膏腴之地，多予之重器，而不及今令有功于国。"这样下去，"一旦山陵崩"，他凭什么保持原来的位置和俸禄呢？这番话，先消解了太后的抵触情绪，再使她认识到怎样才是对儿女的真正的爱，然后引到怎样使长安君立功上。因此，太后听完就说："对的！任凭您指派他吧！"终于被说服了。

在如何对待子女的问题上，父母往往都不想让孩子吃苦历练，常不免过度呵护。触詟在规劝时，能够将亲子之爱、家族之爱与国家之爱三者融为一体，以情蓄势，见势说理，进行有针对性的劝说。由此可见，疼爱子女不光是给他们地位和财富，应该让他们懂得靠自己的努力，开拓人生的天地，还要让他们为国出力有所贡献，这才是长远打算，才是真正的爱护。

离 骚

〔战国〕屈原

【题解】

屈原（前353？—前277？），名平，字原，战国时期楚国政治家。早年受楚怀王信任，任左徒、三闾大夫，主张举贤授能、修明法度、改革图新，在外交上则主张联齐抗秦，后来受到上官大夫等权贵的毁谤，怀王、顷襄王时代先后被流放到汉北、沅湘等地。公元前278年，秦将白起攻破楚国的郢都（今湖北荆州），此后，屈原抱石自沉于汨罗江。著有《离骚》、《九章》、《九歌》、《天问》等。《史记》卷八四有传。关于《离骚》的题旨，司马迁在《史记·屈原列传》中说："《离骚》者，犹离忧也。"班固的《离骚赞序》也说："离，犹遭也。骚，忧也，明己遭忧作辞也。"这样的解释是平实可信的。《离骚》的确写出了屈原为实现"美政"理想而上下求索的心路历程，表达了他特立独行、宁折不弯的高贵人格，以及眷恋故土的爱国情怀。

《离骚》是屈原的代表作，全篇甚长，这里只能节选几个段落，以小见大，集中展现其主题和气势。

帝高阳之苗裔兮[1]，朕皇考曰伯庸[2]。摄提贞于孟陬兮[3]，惟庚寅吾以降[4]。皇览揆余初度兮[5]，肇锡余以嘉名[6]。名余曰正则兮[7]，字余曰灵均。纷吾既有此内美兮[8]，又重之以修能[9]。扈江离与辟芷兮[10]，纫秋兰以为佩[11]。汩余若将不及兮[12]，恐年岁之不吾与。朝搴阰之木兰兮[13]，夕揽洲之宿莽[14]。日月忽其不淹兮[15]，春与秋其代序[16]。惟草木之零落兮，恐美人之迟暮[17]。（以下有省略）

跪敷衽以陈辞兮[18]，耿吾既得此中正[19]。驷玉虬以乘鹥兮[20]，溘埃风余上征[21]。朝发轫于苍梧兮[22]，夕余至乎县圃[23]。欲少留此灵琐兮[24]，日忽忽其将暮。吾令羲和弭节兮[25]，望崦嵫而勿迫[26]。路曼曼其修远兮[27]，吾将上下而求索。饮余马于咸池兮[28]，总余辔乎扶桑[29]。折若木以拂日兮[30]，聊逍遥以相羊[31]。前望舒使先驱兮[32]，后飞廉使奔属[33]。鸾皇为余先戒兮[34]，雷师告余以未具[35]。吾令凤鸟飞腾兮，继之以日夜。飘风屯其相离兮[36]，帅云霓而来御[37]。纷总总其离合兮[38]，斑陆离其上下[39]。吾令帝阍开关兮[40]，倚阊阖而望予[41]。时暧暧其将罢兮[42]，结幽兰而延伫[43]。世溷浊而不分兮[44]，好蔽美而嫉妒。（以下有省略）

灵氛既告余以吉占兮[45]，历吉日乎吾将行[46]。折琼枝以为羞兮[47]，精琼爢以为粻[48]。为余驾飞龙兮，杂瑶象以为车[49]。何离心之可同兮，吾将远逝以自疏。遭吾道夫昆仑兮[50]，路修远以周流。扬云霓之晻蔼兮[51]，鸣玉鸾之啾啾[52]。朝发轫于天津兮[53]，夕余至乎西极[54]。凤皇翼其承旂兮[55]，高翱翔之翼翼[56]。忽吾行此流沙兮[57]，遵赤水而容与[58]。麾蛟龙使梁津兮[59]，诏西皇使涉予。路修远以多艰兮，腾众车使径待[60]。路不周以左转兮[61]，指西海以为期[62]。屯余车其千乘兮[63]，齐玉轪而并驰。驾八龙之婉婉兮[64]，载云旗之委蛇[65]。抑志而弭节兮，神高驰之邈邈[66]。奏《九歌》而舞《韶》兮[67]，聊假日以媮乐[68]。陟升皇之赫戏兮[69]，忽临睨夫旧乡[70]。仆夫悲余马怀兮，蜷局顾而不行[71]。

乱曰[72]：已矣哉[73]，国无人莫我知兮，又何怀乎故都[74]？既莫足与为美政兮，吾将从彭咸之所居[75]。

《楚辞补注》卷一

【注释】

[1]高阳：颛顼（zhuānxū 专须）在位时的称号，传说中的"五帝"之一，楚人的远祖。苗裔：远代的子孙。　　[2]朕（zhèn 振）：我。皇考：对死去的父亲的尊称。伯庸：屈原父亲的名或字，或是作者虚构的名字。　　[3]摄提：摄提格的省称。木星绕日一周需要十二年，以地支纪年，在寅位曰摄提格。一说"摄提"乃星名，非岁名。贞：正值，正当。孟陬（zōu 邹）：夏历正月，与十二地支相配属寅月。孟，始。陬，正月。降：降生。　　[4]庚寅：这里指庚寅日，作者自叙降生日期在寅年寅月寅日，充满着神异的特性。　　[5]皇：皇考的省称。览：观察。揆（kuí 葵）：揣测。初度：这里泛指主人公出生时的种种情况，比如出生年、月、日的神异以及容貌、气度等。　　[6]肇（zhào 兆）：开始。一说"肇"乃句首虚词，无义。锡（cì 次）：通"赐"，赐予。　　[7]"名余曰正则兮"二句：意

思是说父亲在其初生时以及成年后给他取了美好的名和字。正则，公正而有法则。灵均，吉善而匀调。这样的名和字，与屈原名平、字原相对应，显示出法天则地的气象。　　[8]纷：多。内美：禀赋之美。这里指其家世、降生、名字的不凡。　　[9]重(chóng 崇)：再。修能：卓异的才能。修，长。能，才能。　　[10]扈(hù 户)：披。楚地的方言词。江离、辟芷：香草名。　　[11]纫：连缀。楚地的方言词。　　[12]汩(yù 育)：楚方言，水迅疾的样子，比喻时光的流逝。　　[13]搴(qiān 铅)：拔取。阰(pí 皮)：山坡，一说楚国的山名。木兰：树名，又称玉兰。　　[14]揽：采。宿莽：香草名。经冬不死，楚人名曰宿莽。　　[15]淹：停留。　　[16]代序：轮替。代，更换。序，次序。这里指春往秋来，轮番更替。　　[17]恐美人之迟暮：这里是说时光流逝，岁月将尽，而怀王不举贤授能，改革图新，则将老无所成。屈原作品中的"美人"有多指，此处指的是楚怀王。　　[18]敷：铺。衽：衣前下襟。　　[19]耿：光明。中正：中正之道，这里指历史兴亡、存身立世的道理。　　[20]驷：四马拉一车。这里用作动词，驾乘。虬(qiú 求)：无角龙。鹥(yì 艺)：凤凰的别名。　　[21]溘(kè 课)：忽然。埃：尘土。　　[22]发轫(rèn 刃)：启程。轫，止轮之木，犹车闸。苍梧：神话传说中的山，舜死后葬于此。　　[23]县(xuán 玄)圃：神话中的山名，在昆仑之上。县，"悬"的古字。　　[24]灵琐：神人所居的大门，这里代指神人之所在。灵，神人。琐，门上镂空的花纹，形如连锁。　　[25]羲和：给太阳驾车的神。弭节：徐步，让车子慢慢行驶。弭，按，止。节，指挥车子行驶的符信。　　[26]崦嵫(yānzī 淹兹)：神话中的山名，太阳落入之处。　　[27]"路曼曼其修远兮"二句：言天地广大辽阔，征途悠远，我将上下左右，寻找志同道合之人。曼曼、修，皆是长的意思。　　[28]咸池：天池，在东方，神话中日出之前洗浴之处。　　[29]总：结。辔：驾驭牲口的嚼子和缰绳。扶桑：神话中的东方神树，日升之处。　　[30]若木：神话中昆仑山最西面的神树，日落之处。拂：击打。一说遮蔽，一说拂拭，皆不欲太阳西行之意，以表达"恐年岁之不吾与"。[31]相羊：通"徜徉"，徘徊不进。　　[32]望舒：神话中为月亮驾车的御者。　　[33]飞廉：风伯，神话中的风神。奔属：奔跑跟从。　　[34]鸾皇：凤凰一类的神鸟。戒：警戒　　[35]雷师：神话中的雷神。具：准备。　　[36]飘风：旋风。屯：聚集。离：遭遇。　　[37]帅：率领。御：迎。　　[38]纷：多。总总：聚拢的样子。离合：乍离乍合。　　[39]斑：色彩乱。陆离：分散的样子。上下：忽上忽下。　　[40]帝阍(hūn 昏)：天帝的守门人。关：门闩。　　[41]阊阖(chānghé 昌合)：天门。　　[42]时暧(ài 爱)暧其将罢兮：意思是说日光昏暗白昼将尽。暧，日光昏暗。　　[43]延伫：长时间停留。　　[44]溷(hùn 混，去声)浊：这里指时世君乱臣贪。溷，乱。浊，贪。　　[45]灵氛：神巫，名氛。　　[46]历：选择。　　[47]羞：肉脯。　　[48]精：凿。琼糜（mí 迷）：玉屑。粮（zhāng 张）：粮。　　[49]杂：错杂。瑶：美玉。象：象牙。极言车之华美。　　[50]遭（zhān 沾）：转，改变。　　[51]晻（ǎn 俺）蔼：遮天蔽日的样子。　　[52]玉鸾：以玉为饰的鸾形车铃。　　[53]天津：天河上的渡口。　　[54]西极：西方极西之山，为阊阖之门。　　[55]翼：展开翅膀。旂（qí 旗）：画有龙虎的旗。　　[56]翼翼：整齐的样子。　　[57]流沙：神话中的西北沙漠之地，沙流如水。　　[58]遵：循着。赤水：神话中的水名，出于昆仑山的东南角。容与：从容的样子。　　[59]"麾蛟龙使梁津兮"二句：意思是说指挥大大小小的龙之属在西海上面搭桥，再告诉少暭使他渡我。麾，举手。蛟龙，小曰蛟，大曰龙。梁津，在水上架桥。诏，告知，命令。西皇，即少暭，居于西海。涉，渡。　　[60]腾：传告。径待：在小路上等待。待，一作"侍"，侍奉。　　[61]不周：神话中的山名，位于昆仑山西北。　　[62]西海：神话中西方的海。期：相会合。　　[63]"屯余车其千乘兮"二句：意思是说聚集起我的车子千辆，排列整齐，使它们一起飞驰，极言场面之盛大，车子之华美。屯，聚集。玉轪（dài 代），车毂以玉为饰。　　[64]婉婉：龙驾车行进时从容自如的样子。　　[65]委蛇（wēiyí 逶迤）：蜿蜒曲折的样子。　　[66]邈邈：高远无际的样子。　　[67]《九歌》：相传为夏禹时的乐歌。《韶》：《九韶》，相传为舜时的乐名。　　[68]假日：借日，趁着目前的时光。媮乐：娱乐。媮，同"愉"。　　[69]陟：升。皇：皇天。赫戏：光明的样子。　　[70]临睨（nì 逆）：下视。旧乡：故乡，这里指楚地。　　[71]蜷（quán 全）局：拳曲，指马匹不肯前行。　　[72]乱：理。在这里是总撮其辞，作为乐章的尾声。　　[73]已矣哉：叹词，等于说罢了。　　[74]故都：此处指楚国的郢都。　　[75]彭咸：屈原所仰慕的古之贤者，但因文献无考，其事不详。王逸《楚辞章句》："彭咸，殷贤大夫，谏其君不听，自投水而死。"

【解析】

　　屈原生活于战国中后期，楚国在与秦国的一系列军事、外交等斗争中，节节失利，楚、齐联盟被破坏，楚怀王被扣留，客死秦国，以致兵挫地削，最后于公元前278年被秦国大将白起攻破了郢都，楚国只能苟延残喘，直至最终灭亡。

　　楚国保存了丰富的神话。屈原作品中上天周游、驱遣龙凤的超凡的艺术想象，就来自于这一深厚的文化土壤。屈原也是战国时代的思想巨子，在其营构的璀璨的艺术世界中，蕴涵着炽热的审美情感，也渗透着高度的理性精神。

《离骚》的创作背景，司马迁在《史记·屈原列传》中有如下记载："王怒而疏屈平。屈平疾王听之不聪也，谗谄之蔽明也，邪曲之害公也，方正之不容也，故忧愁幽思而作《离骚》。"屈原在吴起变法之后，试图改变楚国的现状，受楚怀王之托，起草"宪令"，但是因为上官大夫的谗言，而遭到了怀王的疏远。尽管司马迁的记载因为简略难详而启人疑窦，导致后世歧解纷纭，但是，以《离骚》的文本与司马迁的记载相对照，还是大体符合的。

《离骚》主要分为两大部分，前一部分从"帝高阳之苗裔兮"至"夫何茕独而不予听"，主要是带有自叙性质的描写。后一部分从"依前圣以节中兮"至"吾将从彭咸之所居"，主要以超现实的艺术手法，创造出了一个超现实的神话世界。《离骚》是抒情诗，但是其中穿插着女媭詈予、重华陈辞、三次求女、灵氛占卜、巫咸降神、天上临睨等叙事性的情节，从而使叙事更好地服务于抒情，避免了抒情的空泛性和单一化。本文节选的是《离骚》中较为典型的三个段落和最后的"乱"辞。

第一段，作者以骄傲的口吻夸耀了楚国的远祖和自己的家世，强调自己出生于寅年寅月寅日，这是一个顺天地阴阳之正的神奇美好的日子。自己既有天赋异禀的内美，也重视洁身自好的修为。面对飞逝的时光，诗人感叹人生易老："汨余若将不及兮，恐年岁之不吾与"，"惟草木之零落兮，恐美人之迟暮"，两个"恐"字，真切地表达了诗人的内心感受：一恐自己老大无成，无法实现建功立业的远大抱负；一恐怀王年老昏聩，彻底失去除旧布新的机遇。

第二段，作者乘云驾龙，周历天下，欲上诉天帝，但是受到天帝守门人的阻隔。"路曼曼其修远兮，吾将上下而求索。"表现了勇于探索的精神。"世溷浊而不分兮，好蔽美而嫉妒。"借此映射了楚国君乱臣贪、是非不分的现实状况，以及自己受到排挤非毁的真实根源。

第三段，作者在昆仑西游这一情节中，进一步展开艺术想象，营造出了一个色彩斑斓的神话世界。"言己虽升昆仑，过不周，渡西海，舞《九韶》，升天庭，据光曜，不足以解忧，犹顾视楚国，愁且思也。"（王逸《楚辞章句》）从写法上说，神话场面渲染得越热闹，越快乐，愈加反衬出屈原内心的寂寥与悲哀。"陟升皇之赫戏兮，忽临睨夫旧乡。仆夫悲余马怀兮，蜷局顾而不行。"这种怀恋故乡、眷恋祖国的感情十分动人。

　　最后的"乱曰",是一篇的总结之辞,"已矣哉"表达情感绝望之甚。"美政"是屈原的理想所系,也是他上下探索、九死不悔的内在动力,但是在清醒地认识到现实中不可能实现自己的理想的情况下,"吾将从彭咸之所居"。传说彭咸是殷时的贤大夫,谏君不听,投水而死。这也进一步说明,屈原后来身投汨罗,是其理性选择的结果。在艺术上,该段"乱"辞,则起到了骏马注坡的效果。

谏逐客书

〔秦〕李斯

【题解】

李斯（前284？—前208），楚国上蔡（今河南上蔡西南）人，与韩非同为荀子的学生。初为秦相吕不韦舍人，后以统一中国之帝业游说秦王嬴政，被拜为长（zhǎng 掌）史、客卿。李斯上书谏阻秦王逐客，为秦王采纳，官至廷尉。秦用李斯计策统一六国，建立了我国第一个中央集权的封建专制帝国，李斯任丞相。此后的许多措施，如废除《诗》、《书》、百家之说，以吏为师，明法度，定律令，统一文字和度量衡等，李斯都是积极的谋议者，对秦王朝的统一集权事业起了重大的作用。秦二世时，李斯被杀。《史记》卷八七有传。

据《史记》记载，秦王政十年（前237），韩国水工郑国到秦国作间谍，他利用为秦国开渠来消耗秦的国力，使秦无力伐韩。事情后来败露，那些由于客卿受到重用而自身权势难保的秦宗室大臣，便借此机会排斥客卿，认为凡客卿都是奸细，应赶出秦地。李斯当时也在被逐之列，于是他写了这篇奏章。秦王看到后被说服，立即废除逐客令，恢复了李斯的官职。

臣闻吏议逐客[1]，窃以为过矣[2]。昔缪公求士[3]，西取由余于戎[4]，东得百里奚于宛[5]，迎蹇叔于宋[6]，来丕豹、公孙支于晋[7]。此五子者，不产于秦，而缪公用之，并国二十[8]，遂霸西戎。孝公用商鞅之法[9]，移风易俗，民以殷盛，国以富强，百姓乐用，诸侯亲服，获楚、魏之师[10]，举地千里[11]，至今治强。惠王用张仪之计[12]，拔三川之地[13]，西并巴、蜀[14]，北收上郡[15]，南取汉中[16]，包九夷[17]，制鄢、郢[18]，东据成皋之险[19]，割膏腴之壤[20]，遂散六国之从[21]，使之西面事秦，功施到今[22]。昭王得范雎[23]，废穰侯[24]，逐华阳[25]，强公室，杜私门[26]，蚕食诸侯，使秦成帝业。此四君者，皆以客之功。由此观之，客何负于秦哉！向使四君却客而不内[27]，疏士而不用，是使国无富利之实，而秦无强大之名也。

今陛下致昆山之玉[28]，有随、和之宝[29]，垂明月之珠[30]，服太阿之剑[31]，乘纤离之马[32]，建翠凤之旗[33]，树灵鼍之鼓[34]。此数宝者，秦不生一焉，而陛下说之[35]，何也？必秦国之所生然后可，则是夜光之璧不饰朝廷，犀象之器不为玩好[36]，郑、卫之女不充后宫[37]，而骏良駃騠不实外厩[38]，江南金锡不为用，西蜀丹青不为采[39]。所以饰后宫，充下陈[40]，娱心意，说耳目者，必出于秦然后可，则是宛珠之簪[41]，傅玑之珥[42]，阿缟之衣[43]，锦绣之饰不进于前，而随俗雅化[44]，佳冶窈窕[45]，赵女不立于侧也。夫击瓮叩缶[46]，弹筝搏髀[47]，而歌呼呜呜快耳者，真秦之声也。《郑》、《卫》、《桑间》[48]，《昭》、《虞》、《武》、《象》者[49]，异国之乐也。今弃击瓮叩缶而就《郑》、《卫》，退弹筝而取《昭》、《虞》，若是者何也？快意当前，适观而已矣[50]。今取人则不然。不问可否，不论曲直，非秦者去，为客者逐。然则是所重者在乎色乐珠玉，而所轻者在乎人民也。此非所以跨海内、制诸侯之术也。

臣闻地广者粟多，国大者人众，兵强则士勇。是以太山不让土壤[51]，故能成其大；河海不择细流，故能就其深；王者不却众庶[52]，故能明其德[53]。是以地无四方，民无异国，四时充美，鬼神降福，此五帝、三王之所以无敌也[54]。今乃弃黔首以资敌国[55]，却宾客以业诸侯[56]，使天下之士退而不敢西向，裹足不入秦，此所谓"藉寇兵而赍盗粮"者也[57]。

夫物不产于秦，可宝者多；士不产于秦，而愿忠者众。今逐客以资敌国，损民以益雠[58]，内自虚而外树怨于诸侯[59]，求国无危，不可得也。

《史记》卷八七《李斯列传》

【注释】

[1]客：客卿，战国时他国人在本国做官者，称为客卿。　[2]窃：私下，自谦之词。过：错。　[3]缪（mù 穆）公：即秦穆公，春秋五霸之一，前659—前621在位。　[4]由余：原为晋国人，后逃到西戎。穆公用计使其投奔秦

国，以客卿礼之，他辅佐穆公伐戎，拓地千里。戎：西戎，我国古代西部少数民族的统称。　　[5]百里奚：原为虞国大夫，晋灭虞被俘。后作为秦穆公女儿的陪嫁臣仆入秦，不久逃到楚国宛地。穆公知其贤，用五张黑羊皮将他赎回，任为大夫。宛（wǎn　碗）：楚地，今河南南阳。　　[6]蹇（jiǎn　剪）叔：岐（今属陕西）人，游于宋，百里奚的好友，经百里奚推荐，穆公将他从宋国迎来，聘为上大夫。　　[7]来：招徕。丕豹：晋大夫丕郑之子，因其父被晋惠公杀死，奔秦为穆公所用。公孙支：字子桑，原为岐人，游于晋，由晋入秦，为穆公谋臣。　　[8]并：吞并。二十：虚指兼并了很多小国，这些小国多为西戎部族。　　[9]商鞅：即公孙鞅，卫国人，秦孝公求贤，他入秦为相，辅佐孝公变法，使秦国很快富强起来。因有功，封于商於（wū　屋）之地，故号商君。惠王时，被车裂处死。　　[10]获：俘虏。秦孝公二十二年，商鞅伐魏，俘魏公子卬（áng　昂）。同年，又南攻楚国。　　[11]举：攻取。　　[12]惠王：秦惠王嬴驷，秦孝公之子，前337—前311在位。初号惠文君，前325年改称惠王，秦称王自此始。张仪（？—前310）：魏国人，主张连横，惠王用为国相，瓦解了六国合纵联盟。　　[13]三川之地：指黄河、洛水、伊水流经的地方，今河南西北部，原属韩国。　　[14]西并巴、蜀：指前316年，秦将司马错领兵灭巴蜀。巴、蜀，皆古国名，在今重庆和四川境内。　　[15]上郡：郡治在今陕西榆林东南。本魏国属地，魏屡被秦击败，前328年，被迫将上郡十五县献给秦国。　　[16]汉中：今陕西南部、湖北西北部和河南西南部，原为楚地。秦在丹阳大败楚军，取汉中地六百里，置汉中郡。　　[17]包：吞并的意思。九夷：指巴、蜀和楚国南阳一带的少数民族。　　[18]鄢（yān　烟）：楚地，在今湖北宜城。郢（yǐng　影）：今湖北江陵北，当时楚国的都城。　　[19]成皋：又名虎牢，今河南荥阳氾水镇，为古代军事重地。　　[20]割：割取。膏腴（yú　鱼）：肥沃。　　[21]从：同“纵”，指韩、魏、赵、齐、楚、燕六国组成的抗秦同盟。　　[22]施（yì　义）：延续。　　[23]昭王：秦昭襄王嬴则，前306—前251在位。范雎（jū　居）：魏人，逃秦后受到秦昭王信任，任为丞相，他建议昭王收回以宣太后为首的贵族集团权力，对外实行远交近攻策略。　　[24]穰（rǎng　攘）侯：名魏冉，昭王母宣太后异父弟，曾为秦相，封于穰，故称穰侯。　　[25]华阳：华阳君，名芈（mǐ　米）戎，宣太后同父弟，封于华阳，故称华阳君。　　[26]私门：指私家豪族。　　[27]内：同“纳”。　　[28]昆山：昆仑山，盛产美玉。　　[29]随、和之宝：指隋珠与和氏璧，都是著名的珍宝。随，同“隋”，西周春秋时小国名。相传隋侯曾救活一条大蛇，后蛇衔明珠以报，大径寸，纯白有光，因号“隋珠”。和氏璧，相传楚国人卞和得一璞玉，相继献楚厉王和武王时皆以为诳，先后砍其双足。文王即位后，卞和抱璞哭泣于荆山下，文王派人理其璞，果得玉，遂称为“和氏之璧”。后秦始皇制为传国玺。　　[30]明月之珠：即夜明珠。　　[31]太阿（ē 婀）：宝剑名，相传为古代吴国工匠干将所铸。　　[32]纤离：骏马名，产于北方。　　[33]翠凤之旗：用翠鸟羽毛装饰的旗子。　　[34]灵鼍（tuó 沱）之鼓：用灵鼍皮制成的鼓。灵鼍，今称扬子鳄，俗名"猪婆龙"。　　[35]说（yuè 月）：同"悦"。　　[36]犀象之器：犀牛角和象牙制成的器具。　　[37]郑、卫之女：当时人认为郑、卫之地多美女。　　[38]駃騠（juétí 决提）：良马名。　　[39]丹青：颜料。采：彩色。　　[40]下陈：这里指站在后列的侍妾宫女。　　[41]宛珠之簪：宛地出产的珍珠所装饰的簪子。　　[42]傅：通"附"，附着。玑：不圆的珠子。珥（ěr 耳）：耳饰。　　[43]阿缟（gǎo 搞）：齐国东阿（今属山东）产的白色绢。　　[44]随俗雅化：既合时俗，又显得雅致。一说，按照流行的式样打扮自己。　　[45]佳冶：艳丽。窈窕：形容女子体态美好。　　[46]瓮：盛水的瓦器。缶（fǒu 否）：盛水或酒的瓦器。　　[47]筝：瑟类乐器。搏：击。髀（bì 闭）：大腿。　　[48]《郑》、《卫》：指郑、卫两国当时流行的民间音乐，以悦耳著称。《桑间》：指《诗·鄘风·桑中》。桑间濮上是卫国男女欢会歌唱的地方。　　[49]《昭》、《虞》：舜时乐曲名。昭，一作"韶"。《武》、《象》：周时乐曲名。　　[50]适观：只不过供观赏。适，才，只。　　[51]太山：即泰山。让：舍弃。　　[52]却：拒绝。众庶：民众。　　[53]明其德：昭示自己的恩德。　　[54]五帝：上古传说中的五位帝王，通常指黄帝、颛顼、帝喾、唐尧、虞舜。三王：通常指夏、商、周三代开国之君，即夏禹、商汤、周文王和周武王。　　[55]黔首：秦国统治者对百姓的称呼。　　[56]业诸侯：使诸侯成就功业。　　[57]藉寇兵：借给贼寇武器。藉，借。赍（jī 基）盗粮：送给强盗粮食。赍，赠给。　　[58]雠（chóu 愁）：同"仇"，仇敌。　　[59]内自虚：对内造成自己国家内部空虚。

【解析】

　　本文论说逐客之议的错误，主要以事实说话。大自历代客卿为秦国富强建立殊勋，小至秦王眼前来自诸侯各国的声色玩好，以不多的篇幅说理，归纳逐客对于敌我双方不同的利害关系。通篇几乎不谈客卿的利益，只从秦国的危亡着眼，为秦王的统一大业打算，遂使秦王醒悟，收回逐客之令。

　　作者在说明事实时，着眼于正面叙说，而略于反面推论，一正一反，是非清楚，理足词胜，雄辩滔滔。在论证秦逐客卿的错误和危害时，作者能够站在"跨海内、制诸侯"完成统一天下大业的高度，分析逐客的利害得失，这反映了作者的卓越见识，体现了他顺应历史潮流的进步主张和用人路线。另外，文中表现的不分地理区域、英雄不问出身、任人唯贤的思想，在国内外人才、技术、商品等交流越来越频繁的今天也有一定借鉴意义，如何制定立足本国、胸怀世界的各项政策是我们现在必须要做的事。

本文辞采华美，排比铺张，音节流畅，理气充足，挟战国纵横说辞之风，兼具汉代辞赋之丽，有极强的理论说服力和艺术感染力。此外，本篇讲求实用，注重效果，在对事的论断方面步步推进，层层深化，堪称典范；同时受文对象具体明确，有的放矢，行文具有很强的针对性，这些写作手法也值得我们学习。

过秦论

〔西汉〕贾谊

【题解】

贾谊（前201—前168），西汉雒阳（今河南洛阳东）人。年二十馀，召为博士，并得文帝赏识，拔为太中大夫。文帝初拟以贾谊任公卿之位，后因周勃、灌婴等老臣反对，先贬为长沙王太傅，后又任命为文帝之爱子梁怀王太傅。怀王坠马而死，贾谊因哀痛自责去世。《史记》卷八四、《汉书》卷四八有传。《汉书·艺文志》著录"《贾谊》五十八篇"，后经刘向整理成《新书》十卷，其中部分篇章在流传过程中散佚，今本《新书》的五十八篇是经后人重新编排的。《过秦论》本是贾谊向文帝陈述的政见，《新书》题为《过秦》，南朝梁萧统编入《文选》，改题《过秦论》，实际上选取了《过秦》的上篇。"过"意谓责备。

秦孝公据殽函之固[1]，拥雍州之地[2]，君臣固守，以窥周室，有席卷天下，苞举宇内[3]，囊括四海之意，并吞八荒之心[4]。当是时也，商君佐之[5]，内立法度，务耕织，修守战之具，外连衡而斗诸侯[6]。于是秦人拱手而取西河之外[7]。

孝公既没[8]，惠文、武、昭蒙故业，因遗策，南取汉中[9]，西举巴、蜀，东割膏腴之地，收要害之郡。诸侯恐惧，会盟而谋弱秦[10]，不爱珍器重宝肥饶之地，以致天下之士[11]，合从缔交，相与为一。当此之时，齐有孟尝[12]，赵有平原，楚有春申，魏有信陵。此四君者，皆明智而忠信，宽厚而爱人，尊贤而重士，约从离横[13]，兼韩、魏、燕、赵、宋、卫、中山之众[14]。于是六国之士有甯越、徐尚、苏秦、杜赫之属为之谋[15]，齐明、周最、陈轸、召滑、楼缓、翟景、苏厉、乐毅之徒通其意[16]，吴起、孙膑、带佗、兒良、王廖、田忌、廉颇、赵奢之伦制其兵[17]。尝以什倍之地、百万之众，仰关而攻秦[18]。秦人开关而延敌[19]，九国之师遁逃而不敢进。秦无亡矢遗镞之费[20]，而天下诸侯已困矣。于是从散约解[21]，争割地而赂秦。秦有馀力而制其弊[22]，追亡逐北，伏尸百万，流血漂橹[23]，因利乘便，宰割天下，分裂河山，强国请伏[24]，弱国入朝。施及孝文王、庄襄王[25]，享国之日浅，国无事。

及至始皇，奋六世之馀烈[26]，振长策而御宇内[27]，吞二周而亡诸侯[28]，履至尊而制六合[29]，执敲扑以鞭笞天下[30]，威振四海。南取百越之地[31]，以为桂林、象郡[32]。百越之君，俛首系头[33]，委命下吏。乃使蒙恬北筑长城而守藩篱[34]，却匈奴七百馀里，胡人不敢南下而牧马，士不敢弯弓而报怨[35]。于是废先王之道，燔百家之言[36]，以愚黔首[37]。隳名城[38]，杀豪俊，收天下之兵，聚之咸阳，销锋镝[39]，铸以为金人十二，以弱天下之民。然后践华为城[40]，因河为池，据亿丈之城，临不测之渊以为固[41]。良将劲弩[42]，守要害之处；信臣精卒，陈利兵而谁何？天下已定，始皇之心，自以为关中之固，金城千里[43]，子孙帝王，万世之业。

始皇既没，馀威震于殊俗[44]。然而陈涉[45]，瓮牖绳枢之子，甿隶之人[46]，而迁徙之徒也[47]。材能不及中庸[48]，非有仲尼、墨翟之贤，陶朱、猗顿之富[49]。蹑足行伍之间[50]，俛起阡陌之中[51]，率罢弊之卒[52]，将数百之众，转而攻秦。斩木为兵，揭竿为旗，天下云会而响应[53]，嬴粮而景从[54]，山东豪俊遂并起而亡秦族矣[55]。

且夫天下非小弱也，雍州之地，殽函之固自若也。陈涉之位，不尊于齐、楚、燕、赵、韩、魏、宋、卫、中山之君也，锄櫌棘矜[56]，不铦于钩戟长铩也[57]；谪戍之众，非抗于九国之师也[58]；深谋远虑，行军用兵之道，非及曩时之士也[59]。然而成败异变，功业相反。试使山东之国与陈涉度长絜大[60]，比权量力，则不可同年而语矣。然秦以区区之地，致万乘之权，招八州而朝同列[61]，百有馀年矣。然后以六合为家[62]，殽函为宫。一夫作难而七庙隳[63]，身死人手，为天下笑者，何也？仁义不施，而攻守之势异也。

《六臣注文选》卷五一

【注释】

[1]殽（xiáo 淆）函：殽山与函谷关的合称，在今陕西潼关以东至河南新安

一带,形势险要,是通往秦国的门户。　　[2]雍州:古九州之一,大体包括今陕西、甘肃及青海东部。　　[3]苞举:统括,全部占有。苞,通“包”。　　[4]八荒:八方,荒意指极远之地。[5]商君:即商鞅,又称公孙鞅或卫鞅,佐秦孝公变法,获封于商,称商君,《史记》卷六八有传。《汉书·艺文志》著录“《商君》二十九篇”。　　[6]连衡:或作“连横”,与“合纵”对言。“合纵”指位于殽函以东的诸侯国纵向联合对抗秦国,位于西方的秦国则横向联系个别国家破坏其合纵。　　[7]拱手而取西河之外:西河指魏国境内的黄河以西地区。秦孝公用商鞅之计,劝魏王造天子级别的宫室、冕旒,引齐、楚等国攻魏,秦国趁魏国之危,出兵占有西河之地(事见《战国策·齐策五》)。拱手,喻不费力。　　[8]“孝公既没”三句:秦孝公(前361—前338在位)死后,惠文王(前337—前311在位)、武王(前310—前307在位)相继登位。武王无子,死后立其异母弟,是为昭襄王(前306—前251在位),或称昭王。这几任国君,继承了孝公所遗留的国策。昭,《新书》作“昭襄”。　　[9]“南取汉中”四句:李斯《谏逐客书》:“惠王用张仪之计,拔三川之地,西并巴、蜀,北收上郡,南取汉中,包九夷,制鄢、郢,东据成皋之险,割膏腴之壤。”故“膏腴之地”指的是成皋,在今河南荥阳,原为韩地,前249年,秦伐韩,韩献其地。“要害之郡”指的是上郡,魏文侯所置,治所在今陕西榆林东南。汉中,原为楚地,前312年,秦取汉中并置郡,治所在今陕西汉中东。巴、蜀,指巴国与古蜀国。巴国在今重庆嘉陵江北,古蜀国在今四川成都。前308年,秦将司马错灭蜀。　　[10]弱:削弱。　　[11]致:招致。诸侯国为了削弱秦国,不惜耗费珍宝、土地,以招徕人才。　　[12]“齐有孟尝”四句:孟尝君田文、平原君赵胜、春申君黄歇、信陵君魏无忌,并称为“四公子”。他们为抗衡秦国,也为了自保,门下都养着两三千食客。　　[13]约从离横:约定合纵,离间连横。　　[14]兼韩、魏、燕、赵、宋、卫、中山之众:《史记·秦始皇本纪》“燕”下有“齐、楚”,以合下文“九国之师”之数。九国中,宋、卫、中山,势微早亡,下句“六国之士”指其馀韩、魏、燕、齐、楚、赵等六个大国。　　[15]甯越:赵国人。甯,同“宁”。徐尚:谋臣,未详何人。苏秦:东周洛阳人,《史记》卷六九有传。杜赫:周昭文君时谋臣。　　[16]齐明:东周臣,后仕秦、楚及韩。周最:本为周君之子,仕于齐。陈轸:夏人,先仕秦后仕楚。召滑:又作“昭滑”,仕楚。楼缓:魏文侯弟,为魏相,又称楼子。翟景:或谓即《战国策》中之“翟强”,仕魏。苏厉:苏秦之弟,仕齐。乐毅:本齐臣,后仕燕昭王为亚卿,《史记》卷八〇有传。通其意:即互通合纵攻秦之意。　　[17]吴起:卫国人,后仕魏文侯为将。孙膑:孙武之后,仕齐为将。吴起、孙膑,《史记》卷六五有传。田忌:齐国名将。带陀、兒良、王廖:未详何人,《吕氏春秋》说:“王廖贵先,兒良贵后。”可见也是战国时的名将。兒,通“倪”。廉颇、赵奢:皆赵将,《史记》卷八一有传。　　[18]仰关：中国地势西高东低，殽函以东的六国攻打秦国，是从下游往上游攻，故称仰关。仰，原作"叩"，据《新书》改。　[19]延：纳。　[20]矢：箭。镞（zú 族）：箭头。　[21]从散约解：合纵的盟约解散。　[22]弊：疲敝。　[23]橹：盾牌，《史记》作"卤"。　[24]伏：臣服。　[25]"施及孝文王"三句：秦孝文王（前250在位）与庄襄王（前249—前247在位）统治的时间很短，没有发生什么大事。施，延。　[26]六世之馀烈：六世，秦孝公、惠文王、武王、昭襄王、孝文王、庄襄王。烈，业。　[27]振长策：举起长鞭子，这是以挥鞭驱马来比喻以武力统治天下。　[28]二周：周考王封其弟于河南（今河南洛阳），为桓公。桓公之孙惠公立其长子曰西周公，又封其少子于巩（今河南巩县）曰东周惠公，于是有东西二周。前256年，秦灭西周，时为秦昭襄王五十一年；前249年灭东周，时为庄襄王元年。"吞二周"的是秦昭襄王与秦庄襄王，而不是秦始皇。　[29]六合：指天地四方。　[30]敲扑：短杖为敲，长杖为扑。此指刑罚。　[31]百越：战国、秦汉时期，称从会稽（秦郡，治所在今江苏苏州）到交趾（泛指五岭以南）的广大地区为百越。　[32]桂林：今广西桂平西南。象郡：今广西崇左。前241年，秦把原先的百越地区分成了桂林郡与象郡。　[33]俛首系头：低着头，脖子上系着绳子。俛，同"俯"。头，一作"颈"。　[34]蕃篱：蕃，通"藩"，屏障。　[35]士不敢弯弓而报怨：失去土地的人不敢拿起弓箭报复心中的怨恨。　[36]燔（fán 凡）百家之言：焚烧诸子百家之书。燔，焚烧。　[37]黔首：秦称百姓为黔首。黔，黑。　[38]隳（huī 灰）：毁坏，《新书》作"堕"。　[39]锋镝（dí 敌）：指代兵器。镝，通"镝"。锋是刃，镝是箭头。　[40]"践华为城"二句：以华山为城墙，把黄河当作护城河。下句"亿丈之城"即指华山，"不测之渊"谓黄河。　[41]渊：原本避李渊讳作"谿"，据《史记》、《新书》改。　[42]"良将劲弩"四句：大意是说派出良将和信得过的臣子，带着精锐的部队，把守在要害的地方，铺排开阵势，谁还敢怎么样呢？　[43]金城：形容城池坚固。　[44]殊俗：指远方异俗的国家。　[45]"然而陈涉"二句：陈涉，秦末农民起义首领，《史记》卷四八有传。瓮牖（yǒu 有）绳枢，用破罐子做窗户，用绳子系门轴，形容贫穷。　[46]甿（méng 萌）隶：对下层民众的贱称。甿，同"氓"。　[47]迁徙之徒：陈涉原本是被发配到渔阳（今北京密云西南）戍边的。　[48]中庸：中等人，平常人。庸，常。　[49]陶朱：即春秋时越国的范蠡，他晚年在陶（今山东定陶西北）经商致富，自称"朱公"，后世称其为陶朱公。猗（yī 衣）顿：春秋时鲁国人，养牛羊成巨富。陶朱、猗顿，事见《史记·货殖列传》。　[50]蹑（niè 聂）足行（háng 航）伍：古时军队二十五人为一行，五人为一伍。蹑，踩，踏。　[51]俛起阡陌之中：阡陌，道路。俛，同"俯"。陈涉是在发配渔阳的路途中发动起义的，故言"俛起阡陌"。"俛起阡陌"，《史记》作"俛起什伯"，"什伯"意为十人之长、百人之长。按《史记·陈涉世家》，当时"九百人屯大泽乡"，陈涉、吴广皆为屯长，即所谓百人长。　　[52]罢：通"疲"。　　[53]云会而响应：像云一样会合起来，像回声一样响应。　　[54]嬴粮而景从：挑着粮食跟着走。嬴，担，也写作"赢"。景从，如影随形。景，通"影"。　　[55]山东：战国、秦汉时期称崤山或华山以东为山东。　　[56]锄櫌（yōu 优）棘矜（qín 秦）：锄头、木杖。櫌，农具，形似锄，用于翻土。矜，矛柄。《淮南子·兵略训》言陈胜"伐棘枣而为矜"，即"斩木为兵"之意。　　[57]铦（xiān 先）：锋利。铩（shā 杀）：矛。　　[58]抗：抗衡。　　[59]曩（nǎng 囊，上声）：以往。　　[60]度（duó 夺）长絜（xié 斜）大：衡量大小。度、絜都是量的意思。　　[61]招八州而朝同列：是说天下有九州，秦国原来仅有雍州，统一之后，翘然为其馀八州之首；六国与秦国本来同为列国，现在六国要朝拜秦国。招，通"翘"，高举的样子。　　[62]"六合为家"二句：是说以天下为家，以殽山、函谷关为宫殿。　　[63]一夫作难而七庙隳：指陈涉一人发难，秦国七世宗庙皆毁。《礼记·王制》篇："天子七庙。"

【解析】

贾谊通过分析秦所以能够统一六国，又所以快速灭亡的原因，希望汉朝的统治者能有所反思。

文章开始极力描写秦国国势的强盛，铺张地渲染人才济济的"九国之师"对秦国如何无能为力。而如此强大的秦国，面对陈涉率领的疲弊之众却不堪一击，迅速土崩瓦解。为什么会形成这样的反差？贾谊的观点是："仁义不施，而攻守之势异也。"先前是攻取江山，后来是固守天下，形势变化了，秦的统治者却不知施行仁政，以致自取灭亡。"仁义不施，而攻守之势异也"，并不是贾谊空发的议论，而是有具体所指，背后是一整套的施政主张。这套主张的价值集中体现在三个方面：

第一，贾谊说的"施仁义"，是把"民心"作为"安危之本"摆在首位的，具有民本主义的思想倾向。秦兼并六国，尽管是靠诡诈与强力，贾谊还是肯定秦的历史功绩，这是因为统一给百姓带来了和平的希望。但秦始皇不知顺势安民，坚持以刑罚"鞭笞天下"。陈涉首义，天下云会响应，百姓嬴粮景从。贾谊由此看到了人民在推翻暴秦的过程中所起的决定性作用。

第二，"仁义"的具体内容是因时代与形势的不同而变化的。在《过秦论》中贾谊认为秦朝应当效仿周代，分封诸侯；但在《治安策》中他又提醒汉文帝要注意防范封国的势力过大，这就叫"攻守之势异也"。这种分析问题的视角，具有通达权变的优点。

第三，贾谊提到的秦应该采取而没有采取的一些仁政措施，在汉朝初年，特别在汉文帝统治时期，都先后得到了落实。秦帝国瓦解之后，历史曾一度倒退回战国纷争的局面。汉代建立之后，仍然分封了一批异姓或同姓的诸侯王。也是贾谊极有先见之明地提出"削藩"的建议，虽然最初未受重视，但后来实际上是按着贾谊的策略来处理的。《汉书》评价贾谊"虽不至公卿，未为不遇"，这是因为历史证明了他的价值。"前事之不忘，后事之师也"，就《过秦论》与汉初政治的关系而言，历史学的鉴戒功能确实体现得十分充分。

论贵粟疏

〔西汉〕晁错

【题解】

晁错（前200—前154），颍川（今河南禹州）人。年轻时跟从张恢学习申不害、商鞅的法家学说，后又跟随伏生学《尚书》。汉文帝时任太子舍人、家令等职。景帝即位后，为内史、御史大夫。《史记》卷一〇一、《汉书》卷四九有传。晁错坚持"重本抑末"政策，同时又提出"削藩"策，建议削减当时诸侯的封地和权力，巩固中央集权统治，因此招致各国诸侯的痛恨。后来吴楚七国以"请诛晁错，以清君侧"为名，发动叛乱，又加政敌袁盎、窦婴进谗言，致使晁错被斩东市。《汉书·艺文志》法家类著录《晁错》三十一篇，该书今已亡佚。现存较为完整的几篇文章，散见于《汉书》的《袁盎晁错传》、《荆燕吴传》和《食货志上》中。这篇《论贵粟疏》是晁错给汉文帝上的一封奏疏，题目为后人所加。"贵粟"就是重视粮食的意思。

圣王在上而民不冻饥者，非能耕而食之[1]，织而衣之也[2]，为开其资财之道也。故尧、禹有九年之水[3]，汤有七年之旱，而国亡捐瘠者[4]，以畜积多而备先具也[5]。今海内为一，土地人民之众不避汤、禹[6]，加以亡天灾数年之水旱，而畜积未及者，何也？地有遗利[7]，民有馀力，生谷之土未尽垦，山泽之利未尽出也，游食之民未尽归农也[8]。民贫，则奸邪生。贫生于不足，不足生于不农，不农则不地著[9]，不地著则离乡轻家。民如鸟兽，虽有高城深池，严法重刑，犹不能禁也。

夫寒之于衣，不待轻暖[10]；饥之于食，不待甘旨[11]。饥寒至身，不顾廉耻。人情，一日不再食则饥[12]，终岁不制衣则寒。夫腹饥不得食，肤寒不得衣，虽慈母不能保其子，君安能以有其民哉！明主知其然也[13]，故务民于农桑[14]，薄赋敛，广畜积，以实仓廪，备水旱，故民可得而有也。

民者，在上所以牧之[15]，趋利如水走下，四方亡择也[16]。夫珠玉金银，饥不可食，寒不可衣，然而众贵之者，以上用之故也。其为物轻微易臧[17]，在于把握，可以周海内而亡饥寒之患。此令臣轻背其主，而民易去其乡，盗贼有所劝[18]，亡逃者得轻资也[19]。粟米布帛生于地，长于时[20]，聚于力，非可一日成也。数石之重[21]，中人弗胜[22]，不为奸邪所利，一日弗得而饥寒至。是故明君贵五谷而贱金玉。

今农夫五口之家，其服役者不下二人[23]，其能耕者不过百晦[24]，百晦之收不过百石。春耕夏耘，秋获冬臧，伐薪樵[25]，治官府[26]，给徭役[27]。春不得避风尘，夏不得避暑热，秋不得避阴雨，冬不得避寒冻，四时之间，亡日休息。又私自送往迎来[28]，吊死问疾，养孤长幼在其中。勤苦如此，尚复被水旱之灾[29]，急政暴赋[30]，赋敛不时[31]，朝令而暮改。当具有者半贾而卖[32]，亡者取倍称之息[33]，于是有卖田宅鬻子孙以偿责者矣[34]。而商贾大者积贮倍息[35]，小者坐列贩卖[36]，操其奇赢[37]，日游都市，乘上之急[38]，所卖必倍。故其男不耕耘，女不蚕织，衣必文采，食必粱肉，亡农夫之苦，有仟伯之得[39]。因其富厚，交通王侯[40]，力过吏势，以利相倾[41]，千里游敖[42]，冠盖相望[43]，乘坚策肥[44]，履丝曳缟[45]。此商人所以兼并农人，农人所以流亡者也。

今法律贱商人[46]，商人已富贵矣；尊农夫，农夫已贫贱矣。故俗之所贵，主之所贱也；吏之所卑，法之所尊也。上下相反，好恶乖迕[47]，而欲国富法立，不可得也。方今之务，莫若使民务农而已矣。欲民务农，在于贵粟。贵粟之道，在于使民以粟为赏罚。今募天下入粟县官[48]，得以拜爵，得以除罪。如此，富人有爵，农民有钱，粟有所渫[49]。夫能入粟以受爵，皆有馀者也。取于有馀，以供上用，则贫民之赋可损，所谓损有馀，补不足，令出而民利者也。顺于民心，所补者三：一曰主用足，二曰民赋少，三曰劝农功[50]。今令民有车骑马一匹者[51]，复卒三人[52]。车骑者，天下武备也，故为复卒。神农之教曰[53]："有石城十仞[54]，汤池百步[55]，带甲百万，而亡粟，弗能守也。"以是观之[56]，粟者，王者大用，政之本务[57]。令民入粟受爵，至五大夫以上[58]，乃复一人耳，此其与骑马之功相去远矣。爵者，上之所擅，出于口而亡穷；粟者，民之所种，生于地而不乏。夫得高爵与免罪，人之所甚欲也。使天下入粟于边, 以受爵免罪, 不过三岁, 塞下之粟必多矣[59]。

《汉书》卷二四上《食货志上》

【注释】

[1]耕而食(sì 四)之: 给耕者饭吃。　　[2]织而衣(yì 艺)之: 给织者衣穿。　　[3]尧、禹有九年之水: 据《史记·五帝本纪》及《夏本纪》记载, 尧时洪水泛滥, 尧命鲧治水, 九年而水不息。后来鲧的儿子禹继续治水, 最终取得成功。　　[4]亡: 通"无"。捐瘠者: 被抛弃和瘦得不成样子的人。　　[5]畜: 通"蓄", 积蓄。备先具: 提前做好防备的措施。　　[6]不避: 不亚于。　　[7]地有遗利: 土地还有遗留下的利益, 指还没有充分使用。　　[8]游食之民: 不肯自食其力的游民。　　[9]地著(zhuó 浊): 这里指不随便迁徙。著, 附着, 固定。　　[10]煖: 同"暖"。　　[11]甘旨: 味美的食物。　　[12]不再食: 不吃两顿饭。再, 两次。　　[13]知其然: 知道道理是这样的。　　[14]务民于农桑: 使百姓致力于农业生产。　　[15]在上所以牧之: 在于国君用什么方法去治理。牧, 牧养, 这里指统治。　　[16]四方亡(wú 无)择: 对于东西南北是没有选择的。亡, 无。　　[17]易臧: 易于收藏。臧, 同"藏"。　　[18]劝: 鼓励, 这里指引诱、助长。　　[19]轻资: 轻便的资财。　　[20]长于时: 按一定的时节生长。　　[21]石(dàn 但): 古代容量单位, 一石为十斗, 一百二十斤。　　[22]中人: 中等才能的人。弗胜(shēng 生): 不能胜任, 指拿不动。　　[23]服役: 从事官府的劳役。　　[24]晦: 同"亩"。　　[25]薪樵: 做饭用的柴。　　[26]治官府: 修治官家的房屋。　　[27]给(jǐ 己)徭役: 给官府服劳役。　　[28]"又私自送往迎来"三句: 在私人方面, 又要交际往来, 吊唁死者, 看望病人, 抚养孤老, 养育幼儿等, (以上各种费用)都在百亩收入中。长(zhǎng 掌), 这里指抚养长大。　　[29]被: 遭受。　　[30]急政: 用急暴的手段征收赋税。政, 通"征"。　　[31]赋敛不时: 征收赋税没有一定的时候。　　[32]当具有者半贾而卖: 碰到有粮食的人, 按半价卖掉粮食来纳税。"具", 一本作"其"。贾(jià 价), 通"价"。　　[33]亡者取倍称(chèn 衬)之息: 碰到没有粮食的人, 被(借贷人)收取加倍的利息。　　[34]鬻(yù 玉): 卖。责(zhài 债): 同"债", 债务。　　[35]商贾(gǔ 古): 商人。积贮倍息: 囤积货物, 获取加倍的利息。　　[36]坐列: 摆摊设市。　　[37]操其奇(jī 基)赢: 拿着他的馀财。奇, 馀数。　　[38]"乘上之急"二句: 趁着朝廷急需, 所卖的商品价格必定加倍。　　[39]仟伯: 仟倍佰倍。一本作"阡陌", 原指田间小路, 代指田地, 即享受田里的收成。　　[40]交通: 结交。　　[41]以利相倾: 为盈利而相互倾

轧。 [42]游敖：游乐。敖，通"遨"。 [43]冠盖相望：（商人们）冠服驾车往来不断。冠盖，冠冕和车盖。 [44]乘坚策肥：乘坐坚固的车子，鞭策肥壮的马。 [45]履丝曳(yè 叶)缟：穿着丝织品的鞋子，拖着丝绸衣服。缟，白色的丝织品。 [46]"今法律贱商人"四句：汉代实行重农抑商政策，所以说法律尊农夫，轻商人。 [47]乖迕(wǔ 午)：同义连用，都表示"违背"。 [48]今募天下入粟县官：现在号召天下给朝廷纳粮。 [49]粟有所渫(xiè 谢)：粮食有流通的地方。渫，分散。 [50]劝农功：鼓励农业生产。 [51]车骑(jì 寄)马：用于车骑的马，指既能驾战车又能供骑兵单骑的马。 [52]复卒三人：可以免除三个人的兵役。复，免除。 [53]神农：古代传说中的部落首领，教民稼穑，发明农具，振兴农业，所以称神农。 [54]仞：长度单位，一仞周代八尺，汉代七尺。 [55]汤池：（仿佛）灌满沸水的护城河。用来比喻严固，不能接近。百步：指护城河的宽度。 [56]以是：由此。是，这，指神农之言。 [57]政之本务：治政最根本的事情。 [58]五大夫：爵位名，汉代第九等爵位。 [59]塞下之粟：供边塞用的军粮。

【解析】

我国古代以农业为本，以工商为末。但在汉文帝时代，由于社会安定和商品经济的发展，商人囤积货物高价竞售，而农民为交赋税，被迫贱卖粮食，甚至卖儿鬻女以偿还利息，这样一来便引发了农民"不地著则离乡轻家"的现象。同时，贱五谷而贵金玉也成为时尚，农业、商业的地位逐渐本末倒置。为了解决这些问题，晁错向汉文帝提出了"贵粟"的主张。贵粟，不仅仅是重农问题。在晁错看来，重视粮食，一方面可以减轻农民负担，缓解农民流亡的处境，促进社会安定；同时也为备战备荒做好充分的粮食储存，与巩固边防也有重要的关系。因此，当务之急是要振兴农业。如何鼓励百姓投入农业生产呢？晁错提出"贵粟之道，在于使民以粟为赏罚"，就是将粮食转换为商品变为金钱，百姓可以用粮食买到爵位，也可以用来赎罪。

晁错重农抑商、入粟于官、拜爵除罪等一系列主张受到汉文帝的重视和采纳，有力地促进了农业生产的发展，具有十分积极的意义。

举贤良对策

〔西汉〕董仲舒

【题解】

董仲舒（前179—前104），广川（今河北景县西南）人，少治《春秋》，汉景帝时为博士。后任江都相、胶西王相，晚年因私撰灾异之书获罪，以老病免归。《汉书》卷五六有传。其著作主要有《春秋繁露》传世。董仲舒治《春秋》，以"公羊学"为骨干，融合先秦以来的天命、阴阳及道家学说，建构了一套以"天人感应"为核心的儒学思想体系。汉武帝元光元年（前134），诏举贤良方正直言极谏之士，董仲舒上对策三篇，即所谓"天人三策"。这里节选的是其第三策。

臣闻《论语》曰："有始有卒者[1]，其唯圣人乎！"今陛下幸加惠，留听于承学之臣[2]，复下明册[3]，以切其意，而究尽圣德[4]，非愚臣之所能具也。前所上对[5]，条贯靡竟，统纪不终，辞不别白，指不分明，此臣浅陋之罪也。

册曰："善言天者必有征于人[6]，善言古者必有验于今。"臣闻天者群物之祖也，故遍覆包函而无所殊，建日月风雨以和之，经阴阳寒暑以成之。故圣人法天而立道，亦溥爱而亡私[7]，布德施仁以厚之，设谊立礼以导之[8]。春者，天之所以生也；仁者，君之所以爱也。夏者，天之所以长也；德者，君之所以养也。霜者，天之所以杀也；刑者，君之所以罚也。繇此言之[9]，天人之征[10]，古今之道也。孔子作《春秋》，上揆之天道[11]，下质诸人情[12]；参之于古，考之于今。故《春秋》之所讥[13]，灾害之所加也；《春秋》之所恶，怪异之所施也。书邦家之过[14]，兼灾异之变，以此见人之所为，其美恶之极，乃与天地流通而往来相应，此亦言天之一端也。

古者修教训之官，务以德善化民，民已大化之后，天下常亡一人之狱矣。今世废而不修，亡以化民，民以故弃行谊而死财利[15]，是以犯法而罪多[16]，一岁之狱，以万千数。以此见古之不可不用也，故《春秋》变古则讥之[17]。

天令之谓命[18]，命非圣人不行。质朴之谓性，性非教化不成。人欲之谓情，情非度制不节。是故王者上谨于承天意，以顺命也；下务明教化民，以成性也；正法度之宜，别上下之序，以防欲也。修此三者，而大本举矣。人受命于天，固超然异于群生，入有父子兄弟之亲，出有君臣上下之谊，会聚相遇，则有耆老长幼之施[19]；粲然有文以相接[20]，欢然有恩以相爱，此人之所以贵也。生五谷以食之，桑麻以衣之，六畜以养之，服牛乘马[21]，圈豹槛虎，是其得天之灵，贵于物也。故孔子曰："天地之性人为贵[22]。"明于天性，知自贵于物；知自贵于物，然后知仁谊。知仁谊 ，然后重礼节；重礼节，然后安处善[23]。安处善，然后乐循理[24]；乐循理，然后谓之君子。故孔子曰"不知命[25]，亡以为君子"，此之谓也。

册曰："上嘉唐、虞[26]，下悼桀、纣[27]，寖微寖灭寖明寖昌之道[28]，虚心以改。"臣闻众少成多，积小致巨，故圣人莫不以暗致明，以微致显。是以尧发于诸侯，舜兴乎深山[29]，非一日而显也，盖有渐以致之矣。言出于己，不可塞也；行发于身，不可掩也。言行，治之大者，君子之所以动天地也。故尽小者大[30]，慎微者著。《诗》云："惟此文王[31]，小心翼翼。"故尧兢兢日行其道，而舜业业日致其孝，善积而名显[32]，德章而身尊，此其寖明寖昌之道也。

积善在身[33]，犹长日加益，而人不知也；积恶在身，犹火之销膏，而人不见也。非明乎情性、察乎流俗者，孰能知之？此唐、虞之所以得令名，而桀、纣之可为悼惧者也。夫善恶之相从[34]，如景乡之应形声也。故桀、纣暴谩[35]，谗贼并进，贤知隐伏[36]，恶日显，国日乱，晏然自以如日在天[37]，终陵夷而大坏[38]。夫暴逆不仁者，非一日而亡也，亦以渐至，故桀、纣虽亡道，然犹享国十馀年，此其寖微寖灭之道也。

册曰："三王之教所祖不同[39]，而皆有失，或谓久而不易者道也，意岂异哉？"臣闻夫乐而不乱[40]、复而不厌者谓之道，道者万世亡弊[41]，弊者道之失也。先王之道必有偏而不起之处[42]，故政有眊而不行，举其偏者以补其弊而已矣。三王之道所祖不同[43]，非其相反，将以救溢扶衰，所遭之变然也。故孔子曰："亡为而治者[44]，其舜乎！"改正朔[45]，易服色，以顺天命而已，其馀尽循尧道，何更为哉！故王者有改制之名，亡变道之实。然夏上忠[46]、殷上敬、周上文者，所继之救[47]，当用此也。孔子曰："殷因于夏礼[48]，所损益可知也。周因于殷礼，所损益可知也。其或继周者，虽百世可知也。"此言百王之用[49]，以此三者矣。夏因于虞[50]，而独不言所损益者，其道如一而所上同也。道之大，原出于天，天不变，道亦不变，是以禹继舜，舜继尧，三圣相受而守一道，亡救弊之政也，故不言其所损益也。繇是观之，继治世者其道同[51]，继乱世者其道变。今汉继大乱之后，若宜少损周之文致[52]，用夏之忠者。

陛下有明德嘉道，愍世俗之靡薄[53]，悼王道之不昭[54]，故举贤良方正之士，论议考问，将欲兴仁谊之休德[55]，明帝王之法制，建太平之道也。臣愚不肖，述所闻，诵所学，道师之言，廑能勿失耳[56]。若乃论政事之得失，察天下之息秏[57]，此大臣辅佐之职，三公九卿之任，非臣仲舒所能及也。然而臣窃有怪者。夫古之天下亦今之天下，今之天下亦古之天下，共是天下，古以大治，上下和睦，习俗美盛，不令而行，不禁而止，吏亡奸邪，民亡盗贼，囹圄空虚[58]，德润草木，泽被四海[59]，凤皇来集[60]，麒麟来游，以古准今[61]，壹何不相逮之远也！安所缪盭而陵夷若是[62]？意者有所失于古之道与[63]？有所诡于天之理与[64]？试迹之于古[65]，返之于天，党可得见乎。

夫天亦有所分予[66]，予之齿者去其角，傅其翼者两其足，是所受大者不得取小也。古之所予禄者，不食于力，不动于末[67]，是亦受大者不得取小，与天同意者也。夫已受大[68]，又取小，天不能足，而况人乎！此民之所以嚣嚣苦不足也[69]。身宠而载高位[70]，家温而食厚禄，因乘富贵之资力，以与民争利于下，民安能如之哉[71]！是故众其奴婢，多其牛羊，广其田宅，博其产业，畜其积委[72]，务此而亡已，以迫蹶民[73]，民日削月朘[74]，寖以大穷。富者奢侈羡溢[75]，贫者穷急愁苦。穷急愁苦而上不救，则民不乐生。民不乐生，尚不避死，安能避罪！此刑罚之所以蕃而奸邪不可胜者也[76]。故受禄之家[77]，食禄而已，不与民争业，然后利可均布，而民可家足。此上天之理，而亦太古之道，天子之所宜法以为制，大夫之所当循以为行也。

故公仪子相鲁[78]，之其家见织帛，怒而出其妻[79]，食于舍而茹葵[80]，愠而拔其葵，曰："吾已食禄，又夺园夫、红女利乎[81]！"古之贤人君子在列位者皆如是，是故下高其行而从其教[82]，民化其廉而不贪鄙。及至周室之衰，其卿大夫缓于谊而急于利，亡推让之风而有争田之讼。故诗人疾而刺之，曰："节彼南山[83]，惟石岩岩，赫赫师尹，民具尔瞻。"尔好谊[84]，则民乡仁而俗善；尔好利，则民好邪而俗败。由是观之，天子、大夫者，下民之所视效[85]，远方之所四面而内望也[86]。近者视而放之[87]，远者望而效之，岂可以居贤人之位[88]，而为庶人行哉！夫皇皇求财利常恐乏匮者[89]，庶人之意也；皇皇求仁义常恐不能化民者，大夫之意也。《易》曰："负且乘[90]，致寇至。"乘车者，君子之位也，负担者小人之事也，此言居君子之位而为庶人之行者，其患祸必至也。若居君子之位，当君子之行，则舍公仪休之相鲁[91]，亡可为者矣。

《春秋》大一统者[92]，天地之常经，古今之通谊也。今师异道[93]，人异论，百家殊方，指意不同，是以上亡以持一统；法制数变，下不知所守。臣愚以为诸不在六艺之科[94]、孔子之术者，皆绝其道，勿使并进。邪辟之说灭息[95]，然后统纪可一而法度可明，民知所从矣。

《汉书》卷五六《董仲舒传》

【注释】

[1]"有始有卒者"二句：是说有始有终的，大概只有圣人吧。语见《论语·子张》。汉武帝第三次发下的策问是："制曰：盖闻'善言天者必有征于人，善言古者必有验于今'。故朕垂问乎天人之应，上嘉唐、虞，下悼桀、纣，寖微寖灭寖明寖昌之道，虚心以改。今子大夫明于阴阳所以造化，习于先圣之道业，然而文采未极，岂惑乎当世之务哉？条贯靡竟，统纪未终，意朕之不明与？听若眩与？夫三王之教所祖不同，而皆有失，或谓久而不易者道也，意岂异哉？今子大夫既已著大道之极，陈治乱之端矣，其悉之究之，孰之复之。《诗》不云乎？'嗟尔君子，毋常安息，神之听之，介尔景福。'朕将亲览焉，子大夫其茂明

之。"其中提到董仲舒前两篇对策"条贯靡竟，统纪未终"，故董仲舒在第三篇开头先引《论语》的这句话，表示自谦。　　[2]承学之臣：辗转承受了前代学问的人，这是自谦的说法。　　[3]"复下明册"二句：大意是说天子再次降下英明的册书，责问其中的意义。帝王把问题写在简册上，令臣子作答，即称"册"，也写作"策"。下文标明"册曰"的，都是汉武帝提出的策问。臣子对帝王策问的答复则称"对策"。切，责。　　[4]"究尽圣德"二句：是说要彻底探究圣德，这不是愚臣所能全面论说的。　　[5]"前所上对"五句：是说前次所上的对策，缺乏贯彻始终的条理，词句不明白，意旨不明确。别白，与下句"分明"互文见义，都是清晰、明白的意思。指，通"旨"。下同。　　[6]"善言天者必有征于人"二句：《荀子·性恶篇》："故善言古者必有节于今，善言天者必有征于人。"意思是善说天象的人，必能在人事上找到印证；善说古事的人，必能在现实中获得检验。征，验。　　[7]溥：通"普"，遍。　　[8]谊：通"义"。下同。　　[9]繇：通"由"。下同。　　[10]"天人之征"二句：是说天和人之间的征验，是古往今来的道理。　　[11]揆（kuí 葵）：度量，估量。　　[12]质：评断，评量。诸："之于"的合音。　　[13]"故《春秋》之所讥"四句：是说《春秋》所讥刺的，是灾害的出现；《春秋》所憎恶的，是怪异施威。　　[14]"书邦家之过"六句：大意是说《春秋》记载国家的过失，兼及灾异的变化，用以反映人的行为，人间善恶的两极是与天地相通而互相感应的，这是天道的一个方面。　　[15]弃行谊而死财利：放弃德行、道义，为财利而死。　　[16]犯法：一作"法犯"。　　[17]《春秋》变古则讥之：是说《春秋》遇到有改变古制的事，就加以讥刺。如《春秋公羊传》宣公十五年说："上变古易常，应是而有天灾。"　　[18]"天令之谓命"六句：大意是说命是天的指令，非圣人不能执行；性是人与生俱来的本质，不经过教化，不能臻于美善；情是人的欲望，如果没有制度，就得不到节制。　　[19]耆（qí 其）：老。　　[20]粲（càn 灿）然有文以相接：是说有辉煌的礼乐文明以相交接。粲然，光明的样子。　　[21]服牛乘马：用牛载物，乘驾其马。服，用牛马驾车。　　[22]天地之性人为贵：《孝经·圣治章》："天地之性人为贵，人之行莫大于孝。"意为凡生于天地之间者，以人最为宝贵。　　[23]安处善：以行善道为安。　　[24]乐循理：乐于顺理。循，顺。　　[25]"不知命"二句：《论语·尧曰》："孔子曰：'不知命，无以为君子也。'"是说不知天命，无法成为君子。　　[26]唐、虞：唐尧、虞舜，皆为上古帝王。　　[27]悼：惧。桀、纣：夏桀、商纣，夏商两朝的亡国之君。　　[28]寖（jìn 进）微寖灭寖明寖昌：指桀、纣的政权日渐微灭，尧、舜日益昌明。寖，"浸"的古字，渐。　　[29]舜兴乎深山：《管子·版法解》、《吕氏春秋·慎人》等文中均有"舜耕于历山"的说法。　　[30]"尽小者大"二句：能把小事做到位，才能办成大事；能慎重于隐微之事，才能预见到显著的变化。　　[31]"惟此文王"二句：《诗·大雅·大明》："维此文王，小心翼翼。昭事上帝，聿怀多福。"是说文王恭敬、慎重的样子。　　[32]"善积而名显"二句：是说善行积累之后，声名更为显著；德行彰明之后，身份更为尊贵。　　[33]"积善在身"六句：是说积累善行，好像夏季逐日天长，人感觉不到；积累恶行，好像膏油一点点燃烧，人也看不见。　　[34]"善恶之相从"二句：是说善与恶互相随，就像身体有影子、声响有回音一样。景，通"影"。乡，通"响"。　　[35]暴谩：残暴，怠惰。谩，通"慢"，怠慢，简慢。　　[36]知：通"智"。　　[37]晏然自以如日在天：安逸地自认为如日中天。晏然，平静、安逸的样子。　　[38]陵夷：衰颓。陵、夷二字本为渐趋平坦之意，引申为衰微。　　[39]"三王之教所祖不同"四句：大意是说夏、商、周三代的教化有不同的宗尚，也都有缺点，人说长久而不变的才是道，为什么又会有差别呢？　　[40]"乐而不乱"二句：《荀子·乐论》："君子乐得其道，小人乐得其欲；以道制欲则乐而不乱，以欲忘道则惑而不乐。"意思是说乐而不至于乱、反复实行而仍不餍足的叫作道。"复而不厌"，或作"服而不厌"（《春秋繁露·天地阴阳》），义皆可通。厌，通"餍"，满足。　　[41]"万世亡（wú 吴）弊"二句：大意是说道本身是万世无弊的，如果说有弊端，是因为没有遵循道的法则，才有了弊端。　　[42]"先王之道必有偏而不起之处"三句：是说先王之道一定有偏失而不起作用的时候，因此政治上如遇暗昧难行之处，找出偏失并补救其弊端就可以了。眊（mào 冒），眼睛昏暗无神，引申为不明的样子。　　[43]"三王之道所祖不同"四句：是说三代之道只是宗尚有所不同，并不互相违背，都是为了纠正过度、扶持衰败，由于其所遭遇的具体情况发生变化而造成了不同。溢，溢出，与"衰"的意思相反，"衰"是不足，"溢"是过度。　　[44]"亡为而治者"二句：《论语·卫灵公》："无为而治者，其舜也与？"　　[45]"改正朔"二句：改朝换代之后，要重新确定岁首是哪一天，要改变衣饰颜色的宗尚。正，正月。朔，初一日。　　[46]上：通"尚"，崇尚。　　[47]所继之救：意为纠正所继承的朝代的弊端。　　[48]"殷因于夏礼"六句：语出《论语·为政》。意思是说殷商沿袭夏朝的制度，其所增损兴革，是可以知道的；周代沿袭殷商的制度，其所增损兴革，也是可以知道的；将来如有人继承周朝的制度，就算过了一百代，也是可以预知的。　　[49]"此言百王之用"二句：是说百代的帝王，所用的都是"忠"、"敬"、"文"这三者。　　[50]"夏因于虞"三句：夏代继承了虞舜的制度，但孔子没说有所增损兴革，这是因为再往上追溯，道也是不变的。　　[51]"继治世者其道同"二句：是说继承了安定局面的，其法则沿袭不变；继承了混乱局面的，其法则就要改变。　　[52]若宜少损周之文致：应该稍微改变周代过分重视文华辞采的做法。致，极度。　　[53]愍（mǐn 悯）：忧虑。靡：散乱。薄：轻薄。　　[54]昭：明。　　[55]休：美。　　[56]廑：通"仅"。　　[57]息秏（hào 耗）：生长与消耗。秏，同"耗"。　　[58]囹圄（língyǔ 灵宇）：监狱。　　[59]泽被四海：恩泽覆盖四海。被，覆盖。　　[60]凤凰：即凤凰。　　[61]"以古准今"二句：拿古代来衡量今天，为何相差如此之远？准，准绳。逮，及，到。　　[62]安所缪盭（lì 力）而陵夷若是：是说为什么乖谬、背戾以致衰颓到这步田地。安，焉，表疑问语气。缪，通"谬"，悖谬。盭，古"戾"字，背戾。　　[63]与：通"欤"，用于句末表疑问语气。　　[64]诡：违背。　　[65]"试迹之于古"三句：是说试着追寻古人的行迹，返回天道，或者能够找到答案。党，通"傥"，表或然语气。　　[66]"夫天亦有所分予"四句：大意是说天所赐予万物的东西是有分别的，给了上齿的就不再给犄角（牛无上齿则有角），给了翅膀的就只给两只脚，也就是说接受了大的，就不能再拿小的了。此语本于《吕氏春秋·博志》："凡有角者无上齿，果实繁者木必庳（bēi 卑，低矮）。"牛齿的上排只有臼齿，而无门齿，看上去仿佛没有上牙，故古人观念中常认为"牛无上齿"。"予上齿者"，原作"予之齿者"。"之"、"上"篆文形近。《春秋繁露·度制》："天不重与，有角不得有上齿，故已有大者不得有小者，天数也。"今据《春秋繁露》改。傅，通"附"，附着。　　[67]末：古人以工商业为末事。　　[68]"夫已受大"四句：已得了大的好处，又要小的，天也无法满足这样的要求，何况人呢？　　[69]嚻嚻（áoáo 敖敖）：通"嗷嗷"，众人愁怨之声。　　[70]身宠而载高位：自身受宠而登上高位。载，乘，居。　　[71]如：当，比得上。　　[72]畜（xù 序）：通"蓄"。委：积累。　　[73]迫蹵（cù 促）：又写作"迫促"，压迫，逼促。　　[74]日削月朘（juān 捐）：日益削缩。朘，缩减。　　[75]羡溢：富馀，浪费。羡，多馀，超出。　　[76]"此刑罚"句：这就是刑罚繁多却不能禁止奸邪的原因。蕃，茂盛，繁多。　　[77]"受禄之家"五句：是说接受俸禄的人家，只靠俸禄生活，不和百姓争抢职业，这样利益可以均匀分布，百姓人家也可丰衣足食。　　[78]公仪子：春秋时鲁国博士，他担任鲁国相时，"奉法循理，无所变更，百官自正。使食禄者不得与下民争利，受大者不得取小"。事见《史记》卷一一九《循吏列传》。　　[79]出其妻：休了妻子。公仪子回家，见其妻织布，认为这是与民争利，故发怒休妻。　　[80]"食于舍而茹葵"二句：是说公仪子吃到自家种的冬葵，生气地把冬葵拔了。茹，吃。愠，怒。　　[81]红女：即织女。红，通"工"。　　[82]"下高其行而从其教"二句：是说因此下民都高赞他们的行为而听从他们的教化，百姓为其廉洁感化而不贪婪、卑鄙。　　[83]"节彼南山"四句：语出《诗·小雅·节南山》，是说终南山高峻，积石累累，权势显赫的太师尹，百姓们都像仰望南山一样望着你。节，高峻的样子。南山，终南山，横亘关中南面，绵延八百里，故称南山。赫赫，显明、盛大的样子。具，通"俱"。　　[84]"尔好谊"

四句：你重义，人民也会归向仁德，风俗趋善；你重利，百姓也会变得奸邪，从而败坏风俗。乡，通"向"。败，坏。　　[85]视效：一边看一边效仿，即下文"视而放之"的意思。　　[86]远方之所四面而内望也：远方的人从四面八方朝里面看。　　[87]放：通"仿"，效仿。　　[88]"岂可以居贤人之位"二句：怎么能够坐着公卿大夫的位子，反而像庶民一样行事呢！　　[89]"皇皇求财利常恐乏匮者"四句：是说忙忙碌碌地追逐利益、总怕财富不够，那是庶民的心理；忙忙碌碌地求仁义、常担心无以教化人民，这是士大夫的心理。　　[90]"负且乘"二句：这是《周易·解卦》的爻辞，是说担担子的人去坐车，将招致贼寇的侵害。意思是处在不符合自己身份的位置上，将招来祸事。　　[91]"舍公仪休之相鲁"二句：是说除了采取公仪休做鲁国宰相时的那套办法之外，没有别的办法了。　　[92]"《春秋》大一统者"三句：是说《春秋》重视一统，因为这是天地之间惯常的法则，古往今来共通的道理。经，常。大，以一统为大。　　[93]"今师异道"七句：是说现在教师讲的道理各不相同，众人各有观点，诸子百家方法各异，宗旨不一，所以上面没有一个统一的标准；法律制度多次改变，下面的人不知道该如何遵守。　　[94]六艺：即六经，指《易》、《礼》、《乐》、《诗》、《书》、《春秋》六部儒家经典。　　[95]辟：通"僻"。

【解析】

　　汉武帝即位之后，多次下诏举贤良方正直言极谏之士，亲自策问古今治道。他最关心的问题可以概括为两个方面：第一是天人关系，即"天命"、"灾异"与现实政治之间的关系如何。第二是古今之变，即历代帝王的统治有无一以贯之的方略，为什么有的朝代日益昌盛，有的朝代却日渐衰亡。在前后对策的百馀人中，董仲舒的两次对策脱颖而出。汉武帝"览其对而异焉"，但又觉得尚有言不尽意之处。于是在武帝的追问之下，董仲舒又进行了第三次对策。

　　对于天人关系，董仲舒认为：上天发下的指令是不可违抗的，这就是"天命"；人与生俱来的本质称为"性"，人性后天的"善"或"恶"体现了教化的有无；人本能的欲望叫作"情"，情需要由礼法来节制。因此，上承天命的统治者所必须做的事情，首先是改善人性，对人民实行普遍的教化；其次还要设立礼乐、刑法等制度以节制人欲。统治者如果失道，上天就会降下谴告，"灾异"就是天命的谴告，因此《春秋》中对"灾异"所持的是讥刺与憎恶的态度。

对于古今之变，董仲舒从"天不变，道亦不变"的起点出发，认为圣道是万世一理的。"道"本身并没有问题，如果统治者施政合理的话，是可以做到永世无弊的；历史上出了问题的朝代，都是因为出现了弊政，是统治者的问题，而不是"道"的问题。由此他提出了"继治世者其道同，继乱世者其道变"的论断。治世的继承者应维持治道不变，乱世的继承者就需要改变治国的策略。这种策略性的改变，董仲舒称之为"救弊"，并且他认为汉朝继承的是秦代留下的烂摊子，因此到了需要"救弊"的时候。

对策的后半部分由理论阐述转入更为具体的政治分析。除了兴教化、行德政之外，董仲舒针对当时贫富分化、矛盾尖锐的社会问题，提出"受禄之家，食禄而已，不与民争业"的政治主张，已享受了国家俸禄的公卿士大夫阶层，不应再与民争利，染指其他行业。这是因为从天命的角度来解释，上天的赐予是有限的，万物都不能重复获得过多的好处。从现实层面考虑，处于社会上流的公卿阶层，理应起道德示范的作用，不该把"求财利"放在首位。过分看重财利，就无法改善人性；而人性一旦恶化，再加上生活没有着落，将使民不畏死，届时任何严刑酷法也无法挽回社会的崩溃。

"《春秋》大一统者，天地之常经，古今之通谊也。"这句话应该看作是全部三次对策的总结论。统，是统绪的意思，诸侯的统绪出自天子，万事万物也都有统绪，这个统绪就是天。而"天人"与"古今"等一系列问题，都可以在《春秋》中找到答案，也就是司马迁说的"万物之散聚，皆在《春秋》"（《史记》卷一三〇《太史公自序》）。"天人三策"的最后提议："诸不在六艺之科、孔子之术者，皆绝其道。"可见董仲舒的"大一统"，是强调重视政治制度与思想文化的统一。

"天人三策"的积极意义主要在于：它在宣扬皇权天授的同时，又指出皇权的合法性还应来源于其道德性。统治者必须施行德政、重视民生，天命才能久长，这是希图对皇权做一定的限制。一个强大的国家需要道德价值来支撑。秦始皇兼并六国，只完成了政治上的统一，秦的暴政又导致其短命而亡。汉代建立后，统治者力惩秦弊，奉行无为而治，但在思想文化上少有建设。董仲舒的贤良对策就是在一个恰当的时候，起了倡导统一国家意识形态的作用，体现了"道统"对"政统"的有效介入与结合。

越王句践世家

〔西汉〕司马迁

【题解】

司马迁（前145? —前86? ）字子长，夏阳（今陕西韩城）人。其父司马谈汉武帝时为太史令。司马迁少承庭训，又学于孔安国、董仲舒等大儒，故学识极渊博。汉武帝元封三年（前108）为太史令，继承父志编撰《史记》。后因为李陵败降辩解而触怒汉武帝，遭受宫刑。后任中书令，发愤著书，完成《史记》。

《史记》是中国历史上第一部纪传体通史，记载了上起传说中的黄帝时代，下讫汉武帝元狩元年（前122）共三千多年的历史，为二十四史之首。《史记》包括十二本纪、三十世家、七十列传、十表、八书，共一百三十篇，约五十二万六千多字，全面总结了西汉武帝之前的中国历史。《史记》不仅是一部优秀的史学著作，而且文学成就极高，鲁迅誉为"史家之绝唱，无韵之离骚"，对后世的史学和文学影响极为深远。

本文选自《史记》卷四一《越王句践世家》。这段文字记述了越王句践在贤臣范蠡、文种的辅助下，在濒临亡国的逆境中卧薪尝胆，继而富国强兵，最终灭吴的事迹。文中句践及众贤臣的形象栩栩如生，所昭示的越灭吴更是春秋末的重大事件，标志着战国时代的到来。

越王句践[1]，其先禹之苗裔[2]，而夏后帝少康之庶子也[3]。封于会稽[4]，以奉守禹之祀[5]。文身断发[6]，披草莱而邑焉。后二十馀世，至于允常[7]。允常之时，与吴王阖庐战而相怨伐[8]。允常卒，子句践立，是为越王。

元年[9]，吴王阖庐闻允常死，乃兴师伐越[10]。越王句践使死士挑战[11]，三行，至吴陈[12]，呼而自刭[13]。吴师观之，越因袭击吴师，吴师败于槜李[14]，射伤吴王阖庐。阖庐且死，告其子夫差曰[15]："必毋忘越。"

三年，句践闻吴王夫差日夜勒兵[16]，且以报越，越欲先吴未发往伐之。范蠡谏曰[17]："不可。臣闻兵者凶器也，战者逆德也[18]，争者事之末也。阴谋逆德，好用凶器，试身于所末，上帝禁之，行者不利。"越王曰："吾已决之矣。"遂兴师。吴王闻之，悉发精兵击越，败之夫椒[19]。越王乃以馀兵五千人保栖于会稽[20]。吴王追而围之。

越王谓范蠡曰："以不听子故至于此，为之奈何？"蠡对曰："持满者与天[21]，定倾者与人[22]，节事者以地。卑辞厚礼以遗之，不许，而身与之市[23]。"句践曰："诺。"乃令大夫种行成于吴[24]，膝行顿首曰："君王亡臣句践使陪臣种敢告下执事：句践请为臣，妻为妾。"吴王将许之。子胥言于吴王曰[25]："天以越赐吴，勿许也。"种还，以报句践。句践欲杀妻子，燔宝器[26]，触战以死[27]。种止句践曰："夫吴太宰嚭贪[28]，可诱以利，请间行言之[29]。"于是句践乃以美女宝器令种间献吴太宰嚭。嚭受，乃见大夫种于吴王。种顿首言曰："愿大王赦句践之罪，尽入其宝器。不幸不赦，句践将尽杀其妻子，燔其宝器，悉五千人触战，必有当也[30]。"嚭因说吴王曰："越以服为臣，若将赦之，此国之利也。"吴王将许之。子胥进谏曰："今不灭越，后必悔之。句践贤君，种、蠡良臣，若反国，将为乱。"吴王弗听，卒赦越，罢兵而归。

句践之困会稽也，喟然叹曰[31]："吾终于此乎？"种曰："汤系夏台[32]，文王囚羑里[33]，晋重耳奔翟[34]，齐小白奔莒[35]，其卒王霸。由是观之，何遽不为福乎[36]？"

吴既赦越，越王句践反国，乃苦身焦思，置胆于坐[37]，坐卧即仰胆，饮食亦尝胆也。曰："女忘会稽之耻邪？"身自耕作，夫人自织，食不加肉，衣不重采，折节下贤人[38]，厚遇宾客，振贫吊死[39]，与百姓同其劳。欲使范蠡治国政，蠡对曰："兵甲之事，种不如蠡；填抚国家[40]，亲附百姓，蠡不如种。"于是举国政属大夫种，而使范蠡与大夫柘稽行成[41]，为质于吴。二岁而吴归蠡。

句践自会稽归七年，拊循其士民[42]，欲用以报吴。大夫逢同谏曰[43]："国新流亡，今乃复殷给[44]，缮饰备利[45]，吴必惧，惧则难必至。且鸷鸟之击也[46]，必匿其形。今夫吴兵加齐、晋，怨深于楚、越，名高天下，实害周室，德少而功多，必淫自矜。为越计，莫若结齐，亲楚，附晋，以厚吴。吴之志广，必轻战。是我连其权，三国伐之，越承其弊，可克也。"句践曰："善。"

　　居二年，吴王将伐齐。子胥谏曰："未可。臣闻句践食不重味，与百姓同苦乐。此人不死，必为国患。吴有越腹心之疾，齐与吴，疥癣也[47]。愿王释齐先越。"吴王弗听，遂伐齐，败之艾陵[48]，虏齐高、国以归。让子胥。子胥曰："王毋喜！"王怒，子胥欲自杀，王闻而止之。越大夫种曰："臣观吴王政骄矣，请试尝之贷粟，以卜其事。"请贷，吴王欲与，子胥谏勿与，王遂与之，越乃私喜。子胥言曰："王不听谏，后三年吴其墟乎[49]！"太宰嚭闻之，乃数与子胥争越议，因谗子胥曰："伍员貌忠而实忍人，其父兄不顾，安能顾王？王前欲伐齐，员强谏，已而有功，用是反怨王。王不备伍员，员必为乱。"与逢同共谋，谗之王。王始不从，乃使子胥于齐，闻其托子于鲍氏，王乃大怒，曰："伍员果欺寡人！"役反，使人赐子胥属镂剑以自杀。子胥大笑曰："我令而父霸[50]，我又立若[51]，若初欲分吴国半予我，我不受，已，今若反以谗诛我。嗟乎，嗟乎，一人固不能独立[52]！"报使者曰："必取吾眼置吴东门，以观越兵入也！"于是吴任嚭政[53]。

　　居三年，句践召范蠡曰："吴已杀子胥，导谀者众，可乎？"对曰："未可。"

　　至明年春，吴王北会诸侯于黄池[54]，吴国精兵从王，惟独老弱与太子留守。句践复问范蠡，蠡曰"可矣"。乃发习流二千人[55]，教士四万人[56]，君子六千人[57]，诸御千人[58]，伐吴。吴师败，遂杀吴太子。吴告急于王，王方会诸侯于黄池，惧天下闻之，乃秘之。吴王已盟黄池，乃使人厚礼以请成越。越自度亦未能灭吴，乃与吴平。

　　其后四年，越复伐吴。吴士民罢弊[59]，轻锐尽死于齐、晋。而越大破吴，因而留围之三年，吴师败，越遂复栖吴王于姑苏之山[60]。吴王使公孙雄肉袒膝行而前[61]，请成越王曰："孤臣夫差敢布腹心，异日尝得罪于会稽，夫差不敢逆命，得与君王成以归。今君王举玉趾而诛孤臣，孤臣惟命是听，意者亦欲如会稽之赦孤臣之罪乎？"句践不忍，欲许之。范蠡曰："会稽之事，天以越赐吴，吴不取。今天以吴赐越，越其可逆天乎？且夫君王蚤朝晏罢[62]，非为吴邪？谋之二十二年，一旦而弃之，可乎？且夫天与弗取，反受其咎。'伐柯者其则不远'，君忘会稽之厄乎[63]？"句践曰："吾欲听子言，吾不忍其使者。"范蠡乃鼓进兵，曰："王已属政于执事[64]，使者去，不者且得罪。"吴使者泣而去。句践怜之，乃使人谓吴王曰："吾置王甬东[65]，君百家。"吴王谢曰："吾老矣，不能事君王！"遂自杀。乃蔽其面[66]，曰："吾无面以见子胥也！"越王乃葬吴王而诛太宰嚭。

　　句践已平吴，乃以兵北渡淮，与齐、晋诸侯会于徐州，致贡于周。周元王使人赐句践胙[67]，命为伯。句践已去，渡淮南，以淮上地与楚，归吴所侵宋地于宋，与鲁泗东方百里。当是时，越兵横行于江、淮东，诸侯毕贺，号称霸王。

《史记》卷四一

【注释】

[1]句（gōu 勾）践（约前520—前465）：姒姓，名句践，夏禹后裔，越王允常之子，春秋末年越国国君。先为吴王夫差所败，后重用范蠡、文种等贤臣，富国强兵灭吴，为春秋时代最后一位霸主。句践，即"勾践"。　　[2]禹：夏禹，夏朝的始祖。苗裔：子孙后代。　　[3]夏后：指禹受舜禅而建立的夏王朝，称夏后氏，简称夏后。少康：姒姓，名少康，夏王相遗腹子，中兴夏朝。庶子：指妾所生之子。　　[4]会（kuài 快）稽：今浙江绍兴。　　[5]祀：祭祀供奉的处所。　　[6]文身断发：指越地风俗不同于中原地区。文身是在身体上刺青。　　[7]允常：越侯夫谭之子，越国中兴的重要君主。　　[8]阖庐：或称"阖闾"，姬姓，名光，吴王诸樊之子。　　[9]元年：指前496年。　　[10]兴师：举兵，起兵。　　[11]死士：敢死的勇士。　　[12]陈：同"阵"，军队战斗队形。　　[13]刭（jǐng 景）：用刀割颈。　　[14]檇（zuì 醉）李：今浙江嘉兴西南。　　[15]夫差：姬姓，吴氏，名夫差。阖庐之子，春秋时期吴国末代君主，前495年—前473年在位。　　[16]勒兵：操练军队。　　[17]范蠡（lǐ 理。前536—前448）：字少伯，春秋时期楚宛地三户（今河南淅川滔河乡）人。春秋末期著名政治家、军事家、道家学者和经济学家。　　[18]逆德：指战争背弃慈善仁爱。　　[19]夫椒：今江苏无锡太湖马山。　　[20]保栖：谓据山以守。　　[21]与天：凡合乎天道者，则得天助。　　[22]与人：合乎民意，取得人心。　　[23]身与之市：亲自追随侍奉吴王，如同商贩为获利

的货物。　　[24]大夫种：文种，也作文仲，楚国郢（今湖北江陵）人，后定居越国。春秋末期著名的谋略家。　　[25]子胥：即伍子胥，伍姓，名员，字子胥。春秋末期楚国大夫伍奢之子，父被害，逃至吴国，为吴王阖庐重用，军事家。　　[26]燔（fán　凡）：烧。　　[27]触战：参加战斗。　　[28]太宰嚭（pǐ　痞）：即伯嚭，春秋末期吴国大夫，为晋国大夫伯宗之后。伯嚭为人好大喜功，贪财好色。　　[29]间行：潜行。　　[30]当：对等，相当。　　[31]喟然：感叹貌。　　[32]汤系夏台：商汤曾被囚禁在夏朝的监狱。夏台，夏代监狱名，又名均台，今河南禹州南。　　[33]文王囚羑（yǒu　有）里：殷商末期周文王曾被商纣王囚禁在殷代的监狱里。羑里，今河南汤阴北。　　[34]晋重耳奔翟（dí　笛）：指春秋时晋文公重耳为骊姬陷害，献公派人追杀，重耳被迫出奔翟国。　　[35]齐小白奔莒（jǔ　举）：春秋时齐僖公卒，齐襄公即位，政令无常，故鲍叔牙奉齐桓公出奔莒避难。　　[36]遽（jù　巨）：担心。　　[37]胆：猪胆囊，味苦。尝胆喻刻苦自励。　　[38]折节：屈己下人。　　[39]振贫吊死：救济穷人，吊祭死者。　　[40]填抚：安抚。填，同"镇"。　　[41]柘（zhè　蔗）稽：越国大夫名，《国语》作"诸稽郢"。行成：议和。　　[42]拊（fǔ　抚）循：安抚，抚慰。　　[43]逢（páng　旁）同：越国大夫名。　　[44]殷给：富足。　　[45]缮饰：修理整治。　　[46]鸷（zhì　至）鸟：凶猛的鸟，如鹰鹯之类。　　[47]疥癣（xuǎn　选）：疥癣一类的疾患。比喻小患。疥，疥疮。癣，同"癣"，皮肤感染霉菌后引起的一种疾病。　　[48]艾陵：今山东莱芜东北。　　[49]墟：毁为废墟。　　[50]而：你的。　　[51]若：你。　　[52]独立：超凡拔俗，与众不同。　　[53]吴任嚭政：吴王任用伯嚭主政。　　[54]黄池：今河南封丘南。　　[55]习流：水师。　　[56]教士：受过训练的士兵。　　[57]君子：越王句践的心腹组成的军队。　　[58]诸御：军中理事官员。　　[59]罢（pí　疲）弊：疲劳困敝。罢，同"疲"。　　[60]姑苏之山：今江苏苏州西南。　　[61]公孙雄：越国大夫。肉袒：去衣露体，谢罪时表示恭敬和惶惧。　　[62]蚤：同"早"。晏：晚。　　[63]戹（è　饿）：穷困，灾难。　　[64]执事：有职守之人。　　[65]甬东：今浙江舟山。　　[66]乃蔽其面：以巾遮其脸。　　[67]胙（zuò　做）：祭祀用的酒肉。

【解析】

越灭吴是春秋末期的大事件，标志着大国兼并的战国时代来临。这一历史事件背后呈现出两大国之间的多重角力。其中，国君的性格与决断力，群臣的忠诚与智谋，决定着国运的升降。越王句践在惨败后立志自苦，卧薪尝胆，发愤图强，充分信任范蠡、文种，发挥他们的治国用兵才能，最终使国力强盛，吞并了吴国。反观吴王夫差，在初胜越国后听信谗言，自毁忠良，好大喜功，最终落得国灭身亡的下场。诚如诸葛亮《出师表》所言："亲贤臣，远小人，此先汉所以兴隆也；亲小人，远贤臣，此后汉所以倾颓也。"此足为治国理政者戒。

廉颇蔺相如列传

〔西汉〕司马迁

【题解】

《廉颇蔺相如列传》是廉颇、蔺相如、赵奢、赵括、李牧等五人的合传，其记事的年限上起赵惠文王十六年（前283），下讫赵国灭亡（前228）。全传围绕蔺相如使秦、秦赵渑池之会、赵奢阏与破秦军、赵括长平兵败与李牧守边备匈奴等重大历史事件，细致刻画出大大小小十几个历史人物的形象与特质。其中叙写蔺相如完璧归赵、渑池赴会与将相和好的段落，人物言动飞跃纸上，是全传中最精彩的部分，而长平兵败则是赵国历史上最惨痛的教训。司马迁通过记述廉、蔺等人的荣辱浮沉，通过比较赵氏父子的品格才干，实际上写出了赵国国运盛衰兴败的过程与原因。纪传体史书以人物为中心的体裁特点与《史记》高超的写人艺术，在本篇中均有鲜明体现。

廉颇者，赵之良将也。赵惠文王十六年[1]，廉颇为赵将，伐齐，大破之，取阳晋[2]，拜为上卿，以勇气闻于诸侯。蔺相如者，赵人也，为赵宦者令缪贤舍人[3]。

赵惠文王时，得楚和氏璧[4]。秦昭王闻之[5]，使人遗赵王书[6]，愿以十五城请易璧。赵王与大将军廉颇诸大臣谋：欲予秦，秦城恐不可得，徒见欺；欲勿予，即患秦兵之来。计未定，求人可使报秦者[7]，未得。宦者令缪贤曰："臣舍人蔺相如可使。"王问："何以知之？"对曰："臣尝有罪，窃计欲亡走燕[8]。臣舍人相如止臣曰：'君何以知燕王？'臣语曰：'臣尝从大王与燕王会境上，燕王私握臣手，曰愿结友。以此知之，故欲往。'相如谓臣曰：'夫赵强而燕弱，而君幸于赵王[9]，故燕王欲结于君。今君乃亡赵走燕，燕畏赵，其势必不敢留君，而束君归赵矣[10]。君不如肉袒伏斧质请罪[11]，则幸得脱矣。'臣从其计，大王亦幸赦臣。臣窃以为其人勇士，有智谋，宜可使。"

于是王召见，问蔺相如曰："秦王以十五城请易寡人之璧，可予不[12]？"相如曰："秦强而赵弱，不可不许。"王曰："取吾璧，不予我城，奈何[13]？"相如曰："秦以城求璧而赵不许，曲在赵[14]。赵予璧而秦不予赵城，曲在秦。均之二策[15]，宁许以负秦曲。"王曰："谁可使者？"相如曰："王必无人，臣愿奉璧往使。城入赵而璧留秦，城不入，臣请完璧归赵。"赵王于是遂遣相如奉璧西入秦。

秦王坐章台见相如[16]。相如奉璧奏秦王。秦王大喜，传以示美人及左右，左右皆呼万岁。相如视秦王无意偿赵城，乃前曰："璧有瑕，请指示王。"王授璧。相如因持璧却立，倚柱，怒发上冲冠，谓秦王曰："大王欲得璧，使人发书至赵王，赵王悉召群臣议，皆曰'秦贪，负其强[17]，以空言求璧，偿城恐不可得'，议不欲予秦璧。臣以为布衣之交尚不相欺[18]，况大国乎？且以一璧之故逆强秦之欢，不可。于是赵王乃斋戒五日，使臣奉璧，拜送书于庭[19]。何者？严大国之威以修敬也[20]。今臣至，大王见臣列观，礼节甚倨[21]，得璧，传之美人，以戏弄臣[22]。臣观大王无意偿赵王城邑，故臣复取璧。大王必欲急臣[23]，臣头今与璧俱碎于柱矣！"相如持其璧睨柱[24]，欲以击柱。秦王恐其破璧，乃辞谢固请[25]，召有司案图[26]，指从此以往十五都予赵。相如度秦王特以诈详为予赵城[27]，实不可得，乃谓秦王曰："和氏璧，天下所共传宝也。赵王恐，不敢不献。赵王送璧时斋戒五日，今大王亦宜斋戒五日，设九宾于廷[28]，臣乃敢上璧。"秦王度之，终不可强夺，遂许斋五日，舍相如广成传[29]。相如度秦王虽斋，决负约不偿城，乃使其从者衣褐[30]，怀其璧，从径道亡[31]，归璧于赵。

秦王斋五日后，乃设九宾礼于廷，引赵使者蔺相如。相如至，谓秦王曰："秦自缪公以来二十馀君[32]，未尝有坚明约束者也[33]。臣诚恐见欺于王而负赵，故令人持璧归，间至赵矣[34]。且秦强而赵弱，大王遣一介之使至赵[35]，赵立奉璧来。今以秦之强而先割十五都予赵，赵岂敢留璧而得罪于大王乎？臣知欺大王之罪当诛，臣请就汤镬[36]。唯大王与群臣孰计议之。"秦王与群臣相视而嘻[37]。左右或欲引相如去，秦王因曰："今杀相如，终不能得璧也，而绝秦赵之欢。不如因而厚遇之，使归赵。赵王岂以一璧之故欺秦邪？"卒廷见相如，毕礼而归之。

相如既归，赵王以为贤大夫[38]，使不辱于诸侯，拜相如为上大夫。秦亦不以城予赵，赵亦终不予秦璧。

其后秦伐赵，拔石城[39]。明年复攻赵，杀二万人。

秦王使使者告赵王，欲与王为好会于西河外渑池[40]。赵王畏秦，欲毋行。廉颇、蔺相如计曰："王不行，示赵弱且怯也。"赵王遂行。相如从。廉颇送至境，与王诀曰："王行，度道里会遇之礼毕，还，不过三十日。三十日不还，则请立太子为王，以绝秦望。"王许之。遂与秦王会渑池。秦王饮酒酣，曰："寡人窃闻赵王好音，请奏瑟[41]。"赵王鼓瑟。秦御史前书曰"某年月日，秦王与赵王会饮，令赵王鼓瑟"。蔺相如前曰："赵王窃闻秦王善为秦声，请奏盆缻秦王[42]，以相娱乐。"秦王怒，不许。于是相如前进缻，因跪请秦王。秦王不肯击缻。相如曰："五步之内[43]，相如请得以颈血溅大王矣！"左右欲刃相如，相如张目叱之，左右皆靡[44]。于是秦王不怿[45]，为一击缻。相如顾召赵御史书曰"某年月日，秦王为赵王击缻"。秦之群臣曰："请以赵十五城为秦王寿。"蔺相如亦曰："请以秦之咸阳为赵王寿。"秦王竟酒[46]，终不能加胜于赵。赵亦盛设兵以待秦，秦不敢动。

既罢，归国，以相如功大，拜为上卿，位在廉颇之右[47]。廉颇曰："我为赵将，有攻城野战之大功，而蔺相如徒以口舌为劳，而位居我上。且相如素贱人[48]，吾羞，不忍为之下！"宣言曰："我见相如，必辱之。"相如闻，不肯与会。相如每朝时，常称病，不欲与廉颇争列。已而相如出，望见廉颇，相如引车避匿。于是舍人相与谏曰："臣所以去亲戚而事君者，徒慕君之高义也。今君与廉颇同列，廉君宣恶言，而君畏匿之，恐惧殊甚。且庸人尚羞之，况于将相乎！臣等不肖，请辞去。"蔺相如固止之，曰："公之视廉将军孰与秦王[49]？"曰："不若也。"相如曰："夫以秦王之威，而相如廷叱之，辱其群臣。相如虽驽[50]，独畏廉将军哉？顾吾念之[51]，强秦之所以不敢加兵于赵者，徒以吾两人在也。今两虎共斗，其势不俱生。吾所以为此者，以先国家之急而后私仇也。"廉颇闻之，肉袒负荆[52]，因宾客至蔺相如门谢罪，曰："鄙贱之人，不知将军宽之至此也！"卒相与欢，为刎颈之交[53]。

是岁，廉颇东攻齐，破其一军。居二年，廉颇复伐齐几[54]，拔之。后三年，廉颇攻魏之防陵[55]、安阳[56]，拔之。后四年，蔺相如将而攻齐，至平邑而罢[57]。其明年，赵奢破秦军阏与下[58]。

赵奢者，赵之田部吏也[59]。收租税而平原君家不肯出租[60]，奢以法治之，杀平原君用事者九人[61]。平原君怒，将杀奢。奢因说曰[62]："君于赵为贵公子，今纵君家而不奉公则法削[63]，法削则国弱，国弱则诸侯加兵，诸侯加兵是无赵也，君安得有此富乎？以君之贵，奉公如法则上下平，上下平则国强，国强则赵固，而君为贵戚，岂轻于天下邪？"平原君以为贤，言之于王。王用之治国赋[64]，国赋大平，民富而府库实。

秦伐韩，军于阏与。王召廉颇而问曰："可救不？"对曰："道远险狭，难救。"又召乐乘而问焉[65]，乐乘对如廉颇言。又召问赵奢，奢对曰："其道远险狭，譬之犹两鼠斗于穴中，将勇者胜。"王乃令赵奢将，救之。

兵去邯郸三十里[66]，而令军中曰："有以军事谏者死。"秦军军武安西[67]，秦军鼓噪勒兵[68]，武安屋瓦尽振。军中候有一人言急救武安[69]，赵奢立斩之。坚壁[70]，留二十八日不行，复益增垒[71]。秦间来入[72]，赵奢善食而遣之。间以报秦将，秦将大喜曰："夫去国三十里而军不行，乃增垒，阏与非赵地也。"赵奢既已遣秦间，乃卷甲而趋之，二日一夜至，令善射者去阏与五十里而军。军垒成，秦人闻之，悉甲而至[73]。军士许历请以军事谏，赵奢曰："内之[74]。"许历曰："秦人不意赵师至此，其来气盛，将军必厚集其阵以待之[75]。不然，必败。"赵奢曰："请受令[76]。"许历曰："请就锧质之诛[77]。"赵奢曰："胥后令邯郸[78]。"许历复请谏，曰："先据北山上者胜，后至者败。"赵奢许诺，即发万人趋之。秦兵后至，争山不得上，赵奢纵兵击之，大破秦军。秦军解而走[79]，遂解阏与之围而归。

赵惠文王赐奢号为马服君[80]，以许历为国尉[81]。赵奢于是与廉颇、蔺相如同位。

后四年，赵惠文王卒，子孝成王立。七年，秦与赵兵相距长平[82]，时赵奢已死，而蔺相如病笃[83]，赵使廉颇将攻秦，秦数败赵军，赵军固壁不战[84]。秦数挑战,廉颇不肯。赵王信秦之间[85]。秦之间言曰:"秦之所恶,独畏马服君赵奢之子赵括为将耳。"赵王因以括为将,代廉颇。蔺相如曰:"王以名使括[86],若胶柱而鼓瑟耳[87]。括徒能读其父书传,不知合变也。"赵王不听,遂将之。

赵括自少时学兵法,言兵事,以天下莫能当。尝与其父奢言兵事,奢不能难,然不谓善。括母问奢其故,奢曰:"兵,死地也[88],而括易言之。使赵不将括即已,若必将之,破赵军者必括也。"及括将行,其母上书言于王曰:"括不可使将。"王曰:"何以?"对曰:"始妾事其父[89],时为将,身所奉饭饮而进食者以十数,所友者以百数,大王及宗室所赏赐者尽以予军吏士大夫,受命之日,不问家事。今括一旦为将,东向而朝[90],军吏无敢仰视之者,王所赐金帛,归藏于家,而日视便利田宅可买者买之。王以为何如其父?父子异心,愿王勿遣。"王曰:"母置之[91],吾已决矣。"括母因曰:"王终遣之[92],即有如不称,妾得无随坐乎?"王许诺。

赵括既代廉颇,悉更约束[93],易置军吏。秦将白起闻之,纵奇兵,详败走,而绝其粮道,分断其军为二,士卒离心。四十馀日,军饿,赵括出锐卒自搏战,秦军射杀赵括。括军败,数十万之众遂降秦,秦悉坑之[94]。赵前后所亡凡四十五万。明年,秦兵遂围邯郸,岁馀,几不得脱。赖楚、魏诸侯来救,乃得解邯郸之围。赵王亦以括母先言,竟不诛也。

自邯郸围解五年,而燕用栗腹之谋[95],曰"赵壮者尽于长平,其孤未壮",举兵击赵。赵使廉颇将,击,大破燕军于鄗[96],杀栗腹,遂围燕。燕割五城请和,乃听之。赵以尉文封廉颇为信平君[97],为假相国[98]。

廉颇之免长平归也,失势之时,故客尽去。及复用为将,客又复至。廉颇曰:"客退矣!"客曰:"吁!君何见之晚也?夫天下以市道交[99],君有势,我则从君,君无势则去,此固其理也,有何怨乎?"居六年,赵使廉颇伐魏之繁阳[100],拔之。

赵孝成王卒,子悼襄王立,使乐乘代廉颇。廉颇怒,攻乐乘,乐乘走。廉颇遂奔魏之大梁[101]。其明年，赵乃以李牧为将而攻燕，拔武遂[102]、方城[103]。

廉颇居梁久之，魏不能信用。赵以数困于秦兵，赵王思复得廉颇，廉颇亦思复用于赵。赵王使使者视廉颇尚可用否。廉颇之仇郭开多与使者金，令毁之。赵使者既见廉颇，廉颇为之一饭斗米，肉十斤，被甲上马，以示尚可用。赵使还报王曰："廉将军虽老，尚善饭，然与臣坐，顷之三遗矢矣[104]。"赵王以为老，遂不召。

楚闻廉颇在魏，阴使人迎之[105]。廉颇一为楚将，无功，曰："我思用赵人。"廉颇卒死于寿春[106]。

李牧者，赵之北边良将也。常居代[107]、雁门[108]，备匈奴。以便宜置吏[109]，市租皆输入莫府[110]，为士卒费。日击数牛飨士[111]，习射骑，谨烽火，多间谍，厚遇战士。为约曰："匈奴即入盗[112]，急入收保，有敢捕虏者斩。"匈奴每入，烽火谨，辄入收保，不敢战。如是数岁，亦不亡失。然匈奴以李牧为怯，虽赵边兵亦以为吾将怯。赵王让李牧[113]，李牧如故。赵王怒，召之，使他人代将。

岁馀，匈奴每来，出战。出战，数不利，失亡多，边不得田畜[114]。复请李牧。牧杜门不出[115]，固称疾。赵王乃复强起使将兵。牧曰："王必用臣，臣如前，乃敢奉令。"王许之。

李牧至，如故约。匈奴数岁无所得，终以为怯。边士日得赏赐而不用，皆愿一战。于是乃具选车得千三百乘[116]，选骑得万三千匹，百金之士五万人，彀者十万人，悉勒习战。大纵畜牧[117]，人民满野。匈奴小入，详北不胜，以数千人委之。单于闻之[118]，大率众来入。李牧多为奇陈[119]，张左右翼击之，大破杀匈奴十馀万骑。灭襜褴[120]，破东胡[121]，降林胡[122]，单于奔走。其后十馀岁，匈奴不敢近赵边城。

赵悼襄王元年，廉颇既亡入魏，赵使李牧攻燕，拔武遂、方城。居二年，庞煖破燕军[123]，杀剧辛[124]。后七年，秦破杀赵将扈辄于武遂，斩首十万。赵乃以李牧为大将军，击秦军于宜安[125]，大破秦军，走秦将桓齮[126]。封李牧为武安君。居三年，秦攻番吾[127]，李牧击破秦军，南距韩、魏[128]。

赵王迁七年[129]，秦使王翦攻赵[130]，赵使李牧、司马尚御之。秦多与赵王宠臣郭开金，为反间，言李牧、司马尚欲反。赵王乃使赵葱及齐将颜聚代李牧。李牧不受命，赵使人微捕得李牧[131]，斩之。废司马尚。后三月，王翦因急击赵，大破杀赵葱，虏赵王迁及其将颜聚，遂灭赵。

太史公曰[132]：知死必勇[133]，非死者难也，处死者难。方蔺相如引璧睨柱[134]，及叱秦王左右，势不过诛，然士或怯懦而不敢发[135]。相如一奋其气，威信敌国[136]，退而让颇，名重太山[137]，其处智勇，可谓兼之矣！

《史记》卷八一

【注释】

[1]赵惠文王：赵武灵王之子，前298—前266在位。十六年：前283年。　　[2]阳晋：今山东菏泽西北。　　[3]宦者令：宦官的头领。舍人：战国时官员自聘的私人僚属。　　[4]和氏璧：楚人和氏于楚山中得玉璞，献楚厉王，玉工相之，以为石，厉王命砍去和氏左足。武王即位，和氏再献玉璞，玉工又以为石，武王命砍和氏右足。文王即位，和氏抱璞哭于楚山下。王闻之，使玉人理其璞而得美玉，遂名"和氏璧"。事见《韩非子·和氏》。　　[5]秦昭王：即秦昭襄王，前306—前251在位。　　[6]遗（wèi 畏）：致送，赠给。　　[7]求人可使报秦者：寻求可以入秦答复之人。报，回答，回复。　　[8]窃：私下里的意思，发表个人意见时所用的谦辞。　　[9]幸于赵王：受赵王宠幸。　　[10]束君归赵：把你捆起来送回赵国。　　[11]肉袒伏斧质：袒露身躯而就刑，表示主动服罪。斧质，斧钺与砧板，指杀人的刑具。　　[12]不：通"否"。　　[13]奈：通"奈"。　　[14]曲在赵：理曲在赵。曲，不公正，不合理。　　[15]"均之二策"二句：权衡二策，宁可把和氏璧许给秦王，以使秦背上理曲的名声。负，背负。　　[16]章台：秦国离宫的台观之一，在今陕西西安西北。秦王选择在离宫别馆，而不是在朝会上接见使臣，显示秦国并无诚意。因此蔺相如索回玉璧后指责秦王"见臣列观"，礼节不周，并要求"设九宾于廷"，才肯献璧。　　[17]"负其强"二句：自负其国力强盛，用空话索求玉璧。　　[18]"臣以为布衣之交尚不相欺"四句：大意是说微臣认为百姓之间交往，尚不互相欺骗，何况秦这样的大国？因为一块玉璧，而拂了秦的面子，是不可行的。　　[19]拜送书于庭：廷会时拜送国书。　　[20]严大国之威以修敬也：强调大国的威严以表示敬

意。修敬,小心持敬之意。　　[21]倨(jù 具):傲慢。　　[22]戏弄:耍笑,欺侮。　　[23]急:逼迫。　　[24]睨(nì 逆):斜视。　　[25]辞谢固请:道歉并坚请(不要这样做)。　　[26]召有司案图:召唤有关官员查看地图。有司,官员各有职司,故称"有司"。　　[27]相如度(duó 夺)秦王特以诈详为予赵城:蔺相如揣测秦王是特意使诈,假装要给赵国城池。详,通"佯"。　　[28]九宾:由九个礼宾者依次传语,接引上殿,即《周礼》所谓"九仪",是朝聘时的大礼。　　[29]舍相如广成传:把相如安排在广成驿站的客舍居住。舍,留宿。广成传,驿站名。　　[30]衣(yì 义)褐:穿着粗布短衣,即乔装为平民。衣,使穿衣。　　[31]从径道亡:从小路逃跑。　　[32]缪公:缪,通"穆"。秦穆公(前659—前621在位)称霸西戎,是秦国历史上很重要的一位国君。　　[33]坚明约束:坚定明确地遵守约定。　　[34]间(jiàn 渐)至赵矣:由偏僻的小路回到赵国。间,间道。　　[35]介:量词"个"。　　[36]就汤镬(huò 获):古代有"镬亨(烹)"的酷刑。镬,用于煮物的大锅。　　[37]相视而嘻:互相看着,发出怒声。嘻,又惊又怒的声音。　　[38]"赵王以为贤大夫"二句:赵王认为蔺相如是个贤良的大夫,出使秦国不辱使命。这说明蔺相如出使时已是大夫职分,回国后赵王以其贤良,又拜上大夫。　　[39]石城:今山西离石。1975年云梦睡虎地出土秦简《编年纪》载,秦昭王二十六年(前281,即赵惠文王十八年)攻离石。　　[40]欲与王为好会于西河外渑(miǎn 免)池:希望与赵王在西河外的渑池进行友好会面。渑池,今河南渑池西。　　[41]瑟:古代拨弦乐器,形似琴,但无徽位,多为二十五弦,每弦一柱,通常与琴、笙合奏。　　[42]请奏盆缻(fǒu 否)秦王:请允许我献盆缻给秦王。缻,即缶,瓦质的打击乐器。　　[43]"五步之内"二句:大意是说距离秦王不足五步,如不肯击缻,一腔热血都要洒在秦王的身上。这是"同归于尽"的委婉说法。　　[44]靡:本义为倒下,这里指秦国的左右侍从被蔺相如的声威吓退。　　[45]怿(yì 译):喜悦。　　[46]竟酒:终席。竟,完毕。　　[47]位在廉颇之右:地位在廉颇之上。当时以右为尊。　　[48]素贱人:指蔺相如地位卑贱,当初只是宦者令缪贤门下的食客。素,一向。　　[49]公之视廉将军孰与秦王:你们看廉将军和秦王谁更强?　　[50]驽(nú 奴):劣马,喻愚笨。　　[51]顾:但是。　　[52]"肉袒负荆"二句:袒露身体,背负荆杖,通过宾客引介,到蔺相如门上谢罪。　　[53]刎颈之交:生死之交。　　[54]齐儿:几,今河北大名东南,当时属魏,不属齐。《史记·赵世家》:"二十三年,楼昌将攻魏儿,不能取。十二月,廉颇将攻儿,取之。"又《战国策·赵策三》:"秦败于阏与,反攻魏儿。廉颇救儿,大败秦师。"(梁玉绳《史记志疑》)　　[55]防陵:今河南安阳南。　　[56]安阳:今河南安阳东南。　　[57]平邑:今河南南乐东北。　　[58]阏(yù 预)与:今山西和顺西北。　　[59]田部吏：征收田租的官吏。　　[60]平原君：即赵胜，赵国的公子，为赵惠文王相。《史记》卷七六有传。　　[61]用事者：管事的人。　　[62]说（shuì税）：劝别人听从自己的意见。　　[63]今纵君家而不奉公则法削：如果放过您家而不秉公处理，国法就削弱了。　　[64]治国赋：管理国家赋税。　　[65]乐乘：本燕将，伐赵，为廉颇所擒。乐乘怨燕国不听其计，乃留赵，赵封之为武襄君。　　[66]邯郸：今河北邯郸西南。　　[67]武安：今河北武安。　　[68]"鼓噪勒兵"二句：秦军击鼓操练兵马的声音，震动了武安城内房上的瓦片。言其声势之大。勒，约束，统率。　　[69]候：斥候，指候望敌情的侦察人员。　　[70]坚壁：坚守营垒。　　[71]复益增垒：又增筑加固了营垒。这是为了制造坚守不战的假象。　　[72]间：间谍。　　[73]悉甲而至：全副装备而来。悉，全，尽。　　[74]内之：同意许历进言。内，通"纳"。　　[75]将军必厚集其阵以待之：将军一定要严阵以待。厚集，指集中重兵。　　[76]请受令：请遵从军令。赵奢有军令在先，"以军事谏者死"，许历在关键时刻冒死进言，赵奢虽赞其智勇，但仍提醒他要注意遵守军法，故下文许历答以甘愿受刑。　　[77]鈇（fū肤，又读fǔ辅）质：即"斧质"。鈇，铡刀，古代用为腰斩的刑具。质，行刑杀人用的砧板。　　[78]胥后令邯郸：须等邯郸（朝廷）来的命令，意思是暂不执行军法。胥，通"须"，等待，停留。　　[79]解而走：涣散而四下逃亡。　　[80]马服君：赵国都城邯郸西北有马服山，这是以马服山为封号。　　[81]国尉：战国时秦赵两国皆有国尉，其地位相当于汉代的太尉或大将军。　　[82]长平：今山西高平西北。　　[83]病笃：病重。　　[84]固壁：即"坚壁"，坚守营垒。　　[85]赵王信秦之间：赵王听信秦国间谍之言。　　[86]以名使括：凭名声而任用赵括。　　[87]胶柱而鼓瑟：瑟通常有二十五弦，每弦一柱，用胶把柱子粘住，就没法调弦定调了。"胶柱鼓瑟"比喻死守成法而不知变通。　　[88]"兵，死地也"六句：大意是说战争是生死攸关的大事，但赵括却把它看得很容易。赵国不用赵括为将则已，如用赵括为将，赵军一定败在赵括的手里。　　[89]"始妾事其父"七句：大意是说妾身侍奉赵括的父亲，那时赵奢为将，由他亲自进奉饮食（即待以师长之礼）的人，就有十几个，朋友则数以百计。大王与宗室贵族赏赐的东西全都分给军士和士大夫。接受君命之后，不过问家中的私事。　　[90]东向而朝：面朝东坐，接受属下朝见。当时筵席一般以坐西向东为贵。　　[91]置之：搁下不谈。　　[92]"王终遣之"三句：大王最后一定要派遣他，假如有不称职的地方，妾身能不连坐么？当时败军之将，罪及其家。　　[93]"悉更约束"二句：把原来管束军队的办法全改了，更换了部下。　　[94]坑：坑杀。　　[95]栗腹：时为燕相，奉命出使赵国，回国后向燕王提议："赵国壮年之人都死在了长平，留下的这些孤儿还没长大，可趁机伐赵。"　　[96]鄗（hào浩）：今河北柏乡北。　　[97]以尉文封廉颇为信平君：把尉文这个地方封给廉颇作为其食邑，号为"信平君"。尉文，不详何地。　　[98]假相国：摄理相国之职。　　[99]以市道交：用市场交易的原则（即利益至上）来交友。　　[100]繁阳：今河南内黄东北。　　[101]大梁：今河南开封西北。　　[102]武遂：今河北徐水西。　　[103]方城：今河北固安南。　　[104]顷之三遗矢矣：一会儿工夫就拉了几次屎。三，虚数，表示多次。矢，通"屎"。　　[105]阴使人迎之：暗地里派人迎接。　　[106]寿春：今安徽寿县西南。　　[107]代：代郡，在今河北蔚县西。　　[108]雁门：雁门郡，在今山西右玉南。　　[109]以便（biàn　变）宜置吏：可便宜行事，根据实际需要自委官吏。　　[110]莫府：出征时将军的官署。莫，通"幕"。　　[111]飨（xiǎng　享）：款待，宴享。　　[112]"匈奴即入盗"三句：大意是说如果匈奴入寇，要立即收兵退保要塞，有敢追捕敌人的斩首。　　[113]让：责让，责备。　　[114]边不得田畜：边境上无法耕田畜牧。　　[115]杜门：闭门以拒绝来者。　　[116]"于是乃具选车得千三百乘"五句：于是备齐了精挑细选的兵车一千三百乘，良马一万三千匹，勇士五万人，射手十万人，都操练习战。百金之士，指能克敌制胜的勇士。《管子·轻重》："谁能陷陈破众者，赐之百金。"彀（gòu　够）者，弓箭手。彀，拉满弓，张弓。　　[117]"大纵畜牧"五句：大意是说让人民漫山遍野地放牧，引匈奴来掠抢，让匈奴小有侵占后诈败，故意丢下几千人给匈奴。北，败逃。　　[118]单（chán　蝉）于：匈奴的最高首领。　　[119]"李牧多为奇陈"二句：大意是李牧布下奇阵，两翼包抄，夹击匈奴。陈，通"阵"。　　[120]襜褴（dānlán　丹兰）：代北的胡族。　　[121]东胡：燕北的胡族，后为匈奴所灭，馀部退保乌丸（乌桓）山，称乌丸，是鲜卑人的祖先。　　[122]林胡：辽东的胡族，司马光《通鉴考异》认为或即契丹人的祖先。　　[123]庞煖（xuān　宣）：赵国将领。　　[124]剧辛：本是赵国将领，燕昭王以重金招致贤才，剧辛由赵奔燕。燕国见赵国衰败，以为赵可伐，乃令剧辛伐赵。剧辛轻敌，兵败身死。事见《史记·燕召公世家》。　　[125]宜安：今河北藁城西南。　　[126]走秦将桓齮（yǐ　倚）：赶走秦将桓齮。桓齮攻赵，扈辄率军救援，兵败身死。李牧为将后，杀退了桓齮。　　[127]番吾：今河北磁县。　　[128]南距韩、魏：南向抵御韩国与魏国。距，通"拒"。　　[129]赵王迁：悼襄王之子，前235—前228在位，赵国的末代国君。　　[130]王翦：秦国将领，《史记》卷七三有传。　　[131]微捕：暗中秘密地逮捕。　　[132]太史公曰：以下是司马迁的论赞之语，因司马迁任太史令，故标以"太史公曰"。　　[133]"知死必勇"三句：人既知已置于死地，反而会更加勇敢。死并不是难事，难的是如何处理和对待死亡这件事。　　[134]方：当其时。　　[135]然士或怯懦而不敢发：但有的人会因为怯懦而不敢发作。　　[136]威信敌国：在敌国面前伸张了国威。信，通"伸"。　　[137]名重太山：名望重于泰山。太山，即泰山。

【解析】

在赵惠文王当政时期，赵国在军事与外交上，一度能与秦国抗衡。这得益于当时赵国上下同心，将相协力。惠文王死后，孝成王多疑刚愎，任用只知"纸上谈兵"的赵括，致使赵国在长平一役丧师四十五万，从此一蹶不振。悼襄王与赵王迁更听信谗臣郭开之言，贬逐廉颇，杀害李牧，终于自毁长城，断送社稷。

这篇合传，事起于秦王索取和氏璧。在国家陷入困境之时，缪贤向惠文王推荐了蔺相如，连带着也把自己当年欲投奔燕国之事一并说出。缪贤敢于这样做，至少说明当时赵国的君臣关系是比较融洽的。赵奢惩治了平原君的家人，奉劝不肯交租税的平原君："法削则国弱，国弱则诸侯加兵，诸侯加兵是无赵也，君安得有此富乎？"平原君深知赵奢贤良，不但不忌恨他，还举荐了他。赵括的母亲则通过观察、比较赵奢、赵括父子在为人处世方面的差别，断言儿子必然破军丧家，谏止赵括出战。缪贤、平原君和赵母，都具有"先公后私"的大局意识，而且善于知人。有这样一批贤才，是赵国走向强盛的关键。南宋的黄震评价这篇传记，认为写出了"一时烈丈夫英风伟概，令人千载兴起"（《黄氏日抄》）。

在这些"烈丈夫"中，功业与德行最突出的，首推廉、蔺二人。廉颇虽有自傲、任气的缺点，更有勇于改过的美德。他在渑池会之前与惠文王约定，如克期不回，"请立太子为王，以绝秦望"，充分显示了政治家的谋略。而蔺相如，用司马迁的话说，就是"其处智勇，可谓兼之"。他怀璧入秦之际，不仅有慷慨赴死的气概，更对秦王有清醒的预估，他能完璧归赵，凭借的是其"韬勇"（有勇有谋）。渑池会上，当国家尊严受损的时候，他迅速做出反应，勒逼秦王击缻，又叮嘱赵国的御史当场记录下来，具有"果勇"的特点。更为可贵的是，他功成而不自居，主动对廉颇退让，维持将相和谐，体现了他的"贤勇"。太史公之所以将这几位将相合传，并以廉、蔺二人名篇，且在论赞中特别褒奖蔺相如，其中显然寄托了"国有贤相良将，民之师表"（《史记·太史公自序》）的用心。

史记·货殖列传序

〔西汉〕司马迁

【题解】

《货殖列传》是司马迁在《史记》中为商人所立的类传。"货殖"即商业经营活动。全传记述了先秦至汉代之间一些著名商人的言论与事迹，肯定了"求富"是最基本的人性，赞颂商人所做的"上则富国，下则富家"的贡献。司马迁在记述商业活动的同时，还注意到各地区由于地理条件的差异，产生了区域分工，在物产、人情与风俗方面都形成各自的特色。因此，《货殖列传》也是中国最早的关于区域经济与人文地理方面的文献。这里节选的是《货殖列传》的序言部分。

《老子》曰："至治之极[1]，邻国相望，鸡狗之声相闻，民各甘其食，美其服，安其俗，乐其业，至老死不相往来。"必用此为务[2]。輓近世涂民耳目[3]，则几无行矣。

太史公曰：夫神农以前[4]，吾不知已。至若《诗》、《书》所述虞、夏以来[5]，耳目欲极声色之好，口欲穷刍豢之味，身安逸乐而心夸矜埶能之荣使，俗之渐民久矣，虽户说以眇论[6]，终不能化。故善者因之[7]，其次利道之，其次教诲之，其次整齐之，最下者与之争。

夫山西饶材[8]、竹、穀[9]、纑[10]、旄[11]、玉石，山东多鱼、盐、漆、丝、声色[12]，江南出柟[13]、梓、姜、桂、金、锡、连[14]、丹沙、犀[15]、玳瑁[16]、珠玑、齿革[17]，龙门[18]、碣石北多马[19]、牛、羊、旃、裘、筋、角[20]；铜、铁则千里往往山出棋置[21]：此其大较也[22]。皆中国人民所喜好，谣俗被服饮食奉生送死之具也[23]。故待农而食之[24]，虞而出之，工而成之，商而通之。此宁有政教发征期会哉[25]？人各任其能，竭其力，以得所欲。故物贱之征贵[26]，贵之征贱，各劝其业[27]，乐其事，若水之趋下[28]，日夜无休时，不召而自来，不求而民出之。岂非道之所符，而自然之验邪？

《周书》曰[29]："农不出则乏其食，工不出则乏其事，商不出则三宝绝，虞不出则财匮少，财匮少而山泽不辟矣。"此四者，民所衣食之原也[30]。原大则饶，原小则鲜[31]。上则富国，下则富家。贫富之道，莫之夺予[32]，而巧者有徐[33]，拙者不足。故太公望封于营丘[34]，地潟卤[35]，人民寡，于是太公劝其女功[36]，极技巧，通鱼盐，则人物归之，繦至而辐凑[37]。故齐冠带衣履天下[38]，海岱之间敛袂而往朝焉[39]。其后齐中衰，管子修之[40]，设轻重九府[41]，则桓公以霸，九合诸侯[42]，一匡天下[43]。而管氏亦有三归[44]，位在陪臣[45]，富于列国之君。是以齐富强至于威、宣也[46]。

故曰："仓廪实而知礼节[47]，衣食足而知荣辱。"礼生于有而废于无[48]。故君子富[49]，好行其德；小人富，以适其力。渊深而鱼生之，山深而兽往之，人富而仁义附焉。富者得埶益彰[50]，失埶则客无所之[51]，以而不乐[52]，夷狄益甚。谚曰："千金之子[53]，不死于市。"此非空言也。故曰："天下熙熙[54]，皆为利来；天下壤壤[55]，皆为利往。"夫千乘之王[56]，万家之侯，百室之君，尚犹患贫，而况匹夫编户之民乎[57]！

《史记》卷一二九

【注释】

[1] "至治之极"八句：见今本《老子》第八十章，文字稍异。大意是说最理想的社会状态是：邻国之间近到互相能看见，彼此能听见鸡鸣狗吠之声，老百姓在各自的国家里都衣食无忧，安居乐业，一辈子也不想动地方。　[2]必用此为务：即以前引《老子》之语为追求的目标。用，以。　[3] "辗（wǎn　晚）近世涂民耳目"二句：大意是说晚近以来，只知涂塞百姓耳目之欲，几乎没有什么求治的举动。辗，通"晚"。　[4]神农：传说中的"三皇"之一，因教民耕种，美其衣食，故称神农。　[5] "虞、夏以来"五句：大意是说虞夏以来，人民总想听尽、看尽、吃尽好东西，安于享乐而夸耀权势与才能带来的荣光，这种观念长久地浸染了百姓。虞、夏，虞舜、夏禹。刍豢（chúhuàn　锄患），豢养的牛羊猪狗之类的家畜。矜（jīn　今），夸耀。埶（shì　是），同"势"。下同。渐（jiān　尖），浸渍，沾

染。　　[6]眇论：微妙的理论，指《老子》的学说。眇，通"妙"。　　[7]"善者因之"五句：大意是说最好的做法是顺其自然，其次是用利益来引导，其次是教诲，再次是整顿，最不好的就是与民争利。道，通"导"。　　[8]山西饶材：战国、秦汉时代称殽山（在今河南洛宁）或华山以西地区为山西，与"关中"的含义相同，地域上包括西自陇山，东至殽函，北抵北山，南届秦岭的广大地区。饶，富有，蕴藏丰富的意思。材，木材。　　[9]穀（gǔ 谷）：木材的名称，即楮，又名构树，其皮可以用来织布、造纸。　　[10]纑（lú 卢）：纻麻属植物，可用来织布。　　[11]旄（máo 毛）：牦牛尾，古代用作旌节上的装饰。　　[12]山东：殽山或华山以东的地区，与"关东"的含义相同。广义上的山东，可以泛指除秦国以外的六国；这里作为经济区域，专指黄河流域。声色：指歌童舞女。　　[13]江南出柟（nán 南）：就《货殖列传》中描绘的物产、风俗而言，作为经济区域的"江南"，不仅涵盖岭南地区，还包括了位于长江以北的一小部分的楚地。这里的"江南"很像今人所说的"南方"。柟，同"楠"。　　[14]连：未炼的铅。　　[15]犀：犀牛角。　　[16]玳瑁（dàimào 代冒）：一种海龟，龟甲有花纹，古代用作首饰。　　[17]齿革：象牙、犀牛皮。　　[18]龙门：今山西河津西北。　　[19]碣石：山名，在今河北昌黎北。"龙门、碣石北"即今山西北部至河北北部一线以北地区。　　[20]旃（zhān 沾）、裘、筋、角：指畜类与兽类的皮、毛、筋、角。旃，通"毡"。　　[21]棋置：星罗棋布。　　[22]大较：大略，大概。　　[23]谣俗：风俗，从民间歌谣中可以了解人民的习俗，故称谣俗。　　[24]"故待农而食之"四句：大意是说依靠农民才有饭吃；依靠管理山泽的人，才有林木出产；有工匠才能制成工具；依靠商人，货物才能流通。虞，古代掌管山林之官。　　[25]此宁有政教发征期会哉：是说这难道是靠政府发令或教育来征发协调的吗？发征，征调。期会，约期而会。　　[26]"物贱之征贵"二句：物品价钱贱到一定程度以后，就意味着要涨价了；贵到一定程度，就预示着要下跌。征，求，转变。　　[27]劝：勉励。　　[28]若水之趋下：战国以来，常用水往低处流的道理，来说明趋利避害或追求欲望都是人的本能。如《管子·形势解》："民之从利也，如水之走下，于四方无择也。"　　[29]"《周书》曰"六句：大意是说没有了农民，则粮食短少；没有工匠，缺乏器具；没有了商人，不能具足"三宝"；没有了虞人，财富将匮乏；财富匮乏了，无法进一步开辟山泽。《汉书·艺文志》著录有"《周书》七十一篇"，性质、内容与《尚书》接近，古人认为是孔子整理《尚书》时删馀的篇章。司马迁引的这句话不见于今本《逸周书》。三宝，指农、工、商，或指农、工、虞三者所产出的物产资源。　　[30]原：通"源"，来源。　　[31]鲜（xiǎn 显）：少。　　[32]莫之夺予：没有谁能剥夺或改变。夺予，即予夺，给予或剥夺。　　[33]"巧者有馀"二句:语出《管子·形势》。大意是说聪明人能充分运用它,而笨人却不懂得用足这些道理。　　[34]太公望:姜太公吕望,事见《史记》卷三二《齐太公世家》。营丘:周武王封太公于齐,都营丘(今山东淄博北)。　　[35]潟(xì 细)卤:含有过多盐碱成分不适于耕种的土地。　　[36]女功:由女性从事的纺织刺绣缝纫等工作。　　[37]繈(qiǎng 抢)至而辐凑:是说老百姓背着孩子,由四面八方奔向齐国。繈,同“襁”,是背负婴儿的包袱。《论语·子路》:“四方之民襁负其子而至矣。”“繈至”,即“襁负其子而至”的省略说法。辐凑,像车轮的辐条一样,聚拢到车轴上。　　[38]齐冠带衣履天下:齐国所造的冠带衣履流行遍天下。　　[39]海岱之间敛袂(mèi 妹)而往朝焉:泰山以东直到大海之间的各诸侯国,整理好衣袖来见齐国。敛袂,整理衣袖,表示敬服。　　[40]管子:即管仲,齐桓公(前685—前643在位)用为相,《史记》卷六二有传。　　[41]轻重九府:铸钱与管理财政的机构。　　[42]九合诸侯:指齐国多次会盟诸侯。九,虚数,表示多次。　　[43]匡:正。齐桓公以“尊王攘夷”为旗号,号召各诸侯国尊重周天子,所以说他整顿匡正了政治秩序。　　[44]三归:指《管子·山至数》说的“则民之三有归于上矣”,意思是说百姓收入的三成要交给上位之人。管仲因有三归之策而使官员富有,故他本人也“富于列国之君”(郭嵩焘《养知书屋集·释三归》)。　　[45]陪臣:大夫的家臣。陪有重叠的意思,大夫是诸侯的臣子,而诸侯又是天子的臣子,故大夫对天子自称陪臣。　　[46]威、宣:齐威王,前356—前320在位;齐宣王,前319—前301在位。　　[47]“仓廪实而知礼节”二句:见《管子·牧民篇》,大意是说粮仓充实之后,才能谈得上礼节;温饱问题解决了,才会顾及荣辱。　　[48]礼生于有而废于无:礼在经济富有的基础上产生,在一穷二白的时候废弛。　　[49]“故君子富”四句:大意是说君子富有了之后,喜欢行仁德之事;一般人富了以后,也会施逞出自己的本领。适,逞,纵。　　[50]富者得埶益彰:指有了经济与社会地位之后,能更好地弘扬圣人之道。《货殖列传》中提到孔子的学生子贡致富之后能与诸侯国君分庭抗礼。司马迁认为:使孔子名扬天下的,正是子贡这样的人,“此所谓得埶而益彰者乎”?　　[51]失埶则客无所之:贫者无势,连个客人也没有。《货殖列传》提到的孔子的另一个学生原宪,连糠都不够吃,住在穷巷里,与子贡形成了鲜明对比。原宪大概就是“失埶则客无所之”的典型。　　[52]“以而不乐”二句,含义不明,或可理解为贫穷无势之人,因“客无所之”而不高兴,夷狄之人就更是这样了。　　[53]“千金之子”二句:千金人家的子弟,不会因犯法而在市曹上被处死。这是说人富裕了之后,才会重视礼义廉耻,才不会违法乱纪,也就是《管子·五辅篇》说的“仓廪实而图圄(língyǔ 灵宇,监狱)空”。　　[54]熙熙:和乐的样子。　　[55]壤壤:乱纷纷的样子。壤,通“攘”。后以“熙熙攘攘”形容人来人往、喧闹纷杂的样子。　　[56]乘(shèng

剩）：一车四马为一乘。　　　　[57]匹夫编户之民：即平民。编户，编入户籍。

【解析】

《货殖列传》打破了儒家"耻于言利"、法家"重农抑商"的思想传统，对商人的活动与作用予以了十分正面的记述。司马迁主要是从社会分工的角度来肯定商人与商业的价值。他认为：农、工、商、虞，都是人民的"衣食之原"，四者不可或缺，共同构成社会财富的来源。而产生社会分工的深层原因，则在于各地区自然条件的差异。不同的地理环境，孕育了丰富多样的物产资源，乃至形成各具特色的风土人情。司马迁按照这一原则，把汉朝的国土划分为四大经济区：崤山以西地区、崤山以东地区、广义上的"江南"地区和龙门与碣石以北地区。

这四大区域以及农、工、商、虞等四大部门的分工与合作，是在社会经济发展的过程中自然形成的，而不是靠政府发号施令来实现的。商人最突出的作用，就是在分工合作的过程中，进行沟通与协调。在价格贵贱消长的过程中，不同行业的人都可以获得相应的利益。这就是司马迁说的"物贱之征贵，贵之征贱，各劝其业，乐其事"。一旦有利可图，人们便"不召而自来"，各种物资"不求而民出之"。人和物都流动了，整个社会也就富裕了。

司马迁特别强调，社会经济运行的这些规律，就像水往低处流一样，不会因统治者的意志而改变。所以最高明的统治术就是因势利导，其次才是通过行政手段使之整齐划一，而最不好的做法就是与民争利。

西汉初年，为在战乱之后迅速恢复疲敝的经济，统治者曾推行黄老无为之术，实行轻徭薄赋、"与民休息"的政策。司马迁认为，正是这种比较宽松的统治，带来了当时社会的繁荣与稳定。汉文帝时期，"百姓无内外之繇，得息肩于田亩。天下殷富，粟至十馀钱，鸣鸡吠狗，烟火万里，可谓和乐者乎！"（《史记·律书》）

人只有在生活富裕了之后，才懂得礼义廉耻，也就是《管子》说的："仓廪实而知礼节。"人人知礼节，社会才能安定。司马迁为商人立传，并不是鼓吹唯利是图，也不止于探讨商人与商业的社会地位问题，实际上他是在探究财富对整个人类社会的作用，探寻实现社会长治久安的致治之道。

报任少卿书

〔西汉〕司马迁

【题解】

任少卿（？—前91），名安，荥阳（今河南荥阳东北）人，官益州刺史、北军使者护军。据王国维的考证，太始四年（前93）任安入狱，后获赦免。征和二年（前91），因为戾太子案被处以腰斩。所以，司马迁写这封信的时间，一说在征和二年十一月，即任安被腰斩前的一个月，一说在太始四年，今从前说。任安是司马迁的朋友，他在狱中写了一封信请求司马迁推贤进士，司马迁过了很长一段时间才给任安回了这封信。由司马迁的这封信来看，任安此时身陷囹圄，而且犯的是将要被处死的重罪，恐怕很快就会执行。这就是司马迁写这封信的具体背景。在信中，司马迁表达了他不能推贤进士的原因，一腔幽愤，尽发于此。该文是了解司马迁生平、思想的重要文献。

太史公牛马走司马迁再拜言[1]，少卿足下[2]：曩者辱赐书[3]，教以顺于接物，推贤进士为务[4]。意气勤勤恳恳[5]，若望仆不相师[6]，而用流俗人之言。仆非敢如此也。仆虽罢驽[7]，亦尝侧闻长者之遗风矣[8]。顾自以为身残处秽[9]，动而见尤[10]，欲益反损，是以独郁悒而与谁语[11]。谚曰："谁为为之？孰令听之？"盖锺子期死[12]，伯牙终身不复鼓琴。何则？士为知己者用，女为说己者容[13]。若仆大质已亏缺矣[14]，虽才怀随、和[15]，行若由、夷[16]，终不可以为荣，适足以见笑而自点耳[17]。书辞宜答，会东从上来[18]，又迫贱事[19]，相见日浅，卒卒无须臾之间[20]，得竭至意[21]。今少卿抱不测之罪[22]，涉旬月[23]，迫季冬，仆又薄从上雍[24]，恐卒然不可为讳[25]。是仆终已不得舒愤懑以晓左右，则长逝者魂魄私恨无穷。请略陈固陋，阙然久不报，幸勿为过。

仆闻之修身者智之符也[26]，爱施者仁之端也，取与者义之表也，耻辱者勇之决也，立名者行之极也。士有此五者，然后可以托于世，而列于君子之林矣。故祸莫憯于欲利[27]，悲莫痛于伤心，行莫丑于辱先，诟莫大于宫刑[28]。刑馀之人，无所比数，非一世也，所从来远矣。昔卫灵公与雍渠同载[29]，孔子适陈；商鞅因景监见[30]，赵良寒心；同子参乘，袁丝变色[31]，自古而耻之。夫以中才之人，事有关于宦竖[32]，莫不伤气，而况于慷慨之士乎？如今朝廷虽乏人，奈何令刀锯之馀荐天下豪俊哉[33]？

仆赖先人绪业[34]，得待罪辇毂下[35]，二十馀年矣。所以自惟[36]，上之，不能纳忠效信，有奇策才力之誉，自结明主；次之，又不能拾遗补阙，招贤进能，显岩穴之士[37]；外之，又不能备行伍[38]，攻城野战，有斩将搴旗之功[39]；下之，不能积日累劳，取尊官厚禄，以为宗族交游光宠。四者无一遂，苟合取容[40]，无所短长之效，可见如此矣。向者[41]，仆常厕下大夫之列[42]，陪外廷末议[43]。不以此时引维纲[44]，尽思虑，今以亏形为扫除之隶，在阘茸之中[45]，乃欲仰首伸眉，论列是非，不亦轻朝廷羞当世之士邪？嗟乎！嗟乎！如仆，尚何言哉！尚何言哉！

且事本末未易明也。仆少负不羁之行，长无乡曲之誉[46]，主上幸以先人之故，使得奏薄伎[47]，出入周卫之中[48]。仆以为戴盆何以望天[49]，故绝宾客之知，亡室家之业，日夜思竭其不肖之才力，务一心营职，以求亲媚于主上。而事乃有大谬不然者。夫仆与李陵俱居门下[50]，素非能相善也。趣舍异路[51]，未尝衔杯酒，接殷勤之馀欢。然仆观其为人，自守奇士，事亲孝，与士信，临财廉，取与义，分别有让，恭俭下人，常思奋不顾身，以徇国家之急。其素所蓄积也，仆以为有国士之风。夫人臣出万死不顾一生之计，赴公家之难，斯以奇矣[52]。今举事一不当，而全躯保妻子之臣，随而媒孽其短[53]，仆诚私心痛之。且李陵提步卒不满五千，深践戎马之地，足历王庭[54]，垂饵虎口，横挑强胡[55]，仰亿万之师，与单于连战十有馀日，所杀过半当[56]。虏救死扶伤不给，旃裘之君长咸震怖[57]，乃悉征其左右贤王[58]，举引弓之人，一国共攻而围之。转斗千里，矢尽道穷，救兵不至，士卒死伤如积。然陵一呼劳军，士无不起，躬自流涕，沫血饮泣[59]，更张空拳[60]，冒白刃，北向争死敌者。陵未没时，使有来报，汉公卿王侯皆奉觞上寿[61]。后数日，陵败书闻，主上为之食不甘味，听朝不怡。大臣忧惧，不知所出。仆窃不自料其卑贱，见主上惨怆怛悼，诚欲效其款款之愚[62]。以为李陵素与士大夫绝甘分少，能得人死力，虽古之名将，不能过也。身虽陷败，彼观其意，且欲得其当而报于汉。事已无可奈何，其所摧败，功亦足以暴于天下矣[63]。仆怀欲陈之，而未有路。适会召问，即以此指推言陵之功[64]，欲以广主上之意，塞睚眦之辞[65]。未能尽明，明主不晓，以为仆沮贰师[66]，而为李陵游说，遂下于理[67]。拳拳之忠，终不能自列。因为诬上，卒从吏议。家贫，货赂不足以自赎，交游莫救，左右亲近，不为一言。身非木石，独与法吏为伍，深幽囹圄之中[68]，谁可告诉者！此真少卿所亲见，仆行事岂不然乎？李陵既生降，隤其家声[69]，而仆又佴之蚕室[70]，重为天下观笑[71]。悲夫！悲夫！

　　事未易一二为俗人言也。仆之先非有剖符丹书之功[72]，文史星历[73]，近乎卜祝之间[74]，固主上所戏弄，倡优所畜[75]，流俗之所轻也。假令仆伏法受诛，若九牛亡一毛，与蝼蚁何以异？而世又不与能死节者[76]，特以为智穷罪极，不能自免，卒就死耳。何也？素所自树立使然也。人固有一死，或重于太山，或轻于鸿毛，用之所趋异也。太上不辱先[77]，其次不辱身，其次不辱理色，其次不辱辞令，其次诎体受辱[78]，其次易服受辱[79]，其次关木索、被箠楚受辱[80]，其次剔毛发、婴金铁受辱[81]，其次毁肌肤、断肢体受辱，最下腐刑，极矣。传曰"刑不上大夫[82]"，此言士节不可不勉励也。猛虎在深山，百兽震恐，及在槛穽之中[83]，摇尾而求食，积威约之渐也。故有画地为牢，势不可入，削木为吏，议不可对，定计于鲜也[84]。今交手足，受木索，暴肌肤，受榜箠，幽于圜墙之中。当此之时，见狱吏则头枪地[85]，视徒隶则正惕息[86]。何者？积威约之势也。及以至是[87]，言不辱者，所谓强颜耳，曷足贵乎？且西伯，伯也[88]，拘于羑里[89]；李斯[90]，相也，具于五刑[91]；淮阴[92]，王也，受械于陈[93]；彭越、张敖[94]，南面称孤，系狱抵罪；绛侯诛诸吕[95]，权倾五伯，囚于请室[96]；魏其[97]，大将也，衣赭衣，关三木[98]；季布为朱家钳奴[99]；灌夫受辱于居室[100]。此人皆身至王侯将相，声闻邻国，及罪至罔加[101]，不能引决自裁，在尘埃之中。古今一体，安在其不辱也！由此言之，勇怯，势也；强弱，形也。审矣，何足怪乎！夫人不能早自裁绳墨之外，以稍陵迟[102]，至于鞭箠之间，乃欲引节，斯不亦远乎？古人所以重施刑于大夫者，殆为此也。

夫人情莫不贪生恶死，念父母，顾妻子。至激于义理者不然，乃有所不得已也。今仆不幸，早失父母，无兄弟之亲，独身孤立，少卿视仆于妻子何如哉？且勇者不必死节，怯夫慕义，何处不勉焉！仆虽怯懦欲苟活，亦颇识去就之分矣，何至自沉溺缧绁之辱哉[103]？且夫臧获婢妾[104]，由能引决[105]，况仆之不得已乎？所以隐忍苟活，幽于粪土之中而不辞者，恨私心有所不尽，鄙陋没世，而文彩不表于后世也。

古者富贵而名摩灭，不可胜记，唯倜傥非常之人称焉[106]。盖文王拘而演《周易》[107]；仲尼厄而作《春秋》[108]；屈原放逐[109]，乃赋《离骚》；左丘失明，厥有《国语》[110]；孙子膑脚[111]，《兵法》修列；不韦迁蜀[112]，世传《吕览》；韩非囚秦[113]，《说难》、《孤愤》；《诗》三百篇，大底圣贤发愤之所为作也。此人皆意有郁结，不得通其道，故述往事，思来者。乃如左丘无目[114]，孙子断足，终不可用，退而论书策以舒其愤，思垂空文以自见[115]。仆窃不逊，近自托于无能之辞，网罗天下放失旧闻[116]，略考其行事，综其终始，稽其成败兴坏之纪[117]。上计轩辕[118]，下至于兹，为十表[119]，本纪十二[120]，书八章[121]，世家三十[122]，列传七十[123]，凡百三十篇，亦欲以究天人之际，通古今之变，成一家之言。草创未就，会遭此祸，惜其不成，已就极刑而无愠色[124]。仆诚以著此书，藏诸名山，传之其人，通邑大都，则仆偿前辱之责[125]，虽万被戮，岂有悔哉！然此可为智者道，难为俗人言也。

且负下未易居，下流多谤议，仆以口语遇此祸，重为乡党所笑，以污辱先人，亦何面目复上父母丘墓乎？虽累百世，垢弥甚耳！是以肠一日而九回，居则忽忽若有所亡，出则不知其所往。每念斯耻，汗未尝不发背沾衣也。身直为闺阁之臣[126]，宁得自引于深藏岩穴邪？故且从俗浮沉，与时俯仰，以通其狂惑。今少卿乃教以推贤进士，无乃与仆私心刺谬乎[127]？今虽欲自雕琢，曼辞以自饰[128]，无益，于俗不信，适足取辱耳。要之，死日然后是非乃定。书不能悉意，略陈固陋。谨再拜。

《文选》卷四一

【注释】

[1]太史公：即太史令。一说指司马迁的父亲司马谈。司马谈曾任太史令，谈死后，司马迁继任父职。牛马走：谦词，指像牛马一样供驱使的仆人。走，犹"仆"。再拜：拜了又拜，表示恭敬。此十二字《汉书·司马迁传》无。　[2]足下：对人的敬称。　[3]曩（nǎng 囊，上声）：以前。　[4]推贤进士：向朝廷推荐贤良之士。当时司马迁为中书令，掌文书及推选人才等事。　[5]意气：情意和语气。勤勤恳恳：非常恳切。　[6]"若望仆不相师"二句：好像怨我没有遵从您（的意见），而听从了世俗庸人的意见。望，怨。师，遵从。流俗人，指世俗庸人。　[7]罢（pí 皮）：同"疲"。驽（nú 奴）：劣马。　[8]侧闻：从旁听说，自谦之词。　[9]身残处秽：身体受宫刑而致残缺，处在肮脏耻辱的位置。　[10]动而见尤：一动就会受到指责。尤，过错。　[11]郁悒（yì 义）：苦闷的样子。　[12]"盖锺子期死"二句：锺子期死了以后，伯牙终生不再弹琴。锺子期、伯牙，春秋时楚人。伯牙鼓琴，最受锺子期欣赏，且知其音的意义所在。所以，锺子期死后，伯牙认为世无知音，乃破琴绝弦，终身不复鼓琴。见《吕氏春秋·本味》。　[13]说（yuè 月）：同"悦"。　[14]大质：这里指身体。　[15]随、和：随侯珠与和氏璧，指极珍贵的宝物。　[16]由、夷：许由和伯夷，均为古代品行高尚的隐士。　[17]点：黑点。这里指玷污。　[18]会东从上来：适逢从东方跟从武帝回到长安来。这里指太始四年（前93）三月至五月间，司马迁随武帝东巡泰山、不其山（今山东崂山），返回长安。　[19]贱事：卑贱之事，谦词。　[20]卒（cù 促）卒：同"猝猝"，仓促。　[21]至：《汉书》作"指"。"至"字义长。　[22]不测之罪：不可测之罪，指大罪。　[23]"涉旬月"二句：旬月，一整月。季冬，十二月。按汉律，每年十二月处决囚犯。　[24]薄：同"迫"，接近。雍：在今陕西凤翔南。《汉书·武帝纪》："太始四年冬十二月，行幸雍，祠五畤。"　[25]不可为讳：讳言其死，故采取委婉的说法。由信的内容来看，任安这次下狱，是因为犯了重罪。两年后，任安因为戾太子事件被处以腰斩。　[26]符：信。这里是表现的意思。　[27]憯（cǎn 惨）：同"惨"。　[28]诟（gòu 够）：耻辱。宫刑：又称"腐刑"，割去男性生殖器的一种刑罚。　[29]"昔卫灵公与雍渠同载"二句：孔子居卫，卫灵公和夫人同车出游，让宦官雍渠同车，孔子感到耻辱，就离开了卫国，到陈国去。事见《孔子家语》。　[30]"商鞅因景监见"二句：商鞅因宦官景监而见到秦孝公，赵良感到心寒。景监，秦孝公的宦官。赵良，秦孝公的大臣。事见《史记·商君列传》。　[31]"同子参乘"二句：汉文帝拜见自己的母亲，与袁盎、宦官赵谈同车。袁盎认为与天子同车者，皆天下豪英，不应与宦官同车。汉文帝笑，让赵谈下车，赵谈泣。赵谈与司马谈同名，司马迁为避父

讳而称其为"同子"。子，尊称。袁丝，即袁盎，字丝，汉文帝的大臣。事见《汉书·袁盎传》。　　[32]宦竖：指宦官。　　[33]刀锯之馀：受过重刑的人，等于说"刑馀之人"。　　[34]绪业：事业，指司马迁的祖先世为史官。　　[35]待罪：指做官，谦词。辇毂（gǔ 古）下：皇帝的车轮之下，指在京城。　　[36]惟：思考。　　[37]岩穴之士：指隐士。　　[38]行伍：此处泛指军队。古代的军队编制，五人为伍，二十五人为行。　　[39]搴（qiān 牵）：拔取。　　[40]"苟合"二句：勉强求得容身存世，没有任何长处可以（为皇帝）效劳。短长，意思是无所短长，即无所长。　　[41]向：从前。　　[42]常：通"尝"，曾经。厕（cè 侧）：间杂，置身其间。谦词。下大夫：太史令属下大夫，指官位较低。　　[43]外廷：外朝。末议：微不足道的意见。　　[44]维纲：国家法令。　　[45]阘茸（tàróng 榻容）：下贱，低贱的人。茸，细毛。　　[46]乡曲：乡里。汉文帝时期，有乡曲之誉者，可以荐官。　　[47]奏：《汉书》作"奉"。"奉"字义长。　　[48]周卫：宿卫周密，指宫禁。　　[49]戴盆何以望天：戴着盆子如何看得见天，形容事情不可兼顾，即自己忙于公职，无暇顾及私事。　　[50]不然者夫：李善注以"不然者夫"四字连读，误。"夫"字宜属下句。李陵：字少卿（？—前74），陇西成纪（今甘肃秦安）人。李广之孙。天汉二年（前99）奉命出征，孤军深入，率不足五千兵卒与八万匈奴激战，因寡不敌众兵败投降。汉武帝误信李陵为匈奴练兵的讹传，夷灭李陵三族。俱居门下：司马迁与李陵曾同时任侍中。　　[51]趣舍：个人所走的路不同。趣，通"趋"。　　[52]以：《汉书》作"已"。　　[53]媒蘖（niè 聂）：酝酿的意思，比喻构陷诬害，酿成其罪。媒，酒母。蘖，通"糵"，酿酒的酵母。　　[54]王庭：匈奴单于的住处。　　[55]胡：指匈奴。　　[56]所杀过半当：《汉书》无"半"字。　　[57]旃（zhān 沾）裘：毛织品制成的衣服。　　[58]左右贤王：左贤王和右贤王，匈奴的最高官位。　　[59]沫（huì 汇）血：形容血流满面。沫，通"颒"，以手捧水洗脸。　　[60]拳：应作"弮"（quān 圈），强硬的弓弩。空弮，形容弹尽粮绝。　　[61]奉觞上寿：捧着酒杯祝汉武帝万岁长寿，这里指祝捷。　　[62]怛（dá 达）：悲痛。款款：忠实的样子。　　[63]暴（pù 瀑）：显露，昭示。矣：《汉书》无此字。　　[64]指：同"旨"。　　[65]睚眦（yázì 涯字）：怒目相视。　　[66]沮：毁坏。贰师：指贰师将军李广利，汉武帝宠妃李夫人之兄。李陵受困时，李广利率主力却并不救援。汉武帝本欲通过这次出击匈奴给李广利提供封侯的机会，但是全军无功而返。在武帝看来，司马迁的辩解等于贬低了李广利。　　[67]理：指大理（廷尉），治狱官。　　[68]图圄（língyǔ 灵宇）：监狱。　　[69]隤（tuí 颓）：坠。李陵是名将李广之后，生降匈奴后，败坏了李家名声。　　[70]佴（èr 贰）：相次，随后。《汉书》作"茸"，推置其中。蚕室：养蚕需要温暖密闭的房子，受过腐刑的人初期怕风怕冷，也需要住在这样的房子中。　　[71]重(zhòng 众)：深深地。　　[72]剖符：把竹制的契约一剖为二。丹书：用丹砂把誓词写在铁制的契券上。以上是汉初的皇帝给大臣的特殊待遇，拥有剖符和丹书者，可以世代袭爵，子孙免罪。　　[73]文史星历：文史典籍和天文历法，属太史令掌管。　　[74]卜祝：占卜和祝祷。　　[75]倡优所畜：被人像倡(乐人)优(戏人)一样看待。"畜"，同"蓄"，养。　　[76]而世又不与能死节者：《汉书》"者"下有"比"字，是。　　[77]太上：最上。　　[78]诎：通"屈"。　　[79]易服：换上赭(深红)色的衣服，这里指穿囚服。　　[80]木索：木枷和绳索。被箠(chuí 垂)楚：受荆杖拷打。箠楚，皆杖木之名。　　[81]剔毛发：古代的髡(kūn 昆)刑，把头发剃光。剔(tì 替)，同"剃"。婴金铁：古代的钳刑，脖子上带着铁链。婴，缠绕，围绕。　　[82]刑不上大夫：《礼记·曲礼》："礼不下庶人，刑不上大夫。"之所以刑不上大夫，是因为大夫是天下的表率，以此来使大夫砥砺名节，并非是对犯罪的大夫不施行刑罚。　　[83]槛(jiàn 建)：关野兽的笼子。穽(jǐng 井)：捕兽的陷坑。　　[84]鲜：鲜明。表示打定主意自杀，不受辱。　　[85]枪：同"抢"，触。　　[86]惕息：形容恐惧的样子。　　[87]以：《汉书》作"已"，"以"同"已"。　　[88]西伯：周文王姬昌，为西方诸侯之长。伯，通"霸"。　　[89]羑(yǒu 有)里：在今河南汤阴县北。殷纣王曾把周文王囚禁于此。　　[90]李斯：秦统一后为丞相。秦二世继位，听信赵高谗言，将李斯腰斩，夷灭三族。　　[91]五刑：五种刑罚。据《汉书·刑法志》："当夷三族者，皆先黥(以墨刺面)劓(割鼻)，斩左右趾，笞杀之，枭其首，菹其骨肉于市。"　　[92]淮阴：指淮阴侯韩信(前231?—前196)，西汉开国功臣。后高祖疑其谋反，在陈(楚地)逮捕了他。　　[93]械：枷锁之类的刑具。　　[94]彭越、张敖：彭越是汉高祖的功臣，封梁王。张敖是张耳之子，袭父爵为赵王。二人皆被诬告谋反，下狱治罪。　　[95]绛侯：汉高祖的功臣周勃，封绛侯，惠帝和吕后死后，与陈平立汉文帝。　　[96]请室：请罪之室，囚禁有罪官吏的牢狱。　　[97]魏其：大将军窦婴，窦太后之侄，汉景帝时被封为魏其侯。武帝时以伪造遗诏罪处死。　　[98]三木：锁住颈、手、足的三种木制刑具。　　[99]季布：项羽的大将，多次率兵打败刘邦，项羽死后，刘邦以千金缉拿季布。季布隐姓埋名，受髡刑和钳刑，卖身给朱家为奴，后获刘邦赦免。　　[100]灌夫：汉武帝时为太仆，得罪了丞相田蚡，被囚于居室，后被诛。居室：官署名，少府所属，武帝改曰保宫。　　[101]罔：同"网"，法网。　　[102]陵迟：衰颓，指受挫。　　[103]缧绁(léixiè 雷谢)：捆绑犯人的绳子，引伸为捆绑、牢狱。　　[104]臧获：对奴婢的贱称，奴曰臧，婢曰获。　　[105]由：《汉书》作"犹"，是。　　[106]倜(tì 惕)傥：卓异不凡。　　[107]文王拘而演《周易》：周文王被殷纣王拘禁在羑里时，根据古代的八卦，推演出了《周易》的六十四卦。　　　[108]仲尼厄而作《春秋》：孔丘字仲尼，周游列国，受尽艰难困苦，晚年返回鲁国，删削鲁史而为《春秋》。　　　[109]"屈原放逐"二句：屈原，为楚怀王左徒，因为上官大夫向楚怀王进谗言而被疏远，心怀忧愤而作《离骚》。　　　[110]厥有《国语》：春秋时的鲁国史官左丘明，作《国语》。　　　[111]"孙子膑脚"二句：孙子，战国初期的著名军事家孙膑。他与庞涓一起学兵法于鬼谷子，庞涓后事魏惠王，自以为不及孙膑，骗孙膑入魏，断其两足。后来孙膑大破魏军，并擒杀了庞涓。孙膑著有《孙膑兵法》。　　　[112]不韦：吕不韦，姜姓，吕氏，名不韦，卫国濮阳（今河南滑县）人。战国末年大商人、政治家、思想家，秦初为相国。大招门客，命编撰成《吕氏春秋》一书，又名《吕览》。始皇十年，令吕不韦举家迁蜀，吕不韦饮鸩自杀。　　　[113]"韩非囚秦"二句：韩非是战国后期法家的代表人物，著有《韩非子》。入秦后，李斯向秦王进谗言，韩非被下狱死。《说难》、《孤愤》是《韩非子》中的篇名。　　　[114]乃如：至于。"乃"，《汉书》作"及"。　　　[115]空文：这里指文章，因为文章只是表达自己的感情或观念，与具体的功业相比较，只是没有实行的事情，故称"空文"。见：同"现"，显示，表达。　　　[116]放失（yì 义）：散佚。失，同"佚"。　　　[117]纪：《汉书》作"理"。　　　[118]轩辕：指黄帝，曾居于轩辕之丘，故称轩辕氏。　　　[119]表：《史记》的一种撰述体例，以表格简列世系、重要人物和史事。　　　[120]本纪：帝王的传记，一般采取编年法对帝王的事迹进行叙述。　　　[121]书：其内容是对古代社会政治、经济、文化等各种典章制度的专题记载，《史记》中的"八书"包括《礼》、《乐》、《律》、《历》、《天官》、《封禅》、《河渠》、《平准》。其后演变为正史中的"志"。　　　[122]世家：主要记王侯贵族的历史。　　　[123]列传：除了帝王诸侯外，其他各方面代表人物的生平事迹和少数民族的传记。　　　[124]极刑：这里指宫刑。愠（yùn 运）色：愤怒的样子。　　　[125]责（zhài 寨）：通"债"，指此前所受一切屈辱的代价。　　　[126]闺阁之臣：指宦官。闺、阁，宫中小门，指宫禁内院。　　　[127]剌（là 腊）谬：违背，乖离。　　　[128]曼辞：美妙的言辞。曼，美。

【解析】

明人孙执升说："史迁一腔抑郁，发之《史记》；作《史记》一腔抑郁，发之此书。识得此书，便识得一部《史记》。盖一生心事，尽泄于此也。纵横排宕，真是绝代大文章。"（《评注昭明文选》引），由此可见此篇的重要性。

本文开篇总叙报书之迟及自己不能推贤进士的缘由。司马迁说自己是遭受宫刑的刑馀之人，类同宦者，不具备推贤进士的资格。这当然是司马迁压抑着悲愤无奈的血泪之语。接着说他获罪之始末。天汉二年（前99）的李陵事件，是他遭受宫刑的直接导火索。司马迁与李陵虽非好友，未尝有杯酒之欢，但敬佩其为人，以为有"国士之风"，所以为李陵生降匈奴进行了辩解。按汉朝的规定，无功者不得封侯。武帝这次派贰师将军李广利出征匈奴，在某种程度上是为了给李广利提供封侯的机会。结果，李广利无功而返，李陵生降匈奴。李陵，西汉名将李广之孙。李陵率不足五千的兵力与单于的八万匈奴兵鏖战十馀日，匈奴举国为之震动。最后因为弹尽粮绝，援军不至，投降了匈奴。司马迁仗义执言，为李陵辩解，一则为了宽解武帝，一则不满于满朝文武的趋炎附势与落井下石。司马迁对武帝说，李陵虽降，但在将来会伺机报答汉朝。武帝以为司马迁这样说，等于贬低了李广利，就以诬罔之罪，对司马迁处以腐刑，李陵也被夷灭三族。

在司马迁看来，所有的刑罚之中，"最下腐刑，极矣！"这是最大的人生耻辱！选择死亡，固然可以一死了之，但这样与蝼蚁何异；选择生存，接受宫刑，这样却又等于选择了生不如死。为了完成《史记》，司马迁最后毅然选择了宫刑。司马迁出狱前为太史令，位列下大夫。出狱后为中书令，尊宠任职。但在他看来，自己只不过是主上所戏弄的"闺阁之臣"，这也从另一个侧面反映出了司马迁对自身及现实的清醒认识。

"人固有一死，或重于太（泰）山，或轻于鸿毛"，司马迁的选择，体现了他对人生价值观的决然判断。他之所以隐忍苟活，乃在于担心"鄙陋没世，而文彩不表于后世也"，为了完成著作《史记》的理想，他宁可忍受肉体和精神上的巨大痛苦而选择宫刑，且从古代先贤那里找到了归依——文王、孔子、屈原、左丘明、孙膑、吕不韦、韩非、"诗三百"的作者，都成了他发愤著书的榜样，并为他提供了完成《史记》的精神动力。只要《史记》能够完成并得以流传，"虽万被戮，岂有悔哉！"

"究天人之际，通古今之变，成一家之言"，是司马迁写作《史记》的目的，也是司马迁贯穿《史记》始终的史学理想。《史记》是中国历史上第一部纪传体通史，它展现了上自黄帝、下至武帝时期三千年的历史画卷，探讨了天人之间的运行规律，"述往事，思来者"，其中有感慨，有惶惑，有怀疑，有诘问。历史的主体是人，《史记》不单纯是历史人物与事件的叙述与罗列，而始终指向的是天人关系、古今之变的深刻洞察和理性思索。从这一角度来讲,《史记》不但抓住了史学的核心要义,而且已经上升为历史哲学的思考,这就是《史记》的深刻之处。

　　总之,司马迁以自己的悲剧人生,以史家的使命意识,将自己的歌哭悲欢,将自己的血泪幽愤化作了朗照乾坤、彪炳千秋的历史巨著——《史记》,其"究天人之际,通古今之变,成一家之言"的史学理想所呈现出的恢弘格局和盛大气象,更是成为牢笼百代的史家绝唱。后世史家,无出其右者。这就是司马迁以自己的实际行动对历史做出的回答,也是我们重温《报任少卿书》的意义所在。

汉书·艺文志序

〔东汉〕班固

【题解】

《汉书·艺文志》是我国现存最早的一部史志图书目录。东汉初，明帝永平年间（58—75），班固任典校秘书，于国家藏书库兰台等处整理典籍，修撰史书。他以西汉末年刘歆所撰《七略》为蓝本，加以增删调整；分类著录藏书，并记述每类源流大概，而撰《汉书·艺文志》。其中包含六艺、诸子、诗赋、兵书、术数、方技六略，其下又细分为三十八小类，共著录图书五百九十六家，一万三千二百六十九卷，反映了西汉官藏图书之盛，堪称西汉一代学术文化的缩影。

《汉书·艺文志》不仅开创了我国纪传体史书内设《艺文志》的先例，而且是对先秦至西汉学术面貌的一个最早的全面概括，为后世"辨章学术，考镜源流"提供了门径。

《汉书·艺文志序》包括总序和小序。总序位于全篇之首。每类先列书目，小序则在各类书目之后，其中诗赋略无小序。此次选录将总序、小序合为一篇，原文所列具体书目一律省略。

昔仲尼没而微言绝[1]，七十子丧而大义乖[2]。故《春秋》分为五[3]，《诗》分为四，《易》有数家之传。战国从衡[4]，真伪分争，诸子之言纷然殽乱[5]。至秦患之，乃燔灭文章[6]，以愚黔首[7]。汉兴，改秦之败，大收篇籍，广开献书之路。迄孝武世[8]，书缺简脱，礼坏乐崩，圣上喟然而称曰[9]："朕甚闵焉[10]！"于是建藏书之策，置写书之官，下及诸子传说，皆充秘府[11]。至成帝时，以书颇散亡，使谒者陈农求遗书于天下。诏光禄大夫刘向校经传诸子诗赋，步兵校尉任宏校兵书，太史令尹咸校数术[12]，侍医李柱国校方技[13]。每一书已[14]，向辄条其篇目，撮其指意，录而奏之。会向卒，哀帝复使向子侍中奉车都尉歆卒父业[15]。歆于是总群书而奏其《七略》[16]，故有《辑略》，有《六艺略》，有

《诸子略》，有《诗赋略》，有《兵书略》，有《术数略》，有《方技略》。今删其要，以备篇籍。

【注释】

[1]仲尼：即孔子，字仲尼。微言：指六经精微奥妙之言。　　[2]七十子：指孔子弟子。相传孔子弟子三千，其中贤能者七十有馀。《史记·仲尼弟子列传》记载："孔子曰：受业身通者七十有七人。"此处的"七十"为约数。大义：指六经大旨。乖：背离。　　[3]"故《春秋》分为五"三句：是说经典在后世出现不同的解说。具体情形见下文。传，汉人解释经典的一种形式。　　[4]从衡：即合纵连横。从，通"纵"。合纵指战国时苏秦联合六国，西向抗秦，连横指张仪游说六国共同事奉秦国。　　[5]骰（xiáo　淆）乱：杂乱。骰，同"淆"。　　[6]燔（fán　凡）：焚烧。　　[7]以愚黔首：愚民。黔首，即平民百姓。　　[8]孝武：汉武帝刘彻（前156—前87），公元前140年即位，在位五十四年。　　[9]喟（kuì　溃）然：叹息貌。称：说。　　[10]闵：哀伤。　　[11]秘府：古代宫廷皮藏秘籍的场所。　　[12]数术：占卜之书。　　[13]方技：医药之书。　　[14]"每一书已"四句：（刘向）每校完一书，便整理编排其篇目，概述其大意，撰成叙录，上奏朝廷。已，完毕，完成。撮，总结提取。　　[15]卒：完成。　　[16]"歆于是总群书而奏其《七略》"八句：《七略》是我国最早一部图书目录，今已亡佚。刘歆将当时图书分为六大类，称为"略"。略，概要之意。《辑略》则是对众书的总结概述。辑，同"集"。班固撰《艺文志》沿袭《七略》的分类，而将《辑略》打散附入每略、每类之下，即通常所说的大序、小序。

《易》曰："宓戏氏仰观象于天[1]，俯观法于地，观鸟兽之文，与地之宜，近取诸身[2]，远取诸物，于是始作八卦[3]，以通神明之德，以类万物之情[4]。"至于殷、周之际，纣在上位，逆天暴物，文王以诸侯顺命而行道[5]，天人之占可得而效，于是重《易》六爻[6]，作上下篇[7]。孔氏为之《彖》、《象》、《系辞》、《文言》、《序卦》之属十篇[8]。故曰《易》道深矣，人更三圣[9]，世历三古[10]。及秦燔书，而《易》为筮卜之事，传者不绝。汉兴，田何传之。讫于宣、元，有施、孟、梁丘、京氏列于学官[11]，而民间有费、高二家之说[12]。刘向以中《古文易经》校施、孟、梁丘经[13]，或脱去"无咎"、"悔亡"，唯费氏经与古文同。

【注释】

[1]宓（fú 浮）戏：即伏羲。 [2]"近取诸身"二句：近则反观自身，远则考察万物，来探索世界变化的规律。 [3]八卦：《周易》中的八种符号，分别为乾、震、兑、离、巽、坎、艮、坤。它们由阴（－－）阳（—）两种线形组成，每卦含有三条线形，称作"三爻"。每卦各代表一定属性的若干事物。 [4]类：类比。以上引文出自《周易·系辞下》。 [5]以诸侯：以诸侯的身份。命：天命。 [6]重《易》六爻（yáo 尧）：将八卦两两叠加而成六爻。 [7]上下篇：指《周易》经文，包括卦辞和爻辞。 [8]十篇：即《易》传，包括《彖辞》上下、《象辞》上下、《系辞》上下、《文言》、《说卦》、《序卦》、《杂卦》，是对《周易》的阐释，又称"十翼"。 [9]三圣：指伏羲、周文王、孔子。 [10]三古：指上古、中古、下古，分别对应伏羲、周文王、孔子所处的时代。 [11]施：施雠（chóu 愁）。孟：孟喜。梁丘：梁丘贺。京氏：京房。以上四人《汉书·儒林传》均有传。列于学官：立于博士，被认定为官方学术。 [12]费：费直。高：高相。二人均见于《汉书·儒林传》。 [13]中：朝廷中所藏的。校：校正文字讹误衍脱。

《易》曰："河出图[1]，雒出书，圣人则之。"故《书》之所起远矣，至孔子纂焉，上断于尧，下讫于秦，凡百篇，而为之序，言其作意[2]。秦燔书禁学，济南伏生独壁藏之[3]。汉兴亡失，求得二十九篇[4]，以教齐、鲁之间。讫孝宣世，有《欧阳》、《大、小夏侯氏》[5]，立于学官。《古文尚书》者，出孔子壁中。武帝末[6]，鲁共王坏孔子宅，欲以广其宫，而得《古文尚书》及《礼记》、《论语》、《孝经》凡数十篇，皆古字也。共王往入其宅，闻鼓琴瑟钟磬之音，于是惧，乃止不坏。孔安国者，孔子后也，悉得其书，以考二十九篇，得多十六篇[7]。安国献之。遭巫蛊事[8]，未列于学官。刘向以中古文校欧阳、大小夏侯三家经文，《酒诰》脱简一[9]，《召诰》脱简二。率简二十五字者[10]，脱亦二十五字，简二十二字者，脱亦二十二字，文字异者七百有馀，脱字数十。《书》者，古之号令，号令于众，其言不立具[11]，则听受施行者弗晓。古文读应尔雅[12]，故解古今语而可知也。

【注释】

[1]"河出图"三句：出自《周易·系辞上》。河，黄河。雒，洛水。则，遵循。 [2]作

意：撰述的用意。　　[3]伏生：伏胜，原为秦博士。见《汉书·儒林传》。　　[4]二十九篇：即《尧典》、《皋陶谟》、《禹贡》、《甘誓》、《汤誓》、《盘庚》、《高宗肜日》、《西伯戡黎》、《微子》、《泰誓》、《牧誓》、《洪范》、《金縢》、《大诰》、《康诰》、《酒诰》、《梓材》、《召诰》、《洛诰》、《多士》、《无逸》、《君奭》、《多方》、《立政》、《顾命》、《吕刑》、《文侯之命》、《费誓》、《秦誓》。　　[5]欧阳：欧阳生。大夏侯：夏侯胜。小夏侯：夏侯建。三人均见于《汉书·儒林传》。　　[6]"武帝末"三句：鲁共王，刘馀，汉景帝子，《史记》卷五九、《汉书》卷五三有传。坏，破坏，拆毁。广其宫，扩建其宫殿。据学者考证，此事发生在景帝时，文中言"武帝末"似误。　　[7]十六篇：为《舜典》、《汨作》、《九共》、《大禹谟》、《益稷》、《五子之歌》、《胤征》、《汤诰》、《咸有一德》、《典宝》、《伊训》、《肆命》、《原命》、《武成》、《旅獒》、《冏命》。　　[8]巫蛊事：汉武帝迷信鬼神，晚年多病，怀疑受人巫蛊所致。征和二年（前91），江充诬告太子宫中埋有木人。太子惧，起兵杀江充。武帝发兵追捕，太子兵败自杀。这是汉武帝末年动荡朝野的政治事件，史称"巫蛊之祸"。　　[9]脱简：汉代典籍多书于竹简，简以绳相编连，日久或绳断简丢，而出现脱文，即为"脱简"。　　[10]率：大体。　　[11]立具：书写下来，具文立契。　　[12]"古文读应尔雅"二句：（《尚书》文古，）应以今天的通行语加以训释，才能让人知晓其意。应，对应。尔雅，当代雅正之语。

　　《书》曰："诗言志[1]，歌咏言。"故哀乐之心感，而歌咏之声发。诵其言谓之诗，咏其声谓之歌。故古有采诗之官，王者所以观风俗，知得失，自考正也[2]。孔子纯取周诗，上采殷，下取鲁，凡三百五篇，遭秦而全者，以其讽诵，不独在竹帛故也。汉兴，鲁申公为《诗》训故[3]，而齐辕固、燕韩生皆为之传[4]。或取《春秋》，采杂说，咸非其本义[5]。与不得已[6]，鲁最为近之。三家皆列于学官。又有毛公之学[7]，自谓子夏所传[8]，而河间献王好之[9]，未得立。

　　【注释】

　　[1]"诗言志"二句：出自《尚书·舜典》。　　[2]考正：稽考修正。　　[3]申公：申培，《汉书·儒林传》有传。　　[4]韩生：韩婴。汉代以来多称呼儒者为"生"。他与辕固均见于《汉书·儒林传》。　　[5]咸：都。　　[6]"与不得已"二句：如果非要说的话，鲁申公的解说与《诗》本义最为接近。与，意同

"如"。　　[7]毛公：指毛苌，赵国人，史称"小毛公"。　　[8]子夏：即卜商，字子夏，孔子弟子，以文章学问著称。　　[9]河间献王：刘德，汉景帝子。

《易》曰："有夫妇父子君臣上下[1]，礼义有所错。"而帝王质文世有损益[2]，至周曲为之防[3]，事为之制[4]，故曰："礼经三百，威仪三千。"及周之衰，诸侯将逾法度[5]，恶其害己，皆灭去其籍[6]，自孔子时而不具[7]，至秦大坏。汉兴，鲁高堂生传《士礼》十七篇[8]。讫孝宣世，后仓最明。戴德、戴圣、庆普皆其弟子，三家立于学官。《礼古经》者，出于鲁淹中及孔氏[9]，与十七篇文相似，多三十九篇。及《明堂阴阳》、《王史氏记》所见，多天子诸侯卿大夫之制，虽不能备，犹瘉仓等推《士礼》而致于天子之说[10]。

【注释】

[1]"有夫妇父子君臣上下"二句：出自《周易·序卦》，大意是有夫妇、父子、君臣、上下这些伦理关系，（才能尊卑上下有别，）礼仪制度才能安排施行。错，通"措"，措置，施行。　　[2]质文：质朴和文饰，这里是偏正结构，意指文饰礼仪。损益：增减变化。　　[3]曲：周遍，细密。防：防备。　　[4]事：凡事。制：形成制度。　　[5]逾法度：凌驾礼制。　　[6]灭去其籍：毁弃有关尊卑礼制的典籍。　　[7]具：完备。　　[8]高堂生：鲁国儒生高堂伯。见《汉书·儒林传》。《士礼》：即《仪礼》，分为十七篇。　　[9]淹中：鲁国里名。孔氏：指孔子旧宅壁中所藏。　　[10]瘉（yù 玉）：同"愈"，超过，胜于。

《易》曰："先王作乐崇德[1]，殷荐之上帝，以享祖考。"故自黄帝下至三代[2]，乐各有名。孔子曰："安上治民[3]，莫善于礼；移风易俗，莫善于乐。"二者相与并行。周衰俱坏[4]，乐尤微眇，以音律为节，又为郑、卫所乱，故无遗法。汉兴，制氏以雅乐声律[5]，世在乐官，颇能纪其铿锵鼓舞，而不能言其义。六国之君，魏文侯最为好古[6]，孝文时得其乐人窦公，献其书，乃《周官·大宗伯》之《大司乐》章也[7]。武帝时，河间献王好儒，与毛生等共采《周官》及诸子言乐事者，以作《乐记》，献八佾之舞[8]，与制氏不相远。其内史丞王定传之，以授常山王禹。禹，成帝时为谒者，数言其义，献二十四卷记。刘向校书，得

《乐记》二十三篇，与禹不同，其道浸以益微[9]。

【注释】

[1]"先王作乐崇德"三句：出自《周易·豫卦·象辞》。殷，盛大。荐，进献。享，供献。　　[2]三代：指夏、商、周。　　[3]"安上治民"四句：见《孝经·广要道章》，文字稍有出入。　　[4]"周衰俱坏"三句：周王朝衰微，礼崩乐坏，其中乐道精微，全由音律构成（，因此难以用语言表达，更难以记载于书，更容易亡佚）。眇（miǎo　秒），细微，精细。以，因为。　　[5]制氏：相传为鲁国的一个家族，善于音乐。雅乐：古代帝王在祭祀天地祖先或朝聘、宴享等重要场合所使用的音乐。　　[6]魏文侯：魏国国君，曾师从子夏，学以经艺。　　[7]《周官·大宗伯》：即《周礼·大宗伯》。　　[8]八佾（yì　义）：古代天子专用的舞蹈规格，为八行八列。佾，古代乐舞的行列。　　[9]浸：逐渐。

古之王者世有史官，君举必书[1]，所以慎言行，昭法式也[2]。左史记言，右史记事，事为《春秋》，言为《尚书》，帝王靡不同之。周室既微，载籍残缺[3]，仲尼思存前圣之业，乃称曰："夏礼吾能言之，杞不足征也；殷礼吾能言之，宋不足征也。文献不足故也，足则吾能征之矣[4]。"以鲁周公之国[5]，礼文备物，史官有法，故与左丘明观其史记[6]，据行事，仍人道[7]，因兴以立功[8]，就败以成罚，假日月以定历数[9]，借朝聘以正礼乐[10]。有所褒讳贬损，不可书见，口授弟子，弟子退而异言[11]。丘明恐弟子各安其意，以失其真，故论本事而作传[12]，明夫子不以空言说经也。《春秋》所贬损大人当世君臣[13]，有威权势力，其事实皆形于传，是以隐其书而不宣，所以免时难也。及末世口说流行，故有《公羊》、《穀梁》、《邹》、《夹》之传。四家之中，《公羊》、《穀梁》立于学官，邹氏无师，夹氏未有书。

【注释】

[1]举：举动。　　[2]昭法式：彰明法戒和规范。　　[3]载籍：书籍。　　[4]征：证明。引文出自《论语·八佾》。　　[5]"以鲁周公之国"三句：因为鲁国是周公子孙分封之国，承其遗绪，凡事都具备礼乐仪式，史官记载亦有法度。周公，即姬旦，周文王子，武王弟，相传周代礼乐制度由他创

立。 　　[6]左丘明：鲁国史官。史记：指鲁国史书。 　　[7]仍人道：遵循人世的规范。 　　[8]兴：表彰。 　　[9]假日月以定历数：根据日月的运转来推定帝王更替的次序。古代有"天人感应"的思想，将帝王的兴衰递嬗与天地自然运转的规律相联系，因此要"假日月以定历数"。假，凭借，根据。历数，指天道，也指朝代更替的次序。 　　[10]借朝聘以正礼乐：用朝聘的规矩来矫正礼乐制度。朝聘，指古代诸侯定期朝见天子。 　　[11]退：退出讲席。 　　[12]传：即《左传》。 　　[13]"《春秋》所贬损大人当世君臣"五句：《春秋》所抨击的常常为当时君臣，他们手持重权，而其行径都被记录下来。（为了明哲保身，）只能秘密地流传此书，而不敢张扬，此书也因此幸免于秦时焚书之难。

《论语》者，孔子应答弟子时人，及弟子相与言而接闻于夫子之语也[1]。当时弟子各有所记。夫子既卒，门人相与辑而论篹[2]，故谓之《论语》。汉兴，有齐、鲁之说。传《齐论》者，昌邑中尉王吉、少府宋畸、御史大夫贡禹、尚书令五鹿充宗、胶东庸生，唯王阳名家[3]。传《鲁论语》者，常山都尉龚奋、长信少府夏侯胜、丞相韦贤、鲁扶卿、前将军萧望之、安昌侯张禹，皆名家。张氏最后而行于世。

【注释】

[1]弟子相与言而接闻于夫子：孔子弟子之间相互言论，而被孔子听说。 　　[2]论篹：编序排次。 　　[3]王阳：颜师古注："王吉字子阳，故谓之王阳。"即前文所说"王吉"。

《孝经》者，孔子为曾子陈孝道也[1]。夫孝，天之经，地之义，民之行也[2]。举大者言，故曰《孝经》。汉兴，长孙氏、博士江翁、少府后仓、谏大夫翼奉、安昌侯张禹传之，各自名家。经文皆同，唯孔氏壁中古文为异。"父母生之[3]，续莫大焉"，"故亲生之膝下[4]"，诸家说不安处，古文字读皆异[5]。

【注释】

[1]曾子：即曾参，字子舆，孔子弟子，以孝著称。 　　[2]民之行也：人人都会做的举动。 　　[3]"父母生之"二句：出自《孝经·圣治章》。大意是父母生养

子女，传续了生命，（因此）对于孩子来说，结婚生子，再续血脉，是最重要的事情。　　[4]故亲生之膝下：出自《孝经·圣治章》。大意是所以对父母的亲近眷恋从孩提时就产生了。亲，亲近，亲爱。膝下，代指幼年。　　[5]字读：文字和解读。

　　《易》曰："上古结绳以治[1]，后世圣人易之以书契，百官以治，万民以察，盖取诸《夬》。""夬，扬于王庭[2]"，言其宣扬于王者朝廷，其用最大也。古者八岁入小学，故《周官》保氏掌养国子[3]，教之六书[4]，谓象形、象事、象意、象声、转注、假借，造字之本也。汉兴，萧何草律[5]，亦著其法[6]，曰："太史试学童，能讽书九千字以上[7]，乃得为史。又以六体试之，课最者以为尚书御史史书令史[8]。吏民上书，字或不正，辄举劾。"六体者，古文、奇字、篆书、隶书、缪篆、虫书[9]，皆所以通知古今文字[10]，摹印章，书幡信也[11]。古制[12]，书必同文，不知则阙，问诸故老，至于衰世，是非无正，人用其私。故孔子曰："吾犹及史之阙文也[13]，今亡矣夫！"盖伤其浸不正。《史籀篇》者，周时史官教学童书也，与孔氏壁中古文异体。《苍颉》七章者，秦丞相李斯所作也；《爰历》六章者，车府令赵高所作也；《博学》七章者，太史令胡母敬所作也：文字多取《史籀篇》，而篆体复颇异，所谓秦篆者也。是时始造隶书矣[14]，起于官狱多事，苟趋省易，施之于徒隶也。汉兴，闾里书师合《苍颉》、《爰历》、《博学》三篇[15]，断六十字以为一章，凡五十五章，并为《苍颉篇》。武帝时司马相如作《凡将篇》，无复字。元帝时黄门令史游作《急就篇》，成帝时将作大匠李长作《元尚篇》，皆《苍颉》中正字也。《凡将》则颇有出矣[16]。至元始中，征天下通小学者以百数，各令记字于庭中。扬雄取其有用者以作《训纂篇》，顺续《苍颉》，又易《苍颉》中重复之字，凡八十九章。臣复续扬雄作十三章，凡一百二章，无复字，六艺群书所载略备矣。《苍颉》多古字，俗师失其读，宣帝时征齐人能正读者，张敞从受之[17]，传至外孙之子杜林，为作训故，并列焉。

【注释】

[1]"上古结绳以治"五句：出自《周易·系辞下》。治，治理。书契，指文

字。《夬（guài　怪）》，卦名。夬卦含有决断之义，书契可用来决断万事，所以说"盖取诸《夬》"。　　[2]扬于王庭：出自《周易·夬卦·卦辞》。宣扬于王者之庭，此处用来说明文字的用途。　　[3]保氏：古代掌管贵族子弟教育的官员。掌：掌管。养：培养。国子：进入国学的贵族子弟。　　[4]"教之六书"三句：意在解释六书。六书是古人归纳的六种造字用字的方法。比如象形就是通过描摹实物形态来造字，"日"、"月"即为其例。象声，又称"形声"，字由意旁和声旁构成，"江"、"河"即为其例。　　[5]萧何：西汉初丞相，汉之律令典制多出于其手。草：起草。　　[6]著：著明，明确。　　[7]讽：讽诵，背诵。　　[8]课最者：考试成绩最好的。　　[9]古文：指战国时东方六国所使用的文字。奇字：根据古文改变而成的字。缪篆：摹刻印章所用的篆书，形态屈曲缠绕，是篆书的别体。虫书：篆书的一种变体，形体类似鸟虫。　　[10]通知：通晓。　　[11]幡（fān　翻）信：用来传递信息的旗帜。或云"六体者"至此三十一字，为后人窜入。　　[12]"古制"七句：在古代，书写的文字一定相同，不知道的字就空着，去请教学识渊博的老者；等到周世衰微，文字正确与否难以校正，人们便随意乱写。　　[13]"吾犹及史之阙文也"二句：我曾经遇到过史书文字有残阙而留待他人校正的情形，（然而）现在再也没有了。引文出自《论语·卫灵公》。　　[14]"是时始造隶书矣"四句：秦代开始创造隶书，是因为秦法严苛，案件繁冗，为求简便，删减改易篆书的笔画形体，使得书写简易，供地位低下的小吏使用。苟，随意，草草。　　[15]闾里：乡里，指民间。书师：教写字、读书的老师。　　[16]出：指出于《苍颉》一书，与《苍颉》中的正字有差别。　　[17]从受之：跟着齐人学习。

　　六艺之文[1]：《乐》以和神[2]，仁之表也；《诗》以正言，义之用也；《礼》以明体，明者著见，故无训也；《书》以广听，知之术也；《春秋》以断事，信之符也。五者，盖五常之道，相须而备，而《易》为之原。故曰"《易》不可见[3]，则乾坤或几乎息矣"，言与天地为终始也。至于五学[4]，世有变改，犹五行之更用事焉。古之学者耕且养，三年而通一艺，存其大体[5]，玩经文而已[6]，是故用日少而畜德多[7]，三十而五经立也。后世经传既已乖离[8]，博学者又不思多闻阙疑之义，而务碎义逃难，便辞巧说，破坏形体；说五字之文，至于二三万言。后进弥以驰逐[9]，故幼童而守一艺，白首而后能言；安其所习[10]，毁所不见[11]，终以自蔽。此学者之大患也。序六艺为九种。

【注释】

[1]六艺：即六经。　　[2]"《乐》以和神"至"而《易》为之原"：《乐》能愉悦天神，调和天地，它是仁爱之情的表现；《诗》能端正言语，让道义得以表达；《礼》能确定礼仪体制，这一点显而易见，因此不用解释；《书》能广人听闻，它是增长智慧的手段；《春秋》能帮助人断别是非，它是信用的凭证。这五种书承载五常之道，相互依存，而《易》是它们的本源。知，同"智"。五常，即仁、义、礼、智、信。相，相互。须，通"需"，需要。　　[3]"《易》不可见"二句：引文出自《周易·系辞上》。乾坤，指天地宇宙的变化。息，停息，停止。　　[4]"至于五学"三句：五学的解释历代有所不同，就像五行相生相克、用事有所变迁一样。五学，指上文《乐》、《诗》、《礼》、《书》、《春秋》五经。五行，指金、木、水、火、土，这是古人认为构成各类物质的五种元素。　　[5]存其大体：体会经典中的大义。　　[6]玩：研习、品味。　　[7]用日少：指通贯一经所需要的时间少。畜：同"蓄"，积蓄，累积。　　[8]"后世经传既已乖离"五句：大意是后来经文和解释经文的传注已经相背离，博学的人又不讲究多闻阙疑，于是破碎文义，以逃避问难，强辩立说，背离本义，不通古字，于是破坏文字形体。阙疑，保留疑问。务，从事，追求。难，责难，反驳。便辞，牵强附会。　　[9]后进弥以驰逐：指后来的人变本加厉。弥，更加。驰逐，效仿前人"务碎义逃难，便辞巧说，破坏形体"的做法。　　[10]安：满足。　　[11]毁：诋毁。

儒家者流，盖出于司徒之官[1]，助人君顺阴阳明教化者也。游文于六经之中[2]，留意于仁义之际，祖述尧、舜[3]，宪章文、武[4]，宗师仲尼，以重其言[5]，于道最为高。孔子曰："如有所誉[6]，其有所试。"唐、虞之隆，殷、周之盛，仲尼之业，已试之效者也。然惑者既失精微[7]，而辟者又随时抑扬[8]，违离道本，苟以哗众取宠[9]。后进循之，是以《五经》乖析，儒学浸衰，此辟儒之患。

【注释】

[1]司徒：古代掌管邦国教化、安和百姓的官职。　　[2]游文于六经之中：儒家撰文于六经中取意。　　[3]祖述尧、舜：以尧、舜为始祖，而遵循学习他们。　　[4]宪章文、武：效法周文王和周武王。宪，法。章，明。　　[5]以重其言：来加重自己学说的分量。　　[6]"如有所誉"二句：出自《论语·卫灵公》。大意是凡我所赞誉的人，都是经过考验的。文中引用此语，来说明儒者的主张也是

经过考验的。　　[7]惑者：糊涂的人。失精微：失去儒家学说中细微深刻的精髓。　　[8]辟者：邪僻偏颇的人。辟，通"僻"。随时抑扬：指对学说任意加以贬抑或张扬（背离原本的意思）。　　[9]苟：苟且。

　　道家者流，盖出于史官，历记成败存亡祸福古今之道，然后知秉要执本[1]，清虚以自守[2]，卑弱以自持[3]，此君人南面之术也[4]。合于尧之克攘[5]，《易》之嗛嗛[6]，一谦而四益[7]，此其所长也。及放者为之[8]，则欲绝去礼学[9]，兼弃仁义，曰独任清虚可以为治。

【注释】

　　[1]秉：持，掌握。要：要点。本：根本。　　[2]清虚：清静虚无。　　[3]卑弱：卑下柔弱。　　[4]君人南面之术：君王实现统治的手段。道家主张治国清静无为，以逸待劳。　　[5]克攘：能让。攘，同"让"。　　[6]嗛嗛：同"谦谦"，谦虚。《周易·谦卦·初六爻辞》曾说："谦谦君子，用涉大川。"　　[7]一谦而四益：典出《周易·谦卦·象辞》。原文为："天道亏盈而益谦，地道变盈而流谦，鬼神害盈而福谦，人道恶盈而好谦。"大意是天之道会减损有馀的而补充不足的，地之道会侵蚀饱满的而流向低凹的，鬼神会妨害完满的而庇佑有所欠缺的，为人之道讨厌满足的而喜欢谦虚的。　　[8]及：等到。放者：放旷的人。为之：继承和推行道家学说。　　[9]绝去：抛弃，废除。

　　阴阳家者流，盖出于羲和之官[1]，敬顺昊天，历象日月星辰[2]，敬授民时[3]，此其所长也。及拘者为之[4]，则牵于禁忌，泥于小数[5]，舍人事而任鬼神。

【注释】

　　[1]羲和：即羲氏、和氏，古时掌管天地四时之官。　　[2]历象日月星辰：观测日月星辰的运行。　　[3]敬授民时：指制定历法给百姓使用。　　[4]拘者：刻板的人。　　[5]泥：拘泥。小数：指占卜、择日等小技能。

　　法家者流，盖出于理官[1]，信赏必罚[2]，以辅礼制。易曰"先王以明罚饬法[3]"，此其所长也。及刻者为之[4]，则无教化，去仁爱，专任刑法而欲以致治[5]，至于残害至亲，伤恩薄厚[6]。

【注释】

[1]理官：法官。 [2]信赏必罚：有功必赏，有罪必罚。 [3]明罚：严明刑罚。饬（chì 赤）法：整饬法度。引文出自《周易·噬嗑卦·象辞》。 [4]刻者：严苛刻薄的人。 [5]任：任凭，任用。致治：达到太平盛世。 [6]薄厚：薄待厚谊。

名家者流，盖出于礼官[1]。古者名位不同[2]，礼亦异数。孔子曰[3]："必也正名乎！名不正则言不顺，言不顺则事不成。"此其所长也。及謷者为之[4]，则苟钩鈲析乱而已[5]。

【注释】

[1]礼官：掌管礼仪典制之官。 [2]"古者名位不同"二句：古代按名位的高低来确定不同的礼仪规范。名位，即官爵品位。 [3]"孔子曰"四句：出自《论语·子路》。 [4]謷（áo 敖）者：纠缠不清、吹毛求疵的人。 [5]钩鈲（pì 僻）析乱：穿凿，割裂，把名家学说弄得支离破碎。鈲，破裂。

墨家者流，盖出于清庙之守[1]。茅屋采椽[2]，是以贵俭；养三老五更[3]，是以兼爱[4]；选士大射[5]，是以上贤[6]；宗祀严父[7]，是以右鬼[8]；顺四时而行，是以非命[9]；以孝视天下，是以上同[10]：此其所长也。及蔽者为之[11]，见俭之利，因以非礼，推兼爱之意，而不知别亲疏。

【注释】

[1]清庙：太庙，古代帝王的宗庙。 [2]采椽（chuán 船）：指用未经打磨的木材来做椽子。采，同"棌"，柞木。 [3]三老五更：指年老之人。 [4]兼爱：指无等级差别的爱。 [5]选士：在民间选拔贤德之人。大射：为祭祀而举行的一种射礼，中的者才能参加祭祀，含有选拔之意。 [6]上贤：即尚贤，推崇贤能。上，同"尚"。 [7]严父：指父亲。 [8]右鬼：尊尚鬼。古人认为鬼是人的祖先之神。 [9]非命：反对命定说。 [10]上同：即尚同，提倡同一，反对分等。 [11]蔽者：见识浅陋的人。

从横家者流[1]，盖出于行人之官。孔子曰："诵《诗》三百[2]，使于四方，不能专对，虽多亦奚以为？"又曰："使乎[3]，使乎！"言其当权事制宜[4]，受命而不受辞[5]，此其所长也。及邪人为之，则上诈谖而弃其信[6]。

【注释】

[1]"从横家者流"二句：从横家，即纵横家。行人之官，掌管出使、外交的官职。　[2]"诵《诗》三百"四句：出自《论语·子路》。使，出使。专对，在外场合能独立应对。虽多亦奚以为，《诗》背得再多又有什么用呢？虽，即使。奚，何。　[3]"使乎"二句：出自《论语·宪问》，是孔子对蘧伯玉使者善于应对的称赞。　[4]权事制宜：权衡是非利弊，而做出合适的处理。　[5]命：命令，任务。辞：应对的言辞。　[6]上诈谖（xuān 宣）而弃其信：推崇欺诈而抛弃他的信义。谖，欺诈。

杂家者流，盖出于议官。兼儒、墨，合名、法，知国体之有此[1]，见王治之无不贯[2]，此其所长也。及荡者为之[3]，则漫羡而无所归心[4]。

【注释】

[1]知国体之有此：明白治国需要兼采儒墨名法诸家。国体，国家的结构与典章制度。　[2]王治：君王的治理。贯：综贯，贯通。　[3]荡者：放浪的人。　[4]漫羡而无所归心：用意过于庞杂散漫，离道太远。漫羡，漫衍，不着边际。

农家者流，盖出于农稷之官[1]。播百谷，劝耕桑[2]，以足衣食，故八政一曰食，二曰货[3]。孔子曰"所重民食[4]"，此其所长也。及鄙者为之[5]，以为无所事圣王[6]，欲使君臣并耕，悖上下之序[7]。

【注释】

[1]农稷之官：管理农业的官职。　[2]劝：劝勉，鼓励。　[3]八政：《尚书·洪范》记载"农用八政"："八政：一曰食，二曰货，三曰祀，四曰司空，五曰司徒，六曰司寇，七曰宾，八曰师。"食，指通过耕种获得粮食。货，指衣食等物品交

换。这两项是关乎民生的大事，也是农家学说的重点。　　[4]所重民食：见《论语·尧曰》。　　[5]鄙者：鄙陋、见识短浅的人。　　[6]以为无所事圣王：以为没有什么可以侍奉君王的，即不需要圣王，天下便可自治。　　[7]悖：违背。

小说家者流，盖出于稗官[1]。街谈巷语，道听途说者之所造也。孔子曰："虽小道[2]，必有可观者焉，致远恐泥，是以君子弗为也。"然亦弗灭也。闾里小知者之所及[3]，亦使缀而不忘。如或一言可采[4]，此亦刍荛狂夫之议也。

【注释】

[1]稗（bài 败）官：小官。　　[2]"虽小道"四句：出自《论语·子张》。致远，从事远大的事业。泥，凝滞不通。弗，不。　　[3]"闾里小知者之所及"二句：（对于）民间小民所想到的小事情，也把它们纂集起来，不忽视其中的启发警示作用。小知者，知识短浅的人。缀，聚拢，缀集。　　[4]"如或一言可采"二句：即使是村野农夫之言，也有可取之处。刍荛（ráo 饶），樵夫。狂夫，狂放无识的人。

诸子十家，其可观者九家而已[1]。皆起于王道既微，诸侯力政[2]，时君世主[3]，好恶殊方[4]，是以九家之术蜂出并作[5]，各引一端，崇其所善，以此驰说，取合诸侯。其言虽殊，辟犹水火，相灭亦相生也。仁之与义，敬之与和，相反而皆相成也。《易》曰："天下同归而殊途，一致而百虑[6]。"今异家者各推所长，穷知究虑，以明其指，虽有蔽短，合其要归[7]，亦《六经》之支与流裔[8]。使其人遭明王圣主[9]，得其所折中[10]，皆股肱之材也。仲尼有言："礼失而求诸野[11]。"方今去圣久远，道术缺废，无所更索，彼九家者，不犹瘉于野乎[12]？若能修六艺之术，而观此九家之言，舍短取长，则可以通万方之略矣。

《汉书》卷三〇

【注释】

[1]可观者九家：指儒、道、阴阳、法、名、墨、纵横、杂家、农家九家，而不包括小说家。　　[2]力政：以力为政，相互攻伐。　　[3]世主：当世的君主。一说世

袭的君主。   [4]殊方：各不相同。殊，不同。   [5]"是以九家之术蜂出并作"五句：因此九家学说蜂拥并出，各自坚守一方面，推崇他所擅长的，以此游说四方，取悦诸侯。   [6]一致而百虑：目的虽然相同，但思考的方向却有很多种。引文出自《周易·系辞下》。   [7]要：要义。归：旨归，根本。   [8]亦《六经》之支与流裔：（诸子）都是从《六经》衍生、演变而来。   [9]遭：遇到。   [10]得其所折中：去掉其中的偏激不妥之说，而得其中肯之论。   [11]求诸野：在民间求访。野，与都城相对，指民间乡野。   [12]瘉：同"愈"，胜。

【解析】

先秦是中华文明的奠基时期，中华文明中深层、核心的内容都在这个时期奠定下来。这一时期的典籍和学说对后世文明的发展、对中华民族性格的塑造，产生了巨大而深远的影响。产生于公元一世纪的《汉书·艺文志》便是对这一时期学术文化的一次系统梳理，事实上，也是现存最早、最全面的一次，历来被认为是了解先秦学术史、思想史不可或缺的文献。

在本文中，班固论述各类典籍的成书与流传，阐述它们的性质与功用，追溯各类思想流派的渊源与演变，评价它们的优劣与得失。如《春秋》类小序，班固先从古代史官制度说起，说明修史传统由来已久；然后，着力阐明孔子修撰《春秋》的动机，与《春秋》的要旨："因兴以立功，就败以成罚，假日月以定历数，借朝聘以正礼乐。"继而说明左丘明作传的缘由；接下来，则谈到战国以来对《春秋》的解说出现了分歧，出现了《公羊》、《穀梁》、《邹》、《夹》四家之传；最后以四家在汉代的流传情况作为序文的收尾。整段论述脉络清晰，达到贯通古今、考镜源流的效果。

春秋战国，诸侯纷争，社会动荡不安，但给思想发展带来了空间，各种流派应运而生，"各引一端"，"崇其所善"，百家争鸣。秦并六国，汉承秦制，一个"大一统"的国家由此建立。从分裂到统一，这种改变并不只是体现在国家领土的合并、地方权力向中央的集中、经济上的管理调配，也体现在思想文化层面——汉武帝采纳"罢黜百家，表章《六经》"的建议，确定了儒学的尊崇地位。这一举动影响深远，儒学从此成为官方主流思想，贯穿了之后两千年的中国历史。班固的《汉书·艺文志序》便在这样的思想背景下产生，表现出了明显"尊儒"的倾向。一者，《六艺略》所收典籍便是以《易》、

《书》、《诗》、《礼》、《乐》、《春秋》为代表的儒家经典。它们被单列为一类，其尊崇地位远非其他流派典籍可比。再者，在《诸子略》中班固评价各家得失，多以儒家观念权衡。如谓道家之流弊，在于"则欲绝去礼学，兼弃仁义，曰独任清虚可以为治"，而礼学、仁义都是儒学提倡的重要内容。又如谓墨家之弊，在于"见俭之利，因以非礼，推兼爱之意，而不知别亲疏"，而亲疏有别、上下有序的等级制度正是儒家学说的重点之一。这是《汉书·艺文志序》的历史局限，却也是今天理解这篇文章、理解班固所处时代的学术文化的一把钥匙。此文对我们了解中国文化的渊源以及中国文化的基本价值观也多有裨益。

苏武传

〔东汉〕班固

【题解】

苏武(?—前60)字子卿,杜陵(今陕西西安东南)人。年轻时凭着父亲苏建的庇荫,官拜郎中,后升任栘中厩监。汉武帝时期不断进讨匈奴,双方多次派使节互相交涉。匈奴扣留了郭吉、路充国等前后十馀批汉使,汉朝也扣留匈奴使节以相抵。天汉元年(前100),匈奴且鞮侯单于即位,害怕受到汉朝攻击,送还了之前扣押的汉使路充国等。武帝为了表达赞许,于是派遣苏武以中郎将的身份,持节护送扣留在汉的匈奴使者回国,并赠送单于礼物答谢。苏武同副中郎将张胜及临时委派的使臣常惠等,招募士卒、斥候百馀人一同前往。到了匈奴,却意外遭扣留,受到各种威逼利诱。后来苏武被放逐到酷寒的北海(今俄罗斯贝加尔湖)边牧羊,历尽磨难。苏武对回到祖国一直怀着坚定的信念,坚持十九年不降。始元六年(前81),胡汉和亲,苏武回归汉朝,官至典属国。苏武去世后,汉宣帝将其列为麒麟阁十一功臣之一,以彰显其节操。晚清李慈铭在《汉书札记》中针对苏武麒麟阁画像事说:"故班氏特以此事系之传后,以慰千载读史者心,用心之苦,非晋宋以后史家所知。"苏武坚定的民族气节,忠于祖国、忠于职守、正气凛然、威武不屈的坚贞情操和高尚品质,使之成为历代人民心目中可歌可泣的历史人物。

这篇《苏武传》出自东汉班固编撰的《汉书》,附见于《汉书·苏建传》中。作为我国第一部纪传体断代史,《汉书》是继《史记》之后的又一部史学巨著,与《史记》同列于正史"二十四史"之中。

《汉书》作者班固(32—92),字孟坚,扶风安陵(今陕西咸阳东北)人。其父班彪、伯父班嗣,皆为当时著名学者。班固十六岁入太学,博览群书,于儒家经典及史籍无不精通。建武三十年(54),班彪过世,班固以其所遗《史记后传》为基础,开始撰写《汉书》。前后历经二十馀载,于章帝建初年间基本告成。永元元年(89),大将军窦宪率军北征匈奴,班固随军出征,任中护军,行中郎将,参议军机大事。此役大败匈奴,漠北为之一空。班固不仅创作了《窦将军北征颂》以歌颂其事,而且在汉军登燕然山勒石纪功之际,创作了彪炳千古的《封燕然山铭》。稍后窦宪因擅权被杀，班固亦受株连而死在狱中，时年六十一岁。

苏武的故事代代相传，宋代以来，还被搬上舞台，《苏武持节》、《苏武牧羊》等成为常演不衰的戏曲节目。

武字子卿，少以父任[1]，兄弟并为郎[2]，稍迁至栘中厩监[3]。时汉连伐胡，数通使相窥观[4]，匈奴留汉使郭吉、路充国等[5]，前后十馀辈。匈奴使来，汉亦留之以相当。

天汉元年，且鞮侯单于初立[6]，恐汉袭之，乃曰："汉天子，我丈人行也[7]。"尽归汉使路充国等。武帝嘉其义，乃遣武以中郎将使持节送匈奴使留在汉者[8]，因厚赂单于，答其善意。武与副中郎将张胜及假吏常惠等[9]，募士斥候百馀人俱。既至匈奴，置币遗单于[10]。单于益骄，非汉所望也。

方欲发使送武等，会缑王与长水虞常等谋反匈奴中[11]。缑王者，昆邪王姊子也[12]，与昆邪王俱降汉，后随浞野侯没胡中[13]。及卫律所将降者[14]，阴相与谋劫单于母阏氏归汉[15]。会武等至匈奴，虞常在汉时素与副张胜相知，私候胜[16]，曰："闻汉天子甚怨卫律，常能为汉伏弩射杀之。吾母与弟在汉，幸蒙其赏赐。"张胜许之，以货物与常。后月馀，单于出猎，独阏氏子弟在。虞常等七十馀人欲发，其一人夜亡，告之。单于子弟发兵与战。缑王等皆死，虞常生得。

单于使卫律治其事[17]。张胜闻之，恐前语发[18]，以状语武[19]。武曰："事如此，此必及我。见犯乃死[20]，重负国！"欲自杀，胜、惠共止之。虞常果引张胜[21]。单于怒，召诸贵人议，欲杀汉使者。左伊秩訾曰[22]："即谋单于，何以复加？宜皆降之。"单于使卫律召武受辞[23]，武谓惠等："屈节辱命，虽生，何面目以归汉！"引佩刀自刺。卫律惊，自抱持武，驰召醫[24]。凿地为坎[25]，置煴火[26]，覆武其上，蹈其背以出血[27]。武气绝，半日复息。惠等哭，舆归营[28]。单于壮其节，朝夕遣人候问武，而收系张胜[29]。

武益愈，单于使使晓武[30]。会论虞常[31]，欲因此时降武。剑斩虞常已，律曰："汉使张胜谋杀单于近臣，当死，单于募降者赦罪。"举剑欲击之，胜请降。律谓武曰："副有罪，当相坐[32]。"武曰："本无谋，又非亲属，何谓相坐？"复举剑拟之[33]，武不动。律曰："苏君，律前负汉归匈奴，幸蒙大恩，赐号称王，拥众数万，马畜弥山，富贵如此。苏君今日降，明日复然。空以身膏草野[34]，谁复知之！"武不应。律曰："君因我降，与君为兄弟。今不听吾计，后虽欲复见我，尚可得乎？"武骂律曰："女为人臣子[35]，不顾恩义，畔主背亲[36]，为降虏于蛮夷，何以女为见？且单于信女，使决人死生，不平心持正，反欲斗两主，观祸败。南越杀汉使者[37]，屠为九郡；宛王杀汉使者[38]，头县北阙[39]；朝鲜杀汉使者[40]，即时诛灭。独匈奴未耳。若知我不降明[41]，欲令两国相攻，匈奴之祸，从我始矣。"

律知武终不可胁，白单于[42]。单于愈益欲降之，乃幽武置大窖中[43]，绝不饮食。天雨雪，武卧啮雪与旃毛并咽之[44]，数日不死，匈奴以为神。乃徙武北海上无人处[45]，使牧羝[46]，羝乳乃得归[47]。别其官属常惠等，各置他所。

武既至海上，廪食不至[48]，掘野鼠去草实而食之[49]。杖汉节牧羊，卧起操持，节旄尽落。积五六年，单于弟於靬王弋射海上[50]。武能网纺缴[51]，檠弓弩[52]，於靬王爱之，给其衣食。三岁馀，王病，赐武马畜服匿穹庐[53]。王死后，人众徙去。其冬，丁令盗武牛羊[54]，武复穷厄。

初，武与李陵俱为侍中[55]。武使匈奴明年，陵降，不敢求武。久之，单于使陵至海上，为武置酒设乐，因谓武曰："单于闻陵与子卿素厚，故使陵来说足下[56]，虚心欲相待。终不得归汉，空自苦亡人之地[57]，信义安所见乎？前长君为奉车[58]，从至雍棫阳宫[59]，扶辇下除[60]，触柱折辕，劾大不敬[61]，伏剑自刎[62]，赐钱二百万以葬。孺卿从祠河东后土[63]，宦骑与黄门驸马争船[64]，推堕驸马河中溺死，宦骑亡，诏使孺卿逐捕不得，惶恐饮药而死。来时，大夫人已不幸[65]，陵送葬至阳陵[66]。子卿妇年少，闻已更嫁矣。独有女弟二人[67]，两女一男，今复十馀年，存亡不可知。人生如朝露，何久自苦如此！陵始降时，忽忽如狂[68]，自痛负汉，加以老母系保宫[69]，子卿不欲降，何以过陵！且陛下春秋高[70]，法令亡常，大臣亡罪夷灭者数十家，安危不可知。子卿尚复谁为乎？愿听陵计，勿复有云。"武曰："武父子亡功德，皆为陛下所成就，位列将，爵通侯[71]，兄弟亲近，常愿肝脑涂地。今得杀身自效，虽蒙斧钺汤镬[72]，诚甘乐之。臣事君，犹子事父也，子为父死亡所恨。愿勿复再言。"陵与武饮数日，复曰："子卿壹听陵言[73]。"武曰："自分已死久矣[74]！王必欲降武[75]，请毕今日之欢，效死于前[76]！"陵见其至诚，喟然叹曰[77]："嗟乎[78]，义士！陵与卫律之罪上通于天！"因泣下沾衿[79]，与武决去[80]。

陵恶自赐武[81]，使其妻赐武牛羊数十头。后陵复至北海上，语武："区脱捕得云中生口[82]，言太守以下吏民皆白服，曰上崩[83]。"武闻之，南乡号哭[84]，欧血，旦夕临[85]。

数月，昭帝即位[86]。数年，匈奴与汉和亲。汉求武等，匈奴诡言武死。后汉使复至匈奴，常惠请其守者与俱，得夜见汉使，具自陈道。教使者谓单于，言天子射上林中[87]，得雁，足有系帛书，言武等在某泽中。使者大喜，如惠语以让单于[88]。单于视左右而惊，谢汉使曰[89]："武等实在。"于是李陵置酒贺武曰："今足下还归，扬名于匈奴，功显于汉室。虽古竹帛所载[90]，丹青所画[91]，何以过子卿！陵虽驽怯[92]，令汉且贳陵罪[93]，全其老母，使得奋大辱之积志，庶几乎曹柯之盟[94]，此陵宿昔之所不忘也[95]。收族陵家[96]，为世大戮，陵尚复何顾乎？已矣！令子卿知吾心耳。异域之人，壹别长绝[97]！"陵起舞，歌曰："径万里兮度沙幕[98]，为君将兮奋匈奴。路穷绝兮矢刃摧，士众灭兮名已隤[99]。老母已死，虽欲报恩将安归！"陵泣下数行，因与武决[100]。单于召会武官属，前以降及物故[101]，凡随武还者九人。

武以始元六年春至京师[102]。诏武奉一太牢谒武帝园庙[103]。拜为典属国[104]。秩中二千石[105]，赐钱二百万，公田二顷，宅一区。常惠、徐圣、赵终根皆拜为中郎，赐帛各二百匹。其馀六人老归家，赐钱人十万，复终身[106]。常惠后至右将军，封列侯[107]，自有传。武留匈奴凡十九岁，始以强壮出，及还，须发尽白。

武来归明年，上官桀子安与桑弘羊及燕王、盖主谋反[108]。武子男元与安有谋，坐死[109]。

　　初，桀、安与大将军霍光争权[110]，数疏光过失予燕王[111]，令上书告之。又言苏武使匈奴二十年[112]，不降，还乃为典属国，大将军长史无功劳[113]，为搜粟都尉[114]，光颛权自恣[115]。及燕王等反诛，穷治党与[116]，武素与桀、弘羊有旧，数为燕王所讼，子又在谋中，廷尉奏请逮捕武[117]。霍光寝其奏[118]，免武官。

　　数年，昭帝崩。武以故二千石与计谋立宣帝，赐爵关内侯，食邑三百户[119]。久之，卫将军张安世荐武明习故事[120]，奉使不辱命，先帝以为遗言。宣帝即时召武待诏宦者署，数进见，复为右曹典属国[121]。以武著节老臣，令朝朔望[122]，号称祭酒[123]，甚优宠之。

　　武所得赏赐，尽以施予昆弟故人，家不馀财。皇后父平恩侯、帝舅平昌侯、乐昌侯[124]、车骑将军韩增、丞相魏相、御史大夫丙吉皆敬重武。武年老，子前坐事死。上闵之，问左右：“武在匈奴久，岂有子乎？”武因平恩侯自白：“前发匈奴时，胡妇适产一子通国，有声问来[125]，愿因使者致金帛赎之。”上许焉。后通国随使者至，上以为郎。又以武弟子为右曹。武年八十馀，神爵二年病卒[126]。

　　甘露三年[127]，单于始入朝[128]。上思股肱之美[129]，乃图画其人于麒麟阁[130]，法其形貌[131]，署其官爵姓名。唯霍光不名，曰大司马大将军博陆侯姓霍氏，次曰卫将军富平侯张安世，次曰车骑将军龙额侯韩增[132]，次曰后将军营平侯赵充国，次曰丞相高平侯魏相，次曰丞相博阳侯丙吉，次曰御史大夫建平侯杜延年，次曰宗正阳城侯刘德，次曰少府梁丘贺，次曰太子太傅萧望之，次曰典属国苏武。皆有功德，知名当世，是以表而扬之，明著中兴辅佐，列于方叔、召虎、仲山甫焉[133]。凡十一人，皆有传。自丞相黄霸、廷尉于定国、大司农朱邑、京兆尹张敞、右扶风尹翁归及儒者夏侯胜等[134]，皆以善终[135]，著名宣帝之世，然不得列于名臣之图，以此知其选矣。

　　赞曰：……孔子称“志士仁人[136]，有杀身以成仁，无求生以害仁”，“使于四方[137]，不辱君命”，苏武有之矣。

《汉书》卷五四

【注释】

[1]父任：以父荫而担任官职。汉制，俸禄二千石以上的官吏，任满三年，可保任子弟为郎官。苏武的父亲苏建，官至代郡太守，封平陵侯。因此苏武兄弟三人都被保任为郎官。　　[2]兄弟：此指苏嘉、苏武、苏贤三兄弟。郎：皇帝侍从官的通称。　　[3]栘（yí 移）中厩监：掌管栘园中马厩的官员。栘中厩，西汉宫中马厩，设在栘园中。　　[4]数（shuò 朔）：多次，屡次。　　[5]郭吉：汉武帝元封元年（前110），出使匈奴被扣留。路充国：汉武帝元封四年（前107），出使匈奴被扣留。　　[6]且鞮（jūdī 居低）侯单（chán 蝉）于：匈奴王。公元前100年继位。单于，匈奴君主的称号。　　[7]丈人行（háng 航）：父辈，长辈。　　[8]节：又称节符、旄节，以竹为杆，上饰牦牛尾，古代使臣所持信物。　　[9]"武与副中郎将"二句：假吏，临时兼任的官。斥候，侦察敌情。　　[10]遗（wèi 卫）：赠送。　　[11]会：适逢，恰巧。缑（gōu 沟）王：匈奴亲王。长水：水名，在今陕西蓝田西北，流经长安东南，此地多胡人。虞常：西汉长水人，沦落匈奴。　　[12]昆邪（húnyé 魂爷）王：匈奴亲王。　　[13]浞（zhuó 浊）野侯：太初二年（前103）春，汉将赵破奴率两万骑兵抗击匈奴，兵败而降，封浞野侯。　　[14]卫律：西汉长水胡人，投降匈奴后被封为丁灵王。　　[15]单于母阏氏（yānzhī 烟支）：即匈奴王的母亲。阏氏，匈奴王后的称号。　　[16]候：拜访。　　[17]治：审理。　　[18]发：泄露。此指被揭发。　　[19]状：情形。　　[20]见犯：受到侮辱。　　[21]引：牵扯。　　[22]左伊秩訾（zī 资）：匈奴诸王之称号。　　[23]受辞：审讯口供。　　[24]毉（yī 医）：同"医"。　　[25]坎：坑穴。　　[26]煴（yūn 晕，阴平）火：没有火苗的小火堆。　　[27]蹈（tāo 滔）：通"搯"，叩，轻敲。　　[28]舆：抬。　　[29]收系：拘禁。　　[30]晓：告知。　　[31]会论：共同审讯。论，定罪。　　[32]相坐：也叫连坐，即一人犯法，株连他人同时治罪。　　[33]拟：做出用兵器杀人的样子。　　[34]膏：使肥沃。　　[35]女（rǔ 乳）：通"汝"，你。　　[36]畔：通"叛"，背叛。　　[37]"南越杀汉使者"二句：南越，今广东、广西一带。元鼎五年（前112），南越王相吕嘉杀南越王及汉使者，自立为王。次年，汉武帝派兵讨伐，斩吕嘉，并把南越改置为南海、苍梧、郁林、合浦、交趾、九真、日南、珠厓、儋耳九郡。　　[38]宛王杀汉使者：汉武帝太初元年（前104）秋，宛王毋寡杀汉使者韩不害。武帝怒，于太初三年派大将军李广利讨伐大宛。次年，李广利获胜携毋寡首级回京师。大宛（yuān 渊），西域国名，在今乌兹别克斯坦费尔干纳。　　[39]县：通"悬"。　　[40]朝鲜杀汉使者：武帝元封二年（前109）朝鲜王右渠杀汉使者涉何。汉武帝派兵讨伐朝鲜，右渠部下杀了右渠后投降。　　[41]若：你。　　[42]白：下对上陈述。　　[43]幽：囚禁。窖：蓄存粮食的地穴。此指空窖。　　[44]旃：通"毡"，毛

织物。　　[45]北海：即今俄罗斯的贝加尔湖。为当时匈奴最北方，故名北海。　　[46]羝（dī 低）：公羊。　　[47]乳：生育。　　[48]廪食：官方供给的粮食。　　[49]去（jǔ 举）：通"弆"，收藏。　　[50]於軒（wūjiān 乌坚）王：且鞮侯单于的弟弟。弋射：指用带绳子的箭射猎，以便回收猎物。　　[51]网：结网。缴（zhuó 酌）：弋射时箭尾所用的丝线。　　[52]檠（qíng 晴）：本指矫正弓弩用的器具，此处用作动词，矫正。　　[53]服匿：盛酒酪的器具。小口，大腹，方底。穹庐：圆顶帐篷。　　[54]丁令：即丁灵或丁零，匈奴部落名。据说卫律投降匈奴后，被单于封为丁灵王。　　[55]武与李陵俱为侍中：李陵（？—前74）字少卿，汉武帝时为骑都尉。天汉二年（前99）出征匈奴，陷入重围，战九昼夜，终因寡不敌众，被迫投降，死在匈奴。其事迹见《汉书·李广传》。侍中，官名，为西汉大臣正规官职之外的加官，可出入宫廷，应对顾问。　　[56]说（shuì 税）：劝说。足下：同辈相称的敬词。　　[57]亡（wú 吴）：通"无"。下同。　　[58]长君：苏武的长兄苏嘉。奉车：官名。奉车都尉的省称。掌管皇帝出行时的车驾。　　[59]雍：春秋时秦郡，今陕西凤翔境内。棫（yù 玉）阳宫：秦昭王所建宫殿，汉代尚存。　　[60]辇（niǎn 撵）：汉代指帝王乘坐的车。除：台阶。此指殿阶。　　[61]大不敬：中国古代侵犯皇帝人身、权力及尊严的一种罪名。　　[62]伏：通"服"，使用。　　[63]孺卿：苏武的弟弟苏贤。河东：今山西南部。后土：指土地神。　　[64]宦骑（jì 计）：指骑马侍卫皇帝的宦官。黄门驸马：指驸马都尉，汉代掌管皇帝车马之官职。　　[65]大（tài 太）夫人：汉制，列侯之母称太夫人。此指苏武的母亲。　　[66]阳陵：今陕西咸阳东。　　[67]女弟：妹妹。　　[68]忽忽：恍忽，失意的样子。　　[69]保宫：拘禁犯罪大臣及家属的监狱。　　[70]春秋：此指年龄。　　[71]通侯：即"彻侯"。因避汉武帝刘彻讳，改称通侯。汉代爵分十二级，以通侯为尊。此处指其父苏建封平陵侯。　　[72]汤镬（huò 货）：酷刑用具（大锅中沸水烹人）。　　[73]壹：一定，表示决定。　　[74]分（fèn 奋）：料想。　　[75]王：指单于王，一说指李陵。匈奴封李陵为右校王，故称之为王。　　[76]效死：死给你看。效，验证。　　[77]喟（kuì 愧）：叹息声。　　[78]嗟（jiē 揭）乎：感叹词。　　[79]沾：沾湿。衿：同"襟"。　　[80]决：辞别。　　[81]陵恶自赐武：是说李陵不好意思亲自赐给苏武财物。恶，羞愧，不好意思。　　[82]区（ōu 欧）脱：匈奴语音译，指汉朝与匈奴连界处所建的土堡哨所，也称边界地区。云中：今内蒙古托克托。生口：活口，即俘虏。　　[83]上崩：此指汉武帝死。　　[84]南乡：面向南方。乡，通"向"。　　[85]临（lìn 吝）：哭吊。　　[86]昭帝：即刘弗陵，公元前87年继位。　　[87]上林：秦苑名，汉武帝时扩建，供皇帝春秋游猎。在今陕西周至、户县一带。　　[88]让：责问。　　[89]谢：道歉。　　[90]竹帛所载：指史册。　　[91]丹青所画：指图画。　　[92]驽（nú 奴）怯：比喻才能低下。驽，劣马。　　[93]贳（shì 式）：赦免，宽恕。　　[94]曹柯之盟：鲁庄公十三年（前681），齐桓公与鲁庄公在柯邑结盟，曹沫为鲁庄公胁迫齐桓公归还鲁国失地，取得胜利。曹沫，《左传》作曹刿。此处，李陵以曹沫自喻，说明想立功赎罪。　　[95]宿昔：往日，向来。　　[96]族：灭族，诛杀全族。　　[97]壹：一旦。　　[98]径：路径，穿过。　　[99]隤（tuí 颓）：坠落。　　[100]决：通"诀"，永别。　　[101]物故：死亡。　　[102]始元六年：汉昭帝继位的第六年，前81年。　　[103]太牢：以牛羊猪各一祭祀称为太牢。园庙：皇帝的陵墓与宗庙。　　[104]典属国：官名，掌管归附的各属国事务。　　[105]秩中二千石：汉代二千石的官秩分为三等。最高一等是中二千石，次为二千石，再次为比二千石。秩，俸禄。　　[106]复：免除赋税或徭役。　　[107]列侯：即"通侯"。见注[71]。　　[108]"上官桀"句：上官桀（？—前80），陇西上邦（今甘肃天水）人。武帝末年封安阳侯。受武帝遗诏与霍光共同辅佐幼主。其子上官安，娶霍光之女，生女六岁，即为昭帝皇后。上官安因为是皇后的父亲，被封为桑乐侯。上官桀父子阴谋害霍光，废昭帝，立燕王。事败后，灭族。桑弘羊，武帝时为侍中，因善理财务，领大农丞，主管财会工作。后升任大农令兼治粟都尉，总管全国租税、盐铁、运输及财政事务。武帝末年任御史大夫。昭帝时，与上官桀谋反，被杀。燕王，名旦，武帝第三子，昭帝之兄。为了夺取皇位与上官桀等谋反，事败自杀。盖主，即武帝长女鄂邑长公主，因嫁盖侯为妻，故称鄂盖主或盖主。　　[109]坐死：被牵连处死。　　[110]霍光（？—前68）：字子孟，霍去病之弟，西汉权臣。昭帝幼年即位，霍光受武帝遗诏辅政。《汉书》卷六八有传。　　[111]燕王：即刘旦，汉武帝第三子。　　[112]苏武使匈奴二十年：实为十九年，"二十"取其整数。　　[113]长史：西汉时，丞相府、将军府等各有长史。此指霍光府中长史杨敞。　　[114]搜粟都尉：又名治粟都尉，掌管军粮。　　[115]颛：通"专"。　　[116]党与：党羽。　　[117]廷尉：官名，掌刑狱。　　[118]寝：搁置，扣下不发。　　[119]食邑：卿大夫的封地。因收其赋税而食，故名食邑。　　[120]"卫将军张安世"句：张安世（？—前62），字子孺。昭帝时封富平侯，宣帝时拜大司马。见《汉书·张汤传》。明习故事，熟悉过去的典章制度。　　[121]右曹：下属尚书令官员的加衔。　　[122]朔望：指朔望谒之礼。朔，指每月初一。望，指每月十五。　　[123]祭酒：对年长有德位尊者的敬称。　　[124]平恩侯：指许伯。平昌侯：指王无故。乐昌侯：指王无故的弟弟王武。　　[125]声问：音信，消息。　　[126]神爵二年：宣帝继位的第十四年，前60年。　　[127]甘露三年：前51年。　　[128]单于：指呼韩邪单于。　　[129]股肱：大腿与胳膊，喻指辅佐大臣。　　[130]麒麟阁：元狩元年（前122）武帝获麟时所建,在未央宫内。　　[131]法:模仿,效法,比照。　　[132]"车骑将军龙额侯韩增"八句:韩增(?—前56),韩王信玄孙,历事三主,为人宽和自守。龙额(é 峨),山东齐河境域旧称,又名龙雒。赵充国(前137—前52),字翁孙,西汉著名将领。魏相(?—前59),字弱翁,官至丞相,西汉政治家。丙吉(?—前55),字少卿,西汉名臣。杜延年(?—前52),字幼公,杜周之子,通晓法律,长期主管朝政。刘德(前171—前130),字路叔,汉景帝刘启第二子,西汉宗室,谥献王,藏书家。梁丘贺(生卒年不详),字长翁,西汉时今文《易》学"梁丘学"之开创者。萧望之(约前114—前47),字长倩,萧何的六世孙。　　[133]列:并列。方叔、召虎、仲山甫:三人均为辅佐周宣王中兴之功臣。　　[134]黄霸(前130—前51):字次公,西汉大臣,善治郡县,为官清廉,外宽内明,文治有方,政绩突出,后世常将黄霸与龚遂作为"循吏"的代表,并称为"龚黄"。于定国(?—前40):字曼倩,宣帝时曾任丞相,为人谦恭,能决疑平法,被时人所称赞。朱邑(?—前61):字仲卿,当时朝廷重臣,秉公办事,不贪钱财,以仁义之心广施于民,深受吏民的爱戴和尊敬。张敞(?—前48):字子高,西汉大臣,执法酷严,治理有方,政绩卓著。尹翁归(?—前62):字子兄(kuàng 况),治盗干练,清廉严峻,语不及私,温良谦退,名誉朝廷。夏侯胜(生卒年不详):字长公,为人质朴守正,简易而无威仪。通灾异之学,并善说礼服。西汉今文尚书学"大夏侯学"的开创者。　　[135]善终:天年老死而非遭横祸。　　[136]"志士仁人"三句:语出《论语·卫灵公》。　　[137]"使于四方"二句:语出《论语·子路》。

【解析】

《汉书·苏武传》以充分的史料,通过许多细节,描写了我国历史上的一位爱国英雄人物苏武。苏武出使匈奴,在个人安危和国家民族利益发生冲突需要做出选择的时候,能够大义凛然,视死如归,毫不动摇高尚的民族气节。即令流放北海,也不为饥饿严寒所屈服,渴饮雪,饥吞毡,持节牧羊,坚持到底。千百年来,"苏武牧羊"的故事,一直深受人们的喜爱。

《苏武传》中还有两个反面人物——卫律和李陵。他们从反面衬托了苏武的高大形象。班固把叛徒卫律和降将李陵的劝降跟苏武义正词严的拒降相对照,使苏武的形象更加光彩夺目。卫律投降匈奴后受到重用,为匈奴入侵出谋献策,单于使卫律审讯苏武及其他汉朝使者,但当他的威逼花招失灵以后,竟然厚颜无耻地说:"苏君,律前负汉归匈奴,幸蒙大恩,赐号称王,拥众数万,马畜弥山,富贵如此。苏君今日降,明日复然。空以身膏草野,谁复知之！"面对卫律的无耻诱降，苏武感到受到莫大的侮辱，马上给他以严厉的斥责，使这个民族败类无地自容。

　　班固还写到了自惭形秽的降将李陵。当单于知道往日李陵与苏武素有深厚的友情，就派李陵去劝苏武投降。李陵试图从昔日的交往入手，动之以情义，分析苏武的切身利害，劝他投降，但苏武总是用坚定的语言回答他，并且最后表明了宁死不降的严正立场。李陵看见苏武忠诚不二，也觉得自己辜负了汉朝的期望，不敢再来拜访苏武。

　　在我国的历史长河中，苏武的忠勇之心和坚定的爱国情操，激励着一代又一代的中华儿女。苏武用他的选择与坚守对中华民族精神进行了阐释。苏武精神的核心是爱国情怀，是强烈的责任感与使命感，也充分体现了那个时代的诚信与友善。苏武的诚信是对国家民族的诚信，他的友善也是民族之间的友善，这种友善可以避免两个民族之间更大的战争。鲁迅先生曾说过：欲作一部中国的"人史"，"人史"中好坏人物皆有。在好人方面，排在第一的就是"啮雪苦节的苏武"。苏武品格中的忠诚既包括对国家的忠诚，还包括对事业、对家人、对朋友以及对百姓的忠诚。苏武是一位集伟大与平凡于一身的历史人物，他的形象也许并不完美，但很真实，正是这样的真实才更为人所敬重，更能穿透历史，其精神也更具生命力。

张骞传

〔东汉〕班固

【题解】

张骞(?—前114),汉中成固(今陕西城固)人,我国历史上著名的探险家、外交家,中亚交通的开拓者。他的功业事迹在《史记》的《卫青传》、《大宛传》和《汉书》的《张骞传》、《西南夷传》、《西域传》中都有记载。

汉武帝时,由于国力强盛,改变以往的消极和亲政策,开始对匈奴发起攻势。为了联络西迁的大月氏共同夹击匈奴,张骞于建元二年(前139)奉命出使。他穿过河西走廊、天山南路,翻越葱岭,经大宛、康居,到达位于今中亚阿姆河流域的大月氏和大夏。行程数万里,历时十三年,其间途经匈奴时两次被扣留,共达十一年之久,然而张骞坚贞不屈,终于回到汉朝。元狩四年(前119),张骞再次出使。他率领庞大的使团,携带价值数千万的财物,跋涉万里,抵达位于伊犁河流域和伊塞克湖一带的乌孙,然后又分别派出副使前往大宛、康居、月氏、大夏等国。

张骞以远大的视野和无畏的气魄两次出使西域,开辟了中亚交通的孔道,加强了中原与西域各民族的联系,发展了汉朝与中亚各国人民的友好关系,促进了中外政治、经济、文化的交流,使西汉王朝愈加安定富强。

张骞,汉中人也[1],建元中为郎[2]。时匈奴降者言匈奴破月氏王[3],以其头为饮器,月氏遁而怨匈奴,无与共击之。汉方欲事灭胡[4],闻此言,欲通使,道必更匈奴中[5],乃募能使者。骞以郎应募,使月氏,与堂邑氏奴甘父俱出陇西[6]。径匈奴[7],匈奴得之,传诣单于[8]。单于曰:"月氏在吾北,汉何以得往使?吾欲使越,汉肯听我乎?"留骞十馀岁,予妻,有子,然骞持汉节不失[9]。

居匈奴西,骞因与其属亡乡月氏[10],西走数十日,至大宛[11]。大宛闻汉之饶财,欲通不得,见骞,喜,问欲何之。骞曰:"为汉使月氏而为匈奴所闭道,今亡,唯王使人道送我[12]。诚得至,反汉,汉之赂遗王财物不可胜言[13]。”大宛以为然，遣骞，为发译道，抵康居[14]。康居传致大月氏。大月氏王已为胡所杀，立其夫人为王。既臣大夏而君之[15]，地肥饶，少寇，志安乐，又自以远远汉[16]，殊无报胡之心。骞从月氏至大夏，竟不能得月氏要领[17]。

留岁馀，还，并南山[18]，欲从羌中归[19]，复为匈奴所得。留岁馀，单于死，国内乱，骞与胡妻及堂邑父俱亡归汉[20]。拜骞太中大夫[21]，堂邑父为奉使君[22]。

骞为人强力，宽大信人，蛮夷爱之[23]。堂邑父胡人，善射，穷急射禽兽给食。初，骞行时百馀人，去十三岁，唯二人得还。

骞身所至者，大宛、大月氏、大夏、康居，而传闻其旁大国五六，具为天子言其地形、所有。语皆在《西域传》。

骞曰：“臣在大夏时，见邛竹杖[24]、蜀布，问：‘安得此？’大夏国人曰：‘吾贾人往市之身毒国[25]。身毒国在大夏东南可数千里。其俗土著[26]，与大夏同，而卑湿暑热。其民乘象以战。其国临大水焉。’以骞度之[27]，大夏去汉万二千里[28]，居西南。今身毒又居大夏东南数千里，有蜀物，此其去蜀不远矣。今使大夏，从羌中，险，羌人恶之；少北，则为匈奴所得；从蜀，宜径[29]，又无寇。”天子既闻大宛及大夏、安息之属皆大国[30]，多奇物，土著，颇与中国同俗，而兵弱，贵汉财物；其北则大月氏、康居之属，兵强，可以赂遗设利朝也[31]。诚得而以义属之[32]，则广地万里，重九译，致殊俗，威德遍于四海。天子欣欣以骞言为然。乃令因蜀犍为发间使[33]，四道并出：出駹，出莋，出徙、邛，出僰[34]，皆各行一二千里。其北方闭氐[35]、莋，南方闭嶲、昆明[36]。昆明之属无君长，善寇盗，辄杀略汉使，终莫得通。然闻其西可千馀里，有乘象国，名滇越[37]，而蜀贾间出物者或至焉，于是汉以求大夏道始通滇国。初，汉欲通西南夷，费多，罢之。及骞言可以通大夏，乃复事西南夷。

骞以校尉从大将军击匈奴，知水草处，军得以不乏，乃封骞为博望侯[38]。是岁元朔六年也[39]。后二年，骞为卫尉，与李广俱出右北平击匈奴[40]。匈奴围李将军，军失亡多，而骞后期当斩，赎为庶人[41]。是岁骠骑将军破匈奴西边，杀数万人，至祁连山。其秋，浑邪王率众降汉，而金城[42]、河西并南山至盐泽[43]，空无匈奴。匈奴时有候者到，而希矣。后二年，汉击走单于于幕北[44]。

天子数问骞大夏之属。骞既失侯，因曰："臣居匈奴中，闻乌孙王号昆莫[45]。昆莫父难兜靡本与大月氏俱在祁连、焞煌间，小国也。大月氏攻杀难兜靡，夺其地，人民亡走匈奴。子昆莫新生，傅父布就翎侯抱亡置草中[46]，为求食，还，见狼乳之，又乌衔肉翔其旁，以为神，遂持归匈奴，单于爱养之。及壮，以其父民众与昆莫，使将兵，数有功。时，月氏已为匈奴所破，西击塞王[47]。塞王南走远徙，月氏居其地。昆莫既健，自请单于报父怨，遂西攻破大月氏。大月氏复西走，徙大夏地。昆莫略其众，因留居，兵稍强，会单于死，不肯复朝事匈奴。匈奴遣兵击之，不胜，益以为神而远之。今单于新困于汉，而昆莫地空。蛮夷恋故地，又贪汉物，诚以此时厚赂乌孙[48]，招以东居故地，汉遣公主为夫人，结昆弟[49]，其势宜听，则是断匈奴右臂也。既连乌孙，自其西大夏之属皆可招来而为外臣。"天子以为然，拜骞为中郎将，将三百人，马各二匹，牛羊以万数，赍金币帛直数千钜万[50]，多持节副使，道可便遣之旁国。骞既至乌孙，致赐谕指[51]，未能得其决。语在《西域传》。骞即分遣副使使大宛、康居、月氏、大夏。乌孙发译道送骞，与乌孙使数十人，马数十匹，报谢，因令窥汉，知其广大。

骞还，拜为大行[52]。岁馀，骞卒。后岁馀，其所遣副使通大夏之属者皆颇与其人俱来，于是西北国始通于汉矣。然骞凿空[53]，诸后使往者皆称博望侯，以为质于外国[54]，外国由是信之。其后，乌孙竟与汉结婚。

初，天子发书《易》[55]，曰"神马当从西北来"。得乌孙马好，名曰"天马"。及得宛汗血马[56]，益壮，更名乌孙马曰"西极马"，宛马曰"天马"云。而汉始筑令居以西[57]，初置酒泉郡，以通西北国。因益发使抵安息、奄蔡、犛靬、条支[58]、身毒国。而天子好宛马，使者相望于道，一辈大者数百，少者百馀人，所赍操[59]，大放博望侯时[60]。其后益习而衰少焉[61]。汉率一岁中使者多者十馀，少者五六辈，远者八九岁，近者数岁而反。

是时，汉既灭越[62]，蜀所通西南夷皆震，请吏。置牂柯、越巂、益州、沈黎、文山郡[63]，欲地接以前通大夏。乃遣使岁十馀辈，出此初郡，皆复闭昆明，为所杀，夺币物。于是汉发兵击昆明，斩首数万。后复遣使，竟不得通。语在《西南夷传》。

自骞开外国道以尊贵，其吏士争上书言外国奇怪利害，求使。天子为其绝远，非人所乐，听其言，予节，募吏民无问所从来，为具备人众遣之，以广其道。来还不能无侵盗币物，及使失指，天子为其习之，辄覆按致重罪[64]，以激怒令赎，复求使。使端无穷[65]，而轻犯法。其吏卒亦辄复盛推外国所有，言大者予节，言小者为副，故妄言无行之徒皆争相效。其使皆私县官赍物[66]，欲贱市以私其利。外国亦厌汉使人人有言轻重，度汉兵远，不能至，而禁其食物，以苦汉使。汉使乏绝，责怨，至相攻击。楼兰、姑师小国[67]，当空道[68]，攻劫汉使王恢等尤甚。而匈奴奇兵又时时遮击之[69]。使者争言外国利害，皆有城邑，兵弱易击。于是天子遣从票侯破奴将属国骑及郡兵数万以击胡[70]，胡皆去。明年，击破姑师，虏楼兰王。酒泉列亭障至玉门矣[71]。

而大宛诸国发使随汉使来，观汉广大，以大鸟卵及黎轩眩人献于汉[72]，天子大说[73]。而汉使穷河源[74]，其山多玉石，采来，天子案古图书[75]，名河所出山曰昆仑云。

是时，上方数巡狩海上[76]，乃悉从外国客[77]，大都多人则过之，散财帛赏赐，厚具饶给之，以览视汉富厚焉。大角氐[78]，出奇戏诸怪物，多聚观者，行赏赐，酒池肉林[79]，令外国客遍观各仓库府藏之积[80]，欲以见汉广大[81]，倾骇之。及加其眩者之工[82]，而角氐奇戏岁增变，其益兴，自此始。而外国使更来更去。大宛以西皆自恃远，尚骄恣，未可诎以礼羁縻而使也[83]。

汉使往既多，其少从率进孰于天子[84]，言大宛有善马在贰师城[85]，匿不肯示汉使。天子既好宛马，闻之甘心，使壮士车令等持千金及金马以请宛王贰师城善马。宛国饶汉物，相与谋曰："汉去我远，而盐水中数有败，出其北有胡寇，出其南乏水草，又且往往而绝邑[86]，乏食者多。汉使数百人为辈来，常乏食，死者过半，是安能致大军乎？且贰师马，宛宝马也。"遂不肯予汉使。汉使怒，妄言[87]，椎金马而去[88]。宛中贵人怒曰[89]："汉使至轻我！"遣汉使去，令其东边郁成王遮攻，杀汉使，取其财物。天子大怒。诸尝使宛姚定汉等言："宛兵弱，诚以汉兵不过三千人，强弩射之，即破宛矣。"天子以尝使浞野侯攻楼兰，以七百骑先至，虏其王，以定汉等言为然，而欲侯宠姬李氏[90]，乃以李广利为将军，伐宛。

骞孙猛，字子游，有俊才，元帝时为光禄大夫[91]，使匈奴，给事中[92]，为石显所谮[93]，自杀。

《汉书》卷六一

【注释】

[1]汉中：今陕西汉中东。　　[2]郎：帝王的侍从官。　　[3]月氏（zhī 支）：也作"月支"。古代西域国名。秦汉之际居敦煌和祁连间，汉文帝时被匈奴击败，大部分人西迁至今新疆伊犁河上游，占据塞种人故地，称大月氏；少数没有西迁的人进入祁连山，称小月氏。　　[4]胡：古代对北方和西方各族的泛称，这里指匈奴。　　[5]更（gēng 庚）：经过。　　[6]堂邑氏奴甘父：堂邑氏的奴仆，名甘父。　　[7]径：取道，路过。　　[8]诣（yì 艺）：到。　　[9]节：节杖，古代使臣所持的表明身份的凭证。　　[10]乡（xiàng 象）：通"向"，方向。　　[11]大宛（yuān 渊）：古西域国名，西南与大月氏为邻，盛产名马。　　[12]道：通"导"，向导，引导。　　[13]遗（wèi 位）：赠与。　　[14]康居：古西域国名。东临乌孙、大宛，南接大月氏，西与奄蔡交界。　　[15]大夏：中亚古国名。在今阿富汗北部一带，西汉时为大月氏所灭。　　[16]又自以远远汉：第一个"远"字是形容词，遥远；第二个"远"字是动词，疏远。　　[17]要领：喻事物的重点和关键。　　[18]并（bàng 棒）：通"傍"，靠近。　　[19]羌（qiāng 枪）：我国古代西部民族名。部落众多，主要分布在今甘肃、青海、四川一带。　　[20]堂邑父：前面所说堂邑氏奴甘父。　　[21]太中大夫：郎中令属，掌管论议。　　[22]奉使君：堂邑父的封号。　　[23]蛮夷：对西域各国各族的泛称。　　[24]邛（qióng 穷）：汉代西南少数民族名。一说即邛崃山，在成都平原西。　　[25]身（yuán 员）毒：古印度的音译。　　[26]土著：定居，有城郭，不逐水草而迁徙。　　[27]度（duó 夺）：忖度，推测。　　[28]去：距离。　　[29]宜径：应当径直前往。　　[30]安息：亚洲西部古国名，地处伊

朗高原。　　[31]赂遗(lùwèi　路卫)：赠送财物。设利朝：施之以利,诱之入朝。设,施也。　　[32]诚：果真,果能。　　[33]犍为：犍为郡,今四川宜宾西南。间使：负有见机行事使命的使者。　　[34]駹(máng　忙)、莋(zuó　昨)、徙、邛、僰(bó　帛)：我国古代几个西南少数民族名。　　[35]氐：古族名,分布在今陕西、甘肃、四川等地。　　[36]巂(suǐ　虽,上声)、昆明：我国西南古族名。　　[37]滇越：西南古国名,族名。　　[38]博望侯：侯爵名。取其能广博瞻望的意思。　　[39]元朔六年：公元前123年。　　[40]右北平：右北平郡。　　[41]庶人：平民。　　[42]金城：古县名,在今甘肃兰州西北。　　[43]河西、南山、盐泽：古地名,在今甘肃、青海两省黄河以南地区。　　[44]幕：通"漠",沙漠。　　[45]乌孙：古代西域国名,在今新疆伊犁河流域。　　[46]布就：人名。翖(xī　西)侯：乌孙官职名。　　[47]塞：古西域部族名。　　[48]赂：赠送财物。　　[49]昆弟：兄弟。　　[50]赍(jī　基)：携带。　　[51]谕指：谕,晓告。指,通"旨",意旨。　　[52]大行：官名。掌管接待宾客。　　[53]凿空：开通,打通。　　[54]质：诚信。　　[55]《易》：即《易经》,卜筮之书。"发书《易》"就是用《易经》的办法占卜。　　[56]汗血马：大宛国所出的一种骏马,据说汗从前肩出,色如血,故名。　　[57]令居：县名,今甘肃永登西北。　　[58]奄蔡、犛靬(líjiān　离奸)、条支：三个西域古国名。　　[59]操：持,携带。这里指携带使彼国节符与货币。　　[60]放(fǎng　仿)：模仿,依照。　　[61]衰：递减。　　[62]越：即南越。秦末,赵佗自立为南越国王。汉武帝元鼎六年(前111)灭南越,设置南海、苍梧、郁林、合浦、交趾、九真、日南、珠厓、儋耳等九郡。事见《史记·南越列传》。　　[63]牂(zāng　赃)柯、越巂(suǐ　虽,上声)、益州、沈(chén　沉)黎、文山：牂柯,今贵州凯里西北。越巂,今四川西昌东南。益州,今云南晋宁东北。沈黎,今四川汉源东北。文山,今四川汶川。　　[64]覆按：反复审查。　　[65]端：事。　　[66]县官：指朝廷、官府。　　[67]楼兰：古西域国,在今新疆罗布泊西。姑师：古西域国,今新疆吐鲁番一带。　　[68]空道：同"孔道",即大道。　　[69]遮：阻拦。　　[70]破奴：即赵破奴,汉骠骑将军司马,封从骠侯、浞(zhuó　酌)野侯。　　[71]亭障：古代在边防地带修筑的堡垒。　　[72]眩(huàn　幻)：通"幻"。眩人,即魔术艺人。　　[73]说(yuè　月)：通"悦",喜悦。　　[74]穷：寻求到尽头。　　[75]图书："河图洛书"的省称。古代以讲符命占验为主要内容的书。　　[76]巡狩：皇帝视察各地。　　[77]从：使随从。　　[78]大角氐：古时的一种竞技表演,略同于现代的摔跤,后泛称各种乐舞杂戏。　　[79]酒池肉林：形容酒肉极多,筵席奢华。　　[80]臧：同"藏",储藏。　　[81]见：同"现",显现,显示。　　[82]工：技巧。　　[83]诎

（qū 屈）：屈服。羁縻：联络，维系。　　[84]少从：随同使节出使国外的年轻人。　　[85]贰师城：大宛城名，故址在今乌兹别克斯坦马尔哈马特。　　[86]绝邑：没有城郭。　　[87]妄言：此指唾骂。　　[88]椎（chuí 垂）：击打。　　[89]宛中贵人：指宛王左右的重臣。　　[90]李氏：武帝宠妃李夫人，李广利之妹。　　[91]光禄大夫：官名。掌顾问应对。　　[92]给事中：官名。为列侯、将军等的加官，常在皇帝左右侍从，备顾问应对等事。　　[93]石显：汉元帝时一位权倾一时的宦官。譖（zèn 怎，去声）：说坏话诬陷他人。

【解析】

张骞通西域在两千多年前是一件艰巨的事业。张骞最初出使，是为了能完成汉武帝交付的联络西迁的大月氏，共同夹击匈奴的任务，沿途既要逾越路途艰险、山河横断、草原沙漠、气候变迁的自然险阻，又要战胜语言不通、习俗殊异、饥寒侵扰、生死安危等种种难关，其艰险是常人难以想象的。而张骞能够以民族和国家利益为重，勇往直前，忠贞不屈，历时十数年，致力于"凿空"中西交通的通道，其探险行动足以彪炳史册。

张骞出使西域是中国人认识世界、走向世界的一个新起点。汉初的西部边疆，初时定在陇西郡，武帝时期能够逐渐向西伸展，这显然是与张骞的开拓西进分不开的。而且，张骞在地理学史上也是个"先行者"。他的西行实践扩展了中国人的视野，提升了有关"天下"的认知水平。张骞出使西域的意义，就在于加强了中原和西域的交流和联系，丰富了祖国各民族的社会生活内容，促进了各民族的发展，这是中国政治、经济、文化生活中的一件大事。

虽然自先秦以来，中原就有与西域各地联系的渠道，但是这条东西经济文化交流的渠道即丝绸之路的开通和活跃，实际上是从张骞出使西域之后才开始的。中原的医学、铸铁冶炼、凿井等技术相继传入西域，同时中原精美的手工艺品，特别是丝绸、漆器、玉器、铜器也相继传到西方；西域的土产如苜蓿、葡萄、胡桃（核桃）、石榴、胡麻（芝麻）、胡豆（蚕豆）、胡瓜（黄瓜）、大蒜、胡萝卜，各种玉石、毛织品、毛皮，良马、骆驼、狮子、驼鸟，以及西方的音乐、舞蹈、绘画、雕塑、杂技等也相继传入中原。可以说这条道路的开通，极大地促进了内地与西方的商品交流、文化交流和宗教交流。

作为沿线各国共同促进经贸文化发展产物的丝绸之路，是古代亚欧互通有无的商贸大道，也是促进亚欧各国和中国的友好往来、沟通东西方文化的友谊之路。从这个意义上讲，张骞所完成的事业，正式揭开了东西交通的序幕，使得中国、印度、西亚和希腊、罗马等古代文明有了直接的交流和交互影响。如果说公元前139年汉朝"凿空西域"具有划时代的全球意义，那么张骞对东西方文明交流史的贡献堪称卓越。

论衡·自纪篇

〔东汉〕王充

【题解】

　　王充（27—97？）字仲任，会稽上虞（今属浙江）人。少孤，乡里称孝。后到京师，受业太学，师事班彪，好博览，博通众流百家之言。学成，归乡里，屏居教授。后仕为州从事，议事不合，辞职家居。章帝特诏公车征，病不行。和帝永元中，卒于家。著有《论衡》八十五篇。《后汉书》卷四九有传。

　　王充著作多已散佚，唯有《论衡》（今本八十四篇）独存。有研究者认为今本《论衡》中可能杂有其他著作的内容。如《自纪篇》所说，《论衡》乃因"伤伪书俗文，多不实诚"而作，针对当时庸俗的社会风气及对历史典章进行辨析批判，其内容总括"上自黄、唐，下臻秦、汉而来"的天文地理、典章制度、经传文章，"折衷以圣道，析理于通材"，体现了王充高度的历史责任感、博学淹通的识见和卓然独立的人格魅力。书中名句"知屋漏者在宇下，知政失者在草野"，充分显示了他"问政于民，问需于民，问计于民"的求真务实的精神。《自纪篇》既是《论衡》的自序，也是王充的自传，全文甚长，这里只节选其叙论为人处世及发愤著书的部分章节。

　　充既疾俗情[1]，作《讥俗》之书；又闵人君之政[2]，徒欲治人，不得其宜，不晓其务，愁精苦思，不睹所趋，故作《政务》之书。又伤伪书俗文[3]，多不实诚，故为《论衡》之书。夫贤圣殁而大义分，蹉跎殊趋，各自开门。通人观览，不能钉铨[4]。遥闻传授[5]，笔写耳取，在百岁之前。历日弥久，以为昔古之事，所言近是，信之入骨。不可自解，故作实论。其文盛，其辩争，浮华虚伪之语，莫不澄定。没华虚之文，存敦庞之朴[6]；拨流失之风，反宓戏之俗[7]。

　　充书形露易观。或曰："口辩者其言深，笔敏者其文沉。案经艺之文，贤圣之言，鸿重优雅，难卒晓睹[8]。世读之者，训古乃下[9]。盖贤圣之材鸿，故其文语与俗不通。玉隐石间，珠匿鱼腹，非玉工珠师，莫能采得。宝物以隐闭不见，实语亦宜深沉难测。《讥俗》之书，欲悟俗人，故形露其指[10]，为分别之文；《论衡》之书，何为复然？岂材有浅极[11]，不能为深覆。何文之察与彼经艺殊轨辙也？"答曰：玉隐石间，珠匿鱼腹，故为深覆。及玉色剖于石心，珠光出于鱼腹，其犹隐乎？吾文未集于简札之上，藏于胸臆之中，犹玉隐珠匿也；及出荚露[12]，犹玉剖珠出乎！烂若天文之照，顺若地理之晓，嫌疑隐微，尽可名处，且名白，事自定也。

　　《论衡》者，论之平也[13]，口则务在明言，笔则务在露文。高士之文雅，言无不可晓，指无不可睹。观读之者，晓然若盲之开目，聆然若聋之通耳。三年盲子，卒见父母[14]，不察察相识，安肯说喜[15]？道畔巨树，垦边长沟，所居昭察，人莫不知。使树不巨而隐，沟不长而匿，以斯示人，尧、舜犹惑。人面色部七十有馀[16]，颊肌明洁，五色分别[17]，隐微忧喜，皆可得察，占射之者[18]，十不失一[19]。使面黝而黑丑，垢重袭而覆部[20]，占射之者，十而失九。夫文由语也[21]，或浅露分别，或深迁优雅，孰为辩者？故口言以明志，言恐灭遗[22]，故著之文字。文字与言同趋[23]，何为犹当隐闭指意？狱当嫌辜[24]，卿决疑事，浑沌难晓，与彼分明可知，孰为良吏？夫口论以分明为公，笔辩以荚露为通，吏文以昭察为良。深覆典雅，指意难睹，唯赋颂耳[25]！经传之文，贤圣之语，古今言殊，四方谈异也。当言事时，非务难知，使指意闭隐也。后人不晓，世相离远，此名曰语异，不名曰材鸿。浅文读之难晓，名曰不巧，不名曰知明。秦始皇读韩非之书[26]，叹曰："犹独不得此人同时。"其文可晓，故其事可思。如深鸿优雅，须师乃学，投之于地，何叹之有？夫笔著者，欲其易晓而难为，不贵难知而易造，口论务解分而可听，不务深迁而难睹。孟子相贤，以眸子明瞭者，察文以义可晓。

　　充书违诡于俗[27]。或难曰："文贵夫顺合众心，不违人意，百人读之莫谴，千人闻之莫怪。故管子曰：'言室满室[28]，言堂满堂。'今殆说不与世同，故文剌于俗[29]，不合于众。"答曰：论贵是而不务华[30]，事尚然而不高合[31]。论说辩然否，安得不谲常心、逆俗耳[32]？众心非而不从，故丧黜其伪，而存定其真。如当从众顺人心者，循旧守雅，讽习而已，何辩之有？孔子侍坐于鲁哀公，公赐桃与黍，孔子先食黍而后啖桃[33]，可谓得食序矣。然左右皆掩口而笑，贯俗之日久也。今吾实犹孔子之序食也；俗人违之，犹左右之掩口也。善雅歌于郑为人悲；礼舞于赵为不好。尧、舜之典，伍伯不肯观[34]；孔、墨之籍，季、孟不肯读[35]。宁危之计，黜于闾巷；拨世之言，訾于品俗。有美味于斯，俗人不嗜，狄牙甘食。有宝玉于是，俗人投之，卞和佩服。孰是孰非，可信者谁？礼俗相背，何事不然？鲁文逆祀[36]，畔者三人，盖独是之语，高士不舍，俗夫不好；惑众之书，贤者欣颂，愚者逃顿[37]。

充书不能纯美。或曰："口无择言[38]，笔无择文。文必丽以好，言必辩以巧。言瞭于耳，则事味于心[39]；文察于目，则篇留于手。故辩言无不听，丽文无不写。今新书既在论譬，说俗为戾，又不美好，于观不快。盖师旷调音，曲无不悲；狄牙和膳，肴无澹味。然则通人造书[40]，文无瑕秽。《吕氏》、《淮南》悬于市门[41]，观读之者无訾一言。今无二书之美，文虽众盛，犹多谴毁。"答曰：夫养实者不育华，调行者不饰辞[42]。丰草多华英，茂林多枯枝。为文欲显白其为，安能令文而无谴毁？救火拯溺，义不得好；辩论是非，言不得巧。入泽随龟[43]，不暇调足[44]；深渊捕蛟，不暇定手。言奸辞简[45]，指趋妙远；语甘文峭[46]，务意浅小。稻谷千锺[47]，糠皮太半；阅钱满亿[48]，穿决出万。大羹必有澹味[49]，至宝必有瑕秽，大简必有大好，良工必有不巧。然则辩言必有所屈，通文犹有所黜。言金由贵家起，文粪自贱室出。《淮南》、《吕氏》之不无累害，所由出者，家富官贵也。夫贵，故得悬于市；富，故有千金副[50]。观读之者，惶恐畏忌，虽见乖不合，焉敢谴一字？

充书既成，或稽合于古[51]，不类前人。或曰："谓之饰文偶辞，或径或迂，或屈或舒。谓之论道，实事委璱[52]，文给甘酸[53]，谐于经不验，集于传不合，稽之子长不当[54]，内之子云不入。文不与前相似，安得名佳好，称工巧？"答曰：饰貌以强类者失形，调辞以务似者失情。百夫之子，不同父母，殊类而生，不必相似，各以所禀，自为佳好。文必有与合然后称善，是则代匠斫不伤手[55]，然后称工巧也。文士之务，各有所从，或调辞以巧文，或辩伪以实事。必谋虑有合，文辞相袭，是则五帝不异事，三王不殊业也。美色不同面，皆佳于目；悲音不共声，皆快于耳。酒醴异气，饮之皆醉；百谷殊味，食之皆饱。谓文当与前合[56]，是谓舜眉当复八采，禹目当复重瞳。

充书文重[57]。或曰："文贵约而指通，言尚省而趋明。辩士之言要而达，文人之辞寡而章。今所作新书，出万言，繁不省，则读者不能尽；篇非一，则传者不能领。被躁人之名[58]，以多为不善。语约易言，文重难得。玉少石多，多者不为珍；龙少鱼众，少者固为神。"答曰：有是言也。盖要言无多[59]，而华文无寡。为世用者，百篇无害；不为用者，一章无补。如皆为用，则多者为上，少者为下。累积千金，比于一百，孰为富者？盖文多胜寡，财富愈贫。世无一卷，吾有百篇；人无一字，吾有万言，孰者为贤？今不曰所言非而云泰多，不曰世不好善而云不能领，斯盖吾书所以不得省也。夫宅舍多，土地不得小；户口众，簿籍不得少。今失实之事多，华虚之语众，指实定宜，辩争之言，安得约径？韩非之书，一条无异[60]，篇以十第，文以万数。夫形大，衣不得褊[61]；事众，文不得褊。事众文饶，水大鱼多。帝都谷多，王市肩磨。书虽文重，所论百种。按古太公望，近董仲舒，传作书篇百有馀，吾书亦才出百，而云泰多，盖谓所以出者微[62]，观读之者不能不谴呵也[63]。河水沛沛，比夫众川，孰者为大？虫茧重厚，称其出丝，孰为多者？

《论衡校释》卷三〇

【注释】

[1]疾：痛恨。　　[2]闵：忧虑。　　[3]伤：痛心，痛恨。　　[4]钉铨（quán　全）：订正谬误，衡量斟酌。　　[5]"遥闻传授"二句：指那些久远的传说代代相传，后来有被记录下来的，还有被口耳相传的。　　[6]敦厖（máng　忙）：敦厚。　　[7]反宓（fú　扶）戏之俗：恢复纯朴的习俗。反，同"返"，恢复。宓戏，也写作"伏羲"，上古伏羲氏时代，这里指纯朴的习俗。　　[8]难卒晓睹：很难一下子读懂。卒，同"猝"，仓促。　　[9]训古乃下：这里是说必须靠注释才能读得下去。训古，即训诂，对古书的字句加以注释。　　[10]"故形露其指"二句：指，通"旨"，主旨，用意。分别，分明，通俗易懂。　　[11]"岂材有浅极"二句：难道是才能浅薄到了极点，根本写不

出深刻的东西来？　　[12]荴（fū　夫）露：散布，散发。　　[13]平：权衡，评判。　　[14]卒：同"猝"，仓猝。　　[15]说：同"悦"。　　[16]人面色部七十有馀：看相的把人的面部颜色分成七十多个部分。　　[17]五色：指青、赤、白、黄、黑五色。　　[18]占射之者：指看相的人。《论衡·骨相篇》："人命禀于天，则有表候于体，察表候以知命，犹察斗斛以知容矣。"　　[19]十不失一：这里指看相的准确度达到百分之九十以上。　　[20]覆部：遮盖住脸上的色部。　　[21]由：通"犹"。　　[22]灭遗：消失遗忘。　　[23]同趋：同一个道理。　　[24]狱当嫌辜：办案的人判断嫌疑与犯罪。　　[25]赋颂：汉代盛行的两种文体。刘勰《文心雕龙》说："赋者，铺也，铺采摛文，体物写志也"，"颂惟典雅，辞必清铄。"　　[26]"秦始皇读韩非之书"三句：《史记·老子韩非列传》："人或传其书至秦。秦王见《孤愤》、《五蠹》之书，曰：'嗟乎，寡人得见此人与之游，死不恨矣。'"　　[27]违诡：违反。　　[28]"言室满室"二句：见《管子·牧民》。指无论在何处讲话，都能得到大家的赞赏。　　[29]刺（là　辣）：违背，违反。　　[30]是：正确。华：浮华。　　[31]然：是，正确。高合：以符合世俗的观点为高。　　[32]谲（jué　决）：违反，迥异。　　[33]孔子先食黍而后啖桃：《孔子家语·子路初见》记载，孔子见鲁哀公，获赐桃和黍，孔子先食黍而后食桃，众人不解，孔子黍为五谷之长，而桃为下品，如黍用来擦拭桃毛，则有害于义。　　[34]伍伯：指伍长之类的平常人。　　[35]季、孟：刘盼遂认为，季、孟，犹言张三、李四，与伍伯间巷俗人并列。　　[36]"鲁文逆祀"二句：《春秋公羊传》定公八年："文公逆祀，去者三人。定公顺祀，叛者五人。"意思是说，鲁文公祭祀祖先，先祭祀近宗后祭祀远祖，有人认为于礼不合，就离开了他。　　[37]逃顿：逃遁。　　[38]择：同"殬（dù　杜）"，败坏。　　[39]味：仔细推究。　　[40]通人：通达事理、无所遮蔽之人。　　[41]《吕氏》、《淮南》悬于市门"二句：《史记·吕不韦列传》说，吕不韦使其门客著成《吕氏春秋》，布陈于咸阳，请游士宾客阅读，有能增损一字，赏千金。"一字千金"之典出于此。又史书记载，汉淮南王亦聘天下变通者以著章篇，书成后亦如法布陈于市。　　[42]调行者不饰辞：修养操行者不在言辞上下工夫。调，调理，修养。　　[43]随：逐。　　[44]调：选择，计度。　　[45]"言奸辞简"二句：语言虽直率简约，旨趣却高妙深远。奸，犯，引申为直率意。指趋，旨趣。　　[46]"语甘文峭"二句：作品语言美妙峻峭，意义却浅薄细小。甘，美。峭，高。　　[47]锺：汉朝时，十斗为一斛，十斛为一锺。　　[48]"阅钱满亿"二句：用绳穿过钱孔而溃决者在万次以上，谓不能提纲挈领、意义深刻。　　[49]大羹：太羹，不调五味之羹。　　[50]副：相称，指一字千金的文章。　　[51]稽合于古：考合于古。　　[52]委璅（suǒ　琐）：委琐，琐碎。本段"或曰"以下几句都是对

《论衡》的文风所发的议论。　　　[53]文给甘酸：文章充满了不合口味的杂质。　　　[54]"稽之子长不当"二句：子长，司马迁，字子长，这里指史传作者。子云，扬雄，字子云，这里指示书经传作者。　　　[55]代匠斫（zhuó　浊）不伤手：《老子》第七十四章："夫代大匠斫者，希有不自伤其手。"　　　[56]"谓文当与前合"三句：要求作文章应与前代的人相似，就好比要求舜的眉毛像尧一样有八种风采，要求禹的眼睛像舜一样有重瞳。《论衡·骨相篇》："尧眉八采，舜目重瞳。"　　　[57]重：繁多。　　　[58]躁人：轻狂浮躁之人。人或以为王充好辩言诡，所以被污为"躁人"。这也与上文提及的他的父辈性情相似。本段"或曰"以下几句仍是他人指摘《论衡》一书的话。　　　[59]要：原本作"寡"。刘盼遂认为"寡"当是"要"之形误，"要言无多"与"华文无寡"为对文。据改。　　　[60]一条无异：谓皆是法家治国言论。　　　[61]褊（biǎn　贬）：衣服狭小，这里指狭小。　　　[62]出者微：指自己出身于细族孤门。　　　[63]谴呵：一作"谴诃"，谴责呵斥。

【解析】

《自纪篇》是《论衡》的最后一篇，可视为王充的学术自传，为文专擅论辩，从侧面显示了东汉时期的社会、文化风气。

王充为人不喜世俗，清高稳重，能够坦然面对外界的误解和非议。所谓"浩然恬忽，无所怨尤"，充分体现了他对当时社会文化氛围中老庄思想的吸纳。他不在乎外在的名相和权势等级，而安于知命、发奋学习。王充谈论自己的著作，内容有三个方面：第一，因为非常痛恨当时世俗的趋炎附势、平庸无能，他创作了《讥俗》、《节义》十二篇，"冀俗人观书而自觉"，因为是给世俗之人看，所以文风浅露，"贤圣铨材之所宜，故文能为深浅之差"。第二，他担忧当世君王只想着统治百姓，而没有相宜的办法，所以作《政务》。第三，又遗憾"伪书俗文，多不实诚"，所以创作了《论衡》。他认为，随着历史的变迁，百年前的文章传说都渐渐被分解、谬断，而人们却信以为真，迷乱好古，所以他作此书以"拨流失之风，反宓戏之俗"。

接下来，他用对答的论辩方式谈自己的著作，尤其是《论衡》的风格特点，他提倡明白晓畅的文风，指出不同的文体的特点，区分了辩论文、吏文（公文）、赋颂等文体的语言风格。而《论衡》是明辨求实之作，自然应当"务解分而可听"。他还认为，为文如果顺从世俗的眼光，往往容易偏离真理，"论贵是而不务华，事尚然而不高合"，应当改变论说文中芜杂奢靡的文风，不抄袭古人，"各以所禀，自为佳好"。

《自纪篇》显示了王充在精神和人格上的独立品格，以及独立思考和批判精神。在王充身上，我们既能看到道家老庄思想恬忽静怡的特点，同时也能看到儒家思想中济世救弊的情感，以及求真务实、不迷信、不盲目好古的怀疑精神和创造力。这些对我们都有所启发。

说文解字叙

〔东汉〕许慎

【题解】

许慎（58？—147？）字叔重，汝南召陵（今河南郾城东）人。师从古文经学大师贾逵，又校书于"东观"（东汉皇家图书馆），得见秘籍，被誉为"五经无双许叔重"。许慎最初在汝南郡做功曹，后被推举为孝廉，之后又任太尉府的南阁祭酒。《后汉书》卷七九有传。和帝永元十二年（100），许慎开始作《说文解字》（以下简称《说文》），至安帝建光元年（121），因病居家，于病中遣其子许冲进上，前后二十多年，花费了半生心血。许慎之所以作《说文》，是与两汉时期经今古文之争分不开的。古文、今文本来是汉代儒家经典两种不同的传本，但由于依据、解说、观点、研究方法等方面的不同，发展成为两个不同的学术派别。东汉中叶，正是古文经学的全盛时期。古文经学家为了压倒今文经学，提出应该重视文字训诂学，认为只有准确地分析字形、解释词义，才能准确地解释六艺群书，发扬"五经之道"。正是在这样的政治思想和学术风气下，许慎完成了《说文》的创作。后世研究《说文》的著述很多，其中以清段玉裁《说文解字注》为善，这篇叙即据段注本录入。

古者庖牺氏之王天下也[1]，仰则观象于天[2]，俯则观法于地[3]，视鸟兽之文与地之宜[4]，近取诸身，远取诸物，于是始作《易》八卦，以垂宪象[5]。及神农氏[6]，结绳为治[7]，而统其事，庶业其繁，饰伪萌生。黄帝之史仓颉[8]，见鸟兽蹄远之迹[9]，知分理之可相别异也，初造书契。百工以乂[10]，万品以察，盖取诸《夬》[11]。"夬[12]，扬于王庭。"言文者宣教明化于王者朝廷[13]，君子所以施禄及下，居德则忌也。仓颉之初作书，盖依类象形[14]，故谓之文。其后形声相益[15]，即谓之字。文者，物象之本；字者，言孳乳而浸多也[16]。著于竹帛谓之书[17]，书者，如也。以迄五帝三王之世[18]，改易殊体[19]，封于泰山者七十有二代[20]，靡有同焉。

《周礼》：八岁入小学[21]，保氏教国子[22]，先以六书[23]。一曰指事。指事者[24]，视而可识，察而见意，"二"、"二"是也。二曰象形。象形者[25]，画成其物，随体诘诎，"日"、"月"是也。三曰形声。形声者[26]，以事为名，取譬相成，"江"、"河"是也。四曰会意。会意者[27]，比类合谊，以见指撝，"武"、"信"是也。五曰转注。转注者[28]，建类一首，同意相受，"考"、"老"是也。六曰假借。假借者[29]，本无其字，依声讬事，"令"、"长"是也。

及宣王大史籀著大篆十五篇[30]，与古文或异[31]。至孔子书"六经"[32]，左丘明述《春秋传》[33]，皆以古文，厥意可得而说[34]。其后诸侯力政[35]，不统于王，恶礼乐之害己，而皆去其典籍，分为七国，田畴异亩[36]，车涂异轨，律令异法，衣冠异制，言语异声，文字异形。

秦始皇帝初兼天下，丞相李斯乃奏同之[37]，罢其不与秦文合者[38]。斯作《仓颉篇》[39]，中车府令赵高作《爰历篇》，大史令胡母敬作《博学篇》，皆取史籀大篆，或颇省改，所谓小篆者也[40]。是时秦烧灭经书，涤除旧典，大发吏卒[41]，兴戍役，官狱职务繁。初有隶书[42]，以趣约易[43]，而古文由此绝矣。

自尔秦书有八体：一曰大篆，二曰小篆，三曰刻符[44]，四曰虫书[45]，五曰摹印[46]，六曰署书[47]，七曰殳书[48]，八曰隶书。汉兴有草书。尉律[49]：学僮十七已上，始试，讽籀书九千字[50]，乃得为史[51]。又以八体试之，郡移大史并课[52]，最者以为尚书史。书或不正[53]，辄举劾之。今虽有尉律不课，小学不修[54]，莫达其说久矣[55]。

孝宣皇帝时，召通《仓颉》读者[56]，张敞从受之[57]。凉州刺史杜业[58]、沛人爰礼、讲学大夫秦近[59]，亦能言之。孝平皇帝时，征礼等百馀人，令说文字未央廷中[60]，以礼为小学元士[61]。黄门侍郎扬雄[62]，采以作《训纂篇》。凡《仓颉》已下十四篇[63]，凡五千三百四十字，群书所载，略存之矣。

及亡新居摄[64]，使大司空甄丰等校文书之部[65]，自以为应制作[66]，颇改定古文。时有六书[67]：一曰古文，孔子壁中书也。二曰奇字[68]，即古文而异者也。三曰篆书，即小篆。秦始皇帝使下杜人程邈所作也[69]。四曰左书[70]，即秦隶书。五曰缪篆[71]，所以摹印也。六曰鸟虫书，所以书幡信也[72]。壁中书者，鲁恭王坏孔子宅[73]，而得《礼记》、《尚书》、《春秋》、《论语》、《孝经》。又北平侯张苍献《春秋左氏传》[74]。郡国亦往往于山川得鼎彝[75]，其铭即前代之古文[76]，皆自相似。虽叵复见远流[77]，其详可得略说也。

　　而世人大共非訾[78]，以为好奇者也[79]，故诡更正文[80]，乡壁虚造不可知之书，变乱常行，以耀于世。诸生竞逐说字解经谊[81]，称秦之隶书为仓颉时书，云父子相传，何得改易。乃猥曰[82]："马头人为长"[83]，"人持十为斗"，"虫者，屈中也。"廷尉说律[84]，至以字断法。苛人受钱[85]，"苛"之字[86]，"止"、"句"也。若此者甚众，皆不合孔氏古文，谬于史籀。俗儒啚夫[87]，玩其所习[88]，蔽所希闻，不见通学，未尝睹字例之条[89]，怪旧埶而善野言[90]，以其所知为秘妙，究洞圣人之微恉。又见《仓颉篇》中"幼子承诏"[91]，因曰古帝之所作也，其辞有神仙之术焉。其迷误不谕，岂不悖哉！

　　《书》曰："予欲观古人之象[92]。"言必遵修旧文而不穿凿。孔子曰："吾犹及史之阙文[93]，今亡矣夫。"盖非其不知而不问。人用己私[94]，是非无正，巧说邪辞，使天下学者疑。盖文字者，经艺之本，王政之始，前人所以垂后，后人所以识古。故曰："本立而道生[95]。"知"天下之至赜而不可乱"也[96]。

　　今叙篆文[97]，合以古籀，博采通人[98]，至于小大，信而有证，稽撰其说[99]。将以理群类，解谬误，晓学者，达神恉[100]。分别部居[101]，不相杂厕也。万物咸睹[102]，靡不兼载。厥谊不昭[103]，爰明以谕。其称《易》孟氏、《书》孔氏、《诗》毛氏、《礼》周官、《春秋》左氏、《论语》、《孝经》[104]，皆古文也。其于所不知，盖阙如也[105]。

《说文解字注》卷一五上

【注释】

　　[1]庖牺氏：传说中的古代帝王之一，教民渔猎，并且制作八卦。也写作伏戏、宓羲、伏羲、包牺。　　[2]象：指日月星辰等天象。　　[3]法：法则，指山川

地理的规则。 [4]文：同"纹"，纹理。宜：形状。 [5]垂：显示。宪象：法象，指天地万物显示的规则现象。以上几句是说远古时代没有文字，庖牺氏通过观察天地万物，近的参照人体，远的参照万物，创造了八卦，用来显示自然现象的变化规律。 [6]神农氏：传说中的古代帝王之一，发明农具，教民耕作，发现药草，给人治病。 [7]"结绳为治"四句：大意是说随着社会发展，事物繁复，用结绳记事，会发生虚假不实的事情。意指结绳的办法已经不能解决问题。庶业，各种事业。其，通"綦"，极其。饰伪，文饰、伪诈之事。 [8]黄帝：传说是我国中原各族的祖先。仓颉（jié 节）：传说是黄帝的史官，发明了汉字。也写作"苍颉"。 [9]"见鸟兽蹄迒（háng 杭）之迹"三句：是说看到鸟迹的纹理知道是鸟，看到兽迹的纹理知道是兽，明白纹理是可以区别的。由此得到启发，发明汉字。迒，野兽的足迹。分理，纹理。书契，刻划的文字符号。 [10]"百工以乂（yì 义）"二句：百官由此得到治理，万民由此得到明察。意指不再发生饰伪之事。乂，治理。万品，人民。 [11]夬（guài 怪）：六十四卦之一，乾下兑上（☰），卦象有缺口，故用以象征分决、决断之意。古人认为文字能决断万事，因此认为文字的创造取法于夬卦。 [12]夬，扬于王庭：一切分决的事情都显扬在朝廷。 [13]"言文者宣教明化于王者朝廷"三句：大意是说文字是用来在朝廷宣明政教风化的，统治者给掌握文化的人加赏俸禄，对自己则要求贵德不贵文。君子，指统治者。 [14]"盖依类象形"二句：依照事物的形状去描摹所成的文字，称之为"文"。主要指象形、指事字。 [15]"其后形声相益"二句：在文产生之后，又以文为单位，取形和声相互配合增益成为字。主要指会意、形声字。 [16]孳（zī 姿）乳：派生，滋生。浸：渐渐。此句意指字是滋生发展而逐渐增多的。 [17]"著于竹帛谓之书"三句：是说文字写在竹简、缣帛上，就称之为"书"。到成书时才能如其意，表达意思。 [18]五帝："五帝"有不同说法，《史记·五帝本纪》指黄帝、颛顼（zhuānxū 专须）、帝喾（kù 库）、尧、舜。三王：三代之王，指夏禹、商汤、周文王和周武王。 [19]改易殊体：文字屡经改变，成为种种不同的形体。 [20]"封于泰山者七十有二代"二句：古代帝王在泰山举行封禅礼的次数非常多，但历代封泰山祭天所埋的玉牒文书上的文字没有相同的。这几句都在讲文字的演变。七十有二代，指非常多。靡，无。 [21]小学：周代贵族子弟分小学和大学两个阶段接受教育。八岁入小学接受童蒙教育，十五岁入大学接受成人教育。 [22]保氏：官名，掌教育。国子：贵族、公卿大夫子弟。 [23]六书：六种造字的方法和原则。以下几句就是六书的命名和定义。 [24]"指事者"四句：所谓指事，是指看到字的形体就能够认识它，但是需要观察分析才能领悟它的意义，例字是"上"和"下"。"上"的古文写作⊥或二，"下"的古文写作T或二，用抽象符号标识上下的方位，指明事物所在，所以叫指事。　　[25]"象形者"四句：意思是所谓象形，是指画成那种事物，随着物体外部线条的弯曲而弯曲，例字是"日"和"月"。"日"、"月"小篆写作日、𝕯，甲骨文写作⊙、☽，象太阳、月亮之形，所以称为象形。诘诎（jiéqū 节屈），曲折。　　[26]"形声者"四句：所谓形声，是用表示事类的字作为义符，用在语言中接近于该字（词）声音的字作为声符，合起来便构成这个字，例字是"江"和"河"。譬，比拟，指读音。　　[27]"会意者"四句：所谓会意，是指比并代表某些事物的文，融合其意义，从而看出一个新意义，例字是"武"和"信"。指撝（huī 灰），所指向的新意义。撝，同"挥"。　　[28]"转注者"四句：所谓转注，就是辗转互注，依据事类建立统一的部首，同一部首所属的字中，意思相同，就可以彼此互相解释，例字是"考"和"老"。　　[29]"假借者"四句：所谓假借，是指语言中的某个词没有记录它的专门字，只是依照声音（相同或相近）将这个词寄托在表示其他事物的文字上，例字是"令"和"长"。讬，同"托"。　　[30]大史籀（zhòu 昼）：周宣王时的史官，名籀。大史，即太史。下同。大篆：即"籀文"，秦始皇时定的名称，以别于小篆。　　[31]古文：指汉代在孔子宅壁中发现的藏书的文字。或异：有一些不同。　　[32]六经：指《易》、《书》、《诗》、《礼》、《乐》、《春秋》。　　[33]左丘明：春秋时期鲁国太史，氏左丘，名明。相传是《左传》和《国语》的作者。　　[34]厥意：古文字义。厥，其。　　[35]力政：以武力相征伐。政，通"征"。　　[36]"田畴异亩"六句：是说七国制定不同的土地面积单位、车道宽度、法律政令和服饰制度。各国的语言和文字也有所不同。轨，古代车辙的宽度。　　[37]李斯：荀子弟子，秦始皇时期任丞相。他规定以小篆为规范字体，对统一文字有着很大的贡献。奏同之：上奏书要求统一各国文字。　　[38]罢其不与秦文合者：李斯建议废除六国文字中与秦国文字（大篆）不同的。　　[39]"斯作《仓颉篇》"五句：《仓颉篇》、《爱历篇》、《博学篇》都是我国古代童蒙识字的课本，由章句组成，用韵语行文。《仓颉篇》，也写作《苍颉篇》。这几句是说李斯、赵高、胡母敬都用大篆来书写，只是有些略微作简化和改造。颇，稍微。　　[40]小篆：秦始皇统一中国之后实行"书同文"政策时颁行的标准字体，由史籀大篆稍加省改而来。　　[41]"大发吏卒"三句：大规模地征发士卒，加重百姓徭役负担，官狱的事务繁忙。官，行政官吏。狱，主管讼事法律的官。　　[42]隶书：由小篆演变来的字体，这种字体将小篆的长圆线条变为方正笔画。传说由隶徒所发明，故名隶书。　　[43]以趣约易：（文字）趋向简单容易方便。　　[44]刻符：刻在符信上的文字。　　[45]虫书：也叫鸟虫书。因笔画起末像鸟头和虫身之形而得名。　　[46]摹印：因用在玺印上而得名。　　[47]署书：用于封检题字的文字。　　[48]殳（shū 书）书：刻在兵器上的文字。殳，古代一种兵器。从小篆

到殳书,这六种字体都属于小篆体系。　　[49]尉律:这里指汉律。　　[50]讽
籀书九千字:朗读并能解释尉律中九千字的一段文章。讽,朗诵。籀,读,古
时的"读"有解释的意思。　　[51]史:指郡县的文书吏。　　[52]郡移大史
并课:郡试选拔的各郡考生移到太史令,要把"讽籀书九千"和"八体"合起
来考试。课,考核。　　[53]"书或不正"二句:如果写得不正确,就要受到
惩罚。劾(hé 禾),惩罚,处分。　　[54]小学:指语言文字之学,如"六书"
等。　　[55]达:通晓。其说:用"六书"解释文字的学说。　　[56]通《仓颉》
读者:通《仓颉》句读者,亦即通晓《仓颉》者。　　[57]张敞从受之:张敞跟着
"通《仓颉》读者"学习《仓颉》的音义。张敞,字子高。河东平阳(今山西临汾)
人。　　[58]杜业:张敞的外孙,《汉书》作"杜邺"。　　[59]爰礼、秦近:王莽
时人。讲学大夫:王莽时所设官名。　　[60]未央廷:西汉未央宫。　　[61]小
学元士:汉官名,相当于小学博士。　　[62]黄门侍郎:汉官名,供职于黄门(掌
管皇宫门的官署)。扬雄:西汉学者,著有《法言》、《太玄》、《长杨赋》、《甘泉
赋》、《方言》、《训纂篇》等。其中《方言》是研究古代汉语和汉语史的重要资
料,《训纂篇》是字书,四字一句,共三十四章,每章六十字。　　[63]凡《仓颉》
已下十四篇:从《仓颉》到《训纂篇》共十四篇。　　[64]亡新:指王莽。新是王
莽代汉以后的国号。居摄:摄政。　　[65]大司空:汉成帝时改御史大夫为大司
空,三公之一。甄丰:平帝时为少傅,后依附王莽。　　[66]"自以为应制作"二
句:甄丰等人自认为受皇帝(王莽)之命而作,因此校对古书时将文书中的古字
改为当时的通行字。　　[67]六书:六种字体,与上文用来分析汉字结构的"六
书"不同。　　[68]奇字:古文异体字。如《说文》所见的"人"字作"儿","無"
作"无"等。　　[69]秦始皇帝使下杜人程邈所作:此十二字,依段玉裁校,应
在下文"即秦隶书"之下。下杜,西汉地名,在今陕西西安南。程邈,相传为县
狱史,因得罪秦始皇被囚于云阳狱,在狱中将大、小篆改写为隶书,得到秦始
皇的赏识,后出为御史。　　[70]左书:辅助的书,这里指隶书。因隶书书写
方便,可作为小篆之辅助,因以为名。左,同"佐"。　　[71]缪篆:用于印章的
篆书。　　[72]幡(fān 帆)信:符节之类的器物。古人在旗帜上写明官号以为
凭信,故称幡信。　　[73]鲁恭王:汉景帝之子刘馀,初封为淮阳王,后改为鲁
王,谥号为恭。武帝时,鲁恭王为扩建宫宅而拆孔子旧居,在墙壁中发现藏匿其中
的先秦经书,用古文字所写,旧称为"古文经"或"壁中书"。　　[74]张苍:秦
时为御史,后归汉,封北平侯,官至丞相。　　[75]鼎彝:鼎原指炊具,彝是酒
尊,这里统指青铜器。　　[76]铭:青铜器上的款识。　　[77]叵(pǒ 笸):不
可。远流:远古文字的流变。　　[78]世人大共非訾(zī 资):当代人却群起诋
毁。世人,指反对古文经的儒生。訾,诽谤,诋毁。　　[79]好奇者:喜欢标新立

异的人，这里指世人眼中通晓古文的人。　　[80]"故诡更正文"四句：大意是说世人认为好奇者故意更改文字，凭空伪造出不认识的书，变乱汉字通常的写法。所以在世人看来，所谓的古文只是某些人伪造的。乡，通"向"。　　[81]诸生竞逐说字解经谊：俗儒争着分析隶书来解释经义。谊，通"义"。　　[82]猥（wěi 伟）：胡乱，歪曲。　　[83]"马头人为长"四句：主要指一些人根据隶书字形对长、斗、虫三字的错误解释。　　[84]"廷尉说律"二句：指廷尉解释法律条文，也通过分析文字来判断刑律。　　[85]苛人受钱：本意是责人不法，受人之钱。苛，通"诃"，斥责，责问。　　[86]"'苛'之字"二句：苛，本从"艸"、"可"，发展到隶书，"艸"与"止"、"可"与"句"形体相乱，故字形被误认为从"止"、"句"。于是就根据这样的字形来解释"苛人受钱"这一法律，是止人（要挟人）而句（钩）取人钱。　　[87]俗儒啚（bǐ 比）夫：指今文经派诸儒。啚，同"鄙"，鄙陋。　　[88]"玩其所习"二句：欣赏他们所熟知的东西，但对自己知晓很少的东西蒙蔽不知。希闻，这里指今文经学派不熟知的古文字知识。　　[89]字例之条：分析文字的条例，指"六书"等。　　[90]怪旧埶（yì 义）而善野言：以传统知识为怪，反而相信毫无根据的说法。此处传统知识指古代文字，野言则指对文字的错误解说。埶，同"艺"。　　[91]幼子承诏：学僮接受师教。俗儒不知《仓颉篇》是李斯所作，因后世以君命为诏，遂误为古代帝王所作。　　[92]予欲观古人之象：引自《尚书·益稷》。意思是我要看古人的物象，意指继承前代之文物、制度。　　[93]"吾犹及史之阙文"二句：引自《论语·卫灵公》。原文是"吾犹及史之阙文也，有马者借人乘之，今亡矣夫"。原意是我还赶上看到史书里有阙疑的文字，今人好穿凿附会，没有这种阙疑的态度了。许慎引用此句的意思是感慨汉代某些小学家不知不问，穿凿附会。　　[94]"人用己私"四句：大意是各人凭自己的主观意见解说，没有正确的是非判断标准，出现各种穿凿歪曲的言论，使学者的认识模糊混乱。　　[95]本立而道生：见《论语·学而》"君子务本，本立而道生"。原指道德修养要打好基础。这里把文字看作基础。　　[96]天下之至啧而不可乱：见《周易·系辞上》"言天下之至赜而不可恶也，言天下之至动而不可乱也"。啧（zé 责），通"赜"，幽深难测。以上两句引文，前句说明文字的重要性，后句说明文字有内在的深奥规律，不能乱说。　　[97]"今叙篆文"二句：以篆文为主，再加上一些古文籀文。此处许慎是在说明《说文》收字原则。　　[98]"博采通人"二句：广泛地采用专家的说法，无论大家小家。通人，通晓文字的学者。　　[99]稽撰：考证诠释。　　[100]达神恉（zhǐ 旨）：使学者通晓文字的构造规律。恉，同"旨"。　　[101]"分别部居"二句：指全书分为五百四十部，以此来统摄所收字。各部按一定规律编排，并然有序。　　[102]"万物咸睹"二句：万事万物都可以看到，没有不被记载的。意指《说文》内容丰富。 ［103］"厥谊不昭"二句：如果遇到字义不清楚的，就引用经典加以说明。谕，使明白。 ［104］"其称《易》孟氏"至"《论语》、《孝经》"：这里许慎列出所引用的经典，并对他所本的各家也作了说明。 ［105］阙如：存疑，阙而不论。

【解析】

《说文解字》（以下简称《说文》）是我国语言学史上第一部分析字形、说解字义、辨识声读的专书，它以周秦的书面语言作为研究对象，是传统语言文字学的奠基之作。作为《说文》正文的纲领，许慎的《叙》是我国较早阐释语言文字理论的著作之一，它叙述了文字的起源、周秦文字的发展演变，总结了汉字"六书"的概念，记述了西汉的文字概况以及东汉解释文字的混乱和错误，并且阐明了作书的体例，使我们了解《说文》产生的背景以及许慎著书的目的。

在许慎那个时代，有一大批儒生认为当时通行的隶书就是仓颉所创的文字，否定隶书之前古文字的客观性，并且随意拆解文字附会经义。在这样的时代背景下，作为古文经学派大师的许慎，能够清晰地认识到汉字发展演变的客观性，看到语言文字与社会实践的辩证关系。他还充分认识到了汉字的表意性质，对汉字的形义关系有着极为深刻的理解，并且用系统的观点去认识汉字的内部规律。正是在这些思想的指引下，《说文》从汉字"据义构形"的特点出发，通过对字形的分析来说解字的本义，总结汉字的造字规律——六书，并将之充分运用到汉字分析实践中；同时首创了部首概念，建立五百四十部，使丰富繁复的汉字体系能够"分别部居，不相杂厕"，对后代字书有着极大的影响。

从世界语言学史来看，与《说文》成书时代相近的其他国家，都尚未形成后代的词典。可以说，《说文》是出现最早的、系统合于科学精神的、具有独创的民族风格的专书。而它能有如此深远的影响，是与许慎科学的语言文字观分不开的。本篇《说文解字叙》就向我们呈现了这位古文经学家在发展语言文字科学方面的积极贡献。

刺世疾邪赋

〔东汉〕赵壹

【题解】

赵壹字元叔，汉阳西县（今甘肃天水西南）人。为人恃才倨傲，后来屡次获罪，几至死，经过友人解救得免。灵帝光和元年（178），为郡上计吏（地方官向朝廷报告人口、钱粮、狱讼等情况）入京，受到司徒袁逢、河南尹羊陟的赏识，名动京师。后西归，十次拒绝公府的征召，卒于家。《后汉书》卷八〇有传。著有赋、颂、箴、诔、书、论及杂文十六篇。一说《刺世疾邪赋》作于熹平二年（173，陆侃如《中古文学系年》）。赵壹在赋中直抒胸臆，批判了东汉后期社会窳（yǔ 宇）败、是非颠倒的黑暗现实，表达了不与世俗同流合污的高贵品格。

伊五帝之不同礼[1]，三王亦又不同乐，数极自然变化[2]，非是故相反驳。德政不能救世溷乱[3]，赏罚岂足惩时清浊[4]？春秋时祸败之始，战国愈复增其荼毒[5]。秦、汉无以相逾越，乃更加其怨酷。宁计生民之命，唯利己而自足。

于兹迄今，情伪万方[6]。佞谄日炽[7]，刚克消亡[8]。舐痔结驷[9]，正色徒行。妪媮名势[10]，抚拍豪强[11]。偃蹇反俗[12]，立致咎殃。捷慑逐物[13]，日富月昌。浑然同惑[14]，孰温孰凉。邪夫显进，直士幽藏。

原斯瘼之攸兴[15]，实执政之匪贤[16]。女谒掩其视听兮[17]，近习秉其威权[18]。所好则钻皮出其毛羽[19]，所恶则洗垢求其瘢痕。虽欲竭诚而尽忠，路绝嶮而靡缘[20]。九重既不可启[21]，又群吠之猖狂。安危亡于旦夕，肆嗜欲于目前。奚异涉海之失柂[22]，积薪而待燃？荣纳由于闪揄[23]，孰知辨其蚩妍[24]？故法禁屈挠于势族[25]，恩泽不逮于单门[26]。宁饥寒于尧舜之荒岁兮，不饱暖于当今之丰年。乘理虽死而非亡，违义虽生而匪存。

有秦客者，乃为诗曰：河清不可俟[27]，人命不可延。顺风激靡草[28]，富贵者称贤[29]。文籍虽满腹[30]，不如一囊钱。伊优北堂上[31]，抗脏倚门边。

鲁生闻此辞，系而作歌曰：势家多所宜，咳唾自成珠[32]。被褐怀金玉[33]，兰蕙化为刍[34]。贤者虽独悟，所困在群愚。且各守尔分[35]，勿复空驰驱[36]。哀哉复哀哉，此是命矣夫！

《后汉书》卷八〇下《赵壹传》

【注释】

[1]"伊五帝之不同礼"二句：五帝、三王时代的礼乐典章制度不同。伊，发语词。五帝，说法不一，据《史记·五帝本纪》，指黄帝、颛顼、帝喾、尧、舜。三王指夏禹、商汤、周文王和周武王。　[2]"数极自然变化"二句：天数运行到极点，自然会发生变化。不同朝代的更迭以及礼乐典章制度的不同，并不是出于有意的背离和排斥，而只是天道运行的结果。数，天数，气运。驳，背离。　[3]溷乱：混乱。溷，通"混"。　[4]赏罚：这里主要指刑罚，与"德政"相对。清浊：这里主要指污浊，与"溷乱"相应。　[5]荼（tú 图）毒：这里比喻苦难。荼，一种苦菜。毒，螫人之虫。《尚书·汤诰》："罹其凶害，弗忍荼毒。"　[6]情伪万方：诈伪之事各种各样。情伪，此为偏义复词。　[7]佞诌：巧言善辩，奉承巴结。　[8]刚克：刚直的品德。　[9]"舐（shì 试）痔结驷"二句：卑鄙无耻的人拥有很多的车马，正直不阿的人只能徒步行走。比喻奉承权贵的人受到重用、势力浩大，正道直行的人寂寞冷清、不受重用。"舐痔结驷"的典故见于《庄子·列御寇》，宋人曹商出使秦国，秦王赏赐了他一百辆车子，曹商见庄子，庄子说："秦王有病召医，破痈溃痤者得车一乘，舐痔者得车五乘，所治愈下，得车愈多。子岂治其痔邪，何得车之多也？子行矣！"舐痔比喻厚颜无耻，极意奉事权贵。结驷是说四匹马拉着的车子相连接，形容车马之多。驷，四马拉一车。正色，代指正直的人。　[10]妪姁（yùqǔ 遇取）：犹伛偻，这里的意思是卑躬屈膝。名势：有名有势的权贵。　[11]抚拍：亲近讨好。　[12]偃蹇（jiǎn 减）反俗：正直高傲，不与世俗苟合。偃蹇，高傲的样子。　[13]捷慑逐物：急切而小心地追名逐利。捷，快速。慑，畏惧，小心。　[14]"浑然同惑"二句：形容全部的人都浑浑噩噩，是非不辨。　[15]瘼（mò 墨）：病。　[16]执政：这里指皇帝及其宠信的人，尤指宦官、外戚等。匪：同"非"。　[17]女谒掩其视听兮：通过宫中妃嫔的进言影响皇帝的视听。　[18]近习秉其威权：佞幸亲近的小人把持了权力。习，亲信。　[19]"所好则钻皮出其毛羽"二句：意思是说，对喜欢的人则千方百计寻找出其优点，提拔任用；对厌恶的人则吹毛求疵，排挤打击。语

本张衡《西京赋》："所好生毛羽，所恶生疮痏。"　　[20] 路绝崄而靡缘：路极端艰险而无路可走。崄，同"险"。　　[21] "九重既不可启"二句：出自宋玉《九辩》："岂不郁陶而思君兮，君之门以九重。猛犬狺狺而迎吠兮，关梁闭而不通。"这里用以比喻妃嫔和宦官把持了朝柄，逞凶得势，皇帝的视听被遮蔽，导致臣下无法效忠进谏。九重，宫门。狺（yín 银）狺，犬吠声。　　[22] "奚异涉海之失柂（duò 惰）"二句：意思是说这种情况与在航海中失去了船舵，坐在堆积的柴堆上等待燃烧有何区别？形容时势极其危急。柂，同"舵"。　　[23] 荣纳：享荣华，被重用。闪揄：谄佞的样子。　　[24] 蚩：通"媸"，丑。　　[25] 屈挠：屈服，削弱。势族：势家大族。　　[26] 单门：这里指孤单无依的寒族。　　[27] "河清不可俟"二句：意思是说人生短暂，等不到太平盛世出现的那一天。《左传》襄公八年："《周诗》有之曰：'俟河之清，人寿几何？'"河清，黄河水清，比喻天下太平。　　[28] 激：疾吹。靡草：细弱的草。　　[29] 富贵者称贤：富贵的人，就被称为品德高尚的贤人。这是作者激于义愤的正话反说。　　[30] 文籍：文章典籍。这里借指人的学问。　　[31] "伊优北堂上"二句：意思是说，谄佞者登堂入室受重用，正直者则见弃，被置之门外。伊优，屈曲谄佞的样子。北堂，明堂五室之一，这里指皇帝布政的宫殿。抗脏，刚直不屈的样子。　　[32] 咳唾：咳嗽，喷唾沫。《庄子·秋水》："子不见夫唾者乎？喷则大者如珠，小者如雾，杂而下者不可胜数也。"　　[33] 被褐怀金玉：意思是说，穿着粗布衣服的卑贱之人却有高贵的品质。《老子》第七十章："圣人被褐怀玉。"被，通"披"。褐，粗布短袄。这里用"被褐"代指孤单无依的寒门子弟，与上文的"势家"相对。　　[34] 兰蕙化为刍：意思是说，虽然位处卑贱而身怀金玉之质，但其兰蕙一样的才德却不为人看重。《楚辞·离骚》："荃蕙化而为茅。"兰蕙，指香草之类。刍，喂牲口的干草。　　[35] 分：本分。　　[36] 驰驱：来回奔走。

【解析】

东汉后期，皇帝幼弱，外戚或宦官把持国柄，互相争斗，从而酿成了为祸长达百年之久的乱局。在此情势下，一部分鲠直的大臣与贵族、太学生品题人物，指摘朝政，形成了一股新的政治势力。但是，在外戚或宦官这两大集团的高压与倾轧下，正直的士人仕进无路，众多的名士或流亡，或罹难，或遭禁锢。这就是赵壹写作《刺世疾邪赋》的历史背景。

作者指出，纵览五帝三王时代，天数运命盛极而衰，这一切都是自然变化的结果。儒家的德政思想以及法家的刑罚思想，都无法救世。从春秋到战国，从战国到秦汉，社会的酷烈一代甚于一代。"宁计生民之命，唯利己而自足", 历代统治者不顾百姓死活, 只顾利己残民的本性, 正是导致社会不可救药的根本原因。

接下来, 作者描写了东汉社会是非颠倒、美丑混淆、贤愚倒置、忠奸不辨的社会乱象。黄钟毁弃, 瓦釜雷鸣, 奸邪之人飞黄腾达, 正直之士却被弃而不用。"于兹迄今, 情伪万方", 这句话看起来指的是从春秋到东汉这一段时间, 但其重点所指, 则是东汉后期的社会现实。"偃蹇反俗, 立致咎殃", "被褐怀金玉, 兰蕙化为刍", 则是对东汉时期"党锢之祸"的映射。党锢之祸对东汉社会的影响是巨大的, 对此, 司马光曾有如下评论: "天下有道, 君子扬于王庭以正小人之罪, 而莫敢不服。天下无道, 君子囊括不言以避小人之祸, 而犹或不免。党人生昏乱之世, 不在其位, 四海横流, 而欲以口舌救之, 臧否人物, 激浊扬清, 撩虺蛇之头, 跷虎狼之尾, 以至身被淫刑, 祸及朋友, 士类歼灭而国随以亡, 不亦悲乎!"(《资治通鉴》卷五六)"党锢之祸"摧残了东汉名士, 而这些人, 则是当时社会的中坚。随着这些士人的被消灭, 东汉王朝也就无力支撑最后的危局, 并最终走向了灭亡。

"法禁屈挠于势族, 恩泽不逮于单门。"在东汉时期, "衣冠族"把持了社会的特权, 阻止了寒门之士上升的渠道, 世族、寒门的对立已经形成, "举秀才, 不知书。察孝廉, 父别居。寒素清白浊如泥, 高第良将怯如鸡", 就是对这一状况的辛辣讽刺。灵帝中平六年(189), 世族出身的司隶校尉袁绍杀死了宦官两千多人, 中国社会开始进入世族专政的时期。

"文籍虽满腹, 不如一囊钱。"这是对当时崇尚金钱的社会风气的真实揭露。桓、灵之世, 卖官鬻爵是普遍的社会现象。其中一个典型的例子, 就是灵帝于光和元年(178)初开西邸卖官, "私令左右卖公卿, 公千万, 卿五百万"。灵帝是东汉荒淫皇帝的典型, 东汉后期社会的腐败, 由此可见一斑。金钱至上, 斯文扫地, 对于士人来说, 通经入仕的道路几乎由此断绝。随着察举制的破坏和儒学的式微, 东汉王朝加速了走向覆亡的过程。

值得注意的是, 作者不但把批判的矛头指向了以皇帝为代表的执政者——"原斯瘼之攸兴, 实执政之匪贤", 而且还放言无忌, 痛陈东汉王朝危在旦夕的社会局势, 正犹如"涉海之失柁, 积薪而待燃!"三四十年之后, 东汉王朝就在黄巾起义的巨大声浪中走向了彻底的覆灭, 这也从另一个侧面显示出赵壹对社会现实的深刻洞察力。

典论·论文

〔三国魏〕曹丕

【题解】

曹丕（187—226）字子桓，沛县谯（今安徽亳州）人。曹操次子。汉献帝建安二十二年（217），立为魏太子。二十五年，取代献帝而自立，为魏国的开国皇帝，史称魏文帝。《三国志》卷二有传。曹丕还是一名出色的文学家，尤以诗歌著称，与其父曹操、其弟曹植并称"三曹"。《典论》是曹丕精心结撰的一部著作。据考证，此书写于建安二十二年至延康元年（220）之间，但早在宋代便已散佚，只有《论文》见载于《文选》，得以流传。

文人相轻，自古而然。傅毅之于班固[1]，伯仲之间耳，而固小之[2]，与弟超书曰[3]："武仲以能属文，为兰台令史[4]，下笔不能自休[5]。"夫人善于自见[6]，而文非一体，鲜能备善[7]，是以各以所长，相轻所短。里语曰："家有弊帚，享之千金。"斯不自见之患也。今之文人：鲁国孔融文举、广陵陈琳孔璋、山阳王粲仲宣、北海徐幹伟长、陈留阮瑀元瑜、汝南应玚德琏、东平刘桢公幹，斯七子者[8]，于学无所遗[9]，于辞无所假[10]，咸以自骋骥騄于千里[11]，仰齐足而并驰[12]。以此相服，亦良难矣！盖君子审己以度人[13]，故能免于斯累[14]，而作《论文》。

王粲长于辞赋，徐幹时有齐气[15]，然粲之匹也[16]。如粲之《初征》、《登楼》、《槐赋》、《征思》，幹之《玄猿》、《漏卮》、《圆扇》、《橘赋》，虽张、蔡不过也[17]，然于他文未能称是[18]。琳、瑀之章表书记[19]，今之隽也[20]。应玚和而不壮。刘桢壮而不密。孔融体气高妙，有过人者，然不能持论，理不胜词[21]，以至乎杂以嘲戏[22]；及其所善，扬、班俦也[23]。常人贵远贱近，向声背实[24]，又患闇于自见[25]，谓己为贤。夫文，本同而末异[26]。盖奏议宜雅，书论宜理，铭诔尚实[27]，诗赋欲丽。此四科不同，故能之者偏也，唯通才能备其体。

文以气为主[28]，气之清浊有体，不可力强而致[29]。譬诸音乐，曲度虽均，节奏同检[30]，至于引气不齐[31]，巧拙有素[32]，虽在父兄，不能以移子弟。

盖文章经国之大业[33]，不朽之盛事。年寿有时而尽，荣乐止乎其身，二者必至之常期，未若文章之无穷。是以古之作者，寄身于翰墨，见意于篇籍，不假良史之辞，不托飞驰之势[34]，而声名自传于后。故西伯幽而演《易》[35]，周旦显而制礼[36]，不以隐约而弗务[37]，不以康乐而加思[38]。夫然，则古人贱尺璧而重寸阴[39]，惧乎时之过己。而人多不强力，贫贱则慑于饥寒，富贵则流于逸乐，遂营目前之务，而遗千载之功[40]。日月逝于上，体貌衰于下，忽然与万物迁化[41]，斯志士之大痛也！融等已逝，唯幹著论[42]，成一家言。

《文选》卷五二

【注释】

[1]傅毅：毅（？—89）字武仲，扶风茂陵（今陕西兴平东北）人。东汉文学家，《后汉书》卷八〇上有传。　　[2]小：轻视，藐视。　　[3]超：即班超（32—102），字仲升。《后汉书》卷四七有传。　　[4]兰台令史：兰台为汉代宫廷藏书处，东汉设兰台令史六人，负责典校图籍，管理文书。　　[5]下笔不能自休：形容傅毅为文冗长。休，止。　　[6]自见：自见其长，发现自己的长处。　　[7]鲜：少。备善：指精通所有的文体。备，全。　　[8]斯七子者：以上七人主要活动于汉献帝建安（196—220）年间，后人称之为"建安七子"。除孔融因反对曹操，后来被杀之外，其他六人均为曹氏效力。孔融《后汉书》卷七〇、《三国志》卷一二有传。王粲，《三国志》卷二一有传。徐幹等五人附见《三国志·王粲传》。鲁国，今山东曲阜。广陵，今江苏扬州西北。山阳，今山东金乡。北海，今山东昌乐西。陈留，今河南开封东南。汝南，今河南项城。东平，今山东东平东北。　　[9]于学无所遗：即无所不学。遗，遗漏。　　[10]于辞无所假：即自创新辞。假，假借，指援引他人之说。　　[11]咸以自骋骥（jì 计）騄（lù 路）于千里：都认为自己是骏马驰骋纵横于天下。骥騄，千里马。　　[12]仰齐足而并驰：形容七个人的才华并驾齐驱。仰，凭借。　　[13]君子：德高的长者，此处为曹丕自谓。审己：仔细地了解自己。度：比较评判。　　[14]免于斯累：指能超越文人相轻的陋习。累，过错。　　[15]齐气：指齐国的文风，以舒缓见称，作者于此略有贬抑。　　[16]粲之匹也：刚好与王粲相当。匹，对手。　　[17]张、蔡：张衡和蔡邕，二人均为东汉著名的辞赋家。张衡有《西京

赋》、《东京赋》、《南都赋》、《思玄赋》等，蔡邕有《述行赋》。　　[18]他文：除辞赋之外的其他文体。　　[19]章表：臣子上奏帝王的文书。书记：用以记事的文体。　　[20]隽：杰出，出众。　　[21]理不胜词：即辞过于理，文辞华丽而道理不足。　　[22]嘲戏：嘲讽戏谑，汉赋中的一种题材。　　[23]扬、班俦也：可与扬雄、班固相媲美。扬雄《解嘲》、班固《答宾戏》是汉赋"嘲戏"题材的代表作。俦（chóu 愁），等，辈。　　[24]向声背实：崇尚虚名而脱离实际。　　[25]闇（àn 暗）于自见：不能够认识自己。　　[26]本：指内在实质。末：指不同文体的表现形式。　　[27]铭：带有记述、纪念性质的文体。诔（lěi 垒）：表示哀悼的文体。　　[28]气：指作者的禀性、才气、感情、气度等因素构成的内在修养。　　[29]力强：勉强。致：追求。　　[30]检：法度。　　[31]引气：运用气息。　　[32]巧拙有素：巧拙的区别在于平常的训练和习惯。　　[33]经国：治国。　　[34]飞驰之势：指位高权重的人。　　[35]西伯幽而演《易》：西伯即周文王，《史记》记载他曾被囚禁在羑里，推演原始的八卦为六十四卦。幽，拘囚。　　[36]周旦显而制礼：周旦即周公旦，相传周朝的礼乐制度由他创立。　　[37]隐约：穷困。　　[38]加思：转移兴趣。　　[39]贱尺璧而重寸阴：形容时间比金钱珍贵。　　[40]遗：丢失。千载之功：指著书立说能传扬千秋万代。　　[41]迁化：指死去。　　[42]唯幹著论：指只有徐幹著成《中论》。

【解析】

曹丕所处的魏晋时期，用鲁迅先生的话说，是"文学的自觉时代"。文学逐渐从经学、史学的附庸中独立出来，人们开始对文学中的诸多问题加以探讨。《典论·论文》正是曹丕立足于当时的文学创作，提出的一篇具有纲领性意义的文献，对后世影响深远。

首先，他将文学创作的意义提升到前所未有的高度。儒家历来有"三不朽"之说，所谓"大上有立德，其次有立功，其次有立言"，"立言"居于最后。而曹丕则说"盖文章经国之大业，不朽之盛事"，把文学提高到与事功并重的地位，并鼓励创作者们全身心地投入。

其次，他提出"文以气为主"，把创作者的个性气质与作品的风格联系在一起。在经学时代，文学创作被要求贯彻礼义、合于雅正之音，具有浓厚的政教色彩，以《诗经》为代表的"乐而不淫，哀而不伤"的"温柔敦厚"风格成为审美典范。曹丕则突破了这种规范，强调并鼓励来自创作者的个性风格。

　　最后，曹丕还认识到创作者的个性才能常常有所偏重，因此对一位创作者而言，常常只能擅长某类文体的写作，即"文非一体，鲜能备善"。所以创作者们不要"各以所长，相轻所短"，而应该对自己的才能有清晰客观的认识，将它与合适的文体相结合，相互促进，这样才能有所成就。

周易略例·明象

〔三国魏〕王弼

【题解】

王弼（226—249）字辅嗣，三国魏山阳高平（今山东微山西北）人，魏晋玄学主要代表人物之一。因他思想成熟的年代是在正始（240—249）期间，所以东晋袁宏（328—376）作《名士传》，便把他列为"正始名士"看待。其事附见《三国志》卷二八《魏书·锺会传》，裴松之注引有晋何劭《王弼传》。其著作流传到今天的有《老子注》、《老子指略》、《周易注》、《周易略例》四种。前两种是老学方面的代表作，后两种是易学方面的代表作。王弼的注释，注重义理的分析和抽象的思辨，一反两汉以来经学家离经辨句的繁琐作风，抛弃了阴阳灾异和谶纬之学，在学术上开创了儒道融通的新风气。《周易略例》是《周易注》的总纲，它申明《周易》的基本原则，凡注解《易经》卦爻辞的方法即本于此。全书一卷分为七节，这里所选《明象》是第四节。

夫象者[1]，出意者也；言者，明象者也。尽意莫若象[2]，尽象莫若言。言生于象[3]，故可寻言以观象；象生于意，故可寻象以观意。意以象尽，象以言著。故言者所以明象[4]，得象而忘言；象者所以存意，得意而忘象。犹蹄者所以在兔[5]，得兔而忘蹄；筌者所以在鱼，得鱼而忘筌也。然则言者，象之蹄也；象者，意之筌也。是故存言者非得象者也，存象者非得意者也。象生于意而存象焉[6]，则所存者乃非其象也；言生于象而存言焉，则所存者乃非其言也。然则忘象者乃得意者也，忘言者乃得象者也。得意在忘象，得象在忘言。故立象以尽意，而象可忘也；重画以尽情[7]，而画可忘也。

是故触类可为其象[8]，合义可为其征。义苟在健[9]，何必马乎？类苟在顺，何必牛乎？爻苟合顺，何必坤乃为牛？义苟应健，何必乾乃为马？而或者定马于乾[10]，案文责卦，有马无乾，则伪说滋漫，难可纪矣。互体不足[11]，遂及卦变[12]，变又不足，推致五行[13]。一失其原[14]，巧愈弥甚。纵复或值，而义无所取。盖存象忘意之由也。忘象以求其意，义斯见矣。

《周易略例》

【注释】

[1]"夫象者"四句：意思是说，象是用来表达意的，言辞是用来说明象的。象就筮法说，指卦象、爻象；就哲学说，指物象。意就筮法说，指一卦或一爻的含义；就哲学说，指义理。言就筮法说，指卦辞或爻辞；就哲学说，指语言和概念。　　[2]"尽意莫若象"二句：意思是说，只有通过象才能将意充分地表现出来，只有通过言才能将象充分地展示出来。　　[3]"言生于象"四句：《周易·系辞下》："古者包牺氏之王天下也，仰则观象于天，俯则观法于地，观鸟兽之文与地之宜，近取诸身，远取诸物，于是始作八卦，以通神明之德，以类万物之情。"圣人通过观物取象，悟到了天地万物之存在和运动的本质及规律性，故可以通神明而类万物，这就是圣人之"意"。圣人为了把这个"意"传达出来，就画成了八卦，此即"象"。对这些卦、爻的解说，就形成了"辞"，即"言"。从"意"到"象"再到"言"，叙述的是《周易》的形成过程。而从"言"到"象"再到"意"，则叙述了后人对圣人之"意"的体察过程。　　[4]"故言者所以明象"四句：意思是说，既然言是为了说明象的，那么得象是目的，言是工具。达到了目的，就可以把工具忘掉，所以说"得象而忘言"。同样，既然象是存意的，那么得意是目的，象是工具。达到了目的，就可以忘掉工具。所以说"得意而忘象"。存，存有，守住。　　[5]"犹蹄者所以在兔"四句：《庄子·外物》："筌者，所以在鱼，得鱼而忘筌；蹄者，所以在兔，得兔而忘蹄。"蹄，一种能拴住兔子的网，泛指捕兔的工具。筌，捕鱼的竹器。这几句是说，蹄、筌是捕捉兔、鱼的工具，目的达到了，工具就可以不要了。　　[6]"象生于意而存象焉"四句：意思是说，象由意而生，象是表达意的工具，所以不应当停留于象本身。如果停留在象本身，象就不是"得意"的工具了。同样，言是由象而生，言是说明象的，如果停留在言本身，言就不是"明象"的工具了。　　[7]重画：指重叠爻画而产生卦。画，指爻画，包括阳爻（一）、阴爻（--）。情：真实。《周易·系辞上》："圣人立象以尽意，设卦以尽情伪。"　　[8]"是故触类可为其象"二句：意思是说，遇到同类的事物，可以用同一物象来表示。如以马象征刚健的东西，以牛象征柔顺的东西。义理相同的事物可用某一种事理作为象征。合义，综合义理相同的事物。征，象征。　　[9]"义苟在健"八句：《周易·说卦》用马象征乾的刚健，用牛象征坤的柔顺。这几句

是说，如果意义同是刚健，则象征刚健就不必限于马，也不必以乾为马。如果类同柔顺，则象征柔顺就不必限于牛，也不必以坤为牛。如《大壮卦》九三有刚健之意义，但却说"羝羊"（羊之壮者）。《坤卦》没有刚健之意义，但《象辞》也说"牝马"（马之柔顺者）。又如《遁卦》六二也说"黄牛"，《明夷卦》六二亦称"马"等。　　[10]"而或者定马于乾"五句：这几句话是说，有些人认定马就是乾，可是按照卦辞和爻辞来考察卦象，遇到讲马的时候，并没有乾（如《坤卦》没有乾，卦辞却说"利牝马之贞"），于是就穿凿附会，产生许多荒谬的言论而无法抓住卦意之要领。文，指卦辞和爻辞。卦，指卦象。滋漫，漫衍滋长。纪，统纪。　　[11]互体：一卦六爻，由上下两卦重叠而成，其中的二至四爻、三至五爻又可各成一卦，一卦包含四卦。卦与卦互相包含，称为互体。汉代郑玄注《易》，多用互体。　　[12]卦变：指改变卦中某爻，另成一卦，以此卦象来评论吉凶。汉代京房和三国时虞翻等注《易》喜用卦变说。后来朱熹的《周易本义》列《卦变图》，说法很不一致。　　[13]推致五行：汉代京房注《易》，以金、木、水、火、土为象，又以五行生克说解释卦义，说法繁难而神秘。以上几句是王弼对汉儒象数学所作的批判，意思是说，这些人一心追求那些繁琐的具体的象征，为了牵强附会地解释卦意，就引出了互体之说，当互体不足以说明时，又引出卦变之说，卦变仍不足以说明时，又推演出五行来作比喻。　　[14]"一失其原"五句：意思是说，一旦失其本原，穿凿附会之说就会愈演愈烈，纵然偶尔有说对的地方，但在意义上却一无可取，这就是由"存象忘意"而产生的流弊。值，相符。

【解析】

王弼注《易》的最大特点是以义理解经，这对扫除汉儒繁琐荒谬的象数《易》，转而建设义理《易》，以及使僵死的《易》变成有生命的《易》，是有极大贡献的。

王弼"扫除象数"的言论最明显处见诸《周易略例·明象》。"言、象、意"是他在《明象》中对于《易经》之探究所提出的主张。他认为整部《周易》可解析为"言、象、意"三部分，其中"言"是指卦辞、爻辞，象是指卦象、爻象，意是指一卦或一爻的含义。"言、象、意"三者关系，王弼认为人是先有"意"的领会，而后有图像显示，有图像显示而后才能运用语言表达，其中"象"是关键。王弼接受了《周易·系辞上》"圣人立象以尽意"的说法，并且认为"尽意莫若象"。卦象、爻象，都是运用象征的方式来表达意念的。所谓象征，是一种比拟，是一种设定。它在意念的表达上则是一种指点，一种启发。这与言辞的描述、论说不同。《易》的作者，凭藉物象来表意；读者则凭藉自己对于物象的联想来领会其中的涵义。王弼指出，卦象、爻象是用来表达意的，而卦辞、爻辞，则是对于卦象、爻象所作的说明。充分地表达意念，没有比卦象、爻象更有效的了；清晰地说明卦象、爻象，没有比卦辞、爻辞更有效的了。王弼这种观点，仍是依循《周易·系辞上》所谓"立象以尽意，设卦以尽情伪，系辞焉以尽其言"。

王弼一方面据传解经，一方面又援《老》、《庄》入《易》。这体现了在义理建设上，王弼是有意会通儒、道两家思想的。在《明象》里，王弼有关"言、象、意"的简短议论即是源于《庄子·外物》："筌者，所以在鱼，得鱼而忘筌；蹄者，所以在兔，得兔而忘蹄。"王弼指出，我们循着卦辞、爻辞，可以探索"象"的涵义；循着卦象、爻象，可以探索"意"的内容。不过，对于卦辞、爻辞与卦象、爻象都不能拘泥。因为拘泥于卦辞、爻辞，就会把言辞当作研究的目的，而忽略了它作为工具的功能，这样就会停留在言辞的专研工作上，寻章摘句，反复推敲，不再循着这些言辞了解卦象、爻象的涵义。同样的，如果拘泥于卦象、爻象，也会把卦象、爻象当作研究的目的，而忽略了它作为工具的功能。于是停留在卦象、爻象的专研工作上，把象与卦、爻的设定关系看成必然关系。因此王弼强调"得象而忘言"与"得意而忘象"。

王弼"得意忘言"原本是针对汉《易》滥用"互体"、"卦变"等五花八门的手段解《易》而发出的不满。但这种新型的解释方法对两汉繁琐的章句之学是一场思想革命，它启示了人们超越语言的桎梏去追求终极的本真，以致超越形质的拘累去追求精神的自由。它不仅为儒、道两家哲学文本的解读提供了一个全新的视野，而且推衍到宗教和文学文本的理解与阐释，进而渗透到关于人生、自然或艺术的审美体验中，具有广泛的方法论意义。

出师表

〔三国蜀〕诸葛亮

【题解】

诸葛亮（181—234）字孔明，琅邪阳都（今山东沂南）人。早年避乱荆州，躬耕垄亩，自比管仲、乐毅，被称作"卧龙"。建安十二年（207），刘备三顾茅庐，诸葛亮提出联吴抗曹的策略，并辅佐刘备建立蜀汉。章武元年（221），刘备称帝，拜诸葛亮为丞相。刘备死后，又辅佐后主刘禅，被封为武乡侯。诸葛亮东连孙吴，南平孟获，前后六次出师伐魏，最后因病卒于五丈原（今陕西岐山五丈原镇）。诸葛亮长于巧思，损益连弩，制木牛流马，作八阵图等。《三国志》卷三五有传。晋陈寿等辑有《诸葛氏集》二十四篇。今人段熙仲、闻旭初编校有《诸葛亮集》。蜀汉建兴五年（227），诸葛亮驻军汉中（今属陕西）。在率师伐魏之际，上疏刘禅，"报先帝而忠陛下"，表达对蜀汉的忠肝义胆，便是这篇流传千古的《出师表》。六年十一月，诸葛亮闻孙权破曹休，魏军东下，关中虚弱，又再次上表出师，于是乃有蜀、魏散关之战。后人遂称建兴六年所上表为《后出师表》，称此五年所上表为《前出师表》。表，是古代臣下向君主陈情言事的一种文体。

臣亮言：先帝创业未半[1]，而中道崩殂[2]。今天下三分[3]，益州罢弊[4]，此诚危急存亡之秋也。然侍卫之臣不懈于内[5]，忠志之士忘身于外者，盖追先帝之遇[6]，欲报之于陛下也。诚宜开张圣听[7]，以光先帝遗德[8]，恢志士之气[9]，不宜妄自菲薄，引喻失义[10]，以塞忠谏之路也。

宫中府中[11]，俱为一体，陟罚臧否[12]，不宜异同。若有作奸犯科及为忠善者[13]，宜付有司[14]，论其刑赏，以昭陛下平明之理[15]，不宜偏私[16]，使内外异法也[17]。侍中、侍郎郭攸之、费祎、董允等[18]，此皆良实[19]，志虑忠纯，是以先帝简拔以遗陛下[20]，愚以为宫中之事，事无大小，悉以咨之[21]，然后施行，必能裨补阙漏[22]，有所广益也[23]。将军向宠[24]，性行淑均[25]，晓畅军事，试用于昔日，先帝称之曰能，是以众议举宠为督[26]。愚以为营中之事，悉以谘之，必能使行阵和穆[27]，优劣得所也[28]。亲贤臣，远小人，此先汉所以兴隆也[29]；亲小人，远贤士，此后汉所以倾颓也[30]。先帝在时，每与臣论此事，未尝不叹息痛恨于桓、灵也[31]。侍中、尚书、长史、参军[32]，此悉贞亮死节之臣也[33]，愿陛下亲之信之，则汉室之隆，可计日而待也。

臣本布衣[34]，躬耕于南阳[35]，苟全性命于乱世，不求闻达于诸侯[36]。先帝不以臣卑鄙[37]，猥自枉屈[38]，三顾臣于草庐之中[39]，谘臣以当世之事，由是感激，遂许先帝以驱驰[40]。后值倾覆[41]，受任于败军之际[42]，奉命于危难之间[43]，尔来二十有一年矣[44]。先帝知臣谨慎，故临崩寄臣以大事也[45]。受命以来[46]，夙夜忧叹[47]，恐托付不效，以伤先帝之明。故五月度泸[48]，深入不毛[49]。今南方已定，兵甲已足，当奖帅三军，北定中原，庶竭驽钝[50]，攘除奸凶[51]，兴复汉室，还于旧都[52]。此臣之所以报先帝[53]，而忠陛下之职分也。

至于斟酌损益[54]，进尽忠言，则攸之、祎、允之任也。愿陛下托臣以讨贼兴复之效，不效[55]，则治臣之罪，以告先帝之灵；若无兴德之言[56]，则责攸之、祎、允等慢[57]，以章其咎[58]；陛下亦宜自课，以谘诹善道[59]，察纳雅言[60]，深追先帝遗诏[61]。臣不胜受恩感激。今当远离，临表涕泣，不知所云。

《文选》卷三七

【注释】

[1]先帝：指蜀汉皇帝刘备，谥"昭烈"。先，尊称死去的人。　　[2]而：竟然。中道：中途。崩殂（cú 粗，阳平）：死。崩，古时指皇帝死亡。　　[3]三分：指天下分为魏、蜀、吴三国。　　[4]益州罢（pí 皮）弊：指蜀国处境艰难。益州，汉代十三刺史部之一，三国时期，其最大范围包含今四川西部部分地区、重庆、云南、贵州、汉中大部分地区及缅甸北部、湖北、河南小部分地区。罢，通"疲"。　　[5]"然侍卫之臣"二句：这里指无论侍卫的臣僚还是忠心的将士，无论内外，都毫不懈怠，舍生忘死。　　[6]遇：优待，恩遇。《三国志》作"殊遇"。　　[7]诚：确实。宜：应该。开张圣听：扩大圣明的听闻，意思是广泛地听取意见。开张，扩大。　　[8]光：发扬。遗德：留下的美德。　　[9]恢：恢

弘，光大。《三国志》作"恢弘"。　　[10]引喻失义：讲话的事理不恰当。引喻，称引，譬喻。义，适宜，恰当。　　[11]"宫中府中"二句：内宫的近臣和丞相府的官吏，都是一体。宫中，指皇宫中的近侍之臣。府中，指丞相府中的官吏。　　[12]陟（zhì 志）罚：奖励，惩罚。指官吏的升降。臧否（pǐ 匹）：善恶，好坏。指时人的评价。　　[13]作奸犯科：做奸邪之事，触犯科条律令。　　[14]有司：有关管理机构。　　[15]平明：公平严明。　　[16]偏私：偏袒，护私。　　[17]内外异法：内宫和外府的刑赏之法有所不同。　　[18]侍中、侍郎：皇帝的近臣。郭攸之、费祎（yī 医）、董允：郭攸之字演长，南阳（今属河南）人，时任侍中。费祎（？—253）字文伟，江夏（今河南罗山）人，时任侍中。《三国志》卷四四有传。董允（？—246）字休昭，南郡枝江（今属湖北枝江）人，时任黄门侍郎。《三国志》卷三九有传。　　[19]良实：忠良笃诚。　　[20]简拔：选拔。遗（wèi 畏）：给予。　　[21]悉：全部。咨：询问，商量。后文"谘"，均同"咨"。　　[22]裨（bì 必）：补。　　[23]广益：增益。　　[24]向宠（？—240）：襄阳宜城（今湖北宜城）人。刘备时为牙门将，刘禅立，封都亭侯，迁中部督，典宿卫兵。为诸葛亮所重，迁中领军。延熙三年（240），征蛮夷，遇害。《三国志》卷四一有传。　　[25]性行（xíng 刑）淑均：性情品行贤良端正。淑，贤良。均，公正。　　[26]督：官名，此指中部督，禁卫军的统帅。　　[27]行（háng 航）阵：指军队。　　[28]优劣得所：好的差的各得其所，指人尽其用。　　[29]先汉：指西汉（前206—后24）。　　[30]后汉：指东汉（25—220）。　　[31]痛恨：痛心，遗憾。桓、灵：东汉末年的桓帝（刘志，147—167在位）和灵帝（刘宏，168—189在位）。当时宦官当政，政治腐败，导致了汉末大乱。　　[32]侍中、尚书、长史、参军：皆官职名。侍中，指郭攸之、费祎。尚书，指陈震，字孝起，南阳人。长史，指张裔，字君嗣，成都（今属四川）人。参军，指蒋琬，字公琰，零陵湘乡（今属湖南）人。　　[33]贞亮死节：坚贞磊落，为气节而死。亮，《三国志》作"良"。　　[34]布衣：指平民，百姓。　　[35]躬：亲自。南阳：治所在邓州（今属河南）。《汉晋春秋》："亮家于南阳之邓县，在襄阳城西二十里，号曰隆中。"　　[36]闻达：扬名显贵。　　[37]卑鄙：身世低微，见识浅陋。　　[38]猥（wěi 伟）：委屈，辱没。枉屈：枉驾屈就。　　[39]三顾：《三国志·蜀书·诸葛亮传》载："徐庶谓先主曰：'此人（指诸葛亮）可就见，不可屈致也。将军宜枉驾顾之。'由是先生遂诣亮，凡三往，乃见。"　　[40]驱驰：奔走效劳。　　[41]倾覆：失败挫折。　　[42]败军之际：指建安十三年（208）刘备在当阳（今属湖北）长坂被曹操击溃一事。　　[43]奉命：指求救于江东一事。　　[44]尔来：从那时到现在。二十有一年：从建安十二年（207）刘备三顾茅庐，到诸葛亮上表出师北伐之时，计二十一年。有，通"又"。　　[45]临崩寄臣以大事：指刘备临终托孤，嘱托诸葛亮辅佐刘禅，兴复汉室。据《诸葛亮传》，章武三年（223），刘备临终时对诸葛亮说："君才十倍曹丕，必能安国，终定大事。若嗣子可辅，辅之；如其不才，君可自取。"诸葛亮回答说："臣敢竭股肱（gǔgōng 古公）之力，效忠贞之节，继之以死。"刘备又诏敕刘禅："汝与丞相从事，事之如父。"　　[46]受命：接受遗命，指刘备临终之托。　　[47]夙夜：日夜，从早到晚。　　[48]度：通"渡"。泸：泸水，指今雅砻江下游及雅砻江与金沙江合流后至云南巧家县一段金沙江。在四川、云南二省间。　　[49]不毛：比喻荒凉僻远之地。"故五月度泸，深入不毛"，言不顾个人安危和艰难困苦。　　[50]庶：希望。驽（nú 奴）钝：劣马和钝刀，谦称自己才能平庸。　　[51]攘（rǎng 壤）除：排除，消灭。　　[52]旧都：指东汉京都洛阳。　　[53]之：用于主谓之间，取消句子的独立性。《三国志》无"之"字。　　[54]斟酌损益：做事要经过周详考虑，掌握分寸。损，减少。益，增加。　　[55]不效：没有成效。效，成效。　　[56]兴德之言：发扬陛下恩德的忠言。"若无兴德之言则"七字原阙，今据中华书局《三国志》点校本补。　　[57]慢：怠慢，疏忽。原作"咎"，今据中华书局《三国志》点校本改。　　[58]章：同"彰"，表明，指出。咎：过失，过错。原作"慢"，今据中华书局《三国志》点校本改。　　[59]咨诹（zōu 邹）善道：询问正确的治国良策。　　[60]察纳雅言：识别采纳正确的意见。雅言，正确的言论。　　[61]深追先帝遗诏：深深追念先帝留下的诏令。据《三国志·蜀书·先主传》注引《诸葛亮集》，刘备遗诏中说："勿以恶小而为之，勿以善小而不为。惟贤惟德，能服于人。"

【解析】

蜀汉章武三年（223）春，刘备临终对诸葛亮托孤："君才十倍曹丕，必能安国，终定大事。若嗣子可辅，辅之；如其不才，君可自取。"刘备死后，留下的是一个内外交困、危机四伏的局面。曹魏虎视眈眈，蜀吴交恶，南中诸郡，并皆叛乱，蜀汉的国力遭到了严重削弱。刘禅即位，建兴元年（223），诸葛亮被封为武乡侯，开府治事，东联孙吴。三年春，诸葛亮率军南征，秋，平定叛乱。"军资所出，国以富饶"，蜀国的形势有了很大好转。五年，诸葛亮驻军汉中，北图中原，临行上疏，后人名之为《出师表》。

"今天下三分，益州罢弊，此诚危急存亡之秋也。"开头先总提天下形势，落笔沉重。就当时的形势而言，这确实是诸葛亮的客观分析，而绝非是危言耸听。三国之中，蜀汉最为弱小，加上蜀吴交恶，连年征战，蜀汉的国势已相当疲弱。对蜀汉来说，其可以号召天下者，就是以正统自居的"兴复汉室"。诸葛亮在表中一开始就这么说，是为了激励后主发奋图强，继承先帝遗志。

"报先帝而忠陛下之职分"，是这篇文章之骨。因为要"报先帝"，所以追述往事，言先帝对自己的知遇之恩，自己与先帝患难与共的创业经历，以及先帝的治国理政的经验。因为"忠陛下"，所以对刘禅殷切叮咛，反复致意，告诉他要广开言路，要赏罚分明，要亲贤远佞，要鉴往知来，等等，大至治国理念，小至人事安排，无不一一言之，唯恐有丝毫差池。

在封建社会中，诸葛亮已然成为智慧的化身和忠君的典范。为先帝开基业，为后主尽忠心，他开济两朝的人生经历，使得此表充溢着一种沛然难御而又低徊往复的情感。为了"报先帝而忠陛下"，诸葛亮不惜劳师袭远，不惜以弱击强，抱定了"兴复"的目的，万死不辞，鞠躬尽瘁，死而后已。杜甫慨叹说"出师未捷身先死，长使英雄泪满襟"（《蜀相》），陆游则激赏说"出师一表真名世，千载谁堪伯仲间"（《书愤》），这都是对诸葛亮本人及其《出师表》的深切回应。今天看来，诸葛亮在文中所总结的广开言路、赏罚分明、亲贤远佞、鉴往知来等原则，则是跨越时空的历史经验，而其忠于职守、奋不顾身、鞠躬尽瘁、死而后已的人格，千载之下，依然令人感动不已。

庄子注序

〔西晋〕郭象

【题解】

郭象(252?—312)字子玄，玄学思想家，河南(今河南洛阳)人。其一生经历了西晋王朝从建立到灭亡的全过程。他好清谈，喜好老庄学说，但对现实又抱有迎合的态度。历官司徒掾、黄门侍郎，当东海王司马越征拜他为太傅主簿时，他欣然应命，任职当权。《晋书》卷五〇有传。郭象除流传下来的《庄子注》外，其他著述均已散佚。《庄子注》的哲学体系，既不同于何晏、王弼的"贵无"说，也不同于裴頠的"崇有"论，力图把道家学说和儒家思想结合起来，在"自生"、"独化"、"玄冥"基础上，努力实现"有"和"无"的统一。郭象的哲学代表了魏晋玄学的一个重要派别，也代表了正始之后玄学发展的一个新的阶段。郭象在本文中，以思想家的眼光对庄子思想进行评价，因而不可避免地带有很多自己的哲学特色。序文以《庄子·天下》篇"内圣外王"一语作为支点，对庄子的学说作了改造。其中提出"独化于玄冥之境"的观点，正表达了郭象特有的思想。本文原作《南华真经序》，今改称《庄子注序》。

夫庄子者，可谓知本矣[1]，故未始藏其狂言[2]，言虽无会而独应者也[3]。夫应而非会，则虽当无用[4]；言非物事[5]，则虽高不行。与夫寂然不动[6]，不得已而后起者，固有间矣，斯可谓知无心者也[7]。夫心无为[8]，则随感而应，应随其时，言唯谨尔。故与化为体[9]，流万代而冥物，岂曾设对独遘而游谈乎方外哉[10]！此其所以不经而为百家之冠也[11]。

然庄生虽未体之[12]，言则至矣。通天地之统[13]，序万物之性，达死生之变，而明内圣外王之道。上知造物无物[14]，下知有物之自造也。其言宏绰[15]，其旨玄妙。至至之道[16]，融微旨雅[17]。泰然遣放[18]，放而不敖[19]。故曰不知义之所适，猖狂妄行，而蹈其大方。含哺而熙乎澹泊[20]，鼓腹而游乎混茫。至仁极乎无亲[21]，孝慈终于兼忘。礼乐复乎已能，忠信发乎天光。用其光则其朴自成，是以神器独化于玄冥之境而源深流长也[22]。

故其长波之所荡[23]，高风之所扇，畅乎物宜[24]，适乎民愿。弘其鄙[25]，解其悬，洒落之功未加[26]，而矜夸所以散。故观其书，超然自以为已当，经昆仑[27]，涉太虚，而游惚怳之庭矣。虽复贪婪之人，进躁之士[28]，暂而揽其馀芳[29]，味其溢流，仿佛其音影，犹足旷然有忘形自得之怀，况探其远情而玩永年者乎[30]！遂绵邈清遐[31]，去离尘埃而返冥极者也。

《庄子注疏》卷首

【注释】

[1]知本：即知"无心"这个根本。郭象认为庄子虽"知本"但还未能以真切的体验而通于大道，所以还不及圣人。这和王弼所言老子不及孔子一样，是魏晋一时的通说。　　[2]狂言：《庄子·知北游》："已矣！夫子无所发予之狂言而死矣夫！"郭象注："自肩吾以下，皆以至言为狂而不信也。"成玄英疏："狂言，犹至言也。"郭象这里的意思是说，庄子发为"狂言"，"狂言"固不及"言唯谨尔"，但在所有言说的范围内，毕竟"狂言"已臻极至，"狂言"即是"至言"，所以庄书才是"百家之冠"。　　[3]言虽无会而独应者也：是说庄子所发之"言"虽然无人相合，却与真理相应。这是对庄子之"言"的肯定。会，合。无会，无人相合。独应，独与真理相应。　　[4]虽当无用：虽然正确而不被采用。　　[5]"言非物事"二句：是说庄子虽发言高妙但也存在不足。在郭象看来，言论应根据所遇的具体情况而发，否则即便有道理也无实用。言论如果不涉及具体的事物，即便高深莫测也难以实行，只能是一些虚无缥缈、无关实际的玄妙之言。这说明庄子虽然知本，但还没有做到本末合一，与真正的无心者还有一定的距离，还没有达到圣人的境界。　　[6]"与夫寂然不动"三句：是说无心无为的人是最高的理想人物，而庄子与这种人还有一定的距离。　　[7]斯可谓知无心者也：意思是说，这种人可以说是了解无心的人。　　[8]"夫心无为"四句：是说那无心无为的人以时应物，言语是很谨慎的。　　[9]"故与化为体"二句：是说无心无为的人与世界的变化过程合而为一，恒久地与万物融合无间。流，流动。冥物，与物默然契合。　　[10]"岂曾设对独遘（gòu　够）"句：是说那静默无为的人并没有设为问答而独有所见，恣意谈论世外的问题。设对，设为问答。独遘，独有所

见。　　[11]此其所以不经而为百家之冠也：是说庄子与无为的圣人不同，与经常之理不合，因而不属于儒家，只能为百家的首脑。不经，不合常理。　　[12]体之：即体道，指以真切体验而通于大道。　　[13]"通天地之统"四句：统，总汇。序，同"叙"，阐明。达，表达，表述。内圣，指内心修养达到圣人的境界。外王，指社会的功业。以上四句皆是对"言则至矣"一句的具体表述。　　[14]"造物无物"二句：是说没有造物主，物都是自己生成的。这是郭象用自己的思想来解释庄子。　　[15]宏：大。绰：宽广。　　[16]至至：至极。　　[17]融微旨雅：融会精微，旨意纯正。　　[18]遣放：遣情放意。　　[19]敖：傲慢。　　[20]"含哺而熙乎澹泊"二句：《庄子·马蹄》："含哺而熙，鼓腹而游。"含哺，口中含着食物。熙，通"嬉"，嬉戏。澹泊，恬静无为。混茫，混沌蒙昧，指人类未开化的状态。　　[21]"至仁极乎无亲"四句：最高的仁爱无所亲爱，孝慈之极是孝慈两忘。已能，本来固有之能。天光，自然的明智。这里郭象利用老子的思想将礼乐、忠信等称为"复乎已能"，"发乎天光"，表明这些名教规范乃是内在地源于人们的自然本性，而非外在的强制。对郭象而言，不论是名教还是自然，都有人性的内在根源，只有"用其光"（名教），才能"其朴自成"（自然），最终达到"神器独化于玄冥之境"。　　[22]神器：《老子》第二十九章："天下神器，不可为也。"这里的神器代指国家政权。王弼则释神器为万物："神，无形无方也。器，合成也。无形以合，故谓之神器也。万物以自然为性，故可因而不可为也，可通而不可执也。"序文此处神器亦应指万物。独化，自然而化。玄冥，指万物的本性、性分之间内在的协同关系，也就是自然和社会的整体和谐。　　[23]长波：指影响。荡：动。　　[24]畅：通达。　　[25]"弘其鄙"二句：弘，开廓。解其悬，解开倒悬，即消除苦闷。　　[26]"洒落之功未加"二句：是说受庄子思想影响的人，虽然未必都能达到逍遥洒落的境界，但总可以祛除其矜夸之气。洒落，思想开阔，没有拘束。矜夸，自我炫耀。　　[27]"经昆仑"三句：昆仑，山名，古代认为是得道之人所居。太虚，太空。惚恍（hūhuǎng　忽谎）之庭，似有似无的处所。　　[28]进躁：同"躁进"。　　[29]揽：敛取。　　[30]况探其远情而玩永年者乎："探"、"玩"互文见义，同前文的"揽"、"味"相呼应，皆指玩味《庄子》。"玩永年"指长期研习《庄子》的人。　　[31]"遂绵邈清遐"二句：是说长久涵泳玩味《庄子》，自然可以涤荡秽污，免于俗累，达到淡然自得的人生境界。绵邈，长远。清遐，清虚超脱。冥极，幽深的极处，指最高的境界。

【解析】

《庄子注序》是郭象《庄子注》的学术纲领，序文中所阐发的"内圣外王"之道，也是郭象《庄子注》的基本思想。

　　郭象极力调和儒道两家思想，在他看来，庄子"上与造物者游，而下与外死生、无终始者为友"(《庄子·天下》)，喜好"设对独遺而游谈乎方外"的特点，不免导致其言"应而非会，则虽当无用"以及"言非物事，则虽高不行"。这是郭象不满于庄子哲学，并在序文中着力批评庄子的地方。相对于这种批评，郭象则大力赞扬了"知无心者"，所谓"知无心者"即是圣人，他们"心无为，则随感而应，应随其时，言唯谨尔。故与化为体，流万代而冥物"。这种赞语其实是一种内圣外王精神的表述。在郭象看来，只有应物入世的圣人能做到内圣外王，也只有圣人，能既"游内"又能"游外"。庄子之所以喜好"游谈乎方外"，根源上还在于将道与万物、无与有、方外与方内分割为二，使其不能真正统一，导致内圣、外王无法真正得以统一。

　　郭象所理解的内圣外王，是与玄学的时代主题，即自然与名教问题联系在一起的，他通过调和儒家与道家，进而统一内圣与外王，解决了名教与自然、方内与方外的矛盾。在郭象看来，礼乐、忠信等名教规范乃是内在地源于人们的自然本性，而非外在的强制。不论是名教还是自然，都有人性的内在根源，只有"用其光"(名教)，才能"其朴自成"(自然)，最终达到"神器独化于玄冥之境"。在郭象思想中，"玄冥"是一个表示事物之间关系的范畴，在"玄冥"关系下，物或人都能达到一种共通、和谐的状态，这种和谐关系的最高境界是事物在完满地实现自我本性的情况下"玄同彼我"，而在主体世界中，真正能实现"玄同"的只有圣人，所以要使世界万物均处于"玄冥"之境，需要圣人"游外以冥内"、"无心以顺有"，最终达到"无为而无不为"的境界。郭象心目中的理想社会图景也是如此。

崇有论

〔西晋〕裴頠

【题解】

裴頠（wěi 伟。267—300）字逸民，河东闻喜（今属山西）人。西晋司空裴秀次子，袭爵钜鹿郡公。博通多闻，兼明医术，能说善辩，自少知名。晋惠帝时，官至尚书左仆射。同情庶族，主张选贤任能，反对当时只看门第出身，不问才能高低的风气。因反对赵王司马伦的贪暴而被杀害，时年三十四。《晋书》卷三五有传。裴頠的著作多已佚失，今尚存的《崇有论》，见《晋书》本传。当时朝廷士大夫皆以浮夸虚诞为美，废弛职业，故裴頠作《崇有论》，以纠正玄学的偏差，维护儒学的正统地位，稳定当时的社会秩序。其批判锋芒直接对准何晏、王弼一派所宣扬的贵无论学说，论证崇有必优于贵无。

夫总混群本[1]，宗极之道也。方以族异[2]，庶类之品也。形象著分[3]，有生之体也。化感错综[4]，理迹之原也。夫品而为族[5]，则所禀者偏，偏无自足[6]，故凭乎外资。是以生而可寻[7]，所谓理也。理之所体[8]，所谓有也。有之所须[9]，所谓资也。资有攸合[10]，所谓宜也。择乎厥宜[11]，所谓情也。识智既授[12]，虽出处异业，默语殊途，所以宝生存宜，其情一也。

众理并而无害[13]，故贵贱形焉。失得由乎所接[14]，故吉凶兆焉。是以贤人君子，知欲不可绝而交物有会[15]，观乎往复[16]，稽中定务。惟夫用天之道[17]，分地之利，躬其力任，劳而后飨；居以仁顺[18]，守以恭俭，率以忠信，行以敬让，志无盈求，事无过用，乃可济乎。故大建厥极[19]，绥理群生，训物垂范，于是乎在，斯则圣人为政之由也。

若乃淫抗陵肆[20]，则危害萌矣。故欲衍则速患，情佚则怨博[21]，擅恣则兴攻[22]，专利则延寇，可谓以厚生而失生者也。悠悠之徒[23]，骇乎若兹之衅，而寻艰争所缘。察夫偏质有弊[24]，而睹简损之善[25]，遂阐贵无之议，而建贱有之论。贱有则必外形[26]，外形则必遗制，遗制则必忽防[27]，忽防则必忘礼。礼制弗存，则无以为政矣。

众之从上，犹水之居器也[28]。故兆庶之情，信于所习[29]，习则心服其业[30]，业服则谓之理然。是以君人必慎所教[31]，班其政刑一切之务，分宅百姓，各授四职，能令禀命之者不肃而安[32]，忽然忘异，莫有迁志[33]。况于据在三之尊[34]，怀所隆之情，敦以为训者哉[35]！斯乃昏明所阶[36]，不可不审。

夫盈欲可损而未可绝有也[37]，过用可节而未可谓无贵也[38]。盖有讲言之具者[39]，深列有形之故，盛称空无之美。形器之故有征，空无之义难检[40]，辩巧之文可悦，似象之言足惑[41]，众听眩焉，溺其成说。虽颇有异此心者，辞不获济[42]，屈于所狃，因谓虚无之理诚不可盖[43]。唱而有和，多往弗反[44]，遂薄综世之务，贱功烈之用，高浮游之业[45]，埤经实之贤[46]。人情所殉，笃夫名利。于是文者衍其辞[47]，讷者赞其旨，染其众也。是以立言藉于虚无，谓之玄妙；处官不亲所司，谓之雅远；奉身散其廉操[48]，谓之旷达。故砥砺之风弥以陵迟[49]，放者因斯或悖吉凶之礼[50]，而忽容止之表，渎弃长幼之序，混漫贵贱之级，其甚者至于裸裎[51]，言笑忘宜，以不惜为弘[52]，士行又亏矣。

老子既著五千之文，表搋秽杂之弊[53]，甄举静一之义[54]，有以令人释然自夷[55]，合于《易》之《损》、《谦》、《艮》、《节》之旨[56]。而静一守本[57]，无虚无之谓也。《损》、《艮》之属[58]，盖君子之一道，非《易》之所以为体守本无也。观老子之书，虽博有所经[59]，而云"有生于无"[60]，以虚为主，偏立一家之辞，岂有以而然哉[61]！

人之既生，以保生为全，全之所阶[62]，以顺感为务。若味近以亏业[63]，则沉溺之衅兴[64]；怀末以忘本[65]，则天理之真灭[66]。故动之所交[67]，存亡之会也[68]。夫有非有[69]，于无非无；于无非无，于有非有。是以申纵播之累[70]，而著贵无之文，将以绝所非之盈谬[71]，存大善之中节[72]，收流遁于既过，反澄正于胸怀，宜其以无为辞，而旨在全有，故其辞曰："以为文不足[73]。"若斯，则是所寄之途[74]，一方之言也。若谓至理信以无为宗[75]，则偏而害当矣。

先贤达识[76]，以非所滞，示之深论[77]。惟班固著《难》[78]，未足折其情。孙卿、扬雄大体抑之[79]，犹偏有所许。而虚无之言，日以广衍，众家扇起，各列其说。上及造化[80]，下被万事，莫不贵无。所存佥同[81]，情以众固，乃号凡有之理皆义之埤者，薄而鄙焉。辩论人伦及经明之业，遂易门肆[82]。顒用矍然[83]，申其所怀，而攻者盈集，或以为一时口言[84]。有客幸过，咸见命著文，摘列虚无不允之征[85]。若未能每事释正，则无家之义弗可夺也[86]。顒退而思之，虽君子宅情[87]，无求于显，及其立言，在乎达旨而已。然去圣久远，异同纷纠，苟少有仿佛[88]，可以崇济先典[89]，扶明大业，有益于时，则惟患言之不能，焉得静默及未举一隅[90]，略示所存而已哉。

　　夫至无者[91]，无以能生，故始生者，自生也。自生而必体有[92]，则有遗而生亏矣[93]。生以有为己分[94]，则虚无是有之所谓遗者也。故养既化之有[95]，非无用之所能全也。理既有之众[96]，非无为之所能循也。心非事也[97]，而制事必由于心，然不可以制事以非事，谓心为无也。匠非器也[98]，而制器必须于匠，然不可以制器以非器，谓匠非有也。是以欲收重泉之鳞[99]，非偃息之所能获也[100]；陨高墉之禽[101]，非静拱之所能捷也[102]；审投弦饵之用[103]，非无知之所能览也。由此而观，济有者皆有也[104]，虚无奚益于已有之群生哉！

《晋书》卷三五

【注释】

　　[1]"夫总混群本"二句：是说整个万有本身就是最根本的道，离开万有自身的存在就无所谓道。总，总括。混，混一。群本，指万有。宗极，是说最根本的。道，指万有的总和或总体。贵无派认为道是无，万有是从虚无的本体化生出来的。裴顒认为道并不是一个独立存在的实体，只是万有的总合，离开万有的存在也就无所谓道。　　[2]"方以族异"二句：是说众多的事物按照所属的族类不同而区别开来，这就是各种东西的品别。《周易·系辞上》："方以类聚，物以群分。"方，指道的一方面、一部分。族，指族类。庶，众。品，品别。　　[3]形象著分：是说万有表现出不同的形象。著，显著。分，区分。　　[4]"化感错综"二句：是说万物的变化和错综复杂的关系是寻求事物内在之理的根据。也就是承认世界的规律性，并且认为事物的规律性就表现在事物的变化和相互作用之

中。化感，指事物的生长变化和相互作用。理，条理、秩序、法则、规律。迹，行迹，表现。原，根源。　　[5]"夫品而为族"二句：是说既然万有互相区别为不同的种类，因此每一类都各有自己的特点，如水、火各为一类，水不能燃烧，火不能灌溉。禀，禀受。偏，偏属，特点。　　[6]"偏无自足"二句：是说每一个具体的物只是得道之一偏，所以它不能孤立存在。凭乎外资，意思是说要凭借外在的条件，即依靠其他物体的资助。指与他物的相互作用。　　[7]"是以生而可寻"二句：是说万有的生化是有形迹可以探求的，这就叫作理。　　[8]"理之所体"二句：是说事物的理不能脱离具体事物而存在，理所依靠的是万有的个别存在。体，实体。有，指具体的个别事物。理不能离具体而虚现，而这实体就叫作"有"。　　[9]"有之所须"二句：这两句与上文"偏无自足，故凭乎外资"义同。须，凭借，依赖。资，资助，条件。　　[10]"资有攸合"二句：是说外界的条件与本身的需要相适应，就叫作宜。攸合，所合。攸，所。宜，适宜。　　[11]"择乎厥宜"二句：是说选择自己需要的，就是情。厥，其。情，指人的意识和情欲、愿望。　　[12]"识智既授"五句：是说既然各类事物都在选择适宜于自己需要的条件，那么人们有意识的社会行为，不管如何千差万别，也都是为了追求需要的满足，珍爱自己的生命。出处异业，《周易·系辞上》："君子之道，或出或处，或默或语。二人同心，其利断金。"出，出仕，即作官。处，居家。默，不作声。语，说话，立言。宝生存宜，珍贵生命，存养其所宜。　　[13]"众理并而无害"二句：是说众理并行而不相妨害，贵贱的等级就形成了。《中庸》："万物并育而不相害，道并行而不相悖。"并，并行，同时并存。形，形成。　　[14]"失得由乎所接"二句：是说由于一和外物接触就会产生得失（不和外物接触也就无所谓得失的问题），所以吉凶的苗头就显露出来了。《周易·系辞上》："吉凶者，失得之象也。"接，指与外物接触。兆，露出苗头。　　[15]交物有会：是说与外物接触时，吉凶存亡便存在其中了。交物，指与外物接触。会，会合点，关键，指下文所说："故动之所交，存亡之会也。"　　[16]"观乎往复"二句：指观察往返变化的过程，考求适当的原则，确定努力的方向。稽，考。　　[17]"惟夫用天之道"四句：惟，句首语气词。夫，指示词，那个。用天之道，利用天时变化的法则。躬其力任，亲身做自己能胜任的事。劳而后飨，劳动而后享受成果。飨，通"享"，享受。　　[18]"居以仁顺"七句：居，居官。守，守业。率，表率。盈求，过分的欲求。事，指养生之事。过用，做得过分。济，成功。　　[19]"故大建厥极"三句：是说大力建立最高的政治原则，安抚治理天下百姓，教导民众，树立规范。极，指最高原则。《尚书·洪范》："皇建其有极。"绥，安抚。理，管理，治理。训物，教导民众。垂范，显示规范。　　[20]淫抗陵肆：是说欲望太盛，超越合理的限度。　　[21]情佚：情欲放纵。佚，通"逸"，放逸。怨博：仇怨多。　　[22]"擅恣则兴攻"三句：是说专擅恣意则引起相互攻斗，专谋私利则招致盗寇，由于过分重视生命，结果反而丧生。　[23]"悠悠之徒"三句：悠悠，众多。骇乎若兹之衅，被这样的祸患所惊吓。衅，祸患，指因厚生而致失生之祸。寻艰争所缘，寻求引起社会危机和争夺的原因。缘，缘由。　[24]偏质：指万有的本性。本性皆有所偏，因而产生对外物的欲望，故名偏质。此承上文"夫品而为族，故所禀者偏，偏无自足，故凭乎外资"而言。　[25]简损：指摒除物欲，减少思虑作为，不与外物相接，也就是主张清净无为。简，简约。损，减省，摒除。　[26]"贱有则必外形"二句：以个体的存在为贱。外形，把形体置之度外。因为形体是有，所以贱有则必外形。遗制，遗弃礼制法度。　[27]忽防：忽视伦理规范。防，指防止人逾越名教的各种伦理规范。　[28]水之居器：谓水在器皿中，其形态随器皿的形状而变化。　[29]信于所习：信从所习惯的政教。　[30]心服其业：安心于他们的职业身份。　[31]"君人必慎所教"四句：慎所教，小心地对百官和人民进行教育。这是说不能用贵无的理论来教育。班，同"颁"，颁布。务，事务。分宅百姓，使百姓分居其位，各守其业。宅，处置。四职，指士、农、工、商。　[32]禀命之者：指百官和人民。不肃而安：指政令不必严厉而各安于其职分。　[33]莫有迁志：没有人产生改变职分的想法。　[34]据在三之尊：居于三公的高位。三，指三公，即司马、司徒、司空。　[35]敦以为训者：努力教化人民的人。　[36]"斯乃昏明所阶"二句：是说这乃是区分政治昏乱或清明的关键，不能不谨慎。审，谨慎。　[37]夫盈欲可损而未可绝有也：是说过奢的欲望可以减少，但不可以完全禁绝。　[38]过用：做得过分。无贵：即贵无，以无为贵。　[39]讲言之具：谈说辩论的才能。　[40]难检：难以检查证实。　[41]似象之言：似是而非的言论。　[42]"辞不获济"二句：是说言辞不能明确表达，被原来所熟悉的议论所屈服。狃，习。　[43]不可盖：不能盖过，谓无以复加。　[44]往弗反：偏执一种议论而不知回头。《庄子·天下》："悲夫！百家往而不反。"　[45]浮游：浮泛不实。　[46]埤（bēi 悲）：同"卑"，卑下。经实：经理实际事务。　[47]衍其辞：推广贵无的言论。　[48]奉身：持身，做人。散其廉操：放松廉洁操守。　[49]砥砺：磨砺，喻修身。陵迟：衰败。　[50]悖：违背。吉凶之礼：指冠、婚、丧、葬的礼节。　[51]裸裎（chéng 成）：赤身露体。　[52]不惜：无所顾惜，指不遵礼法。　[53]表撅（zhí 直）：揭露。秽杂：指繁多。　[54]甄举：标出。静一：守静抱一。　[55]释：同"怿"，悦服的意思。自夷：心情平静。夷，平。　[56]合于《易》之《损》、《谦》、《艮》、《节》之旨：这是《汉书·艺文志》对道家的总评，是说老子静一的理论合乎《周易》这四卦之义。损、谦、艮、节都是《周易》的卦名。　[57]"静一守本"二句：这是裴頠对《老子》的理解。裴頠认为贵无派歪曲了《老子》的思想。静一守本，是说《老子》的静一在守本，而本并非无。守，持守。本，根本。　　[58]"《损》、《艮》之属"三句：这是说《损》、《艮》等卦之义只是君子之道的一个方面，并非《周易》主张以虚无为本。句中"守本无"三字，有人认为是涉上文而衍的衍文。　　[59]有所经：即有所根据。　　[60]有生于无：《老子》第四十章："天下万物生于有，有生于无。"　　[61]有以：有什么原因。　　[62]"全之所阶"二句：全生的关键，是顺从人对外物的感受，指满足人的物欲。　　[63]味近：一本作"味道"，玩味于道，指沉溺于贵无之论。亏业：损害职守。　　[64]沉溺之衅兴：沉溺于虚无的祸患就会发生。　　[65]末：指纵欲的行为。本：指全生。　　[66]天理：指生命的自然本性。　　[67]动之所交：指与外物接触的活动。　　[68]存亡之会：存亡的关键，意谓对欲望有节制则存，无节制则亡。　　[69]"夫有非有"四句：这四句话文字简约，意义不甚明晰。一说"于有非有"指纵欲求生反而使自己的生命遭到亏损。"于无非无"指对物欲有所减损，并不是消灭自己的生命。一说这是指从有到无、从无到有的辗转变化。前说近是。　　[70]申：说明。纵播：放纵欲望。累：害处。　　[71]绝：绝弃，防止。所非：所反对的。盈谬：指欲望太盛的谬误。　　[72]"存大善之中节"五句：中节，指对欲望的满足适当。收流遁于既过，改正已经犯下的错误。澄正，清正。以无为辞，而旨在全有，意思是说无的目的在于保全个体生命的存在。　　[73]以为文不足：《老子》第十九章："此三者以为文不足，故令有所属，见素抱朴，少私寡欲。"　　[74]"所寄之途"二句：是说老子根据他所寄托的途径，提出的一个方面的理论。上文说老子"偏立一家之辞，岂有以而然哉"，此段即是具体说明老子的用意。一方之言，指有所为而发的一偏之言。　　[75]至理：最高最完备的道理。以无为宗：即以无为本。　　[76]"先贤达识"二句：是说前世的贤达之士，对老庄之学非所留心。滞，滞留。　　[77]示之深论："示"，疑当作"未"。　　[78]班固：东汉著名史学家，著有《难庄论》，现仅存片段，见《艺文类聚》卷九七。　　[79]"孙卿、扬雄"二句：荀子对老庄的批评见《荀子》的《天论》、《解蔽》。扬雄的批评见《法言》的《问道》、《君子》。偏有所许，赞成其某一方面，肯定庄子有片面的真理。　　[80]造化：指化生万物。　　[81]"所存佥(qiān　千)同"二句：是说一种想法因为赞成的人多了，就形成牢固的流行的看法。所存，所存想、所主张的。佥，都。　　[82]遂易门肆：指当时学风由尊崇儒术转变成尊崇老庄之学。门肆，门面，门户。　　[83]用：因而。矍(jué　绝)然：惊惶忧惧的样子。　　[84]一时口言：指未经深思，随口说出来的话。　　[85]摘(tī　梯)：揭发，揭露。不允：不当。征：证据。　　[86]无家之义弗可夺：指贵无派的理论不能驳倒。　　[87]宅情：居心安定。　　[88]少有仿佛：是说多少有一点接近真理的地方。　　[89]崇济先典：是说可以有助于发扬古代儒家经典。　　[90]"焉得静默及未举一隅"二句：是说哪里能够连道理的一端也未举出，只是约略表示自己的想法而已呢！　　[91]"夫至无者"四句：是说绝对的无，什么也生不出来，万有自生，而非由无而生。　　[92]体有：以有为体，即以自己的存在为实体。　　[93]有遗：有受到损害。生亏：生命亏损。　　[94]"生以有为己分"二句：是说凡是生长变化的东西，都是以有（自己的存在）为自己的本分，所谓无，就是有受到损害而不存在。　　[95]"养既化之有"二句：是说资养已生化的万有，不是无用所能保全的。无用，即以无为用。　　[96]"理既有之众"二句：是说治理已存在的群众，不是无为所能安抚的。理，治理。循，安抚。　　[97]"心非事也"四句：是说心不是事，心是制裁万事的，但不能因为制裁万事的（指心）本身不是事，就认为心是无。这是说，心的活动也是有。　　[98]"匠非器也"四句：是说工匠不是器，工匠是制造器的，但不能因为制器的（指工匠）本身不是器，就认为工匠是不存在了。这是说，制器的活动也是有。　　[99]重泉之鳞：深水中的鱼。泉，应作"渊"，唐人修史避唐高祖李渊讳改为"泉"。　　[100]偃息：偃卧休息。　　[101]高墉（yōng 庸）：高墙。　　[102]静拱：静坐拱手。捷：通"接"，谓射中。　　[103]"审投弦饵之用"二句：是说要详细知道运用弓箭和钓饵的技术，不是无知所能明察到的。　　[104]济有者皆有：是说济助有的都是有，意谓无不能全有。

【解析】

　　裴頠《崇有论》主要是针对何晏、王弼的"贵无论"而发，主旨在于肯定儒学仁义礼制的合理性，它的出现标志着魏晋南北朝的儒学进入了一个新的阶段。

　　《崇有论》首末两段是全文的总纲，中间几段依次阐述了贵无学说的危害、老子思想的要旨以及《崇有论》的著述缘由及其意义。第一段，阐述了"道"、"理"、"有"、"资"、"宜"、"情"等几个概念。在裴頠看来，整个万有本身就是最根本的道，离开万有自身的存在就无所谓道，这是从本体论的角度肯定了现存世界的合理性，否定了何晏、王弼等万物以无为本的主张。在此基础上，他通过对"类"这一概念的探析，指出"崇有"之"有"，是具体的、特殊的"有"。又通过对"资"这一概念的探讨，更进一步地指出不同的"有"之间并非孤立存在，而是相互依存的。最末一段，裴頠进一步肯定了世界万物的本体是"有"而不是"无"，他指出万物最初的产生，都是自己生成的，万物的生存以"有"为自己的立足点，失去"有"也就是丧失

"生"，"虚无"不过是"有"的消失状态。

　　裴頠力图为儒家的仁义礼制提供理论与逻辑上的证明。他指出，悠悠之徒"察夫偏质有弊，而睹简损之善，遂阐贵无之议，而建贱有之论。贱有则必外形，外形则必遗制，遗制则必忽防，忽防则必忘礼。礼制弗存，则无以为政矣"。《崇有论》的社会意义在于，它指出了贵无、贱有的危害是破坏了社会的等级秩序。之所以要写《崇有论》，为的是"疾世俗尚虚无之理"（《世说新语·文学》），"矫虚诞之弊"（《三国志·魏书·裴潜传》）。

　　但是，裴頠对"贵无"思想也不是简单的否定，他肯定了老子的"贵无"学说之有意义的一面，即老子"表撝秽杂之弊，甄举静一之义"，在裴頠看来确有使人"释然自夷"的作用。这符合儒家《周易》中减省、谦让、静穆、节制的精神，但这只是君子之道的一个方面，如果把它夸大，认为"至理信以无为宗"，即把以无为本作为最终的归宿或最高的道理，就会产生片面性而导致谬误。在裴頠看来，正确的态度应该是"盈欲可损而未可绝有也，过用可节而未可谓无贵也"。过分追求物欲，不仅对自己有害，还会引起社会的争夺与混乱；而提倡"贵无"的人，虽在主张节损欲望上有一定合理性，但他们从"贵无"到主张"无为"再到反对"有为"，从崇尚"自然"发展到反对"名教"，以至于使社会风气败坏，这仍是一偏。正确的做法应该是"观乎往复，稽中定务"，"居以仁顺，守以恭俭，率以忠信，行以敬让"，即必须维护"名教"，依中道而行，这才是"圣人为政之由"。

　　裴頠通过"崇有"表现出了强烈的政治关怀与社会关怀，他阐发了圣人治理天下的根本所在不是无为而治，而是积极有为，遵循物则，训导万民。他把儒家思想作为教化、政刑和国家政治及人君治国的指导思想，强调通过这种教化，使百姓"信于所习"，从而避免玄学贵无论的影响。

桃花源记

〔东晋〕陶渊明

【题解】

陶渊明（365？—427）字元亮，一说名潜，号五柳先生，私谥靖节。寻阳柴桑（今江西九江西南）人。《宋书》卷九三、《晋书》卷九四、《南史》卷七五皆有传。陶渊明是晋开国元勋大司马陶侃的曾孙。曾入桓玄军幕，又先后任镇军将军刘裕参军、建威将军刘敬宣（刘牢之子）参军。可以说，在晋末政治最动荡的时期，陶渊明曾自愿投身于政治斗争的漩涡之中，试图有所作为，后知其不可为，遂求为彭泽令，不堪吏职，八十馀日即自免去职，永归田园。陶渊明在寻求个人生活道路的同时，也对群体在剧烈的社会变动中如何生存进行了思考，《桃花源记》大致作于宋永初三年（422），可以说是他晚年对这个问题所作的最终回答。

晋太元中[1]，武陵人捕鱼为业[2]。缘溪行，忘路之远近。忽逢桃花林，夹岸数百步，中无杂树，芳华鲜美[3]，落英缤纷。渔人甚异之，复前行，欲穷其林。林尽水源，便得一山。山有小口，仿佛若有光。便舍船从口入。初极狭，才通人，复行数十步，豁然开朗。土地平旷，屋舍俨然[4]，有良田、美池、桑竹之属，阡陌交通[5]，鸡犬相闻。其中往来种作，男女衣着，悉如外人。黄发垂髫[6]，并怡然自乐。见渔人乃大惊，问所从来，具答之[7]。便要还家[8]，为设酒杀鸡作食。村中闻有此人，咸来问讯。自云先世避秦时乱，率妻子邑人来此绝境，不复出焉，遂与外人间隔。问今是何世，乃不知有汉，无论魏晋。此人一一为具言所闻，皆叹惋。馀人各复延至其家[9]，皆出酒食。停数日，辞去。此中人语云："不足为外人道也。"既出，得其船，便扶向路，处处志之[10]。及郡下，诣太守说如此。太守即遣人随其往，寻向所志，遂迷不复得路。南阳刘子骥[11]，高尚士也，闻之，欣然规往[12]，未果，寻病终[13]。后遂无问津者。

《陶渊明集笺注》卷六

【注释】

[1]太元：东晋孝武帝年号（376—396）。　[2]武陵：今属湖南。[3]"芳华鲜美"二句：华，一本作"草"。落英，落花。一说始开之花，亦可。　[4]俨然：整齐貌。　[5]阡陌：田间小道。　[6]黄发：老人。垂髫（tiáo　条）：儿童。髫，儿童下垂的短发。　[7]具：全部。　[8]要（yāo　腰）：同"邀"，邀请。　[9]延：邀请，引导。　[10]志：作标志。　[11]刘子骥：名骥之，《晋书》卷九四有传，称其人"好游山泽，志存遁逸"。　[12]规：谋画。　[13]寻：不久。

【解析】

此文记述的是渔人偶然发现桃花源的故事，它与一般仙界故事不同之处在于桃花源中人并非不死的神仙，而是普通人，不过因避乱来到此地，遂与世人隔绝。他们的衣着、习俗、耕作与世人相同，但其淳厚古朴又远胜于世俗。陶渊明正是藉此以寄托其社会理想。陶渊明创造的"桃花源"已经成为中国文学中最为著名的"乌托邦"。在"桃花源"之前，中国文化中有"小国寡民"（《老子》）、"华胥国"（《列子》）的理想，在"桃花源"之后，还有"醉乡"（王绩《醉乡记》）、"睡乡"（苏轼《睡乡记》）、"寿乡"（王禹偁《寿域碑》）、"君子乡"（王禹偁《君子乡记》）的构思。然而，在思想上能为更广大的普通人群所接受，在描写上更觉真实亲切的当属《桃花源记》。这是因为陶渊明不但有对人的自由生存方式的理性思考，更有躬耕垄亩的实践。陶渊明的"桃花源"具有一定的现实性，而非完全流于空想，它不仅是"诗意的"，也具有现实的意义。他的《桃花源诗》中有这样两句："春蚕收长丝，秋熟靡王税。"写出了农民的愿望，更显得可贵。在今天，曾经支持过陶渊明的那种智慧和力量也许能给予当代人有益的精神启迪。

北山移文

〔南朝齐〕孔稚圭

【题解】

　　孔稚圭（447—501）字德璋，会稽山阴（今浙江绍兴）人。刘宋时，曾为萧道成记室参军，累迁尚书左丞。入齐，永明七年（489），转太子中庶子，廷尉。建武初，为南郡太守。永元元年（499），为都官尚书，迁太子詹事，加散骑常侍。三年，以疾卒。《南齐书》卷四八、《南史》卷四九有传。明人辑有《孔詹事集》。移是古代的一种文体。本文以北山之灵的口吻，通告山上的所有神灵，拒绝"周子"入山。周子即周颙（441？—491？），字彦伦，《南齐书》卷四一、《南史》卷三四有传。颙初隐于北山（锺山），后应诏为海盐令，欲经过北山，孔稚圭于是作此移文。文中刻画了"周子"这个假隐士的形象，对当时通过隐逸来钓取功名利禄的虚伪之士进行了嘲笑和讽刺。

　　锺山之英[1]，草堂之灵[2]。驰烟驿路，勒移山庭[3]。夫以耿介拔俗之标[4]，萧洒出尘之想[5]，度白雪以方絜[6]，干青云而直上，吾方知之矣。若其亭亭物表，皎皎霞外，芥千金而不眄[7]，屣万乘其如脱，闻凤吹于洛浦[8]，值薪歌于延濑，固亦有焉。岂期终始参差，苍黄翻覆，泪翟子之悲[9]，恸朱公之哭，乍回迹以心染，或先贞而后黩[10]。何其谬哉！呜呼！尚生不存[11]，仲氏既往[12]。山阿寂寥[13]，千载谁赏？

　　世有周子[14]，隽俗之士[15]。既文既博，亦玄亦史。然而学遁东鲁[16]，习隐南郭。偶吹草堂[17]，滥巾北岳。诱我松桂，欺我云壑。虽假容于江皋[18]，乃缨情于好爵[19]。其始至也，将欲排巢父[20]，拉许由。傲百氏，蔑王侯。风情张日，霜气横秋。或叹幽人长往，或怨王孙不游。谈空空于释部[21]，核玄玄于道流。务光何足比[22]，涓子不能俦[23]。

　　及其鸣驺入谷[24]，鹤书赴陇[25]。形驰魄散，志变神动。尔乃眉轩席次，袂耸筵上。焚芰制而裂荷衣[26]，抗尘容而走俗状。风云凄其带愤，石泉咽而下怆。望林峦而有失，顾草木而如丧。至其纽金章[27]，绾墨绶[28]。跨属城之雄，冠百里之首。张英风于海甸[29]，驰妙誉于浙右[30]。道帙长殡[31]，法筵久埋。敲扑喧嚣犯其虑[32]，牒诉倥偬装其怀。琴歌既断，酒赋无续。常绸缪于结课[33]，每纷纶于折狱[34]。笼张赵于往图[35]，架卓鲁于前箓，希踪三辅豪[36]，驰声九州牧[37]。使我高霞孤映，明月独举。青松落阴，白云谁侣？磵石摧绝无与归[38]，石径荒凉徒延伫。至于还飙入幕[39]，写雾出楹[40]，蕙帐空兮夜鹄怨，山人去兮晓猿惊。昔闻投簪逸海岸[41]，今见解兰缚尘缨。

　　于是南岳献嘲，北垄腾笑。列壑争讥，攒峰竦诮[42]。慨游子之我欺，悲无人以赴吊[43]。故其林惭无尽，磵愧不歇，秋桂遗风，春萝罢月。骋西山之逸议[44]，驰东皋之素谒。

　　今又促装下邑[45]，浪拽上京[46]，虽情投于魏阙[47]，或假步于山扃[48]。岂可使芳杜厚颜，薜荔无耻。碧岭再辱，丹崖重滓。尘游躅于蕙路[49]，污渌池以洗耳[50]？宜扃岫幌[51]，掩云关，敛轻雾，藏鸣湍。截来辕于谷口，杜妄辔于郊端。于是丛条瞋胆，叠颖怒魄[52]。或飞柯以折轮，乍低枝而扫迹。请回俗士驾，为君谢逋客[53]。

《文选》卷四三

【注释】

[1]锺山：即今南京紫金山。　　[2]草堂："周子"隐居锺山时所居住的地方。　　[3]勒：铭，刻。　　[4]耿介拔俗：光明正直，超脱流俗。　　[5]萧洒：即"潇洒"，自由洒脱。萧，同"潇"。　　[6]絜：同"洁"，洁白。　　[7]"芥千金而不眄"二句：视千金如草芥而不顾，视帝位如脱掉草鞋一样容易。芥，小草。眄（miǎn　勉），斜视，表示轻慢，看不上。屣（xǐ　喜），草鞋。这里分别用鲁仲连却金和舜让天下的典故。鲁仲连助赵击退秦军之后，平原君置千金为谢，鲁仲连辞之而去。见《战国策·赵策三》、《史记》卷八三本传。尧舜时代，实行禅让制，视传位如脱草鞋一样容易。见《孟子·尽心上》、《吕氏春秋·观表》、《淮南子·主术训》等。　　[8]"闻凤吹于洛浦"二句：前一句用的是《列仙传》王子乔好吹笙作凤鸣，游于洛水之滨的典故。后一句用的是苏门先生游于延濑，见到采薪的隐者，隐者歌二章而去的典故。　　[9]"泪翟子之悲"二句：翟子即墨子，墨子名翟。朱公即杨朱。墨子悲染丝，杨朱哭歧路，见《淮南子·说林训》。　　[10]黦：污垢。　　[11]尚生：即汉代著名隐士尚长，字子平，河内朝

歌（今河南淇县）人。隐居不仕，靠卖柴维持生活。见晋嵇康《高士传》。《后汉书·逸民传》作"尚长"。 [12]仲氏：即仲长统，字公理，山阳高平（今山东金乡）人，著《昌言》三十四篇。对于官府的征召，称病不就。见《后汉书·仲长统传》。 [13]山阿：山的弯曲处。 [14]周子：指周颙，字彦伦，汝南安城（今河南汝南东南）人。身历宋、齐，官至中书侍郎、国子博士，见《南齐书·周颙传》和《南史·周颙传》。 [15]隽（jùn 俊）俗之士：超出流俗之人。 [16]"学遁东鲁"二句：东鲁，指春秋时的隐士颜阖（hé 合）。《庄子·让王》："鲁君闻颜阖得道之人也，使人以币先焉。颜阖守陋闾，苴布之衣而自饭牛。鲁君之使者至，颜阖自对之。使者曰：'此颜阖之家与？'颜阖对曰：'此阖之家也。'使者致币。颜阖曰：'恐听者谬而遗使者罪，不若审之。'使者还，反审之，复来求之，则不得已。"南郭，指古代的隐士南郭子綦。《庄子·齐物论》："南郭子綦隐机而坐，仰天而嘘，答焉似丧其耦。" [17]"偶吹草堂"二句：意思是说"周子"混迹于草堂滥竽充数，住在北山冒充隐士。偶，匹对。滥，用的是"滥竽充数"的典故，见《韩非子·内储说上》。巾，隐者的头饰。 [18]江皋：江岸。 [19]缨情：系情。 [20]"将欲排巢父"四句：意思是说"周子"对古代著名的隐士、百家学说、王侯的尊荣都瞧不起。巢父、许由，都是尧时的著名隐士。见《高士传》。百氏，即诸子百家。 [21]"谈空空于释部"二句：意谓高谈阔论于佛家、道家的学说，超越于佛、道之上。释部，佛家的典籍。佛家主张一切皆空，道家主张"玄之又玄，众妙之门"。 [22]务光：夏时著名隐士。入商后，因汤让天下于他而沉水自匿。 [23]涓子：齐人，隐于宕山。见《列仙传》。俦：匹配。 [24]鸣驺（zōu 邹）：使者的车马。驺，随从显贵的骑卒。 [25]鹤书：诏板所用的书体，仿佛鹤头。此处指征召的诏书。 [26]"焚芰（jì 计）制而裂荷衣"二句：焚烧了隐士的衣服，恢复了世俗的容貌和做法。芰制、荷衣，用荷叶裁制的衣服。《离骚》："制芰荷以为衣兮，集芙蓉以为裳。"抗，高扬。走，这里的意思是快速恢复。 [27]金章：铜印。 [28]墨绶（shòu 受）：黑色的绶带。 [29]海甸：海滨。 [30]浙右：今浙江绍兴一带。 [31]"道帙（zhì 秩）长殡"二句：指道家的典籍和讲佛法的坐席早已被抛弃。帙，书衣，书套。 [32]"敲扑喧嚣犯其虑"二句：指"周子"陷入了鞭打犯人、公文繁忙等俗务之中。敲扑，这里用作动词，鞭打。倥偬（kǒng zǒng 孔总），繁忙而急迫的样子。 [33]绸缪（chóu móu 愁谋）：纠缠。结课：计算赋税。 [34]折狱：处理案件。 [35]"笼张赵于往图"二句：意即"周子"的政绩已超过了前代的良吏。张赵，张敞、赵广汉，皆汉代的循吏。见《汉书·张敞传》、《汉书·赵广汉传》。往图，过去的法度。卓鲁，指卓茂、鲁恭。见《后汉书·卓茂传》、《后汉书·鲁恭传》。前箓，以前的簿册。 [36]希：追慕。踪：踪迹。三辅：汉代称京兆、左冯翊、右扶风为三辅。豪：贤官能吏。　　[37]九州：指天下。牧：州的地方长官。　　[38]硐：同"涧"，两山之间的峡谷。下同。　　[39]还飙：回旋的大风。　　[40]写雾：流动的雾。写，通"泻"。楹：堂前的梁柱。　　[41]"昔闻投簪逸海岸"二句：用汉代的疏广弃官和现在的"周子"显仕进行对比，突出"周子"的无聊媚俗。投簪，比喻弃官。簪，官帽上的簪子。疏广，汉代兰陵（今山东枣庄东南）人，曾为太子太傅，辞归乡里。海岸，指兰陵一带，近海。兰，香草，隐士所佩。缚，捆绑。尘缨，指世俗的冠带。　　[42]攒峰：密集的山峰。诮（qiào 俏）：讥笑。　　[43]吊：慰问。　　[44]"骋西山之逸议"二句：意思是说山灵把所有的隐士对"周子"的评议也告诉山上所有的草、木、水、石等等。西山、东皋，泛指隐士所居的地方。逸议，高士的清议。素谒，无成心的议论。　　[45]下邑：指原来的山阴县。　　[46]浪拽（yì 义）：鼓棹，驾舟。拽，通"枻"，船桨。上京：京都的统称。这里指京城建业（今江苏南京）。　　[47]魏阙：高大的门楼，此指朝廷。　　[48]假步：借道。山扃（jiōng 炯，阴平）：山门。此指北山。　　[49]躅（zhú 烛）：足迹。　　[50]渌（lù 路）池：清池。　　[51]扃：关闭。岫幌（xiùhuǎng 袖谎）：山穴中的云雾犹如帷幕。　　[52]叠颖：重重叠叠的草芒。　　[53]君：山灵。逋客：逃亡之人。这里指"周子"。

【解析】

　　移，古代的一种文体，大致相当于今天的通告。刘勰《文心雕龙·檄移》指出："移者，易也。移风易俗，令往而民随者也。"此种文体的功能在于"令往而民随"，即随着通告的发布，起到移风易俗的作用。本文以北山神灵的口吻，责让"周子"，刻画了一个先贞后黩、先隐后仕的假隐士形象。

　　仕与隐，是中国古人经常面临的问题。自三代起，就有许由、巢父、务光、伯夷、叔齐的美谈，也有战国时期鲁仲连却金的故事。到汉魏六朝时期，则出现了不少沽名钓誉的虚伪之士。假隐以求宦，甚至成为一部分士人竞相附炎趋势、博取功名利禄的捷径。该文作者对其朋友周颙进行嘲戏调侃，却在文学史上塑造了"周子"这一典型的假隐士形象。从这一层面上讲，本文客观上又起到了针砭现实的作用。

　　关于"周子"其人，《文选》李善注认为即周颙，五臣注又将此说进一步具体化，"锺山在都北。其先，周彦伦隐于此山。后应诏出为海盐县令，欲却过此山。孔生乃假山灵之意移之，使不许得至，故云《北山移文》"。后来注者多取此说。

该文假借山灵传移的口吻，告知山石林泉、草木涧壑等等，群起拒绝"周子"入山。"锺山之英，草堂之灵，驰烟驿路，勒移山庭"，文章一开始，就描绘了一幅锺山英灵传告山中诸灵的画面，特别是"驰烟驿路"一句，真是语新字奇！山重水复、云烟迷茫的环境以及锺山英灵费尽周折、急急驰告的神态等等，仅用四个字就表达了出来，真可谓传神妙笔。而结尾"丛条瞋胆，叠颖怒魄。或飞柯以折轮，乍低枝而扫迹"，更是文字飞动，以拟人的手法，刻画出了锺山的草木丛林群起阻绝"周子"入山的种种情态。

在文章的起结之间，作者匠心独运，从容叙事。在锺山英灵传告所有的山林涧壑这一大的叙事框架下，明写"周子"先贞后黩、先隐后仕，这是本文的主线。值得注意的是，作者在谋篇布局上，处处运以对比之法，从多个方面进行了对比——真隐士的高洁与假隐士的虚伪，"周子"隐居前的超凡脱俗与仕宦后的利禄熏心，山林与"周子"之间从怡然相得到"周子"离山后的孤独落寞，北山的蒙耻被羞与群山对北山的揶揄嘲笑，"周子"的背弃北山与所有的隐士对"周子"的清议，北山群灵由黯然落寞到勃然奋起并阻绝"周子"入山，等等，所有的对比都指向了对假隐求宦者的嘲笑和讽刺。

由于本文原本就是朋友间的调笑，以戏谑笔调出之，加之对比手法的运用，更是平添了文章的喜剧效果。文章在嬉笑调侃之间，对人物和山林草木形象的刻画，无不神态毕肖。特别是对"周子"形象的刻画，从其一开始的高谈阔论、无比清高到接受应召后的得意洋洋、目空一切，再到上任后的俗务缠身、利禄熏心，随着"周子"欲望与行为的层层升级，其追求浮名虚利、心存魏阙的江湖形象，在嬉笑调侃中被暴露无遗。

齐民要术序

〔北朝魏〕贾思勰

【题解】

贾思勰，生卒年不详，大约生活在北魏后期，山东益都（今山东寿光南）人。曾任高阳太守。所撰《齐民要术》是我国现存最早、保存最完整的一部农书。全书共十卷，九十二篇。大约写成于北魏末年（530—540之间）。"齐民"，意为平民百姓；"要术"，即重要的知识技术。书中系统而详细地记载了六世纪之前我国劳动人民积累的农业知识，囊括了谷物、蔬菜、果树、竹木等作物的栽培，以及畜牧、酿造乃至烹饪等诸多方面，具有农业百科全书的性质。书中反映的农业地区，主要为黄河中下游流域，而以山东地区为中心。卷首贾思勰自撰的《齐民要术序》为全书的纲领，说明了写书的目的，强调农业生产的重要性。本文为节选。

神农、仓颉[1]，圣人者也。其于事也，有所不能矣。故赵过始为牛耕[2]，实胜耒耜之利；蔡伦立意造纸[3]，岂方缣牍之烦？且耿寿昌之常平仓[4]，桑弘羊之均输法[5]，益国利民，不朽之术也。谚曰："智如禹、汤，不如尝更[6]。"是以樊迟请学稼[7]，孔子答曰："吾不如老农。"然则圣贤之智，犹有所未达，而况于凡庸者乎？

猗顿[8]，鲁穷士，闻陶朱公富[9]，问术焉。告之曰："欲速富，畜五牸[10]。"乃畜牛羊，子息万计[11]。九真、庐江[12]，不知牛耕，每致困乏。任延、王景[13]，乃令铸作田器，教之垦辟，岁岁开广，百姓充给。燉煌不晓作耧犁[14]，及种，人牛功力既费，而收谷更少。皇甫隆乃教作耧犁[15]，所省庸力过半[16]，得谷加五。又燉煌俗，妇女作裙，挛缩如羊肠[17]，用布一匹。隆又禁改之，所省复不赀[18]。茨充为桂阳令[19]，俗不种桑，无蚕织丝麻之利，类皆以麻枲头贮衣[20]。民惰窳[21]，少虆履[22]，足多剖裂血出，盛冬皆然火燎炙[23]。充教民益种桑柘，养蚕，织履，复令种纻麻[24]。数年之间，大赖其利，衣履温暖。今江南知桑蚕织履,皆充之教也。五原土宜麻枲[25],而俗不知织绩[26]。民冬月无衣,积细草,卧其中,见吏则衣草而出[27]。崔寔为作纺绩、织纴之具以教[28],民得以免寒苦。安在不教乎[29]?

黄霸为颍川[30],使邮亭、乡官[31],皆畜鸡豚,以赡鳏寡贫穷者[32],及务耕桑,节用,殖财[33],种树。鳏寡孤独有死无以葬者[34],乡部书言[35],霸具为区处[36],某所大木可以为棺,某亭豚子可以祭[37],吏往皆如言。龚遂为渤海[38],劝民务农桑,令口种一树榆[39],百本薤[40],五十本葱,一畦韭,家二母彘,五鸡。民有带持刀剑者,使卖剑买牛,卖刀买犊,曰:"何为带牛佩犊[41]?"春夏不得不趣田亩[42],秋冬课收敛,益蓄果实菱芡,吏民皆富实。召信臣为南阳[43],好为民兴利,务在富之。躬劝农耕,出入阡陌,止舍离乡亭[44],稀有安居。时行视郡中水泉,开通沟渎,起水门、提阏凡数十处[45],以广溉灌,民得其利,蓄积有馀。禁止嫁娶送终奢靡,务出于俭约。郡中莫不耕稼力田[46],吏民亲爱信臣,号曰"召父"。僮种为不其令[47],率民养一猪,雌鸡四头,以供祭祀,死买棺木。颜斐为京兆[48],乃令整阡陌,树桑果。又课以闲月取材[49],使得转相教匠作车。又课民无牛者,令畜猪,投贵时卖,以买牛。始者,民以为烦,一二年间,家有丁车、大牛[50],整顿丰足。王丹家累千金[51],好施与,周人之急。每岁时农收后,察其强力收多者,辄历载酒肴[52],从而劳之[53],便于田头树下,饮食劝勉之,因留其馀肴而去。其惰嬾者[54],独不见劳,各自耻不能致丹[55],其后无不力田者,聚落以致殷富。杜畿为河东[56],课民畜牸牛、草马,下逮鸡豚,皆有章程,家家丰实。此等岂好为烦扰而轻费损哉[57]?盖以庸人之性,率之则自力[58],纵之则惰窳耳。

故仲长子曰[59]"丛林之下,为仓庾之坻[60];鱼鳖之堀[61],为耕稼之场"者,此君长所用心也。是以太公封而斥卤播嘉谷[62],郑、白成而关中无饥年[63]。盖食鱼鳖而薮泽之形可见[64],观草木而肥硗之势可知。又曰:"稼穑不修,桑果不茂,畜产不肥,鞭之可也。杝落不完[65],垣墙不牢,扫除不净,笞之可也。"此督课之方也。且天子亲耕,皇后亲蚕,况夫田父而怀窳惰乎?

李衡于武陵龙阳泛洲上作宅[66]，种甘橘千树。临死，敕儿曰[67]：“吾州里有千头木奴[68]，不责汝衣食，岁上一匹绢，亦可足用矣。”吴末，甘橘成，岁得绢数千匹。恒称太史公所谓“江陵千树橘，与千户侯等”者也[69]。樊重欲作器物[70]，先种梓漆，时人嗤之。然积以岁月，皆得其用，向之笑者，咸求假焉。此种殖之不可已已也[71]。谚曰：“一年之计，莫如树谷；十年之计，莫如树木。”此之谓也。

《书》曰：“稼穑之艰难[72]。”《孝经》曰：“用天之道[73]，因地之利，谨身节用，以养父母。”《论语》曰：“百姓不足[74]，君孰与足？”汉文帝曰[75]：“朕为天下守财矣，安敢妄用哉！”孔子曰：“居家理[76]，治可移于官。”然则家犹国，国犹家，是以家贫则思良妻，国乱则思良相，其义一也。

夫财货之生，既艰难矣，用之又无节。凡人之性，好懒惰矣，率之又不笃[77]。加以政令失所，水旱为灾，一谷不登[78]，胔腐相继[79]。古今同患，所不能止也，嗟乎！且饥者有过甚之愿[80]，渴者有兼量之情。既饱而后轻食，既暖而后轻衣。或由年谷丰穰[81]，而忽于蓄积，或由布帛优赡[82]，而轻于施与[83]，穷窘之来，所由有渐。故《管子》曰：“桀有天下而用不足[84]，汤有七十二里而用有馀。天非独为汤雨菽粟也。”盖言用之以节。

《齐民要术校释》卷首

【注释】

[1]神农：传说中的古代帝王，又称炎帝。相传他教民耒耜以发展农业，又尝百草制药来治病救人。仓颉：传说为黄帝的史官，汉字的创造者。　　[2]“赵过始为牛耕”二句：赵过，西汉人。汉武帝时任搜粟都尉，推行牛耕，三犁共一牛，一人牵引。事见《齐民要术》卷一《耕田》。与传统的人力用耒耜翻土相比，牛耕省力省时，提高效率。耒耜是“犁”的前身，其上有木制曲柄称“耒”，其下有利刃称“耜”。　　[3]“蔡伦立意造纸”二句：蔡伦（？—121），东汉人。他总结西汉以来的经验，改进造纸方法，被后人尊为造纸术的发明者。在纸之前，社会上流行的书写载体是缣（jiān 坚）牍。缣是细绢，轻巧但昂贵。牍是木简，廉价却笨重。而纸则既造价低廉又轻巧便捷，因此为社会广泛接受，逐渐

取代縑緤。方，比。　　[4]耿寿昌：西汉人。宣帝时任大司农中丞，曾提议在边郡设置常平仓，在粮食价低时以较高的价格购入，价高时则以较低的价格卖出，以调节粮价。事见《汉书·食货志》。　　[5]桑弘羊（前152—前80）：西汉人。汉武帝时任治粟都尉，领大司农，提出均输法，统一征收、买卖和运输货物，以调剂各地供应。　　[6]不如尝更：不如实践中得来的知识高明。尝，曾经。更，经历。　　[7]"樊迟请学稼"三句：樊迟，孔子弟子。稼，种植庄稼。《论语·子路》记载："樊迟请学稼。子曰：'吾不如老农。'请学为圃。曰：'吾不如老圃。'"农业知识大多来自实践，因此学习农业应请教长期劳作、富有经验的老农、老圃。　　[8]猗（yī 依）顿：春秋时鲁国人，在猗氏（今山西临猗南）畜养牛羊而致富，以邑为氏。　　[9]陶朱公：即范蠡，曾协助越王勾践灭吴。晚年定居齐国陶（今山东定陶西北），改名陶朱公，以经商成为巨富。事见《孔丛子》。　　[10]五牸（zì 自）：牛、马、猪、羊、驴五种雌畜。牸，泛指雌性的牲畜。　　[11]子息：幼畜。　　[12]九真：汉代九真郡在今越南境内。庐江：汉代庐江郡辖境在安徽中部及湖北、河南部分地区，郡治在今安徽庐江西南。　　[13]任延：字长孙，光武帝时任九真太守。《后汉书》卷七六有传。王景：字仲通，东汉著名水利专家，汉章帝时任庐江太守。《后汉书》卷七六有传。　　[14]燉煌：即敦煌，今甘肃西北部。耧（lóu 楼）犁：即"耧车"，由西汉赵过创制，形似三足犁，中间放耧斗，装种子，旁置两辕，由一牛牵引，且行且摇，种乃自下。　　[15]皇甫隆：三国魏人，曹魏嘉平年间任敦煌太守。事见《三国志·魏书·仓慈传》裴松之注。　　[16]"所省庸力过半"二句：庸，功。加五，超出百分之五十。　　[17]挛缩：卷曲。　　[18]所省复不赀（zī 资）：节省下来不少物资。不赀，不少。　　[19]茨（cí 词）充：字子河，东汉建武年间任桂阳太守。《后汉书》卷七六有传。桂阳：东汉桂阳郡辖境相当于今湖南耒阳以南、广东连江口以北区域，郡治郴县（今属湖南郴州）。　　[20]以麻枲（xǐ 洗）头贮衣：把乱麻头塞进衣服里，作为御寒的冬衣。枲，麻纤维。　　[21]窳（yǔ 宇）：懒惰。　　[22]少麤（cū 粗）履：连草鞋也不多。麤履，草鞋。麤是南楚人称麻鞋草履的俗名。　　[23]然火燎炙：燃烧明火来取暖。然，同"燃"。　　[24]纻（zhù 住）麻：即苎麻。　　[25]五原：汉代五原郡辖境相当于今内蒙古自治区后套以东、阴山以南、包头以西和达拉特旗、准格尔旗北部地区，郡治九原（今内蒙古包头西）。　　[26]绩：搓麻成线成绳。　　[27]衣草：以草缠身。　　[28]崔寔（shí 时）：字子真，东汉桓帝时任五原太守，著有《政论》、《四民月令》。《后汉书》卷五二有传。纴（rèn 纫）：纺织。　　[29]安在不教乎：怎么可以不教育民众呢？　　[30]黄霸：字次公，西汉宣帝时两度出任颍川太守。《汉书》卷八九有传。颍川：汉代颍川郡辖境相当于今河南登封、宝丰以东，尉氏、郾城以西，新密以南，叶县、舞阳以北地区，郡治翟县（今属河南禹州）。　　[31]邮亭：官道上的驿站。乡官：乡里负责赋税、诉讼、治安、教化等工作的部门。　　[32]鳏（guān 官）：成年无妻或丧妻的男子。寡：单身或丧夫的女子。　　[33]殖财：累积财富。　　[34]孤：没有父母的孩子。独：老而无子的人。　　[35]乡部书言：乡官衙门撰成书面报告。　　[36]具：同"俱"，全部。区处：分别处置。　　[37]豚子：小猪。　　[38]龚遂：字少卿，西汉宣帝时任渤海太守。《汉书》卷八九有传。渤海：西汉渤海郡辖境相当于今河北、山东渤海湾沿岸一带，郡治浮阳（今河北沧州东南）。　　[39]口：人。　　[40]本：棵。薤（xiè 谢）：多年生草本植物，其鳞茎和嫩叶可食。　　[41]何为：为什么。　　[42]"春夏不得不趣田亩"四句：春夏时节使得百姓去田亩耕种，秋冬时便考核积蓄，使百姓多多储存可以作为粮食的果实、菱角、鸡头等物，（通过这些方式，）官民都殷实富足起来。趣（qū 驱），去往。课收敛，考核当年的收获。芡，一年生水草，亦称"鸡头"，其果实可食。　　[43]召信臣：字翁卿，西汉元帝时任南阳太守。《汉书》卷八九有传。南阳：西汉南阳郡辖境相当于今河南熊耳山以南叶县、内乡县间和湖北大洪山以北应山、郧县间，郡治宛县（今属河南南阳）。　　[44]止舍离乡亭：指不睡在衙门提供的住所，而住在百姓的家里。止舍，停留住宿。　　[45]水门：水闸。提阏（è 饿）：同"堤阏"，即堤堰、堤坝，一说为活动的水门。　　[46]力田：致力于农事。　　[47]僮种：又作"童恢"，东汉人。《后汉书》卷七六有传。不其（jī 基）：汉代县名，今属山东青岛。　　[48]颜斐：字文林，魏文帝时任京兆太守。京兆：东汉的京兆管洛阳及附近地区。事见《三国志·魏书·仓慈传》裴松之注。　　[49]"又课以闲月取材"二句：课，要求。材，木材。匠，制车技术。　　[50]丁车：大车。　　[51]王丹：两汉之际人。《后汉书》卷二七有传。　　[52]历载：满载。　　[53]劳：慰劳。　　[54]孏（lǎn 懒）：同"懒"。　　[55]致：招致。　　[56]杜畿（jī 基）：字伯侯，东汉献帝时任河东太守。《三国志·魏书》卷一六有传。河东：汉代河东郡辖境相当于今山西省黄河以东、以北，沁水以西地区，郡治安邑（今山西夏县西北）。　　[57]轻：看轻。费损：人力物力的耗费。　　[58]率之：带领引导他们。力：努力，致力。　　[59]仲长子：即仲长统，字公理，东汉末政治家，著有《昌言》。《后汉书》卷四九有传。　　[60]庾（yǔ 宇）：谷仓。坻（chí 池）：本指水中的小块高地，此处形容堆积如山的谷堆。此句是说开山垦荒。　　[61]堀（kū 哭）：同"窟"，洞穴。此句是说围湖造田。　　[62]太公：太公望，即吕尚，又称姜太公，是协助周武王灭商的功臣，后被分封在齐。事见《史记·齐太公世家》。斥卤：盐碱地。　　[63]郑、白：即郑国渠和白渠，分别开凿于战国末秦国和西汉武帝时，都是在关中平原上由泾水开掘出来的灌溉渠道。　　[64]"盖食鱼鳖而薮泽之形可见"二句：吃到鱼鳖就可以想见沼泽的水利，看到草木就可以判别土地的肥瘠。薮（sǒu 擞）泽，生长着很多草的湖泽。硗（qiāo 敲），土地坚硬而贫瘠。　　[65]杝（lí 离）落：篱笆。完：完备。　　[66]李衡：字叔平，三国时人。武陵龙阳：武陵郡龙阳县，今属湖南汉寿。泛洲：指水中的大片陆地。　　[67]敕：告诫。　　[68]"吾州里有千头木奴"四句：我家乡有一千个"木奴"，不要你供给衣食，每个每年的收成相当于一匹绢，足够你用了。千头木奴，即前文提到的"甘橘千树"。责，要求。　　[69]恒称：指李衡常常引用的。太史公语见于《史记·货殖列传》。江陵：今属湖北荆州。千户侯：食邑千户的王侯。　　[70]樊重：字君云，西汉末人，光武帝外祖父。事见《后汉书·樊宏传》。　　[71]殖：一本作"植"。不可已已：不可停止。　　[72]稼穑之艰难：出自《尚书·无逸》。　　[73]"用天之道"四句：出自《孝经·庶人章》。大意为顺应自然的规律、利用土地的条件从事生产，为人恭谨，节省用度，以此来供养父母。　　[74]"百姓不足"二句：出自《论语·颜渊》。鲁哀公向孔子学生有若问政，说如果遇到饥馑之年，自己用度不足应该怎么办？有若指出应当减轻赋税。哀公不解，表示如果减赋，自己所得不是就更少了吗？有若于是说："百姓足，君孰与不足？百姓不足，君孰与足？"也就是说，百姓休养生息、发展生产是国家强盛、君王富足的基础。君孰与足，君王又怎么会富足。　　[75]汉文帝：西汉第三位皇帝，施行"与民休息"、"轻徭薄役"的政策，提倡节俭，在其统治下社会生产逐步恢复，国力增强，历史上把他和其子汉景帝的功绩称为"文景之治"。　　[76]"居家理"二句：出自《孝经·广扬名章》："子曰：君子之事亲孝，故忠可移于君。事兄悌，故顺可移于长。居家理，故治可移于官。是以行成于内，而名立于后世矣。"古人常说"齐家治国平天下"，家是国的缩影，国是百姓的大家，家庭的伦理规范与治国之道一以贯之。官，公共事业。　　[77]笃：认真。　　[78]登：丰收。　　[79]胔（zì 字）腐：指饿死的人。　　[80]"且饥者有过甚之愿"二句：而且饥饿、干渴的人往往欲望强烈，希望占有尽可能多的东西。　　[81]穰（ráng 瓤）：稻谷丰熟。　　[82]优赡：富足。　　[83]轻：轻率。　　[84]"桀有天下而用不足"三句：出自《管子·地教》，文字略有不同。大意为：桀占有天下，用度却不够；汤只有七十馀里的地方，收支却还有富馀。老天并没有独独为汤下粮食啊。桀，夏朝最后一位君王，暴虐无道。汤，商朝开国君主，他最初的封地只有七十馀里，但最终打败夏桀，兼并天下。雨，像雨一样落下来。菽（shū 叔），豆类。

【解析】

贾思勰在《齐民要术序》中旁征博引，反复强调了农业乃立国之本。这不仅是针对以耕种畜牧来谋生的生产者说的，更是讲给管理者、治国者听的。"盖以庸人之性，率之则自力，纵之则惰窳耳"，因此农业生产常常需要管理者的带领引导。这包括几个层面：首先是因地制宜制定规划，比如龚遂治理渤海郡，一方面督促家家户户种树种菜、养猪养鸡，使得各家足以自给；另一方面于农忙、农闲时分别制定任务，农忙时下田从事耕作，农闲时采摘果实积累食粮。不拘一格，鼓励多种经营，相互配合，相互推动。其次是调动生产者的积极性，让民见利，让民得利，让百姓自发地投入生产。再次，推广先进技术经验。皇甫隆在敦煌推广耧犁、茨充在江南发展养蚕丝织皆是案例，他们的举动直接推动了这些地区的发展。带领引导是为了发展生产，改善民生。百姓足则国家足。农业发展得好，百姓便安居乐业，国家则富足强盛。

　　在文章的最后，作者还特别指出节用的重要性，即所谓"既饱而后轻食，既暖而后轻衣。或由年谷丰穰，而忽于蓄积，或由布帛优赡，而轻于施与，穷窘之来，所由有渐"。道理虽然朴素，却绝不过时。在经济多元化、物资十分丰富的今天，挥霍浪费似乎已是司空见惯。千年前贾思勰的提醒，更应让我们反省思考。

涉 务

〔北朝齐〕颜之推

【题解】

颜之推（531—591？）字介，琅玡临沂（今山东费县东）人。早年为梁元帝萧绎所用，任散骑常侍。西魏攻破江陵（今湖北荆州），被俘送长安（今陕西西安）。天保七年（556），携家逃往北齐。在北齐历任中书舍人、黄门侍郎、平原太守。北齐亡，入北周，任御史上士。隋开皇年间，召为学士，深受礼遇。与当时流行虚谈的风气有所不同，颜之推尊崇儒家风教，博览群书，学问该洽，是当时重要的文学家、教育家。《北齐书》卷四五有传。他著有《颜氏家训》七卷。据余嘉锡先生考证，此书成书于隋开皇九年（589）平定陈朝之后，意在告诫子孙"务先王之道，绍家世之业"（《颜氏家训·勉学篇》）。

士君子之处世，贵能有益于物耳[1]，不徒高谈虚论，左琴右书，以费人君禄位也。国之用材，大较不过六事[2]：一则朝廷之臣[3]，取其鉴达治体，经纶博雅；二则文史之臣[4]，取其著述宪章，不忘前古；三则军旅之臣[5]，取其断决有谋，强干习事；四则藩屏之臣[6]，取其明练风俗，清白爱民；五则使命之臣[7]，取其识变从宜，不辱君命；六则兴造之臣[8]，取其程功节费，开略有术。此则皆勤学守行者所能办也[9]。人性有长短，岂责具美于六途哉[10]？但当皆晓指趣[11]，能守一职，便无愧耳。

吾见世中文学之士[12]，品藻古今[13]，若指诸掌[14]，及有试用[15]，多无所堪。居承平之世[16]，不知有丧乱之祸；处庙堂之下[17]，不知有战陈之急[18]；保俸禄之资，不知有耕稼之苦；肆吏民之上[19]，不知有劳役之勤。故难可以应世经务也[20]。晋朝南渡[21]，优借士族[22]，故江南冠带有才干者[23]，擢为令仆已下[24]，尚书郎、中书舍人已上[25]，典掌机要。其馀文义之士[26]，多迂诞浮华，不涉世务，纤微过失，又惜行捶楚[27]，所以处于清高，盖护其短也。至于台阁令史[28]，主书监帅[29]，诸王签省[30]，并晓习吏用，济办时须[31]，纵有小人之态，皆可鞭杖肃督[32]，故多见委使，盖用其长也。人每不自量，举世怨梁武帝父子爱小人而疏士大夫，此亦眼不能见其睫耳[33]。

梁世士大夫[34]，皆尚褒衣博带，大冠高履，出则车舆，入则扶侍，郊郭之内，无乘马者。周弘正为宣城王所爱[35]，给一果下马[36]，常服御之[37]，举朝以为放达。至乃尚书郎乘马，则纠劾之[38]。及侯景之乱[39]，肤脆骨柔，不堪行步，体羸气弱[40]，不耐寒暑，坐死仓猝者[41]，往往而然。建康令王复，性既儒雅，未尝乘骑，见马嘶欻陆梁[42]，莫不震慑，乃谓人曰："正是虎，何故名为马乎？"其风俗至此。

古人欲知稼穑之艰难，斯盖贵谷务本之道也[43]。夫食为民天，民非食不生矣，三日不粒[44]，父子不能相存。耕种之，莳锄之[45]，刈获之[46]，载积之[47]，打拂之[48]，簸扬之，凡几涉手[49]，而入仓廪，安可轻农事而贵末业哉[50]？江南朝士，因晋中兴，南渡江，卒为羁旅[51]，至今八九世，未有力田[52]，悉资俸禄而食耳[53]。假令有者[54]，皆信僮仆为之[55]，未尝目观起一𡏢土[56]，耘一株苗，不知几月当下[57]，几月当收，安识世间馀务乎？故治官则不了，营家则不办[58]，皆优闲之过也。

《颜氏家训集解》卷四

【注释】

[1]物：自身之外的人和事。　　[2]大较：大概。　　[3]"朝廷之臣"三句：朝廷之臣，指辅佐治国的官员。鉴达，明白通晓。治体，治国之体。经纶，治理国家的谋略。博雅，博大雅正，指胸怀。　　[4]"文史之臣"三句：文史之臣，指负责起草诏令、修撰国史的官员。著述宪章，起草修定典章制度。　　[5]"军旅之臣"三句：军旅之臣，指执掌军队的官员。强干，强壮能干。习事，熟悉军事。　　[6]"藩屏之臣"三句：藩屏之臣，指镇守一地的官员，如州郡太守之类。藩屏，屏障保护。明练风俗，熟悉风土人情。　　[7]"使命之臣"三句：使命之臣，指从事外交的官员。识变从宜，洞察情势的变化，做出适当的处理。　　[8]"兴造之臣"三句：兴造之臣，指负责工程营造的官员。程功，核算工程量。开略，开展经营。　　[9]守行：行为严谨。　　[10]责：要求。六途：即以上六个方面。　　[11]"但当皆晓指趣"三句：但，只，仅。指趣，同"旨趣"，宗旨，大义。守，坚守，胜任。　　[12]文学之士：通于经史、诗文的读书人。　　[13]品

藻古今：鉴别品评古今人事。　　[14]若指诸掌：形容清楚明了。　　[15]"及有试用"二句：等到派给他们任务的时候，却大多无法胜任。　　[16]承平：太平。　　[17]处庙堂之下：指担任朝廷官职。庙堂，宗庙和朝堂，代指朝廷。　　[18]战陈：战争，作战。陈，通"阵"。　　[19]肆吏民之上：凌驾普通杂吏百姓之上。　　[20]应世经务：适应现实，经营时务。　　[21]晋朝南渡：建都于洛阳的西晋灭亡后，建武元年（317）琅玡王司马睿渡江南下，在建康（今江苏南京）称帝，史称东晋。　　[22]优借士族：优待世家大族，在政治、经济等方面享有特权。　　[23]冠带：指士族。　　[24]擢（zhuó 卓）：提拔。令仆：尚书令、中书令和仆射（yè 夜）。　　[25]尚书郎：尚书省的属官。中书舍人：中书省的属官。　　[26]文义之士：闲散的文职官员。　　[27]惜行捶楚：舍不得予以惩罚，不肯督责惩戒。捶，用木棍打。楚，用荆条抽。　　[28]台阁：指尚书台，汉代以来掌管机要文书的机构。令史：尚书台属官，居尚书郎之下，负责文书事务。　　[29]主书：负责文书的官职。监帅：监督军务的主将。　　[30]王：藩王。签：典签，地方官属下掌文书的小官。省：省事，负责对外通传沟通的小官。　　[31]时须：当时应做的事情。　　[32]肃督：严厉督责。　　[33]眼不能见其睫：眼睛看不到自己的睫毛，比喻昧于己见，没有自知之明。　　[34]"梁世士大夫"七句：梁朝士大夫，都崇尚着宽袍，系阔带，高帽厚履，出门便乘车，城郭之内走路还有人搀扶，根本没有骑马的人。褒，宽大。博，大。郊郭，郊野和外城。　　[35]周弘正（496—574）：字思行，历仕梁、陈二朝，官至尚书右仆射。《陈书》卷二四、《南史》卷三四有传。宣城王：指萧大器，梁简文帝长子，封于宣城。《梁书》卷八、《南史》卷五四有传。　　[36]果下马：一种小身形的马，可在果树下行走，因而得名。　　[37]服御：骑乘。　　[38]纠劾：弹劾。　　[39]侯景之乱：侯景（503—552）本为北齐武将，后降梁，封为河南王。太清二年（548），举兵叛梁，攻破建康。梁武帝被困饿而死。侯景自立为汉王，到处烧杀抢掠，长江下游地区遭到极大的破坏。史称"侯景之乱"。　　[40]羸（léi 雷）：虚弱。　　[41]坐死仓猝：在事变中坐以待毙。仓猝，突发的情势。　　[42]嘶歕（pēn 喷）陆梁：嘶鸣跳跃。　　[43]本：指农业。古人以农业为本，工商为末。　　[44]粒：指进食。　　[45]薅（hāo 蒿）：通"薅"，除杂草。　　[46]刈（yì 亦）获：收割。　　[47]载积：积聚堆放。　　[48]打拂：指去壳脱粒。　　[49]"凡几涉手"二句：经过好几道工序，粮食才能放进仓库。仓廪（lǐn 凛），仓库。　　[50]末业：指工商业。　　[51]卒为羁旅：始终旅居异乡。　　[52]力田：从事农事。　　[53]资：依赖。　　[54]假令：假如。　　[55]信：任凭，放任。　　[56]未尝目观起一墢（bá 拔）土：从没亲眼见过翻土。墢，耕地翻起的土。　　[57]下：下种。　　[58]不办：办不成。

【解析】

《颜氏家训》一书涉及内容极广，"于南北风尚异同，治学为文之方，乃至语言杂艺皆校其得失"（唐长孺《魏晋南北朝隋唐史讲义》），反映出南北朝时期诸多方面的情形，尤其是士族阶层的面貌，历来被视为研究南北朝历史的重要文献。颜之推在《勉学》篇中批评当时的士大夫"耻涉农商，羞务工伎"，醉饱终日，一事无成。本篇所谓"涉务"，即"涉农商"、"务工伎"，主张去空谈，做实事，恪尽职守。他有感于东晋、南朝以来士族子弟自居清高、不通农事、不务实业、与世隔阂的情形，揭示其可笑、可忧之处，对于迂诞浮华文风的批评亦颇有警示作用。同时他也指出审度时势、经世事务的必要性，并从国家需要的角度，提出了朝廷之臣、文史之臣、军旅之臣、藩屏之臣、使命之臣、兴造之臣这六种值得子弟留意的经世途径。

鉴　识

〔唐〕刘知幾

【题解】

刘知幾（661—721）字子玄，彭城（今江苏徐州）人，唐高宗永隆元年（680）举进士，授获嘉主簿，累迁左史、凤阁舍人。武则天长安二年（702），以著作佐郎身份兼修国史。因不满史馆监修者众多，史官受内外干扰而无法秉笔直书，作书讥评史馆制度"五不可"，求罢史任。后"退而私撰《史通》，以见其志"。晚年贬安州别驾。殁后，玄宗令人就其家写《史通》，读之称善，追赠工部尚书，谥曰文。《旧唐书》卷一〇二、《新唐书》卷一三二有传。《史通》，又名《史通子》，成书于景龙四年（710），是中国第一部系统的史学理论著作，对唐以前史著的体裁体例、源流得失、修史原则及史官建制等问题做了全面评述，构建了古代历史编纂学与史学批评的总体框架与基础。全书二十卷，分内篇三十九篇、外篇十三篇，今存四十九篇，篇次、文句偶有散乱。清代浦起龙的《史通通释》吸收了此前学者整理、评释之成果，是当前最为通行的版本。

夫人识有通塞[1]，神有晦明；毁誉以之不同，爱憎由其各异。盖三王之受谤也[2]，值鲁连而获申；五霸之擅名也[3]，逢孔宣而见诋。斯则物有恒准，而鉴无定识，欲求铨核得中[4]，其唯千载一遇乎？况史传为文，渊浩广博，学者苟不能探赜索隐[5]，致远钩深，乌足以辩其利害，明其善恶。

观左氏之书[6]，为传之最，而时经汉、魏，竟不列于学官，儒者皆折此一家，而盛推二传。夫以丘明躬为鲁史[7]，受经仲尼，语世则并生，论才则同耻。彼二家者，师孔氏之弟子，预达者之门人，才识本殊，年代又隔，安得持彼传说，比兹亲受者乎！加以二传理有乖僻，言多鄙野，方诸左氏，不可同年。故知《膏肓》、《墨守》[8]，乃腐儒之妄述；卖饼太官[9]，诚智士之明鉴也。

逮《史》、《汉》继作[10]，踵武相承[11]。王充著书[12]，既甲班而乙马；张辅持论[13]，又劣固而优迁。王充谓彪义浃备[14]，纪事详赡，观者以为甲，以太史公为乙也。张辅《名士优劣论》曰："世人称司马迁、班固之才优劣，多以班为胜。余以为史迁叙三千年事，五十万言；班固叙二百年事，八十万言。烦省不敌，固之不如迁必矣。"然此二书，虽互有修短，递闻得失[15]，而大抵同风，可为连类。张晏云[16]："迁殁后，亡《龟策》、《日者传》，褚先生补其所缺，言词鄙陋，非迁本意。"案迁所撰《五帝本纪》、七十列传，称虞舜见陟[17]，遂匿空而出；宣尼既殂[18]，门人推奉有若。其言之鄙，又甚于兹，安得独罪褚生，而全宗马氏也？刘轨思商榷汉史[19]，雅重班才[20]，惟讥其本纪不列少帝[21]，而辄编高后。案弘非刘氏，而窃养汉宫。时天下无主，吕宗称制，故借其岁月，寄以编年，而野鸡行事，自具《外戚》。譬夫成为孺子[22]，史刊摄政之年；厉亡流彘[23]，历纪共和之日。而周、召二公，各世家有传。班氏式遵曩例[24]，殊合事宜[25]，岂谓虽浚发于巧心[26]，反受嗤于拙目也。

刘祥撰《宋书序录》[27]，历说诸家晋史，其略云："法盛《中兴》[28]，荒庄少气[29]，王隐、徐广[30]，沦溺罕华。"夫史之叙事也，当辩而不华[31]，质而不俚，其文直，其事核，若斯而已可也。必令同文举之含异[32]，等公幹之有逸[33]，如子云之含章[34]，类长卿之飞藻[35]；此乃绮扬绣合[36]，雕章缛彩，欲称实录，其可得乎？以此诋诃[37]，知其妄施弹射矣。

夫人废兴[38]，时也；穷达，命也。而书之为用，亦复如是。盖《尚书》古文，六经之冠冕也[39]；《春秋左氏》，三传之雄霸也。而自秦至晋，年逾五百，其书隐没，不行于世。既而梅氏写献[40]，杜侯训释[41]，然后见重一时，擅名千古。若乃《老经》撰于周日[42]，《庄子》成于楚年，遭文、景而始传[43]，值嵇、阮而方贵[44]。若斯流者，可胜纪哉！故曰废兴，时也；穷达，命也。适使时无识宝，世缺知音，若《论衡》之未遇伯喈[45]，《太玄》之不逢平子[46]，逝将烟烬火灭[47]，泥沉雨绝，安有殁而不朽，扬名于后世者乎？

《史通通释》卷七

【注释】

[1]"夫人识有通塞"四句：大意是说人的见识有通达与闭塞之分，思想有昏聩与开明之别，这导致对于事物的毁誉、爱憎都会有所不同。夫（fú 扶），用于句首的发语词。　　[2]"盖三王之受谤也"二句：夏商周三代的帝王受到诽谤时，遇到了鲁仲连替他们申诉。语出曹植《与杨德祖书》："昔田巴毁五帝，罪三王，訾五霸于稷下，一旦而服千人。鲁连一说，使终身杜口。"鲁连，即战国时代的谋士鲁仲连，又称鲁连子，《史记》卷八三有传。田巴，齐国辩士，曾在稷下（今山东临淄）的学宫诋毁五帝、三王，一日之间，说服千人。鲁仲连与之辩论后，田巴终身不敢言。　　[3]"五霸之擅名也"二句：春秋五霸有盛名，却被孔子责骂。擅，据有。孔宣，唐人尊孔子为宣父。　　[4]铨核：考量，核实。　　[5]"学者苟不能探赜索隐"四句：大意是说学者如果不能探索其中玄秘隐微的道理，怎么能够层层深入，辨别利害与善恶呢？探赜（zé 责）索隐，《周易·系辞上》"探赜索隐，钩深致远"，指探索隐微的，钩稽深远的。赜，幽深玄妙。　　[6]"观左氏之书"六句：大意是说解释《春秋》的"三传"中，《左传》最好，但汉、魏时期均不列入官学，儒生更加推崇《公羊》、《穀梁》二传。　　[7]"夫以丘明躬为鲁史"十一句：大意是说左丘明是鲁国史官，与孔子生活在同一时代且好恶相近；而《公羊》、《穀梁》二家则是孔子弟子的门人，不仅才识比不上左丘明，而且和孔子的年代相隔又远。再传弟子怎么能和亲传的相比呢？论才则同耻，指的是《论语·公冶长》中说的"左丘明耻之，丘亦耻之"。《汉书·楚元王传》载，东汉末年刘歆曾动议把《左传》列为官学，其理由就是"左丘明好恶与圣人同，亲见夫子，而《公羊》、《穀梁》在七十子后。传闻之与亲见之，其详略不同"。但这一提议遭到诸博士反对。　　[8]《膏肓（huāng 荒）》、《墨守》：《后汉书·儒林传》载，东汉《公羊》学派的经学家何休著有《左氏膏肓》、《公羊墨守》。膏肓，喻无可救药之缺点。从这两个书名即可看出，何休是尊《公羊》而贬《左传》的。　　[9]卖饼太官：《三国志》裴松之注引《魏略》记载，曹魏时期的锺繇喜欢《左传》，他曾说："《左氏》为太官，而《公羊》为卖饼家。"把《左传》比成官厨，而把《公羊》比成路边卖饼的。　　[10]逮（dài 带）：及，到。　　[11]踵武：引申为追随、继承。踵，脚后跟。武，足迹。　　[12]王充著书：王充（27—97？）字仲任，东汉史学家班彪的弟子，著《论衡》八十五篇，《后汉书》卷四九有传。班彪（3—54）字叔皮，曾作《后传》数十篇以接续《史记》并纠正《史记》的缺失，《后汉书》卷四〇有传。《论衡·超奇》："班叔皮续《太史公书》百篇以上，记事详悉，义浅理备，观读之者以为甲，而太史公乙。"　　[13]张辅持论：张辅（？—305）字世伟，《晋书》卷六〇有传。他认为班固在五个方面不如司马迁：其一，《史记》用更少的文字叙述了更长的历史，更加言简意赅；其二，班固记载了许多无关善恶的小事；其三，班固

贬损晁错，有伤忠臣之道；其四，司马迁是开创者，班固是因循者，难易不同；其五，司马迁"述辩士则辞藻华靡，叙实录则隐核名检"，有良史笔法。　　　[14]浃（jiā 加）备：周备。　　　[15]递闻：屡闻。闻，一作"有"。　　　[16]"张晏云"六句：张晏，汉魏六朝时期的《汉书》注家，始末不详，其书不见著录，颜师古《汉书注》中引用较多。《汉书·司马迁传》："（《史记》）而十篇缺，有录无书。"张晏曰："迁没之后，亡《景纪》、《武纪》、《礼书》、《乐书》、《兵书》、《汉兴以来将相年表》、《日者列传》、《三王世家》、《龟策列传》、《傅靳列传》。元、成之间，褚先生补缺，作《武帝纪》、《三王世家》、《龟策》、《日者传》，言辞鄙陋，非迁本意也。"褚先生，即褚少孙，西汉颖川（今河南禹州）人，元帝、成帝时为博士，后以文学为侍郎，好观览《太史公书》并补其缺篇。　　　[17]"称虞舜见阨"二句：《史记·五帝本纪》载，舜的父亲瞽叟续娶之后，爱后妻之子，欲杀舜，使舜穿井。舜下井后，瞽叟以土填井，舜"为匿空旁出"。空，通"孔"，即从旁穿孔而出。阨，同"厄"。　　　[18]"宣尼既殂"二句：《史记·仲尼弟子列传》："孔子既没，弟子思慕。有若状似孔子，弟子相与共立为师，师之如夫子时也。"殂（cú 粗，阳平），死亡。有若，孔子学生，姓有，名若，《论语》中称其为"有子"。　　　[19]刘轨思：北齐国子博士，《北齐书》卷四四有传，但传中未载其论史之文。　　　[20]雅：很，甚。　　　[21]"惟讥其本纪不列少帝"十句：《史记·吕太后本纪》载，孝惠皇后无子，"佯为有身，取美人子名之，杀其母，立所名子为太子。孝惠崩，太子立为帝"。前少帝成年后，被吕后幽杀，又立常山王刘义为帝，更名刘弘。"不称元年者，以太后制天下事也。"《汉书》在《高帝纪》、《惠帝纪》之后，安排的是《吕后纪》，因为后少帝刘弘也和前少帝一样，非刘氏所生。当时没有真正的皇帝，吕后成为实际的统治者。《吕后纪》只是借用吕后来纪年而已。吕后本人的传记，还是列入《外戚传》中。野鸡，吕后名雉，故称野鸡。　　　[22]"譬夫成为孺子"二句：周成王年幼，由叔父周公旦辅政。《尚书·洛诰》："在十有二月，惟周公诞保文武受命，惟七年。"这个"惟七年"指的是周公摄政之年。　　　[23]"厉亡流彘（zhì 至）"二句：《史记·周本纪》载，西周末年，国人暴动，"厉王出奔于彘"，"召公、周公二相行政，号曰共和"。彘，今山西霍县东北。　　　[24]曩（nǎng 囊，上声）：以往。　　　[25]殊：很，极。　　　[26]"岂谓虽浚（jùn 俊）发于巧心"二句：陆机《文赋》："虽浚发于巧心，或受嗤于拙目。"大意是说深沉的智慧发源于巧妙的心思，却反受拙眼之人的讥笑。浚，深。　　　[27]刘祥撰《宋书序录》：刘祥字显征，撰《宋书》，讥刺禅代，《南齐书》卷三六有传。　　　[28]法盛《中兴》：《隋书·经籍志》："《晋中兴书》七十八卷，起东晋，宋湘东太守何法盛撰。"　　　[29]荒庄少气：荒疏而少有文气。荒庄，草茂盛的样子。一作"荒拙"。　　　[30]"王隐、徐广"二句：王隐与徐广修的晋史缺少文采。王隐字处叔，晋元帝太兴年间（318—321）与郭璞俱为著作郎，撰晋史，《晋书》卷八二有传。《隋书·经籍志》："《晋书》八十六卷，本九十三卷，今残缺，晋著作郎王隐撰。"徐广（352—425）字野民，晋员外散骑常侍，领著作郎，义熙二年（406）奉诏撰国史，义熙十二年撰成《晋纪》四十六卷（《隋书·经籍志》著录为四十五卷）。入宋封中散大夫，告老乞归，《宋书》卷五五有传。沦溺，沉没，沦落。罕华，一作"空华"。　　[31]"当辩而不华"五句：《汉书·司马迁传》："然自刘向、扬雄博极群书，皆称迁有良史之材，服其善序事理，辩而不华，质而不俚，其文直，其事核，不虚美，不隐恶，故谓之实录。"本意是夸赞司马迁的《史记》辞锋辩捷而不花哨，朴实而不俚俗；文字秉笔直书，史事准确真实。　　[32]文举之含异：孔融（153—208）字文举，"建安七子"之一。《文心雕龙·风骨》："孔氏卓卓，信含异气，笔墨之性，殆不可胜。"意为孔融卓然超群，确实含有特异之气，非笔墨所能表达。　　[33]公幹之有逸：刘桢（？—217）字公幹，"建安七子"之一。曹丕《与吴质书》："公幹有逸气。"谓刘桢之文飘逸豪放。　　[34]子云之含章：扬雄（前53—后18）字子云，蜀郡成都（今四川成都）人，工辞赋，仿《论语》作《法言》，仿《周易》作《太玄》，另作《方言》、《苍颉训纂》等语言学著作，《汉书》卷八七有传。含章，包孕美质，《周易·坤》："含章可贞。"　　[35]长卿之飞藻：司马相如（前179—前117）字长卿，蜀郡成都（今四川成都）人，工辞赋，与扬雄并称"马扬"，《汉书》卷五七有传。飞藻，辞藻华丽飞扬。　　[36]"此乃绮（qǐ 起）扬绣合"四句：大意是说这种绮丽的言辞，雕饰的文采，能称得上是实录吗？　　[37]诋诃：诋毁，呵斥。诃，同"呵"。　　[38]"夫人废兴"六句：大意是说人的时运有兴废，命运有穷达，书也是如此。　　[39]冠冕：帽子，比喻居于首位。　　[40]梅氏写献：秦始皇焚书之后，《尚书》的传本只有汉代伏生口授的二十八篇，是用汉代通行的文字书写的，称今文《尚书》。东晋豫章太守梅赜（zé 责）得到孔安国注的古文《尚书》，后列入官学。梅赜所奏的《尚书》缺了《尧典》一篇，却比今文《尚书》多出二十五篇。　　[41]杜侯训释：杜侯指杜预（222—285），字元凯，京兆杜陵人，为晋伐吴，以功进爵为当阳县侯。"耽思经籍，为《春秋左氏经传集解》。又参考众家谱第，谓之《释例》。又作《盟会图》、《春秋长历》，备成一家之学。"《晋书》卷三四有传。　　[42]《老经》：唐朝统治者奉老子为始祖。唐高宗追尊老子为"太上玄元皇帝"。玄宗开元二十九年（741），"制两京诸州各置玄元皇帝庙，并崇玄学，置生徒，令习《老子》、《庄子》、《列子》、《文子》，每年准明经例考试"。因此《老子》、《庄子》在唐代均称"经"。　　[43]遭文、景而始传：汉初，特别是在文帝、景帝时期，为恢复经济，统治者奉行黄老之术，与民休息，《老子》因此受到重视。　　[44]值嵇、阮而方贵：嵇康著《养生论》，阮籍著《达庄论》，都是发扬《庄子》的思想。魏晋时期，在嵇、阮等人的带动下，《庄子》成为魏晋玄学家推崇的经典。　　[45]《论衡》之未遇伯喈（jiē　皆）：袁山崧《后汉书》说："王充所作《论衡》，中土未有传者，蔡邕入吴始得之。"蔡邕（133—192）字伯喈，《后汉书》卷六〇下有传。　　[46]《太玄》之不逢平子：《后汉书·张衡传》："张衡谓崔瑗曰：'吾观《太玄》，方知子云妙极道数，乃与《五经》相拟，非徒传记之类，使人难论阴阳之事，汉家得天下二百岁之书也。'"张衡（78—139）字平子，《后汉书》卷五九有传。　　[47]"逝将烟烬火灭"二句：此仿鲍照《芜城赋》"皆薰歇烬灭，光沉响绝"之语。

【解析】

刘知幾曾说："史有三长：才、学、识。"（《新唐书·刘子玄传》）"识"包括胆识与眼识，是"三长"中最难得的。《史通·鉴识》的宗旨就是强调"识"的重要性。

"鉴识"本来是魏晋时期品藻人物时常用的语汇。刘知幾由"识人"论及"鉴史"，提出"物有恒准，而鉴无定识"，事物虽有恒定的准则，但人的认识难有确定不变的标准。评判史著也是如此，篇中罗列了前人比较《史记》、《汉书》与讨论诸家《晋史》优劣的众多观点，用以说明"鉴识"之难。从刘知幾对前人言论的评述中，不难看出他评判史著的基本原则，即坚持秉笔直书的史学态度，反对浮华的文风。

秉笔直书是史学的大前提，而反对浮华的文风则是当时史学界面临的现实问题。齐梁以来，骈俪绮靡的文风占据了文坛主流，流风延及初唐的史学界。唐代修《晋书》时，起用了许多"文咏之士"，致使"史论竞为艳体"（赵翼《廿二史札记·晋书》）。刘知幾借用班固称美司马迁的话："夫史之叙事也，当辩而不华，质而不俚，其文直，其事核，若斯而已可也。"明确反对"绮扬绣合，雕章缛彩"的文字，提倡明晰而不华丽，质实而不俚俗的语言。"其文直，其事核"，就是要求直书其事。经过雕琢粉饰的文字，是不能称为"实录"的，只有直率的言语，才能体现出史家秉笔直书的人格。

除文风外，刘知幾还注意到学风与世风对于史著接受程度的影响。例如汉魏以来，立为官学的是"今文"学派的《公羊》与《穀梁》，"古文"学派的《尚书》与《左传》直到晋代以后才逐渐受到重视，这是学风的影响。西汉初年的统治者重视"黄老之学",唐代皇室更是追奉老子为先祖,这都使《老子》一书的地位得到提升,这是世风的影响。

因此,书的命运也和人的命运一样,有穷通之别。有些史书尽管一时受冷遇,未必永远受冷遇。但如果"时无识宝,世缺知音",史书就只能深藏名山,而无法传之后世了。经典的作品,除凝聚作者的心力之外,还需要有传习者认识、发掘其价值,更需要有识宝的读者做它的知音。《鉴识》篇讨论的对象虽然仅限于史书,但其总结出的鉴识原则以及"做古人知音"的思想,对我们知人论世都有着普遍的指导性。

《贞观政要》三则

〔唐〕吴兢

【题解】

吴兢（670—749），汴州浚仪（今河南开封）人。有史才，武周长安（701—704）中，令直史馆，修国史，拜迁右拾遗内供奉。中宗时，迁右补阙，与韦承庆、崔融、刘子玄撰成《则天实录》，转起居郎。玄宗开元三年（715），拜谏议大夫，依前修史。九年，与元行冲、韦述等编成《群书四部录》二百卷。十七年，进《贞观政要》，坐"书事不当"，贬荆州司马。历台、洪、饶、蕲等四州刺史，再迁相州长史。天宝初，改邺郡太守，入为恒王傅。所著诸书多散佚，唯《贞观政要》至今流传。《旧唐书》卷一〇二、《新唐书》卷一三二有传。《贞观政要》共十卷四十篇，以君道、政体、任贤、纳谏、择官、慎终等为题，"随事录载"贞观年间唐太宗与魏徵、房玄龄、杜如晦等大臣之间的问答，以及太宗诏书、大臣奏疏谏议等。其内容涉及治国方略、选贤任能、进言纳谏、考绩黜陟、精简机构、申明法制等诸多方面，强调君王个人修养的重要性，尤其是兼听纳谏、居安思危、崇俭尚廉等。此书"志在匡君"，"用备劝戒"，"望纡天鉴，择善而行，引而申之，触类而长"（《上贞观政要表》），因而颇为后世所重视，清乾隆《御制贞观政要序》称"后之求治者，或列之屏风，或取以进讲"，足以证明其政治历史价值。

君　道

贞观初[1]，太宗谓侍臣曰[2]："为君之道，必须先存百姓。若损百姓以奉其身，犹割股以啖腹[3]，腹饱而身毙。若安天下，必须先正其身，未有身正而影曲，上理而下乱者[4]。朕每思伤其身者不在外物，皆由嗜欲以成其祸[5]。若耽嗜滋味[6]，玩悦声色[7]，所欲既多，所损亦大，既妨政事，又扰生人[8]。且复出一非理之言，万姓为之解体[9]，怨讟既作[10]，离叛亦兴。朕每思此，不敢纵逸。"谏议大夫魏徵对曰[11]："古者圣哲之主，皆亦近取诸身[12]，故能远体诸物。昔楚聘詹何[13]，问其理国之要，詹何对以修身之术。楚王又问理国何如，詹何曰：'未闻身理而国乱者。'陛下所明，实同古义。"

贞观二年，太宗问魏徵曰："何谓为明君暗君？"徵曰："君之所以明者[14]，兼听也；其所以暗者，偏信也。《诗》云：'先人有言[15]，询于刍荛。'昔唐、虞之理[16]，辟四门[17]，明四目，达四聪。是以圣无不照，故共、鲧之徒[18]，不能塞也；靖言庸回[19]，不能惑也。秦二世则隐藏其身[20]，捐隔疏贱而偏信赵高，及天下溃叛，不得闻也。梁武帝偏信朱异[21]，而侯景举兵向阙，竟不得知也。隋炀帝偏信虞世基[22]，而诸贼攻城剽邑，亦不得知也。是故人君兼听纳下，则贵臣不得壅蔽[23]，而下情必得上通也。"太宗甚善其言。

贞观十年，太宗谓侍臣曰："帝王之业，草创与守成孰难？"尚书左仆射房玄龄对曰[24]："天地草昧[25]，群雄竞起，攻破乃降，战胜乃克。由此言之，草创为难。"魏徵对曰："帝王之起，必承衰乱，覆彼昏狡[26]，百姓乐推，四海归命，天授人与[27]，乃不为难。然既得之后，志趣骄逸，百姓欲静，而徭役不休[28]，百姓凋残，而务务不息[29]，国之衰弊，恒由此起。以斯而言，守成则难。"太宗曰："玄龄昔从我定天下，备尝艰苦，出万死而遇一生，所以见草创之难也。魏徵与我安天下，虑生骄逸之端，必践危亡之地，所以见守成之难也。今草创之难，既已往矣，守成之难者，当思与公等慎之。"

贞观十一年，特进魏徵上疏曰[30]："臣观自古受图膺运[31]，继体守文[32]，控御英雄，南面临下[33]，皆欲配厚德于天地，齐高明于日月，本支百世[34]，传祚无穷[35]。然而克终者鲜，败亡相继，其故何哉？所以求之，失其道也。殷鉴不远[36]，可得而言。昔在有隋，统一寰宇，甲兵强锐，三十馀年，风行万里，威动殊俗，一旦举而弃之，尽为他人之有。彼炀帝岂恶天下之治安，不欲社稷之长久[37]，故行桀虐[38]，以就灭亡哉？恃其富强，不虞后患。驱天下以从欲，罄万物而自奉[39]，采域中之子女，求远方之奇异。宫苑是饰，台榭是崇，徭役无时，干戈不戡[40]。外示严重，内多险忌，谗邪者必受其福，忠正者莫保其生。上下相蒙，君臣道隔，民不堪命，率土分崩[41]。遂以四海之尊，殒于匹夫之手[42]，子孙殄绝[43]，为天下笑，可不痛哉！圣哲乘机，拯其危溺，八柱倾而复正[44]，四维弛而更张[45]。远肃迩安[46]，不逾于期月[47]；胜残去杀[48]，无待于百年。今宫观台榭，尽居之矣；奇珍异物，尽收之矣；姬姜淑媛[49]，尽侍于侧矣；四海九州，尽为臣妾矣。若能鉴彼之所以失，念我之所以得，日慎一日，虽休勿休[50]，焚鹿台之宝衣[51]，毁阿房之广殿[52]，惧危亡于峻宇[53]，思安处于卑宫[54]，则神化潜通[55]，无为而治[56]，德之上也。若成功不毁[57]，即仍其旧，除其不急，损之又损，杂茅茨于桂栋[58]，参玉砌以土阶[59]，悦以使人，不竭其力，常念居之者逸，作之者劳，亿兆悦以子来[60]，群生仰而遂性[61]，德之次也。若惟圣罔念[62]，不慎厥终，忘缔构之艰难[63]，谓天命之可恃，忽采椽之恭俭[64]，追雕墙之靡丽[65]，因其基以广之，增其旧而饰之，触类而长[66]，不知止足，人不见德，而劳役是闻，斯为下矣。譬之负薪救火，扬汤止沸[67]，以暴易乱，与乱同道，莫可测也，后嗣何观！夫事无可观则人怨，人怨则神怒，神怒则灾害必生，灾害既生，则祸乱必作，祸乱既作，而能以身名全者鲜矣。顺天革命之后[68]，将隆七百之祚[69]，贻厥子孙，传之万叶，难得易失，可不念哉！"

是月，徵又上疏曰："臣闻求木之长者[70]，必固其根本；欲流之远者，必浚其泉源[71]；思国之安者，必积其德义[72]。源不深而望流之远，根不固而求木之长，德不厚而思国之理，臣虽下愚，知其不可，而况于明哲乎！人君当神器之重[73]，居域中之大[74]，将崇极天之峻[75]，永保无疆之休[76]。不念居安思危，戒奢以俭，德不处其厚，情不胜其欲，斯亦伐根以求木茂，塞源而欲流长者也。凡百元首[77]，承天景命[78]，莫不殷忧而道著[79]，功成而德衰。有善始者实繁，能克终者盖寡[80]，岂取之易而守之难乎？昔取之而有馀，今守之而不足，何也？夫在殷忧必竭诚以待下，既得志则纵情以傲物。竭诚则胡越为一体[81]，傲物则骨肉为行路[82]。虽董之以严刑[83]，震之以威怒，终苟免而不怀仁[84]，貌恭而不心服。怨不在大，可畏惟人。载舟覆舟[85]，所宜深慎，奔车朽索[86]，其可忽乎？君人者[87]，诚能见可欲[88]，则思知足以自戒[89]；将有作[90]，则思知止以安人；念高危，则思谦冲而自牧[91]；惧满溢[92]，则思江海下百川；乐盘游[93]，则思三驱以为度[94]；忧懈怠，则思慎始而敬终；虑壅蔽[95]，则思虚心以纳下；想谗邪[96]，则思正身以黜恶[97]；恩所加，则思无因喜以谬赏；罚所及，则思无因怒而滥刑。总此十思，弘兹九德[98]，简能而任之[99]，择善而从之，则智者尽其谋，勇者竭其力，仁者播其惠，信者效其忠。文武争驰，君臣无事，可以尽豫游之乐[100]，可以养松、乔之寿[101]，鸣琴垂拱[102]，不言而化。何必劳神苦思，代下司职[103]，役聪明之耳目，亏无为之大道哉[104]！"太宗手诏答曰："省频抗表[105]，诚极忠款[106]，言穷切至，披览忘倦，每达宵分[107]。非公体国情深，启沃义重[108]，岂能示以良图，匡其不及。"

《贞观政要》卷一

【注释】

[1]贞观：唐太宗李世民年号（627—649）。 [2]侍臣：侍奉帝王的廷臣。 [3]唉（dàn 旦）腹：吃饱肚子。 [4]理：即"治"字，此避唐高宗李治讳改。 [5]嗜欲：泛指各种嗜好与欲望。 [6]耽嗜：深切爱好。 [7]声色：指音乐女色。 [8]生人：即"生民"，此避唐太宗李世民讳改。 [9]解体：比喻人心涣散。 [10]怨讟（dú 毒）：怨恨诽谤。 [11]谏议大夫：官名，属门下省，掌谏诤议论、侍从赞相。魏徵（580—643）：字玄成，钜鹿下曲阳（今河北晋州）人。唐武德九年（626），太宗即位，擢谏议大夫。贞观三年（629），迁秘书监，参与朝政。七年，进侍中，封郑国公，世称"魏郑公"。《旧唐书》卷七一、《新唐书》卷九七有传。 [12]"近取诸身"二句：语出《周易·系辞下》，是说从自身和周遭万物的变化中得出规律，进而做出判断或预测。 [13]詹何：战国时楚国人，为学"重生"、"轻利"。曾隐居垂钓，以单股蚕丝作钓线，芒刺作钓钩，细竹子作钓竿，把米粒剖成两半作鱼饵，在水流湍急的深渊中钓到一满车的鱼。楚王闻而异之，召问其故。事见《列子·汤问》篇。 [14]"君之所以明者"四句：汉王符《潜夫论·明暗》："君之所以明者，兼听也；所以闇者，偏信也。" [15]"先人有言"二句：《诗·大雅·板》："先民有言，询于刍荛（ráo 饶）。"刍荛，采薪之人，指鄙陋而不自弃之人。 [16]唐、虞：尧为陶唐氏，舜为有虞氏，唐、虞即尧、舜。 [17]"辟四门"三句：《尚书·尧典》："月正元日，舜格于文祖，询于四岳，辟四门，明四目，达四聪。"是

说广开四方之门，招揽贤士；广开耳目，体察民情。　　[18]"共、鲧（gǔn 滚）之徒"二句：是说像共工、鲧那样奸佞的人，也不能使圣人闭塞视听。共，共工，相传与三苗、驩（huān 欢）兜、鲧并称"四凶"，被舜流放到幽州。鲧，禹之父，因治水无功，被舜杀于羽山。　　[19]靖言庸回：《尚书·尧典》："静言庸违，象恭滔天。""靖"与"静"同，"违"与"回"同，是说言行不一的奸佞小人。　　[20]"秦二世则隐藏其身"二句：秦二世（前230—前207），秦始皇次子，名胡亥。捐隔疏贱，舍弃看似不亲近的臣子，疏远百姓。捐，弃。赵高（？—前207），秦宦官，曾与李斯伪造始皇遗诏，立胡亥为二世皇帝。二世皇帝常居禁中，鲜少召见公卿。赵高居中用事，把持朝政，后又弑君立子婴为王。　　[21]"梁武帝偏信朱异"二句：梁武帝，即萧衍（464—549），仕齐封梁王，后受齐禅，建梁。朱异（483—549），字彦和，梁武帝时为中书通事舍人，累官至中领军。太清元年（547），揣知武帝意，力主纳侯降。侯景（503—552），本东魏臣，梁武帝时请求归顺，武帝听从朱异建议，接纳侯景，授封河南王。太清二年（548），侯景举兵叛梁，朝野共怨朱异。不久，侯景率兵攻陷台城，梁武帝被逼饿死，史称"侯景之乱"。　　[22]"隋炀帝偏信虞世基"二句：隋炀帝，即杨广（569—618），隋文帝子。虞世基（？—618），字懋世，会稽馀姚（今属浙江慈溪）人，隋时参掌朝政。因隋炀帝恶闻盗贼，虞世基常不以实情上告。由是盗贼日众，陷落郡县皆不得知。大业十四年（618），叛军围攻江都宫，杨广逃入彭城阁被杀。　　[23]贵臣：重臣，权臣。壅蔽：隔绝蒙蔽。　　[24]尚书左仆射：唐制，尚书省置左右仆射，掌统理六官。左右仆射为尚书令副职，令缺则总领省事，为宰相职。房玄龄（578—648），名乔，字玄龄，齐州临淄（今山东淄博东北）人。隋末，投秦王李世民，典管书记。武德九年（626），参与玄武门之变，李世民即位后为中书令。贞观三年（629）为尚书左仆射，综理朝政。　　[25]天地草昧：天地初开之时，杂乱而浑沌。草，杂乱。昧，晦冥不清。　　[26]覆彼昏狡：消灭昏庸狡猾之人。覆，灭。昏狡，昏庸狡猾。　　[27]天授人与：上天授予，百姓给与。与，给。　　[28]徭役：指官府无偿征调百姓所从事的劳动，包括力役、兵役、杂役等。　　[29]侈务：供人享乐、奢侈浪费之事。　　[30]特进：汉时诸侯功高德重、地位特殊之人，赐位特进，位在三公之下。唐制因之。　　[31]受图膺运：得到河图，接受天命。相传伏羲氏时，黄河有龙马背负"河图"而出，洛水有神龟背负"洛书"而出。后用"河图洛书"指代圣人出世时的征兆。　　[32]继体守文：继承帝位，遵循先王法度。文，礼乐制度。　　[33]南面临下：《周易·说卦》："圣人南面而听天下，向明而治。"是说居帝位而治理天下。　　[34]本支百世：指子孙昌盛，百代不衰。本，树根。　　[35]祚（zuò 做）：禄位。　　[36]殷鉴不远：《诗·大雅·荡》："殷鉴不远，在夏后之世。"是说商纣灭夏，商纣子孙当以夏亡为戒。 [37]社稷：土神和谷神，古时帝王或诸侯祭祀的神祇。后用来代指国家。 [38]桀：夏桀，名履癸，淫暴百姓，因商汤讨伐而亡。 [39]罄（qìng 庆）：用尽。 [40]戢（jí 急）：止，停止。 [41]率土：率土之滨，指境域之内。《诗·小雅·北山》："率土之滨，莫非王臣。" [42]殒（yǔn 允）：死。匹夫：平常人。 [43]殄（tiǎn 舔）：尽，绝。 [44]八柱：《淮南子·墬形训》："地有九州八柱。"相传天由八柱支撑，共工与颛顼（zhuānxū 专需）争帝，共工怒触不周之山，天柱折，地维绝，天便由西北向东南倾斜。 [45]四维：《管子·牧民》："四维不张，国乃灭亡。国有四维：一维绝则倾，二维绝则危，三维绝则覆，四维绝则灭。倾可正也，危可安也，覆可起也，灭不可复错也。何谓四维：一曰礼，二曰义，三曰廉，四曰耻。"这里指伦理道德。 [46]远肃迩安：远人前来参拜，近人安心生活。肃，揖拜。 [47]期（jī 基）月：一整月。 [48]胜残去杀：《论语·子路》："善人为邦百年，亦可以胜残去杀矣。"指感化残暴之人，便可废除死刑。 [49]姬姜淑媛：泛指美女。 [50]虽休勿休：《尚书·吕刑》："虽畏勿畏，虽休勿休。"虽有美德而不自恃。休，美善。 [51]焚鹿台之宝衣：商纣王曾在今河南淇县筑鹿台，聚敛财货。周武王伐纣，纣王兵败，登鹿台，"衣其珠玉"，自焚而亡。武王命南宫括尽散鹿台之财。 [52]毁阿房之广殿：《史记·秦始皇本纪》："（秦始皇）先作前殿阿房，东西五百步，南北五十丈，上可以坐万人，下可以建五丈旗。周驰为阁道，自殿下直抵南山。表南山之颠以为阙。"秦末，项羽攻入咸阳，火烧阿房宫。阿房宫，故址在今陕西西安。 [53]峻宇：高峻的宫殿。 [54]卑室：低矮的房屋。 [55]神化潜通：是说以精神感化百姓，使君民思想暗自相通。 [56]无为而治：《老子》第五十七章："我无为，而民自化；我好静，而民自正；我无事，而民自富；我无欲，而民自朴。"是说以德化人，不事政治与刑罚，天下自然得到治理。 [57]成功：既成之功。 [58]茅茨：茅草房，泛指简陋的房屋。桂栋：桂树作的屋梁，代指华丽的房屋。 [59]玉砌：玉石台阶。 [60]亿兆：庶民百姓。子来：指民心归附，如子女趋事父母，不召自来，竭诚效忠。 [61]遂性：顺应本性。 [62]惟圣罔念：《尚书·多方》："惟圣罔念作狂，惟狂克念作圣。"罔念，不思为善。 [63]缔构：结构，缔造造国家。缔，结。 [64]采橡：栎木或柞木做的橡子，指俭朴的宫室。 [65]雕墙：饰以浮雕、彩绘的墙壁，指华丽的宫室。 [66]触类而长：指类似的扩张与增长。 [67]扬汤止沸：用沸水来制止水沸，比喻方法不当。汤，沸水。 [68]顺天革命：指顺从天命而改朝换代。 [69]祚（zuò 做）：这里指年岁。 [70]长（zhǎng 掌）：成长，长大。 [71]浚（jùn 郡）：指疏通水道。 [72]德义：德礼与诚信。魏徵上太宗第四疏称："为国之基，必资于德礼；君子所保，惟在于诚信。诚信立，则下无二心，德礼形，则远人斯格。" 　　[73]神器：指帝位。 　　[74]居域中之大：《老子》第二十五章："道大，天大，地大，王亦大。域中有四大，而王居其一焉。"是说国君处在天地间重要之位。 　　[75]崇：尊崇。 　　[76]休：福禄。 　　[77]元首：本指人头，后用来比喻国君。 　　[78]景：大。 　　[79]殷忧：深切的忧虑。道著：大道得以彰显。 　　[80]克终：能够到达最后。《诗·大雅·荡》："靡不有初，鲜克有终。" 　　[81]胡越：古代少数民族名称，胡在北方，越在南方。这里代指北方和南方。 　　[82]行路：指路人，陌生人。 　　[83]董：董理，监督管理。 　　[84]终苟免而不怀仁：结果让臣民只求暂且免于刑罚，而不感念帝王的恩德。 　　[85]"载舟覆舟"二句：《荀子·王制》："君者舟也，庶人者水也。水则载舟，水则覆舟。" 　　[86]"奔车朽索"二句：《尚书·五子之歌》："予临兆民，懔乎若朽索之驭六马。"魏徵用此意，比喻随时存在危机。 　　[87]君：本指国君，引申为统治。 　　[88]诚能见可欲：《老子》第三章："不见可欲，使民心不乱。"可欲，指足以满足欲望的事物。 　　[89]知足以自戒：《老子》第四十四章："知足不辱。"第四十六章："祸莫大于不知足。" 　　[90]有作：是说大兴土木、营建宫殿之类的事。作，兴作，兴建。 　　[91]谦冲而自牧：《周易·谦卦》："谦谦君子，卑以自牧也。"冲，冲虚，恬淡虚静。自牧，自我约束。 　　[92]"惧满溢"二句：《老子》第六十六章："江海所以能为百谷王者，以其善下之，故能为百谷王。" 　　[93]盘游：游乐，这里指打猎取乐。 　　[94]三驱：《周易·比卦》："王用三驱，失前禽。"三驱，指打猎时只拦住三面，留出一面让猎物可以逃出，以显好生之仁。 　　[95]雍（yōng 雍）蔽：堵塞蒙蔽，这里指用不正当手段堵塞言路，使国君不明真相。 　　[96]想谗邪：考虑到朝中可能出现谗佞奸邪。 　　[97]黜（chù 触）：排除，罢免。 　　[98]九德：《尚书·皋陶谟》："九德咸事，俊乂在官。"九德指忠、信、敬、刚、柔、和、固、贞、顺，此处泛指各种美德。 　　[99]简：通"柬"，选择，选拔。 　　[100]豫游：游逸。 　　[101]松、乔：指传说中的长寿仙人赤松子和王子乔。 　　[102]"鸣琴垂拱"二句：《礼记·乐记》："昔者舜作五弦之琴，以歌《南风》。"《孔子家语·辩乐》："其诗（《南风》）曰：'南风之熏兮，可以解吾民之愠兮；南风之时兮，可以阜吾民之财兮。'"这里用其意，指天下很容易治理得好。垂拱，垂衣拱手。《尚书·武成》："垂拱而天下治。" 　　[103]代下司职：指代替下级处理事务。 　　[104]无为：道家主张的清静虚无、顺应自然。 　　[105]省：视。抗表：呈上奏章。 　　[106]忠款：忠诚。 　　[107]宵分：半夜。 　　[108]启沃：《尚书·说命上》："若岁大旱，用汝作霖雨。启乃心，沃朕心，若药弗瞑眩，厥疾弗瘳。"是说臣子竭诚开导，辅佐君王。

择 官

贞观六年，太宗谓魏徵曰："古人云，王者须为官择人，不可造次即用[1]。朕今行一事，则为天下所观；出一言，则为天下所听。用得正人，为善者皆劝[2]；误用恶人，不善者竞进。赏当其劳，无功者自退；罚当其罪，为恶者戒惧。故知赏罚不可轻行，用人弥须慎择[3]。"徵对曰："知人之事，自古为难，故考绩黜陟[4]，察其善恶。今欲求人，必须审访其行。若知其善，然后用之，设令此人不能济事[5]，只是才力不及，不为大害。误用恶人，假令强干[6]，为害极多。但乱代惟求其才[7]，不顾其行。太平之时，必须才行俱兼，始可任用。"

贞观十一年，侍御史马周上疏曰[8]："理天下者以人为本，欲令百姓安乐，惟在刺史、县令[9]。县令既众，不可皆贤，若每州得良刺史，则合境苏息[10]。天下刺史悉称圣意，则陛下可端拱岩廊之上[11]，百姓不虑不安。自古郡守、县令，皆妙选贤德，欲有迁擢为将相[12]，必先试以临人[13]，或从二千石入为丞相及司徒、太尉者[14]。朝廷必不可独重内臣[15]，外刺史、县令遂轻其选。所以百姓未安，殆由于此。"太宗因谓侍臣曰："刺史，朕当自简择；县令，诏京官五品已上各举一人[16]。"

《贞观政要》卷三

【注释】

[1]造次：轻率，随便。　　[2]劝：勉励。　　[3]弥：更加。　　[4]考绩：按一定标准考核官吏的成绩。黜陟（chùzhì　触至）：指人才的进退、官吏的升降。　　[5]济事：成事。　　[6]强干：精明干练。　　[7]乱代：即乱世，此避唐太宗李世民讳改。　　[8]侍御史马周：马周（601—648），字宾王，唐博州茌平（今属山东）人。曾为中郎将常何门客，代何上疏二十馀事，深得太宗赏识，授监察御史，俄迁治书侍御史，后累官至中书令。　　[9]刺史、县令：分别为州（郡）、县的行政长官，州刺史即郡太守。　　[10]苏息：休养生息。　　[11]端拱岩廊之上：是说在朝廷上庄严临朝。端拱，指庄重不苟，清简为政。岩廊，高峻的廊庑，后代指朝廷。　　[12]迁擢（zhuó　浊）：指提升官职。　　[13]临人：指选拔人才。一说治民。　　[14]二千石：汉制，郡守俸禄二千石，故用以代称郡守。丞相：一般指朝廷最高行政长官，辅佐帝王总理百政。司徒：周制，大司徒为地官之长，掌管财

务。唐时，司徒之职改为户部尚书，掌理户口、赋役等。太尉：秦汉时掌管军政的最高长官，曾与丞相、御史大夫并称三公。后渐成加官。　　[15]内臣：宫中太监、护卫官长等近臣。　　[16]京官五品已上：京官，朝中官员，与地方官、外出巡行之官相对而言。五品，唐制，官阶九品，每品分正、从，文官四品起又分上、下，武官三品起即分上下。已，同"以"。

慎　终

贞观五年，太宗谓侍臣曰："自古帝王亦不能常化[1]，假令内安，必有外扰。当今远夷率服，百谷丰稔[2]，盗贼不作，内外宁静。此非朕一人之力，实由公等共相匡辅。然安不忘危，理不忘乱，虽知今日无事，亦须思其终始。常得如此，始是可贵也。"魏徵对曰："自古已来，元首股肱不能备具[3]，或时君称圣，臣即不贤，或遇贤臣，即无圣主。今陛下明，所以致理。向若直有贤臣，而君不思化，亦无所益。天下今虽太平，臣等犹未以为喜，惟愿陛下居安思危，孜孜不怠耳！"

贞观六年，太宗谓侍臣曰："自古人君为善者，多不能坚守其事。汉高祖泗上一亭长耳[4]，初能拯危诛暴，以成帝业，然更延十数年，纵逸之败，亦不可保。何以知之？孝惠为嫡嗣之重[5]，温恭仁孝，而高帝惑于爱姬之子[6]，欲行废立，萧何、韩信功业既高，萧既妄系[7]，韩亦滥黜[8]，自馀功臣黥布之辈惧而不安[9]，至于反逆。君臣父子之间悖谬若此，岂非难保之明验也？朕所以不敢恃天下之安，每思危亡以自戒惧，用保其终。"

《贞观政要》卷一〇

【注释】

[1]化：教化，感化。　　[2]稔（rěn 忍）：庄稼成熟。　　[3]股肱（gǔgōng 古宫）：比喻辅佐大臣。股，大腿。肱，手臂。　　[4]汉高祖泗上一亭长：汉高祖刘邦（前256—前195），秦时曾为泗水亭长。泗水亭，在今江苏沛县。亭长，秦汉时，县级以下十里设一亭，置亭长，掌管防御、停留旅客以及治理民事等。　　[5]孝惠：指汉孝惠帝刘盈（前210—前188），汉高祖与吕后之子。前195年即位，在位七年亡，谥孝惠。初因嫡长子立为太子，时高祖宠幸戚夫人，有

子刘如意，欲废刘盈立戚夫人子刘如意。吕后请商山四皓辅佐刘盈，才免于被废。　　[6]爱姬：指汉高祖刘邦宠妃戚夫人。刘邦死后，戚夫人被吕后囚于永巷，后又断去手足，做成"人彘"而惨死。　　[7]萧既妄系：萧，萧何（？—前193），沛（今属江苏）人。汉丞相。曾为百姓请将上林苑空地改为民田，刘邦大怒，将萧何交廷尉，械系数日后赦免。妄，胡乱。　　[8]韩亦滥黜：韩，韩信（？—前196），淮阴（今江苏淮安）人。辅佐刘邦取天下，封为楚王。刘邦曾得密告韩信欲反，诈称游云梦，将韩信绑至洛阳，赦为淮阴侯。滥，任意，胡乱。　　[9]黥（qíng　晴）布：即英布（？—前195），因曾犯法黥面而称为黥布。汉初封淮南王，及韩信、彭越被诛杀，暗地聚兵警备。中大夫贲赫告发黥布谋反，刘邦亲自率兵击杀灭之。黥，古时在人脸上刺字并涂墨之刑。

【解析】

　　《君道》是《贞观政要》首篇，以"为君之道"为核心，记录了唐太宗与魏徵、房玄龄的问答，以及魏徵的两篇奏疏（包括《谏太宗十思疏》），集中阐释了贞观年间太宗君臣对于君道的理解和认识。

　　篇首唐太宗有言，"为君之道，必须先存百姓"。魏徵也在第二篇奏疏中，借用《荀子·王制》"君者舟也，庶人者水也。水则载舟，水则覆舟"一语，阐明"可畏惟人"的道理。贞观十一年（637），唐太宗还有过类似表达，即"可爱非君，可畏非民，天子者，有道则人推而为主，无道则人弃而不用，诚可畏也"（《贞观政要·灾祥》）。这都体现了传统政治中可贵的民本思想。

　　唐太宗称，"若安天下，必须先正其身"，提出君王个人自身修养的重要意义。魏徵也在第一篇奏疏中将为政分为三等：德之上者，是"能鉴彼之所以失，念我之所以得，日慎一日，虽休勿休"，戒除奢侈，崇尚俭朴，"则神化潜通，无为而治"；德之次者，是"成功不毁，即仍其旧，除其不急，损之又损"，稍有纵逸，便加节制，"亿兆悦以子来，群生仰而遂性"；德之下者，是"惟圣罔念，不慎厥终，忘缔构之艰难，谓天命之可恃"，纵逸无度，"不知止足，人不见德，而劳役是闻"。知此三等君道，谨慎守成，差可"传之万叶"。在第二篇奏疏中，魏徵还通过"本固而木长"、"源深而流远"的自然规律，推衍出"思国之安者，必积其德义"的为政之道，告诫唐太宗江山"取之易而守之难",须常行德义,善始克终,竭诚待下,深怀忧惧,尤其须谨记"十思"。"十思"所强调的知足、克制、冲淡、谨慎、谦虚等,不仅是当国者治国理政的必备素养,也是为人处世的重要品质,须谨记躬行。

《择官》则以《君道》为基,提出遴选官员的具体措施。唐太宗强调要谨慎用人,做到"赏当其劳"、"罚当其罪",尤其须"用得正人"。以此为纲,魏徵强调选官德行的重要,如果德行高尚,只是"才力不及",那么至少"不为大害"。马周则提出地方官选任的重要性,若能"妙选贤德","悉称圣意","则陛下可端拱岩廊之上,百姓不虑不安","合境苏息"。这对当代官员任免具有借鉴意义。

《慎终》则主要表现了唐太宗"安不忘危,理不忘乱","须思其终始"的决心。他认为,天下太平,"非朕一人之力,实由公等共相匡辅"。魏徵也从"元首股肱不能备具"出发,论证了当时圣主贤臣相得益彰的可贵局面。这从一个侧面反映了贞观时君臣之间的良性关系,发人深省。

奉天请罢琼林大盈二库状

〔唐〕陆贽

【题解】

陆贽（zhì 质。754—805）字敬舆，吴郡嘉兴（今属浙江）人。大历八年（773），登进士第，又中博学鸿词科，授郑县尉。历渭南主簿、监察御史。建中四年（783），以祠部员外郎充翰林学士。朱泚之乱，随唐德宗逃至奉天（今陕西乾县），参决机谋，时号"内相"。贞元七年（791），拜兵部侍郎。八年，拜中书侍郎、同平章事。十年，罢为太子宾客。十一年，贬忠州别驾。永贞元年（805）卒，谥宣，世称陆宣公。《旧唐书》卷一三九、《新唐书》卷一五七有传。兴元元年（784），朱泚兵败被杀，诸道贡奉相继到达行在奉天，唐德宗在行宫廊下重建"琼林"、"大盈"二库，贮存这些贡奉。陆贽力谏，上《奉天请罢琼林大盈二库状》，德宗纳谏撤其署。"状"即奏状，亦称奏疏，主要是条列事状，分析利弊，以供帝王采择。此状义理精深，收效甚著，在后世流传甚广，为历代所重。苏轼曾赞之曰："如贽之论，开卷了然。聚古今之精英，实治乱之龟鉴。"（《苏轼文集》卷三六《乞校正陆贽奏议上进札子》）

右[1]：臣闻作法于凉[2]，其弊犹贪；作法于贪，弊将安救？示人以义，其患犹私；示人以私，患必难弭[3]。故圣人之立教也，贱货而尊让，远利而尚廉。天子不问有无[4]，诸侯不言多少。百乘之室[5]，不畜聚敛之臣。夫岂皆能忘其欲赂之心哉[6]？诚惧赂之生人心而开祸端[7]，伤风教而乱邦家耳。是以务鸠敛而厚其帑椟之积者[8]，匹夫之富也；务散发而收其兆庶之心者[9]，天子之富也。天子所作，与天同方。生之长之[10]，而不恃其为；成之收之，而不私其有。付物以道，混然忘情。取之不为贪，散之不为费。以言乎体则博大，以言乎术则精微。亦何必挠废公方[11]，崇聚私货，降至尊而代有司之守[12]，辱万乘以效匹夫之藏？亏法失人，诱奸聚怨，以斯制事，岂不过哉！

今之琼林、大盈,自古悉无其制。传诸耆旧之说[13],皆云创自开元[14]。贵臣贪权,饰巧求媚,乃言:"郡邑贡赋所用,盍各区分[15]:税赋当委之有司,以给经用;贡献宜归乎天子,以奉私求。"玄宗悦之,新是二库[16],荡心侈欲[17],萌柢于兹,迨乎失邦,终以饵寇。《记》曰:"货悖而入[18],必悖而出。"岂非其明效欤!

陛下嗣位之初,务遵理道,敦行约俭,斥远贪饕[19]。虽内库旧藏,未归太府[20];而诸方曲献[21],不入禁闱。清风肃然,海内丕变[22]。议者咸谓汉文却马[23]、晋武焚裘之事[24],复见于当今。近以寇逆乱常[25],銮舆外幸,既属忧危之运,宜增儆励之诚。臣昨奉使军营,出由行殿,忽睹右廊之下,榜列二库之名,懔然若惊[26],不识所以。何则?天衢尚梗[27],师旅方殷。疮痛呻吟之声,噢咻未息[28];忠勤战守之效,赏赉未行[29]。而诸道贡珍,遽私别库,万目所视,孰能忍怀?窃揣军情,或生觖望[30],试询候馆之吏[31],兼采道路之言,果如所虞,积憾已甚。或忿形谤讟[32],或丑肆讴谣[33],颇含思乱之情,亦有悔忠之意。是知甿俗昏鄙[34],识昧高卑,不可以尊极临[35],而可以诚义感。

顷者六师初降[36],百物无储,外扞凶徒[37],内防危堞,昼夜不息,迨将五旬。冻馁交侵,死伤相枕,毕命同力,竟夷大艰[38]。良以陛下不厚其身,不私其欲,绝甘以同卒伍[39],辍食以啖功劳。无猛制而人不携[40],怀所感也;无厚赏而人不怨,悉所无也。今者攻围已解,衣食已丰,而谣讟方兴,军情稍阻。岂不以勇夫恒性,嗜货矜功[41],其患难既与之同忧,而好乐不与之同利,苟异恬默[42],能无怨咨!此理之常,固不足怪。《记》曰:"财散则民聚[43],财聚则民散。"岂非其殷鉴欤?众怒难任,蓄怨终泄。其患岂徒人散而已,亦将虑有构奸鼓乱、干纪而强取者焉[44]。

夫国家作事以公共为心者,人必乐而从之;以私奉为心者,人必咈而叛之[45]。故燕昭筑金台[46],天下称其贤;殷纣作玉杯[47],百代传其恶。盖为人与为己殊也。周文之囿百里[48],时患其尚小;齐宣之囿四十里,时病其太大。盖同利与专利异也。为人上者,当辨察兹理,洒濯其心,奉三无私[49],以壹有众[50]。人或不率[51],于是用刑。然则宣其利而禁其私，天子所恃以理天下之具也。舍此不务，而壅利行私[52]，欲人无贪，不可得已。

今兹二库，珍币所归。不领度支[53]，是行私也；不给经费，非宣利也。物情离怨[54]，不亦宜乎！智者因危而建安，明者矫失而成德。以陛下天姿英圣，倘加之见善必迁[55]，是将化蓄怨为衔恩，反过差为至当。促殄遗孽[56]，永垂鸿名，易如转规，指顾可致。然事有未可知者，但在陛下行与否耳。能则安，否则危；能则成德，否则失道。此乃必定之理也，愿陛下慎之惜之。陛下诚能近想重围之殷忧[57]，追戒平居之专欲[58]。器用取给，不在过丰；衣食所安[59]，必以分下。凡在二库货贿，尽令出赐有功，坦然布怀，与众同欲。是后纳贡，必归有司，每获珍华，先给军赏。瑰异纤丽，一无上供，推赤心于其腹中[60]，降殊恩于其望外。将卒慕陛下必信之赏，人思建功；兆庶悦陛下改过之诚，孰不归德？如此，则乱必靖，贼必平，徐驾六龙[61]，旋复都邑。兴行坠典，整缉芬纲[62]，乘舆有旧仪，郡国有恒赋。天子之贵，岂当忧贫？是乃散其小储，而成其大储也；损其小宝，而固其大宝也[63]。举一事而众美具，行之又何疑焉。吝少失多[64]，廉贾不处；溺近迷远，中人所非。况乎大圣应机[65]，固当不俟终日。不胜管窥愿效之至，谨陈冒以闻，谨奏。

《陆贽集》卷一四

【注释】

[1]右：唐时奏状格式，"右"即上，为内容提要，"右"之下为具体条陈。 [2]"作法于凉"四句：《左传》昭公四年："君子作法于凉，其弊犹贪；作法于贪，弊将若之何？"凉，薄，不厚道。 [3]弭（mǐ 米）：止息。 [4]"天子不问有无"二句：《荀子·大略》："故天子不言多少，诸侯不言利害，大夫不言得丧，士不言通财货。" [5]百乘之室：指卿大夫之家。周制，天子可出兵车万乘，诸侯可出兵车千乘，大夫可出兵车百乘。乘，四匹马拉的车。 [6]贿：财货。 [7]"诚惧贿之生人心而开祸端"二句：是说实在害怕财货使人生出贪婪之心而开启祸端，进而伤害风教、扰乱国家。风教，指风俗教化。《诗大序》："风，风也，教也。风以动之，教以化之。" [8]鸠敛：聚敛。鸠，聚。帑椟（tǎngdú 躺毒）：钱柜。 [9]兆庶：指平民百姓。兆，百万。 [10]"生之长

之"四句：是说天子使万物滋生成长，却不倚仗势力任意妄为；使万物成熟并丰收，却不占为己有。　[11]挠废公方：扰乱公家的法令。挠，屈曲。　[12]有司：古时设官分职，各有专司，故常称某部门主管官员为有司。　[13]耆（qí 棋）旧：年高望重之人。　[14]皆云创自开元：史载，唐玄宗在位日久，御用之费日多，且赏赐不绝。王鉷迎合帝旨，将每年赋税正额以外的贡奉储存宫中，积百宝大盈库，供玄宗私用。开元，唐玄宗年号，713—741。　[15]盍：何不。　[16]新是二库：是说重新设置琼林、大盈二库。　[17]"荡心侈欲"二句：是说骄奢淫逸之心，就此生根发芽。柢，树根，引申为基础。　[18]"货悖而入"二句：《礼记·大学》："是故言悖而出者，亦悖而入；货悖而入者，亦悖而出。"是说财货以不义得之，必以不义失之。　[19]贪饕（tāo 涛）：《左传》文公十八年："缙云氏有不才子，贪于饮食，冒于货贿，侵欲崇侈，不可盈厌；聚敛积实，不知纪极，不分孤寡，不恤穷匮。天下之民以比三凶，谓之饕餮。"这里指贪官。　[20]太府：太府寺，唐时官署，掌管财货廪藏。　[21]曲献：私献，指赋税以外的贡奉。　[22]丕：大。　[23]汉文却马：《汉书·贾捐之传》载，有人向汉文帝献千里马，汉文帝谢绝，并退还千里马和道里费。　[24]晋武焚裘：《晋书·武帝纪》载，有人献雉头裘，晋武帝将雉头裘在殿前焚烧，并敕令内外再有犯者必加重罪责。　[25]"寇逆乱常"二句：指朱泚于泾原发动兵变，唐德宗出逃奉天。　[26]懼（jué 绝）然：惊恐的样子。　[27]"天衢尚梗"二句：是说战事正盛，回京的道路依然受阻。殷，盛。　[28]噢咻：抚慰病痛时发出的声音。　[29]赏赉（lài 赖）：赏赐。　[30]觖（jué 决）望：因不满意而怨恨。　[31]候馆：指驿馆。　[32]忿形谤讟（dú 毒）：愤怒演变成诽谤。讟，诽谤。　[33]丑肆讴谣：用歌谣讽刺丑行。肆，陈列。　[34]"甿（méng 萌）俗昏鄙"二句：是说百姓愚昧鄙陋，不明事理。　[35]"不可以尊极临"二句：是说不能以尊贵的身份去压制，只能用诚挚信义加以感化。　[36]六师：泛指军队。周时，天子统领六军之师，大诸侯国统领三军之师，后世称天子所统领的军队为六军或六师。　[37]"外扞（hàn 汉）凶徒"二句：是说对外要抵御朱泚叛军，对内要防守危急的奉天。唐德宗出逃奉天，朱泚率兵进逼，作乱长达一月之久，最后朱泚兵败撤回长安。扞，抵御。危堞（dié 叠），危城，这里指奉天。　[38]竟夷大艰：是说最终平定朱泚叛乱。夷，平坦。　[39]"绝甘以同卒伍"二句：是说能与将士同甘共苦。绝甘，即绝甘分少。用李陵事，见《汉书·李广传》。辍食，即辍食吐哺。啖，给人吃。用张良事，见《汉书·张良传》。　[40]"无猛制而人不携"二句：是说没有严刑峻法却无人离叛，是因为人们对君王深怀感念。携，携离，背叛。　[41]嗜货矜功：是说武人本性好财夸功。　[42]"苟异恬默"二句：如果不是恬淡静默的人，怎能不抱怨满腹。　　[43]"财散则民聚"二句：《礼记·大学》："是故财聚则民散，财散则民聚。"　　[44]构奸鼓乱、干纪而强取者：勾结奸邪、鼓动叛乱，违法乱纪来强行夺取江山社稷的人。　　[45]咈（fú 伏）：通"拂"，违逆，乖戾。　　[46]燕昭筑金台：《史记·燕召公世家》载，燕昭王在易水东南筑台，置黄金于台上，招揽天下贤士。　　[47]殷纣作玉杯：《韩非子·喻老》载，殷纣王用象牙作筷子，箕子深以为惧，认为殷纣王一定还要制造犀玉之杯，进而追求山珍海味、华服宫室，一步步走向穷奢极欲。　　[48]"周文之囿百里"四句：扬雄《羽猎赋》："周文之囿百里，民以为尚小；齐宣之囿四十里，民以为大，裕民之与夺民也。"囿，有围墙的园地。　　[49]三无私：《礼记·孔子闲居》："奉三无私以劳天下，天无私覆，地无私载，日月无私照。"指像天、地、日月那样无私。　　[50]以壹有众：用以统一万民。　　[51]率：遵循。　　[52]壅（yōng 庸）利行私：阻止财货流出，将其据为己有。壅，阻塞，阻挡。　　[53]度支：官名，掌管全国财赋的统计与调用。　　[54]物情：物理人情，世情。　　[55]见善必迁：《周易·益卦》说："君子以见善则迁，有过则改。"是说遇到好事，一定去做。　　[56]促殄遗孽：迅速消灭叛军馀孽。殄，消灭。　　[57]近想重围之殷忧：是指对奉天被围困的深深忧惧。　　[58]追戒平居之专欲：是说追忆平日独占的欲望而加以警戒。　　[59]"衣食所安"二句：《左传》庄公十年："衣食所安，弗敢专也，必以分人。"　　[60]推赤心于其腹中：《后汉书·光武帝纪》："萧王推赤心置人腹中，安得不投死乎。"　　[61]六龙：古时天子六驾（乘六匹马拉的车），马八尺称龙，故以"六龙"代指天子车驾。　　[62]棼（fén 坟）纲：紊乱的纲常。棼，通"紊"，紊乱，纷乱。　　[63]大宝：指帝王之位。　　[64]"吝少失多"二句：是说贪小失大，精明的商人不屑这样做。　　[65]"况乎大圣应机"二句：是说你是圣人，看到预兆便要行动，本不应当等待良久。《周易·系辞下》："君子见几而作，不俟终日。"机，几微，预兆。

【解析】

这篇奏状以"圣人立教"发端，从考察琼林、大盈二库设置缘起入手，结合当时内忧外困的国势，劝谏唐德宗废除二处私库，反腐倡廉，秉持公共之心，为国理政。

陆贽认为，贪贿"生人心而开祸端，伤风教而乱邦家"。如果天子贪贿，其危害尤大，即所谓"作法于凉，其弊犹贪；作法于贪，弊将安救"，"示人以义，其患犹私；示人以私，患必难弭"。因此，天子需"贱货而尊让，远利而尚廉"，"散其小储，而成其大储也；损其小宝，而固其大宝"。实际上，天子不仅要自我约束，而且要"斥远贪饕"，对贪官和贪腐的行为绝不姑息容忍，其处置要像"汉文却马"、"晋武焚裘"一样果决而严厉。对贪腐的这些深刻论述，发人深省。

这篇奏状还指出，治理国家要"以公共为心"，与民同利。他列举了燕昭王、周文王和殷纣王、齐宣王正反两类事例，论证了天子取用财货务必怀有公心，奉行"三无私"，"宣其利而禁其私"，这才是当国者"所恃以理天下之具"。陆贽的这一论述，颇值得当代社会借鉴。

原　毁

〔唐〕韩愈

【题解】

韩愈（768—824）字退之，河内河阳（今河南孟州西北）人。郡望昌黎（今属河北），世称"韩昌黎"或"昌黎先生"。唐贞元八年（792）进士及第，历任国子监四门博士、监察御史、史馆修撰、中书舍人等。元和十二年（817），出任裴度的行军司马，参与讨平"淮西之乱"，以功授刑部侍郎。十四年，因上表谏迎佛骨忤旨，被贬为潮州刺史。长庆二年（822），为吏部侍郎。三年，任京兆尹兼御史大夫。卒谥文，世称韩文公。《旧唐书》卷一六〇、《新唐书》卷一七六有传。《原毁》之"原"是"本原"的意思，"原毁"就是对毁誉观念的追本溯源。《原毁》的创作时间不能确定，不过前人多认为是韩愈中晚年的作品。中唐社会，时俗以毁谤相能。德宗朝，宰相卢杞便以构陷排挤擅名。更有甚者，以诗文诽谤别人，如李德裕门人所作《周秦行纪》，据说便是诽谤牛僧孺之作。近人林纾因此而评论说："《原毁》则道人情之所以然，曲曲皆中时俗之弊。公当日不见直于贞元之朝，时相为赵憬、贾耽、卢迈，咸不以公为能，意必有毁之者。故婉转叙述毁之所以生，与见毁者之所以被祸之故。"（《韩柳文研究法》）可见，此文应该是意有所指。

古之君子[1]，其责己也重以周[2]，其待人也轻以约。重以周，故不怠；轻以约，故人乐为善。闻古之人有舜者，其为人也，仁义人也。求其所以为舜者，责于己曰："彼，人也[3]；予，人也。彼能是，而我乃不能是！"早夜以思，去其不如舜者，就其如舜者。闻古之人有周公者，其为人也，多才与艺人也。求其所以为周公者，责于己曰："彼，人也；予，人也。彼能是，而我乃不能是！"早夜以思，去其不如周公者，就其如周公者。舜，大圣人也，后世无及焉；周公，大圣人也，后世无及焉。是人也，乃曰："不如舜，不如周公，吾之病也。"是不亦责于身者重以周乎？其于人也，曰："彼人也，能有是，是足为良人矣；能善是，是足为艺人矣。"取其一[4]，不责其二；即其新，不究其旧。恐恐然惟惧其人之不得为善之利[5]。一善易修也，一艺易能也，其于人也，乃曰："能有是，是亦足矣。"曰："能善是，是亦足矣。"不亦待于人者轻以约乎？

今之君子则不然。其责人也详[6]，其待己也廉[7]。详，故人难于为善；廉，故自取也少。己未有善，曰："我善是，是亦足矣。"己未有能，曰："我能是，是亦足矣。"外以欺于人，内以欺于心，未少有得而止矣，不亦待其身者已廉乎？其于人也，曰："彼虽能是，其人不足称也；彼虽善是，其用不足称也。"举其一，不计其十；究其旧，不图其新。恐恐然惟惧其人之有闻也[8]，是不亦责于人者已详乎？夫是之谓不以众人待其身，而以圣人望于人，吾未见其尊己也。

虽然，为是者有本有原，怠与忌之谓也[9]。怠者不能修[10]，而忌者畏人修。吾尝试之矣，尝试语于众曰："某良士，某良士。"其应者，必其人之与也[11]。不然，则其所疏远不与同其利者也。不然，则其畏也。不若是，强者必怒于言，懦者必怒于色矣[12]。又尝语于众曰："某非良士，某非良士。"其不应者，必其人之与也。不然，则其所疏远不与同其利者也。不然，则其畏也。不若是，强者必说于言[13]，懦者必说于色矣。是故事修而谤兴，德高而毁来。呜呼！士之处此世，而望名誉之光[14]，道德之行，难已！

将有作于上者[15]，得吾说而存之，其国家可几而理欤[16]！

《韩昌黎文集校注》卷一

【注释】

[1]君子：古时指地位高的人，后多指人格高尚、道德品行皆好之人。　　[2]"其责己也重以周"二句：《论语·卫灵公》："子曰：'躬自厚，而薄责于人。'"此二句用其意，是说对自己要求严格而繁多，对待他人宽容而简约。　　[3]"彼，人也"六句：《孟子·离娄下》："舜人也，我亦人也。"又《孟子·滕文公上》："颜渊曰：'舜，何人也？予，何人也？有为者亦若是。'"韩愈化用此二语，是说以舜的标准要求自己。是，如此，这样。　　[4]"取其一"四句：是说肯定他一个方面，而不苛求别的；看他最近的表现，而不追究过去。　　[5]恐恐然：惶惧不安的样子。　　[6]详：周详具体。　　[7]廉：低。　　[8]闻：名声，声

望。　　[9]怠：怠惰，懈怠。忌：妒忌。　　　[10]修：指学问、品行方面的锻炼和培养。　　[11]与：相与，这里指同党、朋友。　　　[12]色：脸色。　　　[13]说：同"悦"。　　　[14]光：发扬光大。　　　[15]将有作于上者：身居上位而将有所作为的人。　　[16]理：当作"治"，此是作者避唐高宗李治讳改。

【解析】

《原毁》运用对比的手法，阐述了古、今君子在待人和对己方面截然不同的态度和表现，批判了中唐时期士大夫中流行的结党、诽谤等不良风气，并探索毁谤产生的根源。韩愈认为，毁谤滋多源于人性的"怠"与"忌"。所谓"怠者不能修，而忌者畏人修"，故而毁谤丛生。若将二者相权，"怠"大约又是"忌"的根本。浦起龙认为，"原"就是"从根显苗"，"毁者其苗，怠与忌者其根。古之君子不怠不忌，今之君子则怠与忌，而怠又忌之根也"（《古文眉诠》卷四六），或可切中此篇要旨。

在《原毁》中，韩愈对当时"事修而谤兴，德高而毁来"的社会现实痛心疾首，为士君子因毁谤丛生难以"望名誉之光，道德之行"而鸣不平。他寄希望"有作于上者"，能够认清毁谤根源，明辨毁谤之言并知人善任，进而治理好国家。此外，他关于古之君子"其责己也重以周，其待人也轻以约"的论断，与"不以其所能者病人，不以人之所不能者愧人"（《礼记·表记》）一脉相承，堪称为人处世的"座右铭"，值得当代人谨记与发扬。

师　说

〔唐〕韩愈

【题解】

唐时，流俗不重师道，正如柳宗元在《答韦中立论师道书》中所言："今之世不闻有师，有辄哗笑之，以为狂人。"韩愈不惧流俗，犯颜为师，作《师说》以倡言师道。然而，时人嘲讽指摘，贬损他为狂人，所谓"世果群怪聚骂，指目牵引，而增与为言辞"（柳宗元《答韦中立论师道书》）。即便是同道中人，如柳宗元对他大为同情，却也不敢为师当世，称"仆才能勇敢不如韩退之，故不为人师"（柳宗元《报严厚舆书》）。《师说》中言所收弟子为李蟠，他于贞元十九年（803）举进士，此文创作时间当不晚于此年。

古之学者必有师[1]。师者，所以传道、受业、解惑也[2]。人非生而知之者[3]，孰能无惑？惑而不从师，其为惑也，终不解矣。生乎吾前，其闻道也固先乎吾，吾从而师之；生乎吾后，其闻道也亦先乎吾，吾从而师之。吾师道也，夫庸知其年之先后生于吾乎[4]？是故无贵无贱，无长无少，道之所存，师之所存也。

嗟乎！师道之不传也久矣！欲人之无惑也难矣！古之圣人，其出人也远矣[5]，犹且从师而问焉。今之众人，其下圣人也亦远矣，而耻学于师。是故圣益圣，愚益愚。圣人之所以为圣，愚人之所以为愚，其皆出于此乎？爱其子，择师而教之，于其身也，则耻师焉。惑矣！彼童子之师，授之书而习其句读者[6]，非吾所谓传其道解其惑者也。句读之不知，惑之不解，或师焉，或不焉[7]，小学而大遗[8]，吾未见其明也。

巫医、乐师、百工之人[9]，不耻相师[10]。士大夫之族，曰师曰弟子云者，则群聚而笑之。问之，则曰："彼与彼年相若也，道相似也。位卑则足羞，官盛则近谀。"呜呼！师道之不复可知矣。巫医、乐师、百工之人，君子不齿，今其智乃反不能及，其可怪也欤！

圣人无常师。孔子师郯子、苌弘、师襄、老聃[11]。郯子之徒，其贤不及孔子。孔子曰[12]:"三人行,则必有我师。"是故弟子不必不如师,师不必贤于弟子。闻道有先后,术业有专攻,如是而已。

李氏子蟠[13],年十七,好古文,六艺经传皆通习之[14],不拘于时,学于余。余嘉其能行古道,作《师说》以贻之[15]。

《韩昌黎文集校注》卷一

【注释】

[1]学者:求学之人。 [2]传道、受业、解惑:指传授儒道、教授学业、解答疑惑。道,指修己治人的儒家道德。受,通"授",传授。业,以儒家经典为主的学业。惑,疑难问题,这里指儒道和经典中的疑惑。 [3]生而知之:《论语·季氏》:"生而知之者,上也;学而知之者,次也;困而学之,又其次之;困而不学,民斯为下矣。"韩愈在这里反用其意,以说明学习的重要性。 [4]夫庸知其年之先后生于吾乎:何必考虑他年龄比我大还是小呢。庸,用,在疑问句中表示何用。 [5]出:超出。 [6]句读(dòu 逗):也叫句逗,古时指文辞休止和停顿处。文意休止处为"句",文意未尽稍作停顿处为"读"。 [7]不:通"否"。 [8]小学而大遗:是说句读事小,解惑事大,学了句读这样的小学问,却丢掉了通晓治道这样的大学问。 [9]巫医、乐师、百工:巫,古时指以舞降神、能与天地鬼神沟通的人。在古代,巫师和行医之人不分,故有"巫医"之称。百工,各种手工匠人。此句代指下层劳动者。 [10]相师:拜别人为师。 [11]"孔子师"句:郯(tán 谈)子,春秋时郯国(今山东郯城境)国君,相传孔子曾向他请教少皞氏以鸟名官之事。苌(cháng 常)弘,东周敬王时大夫,相传孔子曾向他请教古乐之事。师襄,春秋时鲁国乐官,名襄,孔子曾向他学琴。老聃(dān 丹),即老子,春秋时楚人,相传孔子曾向他学习周礼。 [12]"孔子曰"三句:《论语·述而》:"子曰:'三人行,必有我师焉。择其善者而从之,其不善者而改之。'" [13]李氏子蟠(pán 盘):李蟠,唐德宗贞元十九年(803)进士。 [14]六艺经传:六经的经文和注解。六艺,六经,即《诗》、《书》、《礼》、《乐》、《易》、《春秋》六种儒家经典。传,注解经文之作。 [15]贻(yí 移):赠与,赠送。

【解析】

《师说》论述了从师的必要性和为师的标准,批判了当时社会流行的耻于从师的不良风气。"人非生而知之者",不可能不在学习和生活中产生困惑。有了困惑，就应该去请教师长。那么，何为"师"？"师"并非只是"授之书而习其句读"的童子之师，所谓"道之所存，师之所存也"，践行儒道之人方可为师。为师者要做到"传道、受业、解惑"，而不仅仅是教求学者一般的文学知识。

韩愈认为，不要因为"彼与彼年相若也，道相似也。位卑则足羞，官盛则近谀"就放弃从师之道，年龄、身份、地位乃至学识也不应该成为从师的障碍，只要他人有一点可取之处，便可从师而学。他还阐述了良好的师生关系，"学者必有师"，但并不是说弟子在道德和学问上永远落后于师长或者紧随师长之后，不追求超越和自我建树。正所谓"弟子不必不如师，师不必贤于弟子。闻道有先后，术业有专攻"。孔子尽管拜师郯子、苌弘、师襄和老聃，但他的成就在许多方面都超过了这些师长。《师说》中这种尊师重教的思想以及对师生关系的正确认识，值得当代教育学借鉴与思考。

捕蛇者说

〔唐〕柳宗元

【题解】

柳宗元（773—819）字子厚，河东（今山西永济）人，世称河东先生。唐贞元九年（793）进士及第，十四年登博学鸿词科，授集贤殿正字。贞元二十一年正月，唐顺宗即位，擢为礼部员外郎，参与王伾、王叔文推行的政治革新，加强中央集权，打击宦官、藩镇势力，史称"永贞革新"。同年八月，以俱文珍为首的宦官集团联合朝臣、藩镇，逼迫顺宗禅位李纯，是为唐宪宗，"永贞革新"宣告失败，参与者王伾、王叔文以及柳宗元、刘禹锡等八人均遭贬斥，史称"二王八司马"事件。九月，柳宗元初贬邵州刺史，再贬永州司马。元和十年（815）正月，召赴京师，三月，又出为柳州刺史。在柳州九年，卒于任所，人称"柳柳州"。《旧唐书》卷一六〇、《新唐书》卷一六八有传。自安史之乱（755）以来，朝廷和地方藩镇为了巩固自身实力，都加重赋税，增加了盐税、间架税、货物税等，百姓不堪重负，逃亡、流浪者日增。据李吉甫的《元和国计簿》统计，元和年间除了藩镇诸道外，税户只有天宝年间的四分之一，但赋税徭役却增加了三分之一，可见横征暴敛之甚。《捕蛇者说》是柳宗元任永州司马时所作，对当时的暴政提出了批评。

永州之野产异蛇[1]，黑质而白章[2]。触草木，尽死；以啮人，无御之者。然得而腊之以为饵[3]，可以已大风、挛踠、瘘、疠[4]，去死肌，杀三虫[5]。其始，太医以王命聚之，岁赋其二[6]；募有能捕之者，当其租入[7]。永之人争奔走焉。

有蒋氏者，专其利三世矣。问之，则曰："吾祖死于是，吾父死于是，今吾嗣，为之十二年，几死者数矣。"言之，貌若甚戚者。余悲之，且曰："若毒之乎？余将告于莅事者[8]，更若役，复若赋，则何如？"蒋氏大戚，汪然出涕曰："君将哀而生之乎[9]？则吾斯役之不幸[10]，未若复吾赋不幸之甚也。向吾不为斯役，则久已病矣[11]。自吾氏三世居是乡，积于今六十岁矣。而乡邻之生日蹙[12]，殚其地之出[13]，竭其庐之入，号呼而转徙，饥渴而顿踣[14]，触风雨，犯寒暑，呼嘘毒疠[15]，往往而死者相藉也[16]。曩与吾祖居者[17]，今其室十无一焉。与吾父居者，今其室十无二三焉。与吾居十二年者，今其室十无四五焉，非死而徙尔，而吾以捕蛇独存。悍吏之来吾乡，叫嚣乎东西[18]，隳突乎南北[19]，哗然而骇者，虽鸡狗不得宁焉。吾恂恂而起[20]，视其缶[21]，而吾蛇尚存，则弛然而卧[22]。谨食之，时而献焉。退而甘食其土之有，以尽吾齿。盖一岁之犯死者二焉，其馀则熙熙而乐，岂若吾乡邻之旦旦有是哉！今虽死乎此，比吾乡邻之死则已后矣，又安敢毒耶？"

余闻而愈悲。孔子曰："苛政猛于虎也[23]！"吾尝疑乎是，今以蒋氏观之，犹信。呜呼！孰知赋敛之毒有甚是蛇者乎？故为之说，以俟夫观人风者得焉[24]。

《柳宗元集》卷一六

【注释】

[1]永州：地名，今湖南零陵。　　[2]黑质而白章：黑底白花。　　[3]腊（xī 西）之以为饵：把蛇肉晾干作为药饵。腊，本指干肉，这里指晾干。　　[4]已大风、挛踠（luánwǎn 峦晚）、瘘（lòu 漏）、疠（lì 厉）：已，停止，这里指治愈。大风，麻风病。挛踠，手足痉挛。瘘，颈肿（淋巴结核）。疠，瘟疫。　　[5]三虫：蛔虫、姜片虫、蛲虫，泛指人体内的寄生虫。　　[6]岁赋其二：每年征收两次。　　[7]当其租入：指用蛇抵税。当，抵。　　[8]莅（lì 力）事者：指地方官。莅，掌管，治理。　　[9]哀而生之：可怜我，让我生存下去。　　[10]斯役：指捕蛇抵赋。　　[11]病：困苦不堪。　　[12]蹙（cù 醋）：窘迫。　　[13]殚（dān 丹）：竭尽。　　[14]顿踣（bó 博）：跌倒在地上。　　[15]疠：指疫疠之气，是具有传染性的致病邪气。　　[16]相藉：相互压着，言其多。　　[17]曩（nǎng 囊，上声）：从前。　　[18]叫嚣乎东西：到处呼喊。　　[19]隳（huī 灰）突：骚扰，横行霸道。　　[20]恂（xún 寻）恂：小心谨慎的样子。　　[21]缶（fǒu 否）：这里指装蛇的瓦罐。　　[22]弛然：放心的样子。　　[23]苛政猛于虎也：《礼记·檀弓下》："小子识之，苛政猛于虎也。"　　[24]俟：等待。人风：即民风，唐时避唐太宗李世民讳改。

【解析】

《捕蛇者说》以"毒"结构全篇，主要讲述了永州捕蛇人三代的不幸遭遇，得出"赋毒"比蛇毒更甚的结论，展现了中唐时期农村凋敝、百姓困苦的场景，揭露了朝廷赋税徭役的沉重，表达了一个知识分子对于社会下层民众的关怀。

柳宗元引用孔子之言"苛政猛于虎"，称"吾尝疑乎是"。然而，蒋氏一家三代捕蛇的惨痛经历，却让他对此深信不疑，并且有了更加深切的认识，即"赋敛之毒有甚是蛇者"。事实上，无论在春秋时期还是唐朝，无论暴政还是苛敛，都是对百姓和社会的巨大伤害。反之，"轻徭薄赋"、"与民休息"，则能促进社会发展。譬如汉朝初年，文帝、景帝秉行减轻杂税和徭役的国策，实行了"什五而税一"甚至"三十税一"的低税，到汉武帝时，社会已是相当富足，一如司马迁《史记·平准书》所言："民则人给家足，都鄙廪庾皆满，而府库馀货财。""前事不忘，后事之师。"历史的经验，值得后人记取。

种树郭橐驼传

〔唐〕柳宗元

【题解】

贞元十九年（803），柳宗元任监察御史里行。大约在此期间，他写下了这篇《种树郭橐驼传》。文章虽以"传"为名，但未必实有其人，这应该是一篇"设事明理"之作，主要针对的是当时官府繁政扰民的弊端，其中所表达的理念与"永贞革新"主张革除弊政是一致的。

郭橐驼[1]，不知始何名。病偻[2]，隆然伏行[3]，有类橐驼者，故乡人号之"驼"。驼闻之，曰："甚善，名我固当。"因舍其名，亦自谓橐驼云。

其乡曰丰乐乡[4]，在长安西。驼业种树，凡长安豪富人为观游及卖果者[5]，皆争迎取养[6]。视驼所种树，或移徙，无不活，且硕茂早实以蕃[7]。他植者虽窥伺效慕，莫能如也。

有问之，对曰："橐驼非能使木寿且孳也[8]，能顺木之天，以致其性焉尔。凡植木之性，其本欲舒[9]，其培欲平，其土欲故，其筑欲密。既然已[10]，勿动勿虑，去不复顾。其莳也若子[11]，其置也若弃[12]，则其天者全而其性得矣。故吾不害其长而已，非有能硕茂之也；不抑耗其实而已[13]，非有能早而蕃之也。他植者则不然，根拳而土易[14]，其培之也，若不过焉则不及[15]。苟有能反是者，则又爱之太恩，忧之太勤，且视而暮抚，已去而复顾，甚者爪其肤以验其生枯[16]，摇其本以观其疏密，而木之性日以离矣。虽曰爱之，其实害之；虽曰忧之，其实仇之。故不我若也，吾又何能为哉！"

问者曰："以子之道，移之官理[17]，可乎？"驼曰："我知种树而已，理，非吾业也。然吾居乡，见长人者好烦其令[18]，若甚怜焉[19]，而卒以祸。且暮吏来而呼曰：'官命促尔耕，勖尔植[20]，督尔获。早缫而绪[21]，早织而缕，字而幼孩[22]，遂而鸡豚[23]。'鸣鼓而聚之，击木而召之[24]。吾小人辍飧饔以劳吏者[25]，且不得暇，又何以蕃吾生而安吾性耶？故病且怠。若是，则与吾业者其亦有类乎？"

问者曰："嘻[26]，不亦善夫！吾问养树，得养人术。"传其事以为官戒。

　　　　　　　　　　　　　　　　　　　　　　《柳宗元集》卷一七

【注释】

[1]橐（tuó 驼）驼：骆驼。　　[2]瘘（lǚ 吕）：通"偻"，脊背弯曲，即驼背。　　[3]隆然伏行：指因驼背而弯腰行走。　　[4]丰乐乡：或即长安（今陕西西安）丰乐坊，位于朱雀门街西。　　[5]为观游：经营观赏游览之业。　　[6]争迎取养：争相接引雇佣。　　[7]早实以蕃：早结果而且繁多。蕃，多。　　[8]寿且孳（zī 滋）：寿命长久且枝繁叶茂。孳，滋生，繁殖。　　[9]"其本欲舒"四句：指植树要注意树根舒展，培土平整，要用育苗时的旧土，并要捣结实。本，树根。筑，捣土。　　[10]已：完成，完毕。　　[11]其莳（shì 是）也若子：是说移栽树木时就像养育子女一样精心。莳，种植，栽种。　　[12]其置也若弃：将树放在一边就像丢弃了一样。　　[13]"不抑耗其实而已"二句：是说不抑制、耗损它的果实罢了，并非有能力让它早熟且果实繁多。　　[14]根拳而土易：树根蜷曲且更换新土。　　[15]若不过焉则不及：是说培土不是过多就是不够。　　[16]爪其肤：抓破树皮。爪，抓，掐。　　[17]官理：为官治民之事。理，治理。　　[18]长（zhǎng 掌）人者好烦其令：地方官不断发布政令。长人者，地方官。烦，繁多。　　[19]怜：爱怜。　　[20]勖（xù 旭）：勉励。　　[21]"早缫（sāo 骚）而绪"二句：早些缫丝，早些纺线。缫，煮茧抽丝。而，通"尔"，你。　　[22]字：抚养，养育。　　[23]遂而鸡豚（tún 屯）：喂好你的鸡和猪。遂，顺遂，顺利地完成。　　[24]木：木柝（tuò 唾），木梆子。　　[25]吾小人辍飧饔（sūnyōng 孙庸）以劳吏者：我们这些小百姓顾不上吃饭而去犒劳官吏。辍，停止。飧，晚饭。饔，早饭。　　[26]嘻：一本作"喜"。

【解析】

《种树郭橐驼传》是一篇寓言性的政论文。它借郭橐驼之口，讲述了正确的种树之道就是"顺木之天，以致其性"，具体培植时则需"其莳也若子，其置也若弃"。木之本性，"其本欲舒，其培欲平，其土欲故，其筑欲密"，因此移栽时要全其天性，细心呵护。而后便可放手，让树木自由生长。"他植者"之所以不成功，便是因为他们要么培植时不够认真细致，要么养护时太过关心宠爱，最终使"木之性日以离矣"，不能正常生长。这种全其天性、适时放手的养育观念，对当代教育有所启发。

文章还将种树之道，移至治国。其时，"长人者好烦其令"，官吏旦暮来呼，常"鸣鼓而聚之，击木而召之"。这繁杂的政令"若甚怜焉，而卒以祸"，使百姓无暇休息，"故病且怠"。柳宗元虽未明言，但字里行间表现出对当时繁政扰民的社会现实的批判，也渗透着简政放权、与民休息的治国理念。文章结尾称"传其事以为官戒"，此事亦应为后世之官戒。

阿房宫赋

〔唐〕杜牧

【题解】

杜牧（803—852？）字牧之，号樊川居士，京兆万年（今陕西西安）人，中唐宰相杜佑之孙。唐文宗大和二年（828）进士及第，唐宣宗大中六年（852），卒于中书舍人任上。《旧唐书》卷一四七、《新唐书》卷一六六有传。杜牧博通经史，好谈兵，其诗文颇多忧国忧民之篇。现存杜牧的诗文集主要有《四部丛刊》影印明翻宋刊本《樊川文集》、景苏园影宋本、朝鲜刻本《樊川文集夹注》以及清人冯集梧《樊川诗集注》。本文作于唐敬宗宝历元年（825），据杜牧《上知己文章启》："宝历大起宫室，广声色，故作《阿房宫赋》。"这说明该篇是针砭现实、感时寓怀之作。

六王毕[1]，四海一。蜀山兀[2]，阿房出[3]。覆压三百馀里，隔离天日。骊山北构而西折[4]，直走咸阳。二川溶溶[5]，流入宫墙。五步一楼，十步一阁。廊腰缦回[6]，檐牙高啄[7]。各抱地势，钩心斗角[8]。盘盘焉，囷囷焉[9]，蜂房水涡[10]，矗不知乎几千万落[11]，长桥卧波，未云何龙？复道行空[12]，不霁何虹[13]？高低冥迷，不知东西。歌台暖响，春光融融；舞殿冷袖，风雨凄凄。一日之内，一宫之间，而气候不齐。

妃嫔媵嫱[14]，王子皇孙，辞楼下殿，辇来于秦，朝歌夜弦，为秦宫人。明星荧荧[15]，开妆镜也；绿云扰扰，梳晓鬟也；渭流涨腻，弃脂水也；烟斜雾横，焚椒兰也。雷霆乍惊，宫车过也，辘辘远听，杳不知其所之也。一肌一容，尽态极妍，缦立远视[16]，而望幸焉；有不见者，三十六年[17]。

燕、赵之收藏，韩、魏之经营，齐、楚之精英，几世几年，剽掠其人[18]，倚叠如山。一旦不能有，输来其间。鼎铛玉石[19]，金块珠砾，弃掷逦迤，秦人视之，亦不甚惜。嗟乎！一人之心，千万人之心也。秦爱纷奢，人亦念其家。奈何取之尽锱铢，用之如泥沙？使负栋之柱，多于南亩之农夫；架梁之椽，多于机上之工女；钉头磷磷[20]，多于在庾之粟粒[21]；瓦缝参差，多于周身之帛缕；直栏横槛，多于九土之城郭；管弦呕哑[22]，多于市人之言语。使天下之人，不敢言而敢怒；独夫之心，日益骄固。戍卒叫[23]，函谷举[24]，楚人一炬[25]，可怜焦土。

　　灭六国者[26]，六国也，非秦也。族秦者，秦也，非天下也。嗟乎！使六国各爱其人，则足以拒秦；使秦复爱六国之人，则递三世可至万世而为君[27]，谁得而族灭也？秦人不暇自哀，而后人哀之；后人哀之而不鉴之，亦使后人而复哀后人也。

《樊川文集》卷一

【注释】

　　[1]六王：指楚、齐、燕、韩、赵、魏六国的君主，这里借指六国。[2]兀：高而平的样子。这里是说四川一带的山光秃秃的，木材都被砍伐光了。　　[3]阿房（ēpáng　婀旁）：阿房宫，故址在今陕西西安西南阿房村。　　[4]骊山：在今陕西西安临潼东南，原为骊戎所居。　　[5]二川：指沣水和樊川，一说指沣水和潏水。溶溶：水流很大的样子。　　[6]廊腰：连接宫殿楼阁的回廊，就像人的腰线。　　[7]檐牙高啄：形容宫殿的屋檐翘起如鸟儿仰首欲啄。　　[8]钩心斗角：宫室向中心区攒聚，檐牙屋角对峙凑合。形容阿房宫建筑的交错和精巧。　　[9]囷（qūn　裙，阴平）囷焉：曲折回旋的样子。　　[10]蜂房水涡：形容宫殿像蜂房一样多，如水涡一样回旋。　　[11]矗（chù　触）：高耸。落：院落。　　[12]复道：楼阁间相连接的通道，架空如桥，婉转如虹。　　[13]霁（jì　寄）：雨过初晴。　　[14]妃嫔媵嫱（yìngqiáng　映墙）：泛指六国的后妃宫人。　　[15]荧荧：晶莹闪烁。　　[16]缦（màn　曼）立：久立。　　[17]三十六年：秦始皇在位三十六年。意思是说，有的宫人终秦始皇一朝，都没有见过皇帝。　　[18]剽掠其人：指前面所说燕、赵、韩、魏、齐、楚六国。　　[19]"鼎铛（chēng　撑）玉石"二句：视宝鼎如饭锅，美玉如石头，黄金如土块，珍珠如砂石。　　[20]磷磷：色彩鲜明的样子。　　[21]庾：谷仓。　　[22]呕哑：声音嘈杂。　　[23]戍卒叫：这里指陈胜、吴广起义。秦二世元年（前209）秋，秦朝廷征发九百余名戍卒前往渔阳戍边，因途中遇到大雨，不能按时到达，按律当斩。陈胜、吴广决定在大泽乡起义，振臂一呼，天下响应。　　[24]函谷举：函谷关被攻克。汉元年（前206）十月，刘邦攻克函谷关，秦朝随之灭亡。　　[25]楚人一炬：项羽攻占咸阳，放火焚烧宫室，大火三月不灭。不过当代考古发掘证明，项羽

并没有烧阿房宫，作者在这里用以泛指包括阿房宫在内的秦宫室。 [26]灭六国者：《唐文粹》此句前有"呜呼"二字。 [27]三世：指从秦始皇嬴政到秦二世胡亥，再到秦王子婴，历经三世。

【解析】

《阿房宫赋》作于唐敬宗宝历元年（825），杜牧时年22岁。杜牧在其《上知己文章启》称："宝历大起宫室，广声色，故作《阿房宫赋》。"可见该赋借古讽今，直接针砭的是唐敬宗大兴宫室、沉湎声色的时弊。

根据《史记》记载，秦始皇在三十五年（前212）始建阿房宫，三十七年（前210）死于东巡途中。至秦二世元年（前209）四月"复作阿房宫"，同年七月陈胜、吴广起义，第三年秦二世便自杀了。所以，阿房宫并未建成。尽管阿房宫修建的时间历时不到四年，但是毕竟耗费了秦朝大量的人力、物力和财力，进一步加速了秦朝的灭亡。

该赋正面明写阿房宫，暗则以秦与六国的对比为伏脉，从开始的"六王毕，四海一"，到最后的"灭六国者，六国也，非秦也。族秦者，秦也，非天下也"，前后呼应，收放自如。

文章的最后一段是主题所在。六国的国君正因为"几世几年，剽掠其人，倚叠如山"，只知道横征暴敛，所以为秦所灭；而"秦爱纷奢"，暴民取材，最终还是重蹈了六国覆灭的结局，三世而亡。今之视昔，正如后之视今，唯有珍惜民力，严戒骄奢，才能使江山永固、国家不败。与贾谊的《过秦论》、苏洵的《六国论》相比，《阿房宫赋》揭示的"爱人（民）"主题更为深刻。

据明人李东阳的《怀麓堂诗话》说："苏子瞻在黄州，夜诵《阿房宫赋》数十遍，每遍必称好，非其诚有所好，殆不至此。"这段话在今天也是值得好好体味的。

僧玄奘传

〔五代后晋〕刘昫等

【题解】

玄奘（600？—664，《旧唐书》本传作606—661），俗姓陈，名祎。唐代洛州缑氏（今河南偃师）人。《旧唐书》卷一九一有传。玄奘出生于儒学世家（道宣《续高僧传·唐京师大慈恩寺释玄奘传》、慧立《大慈恩寺三藏法师传》），出家后遍访名师。贞观三年（629），玄奘历经艰难、西行求法，在印度佛学中心那烂陀寺从戒贤法师学，曾任戒日王曲女城论难大会论主，十八日无人能发难。贞观十九年（645），玄奘学成归国，带回佛经六百五十七部，并将西行经历写成《大唐西域记》。玄奘在唐太宗、高宗的支持下，组织译场，利用自己在语言上兼通华梵、在学问上对印度各教派以及佛教各部派都有深入研究的优势，融会直意自创新风，从贞观十九年（645）到龙朔三年（663），十九年间译佛经七十五部，一千三百三十一卷。玄奘不但忠实迻译，开启了佛经翻译史的新时代，还引入新知，以印度唯识学为基础创立了中国佛教的法相唯识宗。玄奘的西行经历、翻译与创宗活动，为古代中国与印度的文化交流，以及中华文明吸收外来文化作出了重要贡献。

　　僧玄奘，姓陈氏，洛州偃师人。大业末出家[1]，博涉经论[2]。尝谓翻译者多有讹谬，故就西域，广求异本以参验之[3]。贞观初[4]，随商人往游西域。玄奘既辩博出群，所在必为讲释论难，蕃人远近咸尊伏之。在西域十七年，经百馀国，悉解其国之语，仍采其山川谣俗，土地所有，撰《西域记》十二卷。贞观十九年，归至京师。太宗见之，大悦，与之谈论。于是诏将梵本六百五十七部于弘福寺翻译，仍敕右仆射房玄龄、太子左庶子许敬宗，广召硕学沙门五十馀人[5]，相助整比[6]。

　　高宗在东宫，为文德太后追福，造慈恩寺及翻经院[7]，内出大幡[8]，敕《九部乐》及京城诸寺幡盖众伎[9]，送玄奘及所翻经像、诸高僧等入住慈恩寺。显庆元年[10]，高宗又令左仆射于志宁，侍中许敬宗,中书令来济、李义府、杜正伦,黄门侍郎薛元超等,共润色玄奘所定之经,国子博士范义硕、太子洗马郭瑜、弘文馆学士高若思等,助加翻译。凡成七十五部,奏上之。后以京城人众竞来礼谒,玄奘乃奏请逐静翻译[11],敕乃移于宜君山故玉华宫。六年卒,时年五十六[12],归葬于白鹿原[13],士女送葬者数万人。

《旧唐书》卷一九一

【注释】

[1]大业:隋炀帝杨广年号(605—618)。　　　　[2]经论:佛教典籍分为经、律、论三大类。　　　[3]异本:不同的写本。　　　[4]贞观:唐太宗李世民年号(627—649)。　　　[5]硕学:饱学之士。沙门:梵文音译"沙门那"的略称,意译"勤劳"、"贫道"等,指佛教徒。　　　[6]整比:整饬排比。　　　[7]慈恩寺:寺中有塔,即今陕西西安大雁塔。　　　[8]大幡:招引亡灵的旗帜。　　　[9]敕:皇帝的诏书、命令。九部乐:隋唐的宫廷大乐。《隋书·音乐志下》:"大业中,炀帝乃定清乐、西凉、龟兹、天竺、康国、疏勒、安国、高丽、礼毕,以为九部。"唐初有所损益,但大体不变。伎:歌女。　　　[10]显庆元年:即656年。　　　[11]逐静:求取安静。　　　[12]年五十六:关于玄奘享年问题,有五十六、六十三、六十五、六十九诸说。六十五岁说初见于道宣《续高僧传》,后来《开元录》、《贞元录》皆沿袭此说,影响较大。杨廷福《玄奘年谱》、季羡林等《大唐西域记校注》皆从之。　　　[13]白鹿原:今陕西蓝田西。

【解析】

唐代关于玄奘的传记有三种,分别是冥详《大唐故三藏玄奘法师行状》一卷,道宣《唐京师大慈恩寺释玄奘传》(《续高僧传》卷四),慧立原本、彦悰撰定《大慈恩寺三藏法师传》十卷。尽管这三种传记详略有别,但比起修撰于五代后晋的《旧唐书·方伎传》所载的玄奘传,其记事更早更翔实。不过《旧唐书》对这些第一手传记资料进行了剪裁,呈现出的文字突出了两方面内容:第一,玄奘撰写《大唐西域记》;第二,玄奘译经活动已经成为一种国家行为。

玄奘可谓是对印度风土人情了解最深的唐人,他代表了唐王朝投向中亚、南亚大陆的目光。《大慈恩寺三藏法师传》记载太宗初见玄奘,迫切询问的乃是域外的物产风俗，无关佛教。贞观二十年（646），在归国仅一年后，玄奘就撰写《大唐西域记》奏进，正说明了太宗急于借助玄奘以了解唐帝国之外的世界。《旧唐书》本传对此事的重视，也敏锐地反映出那个时代中华文明渴望了解外部世界的诉求。历史上译经的高僧大德为数不少，何以玄奘名声最盛？如果说玄奘的西行取经还属于个人行为，那么在他归国之后，已经自觉地将个人的宗教活动与国家事务很好地结合起来。玄奘曾说"不依国主，则法事不立"，明确点出宗教问题上个人的坚守与国家支持的交相为用。从《旧唐书》本传的记载来看，玄奘译经获得唐王朝太宗、高宗两代皇帝在物质条件和人力资源上的大力支持，成为了一种国家行为。在古代信息交流不便的历史条件下，玄奘倾其一生，舍身求法，致力于不同文化之间的译介交流事业，这一行为获得了唐王朝的认可与支持。这说明中华文明的传承与发展，不但包含了本国民族对自我文化的保护与延续，也包含了对不同国家、不同民族文化的相互借鉴、吸收与融汇。道宣《唐京师大慈恩寺释玄奘传》说："翻译之功，诚远大矣。"可谓有识之论。

待漏院记

〔北宋〕王禹偁

【题解】

王禹偁（chēng 撑。954—1001）字元之，济州钜野（今属山东）人。太平兴国八年（983）进士。历直史馆、知制诰、翰林学士。咸平元年（998），出知黄州。四年，移知蕲州，卒。著有《小畜集》。《宋史》卷二九三有传。

漏是古代以滴水计时的器具，待漏指的是宰相和大臣们等待到一定时间上朝，待漏院就是等待官门开门上朝之所。宋朝的待漏院设在宫城左掖门南。凡早朝，自宰相以下都得在四更鼓起身入皇城门，齐聚于宫门前之待漏院，等待官门开启。《待漏院记》一文作于宋太宗雍熙四年（987）冬，时作者由苏州长洲县召入，次年正月，以大理评事为右拾遗。这篇文章便作于京都开封。

天道不言[1]，而品物亨、岁功成者[2]，何谓也？四时之吏[3]，五行之佐[4]，宣其气矣[5]。圣人不言，而百姓亲、万邦宁者，何谓也？三公论道[6]，六卿分职[7]，张其教矣[8]。是知君逸于上，臣劳于下，法乎天也[9]。古之善相天下者[10]，自咎、夔至房、魏[11]，可数也。是不独有其德，亦皆务于勤尔[12]。况夙兴夜寐[13]，以事一人[14]。卿大夫犹然[15]，况宰相乎！

朝廷自国初因旧制，设宰臣待漏院于丹凤门之右[16]，示勤政也。至若北阙向曙[17]，东方未明，相君启行[18]，煌煌火城[19]。相君至止，哕哕銮声[20]。金门未辟[21]，玉漏犹滴[22]，彻盖下车[23]，于焉以息[24]。

待漏之际，相君其有思乎[25]：其或兆民未安[26]，思所泰之[27]；四夷未附[28]，思所来之[29]；兵革未息[30]，何以弭之[31]；田畴多芜[32]，何以辟之[33]；贤人在野，我将进之；佞臣立朝[34]，我将斥之。六气不和[35]，灾眚荐至[36]，愿避位以禳之[37]；五刑未措[38]，欺诈日生，请修德以厘之[39]。忧心忡忡，待旦而入。九门既启[40]，四聪甚迩[41]。相君言焉，时君纳焉。皇风于是乎清夷[42]，苍生以之而富庶。若然，总百官[43]，食万钱，非幸也[44]，宜也。

其或私仇未复，思所逐之；旧恩未报，思所荣之；子女玉帛，何以致之；车马器玩，何以取之；奸人附势，我将陟之[45]；直士抗言[46]，我将黜之[47]。三时告灾，上有忧色，构巧词以悦之；群吏弄法，君闻怨言，进谄容以媚之。私心慆慆[48]，假寐而坐[49]，九门既开，重瞳屡回[50]。相君言焉，时君惑焉[51]。政柄于是乎隳哉[52]，帝位以之而危矣！若然，则死下狱，投远方，非不幸也，亦宜也。

是知一国之政，万人之命，悬于宰相，可不慎欤！复有无毁无誉，旅进旅退[53]，窃位而苟禄[54]，备员而全身者，亦无所取焉。棘寺小吏王某为文[55]，请志院壁，用规于执政者[56]。

《王黄州小畜集》卷一六

【注释】

[1]天道：天地自然。　　[2]品物：万物。亨：通达，这里指万物成长。岁功：每年的农业收成。　　[3]四时之吏：掌管四季的天神。周朝以四时设官，有春官、夏官、秋官、冬官，与"法乎天"的理念相应。　　[4]五行之佐：掌管金、木、水、火、土五行的神相辅佐。古代阴阳家认为四时的变化是五行生克运动的结果。　　[5]宣其气矣：古人认为自然界的运转是由一种"气"在促动。宣，疏导。　　[6]三公：周朝已有此称，西汉今文经学家据《尚书大传》、《礼记》等书，认为三公指司马、司徒、司空，而古文经学家则据《周礼》，认为三公指太师、太傅、太保。这里泛指最高长官。　　[7]六卿：《周礼》执政官分为六官，亦称"六卿"。后世往往称吏、户、礼、兵、刑、工六部尚书为六卿。　　[8]张其教：发扬教化之功。　　[9]法乎天：取法于天道自然。　　[10]相（xiàng　象）：辅助。　　[11]咎、夔（kuí　葵）：皋陶（gāoyáo　高摇）和后夔，舜时贤臣。咎，通"皋"。房、魏：房玄龄和魏徵，唐朝的名相。　　[12]务于勤：谓勤政，忠于职守。　　[13]夙兴夜寐：早起晚睡。　　[14]一人：指皇帝。　　[15]"卿大夫犹然"二句：意谓连卿大夫们都应该勤勉从政，何况职位更高、责任更重的宰相呢！　　[16]丹凤门：宫城的正南门。宋宫城南有三门，中为乾元，改丹凤，东为左掖，西为右掖。　　[17]北阙：皇帝接见群臣的地方。阙，宫门前两边供

瞭望的楼。 [18]相君：宰相。 [19]火城：古代朝会时，百官先集，宰相后到，列烛达数百柱，叫作火城。 [20]哕（huì 绘）哕：形容铃声。銮声：铃声。 [21]未辟：还没有开。 [22]玉漏犹滴：上朝时间还没有到。 [23]彻盖：彻，通"撤"。盖，车盖。 [24]于焉：在此。 [25]其：句中语气词，大概。 [26]兆民：百姓。 [27]泰之：使（百姓）安泰。 [28]四夷：四方的少数民族。 [29]来：招徕。 [30]兵革：指战争。兵，兵器。革，盔甲。 [31]弭（mǐ 米）：平息。 [32]田畴：田地。 [33]辟：开辟，垦殖。 [34]佞（nìng 泞）臣：小人，奸邪之臣。 [35]六气：指阴、阳（晴）、风、雨、晦、明六种天气。 [36]眚（shěng 生，上声）：灾祸。荐：一再，屡次，接连。 [37]愿避位以禳（ráng 瓤）之：愿意解除官职来祈求上天消除灾殃。 [38]五刑：轻重不等的五种刑罚。上古时指墨（在额头上刻字涂墨）、劓（yì 义。割鼻子）、剕（fèi 沸。也作腓，砍脚）、宫（割除生殖器）、大辟（死刑）。中古时五刑分别为笞、杖、徒、流、死。对于女性犯人，五刑则是指刑舂（chōng 充）、拶（zǎn 攒）刑、杖刑、赐死、宫刑。措：放下，废止。 [39]厘：整理，矫正。 [40]九门：泛指宫门。 [41]四聪其迩：是说能听到四面八方的信息。《尚书·舜典》："明四目，达四聪。"孔颖达疏："明四方之目，使为己远视四方也；达四方之聪，使为己远听闻四方也。"迩，近。 [42]皇风于是乎清夷：国家的政治风气由此清明平静。 [43]总：统辖。 [44]"非幸也"二句：不是侥幸得来的，而是理应如此的。 [45]陟（zhì 至）：提升，使（奸人）能爬到高位。 [46]直士抗言：正直的人直言指摘。 [47]黜（chù 触）：贬抑。 [48]慆（tāo 掏）慆：纷乱众多。 [49]假寐：不脱衣冠而睡。 [50]重瞳：相传舜的眼睛有两个瞳子，这里代指皇帝。屡回：屡屡顾视。 [51]惑：被（宰相之言）迷惑。 [52]政柄于是乎隳（huī 灰）哉：国家政权由此败坏了。隳，毁坏。 [53]旅进旅退：随众人一同进退。 [54]窃位而苟禄：窃取高位，苟求厚禄。 [55]棘寺小吏：棘寺，大理寺（管理司法刑狱的机构）的别称。小吏，当时王禹偁为大理评事（依法议出初判，提交寺丞覆议，正八品）。 [56]用：以。

【解析】

我国古代的知识分子有着心忧天下的优良传统，修身、齐家、治国、平天下是他们理想的人生模式。王禹偁就是这样一位正统的儒家知识分子。《待漏院记》中间两大段关于贤相和奸相的表述，将二者的内心世界，以及他们的所作所为对国家政事可能产生的不同影响，鲜明地呈现在读者眼前。

　　全文以"勤"字开端，"思"字点题，"慎"字总结，论述如同剥笋，层层深入，脉络清晰，褒贬分明，一气贯注。"勤"、"思"、"慎"三个字是全文的线索，也是全文的三个逻辑层次，更是作者强调的宰相大臣们应该遵行的三个行为准则，即勤于政、思于民、慎于行。作者希望他们关怀民生疾苦，安定社会秩序，发展农业生产，实行贤明吏治。文章反映了作者对现实政治的关切、忧虑和他的政治理想，表现了一位正直、热心的知识分子的家国情怀。结尾处"棘寺小吏王某为文，请志院壁，用规于执政者"，其心昭昭，日月可鉴。难怪清代余诚评价此文说："篇末自署其官以及姓名，亦见敬谨之意，而用规一语，尤觉一片婆心，千载如揭，宜昔人称为垂世立教之文。"（《重订古文释义新编》卷八）

岳阳楼记

〔北宋〕范仲淹

【题解】

范仲淹（989—1052）字希文，苏州吴县（今江苏苏州）人。宋大中祥符八年（1015）进士。身历真宗、仁宗两朝，官至枢密副使、参知政事。《宋史》卷三一四有传。庆历三年（1043），范任参知政事，与杜衍、韩琦、富弼同时执政，条奏十项改革政见，仁宗颁行全国，时称"庆历新政"。后被诬为"朋党"，遂自请外任，出为陕西、河东宣抚使。五年，徙知邓州（今属河南）。此时，他的同年好友滕宗谅（991？—1047，字子京），也于上一年被贬知岳州（今湖南岳阳）。滕在岳州励精图治，重修了江南名胜岳阳楼，并嘱托范仲淹为重修之事作记，于是范仲淹便有感而发，写下了这篇广为后人传诵的《岳阳楼记》。岳阳楼今在湖南岳阳，宋时为岳州巴陵郡城西门楼，下可俯瞰洞庭湖，景物宽广。

庆历四年春[1]，滕子京谪守巴陵郡[2]。越明年[3]，政通人和，百废具兴，乃重修岳阳楼，增其旧制[4]，刻唐贤、今人诗赋于其上，属予作文以记之[5]。

予观夫巴陵胜状，在洞庭一湖。衔远山，吞长江，浩浩汤汤[6]，横无际涯，朝晖夕阴，气象万千。此则岳阳楼之大观也，前人之述备矣[7]。然则北通巫峡[8]，南极潇湘[9]，迁客骚人[10]，多会于此[11]，览物之情，得无异乎[12]？若夫霪雨霏霏[13]，连月不开[14]，阴风怒号，浊浪排空，日星隐耀，山岳潜形，商旅不行，樯倾楫摧，薄暮冥冥[15]，虎啸猿啼。登斯楼也，则有去国怀乡，忧谗畏讥，满目萧然[16]，感极而悲者矣。至若春和景明[17]，波澜不惊，上下天光，一碧万顷，沙鸥翔集，锦鳞游泳，岸芷汀兰，郁郁青青。而或长烟一空，皓月千里，浮光跃金[18]，静影沉璧，渔歌互答，此乐何极！登斯楼也，则有心旷神怡，宠辱偕忘[19]，把酒临风，其喜洋洋者矣。

嗟夫！予尝求古仁人之心，或异二者之为。何哉？不以物喜[20]，不以己悲[21]。居庙堂之高[22]，则忧其民；处江湖之远[23]，则忧其君。是进亦忧，退亦忧，然则何时而乐耶？其必曰"先天下之忧而忧，后天下之乐而乐"乎[24]？噫！微斯人[25]，吾谁与归！

时六年九月十五日[26]。

《范文正公集》卷八

【注释】

[1]庆历四年：即公元1044年。庆历是宋仁宗赵祯所用年号之一。[2]谪：贬官。滕宗谅与范仲淹同年举进士，宗谅被劾在泾州任上费公钱十六万贯，仲淹时为参知政事，力救之，只降一官，由庆州（今甘肃庆阳）改知虢州（今河南灵宝），再徙岳州。见《宋史》卷三○三《滕宗谅传》。　　[3]越明年：到了第二年，指庆历五年（1045）。　　[4]旧制：原有的规模形制。　　[5]属：同"嘱"，嘱托。　　[6]汤（shāng 商）汤：水大流急的样子。　　[7]前人之述备矣：是说此前关于岳阳楼的诗文题咏甚多，如唐李白《与夏十二登岳阳楼》、杜甫《登岳阳楼》、白居易《题岳阳楼》之类。备，完备。　　[8]巫峡：长江三峡之一，在今重庆巫山与湖北巴东之间。　　[9]南极潇湘：是说南到湘水的尽头。湘水别称潇湘。　　[10]迁客：指遭贬谪而迁徙的人。骚人：指诗人（因屈原作有《离骚》而得名）。　　[11]多：一本作"都"。　　[12]得无：意思是能不、该不会。得，能。无，不。　　[13]若夫：发语词，无义。霪：是说雨多。　　[14]月：一本作"日"。　　[15]薄暮冥冥：是说傍晚时分，天色昏暗。薄，迫近。　　[16]萧然：冷清落寞的样子。　　[17]景：日光。　　[18]跃：一本作"耀"。　　[19]偕：一本作"皆"。　　[20]物：外物，指身处的环境。　　[21]己：指一己之得失。　　[22]庙堂：指在朝廷为官。　　[23]江湖：指下野外放。　　[24]乎：一本作"欤"。　　[25]微：用在假设句之首，意思是说假如没有。斯人：那个人，指前面所说的"古仁人"。　　[26]六年：即庆历六年（1046）。

【解析】

《岳阳楼记》开头用"谪守"二字，点明滕子京的身份与处境。范与滕不仅有同年之谊，而且范自身也正处在外放中，所以他对滕的感受充满同情与理解，接到为楼作记的邀约，便想借机对滕有所劝勉，同时向世人表达自己的处世胸怀。接下来写洞庭湖景物，用一阴一晴、一悲一喜，互为对照，然后由景入情，写出忧国忧民的情怀："不以物喜，不以己悲。居庙堂之高，则忧其民；处江湖之远，则忧其君"，"先天下之忧而忧，后天下之乐而乐。"

"不以物喜，不以己悲"，是说为人的态度，不应为外物所左右，不应计较一己得失，必须坚守自己的信仰和操守。"居庙堂之高，则忧其民；处江湖之远，则忧其君"，是说从政的态度。当高居庙堂之上在朝廷做官时，应当为人民而忧虑，关心国计民生；当退居江湖远离朝政时，应当为君主而忧虑，关心国家安危兴衰。"先天下之忧而忧，后天下之乐而乐"，说的是处理自己和天下的准则。人皆有忧乐，为何而忧，为何而乐，何时当忧，何时当乐，体现出不同的政治品格和人生追求。范仲淹提出"先天下之忧而忧，后天下之乐而乐"，为后人树立了一个高尚的人生典范。

欧阳修为范仲淹写有《神道碑铭》，其中说范少有大节，慨然有志于天下，富贵贫贱、毁誉欢戚都未能令他动摇。他经常自诵的座右铭就是："士当先天下之忧而忧，后天下之乐而乐也。"可见范仲淹在《岳阳楼记》中所发的议论，并非一时的感慨，而是他毕生的志愿。

六国论

〔北宋〕苏洵

【题解】

　　苏洵（1009—1066）字明允，眉州眉山（今属四川）人。苏洵与二子苏轼、苏辙合称"三苏"。嘉祐五年（1060）苏洵以欧阳修荐，除秘书省校书郎。六年，为霸州文安县主簿。参与修纂欧阳修主持的《太常因革礼》一百卷。治平二年（1065），书成。次年春，病卒。《宋史》卷四四三有传。本文是苏洵于皇祐三年（1051）至嘉祐元年（1056）间所撰《权书》十篇的第八篇，嘉祐元年曾由欧阳修进呈仁宗，原名《六国》，今从历代选本作《六国论》。苏洵之文以史论见长，既延续了宋初学术重史论的传统，又能参以《孟子》，具有纵厉宏博的气势。《六国论》借六国赂秦而终为其所灭的史实，讽喻北宋真宗景德元年（1004）签订"澶渊之盟"向辽岁输银绢及仁宗庆历二年（1042）"定川之败"后与西夏议和输币、与辽增岁币的外交政策，提出应以自强御外，不应以贿敌企求苟安，其忧患意识，爱国情怀，昭然可感。

　　六国破灭，非兵不利，战不善，弊在赂秦。赂秦而力亏，破灭之道也。或曰："六国互丧，率赂秦耶？"曰："不赂者以赂者丧。盖失强援，不能独完，故曰弊在赂秦也。"秦以攻取之外，小则获邑[1]，大则得城。较秦之所得，与战胜而得者，其实百倍。诸侯之所亡，与战败而亡者，其实亦百倍。则秦之所大欲，诸侯之所大患，固不在战矣。

　　思厥先祖父暴霜露[2]，斩荆棘，以有尺寸之地。子孙视之不甚惜，举以予人，如弃草芥[3]。今日割五城，明日割十城，然后得一夕安寝。起视四境，而秦兵又至矣。然则诸侯之地有限，暴秦之欲无厌[4]，奉之弥繁，侵之愈急。故不战而强弱胜负已判矣。至于颠覆，理固宜然。古人云："以地事秦[5]，犹抱薪救火，薪不尽，火不灭。"此言得之。

　　齐人未尝赂秦[6]，终继五国迁灭，何哉？与嬴而不助五国也。五国既丧，齐亦不免矣。燕、赵之君，始有远略，能守其土，义不赂秦。是故燕虽小国而后亡，斯用兵之效也。至丹以荆卿为计[7]，始速祸焉。赵尝五战于秦[8]，二败而三胜。后秦击赵者再，李牧连却之。洎牧以谗诛，邯郸为郡，惜其用武而不终也。且燕、赵处秦革灭殆尽之际[9]，可谓智力孤危，战败而亡，诚不得已。向使三国各爱其地，齐人勿附于秦，刺客不行，良将犹在，则胜负之数，存亡之理，当与秦相较，或未易量。

　　呜呼！以赂秦之地封天下之谋臣，以事秦之心礼天下之奇才，并力西向，则吾恐秦人食之不得下咽也。悲夫！有如此之势，而为秦人积威之所劫[10]，日削月割，以趋于亡。为国者无使为积威之所劫哉！夫六国与秦皆诸侯，其势弱于秦，而犹有可以不赂而胜之之势。苟以天下之大，下而从六国破亡之故事，是又在六国下矣。

《嘉祐集笺注》卷三

【注释】

　　[1]邑：小城。　　[2]思：怜哀。暴：同"曝"，显露。　　[3]草芥：喻轻贱之物。《孟子·离娄上》："视天下悦而归己，犹草芥也。"　　[4]厌：通"餍"，满足。　　[5]"以地事秦"四句：《战国策·魏策三》记载孙臣对魏王说："以地事秦，譬犹抱薪而救火也，薪不尽，则火不止。"另外，《史记·魏世家》记载苏代对魏王说："以地事秦，譬犹抱薪救火，薪不尽，火不灭。"　　[6]"齐人未尝赂秦"四句：意谓在秦攻五国之际，齐国一味中立，苟安自保，虽无赂秦之举，实则负有放任秦国坐大之责，最终被秦国统一天下的攻势吞灭。迁灭，《史记·田敬仲完世家》："秦兵击齐。齐王听相后胜计，不战，以兵降秦。秦虏王建，迁之共。遂灭齐为郡。天下壹并于秦，秦王政立号为皇帝。""迁之共。遂灭齐为郡"，故称"迁灭"。与嬴，与，亲近。嬴，秦之先伯翳（yì 义），佐舜调训鸟兽有功，赐为嬴氏。　　[7]"丹以荆卿为计"二句：意谓燕太子丹将燕国命运寄托于荆轲刺杀秦王嬴政的行动，此举招致亡国之祸。见《史记·燕召公世家》。速，招致。　　[8]"赵尝五战于秦"七句：《史记·赵世家》及《史记·廉颇蔺相如列传》载，秦于前234年破赵，斩首十万。明年及后年，赵国大将军李牧连破秦军。前229年，秦再使王翦攻赵，赵使李牧抵御。秦贿赂赵王宠臣郭开，使其传谣李牧欲反，赵王斩牧。后三月，王翦灭赵。又，《史记·赵世家》："七年，秦人攻赵，赵大

将李牧、将军司马尚将，击之。李牧诛，司马尚免，赵忽及齐将颜聚代之。赵忽军破，颜聚亡去。以王迁降。八年十月，邯郸为秦。"故以"邯郸为郡"代表赵国的覆灭。洎（jì 计），及，等到。　　[9]革：除去旧的。　　[10]劫：胁迫。

【解析】

此文一开头便点明主旨：六国破灭之弊在于"赂秦"。值得注意的是苏洵以史为鉴，针对北宋真宗、仁宗的外交政策，含蓄地提出批评。据《宋史·寇准传》记载，在"澶渊之盟"中，真宗遣曹利用到辽军中议岁币，预先交代"百万以下皆可许"，而寇准则私下警告曹利用"所许毋过三十万，过三十万，吾斩汝"，结果以三十万成约而还。仁宗庆历二年（1042），辽国乘宋与西夏战事正酣，提出割地要求，富弼以"北朝与中国通好，则人主专其利，而臣下无获；若用兵，则利归臣下，而人主任其祸"的巧说打动辽主，仅增岁币银十万、绢十万而平息割地要求。两事颇为时人津津乐道，以为是难得的外交胜利。究其实际，百万与三十万、割地与增币，不过是耻辱尺度的差别而已。文章最后说，如果"以赂秦之地封天下之谋臣，以事秦之心礼天下之奇才，并力西向，则吾恐秦人食之不得下咽也"，这段话也许是有感于"庆历新政"的失败而发。仁宗庆历三年（1043），范仲淹、韩琦等领导的"庆历新政"，可能受到庆历二年"定川之败"后与西夏议和输币、又增辽岁币的刺激，施行不到两年，遭到各种阻碍而失败。"庆历新政"在宋代士大夫中影响很大。苏轼少年时在眉山闻听其事，就曾心向往之（见《宋史·苏轼传》），而苏洵在新政失败约十年后写作《六国论》，所谓"谋臣奇才"，心目中晚近的形象也正是"庆历新政"中的改革者。因此，以谏官身份参加了新政的欧阳修对《六国论》欣赏有加，是很自然的事。

朋党论

〔北宋〕欧阳修

【题解】

欧阳修（1007—1072）字永叔，号醉翁，晚年号六一居士。自署吉州庐陵（今江西吉安西南）人，实为吉州永丰（今江西永丰）人。宋仁宗天圣八年（1030）进士，历真宗、仁宗、英宗、神宗四朝，官至枢密副使、参知政事。《宋史》卷三一九有传。庆历三年（1043），宋仁宗拜杜衍为枢密使，富弼、范仲淹、韩琦为枢密副使，欧阳修（以太常丞知谏院）、余靖、王素、蔡襄为谏官，拉开了"庆历新政"的序幕。欧阳修所任职的"台谏"（御史台、谏院的合称），自宋真宗天禧元年（1017）颁布"天禧诏书"奠定了制度设置基础，自宋仁宗明道二年（1033）孔道辅、范仲淹"伏阁谏诤"奠定了政治实践基础之后，成为朝野间舆论的主导力量，被称为宋代"立国元气"之所在（《宋史》卷三九〇"论曰"）。庆历四年，反对新政的夏竦等人造为党论，指斥杜衍、范仲淹、欧阳修等为朋党。欧阳修遂以"司职言事"的谏官身份，写下了《朋党论》，意欲在舆论上辨清旧党加诸新党的不实之词，此文因此而成为反映"庆历新政"政治斗争的重要文献。《朋党论》，一作《朋党议》。

臣闻朋党之说自古有之[1]，惟幸人君辨其君子小人而已。大凡君子与君子以同道为朋，小人与小人以同利为朋，此自然之理也。然臣谓小人无朋，惟君子则有之。其故何哉？小人所好者禄利也，所贪者财货也。当其同利之时，暂相党引以为朋者，伪也；及其见利而争先，或利尽而交疏，则反相贼害，虽其兄弟亲戚不能相保。故臣谓小人无朋，其暂为朋者，伪也。君子则不然。所守者道义，所行者忠信，所惜者名节。以之修身，则同道而相益；以之事国，则同心而共济，终始如一。此君子之朋也。故为人君者，但当退小人之伪朋，用君子之真朋，则天下治矣。

尧之时，小人共工、讙兜等四人为一朋[2]，君子八元、八凯十六人为一朋[3]。舜佐尧退四凶小人之朋，而进元、凯君子之朋，尧之天下大治。及舜自为天子，而皋、夔、稷、契等二十二人并列于朝[4]，更相称美，更相推让，凡二十二人为一朋，而舜皆用之，天下亦大治。《书》曰[5]："纣有臣亿万，惟亿万心；周有臣三千，惟一心。"纣之时，亿万人各异心，可谓不为朋矣，然纣以亡国。周武王之臣三千人为一大朋，而周用以兴。后汉献帝时，尽取天下名士囚禁之，目为党人[6]。及黄巾贼起，汉室大乱，后方悔悟，尽解党人而释之，然已无救矣。唐之晚年，渐起朋党之论。及昭宗时，尽杀朝之名士，或投之黄河，曰此辈清流，可投浊流[7]，而唐遂亡矣。

夫前世之主，能使人人异心不为朋，莫如纣；能禁绝善人为朋，莫如汉献帝；能诛戮清流之朋，莫如唐昭宗之世。然皆乱亡其国。更相称美推让而不自疑，莫如舜之二十二人，舜亦不疑而皆用之。然而后世不诮舜为二十二人朋党所欺，而称舜为聪明之圣者，以能辨君子与小人也。周武之世，举其国之臣三千人共为一朋，自古为朋之多且大莫如周。然周用此以兴者，善人虽多而不厌也。夫兴亡治乱之迹，为人君者可以鉴矣。

《欧阳修全集》卷一七

【注释】

[1]自古有之：战国时期就有"朋党"的说法，如《韩非子·孤愤》："朋党比周以弊主。"　　[2]四人：旧说共工、驩（huān 欢）兜、三苗、鲧为"四凶"，是不服从舜控制的四个部族的领袖，被舜流放。讙兜，即"驩兜"。　　[3]八元、八凯：高辛氏的贤臣伯奋、仲堪等八人，称为"八元"；高阳氏的贤臣苍舒、隤敳（tuíái 颓皑）等八人，称为"八凯"。　　[4]皋、夔、稷、契等二十二人：这是唐人裴骃《史记集解》引汉代马融的说法，舜命稷、契（xiè 屑）、皋陶（gāoyáo 高摇）、夔、禹、垂六人，加上十二牧、四岳，凡二十二人。　　[5]"《书》曰"五句：《尚书·周书·泰誓上》："受有臣亿万，惟亿万心。予有臣三千，惟一心。"　　[6]党人：《后汉书·党锢传》记载，汉桓帝时期宦官专权，逮捕所谓"党人"李膺等二百馀人，其中百馀人在随后的灵帝时期死于狱中，史称"党锢之祸"。欧阳修误记为汉献帝时事。　　[7]浊流：《旧五代史·梁书·李振传》记载，唐昭宗天祐二年（905）宰相柳璨迎合朱温意旨，赐死大臣裴枢等七人于滑州

白马驿，李振幸灾乐祸，说："此辈自谓清流，宜投于黄河，永为浊流。"《新五代史·唐六臣传》记载，以白马驿之祸为开端，忠于唐而不认同朱温的朝臣被诬为朋党，陆续贬死者数百人。

【解析】

"朋党"原本是一个带有贬义的概念，是指为私利目的而勾结同类、排斥异己的宗派集团。宋初太宗端拱、淳化间，王禹偁作《朋党论》，对朋党概念作了修正，提出"君子有党"的说法。欧阳修《朋党论》在王禹偁的逻辑思路上走得更远，不但承认"君子有党"，更提出在以"道义"同心共济的意义上，"君子有朋"，"小人无朋（党）"。这个结论可谓前所未有，一新耳目。就史实来看，《朋党论》并未取得预期的扭转舆论的效果。"庆历新政"后，颇受革新派中杜衍、范仲淹等人器重的孙甫在康定、嘉祐间作《唐史记》，其中"辨朋党"条称："盖君子、小人各有其徒。君子之徒以道合，小人之徒以利合。以道合者，思济其功，此同心于国事，非朋党也。以利合者，思济其欲，此同心于私计，乃朋党也。"认为君子是以道义相合，群而不党，否定了"君子有党"说。嘉祐三年（1058）五月，司马光作《朋党论》，也只承认君子、小人各有其党，绝口不提欧阳修"小人无朋"的观点。神宗熙宁二年（1069）二月，当年"庆历新政"的领袖之一富弼上《论辨正邪奏》，不但认为"君子无党"，甚至否认"君子有群"，指出结为朋党的只能是小人，完全回归到传统观念。由此可见，"庆历新政"失败后，从富弼到孙甫、司马光等革新派人士对欧阳修"小人无朋"说讳莫如深、不置一词，最为大胆者仅涉及"君子、小人各有其党"。《朋党论》的逻辑辨析固然是优点，但理论上走得太远，反而影响其现实效果，欧阳修本人对此也有反思。庆历五年（1045），欧阳修外放河北转运使，针对新政失败后的人事变动上奏，就回到了"君子不党"的传统观念。这是他对《朋党论》现实效果不尽如人意所作的最沉痛反思。

五代史·伶官传序

〔北宋〕欧阳修

【题解】

欧阳修撰写《五代史记》是私人修史。此前，已经有薛居正等纂修的《五代史》。后来欧史也进入"二十四史"序列，与官修薛史齐名，故又称《新五代史》。宋人王辟之《渑水燕谈录》说："文忠卒重修《五代》，文约而事详，褒贬去取，得《春秋》之法。"欧阳修于景祐三年（1036）左右开始撰写此书，至皇祐五年（1053）左右完成。景祐三年，欧阳修为范仲淹辩护而贬责夷陵。皇祐年间，他又因为此前的"庆历新政"失败而外放。所以，欧阳修作《五代史记》，正是他政治生涯上处于劣势时，故他往往用《春秋》褒贬义法来阐明自己对"国家典法"的意见，这也使得欧史成为具有微言大义性质的史学撰述。薛史中无《伶官传》，而欧史有之，这是正式记载戏曲演员之始。《伶官传序》一文，主要指出王朝兴衰决定于人事而非天命。

呜呼！盛衰之理，虽曰天命，岂非人事哉！原庄宗之所以得天下[1]，与其所以失之者，可以知之矣。世言晋王之将终也[2]，以三矢赐庄宗而告之曰："梁[3]，吾仇也。燕王吾所立[4]，契丹与吾约为兄弟[5]，而皆背晋以归梁[6]。此三者，吾遗恨也。与尔三矢，尔其无忘乃父之志！"庄宗受而藏之于庙[7]。其后用兵，则遣从事以一少牢告庙[8]，请其矢，盛以锦囊，负而前驱，乃凯旋而纳之。方其系燕父子以组[9]，函梁君臣之首，入于太庙，还矢先王而告以成功，其意气之盛，可谓壮哉！及仇雠已灭，天下已定，一夫夜呼[10]，乱者四应，苍皇东出，未及见贼，而士卒离散，君臣相顾，不知所归，至于誓天断发，泣下沾襟，何其衰也！岂得之难而失之易欤？抑本其成败之迹而皆自于人欤？《书》曰："满招损[11]，谦得益。"忧劳可以兴国，逸豫可以亡身[12]，自然之理也。故方其盛也，举天下之豪杰莫能与之争。及其衰也，数十伶人困之，而身死国灭，为天下笑。夫祸患常积于忽微[13]，而智勇多困于所溺，岂独伶人也哉！作《伶官传》。

《新五代史》卷三七

【注释】

[1]原：推究原委。庄宗：后唐创立者李存勖（885—926）。　　[2]晋王：李存勖之父李克用在唐末割据山西一带，封晋王。　　[3]梁，吾仇也：朱温篡唐后建后梁。据《新五代史·唐本纪四》记载，李克用与朱温本来都是镇压黄巢起义的军阀，后来李克用经过开封时，几乎死于朱温的偷袭，故结下深仇。　　[4]燕王：据《新五代史·杂传第二十七》，燕军将领刘仁恭攻幽州，得到李克用的帮助，李克用又请命任刘仁恭为幽州留后。又据《旧五代史·梁书·太祖纪四》记载，朱温于开平三年（909）封刘仁恭之子刘守光为燕王。其事已在李克用死（908）后。欧阳修此处恐误记。　　[5]约为兄弟：据《新五代史·四夷附录一》记载，耶律阿保机曾与李克用握手约为兄弟，期共举兵攻梁。　　[6]背晋以归梁：据《旧五代史·梁书·太祖纪四》记载，刘仁恭后来背叛李克用，并大败之。据《新五代史·四夷附录一》记载，契丹背约，转而与梁结盟，约举兵灭晋。　　[7]庙：宗庙。　　[8]少牢：古代祭祀燕享单用羊、猪称少牢。　　[9]组：丝带，绳索。　　[10]一夫：指首先哗变的军士皇甫晖。《旧五代史·唐书·庄宗纪八》记载，军士皇甫晖因夜间赌博不胜，乘机作乱，胁迫裨将赵在礼，劫贝郡，趋临清，剽永济、馆陶，进犯都城。　　[11]"满招损"二句：语出《尚书·大禹谟》。得，《尚书》作"受"。　　[12]逸豫：过分舒适。　　[13]忽微：极言细微。

【解析】

　　此文开宗明义，指出王朝盛衰之理，不在天命，而在人事。"人事"指什么？此文认为即"忧劳可以兴国，逸豫可以亡身"。《孟子·告子下》就说过"生于忧患而死于安乐"，欧阳修继承孟子这一说法，将其纳入《春秋》大义系统之中。

　　《孟子·告子下》说："故天将降大任于是人也，必先苦其心志，劳其筋骨，饿其体肤，空乏其身，行拂乱其所为，所以动心忍性，曾益其所不能。"正是重在描述苦心志、劳筋骨、饿体肤的"生于忧患"一面。《伶官传序》所描述的临终"三矢"之赐，正象征了后唐国运"生于忧患"的史事背景。王禹偁《五代史阙文》说："（晋王李克用）以三矢付庄宗，一矢讨刘仁恭……一矢击契丹……一矢灭朱温。"父子间临终约誓，遗命沉重。李存勖正是在这一"忧患"重担之下，北却契丹，南击朱梁，东灭桀燕，西服岐秦，建立起后唐王朝一时之盛。

　　《孟子》所说"死于安乐"的一面，则是《伶官传序》要重点阐述的内容。欧阳修既"照着"孟子讲，又"接着"孟子讲，用庄宗"逸豫亡身"的史实来具体阐释"死于安乐"。《伶官传》举出得到庄宗宠幸而终至"败政乱国"的伶官景进、史彦琼、郭门高（从谦）三人。景进"最居中用事……军机国政皆与参决"，郭崇韬女婿、皇弟李存乂，梁朝降晋有功的朱友谦，都死于景进的谗言。史彦琼最初措置不力，导致军士皇甫晖哗变，继而放任其事，使皇甫晖长驱直入邺都，最终怯懦弃军逃跑。郭从谦更是因庄宗一句"复欲何为（叛）"的戏语，直接诱激军士叛乱，导致"乱兵纵火焚门，缘城而入……从楼上射帝，帝伤重……崩"。《伶官传》说"庄宗既好俳优，又知音，能度曲"，放在常人身上是雅事。但常人的忽微之乐，在权力极大的帝王手里，可以无限制地向着不可预知的方向膨胀发展。在庄宗创业之初，喜好音乐对他的事业甚至有所帮助，史称庄宗"自撰曲子词。其后凡用军，前后队伍皆以所撰词授之，使揭声而唱，谓之御制。至于入阵，不论胜负，马头才转，则众歌齐作。故凡所斗战，人忘其死，斯亦用军之一奇也"（《旧五代史·唐书·庄宗纪八》引《五代史补》）。而庄宗后期，他放纵个人喜好，任伶官为政，以致亡国。可见盛衰之理与人事关系至深。

爱莲说

〔北宋〕周敦颐

【题解】

周敦颐（1017—1073），原名敦实，字茂叔，道州营道（今湖南道县）人。幼孤，随母依附其舅父龙图阁大学士郑向。景祐中，以舅父恩荫走上仕途，初任洪州分宁县主簿。历任南安军司理参军、郴县令、桂阳令、南昌知县、合州判官等，所至皆有政声。嘉祐六年（1061），以国子监博士通判虔州。熙宁元年（1068），为广南东路转运判官，提点刑狱。以疾求知南康军，熙宁五年归居庐山莲花峰下，门前有濂溪，学者称濂溪先生。嘉定间赐谥元公。周敦颐为宋代理学的创始者，程颢、程颐曾从其学，其著作有《通书》、《太极图说》等，为后世所推崇。《宋史》卷四二七有传。周敦颐《爱莲说》作于嘉祐五年通判虔州任中，曾刻碑，故篇后原有附记："舂陵周惇实撰，四明沈希颜书，太原王抟篆额，嘉祐八年五月十五日江东钱拓上石。"

水陆草木之花，可爱者甚蕃[1]。晋陶渊明独爱菊。自李唐来，世人盛爱牡丹。予独爱莲之出淤泥而不染[2]，濯清涟而不妖[3]，中通外直[4]，不蔓不枝[5]，香远益清[6]，亭亭净植[7]，可远观不可亵玩焉[8]。

予谓菊，花之隐逸者也。牡丹，花之富贵者也。莲，花之君子者也。噫！菊之爱，陶后鲜有闻[9]。莲之爱，同予者何人？牡丹之爱，宜乎众矣[10]！

《元公周先生濂溪集》卷六

【注释】

[1]蕃（fán 繁）：繁，多。　[2]出淤泥而不染：是说莲花由淤泥中生长而出，却不染污垢。　[3]濯（zhuó 卓）清涟而不妖：是说莲花经过清水的洗涤，却不妖艳。濯，洗涤。　[4]中通外直：指莲茎中心贯通，外面笔直。　[5]不蔓不枝：指莲茎不蔓延，不生旁枝。蔓，蔓延，滋长。枝，指干茎分枝。　[6]香远益清：指莲花香气远播，越发清香。　[7]亭亭净植：指莲洁净

直立，高耸出水面。亭亭，高耸的样子。　　　[8]可远观不可亵（xiè 谢）玩焉：可以在远处观赏，而不能在近处玩弄。亵，亲近，有轻慢侮弄意。　　　[9]陶后鲜有闻：是说在陶渊明之后，很少听说有喜爱菊的人。　　　[10]宜：恰当，适宜。

【解析】

《爱莲说》以莲寓志，写出了作者心中理想的君子形象。莲的特质是"出淤泥而不染，濯清涟而不妖"，不受环境的浸染而保持自身品质的高洁，象征君子的洁身自好、不同流俗。莲的"中通外直，不蔓不枝"，象征君子内心通达，行事正直，具有纯正无邪、独立不倚的品格。莲的"香远益清，亭亭净植"，象征君子清幽洁净，高逸超群，而令德远播。莲可以在远处观赏，不可在近处把玩，君子同样是美德令人敬重，而不容侮弄轻慢。作者还以菊花和牡丹作衬托，菊花象征隐逸，牡丹象征富贵，莲则象征君子，这实际是三种不同的处世态度和人生追求。作者欣赏陶渊明那样真正的隐士，讥刺流俗对富贵权势的追逐，但他更推崇的是如莲一样出淤泥而不染，在污浊俗世中保持高尚独立品格的君子。

君子是中国传统文化推崇的理想人格。《论语》说"君子怀德"，"君子无终食之间违仁"，"君子喻于义，小人喻于利"，"君子矜而不争，群而不党"，"君子谋道不谋食"，"君子坦荡荡"等等。儒家推崇的君子具有仁厚、正直、勇敢、自重、独立、坦荡等美好的品德，强调安贫乐道和勇敢承担对国家社会的责任。周敦颐正是这样的君子。据史传记载，周敦颐一生担任县令、知县、州判等地方官员，为官清廉，不媚权势，尽职尽责，深受百姓拥戴。在南安军任中为秉公断案，宁可得罪上司，不惜挂冠而去；任南昌知县时家无百钱之储，服御之物止一敝箧；在合州判官任时为小人所谮，部使者疑之，而处之超然，尽心职事；任广东提点刑狱时务以洗冤泽物为己任，不避瘴疠，不惮劳瘁，终至染疾。黄庭坚称赞周敦颐"人品甚高，胸中洒落，如光风霁月"，"短于取名而惠于求志，薄于徼福而厚于得民"，朱熹赞他"博学力行，闻道甚早，遇事刚果，有古人风。为政精密严恕，务尽道理"，"信古好义，以名节自砥砺，奉己甚约，俸禄尽以周宗族、奉宾友"。《爱莲说》以莲自况，借莲言志，表达了周敦颐的人生理想和人格追求，也成为中国传统文化理想人格的写照。

谏院题名记

〔北宋〕司马光

【题解】

司马光（1019—1086）字君实，陕州夏县（今属山西）涑水乡人，世称涑水先生。宋仁宗景祐五年（1038）进士，初仕苏州判官，后改为大理评事，补国子监直讲。庆历六年（1046），为馆阁校勘、同知礼院。嘉祐七年（1062），为起居舍人、同知谏院。宋英宗治平二年（1065），进龙图阁直学士，辞去谏职。宋神宗即位，为翰林学士。熙宁三年（1070），因与王安石政见不合，辞枢密副使不拜，出知永兴军。熙宁四年（1071），为西京留司御史台，居洛阳，编修《资治通鉴》。宋哲宗元祐元年（1086），拜尚书左仆射，兼门下侍郎。九月，卒于位，赠太师、温国公，谥文正。《宋史》卷三三六有传。北宋初年，谏议之责归门下省和中书省的左、右谏议大夫，左、右司谏，左、右正言所掌，无专门谏官官署。直到仁宗明道元年（1032），始设谏院，以左、右谏议大夫为长官，主管规谏讽喻。欧阳修曾在《与高司谏书》中，痛斥高若讷"身惜官位，惧饥寒而顾利禄"，"身为司谏，乃耳目之官，当其骤用时，何不一为天子辨其不贤，反默默无一语，待其自败，然后随而非之"，简直"不复知人间有羞耻事"。可见谏院之官并非都具有履行职责的德行。嘉祐八年（1063），司马光仍知谏院，写下这篇《谏院题名记》，也应是有感而发。

古者谏无官，自公卿大夫，至于工商，无不得谏者。汉兴以来[1]，始置官。夫以天下之政，四海之众，得失利病，萃于一官使言之[2]，其为任亦重矣。居是官者，当志其大，舍其细；先其急，后其缓；专利国家而不为身谋。彼汲汲于名者[3]，犹汲汲于利也，其间相去何远哉！

天禧初[4]，真宗诏置谏官六员，责其职事。庆历中，钱君始书其名于版[5]。光恐久而漫灭。嘉祐八年，刻著于石。后之人将历指其名而议之曰："某也忠，某也诈，某也直，某也回。"呜呼！可不惧哉！

《温国文正司马公文集》卷六六

【注释】

[1]"汉兴以来"二句：西汉武帝元狩五年（前118），置谏大夫，无定员，掌议论，属光禄勋。东汉时改称谏议大夫。自此，始有专职谏官。　　[2]萃：聚集。　　[3]汲汲：急切地追求。　　[4]"天禧初"三句：《宋史·真宗纪》载，宋真宗天禧元年（1017）二月，置谏官、御史各六员，每月一员奏事，有急务，可随时上奏。　　[5]钱君：即钱明逸（1015—1071），字子飞，宋仁宗庆历四年（1044）为右正言，供职谏院。六年擢知谏院。《宋史》卷三一七《钱惟演传》附有《钱明逸传》。

【解析】

《谏院题名记》阐述了谏官的重要责任、应该具有的能力与德行，以及谏院题名刻石的警示作用。首段议论，末段题记，看似游离，却密切关联，强调了谏官"专利国家而不为身谋"的品行，汲汲于谏诤的使命感，以及对身后清正之名的爱惜。

文中指出，谏官所职，涉及"天下之政，四海之众，得失利病"，可谓责任重大。正如欧阳修《上范司谏书》所言："谏官虽卑，与宰相等。天子曰不可，宰相曰可；天子曰然，宰相曰不然：坐乎庙堂之上与天子相可否者，宰相也。天子曰是，谏官曰非；天子曰必行，谏官曰必不可行：立殿陛之前与天子争是非者，谏官也。宰相尊，行其道；谏官卑，行其言。言行，道亦行也。"然而，谏官并不能事无巨细缓急，一例进谏，须"志其大，舍其细；先其急，后其缓"。

司马光在末段提及，谏官要经得住历史的考验，题名刻石就是为了"后之人将历指其名而议之"，真有"本以示荣"、"却以示戒"（林云铭《古文析义》卷一四）般的威力。这对于重视"生前身后名"之人来说，无疑是最严重的警告，直令他们不敢委曲诈伪。这对当代人净化心理与约束行为也有所启发。

西　铭

〔北宋〕张载

【题解】

张载（1020—1077）字子厚，北宋哲学家，凤翔郿县（今陕西眉县）横渠镇人，世称横渠先生。北宋仁宗嘉祐二年（1057）进士，历任祁州司法参军、丹州云岩令、签书渭州军事判官、崇文院校书、同知太常礼院等职。北宋神宗熙宁十年（1077）卒，年五十八。南宋宁宗嘉定十三年（1220），追谥明公。宋吕大临有《横渠先生行状》（《张子全书》卷一五附），《宋史》卷四二七有传。张载长期讲学关中，弟子又大多是关中人，故他所领导的学派被称为"关学"。张载为后世留下了许多宝贵的精神遗产，其中包括他的四句名言："为天地立心，为生民立命，为往圣继绝学，为万世开太平。"当代哲学家冯友兰先生将其称作"横渠四句"。这四句话的大意是，为社会建立起一套以道德伦理为核心的精神价值系统，为百姓指明一条共同遵行的大道，继承孔孟等以往的圣人不传的学问，为天下后世开辟永久太平的基业。由于它言简意宏，一直被人们传诵不衰。张载的著作自元明以后逐渐散佚，后世搜集编纂的本子主要有《张子全书》、《张横渠文集》、《张子抄释》等，还有以单行本问世的《易说》、《语录》、《经学理窟》等。《正蒙》是张载晚年著作，原书不分篇章，后由其弟子苏昞分为十七篇，这里所选的《西铭》即出自第十七篇《乾称篇》。《西铭》是宋代理学最重要的经典文献。史称其"言纯而意备"，"深发圣人之微意"（《河南程氏粹言》卷一《论书篇》），"而辟佛、老之邪迷，挽人心之横流，真孟子以后所未有也"（王夫之《张子正蒙注》卷九、朱熹《伊洛渊源录》卷六），不仅程朱之后的理学家，就连反理学的哲学家，也几乎无不对之推崇备至，取以教导门人。《西铭》对宋代以来知识阶层理想人格的塑造产生了深远影响。

乾称父[1]，坤称母。予兹藐焉，乃混然中处[2]。故天地之塞[3]，吾其体；天地之帅，吾其性。民，吾同胞；物，吾与也[4]。大君者[5]，吾父母宗子[6]；其大臣，宗子之家相也[7]。尊高年，所以长其长；慈孤弱，所以幼吾幼。圣，其合德；贤，其秀也。凡天下疲癃残疾[8]，惸独鳏寡[9]，皆吾兄弟之颠连而无告者也[10]。"于时保之"[11]，子之翼也。"乐且不忧"，纯乎孝者也。违曰悖德[12]，害仁曰贼[13]，济恶者不才[14]，其践形唯肖者也[15]。知化则善述其事[16]，穷神则善继其志。不愧屋漏为无忝[17]，存心养性为匪懈[18]。恶旨酒[19]，崇伯子之顾养；育英才[20]，颍封人之锡类。不弛劳而底豫[21]，舜其功也；无所逃而待烹[22]，申生其恭也。体其受而归全者，参乎[23]！勇于从而顺令者，伯奇也[24]。富贵福泽，将厚吾之生也；贫贱忧戚，庸玉女于成也[25]。存，吾顺事[26]；没，吾宁也。

《张载集·正蒙·乾称篇第一七》

【注释】

[1]"乾称父"二句：《周易·说卦》："乾，天也，故称乎父；坤，地也，故称乎母。"全篇的主旨，在说明人是天地所生，禀受天地之性，所以必须对天地行其大孝。　　[2]混然中处：指与天地相合而位于天地之中。朱熹注《西铭》说："人禀气于天，赋形于地，以藐然之身混合无间，而位乎中，子道也。"　　[3]"故天地之塞"四句：是说充满了天地之间的气是构成人身体的东西，即所谓气体之充。天地的本性即是人的本性。《孟子·公孙丑上》："我善养吾浩然之气……其为气也，至大至刚，以直养而无害，则塞于天地之间。"又说："夫志，气之帅也；气，体之充也；夫志至焉，气次焉，故曰持其志，无暴其气。"塞，充塞。　　[4]与：同伴。张载认为所有的人类都是同一父母（即天地）所生的亲兄弟，其他万物都是人类的朋友。　　[5]大君：君主，帝王。　　[6]宗子：宗法社会里享有继承权的嫡长子。　　[7]家相：一家的总管。　　[8]疲癃（lóng　龙）：衰老病残。　　[9]惸（qióng　穷）：同"茕"，没有兄弟，孤独。　　[10]颠连：狼狈困苦的样子。无告：无所告诉。　　[11]"于时保之"四句：《诗·周颂·我将》："畏天之威，于时保之。"朱熹《西铭》注："畏天以自保者，犹其敬亲之至也；乐天而不忧者，犹其爱亲之纯也。"时，是。翼，恭敬。　　[12]违：不从父母之命。悖德：指不遵守道德的行为。　　[13]害仁曰贼：《孟子·梁惠王下》："贼仁者谓之贼。"害仁就是贼仁。《正蒙·中正篇》说："以爱己之心爱人则尽仁。"伤害了仁就叫作贼。　　[14]济：帮助，接济。　　[15]践形：指将仁义实践于形色之中。《孟子·尽心上》："惟圣人然后可以践形。"肖者：像父母的儿子。　　[16]"知化则善述其事"二句：这是说能穷神知化就能继承天的意志，成就天的事业，就是天

的孝子。知化、穷神，语本《周易·系辞》："穷神知化，德之盛也。"善述其事、善继其志，语本《中庸》："夫孝者，善继人之志，善述人之事者也。"   [17]不愧屋漏为无忝（tiǎn 腆）：这是说在人所看不到的地方不做亏心事，是不辱父母的孝子。《诗·大雅·抑》："相在尔室，尚不愧于屋漏。"屋漏，室内西北隅隐僻处。又《诗·小雅·小宛》："夙兴夜寐，无忝尔所生。"忝，羞辱。所生，即父母。   [18]存心养性为匪懈：《孟子·尽心上》："存其心，养其性，所以事天也。"《诗·大雅·烝民》："夙夜匪懈。"匪懈，不怠。   [19]"恶旨酒"二句：《孟子·离娄下》："禹恶旨酒而好善言。"旨酒，美酒。崇，国名，禹的父亲鲧是崇国的伯爵，所以称禹为崇伯子。顾养，指善于保养本性。因为酒能乱性，所以说不饮酒就是能保养本性的孝子。   [20]"育英才"二句：意思是说，教育英才的人，对天就像颍考叔的纯孝，能使同类都成为天之孝子。《左传》隐公元年："颍考叔，纯孝也，爱其母，施及庄公。《诗》曰：'孝子不匮，永锡尔类。'其是之谓乎！"锡，通"赐"。锡类，把恩德赐给朋类。   [21]"不弛劳而底豫"二句：《孟子·离娄上》："舜尽事亲之道而瞽瞍底豫，瞽瞍底豫而天下化。"不弛劳，指竭尽全力。弛，松懈。底，至，到。豫，安乐，快乐。   [22]"无所逃而待烹"二句：意思是说，人无所逃于天地之间，命里该死的时候，就只能像申生的恭顺天命。《礼记·檀弓》："晋献公将杀其世子申生，申生辞于狐突……再拜稽首乃卒，是以为恭世子也。"恭是申生死后的谥号，因为他顺从父意，所以谥为恭。申生是自缢死的，待烹是等待杀戮的意思。当时申生的兄弟重耳劝他逃往国外，他说："君谓我欲弑君也，天下岂有无父之国哉？"   [23]参（shēn 身）：孔子弟子曾参。《礼记·祭义》："曾子问诸夫子曰：'父母全而生之，子全而归之，可谓孝矣；不亏其体，不辱其亲，可谓全矣。'"   [24]伯奇：周大夫尹吉甫的儿子，被父所逐。《颜氏家训·后娶》："吉甫，贤父也；伯奇，孝子也。贤父御孝子，合得终于天性，而后妻间之，伯奇遂放。"   [25]庸玉女于成也：庸，用。玉女，即玉汝。《诗·大雅·民劳》："王欲玉女。"玉是宝贵的东西，玉汝于成，是说像打磨璞玉一样磨炼你，使你取得成功。人在贫贱忧患中受了锻炼，可以达到最高的成就，所以说贫贱忧患是一种磨炼，用来使他达到成就的手段。   [26]"存，吾顺事"四句：朱熹《西铭》注："孝子之身存，则其事亲也，不违其志而已；没，则安而无所愧于亲也。仁人之身存，则其事天也，不逆其理而已；没，则安而无所愧于天也。盖所谓'朝闻夕死'，'吾得正而毙焉'者，故张子之《铭》，以是终焉。"张载这里要表达的意思是，人们应该立足于现实，采取既顺应天命又积极对待人生的态度，生时就顺事天地，努力尽到自己的义务和职责，以实现自己人生的价值，死时便可无愧而得到安宁。这是在精神层面上的超越，是达到自己的目标之后所获得的一种心灵上的平静与满足。

【解析】

《西铭》本名《订顽》，原是张载退居横渠讲学时书于学堂西牖之上的一篇短文，其目的在警示学者。后来程颐恐《订顽》之名易引起争端，便改为《西铭》。《西铭》后来被编入《正蒙》一书，作为第十七篇《乾称篇》的开头部分，成为张载哲学思想的代表作之一。《西铭》以精炼的语言概括表达了张载的宇宙论、人性论、政治论、道德论、人生论及其相互之间的逻辑联系，是宋代理学论著中一篇具有纲领性意义的著作，常与周敦颐的《太极图说》相提并论，历来受到很高的评价。

《西铭》大旨是要解决如何从个人的角度看宇宙，以及如何运用这种对宇宙的观点来看待个人和社会生活的问题。全文大体上可分为三个部分。第一部分从"乾称父，坤称母"到"民，吾同胞；物，吾与也"，这是全文的总纲，从宇宙论层面论证了万物为一体、天下为一家的仁爱思想。第二部分从"大君者，吾父母宗子"到"勇于从而顺令者，伯奇也"，这部分主要集中在政治、伦理思想层次论说，重点关注的是道德的践履，张载将事亲与事天打通，把仁、孝伦理原则放置在宇宙论背景下关照，直接呼应了文章的第一部分。第三部分从"富贵福泽，将厚吾之生也"到"存，吾顺事；没，吾宁也"，主要表达了张载的人生观。

张载还提出了"天地之帅，吾其性"的人性论，在他看来，人"混然中处"于天地大气之中，人的身体是分得了天地之气而成，人的性是自天地之间的主宰而来，人只有践形尽性才能与天地合德。人能践形尽性，即对天地父母尽到了孝道，便能穷神知化与天地合德。《西铭》反映了张载试图通过孝道的提升和扩大来整顿社会道德、稳定社会秩序的愿望。围绕这一宗旨，文章的整个论证体系其实是由宇宙秩序到社会秩序，再到家庭秩序，宇宙、社会、家庭一脉相承、相合无间。就思想内涵和理论宗旨而言，《西铭》表达了仁爱的主题，也就是"民胞物与"的思想。通过"乾父坤母"到"民胞物与"再到"仁民爱物"的依次推进，最终形成了一个条理贯通的有序的仁爱格局。

张载的这种"民胞物与"、万物一体的思想，不仅继承了传统哲学中的"天人合一"思想，而且与儒家"礼运大同"的理想息息相通，对于信奉"国家兴亡，匹夫有责"的担当者来说，无疑是一种精神上的激励和鼓舞。

答司马谏议书

〔北宋〕王安石

【题解】

王安石（1021—1086）字介甫，号半山，抚州临川（今属江西）人。宋仁宗庆历二年（1042）进士，签书淮南节度判官公事。嘉祐三年（1058），入为三司度支判官，奏献万言《上仁宗皇帝言事书》，阐述变法主张。宋神宗熙宁二年（1069），除谏议大夫、参知政事。次年，拜礼部侍郎、同中书门下平章事，推行变法。因反对派攻击，熙宁七年（1074）罢相，出知江宁府。八年，复拜同中书门下平章事、昭文馆大学士，九年外调镇南节度、同平章事，判江宁府。晚年退居金陵，元丰三年（1080）封荆国公，世称"王荆公"。卒于钟山（今江苏南京），赠太傅。《宋史》卷三二七有传。宋时邵伯温《邵氏闻见录》载："荆公（王安石）、温公（司马光）不好声色，不爱官职，不殖货利皆同。"嘉祐年间，二人同在从班，特相友善，时与吕公著（字晦叔）、韩维（字持国）并称"嘉祐四友"。然而，二人却因治国理念不同而逐渐疏远。熙宁二年，宋神宗命王安石推行新法，设立制置三司条例司，推行青苗、均输二法，统筹财政，不意受到士大夫坚决反对。熙宁三年，司马光连作三书以劝。第一书《与王介甫书》长达三千餘字，责难王安石"侵官"、"生事"、"征利"、"拒谏"、"致怨"，要求废除新法，恢复旧制，《答司马谏议书》便是对此书的回复。

某启[1]：昨日蒙教，窃以为与君实游处相好之日久[2]，而议事每不合，所操之术多异故也[3]。虽欲强聒[4]，终必不蒙见察，故略上报，不复一一自辨。重念蒙君实视遇厚[5]，于反覆不宜卤莽[6]，故今具道所以，冀君实或见恕也。

盖儒者所争，尤在于名实[7]，名实已明，而天下之理得矣。今君实所以见教者，以为侵官、生事、征利、拒谏[8]，以致天下怨谤也。某则以谓受命于人主[9]，议法度而修之于朝廷，以授之于有司，不为侵官；举先王之政，以兴利除弊，不为生事；为天下理财，不为征利；辟邪说[10]，难壬人，不为拒谏。至于怨诽之多，则固前知其如此也。

　　人习于苟且非一日，士大夫多以不恤国事、同俗自媚于众为善，上乃欲变此，而某不量敌之众寡，欲出力助上以抗之，则众何为而不汹汹然[11]？盘庚之迁[12]，胥怨者民也[13]，非特朝廷士大夫而已。盘庚不为怨者故改其度[14]，度义而后动[15]，是而不见可悔故也。如君实责我以在位久，未能助上大有为，以膏泽斯民[16]，则某知罪矣。如曰今日当一切不事事[17]，守前所为而已，则非某之所敢知[18]。

　　无由会晤，不任区区向往之至[19]。

《临川先生文集》卷七三

【注释】

[1]某启：古时书信开头格式，表示写信人向对方启告。　　[2]君实：司马光，字君实。　　[3]所操之术多异：主张多不一致。操，持，使用。术，方法，政见。　　[4]强聒（guō 郭）：唠叨不休。　　[5]重（chóng 崇）念蒙君实视遇厚：是说再三思量，承蒙君实对我厚遇有加。视遇，看待。　　[6]于反覆不宜卤莽：是说书信往来不宜粗疏草率。卤莽，粗率冒失。　　[7]名实：古时两个相对的哲学范畴，名指形式，实指内容。《论语·子路》说："子曰：'必也正名乎……名不正，则言不顺；言不顺，则事不成；事不成，则礼乐不兴；礼乐不兴，则刑罚不中；刑罚不中，则民无所措手足。'"　　[8]侵官、生事、征利、拒谏：指侵夺官吏职权，制造事端，争夺百姓财利，拒绝接受谏议。王安石变法，设"制置三司（盐铁、户部、度支）条例司"，"侵官"说的便是此项举措。　　[9]人主：皇帝，这里指宋神宗赵顼。　　[10]"辟邪说"二句：是说驳斥错误言论，责难拒斥奸佞之人。辟，驳斥。壬（rèn 任），佞，指巧言谄媚、不行正道。　　[11]汹汹然：争吵、喧闹的样子。　　[12]盘庚之迁：指盘庚迁都。商朝原来建都奄（今山东曲阜），因常有水患，盘庚即位后，决定迁都于殷（今河南安阳西北）。这一决定受到百姓、官吏、贵族的一致反对，盘庚先后作有三篇诰文，即《尚书·盘庚》（上中下），说服官民同意迁都，然后"百姓由宁，殷道复兴"。　　[13]胥（xū 需）怨：相怨，多指百姓对上的怨恨。　　[14]度：法制。《左传》昭公四年载："（子产曰）苟利社稷，死生以之。且吾闻为善者不改其度，故能有济也。"　　[15]度（duó 夺）义而后动：是说考虑是否合理，再付诸行动。　　[16]膏泽：本指滋润土壤的雨水，用以比喻施加恩惠。　　[17]一切不事事：什么事都不做。　　[18]非某之所敢知：不是我愿意领教的。　　[19]不任区区向往之至：古

时写信的客套语，向对方表达仰慕之情。不任，不胜。区区，形容诚恳真挚。

【解析】

《答司马谏议书》针对司马光的责难，从高处入手，论证变法的名正言顺，令"侵官、生事、征利、拒谏、致怨"的指责不攻自破，并且批判了士大夫因循守旧的不良习气，表现了改革的决心与勇气。

王安石称，变法乃"名实已明，而天下之理得矣"之举：其制定法令的程序合理合法，先是"受命于人主"，而后"议法度而修之于朝廷"，再"授之于有司"。其目的则是"举先王之政，以兴利除弊"，"为天下理财"。也正是因为变法为"度义而后动"的举措，所以致怨天下"而不见可悔"。除了正面的辩驳，王安石又宕开一笔，批判士大夫苟且终日，一味"守前所为"，对于这些人的指责，明确表示"非某之所敢知"，态度十分坚决。

王安石所表现出的果敢与担当，与《宋史·王安石传》中所说的"三不足"精神相辅相成，即"天变不足畏，祖宗不足法，人言不足恤"。这正是儒家士大夫精神的传承与发扬，所谓"士不可以不弘毅，任重而道远"，将激励当代人树立远大理想、勇于担当并坚定前行。

游褒禅山记

〔北宋〕王安石

【题解】

褒禅山，在今安徽含山北。据清乾隆朝修《江南通志》卷一八"和州"载："褒禅山，在含山县北十五里。旧名华山，以唐贞观慧褒禅师得今名。上有起云峰、龙洞、罗汉洞、龙女泉、白龟泉。寺后有石塔，石刻二大字，宋张孝祥书。又北三里，曰华阳山，一名兰陵山，前后有二洞，宋王安石游此有记。"明嘉靖《含山邑乘》也曾载："华阳山，在县北一十八里一都……有洞二：山前一洞，游观者甚众；后一洞，王安石尝游焉，作记立碑，岁久碑记失传。"此文题名为"游褒禅山记"，记事多与褒禅山故实甚符，记游山中前后二洞则为华阳山景观。宋仁宗至和元年（1054）四月，王安石从舒州（治所在今安徽安庆）通判任上辞职，归家途中游览此山，同年七月以追记的方式写下此文，即文末所谓"至和元年七月某日，临川王某记"。四年后，王安石上万言书，主张改革，继而在神宗年间，不遗余力地推行新法。此文或可依稀看到他不畏艰险、推行改革的气质与气魄。

　　褒禅山，亦谓之华山，唐浮图慧褒始舍于其址[1]，而卒葬之，以故其后名之曰"褒禅"[2]。今所谓慧空禅院者，褒之庐冢也[3]。距其院东五里，所谓华山洞者，以其乃华山之阳名之也[4]。距洞百馀步，有碑仆道[5]，其文漫灭，独其为文犹可识，曰"花山"。今言"华"如"华实"之"华"者，盖音谬也[6]。

　　其下平旷，有泉侧出，而记游者甚众，所谓前洞也。由山以上五六里，有穴窈然[7]，入之甚寒，问其深，则其好游者不能穷也，谓之后洞。余与四人拥火以入，入之愈深，其进愈难，而其见愈奇。有怠而欲出者[8]，曰："不出，火且尽。"遂与之俱出。盖予所至，比好游者尚不能十一[9]，然视其左右，来而记之者已少。盖其又深，则其至又加少矣。方是时，予之力尚足以入，火尚足以明也。既其出[10]，则或咎其欲出者，而予亦悔其随之，而不得极夫游之乐也。

于是予有叹焉。古人之观于天地、山川、草木、虫鱼、鸟兽，往往有得，以其求思之深而无不在也。夫夷以近[11]，则游者众；险以远，则至者少。而世之奇伟瑰怪非常之观，常在于险远，而人之所罕至焉，故非有志者不能至也。有志矣，不随以止也，然力不足者，亦不能至也。有志与力，而又不随以怠，至于幽暗昏惑[12]，而无物以相之[13]，亦不能至也。然力足以至焉，于人为可讥，而在己为有悔。尽吾志也而不能至者，可以无悔矣，其孰能讥之乎？此予之所得也。

余于仆碑，又以悲夫古书之不存，后世之谬其传而莫能名者[14]，何可胜道也哉[15]！此所以学者不可以不深思而慎取之也。

四人者：庐陵萧君圭君玉[16]，长乐王回深父[17]，余弟安国平父、安上纯父[18]。至和元年七月某日，临川王某记。

《临川先生文集》卷八三

【注释】

[1]浮图：又作"浮屠"或"佛图"，梵语音译，指释迦牟尼佛或佛教徒，这里指后者。慧褒：唐代高僧，事迹不详。　[2]褒禅：即慧褒禅师。禅，梵语音译"禅那"的简称，本指佛家追求的一种静思的境界，后来泛指与佛教有关的人或物。　[3]庐冢（zhǒng 肿）：古人服丧期间，在父母或师长坟墓旁搭建的守护的屋舍，叫庐冢，也叫庐墓。庐，屋舍。冢，坟墓。　[4]阳：古时，山南水北谓之阳，山北水南谓之阴。　[5]仆道：倒在路上。　[6]音谬：读音错误。　[7]窈然：深邃幽暗的样子。　[8]怠：懈怠。　[9]不能十一：不到十分之一。　[10]"既其出"二句：是说出洞后，有人责怪当时想要出来的人。既，已经。咎，责怪。　[11]夷：平坦。　[12]幽暗昏惑：幽深昏暗，叫人迷惑。　[13]相（xiàng 象）：辅助，帮助。　[14]谬其传而莫能名：流传中产生谬误而不能道出真相。　[15]何可胜道：怎能说得尽。胜，尽。　[16]庐陵萧君圭君玉：庐陵，今江西吉安。萧君圭，字君玉。　[17]长乐王回深父：长乐，今属福建。王回，字深父。　[18]余弟安国平父、安上纯父：王安石之弟王安国（字平父）、王安上（字纯父）。

【解析】

《游褒禅山记》通过对王安石等人游赏山洞的叙述，表达了"不得极夫游之乐"的遗憾，并借游览之道论述勇于探索、坚忍不拔的精神对实现理想、成就人生的重要意义。若以游记来论，《游褒禅山记》在摹景抒情方面并非出色。然而，它叙议转换，不着痕迹，义理精深，思虑缜密，无论从思想高度还是从写作技巧上看，都堪称佳作。

王安石提出"世之奇伟瑰怪非常之观，常在于险远"的观点，暗喻美好的理想尽管无比瑰丽，却往往难以实现。他认为，想要观赏到世间险怪奇丽之景，务必要"有志与力"，且"不随以怠"。人生亦当如此，只有通过坚强的意志、卓越的能力以及毫不怠惰、坚持到底的精神，才能最终实现理想。尽管在这一过程中，若"无物以相之，亦不能至也"，但起到关键作用的还是内在的心志。正所谓"尽吾志也而不能至者，可以无悔矣"。这其中所透露出的开拓意识、探索精神以及"虽千万人吾往矣"的坚忍与果敢，在王安石后来推行的变法中发挥了重要作用，也激励后世无数胸怀远大理想的人们竭尽所能地追索真理，勇敢前行。

赤壁赋

〔北宋〕苏轼

【题解】

苏轼（1037—1101）字子瞻，又字和仲，号东坡居士，眉州眉山（今属四川）人。嘉祐二年（1057）进士。宋神宗元丰三年（1080）因"乌台诗案"被贬黄州（今湖北黄冈）。哲宗时，出知杭州、颍州、扬州、定州等地，官至礼部尚书。后又贬谪惠州（今广东惠阳）、儋州（今海南儋州）。徽宗即位，遇赦北归，病逝于常州，谥文忠，著《东坡七集》、《东坡易传》、《东坡乐府》等。《宋史》卷三三八有传。

黄州时期是苏轼创作上的重要分水岭，在此期间，他创作了著名的《念奴娇·赤壁怀古》和前后《赤壁赋》等。元丰二年（1079），因被罗织以讥刺新法的罪名，一度下狱。司马光等二十九位大臣名士也受到牵连，这就是当时震动朝野的"乌台诗案"。三年二月，苏轼被贬为黄州团练副使。五年七月十六日，作者夜游黄州赤壁，写下了这篇《赤壁赋》。三个月之后，十月十五日，作者复游赤壁，又写了一篇《赤壁赋》。后人分别称为《前赤壁赋》和《后赤壁赋》，"前"字自然是后人所加。黄州赤壁，并非是三国赤壁之战的古战场，而是今湖北黄冈的赤鼻矶。苏轼多次到此地游览，凭吊三国人物，表现了苏轼思想深处的矛盾及其达观圆融的生活态度。

壬戌之秋[1]，七月既望[2]，苏子与客泛舟，游于赤壁之下。清风徐来，水波不兴。举酒属客[3]，诵明月之诗[4]，歌窈窕之章。少焉[5]，月出于东山之上，徘徊于斗、牛之间[6]。白露横江，水光接天。纵一苇之所如[7]，凌万顷之茫然。浩浩乎如冯虚御风[8]，而不知其所止；飘飘乎如遗世独立，羽化而登仙[9]。

于是饮酒乐甚，扣舷而歌之。歌曰："桂棹兮兰桨[10]，击空明兮溯流光。渺渺兮予怀[11]，望美人兮天一方。"客有吹洞箫者[12]，倚歌而和之[13]。其声呜呜然，如怨如慕[14]，如泣如诉，余音袅袅，不绝如缕。舞幽壑之潜蛟[15]，泣孤舟之嫠妇。

苏子愀然[16]，正襟危坐，而问客曰："何为其然也？"客曰："'月明星稀[17]，乌鹊南飞。'此非曹孟德之诗乎？西望夏口[18]，东望武昌[19]，山川相缪[20]，郁乎苍苍，此非孟德之困于周郎者乎？方其破荆州[21]，下江陵，顺流而东也，舳舻千里[22]，旌旗蔽空，酾酒临江[23]，横槊赋诗[24]，固一世之雄也，而今安在哉？况吾与子渔樵于江渚之上，侣鱼虾而友麋鹿[25]，驾一叶之扁舟[26]，举匏尊以相属[27]。寄蜉蝣于天地[28]，渺沧海之一粟。哀吾生之须臾[29]，羡长江之无穷。挟飞仙以遨游，抱明月而长终。知不可乎骤得[30]，托遗响于悲风。"

苏子曰："客亦知夫水与月乎？逝者如斯[31]，而未尝往也；盈虚者如彼，而卒莫消长也。盖将自其变者而观之，则天地曾不能以一瞬；自其不变者而观之，则物与我皆无尽也，而又何羡乎！且夫天地之间，物各有主。苟非吾之所有[32]，虽一毫而莫取。惟江上之清风，与山间之明月，耳得之而为声，目遇之而成色，取之无禁，用之不竭。是造物者之无尽藏也[33]，而吾与子之所共食[34]。"

客喜而笑，洗盏更酌，肴核既尽[35]，杯盘狼籍。相与枕藉乎舟中[36]，不知东方之既白[37]。

《苏轼文集》卷一

【注释】

[1]壬戌：宋神宗元丰五年（1082）。　　　[2]既望：望日的后一天，即十六日。　　[3]属（zhǔ 嘱）：通"嘱"，致意，此处意谓"敬酒"。　　　[4]"诵明月之诗"二句：指《诗·陈风·月出》，其第一章："月出皎兮，佼人僚兮。舒窈纠兮，劳心悄兮。"窈纠，即窈窕。　　[5]少（shǎo 烧，上声）焉：一会儿。　　　[6]斗、牛：指斗宿和牛宿。　　[7]一苇：指小船。《诗·卫风·河广》："谁谓河广，一苇杭之。"　　[8]冯（píng 平）虚御风：凌空驾风飞行。冯，通"凭"，借助。　　　[9]羽化：指成仙飞升。《抱朴子·对俗》："古之得仙者，或身生羽翼，变化飞行。"　　　[10]"桂棹（zhào 兆）兮兰桨"二句：桂棹、兰桨，用桂、兰等香木做成的船桨。泝（sù 诉），逆流而上。　　　[11]"渺渺兮予怀"二句：我的心思随船飘得很远啊，想望美人，在天一方。渺渺，悠远。美人，用以隐指贤君明主或美政理

想。 [12]客有吹洞箫者：这里指绵竹道士杨世昌。苏轼《次孔毅父韵》："杨生自言识音律，洞箫入手清且哀。" [13]和（hè 贺）：应和。 [14]"如怨如慕"二句：像是哀怨、思慕，又像是啜泣、倾诉。 [15]"舞幽壑之潜蛟"二句：使深渊的蛟龙感动得起舞，使孤舟上的寡妇落泪哭泣，形容洞箫的感染力极强。嫠（lí 离）妇，孤居的妇女，指寡妇。 [16]愀（qiǎo 巧）然：忧愁，凄怅。 [17]"月明星稀"二句：出自曹操《短歌行》。 [18]夏口：今湖北武汉。 [19]武昌：今湖北鄂州。 [20]缪（liáo 辽）：盘绕。 [21]"方其破荆州"二句：汉建安十三年（208），曹操南征，降刘琮，占领荆州，追击刘备，进占江陵。 [22]舳舻（zhúlú 逐卢）千里：船只首尾相接，千里不绝，极言船之多。舳，船尾掌舵处。舻，船头划桨处。 [23]酾（shī 师）酒：斟酒。 [24]横槊（shuò 朔）赋诗：指曹操。槊，类似长矛的武器。 [25]侣鱼虾而友麋（mí 迷）鹿：以鱼虾为伴，以麋鹿为友。 [26]扁（piān 偏）舟：小船。 [27]匏（páo 袍）尊：葫芦一类的酒器。 [28]"寄蜉蝣（fúyóu 浮游）于天地"二句：极言人在宇宙间的短暂和渺小。蜉蝣，一种昆虫，春夏之交生于水边，仅存活数小时，比喻人生之短暂。 [29]须臾（yú 鱼）：一会儿，时间极短。 [30]"知不可乎骤得"二句：知道不可能立刻实现，就把这种心情用洞箫吹奏出来，让它回响在秋风里。骤，立刻。 [31]"逝者如斯"四句：水奔流而去，但它并没有消失；月亮看起来有圆有缺，但它本身并没有变大或变小。斯，此，指水。彼，指月亮。卒，最终。 [32]苟：假如。 [33]无尽藏（zàng 葬）：本为佛教用语，指佛法广阔无边，后转指寺院之财为无尽财，此指用之不尽的宝藏。 [34]食：享受。一作"适"。 [35]"杯核既尽"二句：饭后杂乱的样子。狼籍，同"狼藉"，纵横散乱。 [36]相与枕藉（jiè 借）：相互枕着靠着睡去。藉，垫着。 [37]既白：已经显出白色，指天亮。

【解析】

此赋开篇写景如画，描绘了一个水天一色、江月辉映的逍遥世界。苏子"乐甚"而歌，客吹洞箫而和。不过，乐中含悲，"渺渺兮予怀，望美人兮天一方"，正是处江湖之远而忧其君的情感不自觉地自然流露，"歌"既是文中的转折处，也是主客心灵相通处。歌中的"美人"，乃是作者以隐喻比兴之法，隐指贤君明主或美政理想。作者远离朝廷，依然有忧国忧君之念。洞箫之悲，所传达出的又何尝不是作者的心灵之悲？"舞幽壑之潜蛟，泣孤舟之嫠妇"，既是渲染客的高超的音乐技艺，也从另一个侧面把作者隐约的心灵之悲渲染到了极点。

　　接着，作者以"何为其然也"一句勾连上下，引出了客的回答。而客的回答，则又把人生的逼仄与悲哀写到了极处，进一步申述了对人生之悲的感慨，"大江东去，浪淘尽、千古英雄人物"，英雄的功业，终归寂灭，此为人生之一悲。即使可以逍遥一时，但是生命的短暂，形体的微小，在永恒浩瀚的大自然面前，显得多么微不足道，"寄蜉蝣于天地，渺沧海之一粟"，此为人生之又一悲。求仙长生，也不过是人生一梦，何况在理性上也知道这是无法也无可能实现的。客的回答，凸显了人生的悖论与悲凉，不仅对苏子，实际上也给每个人提出了一个必须面对的问题：人生的意义安在？

　　面对客的人生之悲，作者以"客亦知夫（fú）水与月乎"轻轻提起，从"自其变者而观之"、"自其不变者而观之"两个方面进行了回答。苏轼的回答，显然与他接受了庄子的齐物论和僧肇的物不迁论等思想有关。庄子认为，万物齐一，"自其异者视之，肝胆楚越也；自其同者视之，万物皆一也"（《庄子·德充符》）。僧肇则认为，动静不二，"不迁，故虽往而常静；不住，故虽静而常往"（《物不迁论》）。东坡以水月之喻对客作出的变与不变的回答，固然是他接受了道、佛思想的结果。但是，苏轼所作出的此种回答，实际上也是他本人历经宦海风波和世事沧桑，对人生有了切实体悟之后而作出的智慧表达。人生的悖论与悲凉，不但被他举重若轻地消解了，而且人生的窘迫与局促，在他的视野中，更出现了无限宽广的坦途——人生的意义在于归向自然，这才是人生最好的安顿与最大的意义。在这一答案下面，客对于人生的悲慨之中所暗含的"人生意义安在"这一巨大的疑问，就这样被苏轼的回答解决了。在苏轼看来，在大自然中，在造物者的"无尽藏"中，处处可以得到人生的安顿，此即所谓的清风明月不用一钱买，人生何必拘泥"执于一端"？如果能够戒"有"戒"取"，则江上之清风，山间之明月，就都是造物者的"无尽藏"。人生如寄，是客观不变的事实，但是如果寄于造物者的"无尽藏"，享用造物者的"无尽藏"，则人生就得到了最大的有，找到了最好的安顿，实现了最大的意义。如果说，客之感慨导向的是人生之悲，指向的是人生价值的"无"，而苏子的回答，则使得客的"无"发生了反转，导向了人生的"有"，为人生指出向上一路的境界。明乎此，也就明白了"客喜而笑"的原因。

苏轼的这种思想自然有其积极意义，如果联系到作者的逐客生涯，联系到作者经历过的生死之劫，就不难理解苏轼为何能以一种安之若素的圆融心态，坦然面对一切的劫难，始终保持一种"也无风雨也无晴"的人生姿态。该赋正好展示了苏轼融儒道佛为一体的哲学观念与人生取向，在流连风物、凭吊历史这一常见的题材中，苏轼融入了道佛庄禅的思想，提升了议论说理的哲学高度，使宋代辞赋的文学境界为之一变。特别是作者对客的回答，从哲学的意义上回答了人生如何安顿的问题，该赋的境界由此为之廓大，其体现出的思想"深度"与"厚度"正在于此。即使在今天看来，作者亲近自然，不以得失为怀的人生态度，依然具有现实意义。

潮州韩文公庙碑

〔北宋〕苏轼

【题解】

苏轼性情真率,总是从实际出发思考并力图解决具体问题,这使得他即使在旧党主政的元祐年间也屡受排挤,难安于任。哲宗元祐六年(1091),苏轼自杭州任上被召回朝廷,任职未久,又于同年八月再外调颍州,元祐七年初再调任扬州。就在由颍州调任扬州这段时间里,苏轼应潮州知州王涤之请,构思并完成了《潮州韩文公庙碑》。文中说韩愈"不能使其身一日安于朝廷之上……去国万里,而谪于潮",这些话也包含了苏轼对自身经历及其背后的学术、政治背景的思考和定位。南宋人黄震评论说:"《韩文公庙碑》,非东坡不能为此,非(韩)文公不足以当此,千古奇观也。"(《黄氏日抄》卷六二)可谓中肯之论。

匹夫而为百世师[1],一言而为天下法。是皆有以参天地之化[2],关盛衰之运。其生也有自来[3],其逝也有所为。故申、吕自岳降[4],傅说为列星[5],古今所传,不可诬也[6]。孟子曰:"吾善养吾浩然之气[7]。"是气也,寓于寻常之中,而塞乎天地之间。卒然遇之[8],则王公失其贵,晋、楚失其富[9],良、平失其智[10],贲、育失其勇[11],仪、秦失其辩[12],是孰使之然哉?其必有不依形而立[13],不恃力而行,不待生而存,不随死而亡者矣。故在天为星辰,在地为河岳,幽则为鬼神,而明则复为人。此理之常,无足怪者。

自东汉以来,道丧文弊[14],异端并起[15],历唐贞观、开元之盛[16],辅以房、杜、姚、宋而不能救[17]。独韩文公起布衣,谈笑而麾之[18],天下靡然从公[19],复归于正,盖三百年于此矣。文起八代之衰[20],而道济天下之溺;忠犯人主之怒,而勇夺三军之帅。岂非参天地,关盛衰,浩然而独存者乎[21]!盖尝论天人之辨,以谓人无所不至,惟天不容伪。智可以欺王公[22],不可以欺豚鱼。力可以得天下,不可以得匹夫匹妇之心。故公之精诚[23]，能开衡山之云，而不能回宪宗之惑；能驯鳄鱼之暴[24]，而不能弭皇甫镈、李逢吉之谤；能信于南海之民，庙食百世，而不能使其身一日安于朝廷之上。盖公之所能者，天也。所不能者，人也。

始，潮人未知学，公命进士赵德为之师[25]。自是潮之士，皆笃于文行，延及齐民[26]，至于今，号称易治。信乎孔子之言："君子学道则爱人[27]，小人学道则易使也。"潮人之事公也，饮食必祭，水旱疾疫，凡有求必祷焉。而庙在刺史公堂之后，民以出入为艰。前守欲请诸朝作新庙，不果。元祐五年，朝散郎王君涤来守是邦，凡所以养士治民者，一以公为师。民既悦服，则出令曰："愿新公庙者听。"民欢趋之。卜地于州城之南七里，期年而庙成。

或曰："公去国万里，而谪于潮，不能一岁而归[28]，没而有知，其不眷恋于潮，审矣[29]。"轼曰："不然！公之神在天下者，如水之在地中，无所往而不在也。而潮人独信之深，思之至，焄蒿凄怆[30]，若或见之。譬如凿井得泉，而曰水专在是，岂理也哉？"元丰七年，诏封公昌黎伯[31]，故榜曰昌黎伯韩文公之庙。潮人请书其事于石，因作诗以遗之，使歌以祀公。其词曰：

公昔骑龙白云乡，手抉云汉分天章[32]，天孙为织云锦裳[33]。飘然乘风来帝旁，下与浊世扫秕糠[34]，西游咸池略扶桑[35]。草木衣被昭回光[36]，追逐李杜参翱翔，汗流籍湜走且僵[37]。灭没倒景不可望，作书诋佛讥君王，要观南海窥衡湘[38]。历舜九疑吊英皇[39]，祝融先驱海若藏[40]，约束蛟鳄如驱羊。钧天无人帝悲伤，讴吟下招遣巫阳[41]，爆牲鸡卜羞我觞[42]。於粲荔丹与蕉黄[43]，公不少留我涕滂，翩然被发下大荒[44]。

《苏轼文集》卷一七

【注释】

[1]匹夫而为百世师：此以圣人比韩愈。《孟子·尽心下》："圣人，百世之师也。" [2]"参天地之化"二句：圣人之道与天地化育万物的功绩鼎足为

三，和国家命运的盛衰有深切关系。《礼记·中庸》："可以赞天地之化育，则可以与天地参矣。"赞，助。　　[3]"其生也有自来"二句：圣人的降生一定有特别的由来，圣人离世时一定已有所作为。　　[4]申、吕自岳降：申，申伯。吕，甫侯，亦称吕侯。二人是周朝的辅佐重臣。《诗·大雅·崧高》："维岳降神，生甫及申。"　　[5]傅说（yuè　悦）：商王武丁的大臣。《庄子·大宗师》："傅说得之（道），以相武丁，奄有天下，乘东维，骑箕尾，而比于列星。"　　[6]不可诬也：并非捏造。　　[7]"吾善养吾浩然之气"四句：《孟子·公孙丑上》："（孟子）曰：'我知言，我善养吾浩然之气。''敢问何谓浩然之气？'曰：'难言也。其为气也，至大至刚，以直养而无害，则塞于天地之间。'"苏轼这里大略言之，并非严格引用原文。　　[8]卒然：突然。　　[9]晋、楚：两国一度是春秋时期最富强的诸侯国。《孟子·公孙丑下》："晋楚之富，不可及也。"　　[10]良、平：张良、陈平，汉高祖开国功臣，以足智多谋见称。　　[11]贲（bēn　奔，阴平）、育：孟贲、夏育，古代著名勇士。　　[12]仪、秦：张仪、苏秦，战国时著名游说之士。　　[13]"必有不依形而立"四句：是说不依赖具象而存在，不凭借外力而自然流布，没有生死存亡变化的抽象之物，即孟子所说的"浩然之气"。　　[14]道：道统，即儒家正统理论。文：文统，即儒家正统理论的文字表达。　　[15]异端：儒家正统之外的其他学说。　　[16]贞观、开元之盛：贞观、开元是唐代的盛世时期。贞观是唐太宗年号（627—649），开元是唐玄宗年号（713—741）。　　[17]辅以房、杜、姚、宋而不能救：房玄龄、杜如晦，是唐太宗时贤相。姚崇、宋璟，是唐玄宗前期时贤相。救，挽回。　　[18]麾：通"挥"，指挥，号召。　　[19]靡然：倾倒的样子。　　[20]"文起八代之衰"四句：指从文章的形式上看，韩愈之文一反东汉以来文章拘于偶对的习气，重振司马迁、扬雄的雄健文风。从文章的内容上看，韩愈之文重新倡导儒家道统，将天下人从对释、老的沉迷中拯救出来。从事功上看，韩愈忠于自己的哲学及政治理念，在朝中极力劝谏唐宪宗迎佛骨的举动，对藩镇则不惧武力，敢于出使宣抚王廷凑部，力阻其违背朝命的分裂行为。（参见《新唐书·韩愈传》）八代，指东汉、魏、晋、宋、齐、梁、陈、隋八个朝代。济，拯救。　　[21]浩然而独存者：意谓韩愈是"浩然之气"在唐代唯一（"独存"）的继承者。　　[22]"智可以欺王公"四句：指儒家经典中对人为作伪终究无法以精诚感天等问题的记述，如《论语·阳货》说："苟患失之，无所不至矣。"又如《周易·中孚》说："豚、鱼吉，信及豚、鱼也。"这里用"豚鱼"和"匹夫匹妇"引出下文所说"驯鳄鱼之暴"、"信于南海之民"的事迹。　　[23]"公之精诚"三句：指韩愈《谒衡岳庙遂宿岳寺题门楼》诗所说因诚心祷告而去晦昧见青天之事，"我来正逢秋雨节，阴气晦昧无清风。潜心默祷若有应，岂非正直能感通！须臾静扫众峰出，仰见突兀撑青空"。宪宗之惑，指宪宗迎佛骨事。　　[24]"能驯鳄鱼之暴"二句：驯鳄鱼事指韩愈贬潮州期间写《鳄鱼文》令鳄鱼西徙六十里的传说（见《新唐书·韩愈传》）。皇甫镈（bó 博）、李逢吉之谤，前者指韩愈贬潮州后上表自辩，又被皇甫镈中伤；后者指韩愈担任京兆尹时，与御史中丞李绅因参拜礼仪问题冲突，宰相李逢吉有意挑拨，利用这一矛盾达到个人政治目的（二事皆见《新唐书·韩愈传》）。　　[25]命进士赵德为之师：韩愈曾请命赵德摄海阳县尉，管理州学（见韩愈《潮州请置乡校牒》）。　　[26]齐民：即平民。　　[27]"君子学道则爱人"二句：语出《论语·阳货》。　　[28]不能一岁而归：韩愈自宪宗元和十四年（819）正月贬为潮州刺史，当年十月改任袁州刺史，在潮州不足一年。　　[29]审：一定。　　[30]焄（xūn 熏）蒿凄怆：指祭祀时因闻到祭品气味而产生怀念逝者的凄怆之情。《礼记·祭义》记载孔子论鬼神之名说："焄蒿凄怆，此百物之精也，神之著也。"焄，香气。蒿，气息蒸腾而上。　　[31]诏封公昌黎伯：《宋史·神宗纪》："（元丰七年五月）壬戌，以孟轲配食文宣王，封荀况、扬雄、韩愈为伯，并从祀。"　　[32]天章：指挑取天河中星云的文彩。　　[33]天孙：织女星。　　[34]秕（bǐ 比）糠：即上文所说的"异端"。　　[35]西游咸池略扶桑：屈原《离骚》："饮余马于咸池兮，总余辔乎扶桑。"咸池，传说太阳沐浴之处。略，行到。扶桑，神木。　　[36]草木衣被昭回光：指韩愈的道德文章泽被一代。草木衣被，是"衣被草木"的倒文。昭回，光辉普照。《诗·大雅·云汉》："倬彼云汉，昭回于天。"　　[37]汗流籍湜（shí 实）走且僵：指韩门弟子张籍、皇甫湜难以企及韩愈的成就。《新唐书·韩愈传》说："至其徒李翱、李汉、皇甫湜从而效之，遽不及远甚。"　　[38]要观南海窥衡湘：指韩愈因谏宪宗迎佛骨被贬潮州，从长安南下，须取道衡山湘江（在今湖南），才能到达潮州（地濒南海）。　　[39]吊英皇：指韩愈作《祭湘君夫人文》、《黄陵庙碑》，其中涉及传说中因舜葬于九嶷山，舜的两妃娥皇、女英亦死于湘水之事。　　[40]祝融先驱海若藏：祝融是南海之神，海若是海神，韩愈《南海神庙碑》都曾提及。苏轼这里指韩愈的魂魄也化为神灵，逗留在南方，与他当日文中提到的南方诸神俨然一处。　　[41]遣巫阳：指上天派遣神巫召韩愈为天神，这里暗用了《楚辞·招魂》："帝告巫阳曰：'有人在下，我欲辅之。'"　　[42]爆（bó 帛）牲鸡卜羞我觞：用牺牛、美酒歆享，用鸡骨占卜。　　[43]於（wū 呜）粲荔丹与蕉黄：这里暗用韩愈《柳州罗池庙碑》："荔子丹兮蕉黄，杂肴蔬兮进侯堂。"於粲，色泽鲜明。　　[44]翩然被发下大荒：这里暗用韩愈《杂诗》："翩然下大荒，被发骑麒麟。"同时在祭祀礼仪上象征着送走神灵。送神是祭祀的最后一个环节，在这里意味着文章的结束。

【解析】

苏轼为韩愈撰写碑文，与传主有同声相应的思想契合，倾注了撰写者的个人情感与学术旨趣，故此文不仅成为苏轼文章的名篇，其对韩愈在道统文统传承历史中地位的评判，即"文起八代之衰，而道济天下之溺"与"匹夫而为百世师，一言而为天下法"，也一锤定音，传诵至今。

在苏轼看来，韩愈的历史地位建立在他对道的体认传承的基础上。这种体认传承，就个人层面来看，表现为韩愈在道德人格修养上具有一种浩然之气鼓舞充沛的伟岸境界；就历史层面来看，表现为韩愈对道统文统的历史传承起到自觉的前后承袭续接的作用。第一，苏轼指出韩愈一生中"忠犯人主之怒"、"勇夺三军之帅"、"驯鳄鱼之暴"、"信于南海之民"的种种作为，背后存在着一种"参天地，关盛衰，浩然而独存"之物，这种不依赖具象而存在、不凭借外力而自然流布、没有生死存亡变化的抽象之物，即孟子所说的"浩然之气"。苏轼认为韩愈具有孟子所说的"浩然之气"，背后的逻辑理路是将韩愈视为孟子之道在唐代的继承者。苏轼《六一居士集叙》（《苏轼文集》卷一〇）说得更加直白："学者以（韩）愈配孟子，盖庶几焉。"第二，苏轼进一步指出，韩愈作为孟子学说在唐代的继承者，具有"文起八代之衰，而道济天下之溺"的重大意义。也就是说，孟子之后自东汉、魏、晋、宋、齐、梁、陈、隋中断了八代的"道（统）"及其文字表现"文（统）"，是由韩愈一人独自续接起来。苏轼这一描述背后的学术思想资源，是宋初以降士大夫推崇的道统文统学说。在宋初以来的道统文统学说的框架中，孔、孟之后存在着一条"汉—唐—宋"一脉相承的传袭线索，其中汉代的道统文统传承者往往被宋代士大夫指认为扬雄（以及董仲舒），韩愈（以及唐初的王通）则被指认为道统文统学说在唐代的传承者。

韩愈之后，在道统文统学说"汉—唐—宋"传承历史线索中，宋代士大夫自任为道统文统的当代传承者。苏轼认为，欧阳修作为其中的代表，是"今之韩愈也"（《六一居士集叙》）。而苏轼作为欧阳修的弟子，自然也在道统文统传承的历史语境中获得了自信心和自豪感。这正可以揭橥苏轼此文评价韩愈"不能使其身一日安于朝廷之上。盖公之所能者，天也。所不能者，人也"时隐含的反观自身、夫子自道的心态，这也是苏轼此文在道统文统"集体话语"中发出的一点"个人声音"。在苏轼的"天人之辨"中，天代表了必然的、规律性与趋势性的"道"，道在人类社会中的体现也就是道统与文统；人代表了或然的、随机性与权宜性的"人为"因素，在人类社会中体现为投机取合、察宜权变等巧伪乃至欺诈行为。在苏轼看来，个体以充满"浩然之气"的人格处世临事，也就意味着认同并投身于秉"道"而行这一超越性、长时段的历史事件中，自然会在"历史性"的传承中获得一种不朽的位置与价值。在这样的思想境界下，一时的得失微不足道。苏轼阐释了韩愈的意义，同时也就从现实世界的纷纭中开释了自己。苏轼所说的道符合他的时代的认识水平，未必能获得我们的认同，但他对文化历史传承的敬意，对物质利益之上的群体性、超越性价值的提倡，仍有其合理性。我们今天体会苏轼对韩愈的阐释，或许也能让自己从中获得不惑于物质利益一时得失的心灵力量。

中庸章句序

〔南宋〕朱熹

【题解】

朱熹（1130—1200）字元晦，一字仲晦，号晦庵。徽州婺源（今属江西）人。南宋高宗绍兴十八年（1148）进士，历知南康军、漳州。宁宗初，以焕章阁待制提举南京鸿庆宫。庆元二年（1196），被劾落职。卒后追谥"文"，世称朱文公。《宋史》卷四二九有传。朱熹一生主要居于福建讲学，故其学又称"闽学"。他的著作很多，主要有《周易本义》、《四书章句集注》、《四书或问》、《太极图说解》、《通书注》、《西铭解》以及《朱子语类》和《朱子文集》等。其《四书章句集注》被元、明、清三代定为科举取士的必读之书。宋咸淳、德祐年间从祀孔庙，清康熙时又升位于十哲之次，被称为理学的集大成者。这篇《中庸章句序》是朱熹为《中庸章句》所写的序言，成于宋孝宗淳熙十六年（1189），朱熹时年六十岁，可以代表他晚年成熟的思想。此文论述了道统的传承、中断和接续，具有代表新儒学文化抱负的意义，序文的重心是对"道心"、"人心"说的阐明。

中庸何为而作也？子思子忧道学之失其传而作也[1]。盖自上古圣神继天立极[2]，而道统之传有自来矣[3]。其见于经，则"允执厥中"者[4]，尧之所以授舜也；"人心惟危[5]，道心惟微，惟精惟一，允执厥中"者，舜之所以授禹也。尧之一言，至矣尽矣，而舜复益之以三言者，则所以明夫尧之一言，必如是而后可庶几也[6]。

盖尝论之，心之虚灵知觉[7]，一而已矣[8]，而以为有人心、道心之异者[9]，则以其或生于形气之私，或原于性命之正，而所以为知觉者不同，是以或危殆而不安，或微妙而难见耳。然人莫不有是形[10]，故虽上智不能无人心，亦莫不有是性，故虽下愚不能无道心。二者杂于方寸之间[11]，而不知所以治之，则危者愈危，微者愈微。而天理之公卒无以胜夫人欲之私矣。精则察夫二者之间而不杂也[12]，一则守其本心之正而不离也。从事于斯，无少间断，必使道心常为一身之主，而人心每听命焉，则危者安、微者著，而动静云为自无过不及之差矣。

夫尧、舜、禹，天下之大圣也。以天下相传，天下之大事也。以天下之大圣，行天下之大事，而其授受之际，丁宁告戒，不过如此。则天下之理，岂有以加于此哉？自是以来，圣圣相承：若成汤、文、武之为君，皋陶、伊、傅、周、召之为臣[13]，既皆以此而接夫道统之传[14]。若吾夫子，则虽不得其位，而所以继往圣、开来学，其功反有贤于尧、舜者。然当是时，见而知之者，惟颜氏、曾氏之传得其宗。及曾氏之再传，而复得夫子之孙子思，则去圣远而异端起矣[15]。子思惧夫愈久而愈失其真也，于是推本尧、舜以来相传之意，质以平日所闻父师之言[16]，更互演绎，作为此书，以诏后之学者。盖其忧之也深，故其言之也切；其虑之也远，故其说之也详。其曰"天命率性"，则道心之谓也；其曰"择善固执"，则精一之谓也；其曰"君子时中"，则执中之谓也。世之相后千有馀年，而其言之不异如合符节。历选前圣之书，所以提挈纲维，开示蕴奥，未有若是之明且尽者也。自是而又再传以得孟氏，为能推明是书，以承先圣之统，及其没而遂失其传焉。则吾道之所寄[17]，不越乎言语文字之间，而异端之说日新月盛，以至于老佛之徒出，则弥近理而大乱真矣。然而尚幸此书之不泯，故程夫子兄弟者出[18]，得有所考，以续夫千载不传之绪；得有所据，以斥夫二家似是之非。盖子思之功，于是为大，而微程夫子，则亦莫能因其语而得其心也。惜乎！其所以为说者不传，而凡石氏之所辑录[19]，仅出于其门人之所记，是以大义虽明，而微言未析。至其门人所自为说，则虽颇详尽而多所发明，然倍其师说而淫于老佛者[20]，亦有之矣。

熹自蚤岁即尝受读而窃疑之[21]，沉潜反复，盖亦有年，一旦恍然，似有以得其要领者，然后乃敢会众说而折其中，既为定著《章句》一篇，以俟后之君子[22]。而一二同志复取石氏书，删其繁乱，名以《辑略》[23]，且记所尝论辩取舍之意，别为《或问》，以附其后。然后此书之旨，支分节解[24]，脉络贯通，详略相因，巨细毕举，而凡诸说之同异得失，亦得以曲畅旁通而各极其趣。虽于道统之传不敢妄议，然初学之士或有取焉，则亦庶乎行远升高之一助云尔[25]。淳熙己酉春三月戊申，新安朱熹序。

《四书章句集注·中庸》卷首

【注释】

[1]子思子：指孔子之孙孔伋（前483—前402），字子思。第二个"子"是对有学问有道德者的尊称。　　[2]继天立极：继天道以立人极。《诗·大雅·烝民》说："天生烝民，有物有则。"但天自己不能讲这些道理（准则），所以圣人体悟天道，为之修道立教，以教化百姓。继，继守。极，中正的准则，指人道的根本标准。　　[3]道统：指道的传承谱系。朱熹认为，尧舜禹三代是以"允执厥中"的传承而形成道统的。以后圣圣相传，历经商汤、文王、武王、皋陶、伊尹、傅说、周公、召公，传至孔子；孔子以后，则有颜子、曾子，再传至子思，子思即是《中庸》的作者。孟子是子思的再传弟子，亦能"承先圣之统"。孟子之后，道统就中断了，道学亦没有再传承下去。这就是朱熹所认定的道统早期相传的系谱。　　[4]允执厥中：一作"允执其中"，谓诚实地坚持中正之道。朱熹注："允，信也。中者，无不及之名。"　　[5]"人心惟危"四句：语出伪《古文尚书·大禹谟》。清人阎若璩在《古文尚书疏证》中曾指出这是隐括《荀子·解蔽》中的一段话，续以《论语·尧曰》中"允执厥中"一语而成，伪托为舜对禹说的。这四句话，据朱熹意，是说杂于私欲之心是危而不安的，而纯乎天理之心则是深微难明的。只有精察正道，而又专一持守的人，才能执其中道。人心，指人的各种生理欲望和需求。危，指危而不安。道心，指合于道德准则的思想、情感、欲望。微，指深微难明。　　[6]庶几（jī 基）：也许，差不多，表示希望或推测之词。　　[7]虚灵知觉：《朱子语类》卷一六说："人心本是湛然虚明。"又说："人心之灵，莫不有知"，"灵便是那知觉。"朱熹认为心是中性的，具备着虚灵知觉。在朱熹的理论系统中，并无"心即理"之"本心"义。心只是虚灵，必须通过格物的工夫，才能知理。　　[8]一：《朱子语类》卷四《性理一》说："人物之性一源。"　　[9]"而以为有人心、道心之异者"六句：朱熹认为，心具有虚灵的知觉能力，人之所以会形成不同的意识和知觉，意识之所以会有道心和人心的差别，主要是由于不同的知觉发生的根源不同。人心根源于形气之私，道心根源于性命之正，即人心根源于人所禀受的气所形成的形体，道心发自于人所禀受的理所形成的本性。人心惟危是说根于身体发出的人心不稳定而有危险，道心惟微是说根于本性发出的道心微妙而难见。　　[10]"然人莫不有是形"四句：朱熹认为，人人都有形体、有本性，所以人人都有道心、有人心。按朱熹在其他地方所指出的，道心就是道德意识，人心

是指人的自然欲求。　　[11]方寸: 指心(人心不过一寸见方)。　　[12]"精则察夫二者之间而不杂也"八句: 在朱熹看来, 如果人的心中道心和人心相混杂, 得不到治理, 那么人欲之私就会压倒天理之公, 人心就变得危而又危, 道心就更加隐没难见。所以正确的功夫是精细地辨察心中的道心和人心, 也就是要使道心常常成为主宰, 使人心服从道心的统领, 这样人心就不再危险, 道心就会发显著明, 人的行为就无过无不及而达到"中"。　　[13]皋陶(gāoyáo 高揺): 一作"咎繇", 传说为舜的大臣。伊: 指伊尹, 商汤的大臣。傅: 指傅说, 为殷武丁(高宗)的大臣。周: 指周公旦。召: 指召公奭。二人都是周成王的大臣。　　[14]此: 指"允执厥中"的传统。　　[15]异端: 指别于儒家的其他诸家学说。　　[16]质: 质证, 对证。　　[17]"吾道之所寄"二句: 是说孟子以后没有传道的人, 而道只寄托于《中庸》等书中。　　[18]"程夫子兄弟者出"三句: 程颢、程颐兄弟对《中庸》作了考据, 被认定是儒家传授"心法"的著作, 使孟子死后断绝了一千多年的"道统"得以延续下来。　　[19]石氏之所辑录: 石氏, 指宋人石𡼖(dūn 敦), 字子重。石𡼖辑录《中庸集解》一书, 里面收录了周敦颐、二程等宋儒解释《中庸》的话。　　[20]倍: 同"背", 违背。淫: 沉浸。　　[21]蚤: 同"早"。　　[22]竢(sì 寺): 同"俟", 等待。　　[23]名以《辑略》: 石𡼖所编原名《中庸集解》, 经朱熹删定后, 更名为《中庸辑略》。　　[24]支分节解: 分章细说, 按节解释。　　[25]行远升高: 走得更远, 登得更高。比喻对学问进一步探究其深奥理论。

【解析】

朱熹说"四书"为其毕生精力所萃, 而《中庸章句》用心尤精密。这篇文章作为《中庸章句》的序文, 大致可分为四个部分: 第一部分, 直述《中庸》成书原由, 并重点提揭出"虞廷十六字心传", 即"人心惟危, 道心惟微, 惟精惟一, 允执厥中"。第二部分, 对"道心、人心"作了完整的诠释。第三部分, 详细论述了儒家道统的传承、中断和接续情况。第四部分, 介绍所以作《中庸章句》的理由。

朱熹关于"道心、人心"的诠释有一个发展过程, 但对于这一问题的最后见解却见于这篇序文。朱熹认为, "心"具有虚灵的知觉能力, 且"心只是一个心, 非是以一个心治一个心"(《朱子语类》卷一二), 之所以会有道心和人心的差别, 是由于不同的知觉其发生的根源不同。人心根源于形气之私，道心根源于性命之正，即人心根源于人所禀受的气所形成的形体，道心发自于人所禀受的理所形成的本性。人心惟危是说根于身体发出的人心不稳定而有危险，道心惟微是说根于本性发出的道心微妙而难见。

朱熹特别强调要精察天理与人欲，即道心与人心的界限，如果人的心中道心和人心相混杂，得不到治理，那么人心就变得危而不安，道心就更加隐没难见。必须使道心常常成为一身之主，使人心服从道心的统领，这样，人心就不再危险，道心就会发显著明，人的行为就无过无不及而达到"中"。

另一方面，由于人人都有形体，有本性，所以人人都有道心，有人心。圣人之所以为圣人，实质在于，在圣人的生命中，自然欲求（人心）已经完全顺从了道德意识（道心），即所谓"道心常为一身之主"。在朱熹的思想里，"人心"是指人的自然欲求，就人的生存必须依赖其自然欲求而言，它们不能说是不善；换言之，在一定程度内，朱熹是承认"人心"的合理性的。唯有人心在违背天理时，它们才成为"人欲"或"私欲"。过去常有不少人认定朱熹是主张"禁欲主义"，其实是失之偏颇的。实质上，朱熹的伦理学观点和多数的宋明儒者一样，属于"严格主义"，而非"禁欲主义"。

作为两宋理学的集大成者，朱熹吸收并整合了前期诸多理学话语资源，并创造性地将理学的关注课题集中到天理论、心性论、理气论以及功夫论等层面，这些在《中庸章句序》中几乎都有涉及。借助于对"四书"等经典的系统解释，朱熹成功地展开了其新儒学的理论建构，一方面促进了理学思想的传播，另一方面也使得理学成为接下来几个世纪中国人的指导思想，对当时及后世都产生了很大的影响。

指南录后序

〔南宋〕文天祥

【题解】

文天祥（1236—1283）字宋瑞，一字履善，号文山，庐陵（今江西吉安）人。南宋理宗宝祐四年（1256）进士第一，历任湖南提刑，知赣州。恭帝德祐元年（1275）元军渡江，文天祥奉诏起兵勤王。次年拜右丞相兼枢密使，奉命出使元营，被拘，后脱逃。同年端宗继位，改元景炎，召文天祥赴福州，拜右丞相。坚持抗元，转战江西、福建、广东等地。帝昺祥兴元年（1278）十二月，兵败被俘。次年押往元大都（今北京），囚禁三年，始终不屈。元至元十九年十二月九日（1283年1月9日）从容就义。《宋史》卷四一八有传。《指南录》收录德祐二年出使元营、被拘脱逃及流亡途中所作诗歌，是文天祥途中撰集的，书名取自其《扬子江》诗"臣心一片磁针石，不指南方不肯休"句。本文即文天祥为《指南录》所作的后序，时端宗已即位，改元景炎元年（1276）。

德祐二年二月十九日，予除右丞相兼枢密使[1]，都督诸路军马[2]。时北兵已迫修门外[3]，战、守、迁皆不及施[4]。缙绅、大夫、士萃于左丞相府[5]，莫知计所出。会使辙交驰[6]，北邀当国者相见[7]，众谓予一行为可以纾祸[8]。国事至此，予不得爱身，意北亦尚可以口舌动也[9]。初奉使往来，无留北者，予更欲一觇北[10]，归而求救国之策。于是辞相印不拜，翌日，以资政殿学士行[11]。

初至北营，抗辞慷慨[12]，上下颇惊动，北亦未敢遽轻吾国[13]。不幸吕师孟构恶于前[14]，贾余庆献谄于后[15]，予羁縻不得还[16]，国事遂不可收拾。予自度不得脱[17]，则直前诟虏帅失信[18]，数吕师孟叔侄为逆[19]。但欲求死，不复顾利害。北虽貌敬，实则愤怒。二贵酋名曰馆伴[20]，夜则以兵围所寓舍，而予不得归矣。

未几[21]，贾余庆等以祈请使诣北[22]。北驱予并往，而不在使者之目[23]。予分当引决[24]，然而隐忍以行，昔人云"将以有为也[25]"。至京口[26]，得间奔真州[27]，即以北虚实告东西二阃[28]，约以连兵大举。中兴机会，庶几在此[29]。留二日，维扬帅下逐客之令[30]。不得已，变姓名，诡踪迹，草行露宿，日与北骑相出没于长、淮间。穷饿无聊[31]，追购又急[32]，天高地迥[33]，号呼靡及[34]。已而得舟，避渚洲，出北海[35]，然后渡扬子江，入苏州洋[36]，展转四明、天台[37]，以至于永嘉[38]。

　　呜呼！予之及于死者不知其几矣！诋大酋当死[39]，骂逆贼当死，与贵酋处二十日，争曲直，屡当死。去京口，挟匕首以备不测[40]，几自颈死[41]。经北舰十馀里[42]，为巡船所物色[43]，几从鱼腹死。真州逐之城门外[44]，几傍徨死。如扬州[45]，过瓜洲、扬子桥[46]，竟使遇哨[47]，无不死。扬州城下，进退不由[48]，殆例送死[49]。坐桂公塘土围中[50]，骑数千过其门，几落贼手死。贾家庄几为巡徼所陵迫死[51]。夜趋高邮[52]，迷失道，几陷死。质明避哨竹林中[53]，逻者数十骑[54]，几无所逃死。至高邮，制府檄下[55]，几以捕系死。行城子河[56]，出入乱尸中，舟与哨相后先，几邂逅死[57]。至海陵[58]，如高沙[59]，常恐无辜死。道海安、如皋[60]，凡三百里，北与寇往来其间[61]，无日而非可死。至通州[62]，几以不纳死[63]。以小舟涉鲸波[64]，出无可奈何，而死固付之度外矣！呜呼！死生昼夜事也，死而死矣，而境界危恶，层见错出，非人世所堪。痛定思痛，痛何如哉！

　　予在患难中，间以诗记所遭[65]，今存其本，不忍废，道中手自抄录。使北营，留北关外为一卷[66]。发北关外，历吴门、毗陵[67]，渡瓜洲，复还京口为一卷。脱京口，趋真州、扬州、高邮、泰州、通州为一卷。自海道至永嘉、来三山为一卷[68]。将藏之于家，使来者读之，悲予志焉。

　　呜呼！予之生也幸，而幸生也何所为？求乎为臣，主辱，臣死有馀僇[69]。所求乎为子，以父母之遗体行殆[70]，而死有馀责。将请罪于君，君不许。请罪于母，母不许。请罪于先人之墓，生无以救国难，死犹为厉鬼以击贼，义也。赖天之灵、宗庙之福[71]，修我戈矛，从王于师，以为前驱，雪九庙之耻[72]，复高祖之业[73]，所谓"誓不与贼俱生"，所谓"鞠躬尽力,死而后已",亦义也。嗟夫!若予者,将无往而不得死所矣[74]。向也使予委骨于草莽[75],予虽浩然无所愧怍[76],然微以自文于君亲[77],君亲其谓予何[78]?诚不自意返吾衣冠[79],重见日月[80],使旦夕得正丘首[81],复何憾哉!复何憾哉!

是年夏五,改元景炎[82],庐陵文天祥自序其诗[83],名曰《指南录》。

《文山先生全集》卷一三

【注释】

[1]除:拜官,授职。枢密使:枢密院长官,掌管国家军事。 [2]都督:总领,统领。 [3]北兵:指元兵。迫:逼近。修门:国都城门。 [4]战、守、迁皆不及施:迎战、固守或迁都,都已来不及施行。 [5]萃:聚集。左丞相:时任左丞相为吴坚。 [6]会使辙交驰:指宋、元使臣来往车辆频繁。会,恰巧,适逢。 [7]当国者:主持国政之人。元军邀请宋朝执政者至营谈判。 [8]众谓予一行为可以纾(shū 舒)祸:是说众人都认为我去一趟可以解除祸患。纾祸,解除祸患。 [9]意:料想。以口舌动:用语言说服打动。 [10]觇(chān 搀):窥视,观察。指前往一探元军情况。 [11]资政殿学士:文天祥辞去相印,以资政殿学士名义前往元营。 [12]抗辞:严辞抗辩。 [13]遽(jù 巨):遂,就。 [14]吕师孟:宋兵部尚书,德祐元年(1275)出使元军,投降。构恶:作恶。 [15]贾馀庆:宋同签书枢密院事,知临安府,继文天祥为右丞相。 [16]羁縻(jī mí 基迷):拘禁,扣留。 [17]自度(duó 夺):自己估计。 [18]直前诟(gòu 构)虏帅失信:径直上前诘骂元军统帅伯颜失信。诟,责骂,辱骂。 [19]数:斥责,列举罪状。吕师孟叔侄:吕师孟之叔吕文焕为宋襄阳守将,时已降元。 [20]贵酋:指元军将领。馆伴:陪同接待外国使臣的人员。 [21]未几:不久。 [22]祈请使:奉表请降的使节。宋朝派贾馀庆等人为祈请使,前往元大都请降。 [23]目:列。 [24]分(fèn 奋)当:本当,理应。引决:自杀。 [25]将以有为也:语出唐韩愈《张中丞传后叙》,指隐忍不死,以图有所作为。 [26]京口:今江苏镇江。 [27]得间:得到机会。真州:治所在今江苏仪征。 [28]东西二阃(kǔn 捆):指淮东制置使李庭芝和淮西制置使夏贵。阃,郭门的门槛,借指统兵在外的将领。 [29]庶几:或许,可能。 [30]维扬帅:维扬为扬州别称,维扬帅指淮东制置使李庭芝。李庭芝误以文天祥来说降,乃令真州守将苗再成杀他。苗不忍,将其放

走。帅，原本误作"师"。　　[31]无聊：无所依靠。　　[32]购：重金收买，悬赏以求。　　[33]迥：远。　　[34]号呼：哀号呼喊。靡：不。　　[35]北海：指淮海。　　[36]苏州洋：今上海市东南海域。　　[37]四明：宋明州（庆元府）的别称，治今浙江宁波。天台：今属浙江。　　[38]永嘉：今属浙江。　　[39]大酋：指元军统帅伯颜。　　[40]挟：原本误作"扶"。夹持，怀藏。　　[41]自颈：以刀割颈自杀。　　[42]北舰：指元军船队。　　[43]物色：搜寻。　　[44]真州逐之城门外：指上文维扬帅下逐客之令，被驱城外事。　　[45]如：往。　　[46]瓜洲、扬子桥：在扬州邗江南。　　[47]竟使：假使。哨：指巡逻的士兵。　　[48]不由：不由自主。　　[49]殆例：按例。是说几乎按例是送死。　　[50]桂公塘：在扬州城外。　　[51]贾家庄：在扬州城外。巡徼（jiào 叫）：巡逻兵。　　[52]趋：疾行。高邮：今属江苏。　　[53]质明：天刚亮的时候。　　[54]逻者：巡逻的元兵。　　[55]制府：制置使。檄：声讨的文书。淮东制置使李庭芝下令捕拿文天祥。　　[56]城子河：在高邮境内。　　[57]几邂逅（xièhòu 谢后）死：是说险些与元军不期相遇而死。邂逅，偶然碰上。　　[58]海陵：今江苏泰州。　　[59]高沙：指高邮（此据陈友兴、陈军《文天祥〈指南录后序〉之"高沙"辨析》）。　　[60]道：经过。海安、如皋：今皆属江苏。　　[61]北与寇："北"指元军，"寇"指土匪。　　[62]通州：治所在今江苏南通。　　[63]不纳：不被接纳入城。　　[64]鲸波：比喻惊涛骇浪。　　[65]间：间或。　　[66]北关外：指临安城北的元军驻扎地。　　[67]吴门：今江苏苏州。毗陵：今江苏常州。毗，原本误作"昆"。　　[68]三山：今福建福州。　　[69]僇（lù 路）：侮辱，羞辱。是说臣子未能使国君免于受辱，即使身死也有馀羞。　　[70]遗体行殆：是说以父母留给自己的身体去冒险。子女为父母所生，子女的身体即父母的遗体。　　[71]宗庙：古代帝王祭祀的庙宇，代指朝廷和国家。　　[72]雪九庙之耻：是说要扫清皇帝祖宗所遭受的耻辱。帝王宗庙祭祀祖先，共有九庙。　　[73]高祖：指宋太祖赵匡胤。　　[74]无往而不得死所：是说不管在哪里死，都能死得其所。　　[75]向也：当初。委骨于草莽：指尸骨弃于草丛荒野。　　[76]愧怍（zuò 做）：惭愧。　　[77]微以自文：指无法向国君和父母文饰自己的过失。微，无。　　[78]其谓予何：会说我什么呢？意谓有所责备。　　[79]诚不自意：自己实在没有料想到。返吾衣冠：指重新穿上宋朝的官服。　　[80]日月：代指国君。　　[81]正丘首：狐狸死时头向窟穴，表示依恋故土。这里指死在故国。　　[82]景炎：德祐二年（1276）五月，宋端宗赵昰（shì 是）在福州继位，年号景炎。

【解析】

德祐二年（1276），元丞相伯颜举兵进逼南宋首都临安（今浙江杭州），朝廷上下一片混乱，"三宫九庙、百万生灵，立有鱼肉之忧"（《指南录自序》）。当此危亡之际，文天祥挺身而出，毅然承担起出使元营的重任。文天祥在元营中据理力争，抗辞慷慨，遭伯颜拘禁，拒不投降，并痛斥降元的吕文焕、吕师孟等人。随后被押往元大都，至京口得隙脱逃，奔真州。淮东制置使李庭芝疑文天祥为元军奸细，下令捕杀，幸真州守将苗再成不忍，将他放走。文天祥一路逃亡，草行露宿，既要躲避元军悬赏追捕，又要提防宋军误信流言加害，穷饿无依，屡陷绝境。途中与元军多次遭遇，九死一生，幸而得脱，辗转至永嘉。本文前半部分叙述了这段出使、逃亡的经历，随后以排山倒海般的十几个排比句，列举了自己陷入死境的诸多事例。情势危急险恶，屡屡命悬一线，危恶境况非人所堪，国家破亡的现实和个人困苦难堪的境遇，令人哀叹。

在非人所堪的惨酷境遇中，文天祥始终不屈不挠，顽强图存。他并不惧死，"死生昼夜事也，死而死矣"。在元军兵临城下时他奋不顾身出使元营，"国事至此，予不得爱身"；被元军拘禁劝降时直骂敌帅，面斥降臣，"但欲求死"；被押同宋朝祈请使北上时，也曾考虑自杀；后来兵败后押赴大都路途中曾绝食八日而不死。文天祥早已把生死置之度外。他克服重重困难，顽强图存，是为了"将以有为"，为了"修我戈矛，从王于师，以为前驱"，为了"雪九庙之耻，复高祖之业"。正如他在《指南录自序》中所说的："未死以前，无非报国之日。"支撑他活下来的，是报国的信念，是"誓不与贼俱生"，"鞠躬尽力，死而后已"的气节，是抵抗外侮、光复国家的决心。他被俘后在《过零丁洋》诗中写下的千古名句"人生自古谁无死，留取丹心照汗青"，与本文中的生死观一脉相承，都充满了英雄气概和伟大爱国主义精神。

正气歌序

〔南宋〕文天祥

【题解】

南宋帝昺祥兴元年（1278）冬，文天祥在五坡岭（今广东海丰北）兵败被俘，次年被押送至元大都（今北京）。元朝统治者多次劝降无果，遂将文天祥囚禁在兵马司土室中长达三年。《正气歌》是文天祥被关押在土室两年后所作的一首五言古诗，本文即《正气歌》诗前小序。此诗作后的第二年（元世祖至元十九年，1283）十二月，文天祥慷慨就义。

予囚北庭[1]，坐一土室。室广八尺，深可四寻[2]。单扉低小[3]，白间短窄[4]，污下而幽暗[5]。当此夏日，诸气萃然[6]。雨潦四集[7]，浮动床几，时则为水气。涂泥半朝[8]，蒸沤历澜[9]，时则为土气。乍晴暴热，风道四塞，时则为日气。檐阴薪爨[10]，助长炎虐[11]，时则为火气。仓腐寄顿[12]，陈陈逼人[13]，时则为米气。骈肩杂遝[14]，腥臊污垢，时则为人气。或圊溷[15]，或死尸[16]，或腐鼠，恶气杂出，时则为秽气[17]。叠是数气，当之者鲜不为厉[18]。而予以孱弱[19]，俯仰其间，于兹二年矣[20]。嗟乎[21]！是殆有养致然[22]。然尔亦安知所养何哉[23]？孟子曰："吾善养吾浩然之气[24]。"彼气有七[25]，吾气有一，以一敌七，吾何患焉！况浩然者，乃天地之正气也。作《正气歌》一首。

《文山先生全集》卷一四

【注释】

[1]北庭：指元大都（今北京）。　　[2]可：大约。寻：古代长度单位，一般为八尺。　　[3]单扉：单扇门。　　[4]白间：窗。　　[5]污下：低洼。　　[6]萃然：聚集的样子。　　[7]雨潦（lǎo 老）：大雨积水。　　[8]涂泥半朝：指土室墙上的泥土处于半潮湿状态。朝，通"潮"。　　[9]蒸沤：熏蒸沤烂。历澜：水气蒸腾貌。　　[10]檐阴薪爨（cuàn　篡）：在房檐下烧火做饭。　　[11]炎虐：酷

热。 　　[12]仓腐寄顿：仓库中积存腐败的粮食。 　　[13]陈陈逼人：指陈年的粮食散发逼人的气味。 　　[14]骈肩：肩挨着肩。杂遝（tà 榻）：纷繁杂多貌。遝，通"沓"。 　　[15]圊（qīng 青）溷（hùn 混，去声）：厕所。 　　[16]或死：二字原缺，据明崇祯刻本补，《四库全书》本作"或毁"。 　　[17]秽气：腐烂不洁的气味。 　　[18]之者：二字原缺，据崇祯本、《四库全书》本补。厉：灾疫，指染疫病。 　　[19]孱（chán 馋）弱：瘦弱，身体虚弱。 　　[20]于兹：到现在。 　　[21]嗟乎：二字原缺，据崇祯本补，《四库全书》本作"审如"。 　　[22]是殆有养致然：这大概是因为我有所修养而致如此。殆，大概。 　　[23]然尔亦安知所养何哉：然而又怎么知道我所修养的是什么呢？尔，通"而"。 　　[24]浩然之气：正大刚直之气。此句出自《孟子·公孙丑上》。 　　[25]彼气：指上述水气、土气等。

【解析】

　　面对元统治者的威逼利诱，文天祥不为所动。元统治者遂将文天祥囚禁在环境极其恶劣的兵马司土室中，试图以此消磨他的意志，令其屈服。文天祥在土室中被关押了三年，受尽肉体和精神的折磨，却始终保持着不屈的斗志和爱国的热情。写作《正气歌》时，文天祥已经在土室中被关押了两年之久。酷夏大雨之后，土室中污秽不堪，水气、土气、日气、火气、米气、人气、秽气，七气混杂，常人鲜不染疫而亡。文天祥以孱弱之身，在这种艰难困苦的环境中坚持了两年，没有被压垮，他认为这是自己的"浩然之气"战胜了邪气。

　　"浩然之气"出自《孟子·公孙丑上》："其为气也，至大至刚，以直养而无害，则塞于天地之间。"孟子认为浩然之气是天地间正大刚直之气，它与道、义相配，是一种至高的精神境界。在中华民族精神中，"浩然之气"体现为临危不惧、杀身成仁的豪气，为国为民、鞠躬尽瘁的担当，抵御外侮、坚贞不屈的气节，追求真理、坚持正义的信念，同时也是一种正直、坦荡、坚定，富贵不能淫、贫贱不能移、威武不能屈的人格力量。文天祥《正气歌》是对这种民族精神和高尚人格的颂歌，同时也是他对自己的期许和激励。

　　《正气歌》开篇点出主题："天地有正气，杂然赋流形"，"于人曰浩然，沛乎塞苍冥。"作者列举历史上十二位具有浩然正气的代表人物："在齐太史简，在晋董狐笔。在秦张良椎，在汉苏武节。为严将军头，为嵇侍中血。为张睢阳齿（一本作齿），为颜常山舌。或为辽东帽，清操厉冰雪。或为出师表，鬼神泣壮烈。或为渡江楫，慷慨吞胡羯。或为击贼笏，逆竖头破裂。"他们都是"时穷节乃见，一一垂丹青"的典范。文天祥以这些历史人物激励自己，以浩然之气面对敌人，"是气所旁薄，凛烈万古存。当其贯日月，生死安足论"。为了民族的事业生死且不足惧，更不必怕任何艰难困苦。《正气歌》及《正气歌序》是文天祥自觉的民族精神的体现，也成为中华民族精神史上宝贵的篇章。

学政说

〔金〕元好问

【题解】

元好问(1190—1257)字裕之，号遗山，太原秀容（今山西忻州）人。金宣宗兴定五年(1221)进士及第，授权国史院编修，历任内乡县令、南阳县令，所在有治名。天兴元年(1232)调任尚书省令史，升任左司都事，又转任尚书省左司员外郎。金亡后为元兵羁押，伤故国之亡，潜心编撰《中州集》，意在以诗存史。后为元世祖忽必烈大臣耶律楚材接纳，然元好问无心为官，遂隐居故里，以著述自娱。《金史》卷一二六有传。其诗文结集为《遗山先生文集》四十卷。元好问诗文兼擅，尤以诗名重天下，为金元之际文坛盟主。本篇节选自《遗山先生文集》卷三二《东平府新学记》，作于元宪宗五年乙卯(1255)，是元好问晚年的作品，题目为本书所拟。

呜呼！治国治天下者有二：教与刑而已。刑所以禁民，教所以作新民。二者相为用，废一不可。然而有国则有刑，教则有废有兴，不能与刑并，理有不可晓者。故刑之属不胜数，而贤愚皆知其不可犯。教则学政而已矣[1]，去古既远，人不经见，知所以为教者亦鲜矣，况能从政之所导以率于教乎[2]？何谓政？古者井天下之田[3]，党庠遂序[4]，国学之法立乎其中。射、乡饮酒[5]、春秋合乐[6]、养老、劳农、尊贤、使能、考艺、选贤之政皆在。聚士于其中，以卿大夫尝见于设施而去焉为之师，教以德以行[7]，而尽之以艺[8]。淫言诐行[9]，诡怪之术，不足以辅世者，无所容也。士生于斯时，揖让、酬酢[10]、升降，出入于礼文之间。学成则为卿，为大夫，以佐王经邦国。虽未成而不害其能，至焉者犹为士，犹作室者之养吾栋也。所以承之庸之者如此[11]。庶顽谗说[12]，若不在时，侯以明之[13]，挞以记之[14]。记之而又不从，是蔽陷畔逃[15]，终不可与有言，然后弃之为匪民[16]，不得齿于天下[17]。所以威之者又如此。学政之坏久矣！人情苦于羁检而乐于纵恣[18]，中道而废，纵恶若

崩。时则为揣摩，为捭阖[19]，为钩距[20]，为牙角，为城府，为穿窬[21]，为
谿壑，为龙断[22]，为捷径，为贪墨[23]，为盖藏，为较固[24]，为乾没[25]，为
面谩[26]，为力诋，为贬驳，为讥弹，为姗笑，为凌轹[27]，为瘢瘕[28]，为
睚眦，为构作，为操纵，为麾斥，为劫制，为把持，为绞讦[29]，为妾妇
妒，为形声吠，为厓岸[30]，为阶级，为高亢，为湛静[31]，为张互[32]，为结
纳，为势交，为死党，为囊橐[33]，为渊薮，为阳挤[34]，为阴害，为窃发，为
公行[35]，为毒螫，为蛊惑，为狐媚，为狙诈[36]，为鬼幽[37]，为怪魁[38]，为
心失位。心失位不已，合谩疾而为圣癫[39]，敢为大言，居之不疑，始则
天地一我，既而古今一我。小疵在人，缩颈为危[40]。怨讟薰天[41]，泰
山四维。吾术可售，恶恶不可。宁我负人，无人负我。从则斯朋，违则
斯攻。我必汝异，汝必我同。自我作古，孰为周、孔[42]？人以伏膺，我以
发冢[43]。凡此皆杀身之学，而未若自附于异端杂家者为尤甚也。居山
林、木食涧饮，以德言之，则虽为人天师可也，以之治世则乱。九方皋
之相马[44]，得天机于灭没存亡之间[45]，可以为有道之士，而不可以为天
子之有司。今夫缓步阔视，以儒自名，至于徐行后长者，亦易为耳，乃
羞之而不为。窃无根源之言，为不近人情之事，索隐行怪[46]，欺世盗
名，曰："此曾、颜、子思子之学也[47]。"不识曾、颜、子思子之学，固如
是乎？夫动静交相养，是为弛张之道；一张一弛，游息存焉。而乃强自
矫揉，以静自囚，未尝学而曰"绝学"，不知所以言而曰"忘言"。静生
忍，忍生敢，敢生狂。缚虎之急，一怒故在。宜其流入于申、韩而不自
知也[48]。古有之："桀纣之恶[49]，止于一时；浮虚之祸，烈于洪水。"夫
以小人之《中庸》，欲为魏晋之《易》与崇观之《周礼》[50]，又何止杀其
驱而已乎？道统开矣[51]，文治兴矣，若人者必当戒覆车之辙，以适改新
之路。特私忧过计，有不能自已者耳，故备述之。既以自省，且为无忌
惮者之劝。

《遗山先生文集》卷三二

【注释】

[1]学政：指国家培育选拔人才的政务。　　[2]率：遵循。　　[3]井天下

之田：井田，相传是古代的一种土地制度。以方九百亩为一里，划为九区，形如"井"字。中间为公田，外八区为私田，八家均私百亩，同养公田。公事毕，然后治私事。 [4]"党庠（xiáng 详）遂序"二句：党庠，指乡学。序，古代称学校为序。国学，古代指国家设立的学校。 [5]射：即乡射礼，周代三年业成大比贡士之后，乡大夫、乡老与乡人习射的礼仪。乡饮酒：周代乡学三年业成大比，考其德行道艺优异者，荐于诸侯。将行之时，由乡大夫设酒宴以宾礼相待，谓之"乡饮酒礼"。历朝沿用。亦指地方官按时在儒学举行的一种敬老仪式。 [6]春秋合乐：指春秋仲月上丁日举行祭祀孔庙的释菜之礼。合乐，诸乐合奏。 [7]德：指六德，知、仁、信、义、忠、和。行：六行，孝、友、睦、姻（yīn 因）、任、恤。 [8]艺：六艺，礼、乐、射、御、书、数。 [9]淫言詖（bì 必）行：不正当的言行。詖，原本误作"诚"。 [10]酬酢（zuò 坐）：主客相互敬酒，主敬客称酬，客还敬称酢。 [11]承：荐。庸：任用。 [12]庶顽：众愚妄之人。 [13]侯：行射侯之礼。 [14]挞：用鞭子或棍子打。"侯以明之，挞以记之"出自《尚书·益稷》，意思是行射侯之礼以知其善恶，以相区别。而所行有不是者，用鞭挞惩罚其身，以记其过错。 [15]蔽：昏聩不知是非。陷：犯有过错。 [16]匪民：非人。 [17]齿：同类。 [18]羁检：约束，检点。 [19]捭阖：犹开合。为战国时纵横家的游说之术。 [20]钩距：辗转推问，究得实情。 [21]穽（jǐng 井）获：喻圈套。 [22]龙断：龙，通"垄"。本指独立的高地。引申为独占其利。 [23]贪墨：贪污。 [24]较固：犹垄断。 [25]乾没：冒险侥幸。 [26]面谩：当面欺蒙。 [27]凌轹（lì 力）：欺凌压制。 [28]瘢癜（bāndiàn 班电）：疤痕，这是指挑毛病。 [29]绞讦（jié 节）：急切地指责别人的过失。 [30]厓（yá 牙）岸：矜持孤高。 [31]湛静：沉静而不露声色。 [32]张互：互相吹捧张扬。 [33]襄襄：窝藏包庇。 [34]阳挤：公开排挤。 [35]公行：公然从事违法行为。 [36]狙诈：伺机诈取。狙，原本误作"徂"。 [37]鬼幽：人将死前形体所表现的一种病态。 [38]怪魁：怪异特殊之人。 [39]谩疾：心智蒙蔽，失去辨别是非的疾病。圣癫：癫狂到自以为圣明的病态心理。 [40]缩颈：缩其颈项。 [41]怨讟（dú 独）：怨恨诽谤。 [42]周、孔：周公与孔子，均为儒家的圣人。 [43]发冢：发掘坟墓。这里指揭人阴私。 [44]九方皋：春秋时人，善相马。相传伯乐推荐他为秦穆公外出求马，他不辨毛色雌雄，而观察马的内神，因得天下良马。 [45]天机：天赋灵动。 [46]索隐行怪：探求隐秘幽暗之事，行怪迂之道。 [47]曾、颜、子思子：指孔子弟子曾参、孔子弟子颜回、孔子之孙孔伋（字子思）。 [48]申：指申不害，战国时郑国人。法家代表人物，主张法治，尤重"术"，强调加强君主专制。韩：韩非，战国时韩国人。法家代表人物，主张法、术、势合一的君主统治术。　　[49]桀纣：夏代暴君桀与商代暴君纣的合称。　　[50]崇观：宋徽宗年号崇宁（1102—1106）、大观（1107—1110）的并称。　　[51]道统：圣道继承的统系。韩愈《原道》指由尧、舜、禹、汤、周文王、周武王、周公、孔子、孟子相承的统系。

【解析】

元代的东平府地跨山东、河北、河南、安徽、江苏五省，地理位置十分重要，为南宋、金、元三家势力的交汇处。归顺蒙古的地方势力严实推行养士兴学的政策，为东平聚集了大批儒学人才。严实去世后，其子严忠济巩固发展了东平府学。在其主持下，元宪宗二年（1252）东平新府学开始兴建，历时三年建成。新府学落成后，众人请元好问记其事以彰严氏之功，于是作《东平府新学记》。

元好问前文追述了新府学的由来与兴造，而此节论述了学政的重要意义。其文开篇即谈到，治天下唯"教"与"刑"两端。刑为定制而教有兴废，故教之义鲜为人知。教实在国家育人的政务中。古者士大夫以贤哲为师，出入于礼文之间，学成则能经邦治国。其不成者也足以为士，顽劣者则有惩罚规劝，最下者方弃之，不为同类。然今学政大坏，人情趋于安逸，从恶如崩。元好问遍举人心之险恶情状，可谓穷尽世态。究其原因，是人心失位。于是，世之儒者入于申、韩异端之说而不自知。而今道统开，文治新，故当引以为戒。元氏在文中表达了对俗儒的厌恶及对新学的期待。

吏 道

〔元〕邓牧

【题解】

邓牧（1246—1306）字牧心，钱塘（今浙江杭州）人。因其不认同理学、佛教、道教，自号三教外人，又号九锁山人、大涤隐人，世称文行先生。三十三岁时宋亡，拒元征召，薄于名利，遍游方外。元成宗元贞二年（1296）至山阴陶山书院。大德三年（1299）归居馀杭洞霄宫之超然馆，累月不出，沈介石为营白鹿山房居之。与谢翱、叶林等友善。其著述有《洞霄图志》、《游山志》及文集《伯牙琴》。《宋诗纪事》卷八一有传。本文选自《伯牙琴》。

与人主共理天下者[1]，吏而已[2]。内九卿[3]、百执事[4]，外刺史、县令[5]，其次为佐[6]，为史，为胥徒。若是者，贵贱不同，均吏也。

古者军民间相安无事，固不得无吏，而为员不多。唐、虞建官[7]，厥可稽已[8]，其去民近故也。择才且贤者[9]，才且贤者又不屑为[10]。是以上世之士，高隐大山深谷，上之人求之，切切然恐不至也[11]。故为吏者常出不得已，而天下阴受其赐[12]。后世以所以害民者，牧民而惧其乱[13]，周防不得不至[14]，禁制不得不详[15]，然后小大之吏布于天下。取民愈广，害民愈深，才且贤者愈不肯至，天下愈不可为矣。今一吏，大者至食邑数万[16]；小者虽无禄养，则亦并缘为食[17]，以代其耕，数十农夫力有不能奉者。使不肖游手[18]，往往入于其间。率虎狼牧羊豕，而望其蕃息[19]，岂可得也？天下非甚愚，岂有厌治思乱，忧安乐危者哉？宜若可以常治安矣，乃至有乱与危，何也？夫夺其食，不得不怒；竭其力，不得不怨。人之乱也，由夺其食；人之危也，由竭其力。而号为理民者，竭之而使危，夺之而使乱。二帝三王平天下之道[20]，若是然乎？天之生斯民也，为业不同，皆所以食力也。今之为民不能自食[21]，以日夜窃人货殖[22]，搂而取之[23]，不亦盗贼之心乎？盗贼害民，随起随仆[24]，不至甚焉者，有避忌故也。吏无避忌，白昼肆行[25]，使天下敢怨而不敢言，敢怒而不敢诛。岂上天不仁，崇淫长奸[26]，使与虎豹蛇虺均为民害邪[27]？

　　然则如之何？曰：得才且贤者用之。若犹未也，废有司[28]，去县令，听天下自为治乱安危，不犹愈乎[29]？

《伯牙琴》卷一

【注释】

　　[1]理：治理，管理。　　[2]吏：大小官员的通称。　　[3]九卿：古时中央政府的九个高级官职。宋以太常、光禄、卫尉、太仆、大理、鸿胪（lú 卢）、宗正、司农、太府为九卿。　　[4]百执事：泛指各级官员。　　[5]刺史：州郡的最高长官。　　[6]"其次为佐"三句：佐，帮助地方长官办事的官吏。史，官署中掌管文书的官吏。胥（xū 虚）徒，泛指官府衙役。胥，胥吏，书办之类的僚属。徒，差役。　　[7]唐、虞：唐尧与虞舜的并称。亦指尧与舜的时代，古人以为太平盛世。　　[8]厥：其。稽：考查。　　[9]择才且贤者：《知不足斋丛书》本作"择才者"，《四库全书》本作"择才且贤者"，据上下文《四库全书》本更合理，今据改。　　[10]屑：介意，放在心上。　　[11]切切然：诚恳的样子。　　[12]阴：暗中，暗地里。　　[13]牧：治理。　　[14]周防：严密地防范。　　[15]禁制：禁令，法制。　　[16]食邑：古代君主赐予臣下作为世禄的封地。这里指收取几万户人家的租赋。　　[17]并缘：相互依附勾结。　　[18]不肖游手：指不务正业的人。　　[19]蕃息：繁衍生息。　　[20]二帝：指唐尧、虞舜。三王：指夏、商、周三代的开国君主夏禹、商汤、周文王和周武王。　　[21]自食：自食其力。　　[22]货殖：原指聚集财物以图利，这里指财货。　　[23]搂（lōu 楼，阴平）：搜刮。　　[24]仆：跌倒。这里的意思是消失。　　[25]肆行：谓恣意妄为。　　[26]崇淫长奸：滋长奸邪。　　[27]虺（huǐ 毁）：毒蛇。　　[28]有司：古代设官分职，各有专司，故称。　　[29]愈：较好，胜过。

【解析】

　　吏治是古往今来国家治理的关键问题，邓牧此文对古代吏治的弊端做了较为深刻的揭露与反思。为吏者当德才兼备，然有才且贤者往往不愿为吏，而不贤不肖之辈乘虚而入，厕身其中，百姓深受其害。结果，百姓受扰不得自食其力，官吏不得供养而为非作歹，形成恶性循环。邓牧认为，解决的最好办法是选择德才兼备者为吏，退求其次，则是废除吏治，让百姓自治。宋代以来，统治者重视文官政治，官吏机构空前膨胀，百姓负担日益沉重。宋元鼎革后，江南民生凋敝，邓牧此论对古代吏治提出了深刻质疑，并寄希望于百姓的自治。这种乌托邦式思想，反映了古人的良好愿望。

送东阳马生序

〔明〕宋濂

【题解】

宋濂（1310—1381）字景濂，号潜溪，浦江（今属浙江）人。自幼多病，家境贫寒，但他聪敏好学。元末辞朝廷征命，修道著书。明初时受朱元璋礼聘，官至学士承旨知制诰，奉命主修《元史》。死后谥文宪。《明史》卷一二八有传。《送东阳马生序》一文作于明洪武十一年（1378），马生即马君则，东阳（今属浙江）人，时为太学生。宋濂洪武十年已告老还乡，次年应诏赴京，同乡后学马君则即将回乡探亲之际，前来拜谒，宋濂作此序以勉励之。这里所说的序属于赠序，就是"君子赠人以言"的意思。

余幼时即嗜学，家贫，无从致书以观[1]，每假借于藏书之家，手自笔录，计日以还。天大寒，砚冰坚，手指不可屈伸，弗之怠[2]。录毕，走送之，不敢稍逾约。以是人多以书假余，余因得遍观群书。既加冠[3]，益慕圣贤之道，又患无硕师、名人与游[4]，尝趋百里外，从乡之先达执经叩问。先达德隆望尊[5]，门人弟子填其室，未尝稍降辞色[6]。余立侍左右，援疑质理，俯身倾耳以请。或遇其叱咄[7]，色愈恭，礼愈至，不敢出一言以复。俟其欣悦[8]，则又请焉。故余虽愚，卒获有所闻。

当余之从师也，负箧曳屣[9]，行深山巨谷中，穷冬烈风，大雪深数尺，足肤皲裂而不知[10]。至舍，四支僵劲不能动，媵人持汤沃灌[11]，以衾拥覆[12]，久而乃和。寓逆旅[13]，主人日再食，无鲜肥滋味之享。同舍生皆被绮绣[14]，戴朱缨宝饰之帽，腰白玉之环，左佩刀，右备容臭[15]，烨然若神人[16]。余则缊袍弊衣处其间[17]，略无慕艳意[18]。以中有足乐者，不知口体之奉不若人也。盖余之勤且艰若此。今虽耄老，未有所成，犹幸预君子之列，而承天子之宠光[19]，缀公卿之后，日侍坐备顾问，四海亦谬称其氏名[20]，况才之过于余者乎？

今诸生学于太学，县官日有廪稍之供[21]，父母岁有裘葛之遗[22]，无冻馁之患矣。坐大厦之下而诵《诗》、《书》，无奔走之劳矣。有司业、博士为之师[23]，未有问而不告，求而不得者也。凡所宜有之书，皆集于此，不必若余之手录，假诸人而后见也。其业有不精，德有不成者，非天质之卑[24]，则心不若余之专耳，岂他人之过哉？

东阳马生君则，在太学已二年，流辈甚称其贤[25]。余朝京师，生以乡人子谒余，撰长书以为贽[26]，辞甚畅达。与之论辨，言和而色夷[27]。自谓少时用心于学甚劳，是可谓善学者矣！其将归见其亲也，余故道为学之难以告之。谓余勉乡人以学者，余之志也。诋我夸际遇之盛而骄乡人者[28]，岂知予者哉！

《宋学士文集》卷七三

【注释】

[1]致：取得，得到。　　[2]怠：懒惰，松懈。　　[3]加冠：古代男子二十岁行冠礼，表示成年。　　[4]硕师：此处指学识渊博的老师。　　[5]德隆望尊：德高望重。　　[6]未尝稍降辞色：指言语、态度都十分严厉。　　[7]叱咄（chì duō 斥多）：大声斥责。　　[8]俟（sì 四）：等待。　　[9]负箧（qiè 怯）曳屣（xǐ 洗）：背着书箱，拖着鞋子。　　[10]皲（jūn 军）裂：皮肤因冻伤而开裂。　　[11]媵（yìng 硬）人持汤沃灌：服侍的人用热水帮助洗手。　　[12]衾：被子。　　[13]逆旅：旅店。　　[14]绮绣：有彩色花纹的衣服。　　[15]容臭（xiù 秀）：香袋。　　[16]烨然：光彩鲜明的样子。　　[17]缊（yùn 运）袍：填絮乱麻的袍子，贫者所服。弊衣：破旧的衣服。　　[18]慕艳：羡慕。　　[19]宠光：谓恩宠光耀。　　[20]谬称：不恰当的称赞，自谦之辞。　　[21]廪稍：指公家按时供给的粮食。　　[22]裘葛之遗（wèi 卫）：泛指四时衣服的供给。裘，冬衣。葛，夏衣。遗，此指供给。　　[23]司业：国子监置司业，为监内的副长官，协助祭酒，掌儒学训导之政。博士：古代学官名。　　[24]天质：天资，天赋。　　[25]流辈：同辈。　　[26]贽（zhì 至）：初次拜见尊长者时所送的礼物。　　[27]言和而色夷：语言和顺，神色平和。　　[28]诋我夸际遇之盛：诋毁我自夸受到皇帝的赏识。诋，诋毁。际遇之盛，时运好，此处指受皇帝赏识。

【解析】

本文是劝勉后学的赠序，也是劝学文中的经典。既不同于《荀子·劝学》

的巧妙譬喻，也不同于韩愈《师说》的针砭时弊。本文的特点是自然亲切，感同身受。宋濂从自己求学的艰辛讲起，言及自己向学之志坚，为学之意诚，虽条件艰苦，终能有所成就。而今日逢太平，为学条件极佳，诸生如果立志专心，学问必能大成。宋濂反复强调为学要专心致志，所谓"其业有不精，德有不成者，非天质之卑，则心不若余之专耳，岂他人之过哉？"自古以来，贤圣莫不强调专注。《易经》有"恒"卦，云"不恒其德，或承之羞"，《论语》中说"人而无恒，不可以作巫医"，《庄子》中也说"用志不分，乃凝于神"，都是这个道理。

答顾东桥书

〔明〕王守仁

【题解】

王守仁（1472—1529）字伯安，祖籍馀姚（今属浙江），居山阴（今浙江绍兴），结庐于山阴附近的阳明洞，自号阳明子，学者称之为阳明先生。弘治十二年（1499）进士，授刑部主事，后改兵部主事。弘治十八年，和湛甘泉结交，"共以倡明圣学为事"。正德元年（1506），一度被权宦刘瑾排挤，谪贵州龙场驿驿丞。"龙场悟道"是王阳明人生最关键的时期，他先立为圣之志，继而经过艰苦的探索，终在龙场悟道，最后弘道，将心学弘传天下。阳明集文韬武略于一身，他巡抚南赣，定宸濠之变，平定思田、大藤峡之乱，在政治和军事方面都表现出了非凡才能。累官至南京兵部尚书、南京都察院左都御史，封新建伯，卒谥文成。《明史》卷一九五有传。

王阳明是明代理学中最有影响的思想家，也是明代"心学"运动的代表人物，其著作保存较全的是《王文成公全书》。阳明哲学思想集中表现在《传习录》和《大学问》中。《传习录》见《王文成公全书》的卷一至卷三，是一部语录和论学书信集，共分上、中、下三卷，主要阐述了阳明"心外无物"、"心外无理"、"知行合一"、"致良知"等思想，其中"致良知"是阳明心学的主旨。"致良知"就是将良知推广扩充到万事万物。"致"本身即是兼知兼行的过程，因而也就是自觉之知与推致知行合一的过程。"良知"是"知是知非"的"知"，"致"是在事上磨炼，见诸客观实际。"致良知"即是在实际行动中实现良知，知行合一。《答顾东桥书》选自《传习录中》，该文虽是书信，却集中体现了阳明心学"知行合一"的主要观点，是反映阳明哲学思想的代表作。顾东桥（1476—1545），名璘，字华玉，号东桥，上元（今江苏南京）人。官至南京刑部尚书。《明史》卷二八六有传。

来书云："所喻知、行并进[1]，不宜分别前后，即《中庸》'尊德性而道问学'之功[2]，交养互发，内外本末一以贯之之道。然工夫次第，不能无先后之差，如知食乃食，知汤乃饮，知衣乃服，知路乃行，未有不见是物，先有是事。此亦毫厘倏忽之间，非谓有等今日知之，而明日乃行也。"

既云"交养互发，内外本末一以贯之"，则知、行并进之说无复可疑矣。又云"工夫次第，不能不无先后之差"，无乃自相矛盾已乎？知食乃食等说，此尤明白易见，但吾子为近闻障蔽[3]，自不察耳。夫人必有欲食之心，然后知食，欲食之心即是意[4]，即是行之始矣；食味之美恶，必待入口而后知，岂有不待入口而已先知食味之美恶者邪？必有欲行之心，然后知路，欲行之心即是意，即是行之始矣。路岐之险夷，必待身亲履历而后知，岂有不待身亲履历而已先知路岐之险夷者邪？知汤乃饮，知衣乃服，以此例之，皆无可疑。若如吾子之喻，是乃所谓不见是物而先有是事者矣。吾子又谓"此亦毫厘倏忽之间，非谓截然有等今日知之，而明日乃行也"，是亦察之尚有未精。然就如吾子之说，则知、行之为合一并进，亦自断无可疑矣。

来书云：真知即所以为行[5]，不行不足谓之知。此为学者吃紧立教，俾务躬行则可。若真谓行即是知，恐其专求本心，遂遗物理，必有闇而不达之处[6]。抑岂圣门知行并进之成法哉？

知之真切笃实处即是行[7]，行之明觉精察处即是知。知行工夫，本不可离。只为后世学者分作两截用功，失却知行本体，故有合一并进之说。真知即所以为行，不行不足谓之知。即如来书所云"知食乃食"等说可见，前已略言之矣。此虽吃紧救弊而发，然知行之体，本来如是。非以己意抑扬其间，姑为是说，以苟一时之效者也。专求本心，遂遗物理。此盖失其本心者也。夫物理不外于吾心[8]，外吾心而求物理，无物理矣。遗物理而求吾心，吾心又何物邪？心之体[9]，性也，性即理也。故有孝亲之心，即有孝之理。无孝亲之心，即无孝之理矣。有忠君之心，即有忠之理。无忠君之心，即无忠之理矣。理岂外于吾心邪？晦庵谓"人之所以为学者[10]，心与理而已。心虽主乎一身，而实管乎天下之理。理虽散在万事，而实不外乎一人之心"，是其一分一合之间，而未免已启学者心理为二之弊。此后世所以有专求本心，遂遗物理之患。正由不知心即理耳。夫外心以求物理，是以有闇而不达之处。此告子义外之说[11]，孟子所以谓之不知义也。心一而已，以其全体恻怛而言[12]，谓之仁；以其得宜而言，谓之义；以其条理而言，谓之理。不可外心以求仁，不可外心以求义，独可外心以求理乎？外心以求理，此知行之所以二也。求理于吾心，此圣门知行合一之教，吾子又何疑乎？

来书云：人之心体，本无不明。而气拘物蔽，鲜有不昏。非学问思辨以明天下之理[13]，则善恶之机，真妄之辨，不能自觉，任情恣意，其害有不可胜言者矣。

此段大略，似是而非。盖承沿旧说之弊，不可以不辨也。夫学问思辨行，皆所以为学，未有学而不行者也。如言学孝，则必服劳奉养，躬行孝道，而后谓之学。岂徒悬空口耳讲说，而遂可以谓之学孝乎？学射，则必张弓挟矢，引满中的。学书，则必伸纸执笔，操觚染翰。尽天下之学，无有不行而可以言学者。则学之始，固已即是行矣。笃者，敦实笃厚之意，已行矣。而敦笃其行，不息其功之谓尔。盖学之不能以无疑，则有问，问即学也，即行也。又不能无疑，则有思，思即学也，即行也。又不能无疑，则有辨，辨即学也，即行也。辨既明矣，思既慎矣，问既审矣，学既能矣，又从而不息其功焉，斯之谓笃行。非谓学问思辨之后而始措之于行也。

是故以求能其事而言，谓之学。以求解其惑而言，谓之问。以求通其说而言，谓之思。以求精其察而言，谓之辨。以求履其实而言，谓之行。盖析其功而言，则有五。合其事而言，则一而已。此区区心理合一之体，知行并进之功，所以异于后世之说者，正在于是。

今吾子特举学问思辨以穷天下之理，而不及笃行。是专以学问思辨为知，而谓穷理为无行也已。天下岂有不行而学者邪？岂有不行而遂可谓之穷理者邪？明道云："只穷理便尽性至命。"故必仁极仁[14]，而后谓之能穷仁之理。义极义，而后谓之能穷义之理。仁极仁，则尽仁之性矣。义极义，则尽义之性矣。学至于穷理至矣，而尚未措之于行，天下宁有是邪？是故知不行之不可以为学[15]，则知不行之不可以为穷理矣。知不行之不可以为穷理，则知知行之合一并进，而不可以分为两节事矣。

夫万事万物之理，不外于吾心。而必曰穷天下之理，是殆以吾心之良知为未足[16]，而必外求于天下之广，以裨补增益之。是犹析心与理而为二也。夫学问思辨笃行之功，虽其困勉至于人一己百，而扩充之极，至于尽性知天，亦不过致吾心之良知而已。良知之外，岂复有加于毫末乎？今必曰穷天下之理，而不知反求诸其心，则凡所谓善恶之机，真妄之辨者，舍吾心之良知，亦将何所致其体察乎？吾子所谓气拘物蔽者，拘此蔽此而已。今欲去此之蔽，不知致力于此，而欲以外求。是犹目之不明者，不务服药调理以治其目，而徒怅怅然求明于其外，明岂可以自外而得哉？任情恣意之害，亦以不能精察天理于此心之良知而已。此诚毫厘千里之谬者，不容于不辨。吾子毋谓其论之太刻也。

《王文成公全书》卷二《传习录中》

【注释】

[1]知、行并进："知"指知识、知觉、思想、认识等。"行"指行为、行动、践履、实践等。"知行"是中国哲学的一对重要范畴。宋元明清时期，出现了各种系统的知行理论，知行问题成为当时哲学论争中的一个重要侧面。如朱熹认为："知行常相须，如目无足不行，足无目不见。论先后，知为先；论轻重，行为重。"（《朱子语类》卷九）朱熹虽然说"论先后，知为先"，但他注意到了知行互相依赖和互相促进的关系，认为二者相须互发。王阳明在认识路线上和朱熹并无二致，但是他反对"将知行分作二件去做"，提出了知行合一的理论，认为"只说一个知，已自有行在；只说一个行，已自有知在"，知行不过是观念上的不同层次而已。阳明"知行合一"说的宗旨是"要人晓得一念发动处便即是行了。发动处有不善，就将这不善的念克倒了，须要彻根彻底不使那一念不善潜伏在胸中"。　　[2]尊德性而道问学：见《中庸》第二十七章："故君子尊德性而道问学，致广大而尽精微。"尊，即尊崇。德性，指天赋的道德本性。道，遵循。所谓"尊德性而道问学"，是《中庸》提倡的两种道德修养方法，认为君子不仅要着重发扬天赋的善

的德性，而且要努力学习道德知识，只有把二者结合起来，固有的道德天性才能发扬光大，才能达到"中庸"的至德境界。　　[3]近闻：指以朱熹为代表的知先行后学说。　　[4]意：《传习录上》："身之主宰便是心，心之所发便是意，意之本体便是知，意之所在便是物。""意"是阳明哲学中一个很重要的范畴，笼统地说，主要指意识或意念。在这句话里，意主要指意欲，表示一种行为的意向。　　[5]真知：指真切之知，这个观念表示，真知者必然会把他所了解的道德知识付诸行动，不会发生知而不行的问题。反过来说，知而不行，表示还没有达到"真知"。因此，在宋儒看，真知的观念虽然并不直接包含行为，却包含了"必能行"这一性质。宋儒这个思想是王阳明知行合一说的先导，他认为"未有知而不能行者，知而不行只是未知"，正是把宋儒"真知必能行"的思想作为起点。"知行本体"是阳明用来代替真知的概念。　　[6]闇（àn暗）：糊涂，不明白。《荀子·臣道》："故明主好同，而闇主好独。"　　[7]"知之真切笃实处即是行"二句：这是阳明晚年对知行问题新的阐述。又见《答友人问》："知之真切笃实处便是行，行之明觉精察处便是知。若知时，其心不能真切笃实，则其知便不能明觉精察。不是知之时只要明觉精察，更不要真切笃实也。行之时，其心不能明觉精察，则其行便不能真切笃实。不是行之时只要真切笃实，更不要明觉精察也。知天地之化育，心体原是如此。乾知大始，心体亦原是如此。"（《王文成公全书》卷六）　　[8]"夫物理不外于吾心"三句：此即王阳明的心外无理思想。阳明反对朱熹的格物穷理说，他认为朱熹所说的万事万物皆有定理的理只是"至善"的"义"，而至善作为道德原理不可能存在于外部事物，道德法则是纯粹内在的，事物的道德秩序只是来自行动者赋予它的道德法则，如果把道德原理看成源于外部事物，这就犯了孟子所批判的"义外说"，即把"义"代表的道德原则看作外在性的错误。所以，人之穷理求至善，只须在自己心上去发掘，去寻找。　　[9]"心之体"三句：阳明这里所说的"性"是指心之本体，与朱子哲学中的"性"不同。　　[10]"晦庵谓"六句：见朱熹《大学或问》第五《知本知至章》。朱熹号晦庵。　　[11]"此告子义外之说"二句：《孟子·告子上》："告子曰：'食、色，性也。仁，内也，非外也。义，外也，非内也。'"又《孟子·公孙丑上》："我故曰'告子未尝知义，以其外之也'。"　　[12]恻怛（dá达）：怜悯。　　[13]学问思辨：儒家所倡导的学习方法和要求。《中庸》："博学之，审问之，慎思之，明辨之，笃行之。"朱熹认为学问思辨属知的方面，笃行属行的方面。朱熹《中庸章句注》："学问思辨，所以择善而为知，学而知也。笃行，所以固执而为仁，利而行也。"　　[14]仁极仁：指将仁推扩到极处，亦就是"致"其仁的意思。推致吾心之仁，而后吾心之"仁之理"始能"穷"。仁如此，义亦然。吾心之仁理穷，而后吾心之仁性尽。"穷"吾心良知之天理，即是"致"吾心良知之天理，阳明所说的穷理，并不是穷究外在事物之理。穷理的过程即是致良知的过程，必须以"行"贯彻始终，所以阳明说："学至于穷理至矣，而尚未措之于行，天下宁有是邪？"　　[15]"是故知不行之不可以为学"五句：此即阳明的知行合一思想。参见《答友人问》："知行原是两个字说一个工夫。这一个工夫，须著此两个字方说得完全无弊病。若头脑处见得分明，见得原是一个头脑，则虽把知、行分作两个说，毕竟将来做那一个工夫，则始或未便融会，终所谓百虑而一致矣。若头脑见得不分明，原看做两个了，则虽把知、行合作一个说，亦恐终未有凑泊处，况又分作两截去做，则是从头至尾，更没讨下落处也。"（《王文成公全书》卷六）　　[16]良知：《孟子·尽心上》："人之所不学而能者，其良能也；所不虑而知者，其良知也。"在阳明哲学体系里，良知是人的内在的道德判断与道德评价体系，作为意识结构中的一个独立部分，良知具有对意念活动的指导、监督、评价、判断的作用。良知作为先验原则，不仅表现为"知是知非"或"知善知恶"，还表现为"好善恶恶"，既是道德理性，又是道德情感。良知不仅指示我们何者为是何者为非，而且使我们"好"所是，而"恶"所非，它是道德意识与道德情感的统一。

【解析】

　　《答顾东桥书》为王阳明晚年答友人顾东桥论学书，此时距其病逝不过短短几年，代表了他晚年的思想。书中所阐发的思想虽以论知、行之本体为详，然间亦触及心即理、诚意、致良知和天地万物一体之仁等思想。书末论"拔本塞源"更是被指为"辩论痛快，使人惭伏无辞也"。

　　本篇所节选的几段问答集中围绕着"知行合一"问题展开。王阳明反对朱熹"析心与理而为二"，认为"外心以求理，此知行之所以二也"，"心即理"或心外无理，是阳明知行合一思想的基础。阳明所说的理不是知识之理，而是道德之理；他所说的心，也不是认知的心，而是孟子所说的本心。正是在这个层面上，阳明提出了"知行本体"的说法。所谓"本体"是说知行本来如是的状态，具体而言，"知行本体"是指知行本来是合一的，这个合一并不是说二者完全是一回事，而是强调二者是不能割裂的，知行的规定是互相包含的，照阳明的说法是，"知是行之始，行是知之成"，"知是行的主意，行是知的工夫"，"知之真切笃实处即是行，行之明觉精察处即是知"。

　　与"知行本体"对应着的是"知行工夫"。阳明在论知行合一的时候总是强调知行不能分为两件，这个"分为两件"不止是理论上或范畴上否认知与行的互相渗透，而且指在实践上把"本是一个工夫"的知行割裂了，所以他强调知行不能"分开两截做"。阳明并不认为把致知说成行、把力行说成知就算完成了知行合一所要解决的任务，而是根本上要使致知和力行在人的每一活动之中都密切结合。如《中庸》所论及的学、问、思、辨、行，在朱熹看来，"学问思辨，所以择善而为知，学而知也。笃行，所以固执而为仁，利而行也"（《中庸章句注》）。这是把学、问、思、辨归属知之一面，把笃行归属行之一面，知行两分。阳明反对这种区分，他认为学、问、思、辨、行五者，"析其功而言，则有五。合其事而言，则一而已"。凡人有疑而问、而思、而辨，此即是学，即是行。不可以把学、问、思、辨单纯地归为知，而将知与行分而为二，也不可单纯地以"学、问、思、辨"为穷理，谓穷理为无行。天下没有不行之学，也没有不行之穷理。

"知行合一"是王阳明哲学中最具特色的命题，这不仅仅是一个认识论命题，更为重要的，这是一个实践的命题。阳明提出的"知行合一"就是要将知和行并作一件事，将道德认识和道德实践相统一，以便消除以前程朱学派一味强调知先行后所带来的知行脱节的情况。"知"是良知，"行"是指对良知的实践以及对道德的体会和实践。知行在阳明看来没有顺序上的差别，它们是同一个过程的两个方面，"知行合一"从本质上讲就是道德实践论。在阳明看来，真正的道德理论是以道德实践的完成来判定的。如果没有道德实践，那么道德理论就沦为了空谈。阳明所要做的不是穷尽天下之理，而是以道德实践为其理论的最终目的。"知行合一"是一个由知善到行善的过程，要求人们将自己的伦理道德知识付诸实践，从而完善自己的道德人格。这种理论，对于唤醒人们的道德良知，提高整个社会的道德水平有着重要的指导意义，为沟通道德知识和道德行为架起了一道桥梁。

报刘一丈

〔明〕宗臣

【题解】

宗臣（1525—1560）字子相，号方城山人，扬州兴化（今属江苏）人。明嘉靖二十九年（1550）进士，授刑部主事，调考功，谢病归。起为稽勋员外郎，因得罪权相严嵩，出京为福建布政使司左参议，任内率众击退倭寇，升任提学副使，卒于官。诗文主张复古，是"后七子"之一。《明史》卷二八七有传。《报刘一丈》大约作于嘉靖三十四年（1555）到三十六年之间，宗臣时任刑部郎官，目睹严嵩父子专权、士大夫趋附干谒、贿赂公行的官场丑态，在与做过自己塾师的父执刘玠的书信中表达了自己洁身自好的态度，这与宗臣素来的品行一致，也与受书者刘玠的为人相合。玠字过珍，号墀（chí 迟）石。所谓"一丈"，一是排行，丈是对年长的人的敬称。宗臣文中说他"抱才而困"，又有《席上赠刘一丈墀石》诗："怜君空抱苍生策，一卧江门四十秋。"可见刘氏也是狷介独守之人。

数千里外，得长者时赐一书，以慰长想，即亦甚幸矣，何至更辱馈遗[1]，则不才益将何以报焉？书中情意甚殷[2]，即长者之不忘老父[3]，知老父之念长者深也。至以"上下相孚，才德称位"语不才[4]，则不才有深感焉。夫才德不称，固自知之矣。至于不孚之病，则尤不才为甚。且今世之所谓孚者，何哉？日夕策马候权者之门，门者故不入，则甘言媚词作妇人状，袖金以私之[5]。即门者持刺入[6]，而主者又不即出见；立厩中仆马之间[7]，恶气袭衣袖，即饥寒毒热不可忍，不去也。抵暮，则前所受赠金者，出报客曰："相公倦，谢客矣！客请明日来！"即明日，又不敢不来。夜披衣坐，闻鸡鸣，即起盥栉[8]，走马抵门，门者怒曰："为谁？"则曰："昨日之客来。"则又怒曰："何客之勤也？岂有相公此时出见客乎？"客心耻之，强忍而与言曰："亡奈何矣，姑容我入！"门者又得所赠金，则起而入之，又立向所立厩中。幸主者出，南面召见，则惊走匍匐阶下。主者曰："进!"则再拜,故迟不起,起则上所上寿金。主者故不受,则固请。主者故固不受,则又固请,然后命吏内之[9]。则又再拜,又故迟不起,起则五六揖始出。出揖门者曰："官人幸顾我[10],他日来,幸亡阻我也!"门者答揖。大喜奔出,马上遇所交识,即扬鞭语曰："适自相公家来,相公厚我,厚我!"且虚言状[11]。即所交识,亦心畏相公厚之矣。相公又稍稍语人曰："某也贤!某也贤!"闻者亦心计交赞之。此世所谓"上下相孚"也,长者谓仆能之乎?前所谓权门者,自岁时伏腊[12],一刺之外,即经年不往也。间道经其门,则亦掩耳闭目,跃马疾走过之,若有所追逐者,斯则仆之褊哉[13],以此常不见悦于长吏,仆则愈益不顾也。每大言曰:"人生有命,吾惟守分尔矣[14]。"长者闻此,得无厌其为迂乎?乡园多故,不能不动客子之愁。至于长者之抱才而困,则又令我怆然有感。天之与先生者甚厚[15],亡论长者不欲轻弃之,即天意亦不欲长者之轻弃之也,幸宁心哉!

《宗子相集》卷一四

【注释】

[1]馈遗(kuìwèi 溃位):赠送。　　[2]殷:深切。　　[3]老父:指宗臣的父亲宗周,字维翰,官至四川马湖府太守。　　[4]"至以'上下相孚,才德称位'语不才"二句:用在上、在下之人都给予信任,才干与德行都和职位相称来形容我,那我(对这话)有很深的感触啊。孚,信任。不才,没本事的人,宗臣自谦之称。　　[5]私:私下行贿。　　[6]刺:名帖,名片。　　[7]仆马:驾车之马。　　[8]盥栉(guànzhì 贯质):梳洗。盥,泛指洗。栉,梳头。　　[9]内(nà 纳):同"纳",接受。　　[10]官人:对守门者的尊称。幸:希望。顾:照顾。　　[11]虚:吹嘘夸大。　　[12]岁时:一年四季。伏腊:夏祭曰伏,冬祭曰腊,古代两个重要祭祀节日。　　[13]褊(biǎn 贬):度量狭小。　　[14]分:本分。　　[15]"天之与先生者甚厚"四句:意谓上天赐给您的(才能)很多,且不说您不会轻易放弃它,就是天意也不想让您轻易放弃它呀,希望您安心(等待机会)啊!先生,指刘一丈,即同一句中的"长者"。这里换用词,大概是为了避免两"者"字重叠。亡(wú 吴)论,不要说。幸,希望。宁心,安心。

【解析】

宗臣报书刘一丈时三十岁出头，仕宦未深，但闻见识力并不浅。因为其父宗周做过四川马湖府太守，对于官场的情态，他自小就见识不少。再加上自己也年少成名，曾任刑部考功之职，身为局中人，对官场腐败习气可谓深谙其情。信是写给自己父执辈启蒙老师的，所以，宗臣在信中畅所欲言，不惮于表现自己性情最真实的一面。文中对官场腐败的抨击，带有深谙内情后抑制不住的不平之气。在这封信的最后，宗臣说"人生有命，吾惟守分尔矣"，宗臣把这称为"大言"，可见并不是一般意义上听任命运安排的颓废情绪，而是带有公平正义终将伸张的希望和信心。这种自信在宗臣福建抗击倭寇时也有展现，《明史·宗臣传》记载："倭薄城，臣守西门，纳乡人避难者万人。或言贼且迫，曰：'我在，不忧贼也。'与主者共击退之。"可见，宗臣的自信背后具备"言必信，行必果"的意志与能力，并非泛泛的空话。另外，宗臣在信中流露的自信，也并非一时的恃才逞能，而具有更持久的考虑。换言之，他也作过年老时仍不得志的预想，并在这种预想下犹能保有自信，这是更加难能可贵的心态。他在信中也用这种"持久的坚守"去感染刘一丈，"亡论长者不欲轻弃之，即天意亦不欲长者之轻弃之也，幸宁心哉"。明朝奸相严嵩弄权腐败二十年，其糜烂情形之严重，已经到了惊人的地步。当时人就曾慨叹："每过长安街，见嵩门下无非边镇使人。未见其父，先馈其子。未见其子，先馈家人。家人严年富已逾数十万，嵩家可知"，"无耻之徒，络绎奔走，靡然成风，有如狂易。而祖宗二百年培养之人才尽败坏矣。"（《明史·张翀传》）面对这样的情况，敢于违抗、弹劾严嵩的正直之士仍不断涌现，他们的声音不啻是黑暗中的一道亮光。可惜宗臣三十五岁就英年早逝，那时严嵩尚在权力的顶点，他没能看到弄权者的最终结局。不过宗臣在这篇文章中对官场腐败的鄙夷和批判，以及对正义的自信与坚守，定将永葆其生命活力。

五人墓碑记

〔明〕张溥

【题解】

张溥（1602—1641）字天如，号西铭，太仓（今属江苏）人。幼嗜学，读书必手抄，朗读一过后焚之再抄，如是者六七遍，故其读书室名"七录斋"。早有文名，与同里张采齐名，号"娄东二张"。明崇祯初年创立复社，以复兴古学、务为有用为号召，结交天下士人，议论朝政时务。崇祯四年（1631）中进士，改庶吉士，以葬亲乞假归。组织复社活动，声气通朝右，复社遂成为继东林党之后最有影响的文人社团，张溥也因此遭到执政者嫉恨。崇祯十四年卒，时年四十岁。《明史》卷二八八有传。明天启六年（1626）三月，苏州百姓为反对魏忠贤党抓捕原吏部主事周顺昌，数万人群起抗议。七月，颜佩韦等五位普通市民以倡乱罪遭处决。崇祯即位后清除阉党，苏州人民为五人修墓立碑，张溥作《五人墓碑记》，表彰五人之大义。五人墓在今苏州虎丘。

五人者，盖当蓼洲周公之被逮[1]，激于义而死焉者也[2]。至于今，郡之贤士大夫请于当道[3]，即除逆阉废祠之址以葬之[4]，且立石于其墓之门，以旌其所为[5]。呜呼，亦盛矣哉！

夫五人之死，去今之墓而葬焉，其为时止十有一月尔。夫十有一月之中，凡富贵之子，慷慨得志之徒，其疾病而死，死而湮没不足道者[6]，亦已众矣，况草野之无闻者与[7]？独五人之皦皦[8]，何也？

予犹记周公之被逮，在丁卯三月之望[9]。吾社之行为士先者[10]，为之声义[11]，敛赀财以送其行[12]，哭声震动天地。缇骑按剑而前[13]，问："谁为哀者？"众不能堪[14]，抶而仆之[15]。是时以大中丞抚吴者为魏之私人[16]，周公之逮所繇使也[17]。吴之民方痛心焉[18]，于是乘其厉声以呵[19]，则噪而相逐[20]，中丞匿于溷藩以免[21]。既而以吴民之乱请于朝[22]，按诛五人[23]，曰颜佩韦、杨念如、马杰、沈杨、周文元[24]，即今之傫然在墓者也[25]。

然五人之当刑也[26]，意气阳阳[27]，呼中丞之名而詈之[28]，谈笑以死。断头置城上，颜色不少变[29]。有贤士大夫发五十金[30]，买五人之脰而函之[31]，卒与尸合[32]。故今之墓中，全乎为五人也[33]。

嗟乎！大阉之乱[34]，缙绅而能不易其志者[35]，四海之大，有几人欤？而五人生于编伍之间[36]，素不闻诗书之训[37]，激昂大义，蹈死不顾[38]，亦曷故哉[39]？且矫诏纷出[40]，钩党之捕遍于天下[41]，卒以吾郡之发愤一击，不敢复有株治[42]。大阉亦逡巡畏义[43]，非常之谋[44]，难于猝发[45]，待圣人之出而投环道路[46]，不可谓非五人之力也。

繇是观之，则今之高爵显位[47]，一旦抵罪，或脱身以逃，不能容于远近，而又有剪发杜门[48]，佯狂不知所之者[49]，其辱人贱行[50]，视五人之死[51]，轻重固何如哉[52]？是以蓼洲周公忠义暴于朝廷[53]，赠谥美显[54]，荣于身后；而五人亦得以加其土封[55]，列其姓名于大堤之上，凡四方之士，无不有过而拜且泣者，斯固百世之遇也[56]。不然，令五人者保其首领[57]，以老于户牖之下[58]，则尽其天年，人皆得以隶使之，安能屈豪杰之流[59]，扼腕墓道[60]，发其志士之悲哉？故余与同社诸君子，哀斯墓之徒有其石也[61]，而为之记，亦以明死生之大[62]，匹夫之有重于社稷也。

贤士大夫者，冏卿因之吴公、太史文起文公、孟长姚公也[63]。

《七录斋诗文合集·古文存稿》卷三

【注释】

[1]蓼（liǎo 聊，上声）洲周公：即周顺昌，字景文，号蓼洲，吴县（今江苏苏州）人。明万历四十一年（1613）进士，曾任吏部主事，文选员外郎。天启六年（1626）三月，周顺昌被魏忠贤党抓捕，同年六月惨死京师狱中。　[2]急：一作"激"，二字可通。　[3]当道：当权执政者。　[4]除：整治。逆阉（yān 焉）：指魏忠贤。阉，宦官太监的蔑称。废祠：魏忠贤当权势盛，各地官员争建生祠，败后生祠皆废。　[5]旌：表彰。　[6]湮（yīn 因）没：埋没，泯灭。　[7]草野之无闻者：指民间乡村无名的百姓。与：通"欤"，语气词，表疑问。　[8]皦（jiǎo 狡）皦：明亮，光耀。　[9]丁卯：指天启七年（1627）。望：月圆之日，旧历每月十五日。史载周顺昌被捕、吴民声义，时天启六年（丙寅）三月，颜佩韦等五人被杀在该年七月。此处"丁卯"当为"丙寅"。上文云"夫五人之死，去今之墓而葬焉，其

为时止十有一月尔"，按天启七年（丁卯）八月崇祯即帝位，同年十一月魏忠贤自缢死，苏州士人墓葬五人当在此后，距五人被杀实不止十一个月，盖亦作者误记。　[10]吾社：张溥于天启年间创建文人社团应社，崇祯二年组织复社。这里所指当为应社。行为士先者：品行可为读书人榜样的人。　[11]声义：声张正义。　[12]赀（zī 资）：通"资"。　[13]缇骑（tíjì 提记）：本指汉代执金吾属下的卫士，后泛指逮治犯人的官役，明代指锦衣卫校尉。　[14]堪：忍受，承受。　[15]抶（chì 赤）：鞭打。仆（pū 扑）：打倒，使倒毙。　[16]以大中丞抚吴者：指应天府（今江苏南京）巡抚毛一鹭，时以大中丞巡抚吴地。私人：以私利相依附之人。毛为魏忠贤一党。　[17]周公之逮所繇使：周顺昌被逮捕乃毛一鹭所指使。繇，通"由"。　[18]痛心：悲愤，痛恨。　[19]厉声以呵：严厉地高声呵斥。　[20]噪：大声喧嚷。　[21]匿：藏。溷（hùn 混，去声）藩：厕所。毛一鹭藏在厕所里得以脱身。　[22]既而：不久。以吴民之乱请于朝：指毛一鹭向朝廷报告苏州百姓暴乱。　[23]按诛：查办处死。　[24]"颜佩韦"等五人：皆苏州市民，其中周文元为周顺昌轿夫。沈杨，一本作"沈扬"。　[25]傫（léi 雷）然：重叠堆积的样子。　[26]当刑：受刑，指就死之时。　[27]阳阳：通"扬扬"。　[28]中丞：指毛一鹭。詈（lì 立）：骂。　[29]颜色不少变：是说五人头颅被置于城楼上，面容没有一点变化。颜色，面容。　[30]发：拿出，捐出。　[31]脰（dòu 豆）：颈项，这里指头部。函：用匣子装盛。　[32]卒与尸合：终于使五人头颅与尸身合在一起。卒，终于。　[33]全乎：指尸首完整。　[34]大阉：指魏忠贤。　[35]缙绅：本意为插笏（hù 互。古代大臣上朝时所执的手板）于带，后泛指官宦。缙，插。绅，束在衣服外的带子。　[36]编伍：古代户籍编制，五家为伍。这里指普通百姓。　[37]诗书：本指《诗经》和《尚书》，这里泛指儒学。　[38]蹈死：赴死。　[39]曷（hé 何）故：什么缘故。　[40]矫诏纷出：指魏忠贤屡屡假托皇帝的名义发出诏令。矫诏，假托诏令。　[41]钩党之捕遍于天下：指魏忠贤为铲除异己，四处牵连正直官员、士人为同党，而予以抓捕。钩党，拉扯牵连为同党。　[42]株治：株连治罪。　[43]逡巡畏义：是说魏忠贤畏惧正义的力量，不敢过于肆意妄行。逡巡，迟疑徘徊、欲行又止的样子。　[44]非常之谋：不同寻常的阴谋。　[45]难于猝发：不敢贸然行动。　[46]圣人之出而投环道路：指崇祯皇帝即位后，严厉镇压阉党，魏忠贤在被贬途中自缢而死。投环，自缢。　[47]抵罪：因犯罪而受到处罚。　[48]剪发：指削发出家。杜门：闭门不出。　[49]佯狂：假装疯癫。不知所之：不知往哪里去。　[50]辱人贱行：可耻的人格，卑贱的品行。　[51]视：比较。　[52]轻重固何如哉：是说阉党官宦卑贱可耻的品行，与五人之死相比较，其轻重究竟如何呢？固，本来，究竟。　[53]暴：显露。　　[54]赠谥美显：获赠谥号，美好而荣耀。崇祯即位后为周顺昌平反，赠谥"忠介"。　　[55]加其土封：为坟墓加封土，指重修坟墓。　　[56]百世之遇：百世难得的际遇。　　[57]保其首领：指活下来。首领，头和脖子。　　[58]老于户牖（yǒu 有）之下：指在家里终老。户牖，门窗。　　[59]屈：使折服。　　[60]扼腕：以手握腕，表示惋惜愤慨。　　[61]徒有其石：只有碑石而无碑记。　　[62]"亦以明死生之大"二句：是说作此碑记以说明死生事大，普通百姓也可以对国家发挥重大作用。社稷，本指土神和谷神，代指国家。　　[63]囧（jiǒng 迥）卿因之吴公：吴默，字因之，曾任太仆卿。《尚书》载周穆王命伯囧为太仆正，后因称太仆寺卿为囧卿。太史文起文公：文震孟，字文起，曾任翰林院修撰。孟长姚公：姚希孟，字孟长，文震孟外甥。上述三人皆苏州人。

【解析】

明天启年间，宦官魏忠贤擅政，网罗党羽，排斥异己，迫害朝中正直的大臣和东林党人，杨涟、左光斗、魏大中等相继被残害至死，激起极大的民愤。曾任吏部主事的周顺昌为人刚介，疾恶如仇，因与魏大中等交好，指斥魏忠贤党，被罗织罪名，天启六年三月由锦衣卫旗尉前往苏州抓捕。周顺昌有德于乡，受士民爱戴，得知锦衣卫前来抓人，苏州士人、百姓数万人聚集，为其喊冤乞命。锦衣卫旗尉辱骂请愿众人，气焰嚣张，巡抚毛一鹭是魏忠贤一党，此时亦厉声呵斥民众。众人激于义愤，纷拥而上，打死旗尉一人，其馀负伤逃走。事后周顺昌被押解入京，遭严刑而死，颜佩韦等五位普通苏州市民则被诬暴乱处死。魏忠贤败后，苏州人民为表彰五人事迹，在魏忠贤废祠上为五人修墓建碑，张溥为撰《五人墓碑记》。

《五人墓碑记》颂扬了五位普通苏州市民秉持大义、蹈死不顾的气概。作者将五人之死与"富贵之子，慷慨得志之徒"庸庸碌碌，屈服于邪恶势力，不能保持刚正气节相比，与魏忠贤一党"高爵显位者"事败抵罪的辱人贱行相比，也与"老于户牖之下"、"人皆得以隶使之"的苟活者相比，凸显出五人之死重于泰山。国家兴亡，匹夫有责。正是以五人为代表的苏州百姓自发形成的正义力量，使肆无忌惮的魏忠贤一党"逡巡畏义"，有所顾忌，以至"非常之谋，难于猝发"。作者在碑记之末一语道出了本文的主旨："亦以明死生之大，匹夫之有重于社稷也。"不仅抒发了对五人蹈义而死的敬仰之情，更充分肯定了普通百姓的正义行为对国家社稷的重要影响。

狱中上母书

〔明〕夏完淳

【题解】

夏完淳（1631—1647），初名复，字存古，号小隐，华亭（今上海松江）人。其父夏允彝为明崇祯十年（1637）进士，与陈子龙等创立几社，明亡后毁家倡义，从事抗清斗争。夏完淳十四岁即跟随父亲从事反清斗争，又与老师陈子龙、岳父钱旃等共谋举义，上书鲁王，被遥授中书舍人。入吴易（一作易）军为参谋，兵败流亡，清顺治四年（1647）在家乡被捕。他在南京狱中坚贞不屈，痛骂劝降的洪承畴，同年九月十九日英勇就义，年仅十七岁。事见《皇明四朝成仁录》卷六等。著有《玉樊堂集》、《南冠草》、《续幸存录》等，后人编为《夏内史集》。《狱中上母书》是作者在狱中写给母亲的诀别信。

不孝完淳今日死矣，以身殉父[1]，不得以身报母矣！痛自严君见背[2]，两易春秋[3]，冤酷日深[4]，艰辛历尽。本图复见天日[5]，以报大仇，恤死荣生[6]，告成黄土[7]。奈天不佑我[8]，锺虐明朝[9]，一旅才兴[10]，便成齑粉[11]。去年之举[12]，淳已自分必死[13]，谁知不死，死于今日也。斤斤延此二年之命[14]，菽水之养无一日焉[15]。致慈君托迹于空门[16]，生母寄生于别姓[17]，一门漂泊，生不得相依，死不得相问。淳今日又溘然先从九京[18]，不孝之罪，上通于天。

呜呼！双慈在堂[19]，下有妹女[20]，门祚衰薄[21]，终鲜兄弟[22]。淳一死不足惜，哀哀八口，何以为生？虽然，已矣[23]！淳之身，父之所遗；淳之身，君之所用。为父为君，死亦何负于双慈！但慈君推干就湿[24]，教礼习诗，十五年如一日。嫡母慈惠，千古所难，大恩未酬[25]，令人痛绝！慈君托之义融女兄[26]，生母托之昭南女弟[27]。

淳死之后，新妇遗腹得雄[28]，便以为家门之幸。如其不然，万勿置后[29]。会稽大望[30]，至今而零极矣[31]，节义文章如我父子者几人哉？立一不肖后[32]，如西铭先生[33]，为人所诟笑[34]，何如不立之为愈耶[35]？呜呼！大造茫茫[36]，总归无后。有一日中兴再造[37]，则庙食千秋[38]，岂止麦饭豚蹄[39]，不为馁鬼而已哉[40]？若有妄言立后者，淳且与先文忠在冥冥诛殛顽嚚[41]，决不肯舍。

兵戈天地[42]，淳死后，乱且未有定期。双慈善保玉体，无以淳为念。二十年后，淳且与先文忠为北塞之举矣[43]。勿悲，勿悲！相托之言，慎勿相负！武功甥将来大器[44]，家事尽以委之。寒食、盂兰[45]，一杯清酒，一盏寒灯，不至作若敖之鬼[46]，则吾愿毕矣。新妇结缡二年[47]，贤孝素著。武功甥好为我善待之，亦武功渭阳情也[48]。

语无伦次，将死言善[49]，痛哉！痛哉！人生孰无死？贵得死所耳。父得为忠臣，子得为孝子。含笑归太虚[50]，了我分内事。大道本无生[51]，视身若敝屣[52]。但为气所激，缘悟天人理。恶梦十七年，报仇在来世。神游天地间，可以无愧矣！

《夏完淳集笺校》卷九

【注释】

[1]殉：以人从葬，这里指跟随父亲而死。　[2]严君见背：谓其父去世。　[3]两易春秋：经过两年。夏完淳之父夏允彝于顺治二年（1645）抗清兵败后投水而死，至此已过两年。　[4]冤酷：冤仇、惨痛。　[5]复见天日：指光复明朝。　[6]恤死荣生：使死者得到抚恤，使生者得到荣封。　[7]告成黄土：指向黄土之下的祖先报告功业完成。　[8]奈：奈何。　[9]锺虐：是说天降祸于明朝。锺，聚集。虐，灾害。　[10]一旅才兴：顺治三年，夏完淳与陈子龙等共谋举义，入吴易军为参谋，惜吴易军很快遭击溃。　[11]齑（jī 基）粉：粉末。指抗清的军队刚刚兴起就被打得粉碎。　[12]去年之举：指顺治三年吴易军败，夏完淳流亡之事。　[13]自分：自己料想。　[14]斤斤：拘谨的样子。这里是自嘲多活了两年。　[15]菽水之养：指清贫者对长辈的俭薄奉养。菽，豆类。水，汤类。　[16]慈君：嫡母。夏允彝正室盛氏，允彝死后出家为尼。托迹：寄身。　[17]生母：指夏允彝侧室陆氏，允彝死后寄居别姓亲戚家。　[18]溘（kè 克）然先从九京：是说自己忽然先跟从父亲到地下。溘然，忽然。九京，春秋时晋国卿大夫的墓地所在，后用作墓地的代称。一说"京"为"原"之误。　[19]双慈：指嫡母和生母两位母亲。　[20]妹女：是说自己还有一个

妹妹未嫁。　　[21]门祚（zuò 做）衰薄：家门衰落。祚，福运。　　[22]终鲜兄弟：《诗·郑风·扬之水》："终鲜兄弟，维予与女。"鲜，少。　　[23]已矣：罢了，算了。是说虽然如此，也只能就这样了。　　[24]推干就湿：把床上干处让给孩子，自己居于湿处，形容母亲辛勤抚育。　　[25]酬：报答。　　[26]义融女兄：指夏完淳的姐姐夏淑吉，字美南，号义融。　　[27]昭南女弟：指夏完淳的妹妹夏惠吉，字昭南，号兰隐。　　[28]新妇：夏完淳与妻子钱秦篆于顺治二年成婚，时刚两年，故称新妇。雄：指男孩。夏完淳被捕时妻子已有身孕。　　[29]置后：安排后嗣，指抱养男孩为嗣。　　[30]会（kuài 快）稽：古郡名，华亭旧属会稽郡。大望：有名望的大族。　　[31]零极：衰落到极点。　　[32]不肖：子不似父，指不成材。　　[33]西铭先生：指张溥，号西铭。张溥死时年仅四十，无子，友人为其立嗣子。　　[34]诟（gòu 够）笑：诟病耻笑。　　[35]何如不立之为愈：是说若立一不肖子嗣，还不如不立为好。愈，好，胜过。　　[36]大造：指天地自然。　　[37]中兴再造：指明朝恢复。　　[38]庙食：死后立庙，受人奉祀祭享。　　[39]麦饭豚蹄：指祭祀用的食物。　　[40]馁（něi 内，上声）鬼：不能享受祭祀的饿鬼。馁，饿。　　[41]先文忠：指夏完淳之父夏允彝，谥文忠。冥冥：指阴间。诛殛（jí 急）顽嚚（yín 银）：诛杀愚妄奸邪之徒。　　[42]兵戈天地：指到处是战乱。　　[43]北塞之举：谓二十年后父子转世成人，将出师北伐，恢复明朝。　　[44]武功甥：指外甥侯檠（qíng 情），字武功，夏淑吉之子。　　[45]寒食：在清明前一或二日。民俗寒食清明期间为先人扫墓。盂兰：即盂兰盆节，每年农历七月十五日，佛教徒和民间结盂兰盆会超度亡人。　　[46]若敖之鬼：春秋时楚国令尹子文为若敖氏之后，担心其兄之子越椒有灭族之罪，临终泣曰："鬼犹求食，若敖氏之鬼不其馁而？"事见《左传》宣公四年。这里是说自己死后不至作无祭享的饿鬼。　　[47]结褵（lí 离）：指结婚。　　[48]渭阳情：指舅甥之间的情谊。《诗·秦风·渭阳》："我送舅氏，曰至渭阳。"　　[49]将死言善：谓人死之前言语真诚无欺。《论语·泰伯》："人之将死，其言也善。"　　[50]含笑归太虚：是说自己含笑而死。太虚，天上。　　[51]大道本无生：是说天地大道本无所谓生，也无所谓灭。　　[52]视身若敝屣（xǐ 喜）：是说将自己的肉身视如敝屣，可以随意丢弃。敝屣，破烂的鞋子。

【解析】

"时穷节乃现，一一垂丹青。"明末清初国家民族危急存亡之际，涌现了一大批不甘国家破亡，奋起反抗，坚贞不屈，舍身取义的民族英雄、爱国志士，夏完淳就是一位以短暂生命在中华民族历史上留下闪光足迹的少年英雄。在父亲夏允彝、老师陈子龙等影响下，夏完淳自幼崇尚气节，关心国事，心中早早埋下了忠贞报国的壮志。崇祯十七年（1644）明朝覆亡、清军入关，年仅十四岁的夏完淳毅然随父亲投入到反抗异族侵略的战斗中。父亲自沉殉国，故乡惨遭蹂躏，国难家仇更坚定了他反清复明、报仇雪耻的决心。他多方奔走联络，谋划复国之策，又破家饷军，加入义军为参谋，不顾生死，独当一面，被捕后坚贞不屈，决志殉国，在狱中写下《狱中上母书》、《遗夫人书》，向家人诀别。

　　夏完淳虽抱定慷慨赴死的决心，但在与家人诀别时，想到母亲养育之恩未报，自己作为家中唯一的儿子，双慈在堂，家有妹女，年轻的妻子身怀有孕，兵戈天地中，哀哀八口，何以为生，不禁心痛欲绝，肝肠寸断。作者不吝表达对家人的痛惜和无限的依恋，在《遗夫人书》中这种痛楚和依恋表现得更为强烈："欲书则一字俱无，欲言则万般难吐。"这种直抒胸臆的表达，让我们看到一个十七岁少年对辛勤养育自己的母亲，对年轻的妻子和孤苦的孩子，对姐妹，对外甥，都充满真挚的感情和依依不舍的眷恋，对家人未来生活的担忧也让他心乱如麻。但是，在沉痛憾恨之中，少年英雄心中不屈的志向，慷慨报国的豪情，成仁一死的信念，始终置于个人私情之上。他安慰母亲，自己为君为父而死，死得其所，请母亲勿以自己为念；他殷殷嘱托身后事，不以无嗣为憾，而希望保持家门父子的节义文章；他遗憾复国之志未酬，表达来生仍将与父亲一起北伐中原、恢复国家的志愿。一句"虽然，已矣"，道尽千般不舍，也充满万丈豪情。作者对家人眷恋不舍、百转千回的情思，更加突显少年英雄的侠骨柔情，突显其义无反顾、从容赴死的英勇和悲壮，读来荡气回肠，令人感佩。

几何原本序

〔明〕徐光启

【题解】

徐光启（1562—1633）字子先，号玄扈，松江（今上海）人。万历三十二年（1604）进士，由庶吉士历赞善，从利玛窦学天文历算。天启五年（1625），擢礼部右侍郎。崇祯五年（1632），以礼部尚书兼东阁大学士，进文渊阁大学士。《明史》卷二五一有传。徐光启是上海地区最早的天主教徒之一，居"圣教三柱石"之首。著有《农政全书》、《崇祯历书》、《徐氏庖言》、《勾股义》等书。他在同传教士郭居静（1560—1640）、利玛窦（1552—1610）的交往中接触了西方的近代科学，译有《几何原本》、《泰西水法》等著作。《几何原本》是古希腊数学家欧几里德（约前330—前275）的不朽之作，凡十三卷。十六世纪时，意大利数学家格拉维（1537—1612）又续补两卷，是为十五卷本。利玛窦曾从学格拉维，明万历时，来中国传教，将此书介绍给徐光启，并由利玛窦口译，徐光启笔录，将其中的前六卷译出刊行。《几何原本》的全译本直到十九世纪中叶才由李善兰（1811—1882）和英国人伟烈亚力（1815—1867）完成。本文是徐光启为六卷本《几何原本》所作的序文。

唐虞之世[1]，自羲和治历[2]，暨司空[3]、后稷[4]、工[5]、虞[6]、典乐五官者[7]，非度数不为功[8]。《周官》六艺[9]，数与居一焉[10]；而五艺者，不以度数从事，亦不得工也。襄、旷之于音[11]，般、墨之于械[12]，岂有他谬巧哉？精于用法尔已。故尝谓三代而上[13]，为此业者盛，有元元本本，师传曹习之学[14]，而毕丧于祖龙之焰[15]。汉以来多任意揣摩，如盲人射的[16]，虚发无效，或依儗形似[17]，如持萤烛象，得首失尾。至于今而此道尽废，有不得不废者矣。

《几何原本》者，度数之宗，所以穷方圆平直之情，尽规矩准绳之用也。利先生从少年时[18]，论道之暇，留意艺学，且此业在彼中所谓师传曹习者，其师丁氏[19]，又绝代名家也，以故极精其说。而与不佞游久[20]，讲谭馀晷[21]，时时及之。因请其象数诸书[22]，更以华文[23]。独谓此书未译，则他书俱不可得论。遂共翻其要约六卷[24]，既卒业而复之，由显入微，从疑得信。盖不用为用，众用所基，真可谓万象之形囿，百家之学海。虽实未竟，然以当他书，既可得而论矣。私心自谓："不意古学废绝二千年后，顿获补缀唐、虞、三代之阙典遗义，其裨益当世，定复不小。"因偕二三同志，刻而传之。

　　先生曰："是书也，以当百家之用，庶几有羲、和、般、墨其人乎，犹其小者，有大用于此，将以习人之灵才，令细而确也。"余以为小用大用，实在其人。如邓林伐材[25]，栋梁榱桷[26]，恣所取之耳。顾惟先生之学，略有三种，大者修身事天[27]，小者格物穷理[28]，物理之一端，别为象数。一一皆精实典要，洞无可疑。其分解擘析[29]，亦能使人无疑。而余乃亟传其小者，趋欲先其易信，使人绎其文，想见其意理，而知先生之学可信不疑。大概如是，则是书之为用更大矣。他所说几何诸家，藉此为用，略具其自叙中，不备论。吴淞徐光启书。

《几何原本》卷首

【注释】

　　[1]唐虞：尧与舜的并称。尧初封于陶，又封于唐，号陶唐氏。舜为有虞氏。　　[2]羲和：传说尧曾派羲仲、羲叔、和仲、和叔分驻四方，观察天象，以制定历法。　　[3]司空：职官名，西周始置，掌水利、建造之事。　　[4]后稷：职官名，尧舜时掌管农业。　　[5]工：职官名，掌管手工业制作。　　[6]虞：职官名，尧舜时掌管山泽苑囿以及田猎等事务。　　[7]典乐：职官名，舜帝时主管朝廷礼乐。《尚书·舜典》："帝曰：夔，命汝典乐。"　　[8]度数：以度为单位计算所得的数目。《周礼·天官·小宰》："其属六十。"汉郑玄注："六官之属，三百六十，象天地四时、日月星辰之度数。"　　[9]《周官》：即《周礼》，也称《周官经》。西汉末列为经，而属于礼，故有《周礼》之名。西汉时献王在民间所得，分天、地、春、夏、秋、冬六官，记古代百官职守，相传为周公所作。六艺：古代的六种技能，即礼、乐、射、御、书、数。　　[10]屈（jū 拘）："居"的古字。　　[11]襄：即师襄，春秋时鲁国的乐官。旷：即师旷，春秋时晋国的乐官。　　[12]般：即公输般，春秋时鲁国的木匠。墨：墨翟，即墨子，春秋时墨家的代表人物，长于机械。　　[13]三代：指夏、商、周三

代。　　[14]师传曹习：老师传授，学生们学习。曹，等，辈。　　[15]毕丧于祖龙之焰：都毁于秦始皇的焚烧。祖龙之焰，指前213年李斯上书秦始皇焚书之事。祖龙，指秦始皇。　　[16]的：目标。　　[17]儗（nǐ 你）：比拟。　　[18]利先生：利玛窦（1552—1610），号西泰，又号清泰、西江，意大利天主教传教士。明万历时来到中国。是第一位阅读中国文学，并钻研中国典籍的西方学者，著有《基督教远征中国史》等。　　[19]丁氏：格拉维（Clavius），利玛窦与徐光启译其姓为"丁"。　　[20]不佞：谦词，徐光启自指。　　[21]谭：通"谈"。馀晷（guǐ 鬼）：闲暇。　　[22]象数：数学。　　[23]更：更改，此处指翻译。　　[24]要约：要点。　　[25]邓林：传说夸父追日，中途渴死，弃其杖，化为一片大树林，叫作邓林。见《山海经·海外北经》卷八。　　[26]榱（cuī 崔）：房屋的椽子。桷（jué 绝）：方形的屋椽。　　[27]修身事天：指信仰天主教。　　[28]格物：推究物理。　　[29]擘（bò 帛，去声）析：剖析。

【解析】

　　明代后期，西方耶稣会士来华传播天主教，利玛窦就是其中的代表。他通过结识众多官员，传播西方科技而传教，客观上为中西文化交流与西学东渐作出了贡献。欧几里德的《几何原本》是其传播的重要内容之一。

　　徐光启从利玛窦处获知《几何原本》。利玛窦指出这部书是了解其他西方自然科学的基础。徐光启也认为《几何原本》是数学之宗，在于探究方圆平直的关系，以此作为数学的基础。于是由利玛窦口述、徐光启记录，将《几何原本》的前六卷译成中文，翻译完成后又重新校订一遍。在徐光启看来，《几何原本》是纯理论科学，是众多实用科学的基础，虽然全文没有被译出，但用它来弥补中国历史上对数学的认识和传统大有裨益。而《几何原本》的翻译刊刻也是传播利玛窦学问的重要途径，徐光启遂决定将此书刻印出版。

　　《几何原本》以其严密的逻辑推理，从公理、公设、定义、命题出发，建立了严密的几何学体系，是世界近代科学的基础。第一至四卷欧几里德对直边形和圆的论述颇具代表性。他巧妙地证明了勾股定理（毕达哥拉斯定理）。《几何原本》六卷本的翻译出版，为中国人认识西方自然科学提供了契机。"几何"一词作为数学的专业名词来使用，由徐光启斟酌拟定。其中的一些概念，如点、线、直线、平行线、角、三角形和四边形等的中文名称都是在这一译本中定型的，由此奠定了中国近现代数学和几何学的基础。

海瑞传

〔清〕张廷玉等

【题解】

《明史》是清张廷玉等在王鸿绪、万斯同所编修的《明史稿》基础上修订而成的纪传体史书，记载自洪武元年（1368）至崇祯十七年（1644）二百馀年的明代历史。《海瑞传》选自《明史》卷二二六，记明代名臣海瑞的生平事迹。海瑞（1514—1587）字汝贤，号刚峰，广东琼山（今属海南）人。历正德、嘉靖、隆庆、万历四朝，先后任福建南平教谕、淳安知县、嘉兴通判、兴国州判官、户部主事、兵部主事、尚宝丞、两京左右通政、右佥都御史、督南京粮储、南京吏部右侍郎、南京右都御史等职。万历十五年（1587）卒于任。谥忠介。海瑞一生刚直不阿，作风清廉，是著名的清官。梁云龙作《海瑞行状》、王弘诲作《海忠介公传》、何乔远作《海瑞传》、李贽作《海忠介公传》都对海瑞事迹有所记载和赞颂，当是《明史·海瑞传》的史料来源。

　　海瑞字汝贤，琼山人[1]。举乡试[2]。入都[3]，即伏阙上《平黎策》[4]，欲开道置县，以靖乡土[5]。识者壮之[6]。署南平教谕[7]，御史诣学宫[8]，属吏咸伏谒[9]，瑞独长揖，曰：“台谒当以属礼，此堂，师长教士地，不当屈。”迁淳安知县[10]。布袍脱粟[11]，令老仆艺蔬自给[12]。总督胡宗宪尝语人曰[13]：“昨闻海令为母寿，市肉二斤矣。”宗宪子过淳安，怒驿吏，倒悬之。瑞曰：“曩胡公按部[14]，令所过毋供张[15]。今其行装盛[16]，必非胡公子。”发橐金数千[17]，纳之库，驰告宗宪，宗宪无以罪。都御史鄢懋卿行部过[18]，供具甚薄[19]，抗言邑小不足容车马[20]。懋卿恚甚[21]。然素闻瑞名，为敛威去[22]，而属巡盐御史袁淳论瑞及慈谿知县霍与瑕[23]。与瑕，尚书韬子[24]，亦抗直不诎懋卿者也[25]。时瑞已擢嘉兴通判[26]，坐谪兴国州判官[27]。久之，陆光祖为文选[28]，擢瑞户部主事[29]。

　　时世宗享国日久[30]，不视朝[31]，深居西苑[32]，专意斋醮[33]。督抚大吏争上符瑞[34]，礼官辄表贺。廷臣自杨最、杨爵得罪后[35]，无敢言时政者。四十五年二月[36]，瑞独上疏曰：

臣闻君者，天下臣民万物之主也，其任至重。欲称其任，亦惟以责寄臣工[37]，使尽言而已。臣请披沥肝胆[38]，为陛下陈之。

昔汉文帝[39]，贤主也。贾谊犹痛哭流涕而言[40]，非苛责也。以文帝性仁而近柔，虽有及民之美，将不免于怠废，此谊所大虑也。陛下天资英断，过汉文远甚。然文帝能充其仁恕之性，节用爱人，使天下贯朽粟陈，几致刑措[41]。陛下则锐精未久，妄念牵之而去，反刚明之质而误用之，至谓遐举可得[42]，一意修真，竭民脂膏，滥兴土木，二十馀年不视朝，法纪弛矣。数年推广事例，名器滥矣[43]。二王不相见，人以为薄于父子。以猜疑诽谤戮辱臣下，人以为薄于君臣。乐西苑而不返，人以为薄于夫妇。吏贪官横，民不聊生，水旱无时，盗贼滋炽。陛下试思今日天下，为何如乎？

迩者严嵩罢相[44]，世蕃极刑[45]，一时差快人意。然嵩罢之后犹嵩未相之前而已，世非甚清明也，不及汉文帝远甚。盖天下之人不直陛下久矣[46]。古者人君有过，赖臣工匡弼[47]。今乃修斋建醮，相率进香，仙桃天药，同辞表贺。建宫筑室，则将作竭力经营[48]，购香市宝，则度支差求四出[49]。陛下误举之，而诸臣误顺之，无一人肯为陛下正言者，谀之甚也[50]。然愧心馁气，退有后言，欺君之罪何如！

夫天下者，陛下之家。人未有不顾其家者，内外臣工皆所以奠陛下之家而磐石之者也。一意修真，是陛下之心惑。过于苛断，是陛下之情偏。而谓陛下不顾其家，人情乎？诸臣徇私废公，得一官多以欺败，多以不事事败，实有不足当陛下意者。其不然者，君心臣心偶不相值也[51]，而遂谓陛下厌薄臣工，是以拒谏。执一二之不当，疑千百之皆然，陷陛下于过举，而恬不知怪，诸臣之罪大矣。《记》曰[52]："上人疑则百姓惑[53]，下难知则君长劳。"此之谓也。

且陛下之误多矣。其大端在于斋醮。斋醮所以求长生也。自古圣贤垂训，修身立命曰"顺受其正"矣[54]。未闻有所谓长生之说。尧、舜、禹、汤、文、武圣之盛也，未能久世，下之亦未见方外士自汉、唐、宋至今存者[55]。陛下受术于陶仲文[56]，以师称之。仲文则既死矣，彼不长生，而陛下何独求之。至于仙桃天药，怪妄尤甚。昔宋真宗得天书于乾祐山[57]，孙奭曰[58]："天何言哉？岂有书也。"桃必采而后得，药必制而后成。今无故获此二物，是有足而行耶？曰"天赐者"，有手执而付之耶？此左右奸人造为妄诞，以欺陛下，而陛下误信之，以为实然，过矣。

陛下又将谓悬刑赏以督责臣下，则分理有人，天下无不可治，而修真为无害已乎？《太甲》曰[59]："有言逆于汝心[60]，必求诸道；有言逊于汝志，必求诸非道。"用人而必欲其唯言莫违，此陛下之计左也[61]。既观严嵩，有一不顺陛下者乎？昔为同心，今为戮首矣。梁材守道守官[62]，陛下以为逆者也，历任有声，官户部者至今首称之。然诸臣宁为嵩之顺，不为材之逆，得非有以窥陛下之微，而潜为趋避乎？即陛下亦何利于是。

陛下诚知斋醮无益，一旦翻然悔悟，日御正朝，与宰相、侍从、言官讲求天下利害，洗数十年之积误，置身于尧、舜、禹、汤、文、武之间，使诸臣亦得自洗数十年阿君之耻[63]，置其身于皋、夔、伊、傅之列[64]，天下何忧不治，万事何忧不理。此在陛下一振作间而已。释此不为，而切切于轻举度世，敝精劳神，以求之于系风捕影、茫然不可知之域，臣见劳苦终身，而终于无所成也。今大臣持禄而好谀，小臣畏罪而结舌，臣不胜愤恨。是以冒死，愿尽区区，惟陛下垂听焉。

帝得疏，大怒，抵之地[65]，顾左右曰："趣执之，无使得遁[66]！"宦官黄锦在侧曰[67]："此人素有痴名。闻其上疏时，自知触忤当死[68]。市一棺，诀妻子[69]，待罪于朝，僮仆亦奔散无留者，是不遁也。"帝默然。少顷复取读之，日再三，为感动太息[70]，留中者数月。尝曰："此人可方比干[71]，第朕非纣耳[72]。"会帝有疾，烦懑不乐，召阁臣徐阶议内禅[73]，因曰："海瑞言俱是。朕今病久，安能视事。"又曰："朕不自谨惜，致此疾困。使朕能出御便殿，岂受此人诟詈耶[74]？"遂逮瑞下诏狱[75]，究主使者。寻移刑部，论死。狱上，仍留中。户部司务何以尚者[76]，揣帝无杀瑞意，疏请释之。帝怒，命锦衣卫杖之百[77]，锢诏狱[78]，昼夜榜讯。越二月，帝崩，穆宗立[79]，两人并获释。

帝初崩，外庭多未知。提牢主事闻状，以瑞且见用，设酒馔款之。瑞自疑当赴西市[80]，恣饮啖，不顾。主事因附耳语："宫车适晏驾[81]，先生今即出大用矣。"瑞曰："信然乎？"即大恸，尽呕出所饮食，陨绝于地，终夜哭不绝声。既释，复故官。俄改兵部。擢尚宝丞[82]，调大理[83]。

隆庆元年[84]，徐阶为御史齐康所劾，瑞言："阶事先帝，无能救于神仙土木之误，畏威保位，诚亦有之。然自执政以来，忧勤国事，休休有容[85]，有足多者。康乃甘心鹰犬，搏噬善类，其罪又浮于高拱[86]。"人韪其言[87]。

历两京左右通政[88]。三年夏[89]，以右佥都御史巡抚应天十府[90]。属吏惮其威，墨者多自免去。有势家朱丹其门，闻瑞至，黝之[91]。中人监织造者[92]，为减舆从[93]。瑞锐意兴革，请浚吴淞、白茆[94]，通流入海，民赖其利。素疾大户兼并，力摧豪强，抚穷弱。贫民田入于富室者，率夺还之。徐阶罢相里居，按问其家无少贷[95]。下令飙发凌厉[96]，所司惴惴奉行，豪有力者至窜他郡以避。而奸民多乘机告讦[97]，故家大姓时有被诬负屈者。又裁节邮传冗费[98]，士大夫出其境率不得供顿[99]，由是怨颇兴。都给事中舒化论瑞迂滞不达政体[100]，宜以南京清秩处之[101]，帝犹优诏奖瑞。已而给事中戴凤翔劾瑞庇奸民[102]，鱼肉缙绅[103]，沽名乱政[104]，遂改督南京粮储。瑞抚吴甫半岁，小民闻当去，号泣载道，家绘像祀之。将履新任[105]，会高拱掌吏部，素衔瑞[106]，并其职于南京户部[107]，瑞遂谢病归。

万历初，张居正当国[108]，亦不乐瑞，令巡按御史廉察之。御史至山中视，瑞设鸡黍相对食，居舍萧然，御史叹息去。居正惮瑞峭直，中外交荐，卒不召。十二年冬，居正已卒，吏部拟用左通政。帝雅重瑞名，畀以前职。明年正月，召为南京右佥都御史，道改南京吏部右侍郎[109]，瑞年已七十二矣。疏言衰老垂死，愿比古人尸谏之义[110]，大略谓："陛下励精图治，而治化不臻者，贪吏之刑轻也。诸臣莫能言其故，反借待士有礼之说，交口而文其非。夫待士有礼，而民则何辜哉？"因举太祖法剥皮囊草及洪武三十年定律枉法八十贯论绞[111]，谓今当用此惩贪。其他规切时政[112]，语极剀切[113]。独劝帝虐刑，时议以为非。御史梅鹍祚劾之[114]。帝虽以瑞言为过，然察其忠诚，为夺鹍祚俸。

帝屡欲召用瑞，执政阴沮之[115]，乃以为南京右都御史。诸司素媮惰[116]，瑞以身矫之。有御史偶陈戏乐，欲遵太祖法予之杖。百司惴恐，多患苦之。提学御史房寰恐见纠摘[117]，欲先发，给事中锺宇淳复怂恿[118]，寰再上疏丑诋[119]。瑞亦屡疏乞休，慰留不允[120]。十五年，卒官。

瑞无子。卒时，佥都御史王用汲入视[121]，葛帏敝籝[122]，有寒士所不堪者，因泣下，醵金为敛[123]。小民罢市。丧出江上，白衣冠送者夹岸，酹而哭者百里不绝[124]。赠太子太保[125]，谥忠介。

瑞生平为学，以刚为主，因自号刚峰，天下称刚峰先生。尝言："欲天下治安，必行井田[126]。不得已而限田[127]，又不得已而均税[128]，尚可存古人遗意。"故自为县以至巡抚[129]，所至力行清丈，颁一条鞭法[130]。意主于利民，而行事不能无偏云[131]。

《明史》卷二二六

【注释】

[1]琼山：今属海南。　[2]乡试：指明代由南北直隶和各布政使司举行的地方考试。乡试一般由皇帝选派翰林或内阁学士等任正副主考官，通常在八月举行，中举者称举人。考试的地点在各省的贡院。　[3]都：京师，今北京。　[4]伏阙：拜伏于宫阙下，指向皇帝奏事。《平黎策》：平定黎民的策文，包括辟道、置县等。　[5]靖：平定。　[6]识者：有见识的人。壮：赞赏。　[7]署南平教谕：代理南平县学教谕。南平，今福建南平。教谕，学官名，掌教育生员，祭祀文庙等。　[8]御史：监察御史，隶都察院。学宫：地方官学。　[9]伏谒：谒见尊者，伏地通报姓名。　[10]淳安：今属浙江。　[11]脱粟：糙米。　[12]艺：种植。　[13]总督胡宗宪：指直浙总督胡

宗宪。总督是明代的军政长官，直浙总督掌浙江、南直隶和福建等地军务。胡宗宪（1512—1565），字汝贞，号梅林，安徽绩溪人。嘉靖十七年（1538）进士，历任浙江巡按监察御史、兵部左侍郎兼都察院金都御史，加直浙总督，抗倭有功。嘉靖四十四年自杀身亡。后追谥襄懋。《明史》卷二〇五有传。　　[14]曩（nǎng 囊，上声）：过去。按部：巡视部属。　　[15]供张：供应，提供。　　[16]盛：华丽。　　[17]橐（tuó 驮）金：行囊中的金子。　　[18]都御史：明都察院的长官，正二品，掌纠劾百司，辨明冤枉，提督各道。鄢懋（mào 冒）卿：懋卿字景卿，江西丰城人。嘉靖二十年（1541）进士，历任左副都御史，总两浙、两淮、长芦和河东四盐司盐政，刑部右侍郎。后因权臣严嵩失势，被贬戍边。《明史》卷三〇八有传。行部：巡行视察所属地方。　　[19]供具甚薄：所提供的酒食很少。　　[20]抗言：直言。　　[21]恚（huì 绘）：怨恨。　　[22]为敛威去：只得收敛威风而离去。　　[23]巡盐御史：官名，专门巡查产盐区的御史。慈谿（xī 溪）：今浙江慈溪。霍与瑕：广东南海人，霍韬之子。嘉靖三十八年（1559）进士，官至兵部职方司员外郎，广西佥事。《明史》卷一九七有传。　　[24]尚书韬子：尚书霍韬之子。霍韬（1487—1540）字渭先，号兀崖，南海人。明世宗时名臣，官至礼部尚书，太子太保，谥文敏。《明史》卷一九七有传。　　[25]抗直：刚直不屈。　　[26]嘉兴：今属浙江。通判：明代各府设通判，掌粮运、水利、屯田、牧马、江海防务等事务。　　[27]谪（zhé 哲）：降职外放。兴国州：今湖北阳新。　　[28]陆光祖：光祖（1521—1597）字与绳，浙江平湖人。明嘉靖二十六年（1547）进士，累官至吏部尚书，谥庄简。《明史》卷二二四有传。　　[29]户部主事：位居户部郎中、员外郎之下，从六品。　　[30]世宗：明世宗朱厚熜（cōng 聪。1507—1567），明代第十一任皇帝，在位四十五年，年号嘉靖，庙号世宗。早期为中兴时期。在位期间发生了"大礼议之争"，后期崇奉道教，发生了"壬寅宫变"。终年六十岁，葬十三陵之永陵。《明史》卷一七至一八有传。　　[31]视朝：临朝听政。　　[32]西苑：今北京中南海。　　[33]斋醮（jiào 轿）：道士祭祷、做法事的仪式。　　[34]符瑞：吉祥的征兆。　　[35]杨最：最字殿之，正德十二年（1517）进士，历宁波知府、贵州按察使、太仆卿，后因直言劝谏世宗不要相信所谓仙术而获罪，行杖刑时去世。《明史》卷二〇九有传。杨爵：爵（？—1549）字伯珍，号斛山，陕西富平（今属陕西）人。嘉靖八年（1529）进士，官至监察御史，后因直言上谏而获罪，嘉靖二十八年（1549）去世。谥忠介。《明史》卷二〇九有传。　　[36]四十五年：即嘉靖四十五年（1566）。　　[37]臣工：群臣百官。　　[38]披沥肝胆：形容非常忠诚。　　[39]汉文帝：刘恒（前202—前157），西汉刘邦第四子。在位期间，推行无为而治的黄老政治，轻徭薄赋，发展生产，形成了汉代第一个治世。《史记》卷一〇、《汉书》卷四有传。　　[40]贾谊：谊

（前200—前168），洛阳人，汉文帝用为太中大夫。曾上《论积贮疏》、《治安策》等。　　[41]刑措：又作"刑厝"，置刑法而不用，喻社会治安好。　　[42]遐举：成仙升天。　　[43]名器：名号和仪制。　　[44]严嵩：嵩（1480—1567）字惟中，江西分宜（今属新余）人。弘治十八年（1505）进士，世宗朝权倾一时。嘉靖四十一年（1562）被勒令致仕。《明史》卷三〇八有传。　　[45]世蕃极刑：严世蕃（1513—1565）因其父嵩入仕。当时有"大丞相，小丞相"之说。"小丞相"即指严世蕃。嘉靖四十一年（1562）下狱，嘉靖四十四年被处死。《明史》卷三〇八有传。　　[46]不直：不以为直。直，行正直之道。　　[47]匡弼：纠正补救。　　[48]将作：将作监，负责土木工程的官员。　　[49]度支：掌管财政收支的官员。　　[50]谀：奉承。　　[51]值：遇到，相逢。　　[52]《记》：指《礼记》。　　[53]"上人疑则百姓惑"二句：出自《礼记·缁衣》。是说君主有疑心则百姓迷惑，臣下怀奸诈之心则君治理劳苦。　　[54]顺受其正：《孟子·尽心上》："莫非命也，顺受其正。"是说顺利而行，行善得善，所接受的便是正命。　　[55]方外士：此处指道士。　　[56]陶仲文：即陶典真（1475—1560），湖北黄冈人。以方术得明世宗宠爱达二十年之久。嘉靖三十九年（1560）卒。《明史》卷三〇七有传。　　[57]宋真宗得天书于乾祐山：是说宋辽在澶州城签下"澶渊之盟"后，为掩饰每年用三十万银帛换取和平这一屈辱，编造了天降天书的故事。孙奭（shì 是）指出"天书"之说不可信。天禧三年（1019），永兴军都巡检朱能上书乾祐山又见天书。孙奭再次提出质疑。宋真宗坚信此事，以坚持其粉饰太平之举。事见《宋史·孙奭传》。　　[58]孙奭：奭（962—1033）字宗古，博州博平（今山东茌平）人，北宋经学家。官至礼部尚书、龙图阁大学士，以太子少傅致仕。辑《经典微言》五十卷。《宋史》卷四三一有传。　　[59]《太甲》：指《尚书》的《太甲》篇，记商代第四代君主太甲的事迹。太甲，商汤嫡长孙，商代第四位君主，在位二十三年。他在位两年后破坏祖制，以暴虐的方式对待百姓。伊尹将他放逐到汤的墓地桐宫（今河南偃师）反省，三年后还政于他。太甲从此修德，诸王归顺，百姓得以安居乐业。　　[60]"有言逆于汝心"四句：是说有些话不顺你心，一定要从道义上考虑；有些话顺从你的心意，一定要从不道义的角度来考察。逊，恭顺。　　[61]左：偏差。　　[62]梁材：材（？—1540）字大用，号俭庵，南京人。弘治十二年（1499）进士，官至户部尚书，谥端肃。嘉靖十九年（1540）因谏言反对世宗斋醮被削职。《明史》卷一九四有传。　　[63]阿（ē 婀）：曲从，迎合。　　[64]皋（gāo 高）：即皋陶（yáo 摇），舜帝和夏朝初期的贤臣，善理刑狱，为掌管刑法的理官。夔（kuí 奎）：尧舜时乐官。伊：即伊尹，商朝名臣，辅商汤灭夏，佐四代五王。傅：即傅说（yuè 悦），商王武丁时的大臣，原为筑墙的奴隶。　　[65]抵：掷，扔。　　[66]遁（dùn 盾）：逃跑。　　[67]宦官：被阉割失去生殖能力，专供皇帝及其家族役使的内臣。　　[68]触忤（wǔ　五）：冒犯。　　[69]诀：诀别。　　[70]太息：叹息，深深地叹息。太，通"叹"。　　[71]比干：殷商末纣王的叔伯父，一说是纣王的庶兄。纣王无道，比干犯颜强谏，纣王剖其心而死。　　[72]第：但，只是。纣：商代的最后一位君主，有名的暴君。　　[73]徐阶：阶（1503—1583）字子升，松江华亭（今上海松江）人。嘉靖二年（1523）进士，嘉靖后期和隆庆初为内阁首辅。谥号文贞。《明史》卷二一三有传。　　[74]诟詈（lì　立）：责骂，辱骂。　　[75]诏狱：又称"锦衣狱"，由北镇抚司管理，可严刑拷问，取旨行事，三法司无权过问。　　[76]户部司务：官名，从九品。何以尚：兴业人（今属广西）。以乡试起家，历任光禄丞、雷州推官、南京鸿胪卿。《明史》卷二二六有传。　　[77]锦衣卫：明代的特务机构，洪武十五年（1382）置，有巡察缉捕之权，下设镇抚司。　　[78]锢（gù　固）：禁闭。　　[79]穆宗：即朱载垕（hòu　后。1537—1572），明朝的第十二位皇帝，在位六年。穆宗为其庙号。《明史》卷一九有传。　　[80]西市：明代处决官吏的行刑之地，在今北京西四附近。　　[81]晏驾：古代帝王死亡的讳称。　　[82]尚宝丞：官名，掌牌符、宝玺、印章等。　　[83]大理：即大理寺，掌刑狱案件审理，明代与都察院、刑部并称为"三法司"。　　[84]隆庆元年：即1567年。隆庆，明穆宗年号。　　[85]休休有容：形容宽容而有气量。　　[86]高拱：拱（1513—1578）字肃卿，新郑（今属河南）人。嘉靖二十年（1541）进士，官至中极殿大学士，嘉靖隆庆间权臣。隆庆六年（1572）致仕。谥文襄。《明史》卷二一三有传。　　[87]韪（wěi　伟）：是。　　[88]两京左右通政：明代在两京设置通政司，司设左右通政，掌收检内外章疏和臣民申诉文书。　　[89]三年：此处指明穆宗隆庆三年（1569）。　　[90]右佥都御史：明都察院的最高长官。应天：今江苏南京。元至正十六年（1356），朱元璋占领建康，改名应天府。明初建都于此。　　[91]黝（yǒu　有）：涂黑。　　[92]中人监织造：明代在南京、苏州、杭州所设掌管皇室所用丝织品制造的太监。　　[93]舆从：在车马前后侍奉的人。　　[94]吴淞：即吴淞江，古称松江或吴江，源出太湖瓜泾口，经苏州、昆山、嘉定，在上海外渡桥附近入海。白茆（máo　毛）：即白茆河，在今江苏江都西北邵伯镇西。　　[95]按问：究查审问。　　[96]飙发：迅猛。凌厉：气势迅速猛烈。　　[97]告讦（jié　杰）：揭发，举报。　　[98]邮传：传递文书的驿站　　[99]供顿：供给行旅宴饮之物。　　[100]都给（jǐ　己）事中：官名，六科之长，掌侍从、规谏、稽察、补阙、拾遗等事。舒化：化（1539—1589）字汝德，号继峰，江西临川（今抚州）人。嘉靖三十八年（1559）进士。隆庆初，三任刑科给事中，官至刑部尚书，著有《阴符经注》、《舒庄僖公文集》等。《明史》卷二二〇有传。迂滞：迂阔固执。　　[101]清秩：清闲的职位。　　[102]已而：不久，后来。戴凤翔：嘉靖三十八年（1559）

进士，时任给事中。　　[103]鱼肉：用暴力欺凌。缙绅（jìnshēn 进身）：古代官宦的代称。　　[104]沽名：利用手段谋取声誉。　　[105]履：执行，实行。　　[106]衔：怀恨。　　[107]南京户部：明代实行两京制，南京也设有六部。南京户部负责土地、俸禄等财政事务。　　[108]张居正：居正（1525—1582）字叔大，号太岳，湖广江陵（今湖北荆州）人。明中后期著名的政治家，推行按亩收税的"一条鞭法"和考成法，辅佐神宗皇帝实行"万历新政"。《明史》卷二一三有传。　　[109]南京吏部右侍郎：明代南京六部中吏部设左、右侍郎。　　[110]尸谏：陈尸以谏，指以死谏君。　　[111]太祖：即朱元璋（1328—1398），濠州锺离（今安徽凤阳东北）人，在位三十一年。剥皮囊草：又称"剥皮实草"，古代酷刑之一。剥下人皮，用草填充。洪武三十年：即1397年。　　[112]规切：劝谏。　　[113]凯（kǎi 凯）切：恳切。　　[114]梅鹍（kūn 昆）祚：万历十一年（1583）进士，任山东道监察御史。　　[115]执政：明代的内阁首辅。沮（jǔ 举）：阻止。　　[116]婾（tōu 偷）惰：偷安怠惰。　　[117]提学御史房寰（huán 环）恐见纠摘（tī 踢）：提学御史房寰担心被揭发。提学御史，明代在两京督察学政的御史。房寰，字心宇，德清（今属浙江）人，隆庆二年（1568）进士，官至提学御史。纠摘，纠举揭发。　　[118]锺宇淳：宇淳（1545—1586）字履道，号顺斋。万历丁丑（1577）进士，曾任南京兵科给事中。　　[119]丑诋（dǐ 抵）：辱骂，诋毁。　　[120]慰留：安慰留任。　　[121]王用汲：字明受，晋江（今属福建）人。隆庆二年（1568）进士，累官南京刑部尚书。谥恭质。《明史》卷二二九有传。　　[122]葛帏（wéi 维）：用葛布做成的帐子。敝籝（yíng 赢）：破烂的竹器。　　[123]醵（jù 聚）金：凑钱。　　[124]酹（lèi 类）：将酒洒在地上，以示祭奠。　　[125]赠：追赠，皇帝赐予死者官职或称号。太子太保：原为东宫官职，负责保护太子的安全。此处指追赠荣誉官职。　　[126]井田：夏商周三代实行的土地制度。以九百亩地为一里，八家均为一百亩，馀下一百亩为公田，因形状像井字，故称井田。战国时商鞅"废井田，开阡陌"，井田制度瓦解。　　[127]限田：汉文帝开始实行的限制私人土地规模的法令。　　[128]均税：即王安石的方田均税法，是指在将土地按多少和肥瘠划分为五等的基础上，分别规定不同的税额。　　[129]巡抚：巡视各地军民政务的大臣，掌握地方军政大权。洪武二十四年（1391）始设，最初带有临时差遣的性质。宣德五年（1430），巡抚制度正式形成。　　[130]一条鞭法：明代嘉靖时期确立的赋税和徭役制度，万历九年（1581）由张居正推广到全国。其基本内容是，在丈量土地的基础上，将各州县的赋税和徭役合并，按照土地亩数征收银两。　　[131]无偏：不偏颇。

【解析】

海瑞一生刚正不阿，直言敢谏，廉洁自律，执法严正，深受百姓爱戴，是明代著名的清官。

御史巡查南平官学时，担任南平教谕的海瑞认为官学是教学的地方，不应该行跪拜礼。胡宗宪的儿子经过淳安县时殴打驿吏，担任淳安县令的海瑞没收了他所带的数千钱财。都御史鄢懋卿经过淳安时，海瑞以县小为名供给简单。这些都表现出海瑞不畏权贵、刚正不阿的精神。其刚正不阿还表现在直言敢谏上。明世宗深居西苑，沉迷于道术，妄图求得长生不老，长时间不上朝，朝廷群臣不敢直言。海瑞则坚持己见，竟然驱散了奴仆，买了棺材，与妻子诀别，义无反顾地上书。他将明世宗与汉文帝相比，明确指出明世宗的作法是不对的。结果明世宗大怒，最终将海瑞投入诏狱之中。万历时，海瑞效仿古人尸谏之意，建议万历皇帝严惩贪官污吏。可惜海瑞的建言最终几乎都没有被采纳。

海瑞生活俭朴，廉洁自律。他担任淳安县县令时着布袍，食糙米，母亲过寿也仅买二斤肉而已。张居正主政时，曾派巡按御史调查海瑞。当御史发现海瑞只用鸡黍招待，屋舍简陋，所用的葛布帐子和破竹箱甚至连穷苦书生的都不如，只能叹息而去。他死后，还要人凑钱办理丧事。但海瑞为官却是尽心尽力。隆庆三年，他以右佥都御史巡抚应天等十府时，属下的吏员忌惮海瑞的威严，贪污之人大多自行离职，权贵也多将招摇的红色大门改染成黑色，监织造的太监也减少了随从。他素来嫉恨抢夺民田的豪强，将贫民被夺走的田地追回，还减少驿站的开支。他更指出当时社会问题的主要原因在于惩罚贪官污吏的刑法不够严厉，甚至主张恢复明太祖时剥皮囊草的酷刑，主张用贪污八十贯就处以绞刑的律法严惩贪官。海瑞的目的无疑在于利民，在与贪官污吏斗争的过程中将百姓的利益与自己的行动统一，言行一致。这也是他虽然能够留下的功绩仅有疏浚吴淞江、白茆河可以称道，但仍然深受民众敬仰和爱戴的原因。

郑和传

〔清〕张廷玉等

【题解】

此传出自《明史·宦官传》。《宦官传》专记影响较大的宦官的事迹。明太祖朱元璋认为元朝之失在于设置宦官人数极少，于是在太祖末年设定宦官机构，但明令宦官不得干预朝政，不得兼任文武官衔，也不能穿着文武官员的服装，最高品级为四品。然而永乐时宦官因功得宠，身为内臣的宦官开始担任外职，或出使，或专政，或监军，或分镇，或刺探臣民之事。宣宗时，不得读书识字的宦官内臣也开始读书识字。随着时间的推移，宦官的地位越来越高，并逐渐干预朝政，其中势力较大的有王振、魏忠贤等。但是宦官中也有堪称贤德者，如郑和、怀恩等即是。《郑和传》在《宦官传》中居于首位，记载了郑和出使西洋的事迹。

郑和，云南人[1]，世所谓三保太监者也[2]。初事燕王于藩邸[3]，从起兵有功。累擢太监。

成祖疑惠帝亡海外[4]，欲踪迹之，且欲耀兵异域，示中国富强。永乐三年六月[5]，命和及其侪王景弘等通使西洋[6]，将士卒二万七千八百馀人，多赍金币[7]。造大舶，修四十四丈[8]、广十八丈者六十二。自苏州刘家河泛海至福建[9]，复自福建五虎门扬帆[10]，首达占城[11]，以次遍历诸番国[12]，宣天子诏，因给赐其君长，不服则以武慑之。五年九月，和等还，诸国使者随和朝见。和献所俘旧港酋长[13]。帝大悦，爵赏有差。旧港者，故三佛齐国也[14]。其酋陈祖义，剽掠商旅[15]。和使使招谕，祖义诈降，而潜谋邀劫[16]。和大败其众，擒祖义，献俘，戮于都市[17]。

六年九月，再往锡兰山[18]。国王亚烈苦奈儿诱和至国中[19]，索金币，发兵劫和舟。和觇贼大众既出[20]，国内虚，率所统二千馀人，出不意攻破其城，生擒亚烈苦奈儿及其妻子官属。劫和舟者闻之，还自救，官军复大破之。九年六月，献俘于朝。帝赦不诛，释归国[21]。是时，交阯已破灭[22]，郡县其地，诸邦益震詟[23]，来者日多。

十年十一月，复命和等往使，至苏门答刺[24]。其前伪王子苏幹刺者，方谋弑主自立，怒和赐不及己，率兵邀击官军。和力战，追擒之喃渤利[25]，并俘其妻子。以十三年七月还朝。帝大喜，赉诸将士有差。

十四年冬，满剌加、古里等十九国[26]，咸遣使朝贡，辞还。复命和等偕往，赐其君长。十七年七月还。十九年春复往，明年八月还。二十二年正月，旧港酋长施济孙请袭宣慰使职[27]，和赍敕印往赐之[28]。比还，而成祖已晏驾[29]。洪熙元年二月[30]，仁宗命和以下番诸军守备南京[31]。南京设守备[32]，自和始也。宣德五年六月[33]，帝以践阼岁久[34]，而诸番国远者犹未朝贡[35]，于是和、景弘复奉命历忽鲁谟斯等十七国而还[36]。

和经事三朝，先后七奉使，所历占城、爪哇、真腊、旧港、暹罗、古里、满剌加、渤泥、苏门答刺、阿鲁、柯枝、大葛兰、小葛兰、西洋琐里、琐里、加异勒、阿拨把丹、南巫里、甘把里、锡兰山、喃渤利、彭亨、急兰丹、忽鲁谟斯、比刺、溜山、孙刺、木骨都束、麻林、刺撒、祖法儿、沙里湾泥、竹步、榜葛刺、天方、黎伐、那孤儿[37]，凡三十馀国。所取无名宝物不可胜计，而中国耗废亦不赀[38]。自宣德以还，远方时有至者，要不如永乐时，而和亦老且死。自和后，凡将命海表者[39]，莫不盛称和以夸外番[40]，故俗传三保太监下西洋，为明初盛事云。

《明史》卷三〇四

【注释】

[1]云南：明云南等处承宣布政使司所辖地。元时置云南行省，明洪武十五年（1382）二月癸丑，平云南，置云南都指挥使司。乙卯，置云南等处承宣布政使司，其辖境北至永宁，东至富州，西至干崖，南至木邦。　　[2]三保太监：关于三保太监的说法，学术界有不同的看法。一说因郑和小名是"三保"，故称其为"三保太监"；一说是宣德六年（1431）皇帝钦封郑和为三宝太监。太监，明代宦官的专称，为侍奉皇帝及其家族的阉臣。唐、辽时也设有太监，但与宦官无涉。　　[3]初事燕王于藩邸：最初在藩邸侍奉燕王。燕王，即明成祖朱棣

（1360—1424），明太祖朱元璋第四子，早封燕王，其藩邸在北平（今北京）。藩邸，藩王的宅第。　　［4］"成祖疑惠帝亡海外"四句：是说郑和下西洋的目的是明成祖朱棣怀疑建文帝逃亡海外，试图寻找他的踪迹；并想向异域炫耀大明兵威，夸示中国的富强。成祖，即朱棣，洪武三十五年（1402）即位，年号永乐，庙号成祖。惠帝，建文帝朱允炆（wén 文。1377—？），年号建文，洪武三十一年（1398）即皇帝位，在位期间实行建文新政。建文元年（1399）七月，燕王朱棣以"清君侧"为名，发动"靖难（平定叛乱）之役"。战争持续了三年。后建文帝不知所终。　　［5］永乐三年：公元1405年。　　［6］命和及其侪（chái 柴）王景弘等通使西洋：命郑和和王景弘等出使印度南部一带。侪，同辈，同类。王景弘，福建漳平（今福建漳平）人，洪武年间进宫为宦官，多次与郑和一起下西洋，和郑和一样是我国历史上伟大的航海家、外交家。西洋，文莱以西的东南亚和印度洋沿岸地区。　　［7］赍（jī 基）：携带，持。　　［8］修：长。　　［9］苏州刘家河：今江苏太仓浏家港，明代属苏州府。　　［10］五虎门：又称五门匣，位于福建长乐潭头镇闽江入海口。　　［11］占城（192—1697）：古南海国名，今越南中南部。原称林邑，五代始称占城。　　［12］番国：外国。　　［13］旧港：音译"巴邻旁（Palembang）"，又称"三佛齐国"，今印度尼西亚南苏门答腊省首府巨港。明代在此设旧港宣慰司。　　［14］三佛齐国：三佛齐源自阿拉伯语（Zabadj）和爪哇语（Samboja），即旧港。　　［15］剽（piāo 飘）掠：抢劫。　　［16］潜谋邀劫：暗中谋划拦路抢劫。　　［17］戮（lù 路）：陈尸示众。　　［18］锡兰山：古国名，也称僧伽罗国、师子国，即今斯里兰卡。　　［19］亚烈苦奈（nài 奈）儿：锡兰国国王。　　［20］觇（chān 搀）：窥探，侦察。　　［21］释归国：明成祖赦免锡兰国国王亚烈苦奈儿，让他回国。　　［22］交阯（zhǐ 止）：又称交趾，Cochin的音译，今越南北部。明朝一度在该地设立交阯等处承宣布政使司。　　［23］震詟（zhé 哲）：震惊恐惧。　　［24］苏门答剌：古东南亚国名，今印度尼西亚苏门答腊岛。　　［25］喃渤利：南海古国名，也称南巫里、南泥利等，一般认为即今印度尼西亚苏门答腊岛北部班达亚齐。　　［26］满剌加：也译作马六甲，今马来西亚马六甲州。古里：古里国，今印度西南部喀拉拉邦科泽科德一带。　　［27］施济孙：首任旧港宣慰使施进卿之子。永乐五年（1407），施进卿进贡明朝，明朝设旧港宣慰使。永乐二十一年，施进卿去世，遂有次年施济孙请求袭任之举。　　［28］敕印：敕符、印信。　　［29］晏（yàn 艳）驾：帝王去世的委婉说法。　　［30］洪熙元年：公元1425年。洪熙，明仁宗朱高炽年号。　　［31］下番：针对上国而言，偏远的异族王国。　　［32］守备：官名，掌南京各卫所及南京留守、防卫。洪熙元年以宦官同守备。守备以公、侯、伯充任。　　［33］宣德五年：公元1430年。宣德，明宣宗朱瞻基年号。　　［34］帝以践阼（jiànzuò 建做）岁久：明宣宗于宣德元年即位，至此已五年之久。　　[35]朝贡：古代藩属国或外国使臣入朝，贡献方物。　　[36]忽鲁谟（mó 魔）斯：又作"霍乐木兹"、"和尔木斯"，西亚古代王国之一。一般认为忽鲁谟斯是今伊朗霍尔木兹甘省的一个海岛，在波斯湾和阿曼湾之间的霍尔木兹海峡中。　　[37]爪哇：今印度尼西亚的爪哇（Java）岛。真腊：我国古代史籍对七至十七世纪印度支那半岛高棉族所建王朝的通称，今柬埔寨、老挝和越南南部。暹（xiān 先）罗：十四至十八世纪泰国境内的大城王国，今泰国。渤泥：一般认为在今加里曼丹岛，或指北部的文莱，或西岸一带。阿鲁（Aru）：又作"哑鲁"，今印度尼西亚苏门答腊岛日里（Deli）河流域，或以日里、棉兰（Medan）为中心。柯枝：今印度西南岸柯钦（Cochin）。大葛兰：又作"大故蓝"，今印度南部西岸以南的阿廷加尔（Artingal）。小葛兰：今印度南部西岸的奎隆（Quilon）。西洋琐里：又作"琐里（Cola）"，印度古国，今印度科罗曼德尔（Coromandel）海岸，其首府或在讷加帕塔姆（Nagapattam）。加异勒（Kayal）：今印度南部东岸的卡异尔（Cail）镇。阿拨把丹：今印度半岛南端，邻甘把里。南巫里（Lamuri）：印度尼西亚苏门答腊岛古国名，一般认为在该岛北部的班达亚齐。甘把里：今印度南部泰米尔纳德邦西部的科因巴托尔（Coimbatore）。彭亨：今马来西亚的彭亨（Pahang）州一带。急兰丹：今马来西亚的吉兰丹（Kelantan）州一带。比剌：或谓今非洲瓜达富伊角外的阿卜德库里（Abd Al-Kuli）岛。溜山：今印度洋中的马尔代夫（Maldive）群岛和拉克代夫（Laccadive）群岛。孙剌：据《明史》卷三二六，或在今非洲东岸索科特拉（Socotra）。木骨都束：今索马里首都摩加迪沙（Mogadishu）。麻林：今柬埔寨的马德望省南部。剌撒：今阿拉伯半岛木卡拉附近La'sa村。祖法儿：今阿拉伯半岛阿曼西部沿岸的多法尔（Dhufar）。沙里湾泥：今南也门东北沿海之沙尔伟恩角（Ras Sharwayn）。竹步：今索马里南部朱巴河口的准博（Giumbo）。榜葛剌：今孟加拉（Bengal）国及印度西孟加拉邦地区。天方：又作"天房"，今沙特阿拉伯的麦加。黎伐：即"黎代（Lide）"，在今印度尼西亚苏门答腊岛北岸的洛克肖马韦（Lhokseumawe）和班达亚齐之间。那孤儿（Nagur）：印度尼西亚苏门答腊岛西部，黎代国之东，今印度尼西亚苏门答腊岛北岸的洛克肖马韦一带。　　[38]不赀（zī 资）：无从计量，表示耗费很多或很贵重。　　[39]海表：海外。　　[40]以夸外番：郑和向海外诸国展现了明朝的强大。

【解析】

郑和（1371—1433），原名马三保，回族，云南人，明代著名航海家、外交家。十二岁时入燕王朱棣藩邸做了太监。永乐三年（1405），明成祖朱棣为搜寻建文帝的下落，宣扬国威，派遣郑和、王景弘率领两万七千多人的船队自苏州的刘家港至福建的五虎门出发，出使西洋。首站到达占城，途经旧港等国，最远处到达古里。永乐五年（1407）回国。第二次出使西洋，始于永乐六年（1408）九月，终于永乐九年（1411）六月，到达斯里兰卡等地。第三次出使西洋，始于永乐十年（1412），他们在苏门答剌，遇到苏斡剌的攻击，最终擒获了苏斡剌及其妻子。永乐十三年（1415）还朝。第四次出使西洋是陪同满剌加、古里等十九国派来的使者去封赐这些王国的君主，永乐十四年（1416）冬动身，十七年（1419）七月回朝。第五次出使西洋，始于永乐十九年（1421），永乐二十年（1422）八月还朝。第六次出使西洋始于永乐二十二年（1424）正月。其目的是带敕印前往旧港，去任命首任旧港宣慰使的施进卿之子施济孙为新任旧港宣慰使。回朝时，永乐帝已经去世。第七次出使西洋，始于宣德五年（1430）六月。由于此前朝贡的西方诸番国久未朝贡，故明宣宗为宣扬国威而委派郑和、王景弘出使位于霍尔木兹海峡中的忽鲁谟斯等国。

　　虽然明成祖朱棣命郑和下西洋的目的是扩大明朝的政治影响和开展海外贸易，然而客观上，郑和下西洋宣扬了明王朝前期国力的强盛，密切了海外各国同明王朝的外交关系和经济联系，加深了彼此之间的联系。郑和七次下西洋先后到达了三十多个国家，成为世界航海史上的空前壮举。

　　郑和下西洋也是海上丝绸之路发展史上的重要事件。海上丝绸之路是中外友好往来的纽带，中外科技文化交流的主要通道。它开辟于汉代，魏晋唐五代时持续发展，宋元时期空前繁荣。明代海上丝绸之路由盛转衰，清代则趋于停滞和逐渐衰落。这次由朝廷组织的远航正值海上丝绸之路由盛转衰的时期。郑和下西洋达到空前的规模，客观上促进了海上丝绸之路的发展。但由于明王朝施行海禁，在郑和以后的古代社会，乃至近代史上再也没有过这样的盛况。

原　君

〔清〕黄宗羲

【题解】

黄宗羲（1610—1695）字太冲，号南雷，又号梨洲，馀姚（今属浙江）人。其父黄尊素是明末东林党"七君子"之一。黄宗羲早年参加对阉党的斗争，是东林后续"复社"的领导者之一。明亡，曾组织抗清，失败后隐居不仕，但同意儿子黄百家、弟子万斯同参加官方的《明史》编纂。晚年讲学著述，有《明夷待访录》、《明儒学案》、《宋元学案》等，是明清之际重要的思想家和史学家。《清史稿》卷四八〇有传。《明夷待访录》作于1661年到1662年之间，是黄宗羲启蒙主义思想的代表著述，其影响及于晚清"戊戌变法"。其中《原君》篇是黄宗羲民本政治思想的重要阐发。

　　有生之初，人各自私也，人各自利也，天下有公利而莫或兴之[1]，有公害而莫或除之。有人者出，不以一己之利为利，而使天下受其利，不以一己之害为害，而使天下释其害。此其人之勤劳，必千万于天下之人。夫以千万倍之勤劳而己又不享其利，必非天下之人情所欲居也[2]。故古之人君，量而不欲入者[3]，许由、务光是也；入而又去之者[4]，尧、舜是也；初不欲入而不得去者[5]，禹是也。岂古之人有所异哉？

　　好逸恶劳，亦犹夫人之情也。后之为人君者不然。以为天下利害之权皆出于我，我以天下之利尽归于己，以天下之害尽归于人，亦无不可。使天下之人不敢自私，不敢自利，以我之大私，为天下之大公。始而惭焉，久而安焉。视天下为莫大之产业，传之子孙，受享无穷，汉高帝所谓"某业所就，孰与仲多"者[6]，其逐利之情，不觉溢之于辞矣。此无他，古者以天下为主，君为客，凡君之所毕世而经营者，为天下也。今也以君为主，天下为客，凡天下之无地而得安宁者，为君也。是以其未得之也，屠毒天下之肝脑，离散天下之子女，以博我一人之产业，曾不惨然[7]，曰："我固为子孙创业也。"其既得之也，敲剥天下之骨髓，离散天下之子女，以奉我一人之淫乐，视为当然，曰："此我产业之花息也。"然则，为天下之大害者，君而已矣。向使无君，人各得自私也，人各得自利也。呜呼，岂设君之道固如是乎！

　　古者天下之人爱戴其君，比之如父，拟之如天，诚不为过也。今也天下之人怨恶其君，视之如寇仇，名之为独夫[8]，固其所也。而小儒规规焉以君臣之义[9]，无所逃于天地之间，至桀、纣之暴，犹谓汤、武不当诛之，而妄传伯夷、叔齐无稽之事[10]，使兆人万姓崩溃之血肉，曾不异夫腐鼠[11]。岂天地之大，于兆人万姓之中，独私其一人一姓乎？是故武王圣人也，孟子之言[12]，圣人之言也。后世之君，欲以如父如天之空名，禁人之窥伺者，皆不便于其言，至废孟子而不立[13]，非导源于小儒乎！

　　虽然，使后之为君者，果能保此产业，传之无穷，亦无怪乎其私之也。既以产业视之，人之欲得产业，谁不如我？摄缄縢[14]，固扃鐍，一人之智力不能胜天下欲得之者之众，远者数世，近者及身，其血肉之崩溃在其子孙矣。昔人愿世世无生帝王家[15]，而毅宗之语公主[16]，亦曰："若何为生我家！"痛哉斯言！回思创业时，其欲得天下之心，有不废然摧沮者乎[17]！是故明乎为君之职分，则唐、虞之世，人人能让，许由、务光非绝尘也。不明乎为君之职分，则市井之间，人人可欲，许由、务光所以旷后世而不闻也。然君之职分难明，以俄顷淫乐，不易无穷之悲，虽愚者亦明之矣。

《明夷待访录》（《黄宗羲全集》第一册）

【注释】

　　[1]莫或：没有人。　　[2]居：处其位。　　[3]"量而不欲入者"二句：许由、务光是古代不受尧、汤禅让的高士。《庄子·外物》："尧与许由天下，许由逃之；汤与务光，务光怒之。"《庄子·逍遥游》载，许由自述不受尧让天下的理由是"鹪鹩巢于深林，不过一枝；偃鼠饮河，不过满腹。归休乎君！予无所用天下为"。黄宗羲所说"以千万倍之勤劳而己又不享其利，必非天下之人情所欲居"，正与此意相符。量，考虑。　　[4]"入而又去之者"二句：意谓尧、舜虽得位，年老又让位于后贤。《史记·五帝本纪》："帝尧老，命舜摄行天子之政。"《史记·夏

本纪》：“帝舜荐禹于天，为嗣。”　　　[5]“初不欲入而不得去者”二句：据《史记·夏本纪》载，舜在世时举荐禹继其位。舜死后，禹辞让，推举舜之子商均继位，但天下诸侯都不朝商均而朝禹，禹遂即天子位，是为“初不欲入”之谓。禹授位益，禹死后益继位，但禹之子启得天下人心，故诸侯皆不朝益而朝启，于是启遂即天子之位，开启了“家天下”的时代，是为“不得去”之谓。　　　[6]“汉高帝”三句：《史记·高祖本纪》载，汉高祖刘邦年轻时“不事家人生产作业”，后来得天下，“高祖大朝诸侯群臣，置酒未央前殿。高祖奉玉卮，起为太上皇寿，曰：‘始大人常以臣无赖，不能治产业，不如仲力。今某之业所就，孰与仲多？’殿上群臣皆呼万岁，大笑为乐。”黄宗羲举此事说明帝王以天下为自家产业的心态。仲，指汉高祖刘邦之兄。　　　[7]曾：乃。　　　[8]独夫：不受众人拥护者。《尚书·泰誓下》：“独夫受，洪惟作威，乃汝世仇。”受，谓商纣王受。　　　[9]规规焉：呆板的样子。　　　[10]伯夷、叔齐无稽之事：《史记·伯夷列传》载，武王伐纣，伯夷、叔齐曾劝阻。殷亡后，二人不食周粟，饿死于首阳山。　　　[11]腐鼠：腐烂的死鼠，比喻无价值之物。语出《庄子·秋水》。　　　[12]孟子之言：指《孟子·梁惠王下》的这段话：“齐宣王问曰：‘汤放桀，武王伐纣，有诸？’孟子对曰：‘于传有之。’曰：‘臣弑其君，可乎？’曰：‘贼仁者谓之贼，贼义者谓之残。残贼之人，谓之一夫。闻诛一夫纣矣，未闻弑君也。’”　　　[13]废孟子而不立：《明史·钱唐传》：“帝尝览《孟子》，至‘草芥’、‘寇仇’语，谓：‘非臣子所宜言。’议罢其配享。诏：‘有谏者以大不敬论。’……卒命儒臣修《孟子节文》云。”　　　[14]摄缄縢（téng 腾），固扃（jiōng 窘，阴平）鐍（jué 决）：摄，紧。缄縢，绳结。扃，关钮。鐍，锁钥。　　　[15]愿世世无生帝王家：《资治通鉴》卷一三五载，宋顺帝被迫禅位于齐，王敬则领兵逼迫顺帝出宫，“帝收泪谓敬则曰：‘欲见杀乎？’敬则曰：‘出居别宫耳。官先取司马家亦如此。’帝泣而弹指曰：‘愿后身世世勿复生王家！’宫中皆哭”。　　　[16]“毅宗之语公主”二句：《明史·长平公主传》载，李自成起义军入北京，“城陷，帝入寿宁宫，主牵帝衣哭。帝曰：‘汝何故生我家！’以剑挥斫之，断左臂”。　　　[17]废然：灰心丧气的样子。摧沮：沮丧。

【解析】

　　黄宗羲《原君》是明清之际重要的民本政治思想论述。《原君》提出了三个层面的概念推衍：第一，开篇所说“有生之初，人各自私也，人各自利也”，认为人做出行为选择的最终目的是让自己利益最大化。而人类要进一步发展，必须要出现能够协作互利的社会组织，其目的在于“不以一己之利为利，而使天下受其利”。第二，在第一层概念的基础上，指出君王的社会责任是"勤劳，必千万于天下之人。夫以千万倍之勤劳而己又不享其利"，换言之，君王的设置初衷是"公仆"。黄宗羲认为，早期君王如尧、舜、禹都具备了设置初衷的特点，在此之后就背离了本源。第三，在第二层概念的基础上，黄宗羲认为凡是背离初衷的君王都可视为"独夫"，而根据上述逻辑推演，放弃"自利"本能而形成了"社会组织"的人民，对于滥用权力的"独夫"，自然获得了"怨恶其君，视之如寇仇"的反抗权力。三个意义层面的衔接推衍十分清晰，富于逻辑的力量。

当然，人民的反抗权力只是"逻辑上"的权力，就现实操作来说，黄宗羲也意识到积重难返，意欲全面彻底回归君王的设置初衷（即纯粹"公仆"状态）不太现实。黄宗羲提出的具体解决办法是以"学校公议"来监督约束君王权力，这一思想表现在《明夷待访录》的《学校》篇，他说："天子亦遂不敢自为是非，而公其是非于学校。"但所谓可以对最高权力进行约束的"学校公议"，到底是清晰的制度性机构设置，还是模糊的、具有"在野"性质的社会清流舆论，这一点似乎黄宗羲本人也无法作出准确界定。他一方面指出学校即"太学"、"书院"，一方面又强调"养士为学校之一事，而学校不仅为养士而设"，"学官不隶属于提学"。这其中的矛盾，既因为时代还没有发展到可以圆满回答这个问题的阶段，也因为黄宗羲自身有过在野的"复社"评议朝政的经历，他对此颇有留恋。思想的不清与表述的矛盾，是时代局限与个人经验纠结缠绕在一起造成的。

尽管如此，《明夷待访录》中的《原君》诸篇已经发出了中国思想启蒙的先声。梁启超《清代学术概论》就说："梁启超、谭嗣同辈倡民权共和之说，则将其书（指《明夷待访录》）节抄，印数万本，秘密散布，于晚清思想之骤变，极有力焉。"它的贡献与影响不会泯灭。

《日知录》二则

〔清〕顾炎武

【题解】

顾炎武（1613—1682）字宁人，号亭林，昆山（今属江苏）人。原名绛，字忠清，南明弘光建元后改名炎武，以示抗清之志。清兵入关之后，在南方积极开展抗清活动，弘光朝，以贡生荐授兵部司务。隆武朝，被荐为兵部职方司主事。事败后，潜心治学，坚决不仕。治学淹通文史，主张经世致用，著有《天下郡国利病书》、《肇域志》、《日知录》、《音学五书》、《韵补正》、《亭林诗文集》等，与黄宗羲、王夫之并称明末清初三大儒。《清史列传》卷六八、《清史稿》卷四八一有传。

顾炎武倾注了三十馀年的心血，写就《日知录》三十二卷。"上篇经术，中篇治道，下篇博闻"（顾炎武《与人书》），内容广博，影响深远。这里所选的《正始》、《廉耻》二篇，均出自考证历朝风气的卷一三。

正　始

有亡国，有亡天下。亡国与亡天下奚辨？曰：易姓改号，谓之亡国；仁义充塞，而至于率兽食人，人将相食，谓之亡天下。魏、晋人之清谈，何以亡天下？是《孟子》所谓杨、墨之言[1]，至于使天下无父无君而入于禽兽者也。昔者嵇绍之父康，被杀于晋文王，至武帝革命之时，而山涛荐之入仕。绍时屏居私门，欲辞不就。涛谓之曰："为君思之久矣[2]，天地四时犹有消息，而况于人乎？"一时传诵，以为名言，而不知其败义伤教，至于率天下而无父者也。夫绍之于晋，非其君也，忘其父而事其非君[3]，当其未死三十馀年之间，为无父之人亦已久矣，而荡阴之死[4]，何足以赎其罪乎？且其入仕之初，岂知必有乘舆败绩之事[5]，而可树其忠名以盖于晚也[6]。自正始以来，而大义之不明，遍于天下。如山涛者，既为邪说之魁，遂使嵇绍之贤，且犯天下之不韪而不顾[7]。夫邪正之说，不容两立。使谓绍为忠，则必谓王裒为不忠[8]，而后可也。何怪其相率臣于刘聪、石勒[9]，观其故主青衣行酒，而不以动其心者乎？是故知保天下，然后知保其国。保国者，其君其臣，肉食者谋之[10]；保天下者，匹夫之贱与有责焉耳矣[11]。

《日知录集释》卷一三

【注释】

[1]“是《孟子》所谓杨、墨之言”二句：顾炎武借孟子批判杨朱、墨子不重视儒家的秩序感来指责正始之风带来的不好影响。杨、墨之言，即孟子曰：“杨氏为我，是无君也；墨氏兼爱，是无父也。无父无君，是禽兽也。”（《孟子·滕文公下》）。正始之风，主要是指三国曹魏正始时期的玄学学术及清谈活动，它们在两晋至齐梁间之玄学家的心目中享有崇高的声誉，被誉为“正始之音”或“正始之风”。　　[2]“为君思之久矣”三句：劝其入仕之意。《世说新语·政事》：“嵇康被诛后，山公举康子绍为秘书丞。绍咨公出处，公曰：‘为君思之久矣。天地四时，犹有消息，而况人乎！’”大意是山涛劝嵇绍说，天地四时都有此消彼长，何况王朝人世更替呢？你还是入仕吧。嵇康字叔夜，谯郡人，因曾任中散大夫，后人称其为“嵇中散”。性好老庄，禀自然。四十岁时因逸言获罪被诛。见《晋书》卷四九。山涛字巨源，河内怀人。性好老庄，与嵇康等为竹林之交。嵇康临死时，曾谓其子嵇绍曰：“巨源在，汝不孤矣。”正引出以上《世说新语》中嵇绍咨询山涛之事。见《晋书》卷四三。嵇绍字延祖，魏中散大夫康之子。十岁而孤，为人孝谨，早年因父罪入私门，后武帝宥之，为秘书丞。见《晋书》卷八九。　　[3]忘其父而事其非君：指出身曹魏而侍奉晋朝，侍奉杀害自己父亲的敌人。真可谓是无父无君。　　[4]荡阴之死：指“八王之乱”时，嵇绍从惠帝与成都王司马颖交战，兵败荡阴，为保卫惠帝而死。荡阴，今河南汤阴县。　　[5]乘舆：古代特指天子所乘坐的车子，这里指晋惠帝。　　[6]盖于晚：指（忠义之名）超过后世。　　[7]不韪：不是，错误。　　[8]王裒（póu 剖，阳平）：裒字伟元，东汉名士王修之孙，其父为司马昭所杀，终身不臣西晋，隐居教书。　　[9]“何怪”三句：指永嘉年间，匈奴刘氏杀入洛阳城，晋怀帝被俘为仆这段史事。　　[10]肉食者：指当官在位者。　　[11]匹夫：指平民百姓。

廉　耻

　　《五代史·冯道传论》曰[1]：“‘礼义廉耻，国之四维[2]，四维不张，国乃灭亡。'善乎，管生之能言也[3]！礼义，治人之大法；廉耻，立人之大节。盖不廉则无所不取，不耻则无所不为。人而如此，则祸败乱亡，亦无所不至。况为大臣而无所不取，无所不为，则天下其有不乱，国家其有不亡者乎！"然而四者之中，耻尤为要。故夫子之论士[4]，曰"行己有耻"。孟子曰："人不可以无耻[5]。无耻之耻，无耻矣。"又曰："耻之于人大矣[6]，为机变之巧者，无所用耻焉。"所以然者，人之不廉而至于悖礼犯义，其原皆生于无耻也。故士大夫之无耻，是谓国耻。吾观三代以下，世衰道微，弃礼义，捐廉耻，非一朝一夕之故。然而松柏后凋于岁寒[7]，鸡鸣不已于风雨[8]，彼昏之日，固未尝无独醒之人也。顷读《颜氏家训》有云[9]："齐朝一士夫，尝谓吾曰：'我有一儿，年已十七，颇晓书疏，教其鲜卑语及弹琵琶，稍欲通解，以此伏事公卿，无不宠爱。'吾时俯而不答。异哉，此人之教子也！若由此业，自致卿相，亦不愿汝曹为之。"嗟乎！之推不得已而仕于乱世，犹为此言，尚有《小宛》诗人之意[10]。彼阉然媚于世者[11]，能无愧哉？

　　　　　　　　　　　　　　　　　　　　　　　《日知录集释》卷一三

【注释】

[1]《五代史·冯道传论》：指《新五代史·杂传序》。《新五代史》，宋欧阳修撰。　　[2]维：纲纪伦常。　　[3]管生：即管仲（？—前645），春秋时期齐国政治家，辅佐齐桓公期间，进行政治、经济、军事改革，使齐国成为春秋之霸。管子的这四句话，出于《汉书》卷四八《贾谊传》引《管子》。《管子》一书，由管子言行及稷下学派言论和其他齐国法家思想著作汇集而成。　　[4]"故夫子之论士"二句：意为立身行事，必有一套行为准则，能知耻而有所不为。夫子，即孔子。行己有耻，《论语·子路》："行己有耻，使于四方，不辱君命，可谓士矣。"　　[5]"人不可以无耻"三句：是说人不能没有羞耻之心，没有羞耻之心，才是真正的羞耻。见《孟子·尽心上》。　　[6]"耻之于人大矣"三句：意思是说，耻是人生的大节，但那些机巧狡诈的人是不把耻辱当回事的。　　[7]松柏后凋于岁寒：寒冷的季节才知道松柏为什么最后凋零的道理。《论语·子罕》："子曰：岁寒，然后知松柏之后凋也。"凋，凋谢。松柏，喻栋梁之材。荀子则把松柏比喻为君子："岁不寒无以知松柏，事不难无以知君子无日不在是。"（《荀子·大略》）　　[8]鸡鸣不已于风雨：指风雨交加的夜晚，仍然有鸡鸣，这里指世道衰弱之时，仍然

不乏有识之士。《诗·郑风·风雨》："风雨如晦，鸡鸣不已。既见君子，云胡不喜。"　　[9]"顷读《颜氏家训》有云"数句：出自《颜氏家训》卷一《教子》篇。颜之推（531—595）字介，琅邪临沂（今山东临沂）人，生活在南北朝至隋，其代表作《颜氏家训》是一部结合人生经历、处世哲学、艺术修养等的家庭教育之书，共七卷，二十篇。　　[10]《小宛》：《诗·小雅》中的一篇。主要表达"大夫遭时之乱，而兄弟相戒以免祸"（朱熹《诗集传》）。　　[11]阉（yān 焉）然：献媚讨好的样子。

【解析】

顾炎武在《日知录》自序中曾说："须绝笔之后，藏之名山，以待抚世宰物者之求。""世风"亦他期以"抚世宰物"的重要标准，"论世而不考其风俗，无以明人主之功"（《日知录》卷一三《周末风俗》）。

《正始》一篇追溯汉末魏晋时期崇尚空谈玄想的"正始之音"的发展变化及其潜在影响，作者认为，它是逐渐导致"国亡"、"教沦"的重要原因。顾炎武认为这种风气逐渐导致了儒家文化的沦落，乃至于"羌胡互僭"、"君臣屡易"。他认为嵇绍侍奉晋惠帝并非忠义之举，而是"无父无君"。这一立场实际上暗含了两层意思：一是国家改名易姓即"亡国"。其背后，可以看出顾炎武对汉族儒家文化的正本清源式的推崇和维护。二是谈玄务虚，不可崇尚。王羲之就曾同谢安说过"虚谈废务，浮文妨要，恐非当今所宜"（《世说新语·言语》）。赵翼论南朝风尚也说："至梁武帝，始崇尚经学"，然魏晋之习，"依然未改，且又甚焉。风气所趋，积重难返，直至隋平陈之后，始扫除之"（《廿二史札记》卷八）。然而是否是玄学思想直接导致"亡国灭教"，还是值得商榷的。后来的学者如生于晚清的章太炎曾作《五朝学》，就反对将其归罪于当时的学风及其馀绪，章认为玄学思想"知与恬交相养，而和理出其性"，即魏晋玄学思想对人的修身养性还是有着积极作用的。鲁迅在《魏晋风度及文章与药及酒之关系》中，也指出"魏晋风度"乃当时知识者因政治社会重压下的无奈选择，是政治和文艺的双向运动的结果。

《廉耻》一篇，延续《正始》中的学问风气而论及人的言行道德。在这里，"廉耻"之耻，不单是普通意义上的羞耻，更多的是士大夫对于自身操守的一种规矩和认知。文章中追溯历代史书中的故事，认为人不可无羞耻之心。取媚于异族权贵，无节制地侵夺异族之财货，都是士大夫所不齿的行为。廉耻是士大夫精神质地的重要标准。他说："廉耻，立人之大节。盖不廉则无所不取，不耻则无所不为。"在"廉"和"耻"上，作者花费了更多的笔墨谈"耻"，其原因正如阎若璩在注中所说"廉易而耻难"，也与当时"无所不为"的乱世现象有关。正如黄汝成所说"因时立言……意虽救偏，而议极峻正"（《日知录集释序》）。

顾炎武重视"廉耻"，强调道德伦理，并要求外化在行动上，就是要按照儒家行为规范和道德准则行事，不能有所僭越，更不能无所不为，这种修养工夫至今还值得我们借鉴。

读通鉴论·叙论

〔清〕王夫之

【题解】

王夫之（1619—1692）字而农，号薑（jiāng　姜）斋，衡阳（今属湖南）人。明崇祯十五年（1642）举人。南明桂王时，授行人之职。明亡，隐居于衡阳石船山，闭门著述，不与世游，学者称船山先生。《清史列传》卷六六、《清史稿》卷四八〇有传。王夫之精于经、史、天算、舆地之学，主张经世致用，躬行实践，是清初著名学者，与顾炎武、黄宗羲一道被后人尊称为清初"三大家"。著有《船山遗书》三百五十八卷。《读通鉴论》是王夫之的代表作之一，成书于清康熙二十六年（1687），根据《资治通鉴》所载史事来评论历代政治沿革及利弊得失，集中体现了他的政治主张和历史哲学观点。全书共三十卷，卷末附《叙论》四篇，说明写作意图和主要观点。此处所选为《叙论》的第四篇。

一

治道之极致，上稽《尚书》[1]，折以孔子之言[2]，而蔑以尚矣[3]。其枢[4]，则君心之敬肆也；其戒[5]，则怠荒刻戾，不及者倦，过者欲速也；其大用[6]，用贤而兴教也；其施及于民[7]，仁爱而锡以极也。以治唐、虞，以治三代，以治秦、汉而下，迄至于今，无不可以此理推而行也。以理铨选[8]，以均赋役，以诘戎兵[9]，以饬刑罚，以定典式，无不待此以得其宜也。至于设为规画[10]，措之科条，《尚书》不言，孔子不言，岂遗其实而弗求详哉[11]？以古之制，治古之天下，而未可概之今日者[12]，君子不以立事。以今之宜，治今之天下，而非可必之后日者[13]，君子不以垂法[14]。故封建、井田、朝会、征伐、建官、颁禄之制[15]，《尚书》不言，孔子不言。岂德不如舜、禹、孔子者，而敢以记诵所得者断万世之大经乎[16]？

《夏书》之有《禹贡》[17]，实也，而系之以禹[18]，则夏后一代之法固不行于商、周[19]。《周书》之有《周官》，实也，而系之以周，则成周一代之规初不上因于商、夏[20]。孔子曰[21]："足食，足兵，民信之矣。"何以足，何以信，岂靳言哉[22]? 言所以足[23]，而即启不足之阶；言所以信[24]，而且致不信之咎也。

孟子之言异是[25]，何也? 战国者，古今一大变革之会也[26]。侯王分土，各自为政，而皆以放恣渔猎之情[27]，听耕战刑名殃民之说[28]，与《尚书》、孔子之言背道而驰。勿暇论其存主之敬怠仁暴[29]，而所行者，一令出而生民即趋入于死亡。三王之遗泽[30]，存十一于千百[31]，而可以稍苏[32]，则抑不能预谋汉、唐已后之天下，势异局迁，而通变以使民不倦者奚若? 盖救焚拯溺，一时之所迫，于是有"徒善不足为政"之说[33]，而未成乎郡县之天下[34]，犹有可遵先王之理势，所由与《尚书》、孔子之言异也。要非以参万世而咸可率由也[35]。

编中所论[36]，推本得失之原，勉自竭以求合于圣治之本。而就事论法，因其时而酌其宜，即一代而各有弛张[37]，均一事而互有伸诎，宁为无定之言，不敢执一以贼道[38]。有自相蹠盭者矣[39]，无强天下以必从其独见者也[40]。若井田、封建、乡举、里选、寓兵于农、舍笞杖而行肉刑诸法[41]，先儒有欲必行之者矣。袭《周官》之名迹[42]，而适以成乎狄道者，宇文氏也；据《禹贡》以导河[43]，而适以益其溃决者，李仲昌也。尽破天下之成规，骇万物而从其记诵之所得[44]，浸使为之[45]，吾恶知其所终哉[46]!

二

旨深哉[47]! 司马氏之名是编也。曰"资治"者，非知治知乱而已也，所以为力行求治之资也[48]。览往代之治而快然，览往代之乱而愀然[49]。知其有以致治而治，则称说其美；知其有以召乱而乱，则诟厉其恶[50]。言已终，卷已掩，好恶之情已竭，颓然若忘[51]，临事而仍用其故心，闻见虽多，辨证虽详，亦程子所谓"玩物丧志"也[52]。

夫治之所资，法之所著也[53]。善于彼者，未必其善于此也。君以柔嘉为则[54]，而汉元帝失制以酿乱[55]；臣以戆直为忠[56]，而刘栖楚碎首以藏奸[57]。攘夷复中原[58]，大义也，而梁武以败；含怒杀将帅[59]，危道也，而周主以兴。无不可为治之资者，无不可为乱之媒[60]。然则治之所资者，一心而已矣[61]。以心驭政，则凡政皆可以宜民，莫匪治之资[62]。而善取资者，变通以成乎可久。设身于古之时势，为己之所躬逢；研虑于古之谋为[63]，为己之所身任。取古人宗社之安危[64]，代为之忧患，而己之去危以即安者在矣；取古昔民情之利病，代为之斟酌，而今之兴利以除害者在矣。得可资，失亦可资也；同可资，异亦可资也。故治之所资，惟在一心，而史特其鉴也[65]。

"鉴"者[66]，能别人之妍媸[67]，而整衣冠、尊瞻视者[68]，可就正焉[69]。顾衣冠之整[70]，瞻视之尊，鉴岂能为功于我哉！故论鉴者，于其得也，而必推其所以得；于其失也，而必推其所以失。其得也，必思易其迹而何以亦得[71]；其失也，必思就其偏而何以救失[72]。乃可为治之资，而不仅如鉴之徒县于室无与照之者也。

其曰"通"者，何也？君道在焉，国是在焉[73]，民情在焉，边防在焉，臣谊在焉，臣节在焉，士之行己以无辱者在焉[74]，学之守正而不陂者在焉[75]。虽扼穷独处[76]，而可以自淑[77]，可以诲人，可以知道而乐，故曰"通"也。

引而伸之，是以有论[78]；浚而求之[79]，是以有论；博而证之，是以有论；协而一之[80]，是以有论；心得而可以资人之通，是以有论。道无方[81]，以位物于有方；道无体，以成事之有体。鉴之者明，通之也广，资之也深，人自取之，而治身治世，肆应而不穷[82]。抑岂曰此所论者立一成之侀[83]，而终古不易也哉[84]！

《读通鉴论》卷末

【注释】

[1]稽（jī 基）：稽考。　　[2]折：折中。　　[3]蔑以尚：指再无更高的方法。蔑，没有。　　[4]"其枢"二句：最重要的是谨慎力行。枢，关键。敬，谨慎。肆，力行。　　[5]"其戒"四句：最需要警惕的是荒废和严苛，做得不足便流于倦怠，做得太过则不免急进。戒，防备，警惕。怠荒，懈怠荒废。刻覈（hé 核），严苛。　　[6]"其大用"二句：最重要的原则是任用贤能、施行教

化。大用,指重要的原则和方法。兴教,施行教化。 [7]"其施及于民"二句:要让百姓得到仁爱和莫大的恩惠。锡,通"赐",赐给。 [8]理:理顺,管理。铨(quán 全)选:量才授官。 [9]诘(jié 洁):整治。 [10]"设为规画"二句:指制定具体的政策条例。措,设置。科条,法令规章。 [11]岂遗其实而弗求详哉:难道是遗落这些实际的举措而不作细致的探求吗? [12]未可概之今日:不能适用于当下。概,准,量。 [13]非可必之后日:不能作为日后的标准。 [14]垂法:留给后世法度。 [15]封建:古代天子将土地和爵位分封给诸侯,让其在封定区域内建立邦国的制度。秦并六国之后,废除此制。井田:相传为上古土地制度,即把方九百亩的地划为九块,中间为公田,其馀八家均私田百亩,同养公田。朝会:古代诸侯或臣属朝谒君主。 [16]以记诵所得者断万世之大经:把背诵而来的条条框框当作万世不变的准则。 [17]《夏书》之有《禹贡》:《尚书》分为《虞书》、《夏书》、《商书》、《周书》四部分,《禹贡》为《夏书》的首篇。下文《周官》为《周书》的其中一篇。 [18]系之以禹:(将《禹贡》篇)归于禹时的制度。 [19]夏后:即夏后氏,相传禹受舜禅,建立夏王朝,史称夏后氏、夏后或夏氏。 [20]成周:指周代。因:因袭,沿袭。 [21]"孔子曰"四句:出自《论语·颜渊》:"子贡问政。子曰:'足食,足兵,民信之矣。'" [22]靳(jìn 进)言:吝啬于言,不肯多言。靳,吝惜。 [23]"言所以足"二句:说了如何足,便是启发了如何不足。阶,阶梯,指途径。 [24]"言所以信"二句:说了如何诚信,便会招致不诚信的过失。 [25]孟子之言异是:孟子提出"法先王"的主张,他说:"今有仁心仁闻,而民不被其泽、不可法于后世者,不行先王之道也。故曰:徒善不足以为政,徒法不能以自行。《诗》云:'不愆不忘,率由旧章。'遵先王之法而过者,未之有也。"(《孟子·离娄上》)这与上文所述《尚书》、孔子之说不同。本段便是对孟子的主张加以阐发评论。 [26]会:时机。 [27]放恣(zì 自):放纵。渔猎:捕鱼和打猎,此处引申为掠夺。 [28]耕战:指兵民合一的学说。刑名:指主张循名责实、慎赏明罚的学说。这两种是法家的代表学说。 [29]勿暇论其存主之敬怠仁暴:没有空讨论在位的君主是恭谨还是懈怠,仁爱还是残暴。存主,在位的君王。 [30]三王:指夏、商、周三代开国君王,即夏禹、商汤、周文王和周武王。 [31]存十一于千百:即百不存一,极言其少。 [32]"而可以稍苏"四句:若可以稍微重加利用,但还是不能事先考虑到汉、唐之后的情况,时局情势变迁,不如加以变通让百姓免于劳倦?抑,表示转折。奚若,怎么样。 [33]徒善不足为政:出自《孟子·离娄上》,见注25。 [34]"而未成乎郡县之天下"三句:但当时还没形成郡县制的大一统的天下,尚且还有遵从先王做法的合理性,(所以)孟子的出发点和《尚书》、孔子有所不同。由,从,自。 [35]率由:率从,遵循。 [36]编:指

《读通鉴论》。　　[37]"即一代而各有弛张"二句：指对某个时代、某个事件都互有褒扬和贬责。弛张，松弛与紧张。均，同。伸诎（qū 驱），伸张和弯曲。　　[38]贼：损害。　　[39]蹠盭（zhílì 直例）：脚掌扭曲，指行不通。蹠，脚背。盭，同"戾"，乖背。　　[40]强：勉强。独见：个人之见。　　[41]乡举：从地方选拔人才，唐代以后指地方通过乡试选拔人才。里选：地方向中央推荐人才。笞杖：用杖抽打。肉刑：残害肉体的刑罚。　　[42]"袭《周官》之名迹"三句：指西魏恭帝时，宇文泰命苏绰、卢辩依据《周礼》设立六官，改革官制，以此巩固统治，加强中央集权。事见《周书·文帝纪》及《卢辩传》。　　[43]"据《禹贡》以导河"三句：指北宋仁宗时，李仲昌主持治河，依据《禹贡》，堵塞黄河商胡决口，把水引入六塔河，但因为六塔河容量太小，工程刚结束，堵口就崩溃了。事见《宋史·河渠志》。　　[44]骇：惊骇，扰乱。　　[45]浸：逐渐。　　[46]恶（wū 屋）：同"乌"，不。　　[47]"旨深哉"二句：司马光把此书命名为《资治通鉴》真是用意深远啊。但是此处王夫之说有误，书名实为宋神宗所赐，详见宋神宗《资治通鉴御制序》。　　[48]资：帮助，参考。　　[49]愀（qiǎo 巧）然：忧惧貌。　　[50]诟（gòu 够）厉：诟病，辱骂。　　[51]颓然：乏力貌。　　[52]程子：指北宋理学家程颐。他曾提出"作文害道"说："凡为文不专意则不工，若专意则志局于此，又安能与天地同其大也。《书》云'玩物丧志'，为文亦玩物也。"（《二程遗书》卷一八）王夫之以此为喻，指出如果没有体会治乱中蕴含的道理，没有把历史作为行事的借鉴，史书看得再多，辨证再详细，也不过只是"玩物"。　　[53]著：一本作"善者"二字。　　[54]柔嘉：美善。《诗·大雅·烝民》："仲山甫之德，柔嘉维则。"　　[55]汉元帝失制以酿乱：汉元帝刘奭（shì 是）为宣帝之子，是西汉第十一位皇帝。他为人"柔仁好儒"，然而优柔寡断，以致国势衰弱。其事见《汉书·元帝纪》。　　[56]戆（zhuàng 撞）直：刚直。　　[57]刘栖楚碎首以藏奸：刘栖楚为中唐人。唐敬宗初即位，喜好游猎而多荒废朝政，刘氏为此谏言，并以头叩龙墀，满脸鲜血，以表决心。然而此人性格狡猾，实为弄权邀宠之人。其事见《新唐书·刘栖楚传》。　　[58]"攘夷复中原"三句：梁武帝萧衍为了收复中原，曾多次北伐，但都以失败告终；后打算任用东魏降将侯景，不料侯景叛变，攻破建康（今江苏南京），梁武帝被困而死。事见《梁书·武帝纪》。　　[59]"含怒杀将帅"三句：后周世宗柴荣，在与北汉作战的过程中，斩杀临阵脱逃的将领樊爱能、何徽等人，以整顿军纪，最终取得战争的胜利，巩固了自己的地位。　　[60]媒：媒介。　　[61]一心：一心一意，用心专注。　　[62]莫匪：同"莫非"。　　[63]谋为：谋划。　　[64]"取古人宗社之安危"三句：参考古人宗庙社稷的安危情形，为他们感到忧患，于是自己远离危险、趋向安全的意识就养成了。　　[65]特：只是。　　[66]鉴：镜子。　　[67]妍媸（chī 吃）：美丑。　　[68]尊瞻视：端肃仪容。　　[69]就正：请求指正。　　[70]顾：但是。　　[71]思易其迹而何以亦得：思考如果换一种情形，怎样才能仍旧获得成功。　　[72]思就其偏而何以救失：思考如何从前人的失败、偏差中吸取教训，来纠正其过失。　　[73]国是：国家大计。　　[74]士之行己以无辱者：这里用来说君子的修养。《论语·子路》："行己有耻，使于四方，不辱君命，可谓士矣。"行己，举止。　　[75]陂（pō 颇）：同"颇"，倾斜，偏颇。　　[76]虽：即使。扼穷：居于困窘的情形下。　　[77]自淑：独善其身。淑，美，善。　　[78]论：即《读通鉴论》中的评论。　　[79]浚（jùn 俊）：深入挖掘。　　[80]协而一之：指综合众多史事，归纳其共同点。　　[81]"道无方"四句：道没有固定的方向，它通过具体事物的方位体现出来；道没有固定的形态，它经由事情的形成发展而表现出来。　　[82]肆应：随处运用自如。　　[83]立一成之例（xíng 型）：确立固定的说法。例，定型之物。　　[84]终古：永远。

【解析】

这里说的《通鉴》即《资治通鉴》，北宋司马光所著编年体通史，上起周威烈王二十三年（前403），下至五代后周世宗显德六年（959），涵盖战国至五代之间1363年的历史。王夫之将阅读《通鉴》的种种心得，论列成文，编排而成《读通鉴论》，内容极为丰富，多有真知灼见，而卷末《叙论》则是理解把握《读通鉴论》的一把钥匙。

在本篇《叙论》中，王夫之论述"资治通鉴"书名的深刻含义，看似为《通鉴》而发，实则也包含着自己撰写《读通鉴论》的意图："编中所论，推本得失之原，勉自竭以求合于圣治之本。而就事论法，因其时而酌其宜。"即通过对史事的梳理分析，指出其中得失，并揭示得失中蕴含的治国道理。道理是普遍的，但具体方法、规则却必须因时制宜。所以既要明理势，又要通变化。

在历史的沉思中，王夫之得到了一个非常重要的启示："事随势迁，而法必变。"（《读通鉴论》卷五《成帝八》）本文的宗旨说："以古之制，治古之天下，而未可概之今日者，君子不以立事。以今之宜，治今之天下，而非可必之后日者，君子不以垂法。"这也是在说古今情势各有不同，过去的举措制度未必适用于今天，今天的举措制度也未必适用于未来。又说："善于彼者，未必其善于此也。君以柔嘉为则，而汉元帝失制以酿乱；臣以戆直为忠，而刘栖楚碎首以藏奸。"可见为人温柔敦厚、正直刚正本是值得崇尚的品格，然而如果失去了节制，或者用错了地方，便可能带来弊端。因此，王夫之提出"无不可为治之资者，无不可为乱之媒"，"以心驭政，则凡政皆可以宜民，莫匪治之资。而善取资者，变通以成乎可久"。治国之道在于旁综博采，不拘成法，在于因时因势，变通合宜。这是王夫之对历史进程的哲理性思考，时至今日仍具有启示意义。

狱中杂记

〔清〕方苞

【题解】

方苞（1668—1749）字凤九，号灵皋，晚号望溪，安庆桐城（今属安徽）人。清康熙四十五年（1706）进士。五十年，赵申乔弹劾戴名世《南山集》"语有悖逆"，这是清初著名的文字狱案。方苞因曾为《南山集》作序，被牵连入狱。五十二年，遇赦，隶旗籍，入南书房供职，成为康熙帝的文学侍从。雍正、乾隆年间官至内阁学士、礼部侍郎。方苞是清初著名文学家，"桐城派"的创始人。《清史列传》卷一九、《清史稿》卷二九〇有传。

《狱中杂记》写于清康熙五十一年，当时他被关押在刑部大狱。在狱中，他目睹了狱吏执法的残酷黑暗，深感震惊，于是将所见所闻撰成此文。

康熙五十一年三月，余在刑部狱[1]，见死而由窦出者[2]，日四三人。有洪洞令杜君者[3]，作而言曰[4]："此疫作也。今天时顺正，死者尚希[5]，往岁多至日十数人。"余叩所以[6]，杜君曰："是疾易传染，遘者虽戚属不敢同卧起[7]。而狱中为老监者四[8]，监五室，禁卒居中央[9]，牖其前以通明[10]，屋极有窗以达气[11]，旁四室则无之，而系囚常二百馀。每薄暮下管键[12]，矢溺皆闭其中[13]，与饮食之气相薄[14]，又隆冬，贫者席地而卧，春气动[15]，鲜不疫矣[16]。狱中成法[17]，质明启钥[18]。方夜中[19]，生人与死者并踵顶而卧，无可旋避，此所以染者众也。又可怪者，大盗积贼[20]，杀人重囚，气杰旺[21]，染此者十不一二，或随有瘳[22]。其骈死[23]，皆轻系及牵连佐证，法所不及者。"

余曰："京师有京兆狱[24]，有五城御史司坊[25]，何故刑部系囚之多至此？"杜君曰："迩年狱讼[26]，情稍重，京兆、五城即不敢专决；又九门提督所访缉纠诘[27]，皆归刑部；而十四司正副郎好事者及书吏[28]、狱官、禁卒，皆利系者之多[29]。少有连[30]，必多方钩致[31]。苟入狱，不问罪之有无，必械手足[32]，置老监，俾困苦不可忍[33]，然后导以取保，出居于外，量其家之所有以为剂[34]，而官与吏剖分焉。中家以上[35]，皆竭资取保。其次，求脱械，居监外板屋，费亦数十金。惟极贫无依，则械系不稍宽，为标准以警其馀。或同系[36]，情罪重者，反出在外。而轻者、无罪者罹其毒[37]，积忧愤，寝食违节[38]，及病，又无医药，故往往至死。"

余伏见圣上好生之德[39]，同于往圣，每质狱辞[40]，必于死中求其生，而无辜者乃至此。倘仁人君子为上昌言[41]："除死刑及发塞外重犯[42]，其轻系及牵连未结正者[43]，别置一所以羁之，手足毋械。"所全活可数计哉！或曰："狱旧有室五，名曰现监，讼而未结正者居之[44]。倘举旧典，可小补也。"杜君曰："上推恩[45]，凡职官居板屋[46]。今贫者转系老监，而大盗有居板屋者，此中可细诘哉！不若别置一所，为拔本塞源之道也。"余同系朱翁、余生及在狱同官僧某[47]，遘疫死，皆不应重罚。又某氏以不孝讼其子，左右邻械系入老监[48]，号呼达旦。余感焉，以杜君言泛讯之，众言同，于是乎书。

凡死刑狱上[49]，行刑者先俟于门外，使其党入索财物，名曰"斯罗"。富者就其戚属，贫则面语之。其极刑[50]，曰："顺我，即先刺心。否，则四支解尽，心犹不死。"其绞缢，曰："顺我，始缢即气绝。否，则三缢加别械，然后得死。"惟大辟无可要[51]，然犹质其首。用此，富者赂数十百金，贫亦罄衣装[52]，绝无有者，则治之如所言。主缚者亦然[53]，不如所欲，缚时即先折筋骨。每岁大决[54]，勾者十四三，留者十六七，皆缚至西市待命[55]。其伤于缚者，即幸留，病数月乃瘳，或竟成痼疾[56]。余尝就老胥而问焉[57]："彼于刑者、缚者，非相仇也，期有得耳。果无有，终亦稍宽之，非仁术乎？"曰："是立法以警其馀，且惩后也。不如此，则人有幸心[58]。"主梏扑者亦然[59]。余同逮以木讯者三人[60]，一人予二十金，骨微伤，病间月[61]。一人倍之，伤肤，兼旬愈[62]。一人六倍，即夕行步如平常。或叩之曰："罪人有无不均，既各有得，何必更以多寡为差？"曰："无差，谁为多与者！"孟子曰："术不可不慎[63]。"信夫！

部中老胥，家藏伪章[64]，文书下行直省[65]，多潜易之，增减要语，奉行者莫辨也。其上闻及移关诸部[66]，犹未敢然。功令[67]：大盗未杀人，及他犯同谋多人者，止主谋一二人立决，馀经秋审，皆减等发配。狱辞上，中有立决者，行刑人先俟于门外。命下，遂缚以出，不羁晷刻[68]。有某姓兄弟，以把持公仓，法应立决。狱具矣[69]，胥某谓曰："予我千金，吾生若[70]。"叩其术，曰："是无难，别具本章[71]，狱辞无易，取案末独身无亲戚者二人易汝名，俟封奏时，潜易之而已。"其同事者曰："是可欺死者，而不能欺主谳者[72]。倘复请之[73]，吾辈无生理矣。"胥某笑曰："复请之，吾辈无生理，而主谳者亦各罢去。彼不能以二人之命易其官，则吾辈终无死道也。"竟行之，案末二人立决。主者口呿舌挢[74]，终不敢诘。余在狱，犹见某姓。狱中人群指曰："是以某某易其首者。"胥某一夕暴卒，众皆以为冥谪云[75]。

凡杀人，狱辞无谋故者[76]，经秋审入矜疑[77]，即免死。吏因以巧法。有郭四者，凡四杀人，复以矜疑减等，随遇赦。将出，日与其徒置酒酣歌达曙。或叩以往事，一一详述之，意色扬扬，若自矜诩[78]。噫！渫恶吏忍于鬻狱[79]，无责也，而道之不明，良吏亦多以脱人于死为功，而不求其情[80]，其枉民也亦甚矣哉！

奸民久于狱，与胥卒表里[81]，颇有奇羡[82]。山阴李姓[83]，以杀人系狱，每岁致数百金。康熙四十八年，以赦出，居数月，漠然无所事。其乡人有杀人者，因代承之[84]。盖以律非故杀，必久系，终无死法也。五十一年；复援赦减等谪戍[85]，叹曰："吾不得复入此矣！"故例，谪戍者移顺天府羁候[86]。时方冬停遣，李具状[87]，求在狱候春发遣，至再三，不得所请，怅然而出。

《方望溪先生全集·集外文》卷六

【注释】

[1]刑部：掌管法律刑罚的部门。　　[2]窦：小洞，此指监狱的小门。　　[3]洪洞：地名，今属山西。　　[4]作：振作，此指神情激愤。　　[5]希：同"稀"，少。　　[6]叩：问，请教。　　[7]遘（gòu 够）：遭遇。　　[8]老监：旧的牢房。　　[9]禁卒：狱卒，看管囚犯的卒役。　　[10]牖

（yǒu 有）：窗。　　　[11]屋极：屋顶。达气：通气。　　　[12]下管键：上锁。　　　[13]矢溺（niào 尿）：即屎尿。矢，同"屎"。　　　[14]相薄：相混杂。薄，迫近。　　　[15]春气动：指春天温度上升。　　　[16]鲜不疫矣：很少有不生病的。　　　[17]成法：惯例，老规定。　　　[18]质明：天刚亮时。　　　[19]"方夜中"四句：在夜里，活着的人和死去的人紧挨在一起，无处回避，这就是染病者多的原因。方，当。并踵（zhǒng 肿）顶，脚挨脚，头挨头。旋，转动。　　　[20]积贼：多次犯案的贼。　　　[21]气杰旺：精力特别旺盛。　　　[22]瘳（chōu 抽）：病愈。　　　[23]"其骈死"三句：那些接连死去的，都是因为轻罪被囚或受牵连而被捉来当证人，依照法律不应判罪的人。　　　[24]京兆狱：指顺天府的监狱。京兆，即京城及其附近地区，明清称顺天府。　　　[25]五城御史司坊：五城御史衙门设置的监狱。清代北京分为东、西、南、北、中五个街区，各设巡查御史负责治安，称五城御史。　　　[26]迩（ěr 耳）年：近年。　　　[27]九门提督：掌管京城九门（正阳、崇文、宣武、安定、德胜、东直、西直、朝阳、阜成）内外守卫的武官，全称"提督九门巡捕五营步兵统领"，多为满族亲信大臣兼任。访缉：访查缉捕。　　　[28]十四司正副郎：清初刑部下设十四司，各司长官称郎中，副长官称员外郎。书吏：各官署办事人员的统称。　　　[29]利系者之多：认为关押犯人多有利可图。系，逮捕，关押。　　　[30]少有连：稍有牵连。　　　[31]钩致：牵连，逮捕。　　　[32]械：带上刑具。　　　[33]俾（bǐ 比）：使。　　　[34]量其家之所有以为剂：估量他们家的财产来确定保证金的数额。剂，契约，合同。　　　[35]中家以上：资产中等以上的人家。　　　[36]同系：同一案件被囚系的人。　　　[37]罹（lí 离）：遭受。　　　[38]违节：失常。　　　[39]好（hào 浩）生之德：即行仁政。《尚书·大禹谟》："与其杀不辜，宁失不经。好生之德，洽于民心。"　　　[40]质：质询，核查。　　　[41]昌言：正直不阿之言。　　　[42]发：发配，流放。　　　[43]结正：定案，判决。　　　[44]讼：诉讼，立案。　　　[45]推恩：施行恩德。　　　[46]凡职官居板屋：凡是官员犯案的，则被关押在板屋内（而不用入牢房）。　　　[47]余同系朱翁、余生及在狱同官僧某：朱翁不可考，余生即余谌，字石民，戴名世的学生，因《南山集》案牵连入狱，死于狱中，方苞作《余石民哀辞》悼之，见《望溪集外文》卷九。同官，今陕西铜川。僧某，某位僧人。　　　[48]左右邻械系入老监：清代律例规定，对于诉讼子弟不孝的案件，需拘留四邻以审勘情节。见《大清律例》卷二八。　　　[49]狱上：结案后上奏。　　　[50]极刑：指凌迟，将人身上的肉一刀刀割剥，使其慢慢死亡的残酷刑法。　　　[51]"惟大辟无可要（yāo 邀）"二句：大辟，砍头。要，要挟。质其首，以犯人首级为抵押（敲诈钱财）。　　　[52]罄（qìng 庆）：穷尽。　　　[53]主缚者：负责捆绑的人。　　　[54]大决：又称"秋决"，指秋审之后的处决。清律，每年八月各省将判处死刑的案件分列"情实"、"缓决"、"可矜"、"可疑"四类上报刑部，经刑部会同大理寺等集中审核后，再奏请皇帝裁决，称为"秋审"。凡皇帝同意处死的，用朱笔勾划，即文中所谓"勾者"。凡勾者，立即处决。未被勾划的，即"留者"，暂缓行刑。　　[55]西市：清代京城处决犯人的场所，在今北京菜市口一带。　　[56]痼（gù 故）疾：顽固难治的病，此处指残疾。　　[57]胥：胥吏，古代官府中负责办理文书、打理杂事的小吏。　　[58]幸心：侥幸心理。　　[59]梏（gù 故）：枷锁。扑：抽打。　　[60]以木讯：通过竹木刑具拷问。　　[61]间（jiàn 建）月：一个多月。　　[62]兼旬：二旬，二十天。　　[63]术不可不慎：《孟子·公孙丑上》："矢人岂不仁于函人哉？矢人惟恐不伤人，函人惟恐伤人。巫匠亦然，故术不可不慎也。"意为造箭的工匠与造铠甲的工匠追求不同，选择职业不可不慎重，这里是说狱吏的职业使人变得残忍，所以选择职业不能不慎重。　　[64]伪章：伪造的官印。　　[65]下行直省：从中央下达到各省。　　[66]上闻：上奏的文书。移关诸部：平行机关之间往来的文书。　　[67]功令：政府法令。　　[68]不羁晷刻：一刻不停留，指立即执行。羁（jī 基），停留。晷（guǐ 鬼），日晷，利用日影来计时的工具。　　[69]狱具：案件已经判决。　　[70]生若：让你活命。　　[71]"别具本章"五句：另外再写一份奏章，判词不变，把同案犯中排在末尾的单身无亲戚的两个人和你们名字调换一下，等到审判书加封上报时偷偷替换而已。　　[72]主谳（yàn 厌）者：主审案件的人，下文"主者"意同。谳，审判定罪。　　[73]复请：发现问题，再次向上请示。　　[74]口呿（qū 驱）舌挢（jiǎo 绞）：张口结舌，形容恐惧慌张的样子。呿，张口。挢，翘。　　[75]冥谪（zhé 辄）：阴间的惩罚。　　[76]谋故：有预谋，故意杀人。　　[77]矜疑：对死刑犯的一种归类，为其情可怜、其罪可疑者。　　[78]矜诩（xǔ 许）：炫耀。　　[79]"渫（xiè 谢）恶吏忍于鬻（yù 玉）狱"二句：贪官污吏忍心贪赃枉法，这没什么好责怪的。渫，污浊。鬻，卖。狱，案件。　　[80]情：这里指真相。　　[81]表里：互为表里，内外勾结。　　[82]奇（jī 激）羡：赢利。　　[83]山阴：今浙江绍兴。　　[84]承：承担罪名。　　[85]谪戍：发配到边远地区充军。　　[86]羁候：关押待命。　　[87]具状：书写状文呈报。

【解析】

《狱中杂记》以辛辣的笔法记录了当时刑狱中种种骇人听闻的现象，深刻揭示出清初法制的腐朽黑暗。而更有深意之处在于，这些草菅人命、无法无天的行为发生在"圣上好生之德，同于往圣，每质狱辞，必于死中求其生"、"良吏亦多以脱人于死为功"的背景之下。既然君王官员都希望推行宽仁之道，那么为什么还会出现这么多残酷的不法行为呢？方苞没有给出直接的答案，但在行文间可以看到他有两方面的思考：其一，律令有不尽合理之处，无法适应实际的情况。文中引杜君所言"上推恩，凡职官居板屋。今贫者转系老监，而大盗有居板屋者，此中可细诘哉！不若别置一所，为拔本塞源之道也"，即是一例。其二，执法行为缺乏监管，以致狱卒、文书往往钻法律的漏洞，把执法作为投机牟利的工具。即使上级官员发现这些违法行为，也害怕牵连到自己，而不敢举报揭露。官官相护，违法行为便愈演愈烈，成为社会的顽疾。

康熙朝号称清明盛世，但其社会底层却涌动着这样的暗流，潜伏着如此深刻的社会危机。这不能不发人深省。

哀盐船文

〔清〕汪中

【题解】

汪中（1744—1794）字容甫，江都（今江苏扬州）人。年少力学，绝意仕途，以著述为业，才学闻于世。乾隆五十九年（1794），汪中带病前往杭州文澜阁检校《四库全书》，积劳成疾而卒。著有《述学》、《广陵通典》等。《清史列传》卷六八、《清史稿》卷四八一有传。乾隆三十五年农历腊月十九日，江苏仪征河港停泊的盐船发生大火，死伤众多。时年二十七岁的汪中目睹了这一惨剧，于事后写下了这篇悼念遇难百姓的哀祭文。

乾隆三十五年十二月乙卯，仪征盐船火[1]，坏船百有三十，焚及溺死者千有四百。是时盐纲皆直达[2]，东自泰州[3]，西极于汉阳[4]，转运半天下焉。惟仪征绾其口[5]，列樯蔽空，束江而立，望之隐若城郭。一夕并命，郁为枯腊[6]，烈烈厄运，可不悲邪！

于时玄冥告成[7]，万物休息。穷阴涸凝[8]，寒威凛慄。黑眚拔来[9]，阳光西匿。群饱方嬉，歌咢宴食[10]。死气交缠，视面惟墨。夜漏始下[11]，惊飙勃发，万窍怒号[12]，地脉荡决，大声发于空廓[13]，而水波山立。于斯时也，有火作焉。摩木自生[14]，星星如血。炎光一灼，百舫尽赤。青烟睒睒[15]，熛若沃雪。蒸云气以为霞，炙阴崖而焦爇[16]。始连樯以下碇[17]，乃焚如以俱没。跳踯火中，明见毛发。痛謈田田[18]，狂呼气竭。转侧张皇，生途未绝[19]。倏阳焰之腾高[20]，鼓腥风而一煽。泊埃雾之重开[21]，遂声销而形灭。齐千命于一瞬，指人世以长诀。发冤气之焄蒿[22]，合游氛而障日。行当午而迷方[23]，扬沙砾之嫖疾。衣缯败絮[24]，墨查炭屑，浮江而下，至于海不绝。

亦有没者善游，操舟若神[25]。死丧之威，从井有仁[26]。旋入雷渊[27]，并为波臣[28]。又或择音无门[29]，投身急濑[30]。知蹈水之必濡[31]，犹入险而思济。挟惊浪以雷奔，势若陬而终坠[32]。逃灼烂之须臾，乃同归乎死地。积哀怨于灵台[33]，乘精爽而为厉。出寒流以浃辰[34]，目眴眴而犹视。知天属之来抚[35]，憖流血以盈眦。诉强死之悲心[36]，口不言而以意。若其焚剥支离[37]，漫漶莫别。圜者如圈，破者如玦[38]。积埃填窍，攫指失节[39]。嗟狸首之残形[40]，聚谁何而同穴。收然灰之一掊[41]，辨焚馀之白骨。呜呼，哀哉！

且夫众生乘化[42]，是云天常。妻孥环之，绝气寝床。以死卫上[43]，用登明堂[44]。离而不惩[45]，祀为国殇。兹也无名，又非其命。天乎何辜，罹此冤横[46]！游魂不归，居人心绝[47]。麦饭壶浆[48]，临江呜咽。日堕天昏，凄凄鬼语。守哭屯邅[49]，心期冥遇。惟血嗣之相依，尚腾哀而属路[50]。或举族之沉波，终狐祥而无主[51]。悲夫！丛冢有坎[52]，泰厉有祀。强饮强食[53]，冯其气类。尚群游之乐，而无为妖祟。人逢其凶也邪？天降其酷也邪？夫何为而至于此极哉！

《汪容甫文笺》卷中

【注释】

[1]仪征：今江苏仪征，地处长江北岸，是古代重要的水运口岸。清代在此地设有盐引批检所，有大量盐船在此停泊。　　[2]盐纲：运盐的组织，清代盐政实行官督商销的模式，食盐由官府列名纲册的盐商来运输。纲，指运送大批货物的编队，如茶纲、花石纲、生辰纲之类。　　[3]泰州：今属江苏，当时是重要的产盐地。　　[4]汉阳：今湖北武汉。　　[5]绾（wǎn 晚）其口：此处指仪征作为盐引批检所所在地，是整条运盐航线的关键点。绾，系结，勾连。　　[6]郁为枯腊（xī 西）：是说人遭焚烧，尸体干枯如腊肉。《汉书·杨王孙传》："欲化不得，郁为枯腊。"　　[7]玄冥告成：表示时间是在深冬。玄冥，指冬神，《礼记·月令》："（季冬之月）其帝颛顼，其神玄冥。"告成，完工上报之义，此句意指冬季已进入尾声。　　[8]穷阴涸凝：阴寒之气几近凝固。　　[9]黑眚（shěng 生，上声）拔来：眚，原义是眼睛生翳，此处指遮蔽视野的雾气。当时人认为黑眚是不祥的预兆。拔来，指出现得很突然。　　[10]歌咢（è 饿）：指歌咏娱乐。《诗·大雅·行苇》："或歌或咢。"　　[11]"夜漏始下"二句：意指夜晚忽起大风。漏，古代的计时器。飙，大风。　　[12]万窍怒号：风极大。万窍，《庄子·齐物论》："是惟无作，作则万窍怒呺。"　　[13]"大声发于空廓"二句：意指天地之间回荡巨大声响，水波涌起如山峰耸立。　　[14]摩木自生：此处指

起火。《庄子·外物》："木与木相摩则然（燃）。"　　[15]"青烟睒（shǎn 闪）睒"二句：睒睒，闪动的样子。熛（biāo 标）若沃雪，意指大火烧船之迅猛，仅是小火星碰到船上也有热水（汤）浇到积雪上的效果。　　[16]阴崖：阴面的堤岸。焦爇（ruò 弱）：烧焦。　　[17]"始连楫（jí 即）以下碇（dìng 定）"二句：意指原先将船都连在一起并抛锚，继而失火一起沉没。楫，船桨，此处代指船。碇，系船的石墩。　　[18]謈（pó 婆）：因疼痛而呼喊。田田：捶胸顿足的样子。　　[19]生途：生路。　　[20]"倏（shū 舒）阳焰之腾高"二句：描述火忽然腾起，肆意吞噬人命的情状。倏，疾，快。阳焰，明亮的火焰。欨（xuè 谑），口吹气的声音。　　[21]"洎（jì 计）埃雾之重开"二句：是说等到烟雾散开后已经难觅这些人的踪迹了。洎，至，到。　　[22]"发冤气之焄（xūn 勋）蒿"二句：死人的怨气遮天蔽日。《礼记·祭义》："（死必归土）其气发扬于上为昭明，焄蒿凄怆，此百物之精也。"郑玄注："焄，谓香臭也；蒿，谓气蒸出貌也。"　　[23]"行当午而迷方"二句：当午，指第二天的正午。嫖（piāo 飘），轻捷状。　　[24]"衣缯（zēng 增）败絮"二句：缯，泛指衣物。查（zhā 渣），通"渣"，烧成的灰渣。　　[25]操舟若神：《列子·黄帝》："吾尝济乎觞深之渊，津人操舟若神。吾问焉，曰：'操舟可学邪？'曰：'可。能游者可教也，善游者数能。乃若夫没人，则未尝见舟而便操之也。'"此处指善于游泳。　　[26]从井有仁：意指涉险救人。《论语·雍也》："宰我问曰：'仁者，虽告之曰："井有仁焉。"其从之也？'子曰：'何为其然也？君子可逝也，不可陷也。'"孔颖达注："宰我以仁者必济人于患难，故问有仁者堕井，将自投下从而出之不（否）乎？"　　[27]雷渊：《楚辞·招魂》："旋入雷渊，靡散而不可止些。"　　[28]波臣：水中生物，此处喻指溺水而死者。　　[29]择音：音，通"荫"，指躲避的地方。　　[30]急濑：指激流。　　[31]"知蹈水之必濡"二句：意指人们虽然知道入水有危险，但还是跳下去希望能得救。　　[32]隮（jī 基）：上升的意思。　　[33]"积哀怨于灵台"二句：灵台，指内心。《庄子·庚桑楚》："不可内于灵台。"乘，凭借。精爽，指人的魂魄。厉，厉鬼。　　[34]"出寒流以浃（jiā 加）辰"二句：意指多天后尸体从江水中漂浮出，眼睛还睁着。浃辰，古代干支记日，从子至亥十二日为浃辰。此处泛指多天之后。睊睊（juànjuàn 倦倦），睁眼的样子。　　[35]"知天属之来抚"二句：古人认为人暴死后，亲人临尸，尸体会眼鼻出血，以示泣诉。天属，血缘关系极近的亲属。抚，悼念。憖（yìn 印），伤痛。眦（zì 自），眼眶。　　[36]强死：暴死之义。　　[37]"若其焚剥支离"二句：形容尸体被烧得残缺不全、相貌难辨。支离，残碎的样子。漫漶（huàn 换），模糊不清。　　[38]玦（jué 决）：有缺口的玉。　　[39]擺（lì 力）指失节：折断骨节。　　[40]"嗟狸首之残形"二句：狸首，韩愈《残形操序》："《残形操》，曾子所作。曾子梦一狸，不见其首，而作此曲也。"谁何，谁人。　　[41]然：通"燃"。一抔（póu 剖，阳平）：一捧。　　[42]"且夫众生乘化"二句：乘化，顺应自然规律生老病死。天常，上天的常道。　　[43]上：指统治者。　　[44]用：因而。明堂：古代帝王发布政令、举行祭祀典礼的地方。　　[45]离而不惩：《楚辞·九歌·国殇》："首身离兮心不惩。"不惩，不悔。　　[46]罹：遭遇。横：横死。　　[47]心绝：悲痛至极。　　[48]麦饭壶浆：泛指酒食。　　[49]"守哭屯邅（zhūnzhān 谆沾）"二句：屯邅，行走艰难之貌。冥遇，指与死者魂魄相遇。　　[50]尚腾哀而属（zhǔ 主）路：指一路大哭。属路，接连一路。　　[51]终狐祥而无主：《战国策·楚策》："父子老弱俘虏，相随于路，鬼狐祥而无主。"狐祥，彷徨无依的样子。　　[52]"丛冢有坎"二句：意指虽在乱葬岗上，但个人也有个人的墓穴；虽是无依之鬼，但也享有祭祀。坎，墓穴。　　[53]"强饮强食"二句：此句为劝慰亡魂之语，希望他们能吃点东西，伴靠其他气味相投的鬼魂度日。强，勉强。冯（píng 凭），通"凭"。气类，相近的气性。

【解析】

　　这是一篇哀悼死难者的文章，但作者并没有把自己的情感径直宣泄出来，而是综合了各种材料，将它们裁剪分排、熔铸为一体，在这个过程中寄寓自己的悲痛之情。文章可分为四大部分，每部分内容各有侧重，却又相互映衬，浑然一体。开头部分，说明了灾难的总体情况，明其死伤之巨，为全文定下悲怆基调。第二部分自"于时玄冥告成"始，写火灾始末，先言其背景，摹写当日事发前诡异阴森的氛围，为下文惨烈之景做了极好的铺垫。之后写起火，其描述火势之凶猛、状写人命之脆弱，令人触目惊心，这呼应了开头中"焚及溺死者千有四百"等文字，与之前所状"隐若城郭"盛景亦形成震撼的对比，祸福无常之理则自见于此。第三部分自"亦有"句始，上一部分写的是火噬人，重点在火，这一部分则写人逃火，重点在人。笔锋如此一转，内容方照顾得周全，既写了焚死者又写了溺死者。同时，这两部分亦是相辅相成，既然之前写了火势之猛烈，则继以细述人在火中挣扎求生的过程与终难逃劫的结果，方能体现事件之惨烈。另外，这部分先写人生前的挣扎，之后又写了人死后的惨状，全文的悲怆气氛被推向了高峰。第四部分自"且夫"始，直至文末，是作者所发的议论，感慨天命无常，悯伤逝者不幸，并劝慰亡灵安息，作为全文收笔，言尽意长，升华了全文。

　　汪中是这场惨剧的目击者，文中很多字句都极富真实性与现场感，比如"青烟晱晱"、"蒸云气以为霞"，这些都是从外部看火场所见的样子；"倏阳焰之腾高，鼓腥风而一映"则准确地写出了火极盛时的样子。还有一些地方，如"夜漏始下，惊飙勃发"，"始连樯以下碇，乃焚如以俱没"，虽然没写什么宏大的场面，但点出了火灾蔓延的重要原因（风大、船连），反映了一些重要的事实。从这几个方面可以看出汪中在创作此文时的征实态度，作者所运用的一切文学手法都是为叙述客观事实服务的。

　　在本文的末尾，作者抒发了对这场灾难的感慨：寿终正寝者，有妻孥环立于侧；为国战死者，祀为国殇，用登明堂；唯独盐船死难者，死于横祸，无人哀祭。作者的悲痛之情溢于言表，彰显了哀悯死难者的同情心，透露着一种悲天悯人的情怀。

原　学

〔清〕章学诚

【题解】

章学诚（1738—1801）字实斋，号少岩，浙江会稽（今属浙江绍兴）人。清乾隆四十三年（1778）进士，官国子监典籍，后历主定州定武、肥乡清漳、保定莲池、归德文正诸书院讲席，并纂修和州、永清、亳州等地方志。晚年入湖广总督毕沅幕府，参与《续资治通鉴》纂修，并主修《湖北通志》。《清史列传》卷七二、《清史稿》卷四八五有传。章学诚所著《文史通义》论古今学术宗旨、源流，以史学为主，兼及经学、文学，立论与流俗颇有不同，往往令人耳目一新。章氏生前，此书仅刊印了其中的一部分。临终前，章氏将遗稿委托给浙江萧山王宗炎。清道光十二年（1832），章氏次子华绂整理遗稿，将全书付梓刊行，分为内篇五卷、外篇三卷。因刊刻地点在河南开封，所以称"大梁本"。1922年，嘉业堂主人刘承幹在此基础上，又依照王宗炎当年整理的目录，对章氏遗文重加搜罗增补，刊成《章氏遗书》。其中《文史通义》为内篇六卷、外篇三卷，与"大梁本"相出入，今称"遗书本"。中华书局1985年版《文史通义校注》，附《校雠通义》三卷，其底本即"大梁本"。《原学》一文分为上中下三篇，意在说明学问之本源，树立为学之道。此处所选的是下篇。

诸子百家之患，起于思而不学。世儒之患，起于学而不思。盖官师分[1]，而学不同于古人也。后王以谓儒术不可废[2]，故立博士，置弟子，而设科取士，以为诵法先王者劝焉[3]。盖其始也，以利禄劝儒术，而其究也[4]，以儒术徇利禄[5]，斯固不足言也。而儒宗硕师[6]，由此辈出，则亦不可谓非朝廷风教之所植也[7]。夫人之情，不能无所歆而动[8]，既已为之，则思力致其实[9]，而求副乎名。中人以上，可以勉而企焉者也[10]。学校科举，奔走千百才俊，岂无什一出于中人以上者哉[11]？去古久远，不能学古人之所学，则既以诵习儒业[12]，即为学之究竟矣。而攻取之难，势亦倍于古人，故于专门攻习儒业者，苟果有以自见[13]，而非一切庸俗所可几[14]，吾无责焉耳。

学博者长于考索[15]，岂非道中之实积[16]，而骛于博者[17]，终身敝精劳神以徇之，不思博之何所取也。才雄者健于属文[18]，岂非道体之发挥？而擅于文者，终身苦心焦思以构之，不思文之何所用也。言义理者似能思矣，而不知义理虚悬而无薄[19]，则义理亦无当于道矣。此皆知其然而不知所以然也。程子曰[20]："凡事思所以然，天下第一学问。"人亦盍求所以然者思之乎[21]！

天下不能无风气，风气不能无循环，一阴一阳之道，见于气数者然也[22]。所贵君子之学术，为能持世而救偏[23]，一阴一阳之道，宜于调剂者然也。风气之开也，必有所取。学问、文辞与义理，所以不无偏重畸轻之故也[24]。风气之成也，必有所以敝；人情趋时而好名，徇末而不知本也[25]。是故开者虽不免于偏，必取其精者，为新气之迎。敝者纵名为正[26]，必袭其伪者[27]，为末流之托。此亦自然之势也。而世之言学者，不知持风气[28]，而惟知徇风气，且谓非是不足邀誉焉[29]，则亦弗思而已矣。

《文史通义校注》卷二

【注释】

[1]官师分：指政教分流。上古学在王官，政教不分，官师合一。　　[2]后王：近世之王。　　[3]以为诵法先王者劝焉：用来鼓励学习先王之道。颂法，称颂而效法。劝，勉励。　　[4]究：结果。　　[5]徇（xùn 训）：求取。　　[6]儒宗硕师：指学问博深、受人敬仰的学者。宗，宗师。硕，大。　　[7]植：培植。　　[8]歆（xīn 心）：欣羡，向往。　　[9]力致其实：努力取得成就。　　[10]企：企及，达到。　　[11]什一：十分之一。　　[12]"则既以诵习儒业"二句：那么就把学习儒业当作是学习的最高境界。究竟，极致，最高境界。　　[13]自见：同"自现"，出类拔萃。　　[14]可几：可比，可及。　　[15]长于考索："遗书本"下有"侈其富于山海"六字。　　[16]实积：切实的积累。　　[17]骛（wù 物）：同"务"，追求。　　[18]健于属（zhǔ 主）文："遗书本"下有"矜其艳于云霞"六字。属文，写文章。　　[19]无薄：指与实际相隔绝。薄，同"迫"，接近。　　[20]程子：指程颢（1032—1085）或程颐（1033—

1107），北宋著名理学家。此句出处今已不可考。程颐曾说："语其大，至天地之高厚；语其小，至一物之所以然，学者皆当理会。"（《二程遗书》卷一八）意思与引文接近。　　[21]盍（hé 何）：何不。　　[22]气数：命运。　　[23]持：维持，遵守不变。救偏：纠正偏邪。　　[24]畸轻：与"偏重"意同。畸，偏。　　[25]徇：顺从，曲从，因循。下"徇风气"同。　　[26]纵：纵使，即使。　　[27]伪：做作的，不真实的。　　[28]持：坚持，维持。　　[29]邀誉：谋取名声。

【解析】

　　治学如同世风，一代有一代的风气。面对情随事变的风气，是投身其中随流而动，还是愤世嫉俗逆流而行？这是值得思考的问题。章学诚这篇《原学》即从治学的角度，阐发了他对这个问题的思考。

　　"以利禄劝儒术"，始于西汉武帝。《汉书·儒林传》说："自武帝立五经博士，开弟子员，设科射策，劝以官禄，讫于元始，百有馀年，传业者浸盛，支叶蕃滋，一经说至百馀万言，大师众至千馀人，盖禄利之路然也。"其中已含讽刺之意，感慨古今学术变迁，儒学不复纯粹。这一观点为后人所沿袭，即本文所谓"而其究也，以儒术徇利禄，斯固不足言也"。然而章氏并没有止步于此，而是笔锋一转，指出在利禄与儒术纠缠不清的风气下，儒宗硕师仍世代辈出，由此可见官方设科取士于学术并非没有正面意义，而时代风气对个人治学也并不能起到决定性的作用。

　　在章学诚所处的时代，最为盛行的是考据学，即以实事求是的态度，对古籍的文字音义和古代的名物典章制度进行考核、辨正，以期创建确凿有据的学问。与此同时，也有人提出应该考据、文章、义理三者并重，后二者也是当时颇有影响的治学风尚。章学诚并未局限于其中任何一种，他认识到三者的优长，也指出了它们的弊端，如考据者以学识博赡、考证精核为长，却容易陷于琐碎孤立，容易沦为为考据而考据，而忽视为学的要义。他认为考据、文章、义理都只是学问的载体和形式，更为重要的是其内在的实质，也就是"所以然"。

　　可以看到，对于时代风气，章学诚既不迷信盲从，也没有弃之不顾，而是以冷静的态度去审视和剖析。他提出优秀的学者，不能"徇风气"，而应该"持风气"。徇是因循，曲从，随波逐流；持是持正，坚守，不随波逐流。"所贵君子之学术，为能持世而救偏"，言简意赅，却振聋发聩。不管什么时代，学者所能做的，也应该做的，便是坚守为学的根本，经世而致用，以挽救时代之偏僻。

畴人传序

〔清〕阮元

【题解】

阮元（1764—1849）字伯元，号云台（或作芸台），又号揅经老人、雷塘庵主等，仪征（今属江苏）人。乾隆五十四年（1789）进士，历任翰林院编修、提督山东、浙江学政、河南巡抚、浙江巡抚、江西巡抚、两广总督、云贵总督等职，道光朝拜体仁阁大学士。卒谥文达。《清史列传》卷三六、《清史稿》卷三六四有传。阮元是清代著名的文学家、思想家，在天文历算、经史、舆地、金石、校勘等方面有卓越的贡献，编著有《畴人传》、《皇清经解》、《经籍籑诂》、《十三经校勘记》、《四库未收书目提要》、《山左金石志》、《两浙金石志》、《浙江通志》、《广东通志》、《云南通志》等著作一百八十馀种，诗文集《揅经室集》四编。《畴人传》四十六卷，始作于乾隆六十年（1795），完成于嘉庆四年（1799），纪我国古代天文历算家的学术成就。古代天文历算之学由专人执掌，世代相传，称为"畴人"。

昔者黄帝迎日推策[1]，而步术兴焉[2]。自时厥后[3]，尧命羲和[4]，舜在璇玑[5]，三代迭王[6]，正朔递改。盖效法乾象[7]，布宣庶绩，帝王之要道也。是故周公制礼，设冯相之官[8]；孔子作《春秋》，讥司术之过。先古圣人，咸重其事。两汉通才大儒，若刘向父子[9]、张衡[10]、郑元之徒[11]，篡续微言，钩稽典籍，类皆甄明象数，洞晓天官。或作法以叙三光[12]，或立论以明五纪[13]，数术穷天地，制作侔造化[14]，儒者之学，斯为大矣。

世风递降，末学支离[15]。九九之术[16]，俗儒鄙不之讲，而履观台、领司天者[17]，皆株守旧闻，罔知法意。演撰算造之家[18]，徒换易子母，弗凭圭表为合[19]，验天失之弥远。步算之道，由是日衰，台官之选，因而愈轻。六艺道湮[20]，良可嗟叹。甚或高言内学[21]，妄占星气[22]，执图纬之小言[23]，测渊微之悬象。老人之星[24]，江南常见，而太史以多寿贡谀[25]。发敛之节[26]，终古不差，而幸臣以日长献瑞。若此之等，率多错谬[27]。又或称意空谈，流为虚诞。《河图》《洛书》之数，传者非真；《元会运世》之篇[28]，言之无据。此皆数学之异端，艺术之杨、墨也[29]。

　　元蚤岁研经，略涉算事，中西异同，今古沿改，三统四分之术[30]，小轮椭圆之法[31]，虽尝旁稽载籍，博问通人[32]，心钝事梦，义终昧焉。窃思二千年来[33]，术经七十，改作者非一人。其建率改宪，虽疏密殊途，而各有特识[34]，法数具存，皆足以为将来典要。爰掇拾史书[35]，荟萃群籍，甄而录之，以为列传。自黄帝以至于今，凡二百四十三人，附西洋三十七人，大凡二百八十人，离为四十六卷，名曰《畴人传》。综算氏之大名，纪步天之正轨，质之艺林[36]，以谂来学[37]。俾知术数之妙，穷幽极微[38]，足以纲纪群伦[39]，经纬天地，乃儒流实事求是之学，非方技苟且干禄之具[40]。有志乎通天地人者，幸详而览焉。嘉庆四年十月[41]。

《畴人传》卷首

【注释】

　　[1]迎日推策：通过推算来预知未来的节气日辰。　　[2]步术：历法推步术。　　[3]厥：那个。　　[4]尧：祁姓，陶唐氏，初封于陶，后封于唐，又称唐尧，传说中的"五帝"之一。他设官掌管天地时令，制定历法，用鲧治水，后禅让舜。羲和：羲氏、和氏的并称。尧命羲仲、羲叔、和仲、和叔兄弟分驻四方，以观天象，制定历法。　　[5]舜：有虞氏，姚姓，冀州人，受尧禅让，五帝之一。在：观察。璇玑（xuánjī 玄基）：正天文之器。　　[6]"三代迭王"二句：是说夏、商、周三代帝王颁布的历法顺次修改。正朔，帝王新颁布的历法。按夏历以建寅之月为岁首，商历以建丑之月为岁首，周历以建子之月为岁首。　　[7]乾象：天象。　　[8]冯相：亦作"冯相氏"，周职官名，掌天文。《周礼·春官·冯相氏》云："冯相氏掌十有二岁，十有二月，十有二辰，十日，二十有八星之位，辨其叙事，以会天位。"　　[9]刘向父子：刘向及其子刘歆。刘向（前77？—前6），本名更生，字子政，沛（今江苏沛县）人，西汉经学家、目录学家。历任谏大夫、宗正、光禄大夫、中垒校尉，治《春秋穀梁传》，撰有《别录》、《新序》、《说苑》、《列女传》等。刘歆（前50？—后23）字子骏，西汉著名学者，古文经学的开创者，在

校勘学、天文历法等方面成绩卓著。他编定的《三统历谱》是世界上最早的天文年历的雏形。　　[10]张衡（78—139）：字平子，南阳西鄂（今属河南）人，东汉著名的天文学家，历任太史令、侍中、河间相等职。他精于天文历算，制作有浑天仪等天文仪器，著有《灵宪》、《算罔论》等，建议采用《九道法》。　　[11]郑元（127—200）：即郑玄（避清讳改郑元），字康成，北海高密（今属山东）人，精于天文历算，为汉代经学之集大成者。曾研学《三统历》、《九章算术》等，著《天文七政论》，注《乾象历》等。　　[12]三光：日、月、星。　　[13]五纪：岁、月、日、星辰、历数。　　[14]侔（móu 谋）造化：是说可比天工。侔，等同。　　[15]末学支离：是说末世之学支离破碎，不成体系。　　[16]九九之术：算术乘法。　　[17]观台：观察天象的高台。司天：掌管天文。　　[18]演撰算造：推演历算。　　[19]圭（guī 归）表：日规、日晷，古代测日影的一种器具，由刻度尺和标杆组成，用以测量一年和二十四节气的时间长短。　　[20]六艺：礼、乐、射、御、书、数六种技能。　　[21]甚或：甚至。高言：大言，过分之辞。内学：谶纬之学，流行于西汉时期，借用河图洛书的神话，以阴阳五行和董仲舒的天人感应理论为依据的学说。　　[22]占星气：观星宿望气以言吉凶。星气，星宿和云气。　　[23]"执图纬之小言"二句：图纬，图谶和纬书。谶即谶语，是一种神秘语言，借用神仙，占验吉凶，预知政事。谶语分为符谶和图谶两种。谶语配有图录，故称图谶，亦作"图录"。纬书，相对"经书"而言，是方士儒生受河图洛书影响，伪托孔子对儒家经典作的解释，以为当时政治服务。小言，不合大道的言论。渊微，深沉微小。悬象，日月星辰等天象。　　[24]老人之星：又称南极星，学名为船底座α星，为全天第二亮的恒星，我国长江以南地区可以看到。古人以它象征长寿，故称"寿星"。　　[25]太史：职官名，西周、春秋时掌起草文书、记载史事，兼管典籍、历法、祭祀等事。秦以后设太史令，为史官。贡谀：献媚。　　[26]发敛：进退，往还，古历指日道发南敛北之细数。　　[27]率多：大多。　　[28]《元会运世》：《皇极经世书》之篇名。《皇极经世书》是宋邵雍研习《周易》而创的预测学著作，根据河洛数理、阴阳五行、天地物理以及人类进化等推演出了"元、会、运、世"等一套预测方法。《皇极经世书》十二卷，前六卷为《元会运世》，其中一至十二篇"以元经会"，十三至二十三篇"以会经运"，二十四至三十四篇"以运经世"。　　[29]杨、墨：杨朱和墨翟的并称。此处指儒家以外的各学派。　　[30]三统：夏商周三代有岁首建子、建丑、建寅之别，谓之三统。四分：沿袭三统，以十九年为一章，然一年长度为三百六十五天又四分之一日，故称四分。　　[31]小轮：即托勒密的地心说理论。他认为各行星都在一个较小的圆周运动，且每个圆的圆心在以地球为中心的圆周上运动。绕地球的圆即"均轮"，小圆叫"本轮"。椭圆：开普勒的地心说理论。他认为行星环绕太阳沿椭圆轨道运动，相同时间内向量半径所扫过的面积相等，以太阳为焦点的椭圆轨道半长轴的立方与周期的平方之比是一个常量。　　[32]"博问通人"三句：通人，学识渊博通达的人。心钝，心智愚钝。棼（fén 汾），通"紊"，纷乱，紊乱。昧，不明白，糊涂。　　[33]窃：谦词，自己。　　[34]"各有特识"三句：特识，独立的见解。法数，法度术数。典要，经常不变的准则，标准。　　[35]爰（yuán 元）：于是。掇拾：搜集。　　[36]质：评断。艺林：汇集图书典籍的地方。　　[37]谂（shěn 审）：告知。　　[38]穷幽极微：深入探究高妙精微的道理。　　[39]纲纪：治理，管理。群伦：同类的人们。　　[40]方技：医卜星相等各种技术。苟且：敷衍了事，马虎。干禄：求取功名利禄。　　[41]嘉庆四年：1799年。嘉庆，清仁宗年号。

【解析】

　　中国古代具有良好的天文历算学传统。自黄帝始，天文推步术兴起，尔后尧命羲和制历，舜观察天象，夏历建寅，商历建丑，周历建子，顺次递改。两汉刘向刘歆父子、张衡、郑玄将天文历算发扬光大。自先秦到嘉庆朝天文历法经七十馀次变化，虽然疏密不等，但反映了我国天文历法的发展历程。在阮元看来，两汉后天文历算不再受到重视，负责天文的官员多因循守旧，天文学家脱离实际，因而"步算之道，由是日衰"，天文历算流于空谈荒诞，而利用天文历算进行占卜的星占之学盛行。明清时期，随着西方传教士来华，他们也把西方的天文历算带到了中国，且受到统治者的重视，逐渐取得支配地位。时人则重视西方的天文历算，而菲薄中国古代天文成就。阮元深切地感到中国天文学所面临的危机，为弘扬中国的天文历算之学，遂"网罗今古，善善从长，融会中西，归于一是"，将中国古代天文历算之学进行了较大规模的系统梳理，撰成《畴人传》。

　　我国对天文学家立传在"二十四史"中虽已有之，但传主多限于星占、医卜等术士，对其天文学成就并不重视。《畴人传》取材于中国古代"二十四史"中的列传和《天文志》、《律历志》等史料，记载了二百八十位天文历算家的成就，其中中国古代自然科学家二百四十三人。该书对传主的生平和官宦生涯着墨不多，然对其科学成就记载较为详细，多纪天文历算资料、天文学说、天文仪器以及天文算学等，勾勒了中国古代天文学演进的状况，充分肯定了中国古代天文学的伟大成就。阮元认为天文历算之学是"实事求是之学，非方技苟且干禄之具"，其撰写《畴人传》的目的就是要"综算氏之大名，纪步天之正轨"，"纲纪群伦，经纬天地"。

　　阮元虽极力夸耀中国古代天文历算成就，但也客观地肯定了西方天文历算的成就。《畴人传》首次为西方天文科学家立传，其中涉及欧洲自然科学家三十七人。这既与他所处的西学东渐的历史时代有关，更与他早年的经历有关。他自称早年曾初涉算学，了解中西方天文历算的异同。

　　《畴人传》是中国历史上第一部中国自然科学家传记，在中国自然科学史以及中国文化史上有着重要的地位。《畴人传》完成后，引领了当时为自然科学家立传的热潮。清道光二十年（1840），罗士琳撰成《畴人传续编》六卷。光绪十二年（1886），诸可宝撰成《畴人传三编》七卷。光绪二十四年（1898），黄锺骏撰成《畴人传四编》十一卷附一卷。

病梅馆记

〔清〕龚自珍

【题解】

龚自珍（1792—1841）字爱吾，又字璱人，号定盦，仁和（今浙江杭州）人。清道光九年（1829）进士，累官至礼部主事。学宗《公羊》，喜言政事，尤精西北舆地之学。其文章深峻，为一代之雄。嘉道年间，与魏源并以奇才名天下。十九年，辞官归乡。《清史稿》卷四八六、《清史列传》卷七三有传。《病梅馆记》即其晚年归乡后所作。

江宁之龙蟠[1]、苏州之邓尉[2]、杭州之西谿[3]，皆产梅。或曰："梅以曲为美，直则无姿；以欹为美[4]，正则无景；梅以疏为美，密则无态。"固也[5]。此文人画士心知其意，未可明诏大号[6]，以绳天下之梅也[7]；又不可以使天下之民斫直、删密、锄正，以夭梅、病梅为业以求钱也[8]。梅之欹之疏之曲，又非蠢蠢求钱之民能以其智力为也[9]。有以文人画士孤癖之隐[10]，明告鬻梅者[11]，斫其正，养其旁条，删其密，夭其稚枝[12]，锄其直，遏其生气，以求重价，而江浙之梅皆病。文人画士之祸之烈至此哉！

予购三百盆，皆病者，无一完者。既泣之三日，乃誓疗之：纵之，顺之，毁其盆，悉埋于地，解其棕缚[13]；以五年为期，必复之，全之。予本非文人画士，甘受诟厉[14]，辟病梅之馆以贮之。乌乎！安得使予多暇日，又多闲田，以广贮江宁、杭州、苏州之病梅，穷予生之光阴以疗梅也哉！

《龚定盦全集》续集卷三

【注释】

[1]江宁：今江苏南京。龙蟠：南京清凉山下龙蟠里。　　[2]邓尉：邓尉山，在江苏苏州西南七十里，相传汉代太尉邓禹在此隐居。　　[3]西谿：在浙江杭州灵隐山西北。　　[4]欹（qī 欺）：斜。　　[5]固：固然，虽说如此的

意思。　　[6]明诏大号：公开宣告。　　[7]绳：准绳。这里用作动词，以为标准的意思。　　[8]殀（yāo 夭）：同"夭"，灾祸。病：这里用作动词，意谓祸害。　　[9]蠢蠢：众多而杂乱的样子。　　[10]孤癖之隐：心中的怪癖，即前文所说以曲、欹、疏为美之癖好。　　[11]鬻（yù 育）：卖。　　[12]夭：早死者称夭。这里指砍折梅花的幼枝。　　[13]棕缚：用棕绳捆扎。　　[14]诟（gòu 够）厉：辱骂。

【解析】

《病梅馆记》批评江浙一带的文人画士为追求所谓的"美感"，培育出具有病态的梅花。龚自珍借梅言事，其立誓"疗梅"的背后，体现了对个性解放的追求。

龚自珍归乡后自购的三百盆梅花，无一具有纯天然的样态。龚自珍为此长哭三日，然后砸碎了盆盆罐罐，把花全部移栽到地里，又解开棕绳的束缚，发誓要医治这些梅花，让它们纵情生长。龚自珍既是经史大家，又是诗文名家，但他自言"予本非文人画士"，这是表明宁愿挨骂，也要与病态的审美传统决绝。龚自珍哭梅花，其实也是在哭自己，更是要为一代知识分子的遭际哭泣。

龚自珍少负文才，外祖父段玉裁评价他的作品："风发云逝，有不可一世之概。"（《怀人馆词序》）但他的仕途并不太如意。道光六年（1826），龚自珍、魏源等参加会试，尽管主试官刘逢禄力荐龚、魏，结果却是二人同时落第。道光九年，龚自珍虽考中进士，但在接下来的朝考中，三试皆不及格，没能点上翰林。不及格的原因非他，乃因其楷法不佳，字体不好。此后他便长期在京城担任闲官。

龚自珍在《乙丙之际著议第九》中，曾将世道分为"治世"、"乱世"与"衰世"三等。当"衰世"之时，"非但愍（xiǎn 显）君子也，抑小人甚愍。当彼其世也，而才士与才民出，则百不才督之、缚之，以至于戮之"！"衰世"的最大特点就是一切人才都被消磨殆尽，偶有"才士"或"才民"出现，也会受无才之辈的严督、束缚，甚至杀戮。龚自珍深刻地指出："戮之非刀，非锯，非水火；文亦戮之，名亦戮之，声音笑貌亦戮之。"真正扼杀人才的，未必是刀斧，而是腐朽的文风，虚伪的名教，种种束缚人的繁文缛节。

　　龚自珍之所以激烈地反对"盆景式"养梅，就是因为这种病态的审美，这种违背物性亦即人性的做法，恰恰是导致人才失去个性、社会日渐平庸的根源。龚自珍南归途中路过镇江，适逢当地祭赛玉皇与风神、雷神。龚自珍应道士之请，写下"九州生气恃风雷，万马齐喑究可哀。我劝天公重抖擞，不拘一格降人材"的诗句。风神、雷神的本职是保佑民间风调雨顺，但龚自珍念念不忘的是祈求风雷震破万马齐喑的千年暗夜，为僵化的"衰世"提供多样化的人才。这和《病梅馆记》中的主题思想是一脉相通的。

海国图志原叙

〔清〕魏源

【题解】

魏源（1794—1857）字默深（亦作"墨生"），邵阳（今湖南隆回）人。清道光二十五年（1845）进士。历东台、兴化知县，官至高邮知州。道光五年，曾受江苏布政使贺长龄聘，辑《皇朝经世文编》，撰有《筹海篇》、《筹漕篇》、《筹䴲篇》等。后受林则徐嘱托，以林氏编译的《四洲志》为基础，辅之以历代史志、明代以来岛志及外国图文资料，撰成《海国图志》。该书初刻于道光二十二年，五十卷。道光二十七年，增补为六十卷。咸丰二年（1852），增补为一百卷。《〈海国图志〉叙》撰于道光二十二年十二月（1843年1月）。道光二十七年，刊刻《海国图志》六十卷本时，改称《〈海国图志〉原叙》，并将文中"五十卷"改为"六十卷"。《原叙》中原列有《海国图志》诸篇名称，如《筹海篇》、《各国沿革图》、《东南洋海岸各国》、《东南洋各岛》、《西南洋五印度》、《小西洋利未亚》、《大西洋欧罗巴各国》、《北洋俄罗斯国》、《外大洋弥利坚》、《西洋各国教门表》、《中国西洋纪年表》、《中国西历异同表》、《国地总论》、《筹夷章条》、《夷情备采》、《战舰条议》、《火器火攻条议》、《器艺货币》等。

　　《海国图志》六十卷，何所据？一据前两广总督林尚书所译西夷之《四洲志》[1]，再据历代史志，及明以来岛志，及近日夷图、夷语[2]，钩稽贯串，创榛辟莽[3]，前驱先路。大都东南洋、西南洋增于原书者十之八[4]。大小西洋、北洋、外大西洋增于原书者十之六[5]。又图以经之，表以纬之，博参群议以发挥之[6]。

　　何以异于昔人海图之书[7]？曰：彼皆以中土人谭西洋[8]，此则以西洋人谭西洋也。是书何以作？曰：为以夷攻夷而作[9]，为以夷款夷而作，为师夷长技以制夷而作。《易》曰："爱恶相攻而吉凶生[10]，远近相取而悔吝生，情伪相感而利害生。"故同一御敌[11]，而知其形与不知其形，利害相百焉；同一款敌，而知其情与不知其情，利害相百焉。古之驭外夷者[12]，诇以敌形，形同几席；诇以敌情，情同寝馈。

然则执此书即可驭外夷乎？曰：唯唯[13]，否否。此兵机也[14]，非兵本也；有形之兵也，非无形之兵也。明臣有言："欲平海上之倭患[15]，先平人心之积患。"人心之积患如之何？非水非火，非刃非金，非沿海之奸民，非吸烟贩烟之莠民[16]。故君子读《云汉》、《车攻》[17]，先于《常武》、《江汉》，而知二《雅》诗人之所发愤；玩卦爻内外消息[18]，而知《大易》作者之所忧患。愤与忧，天道所以倾《否》而之《泰》也[19]，人心所以违寐而之觉也，人才所以革虚而之实也。

昔准噶尔跳踉于康熙、雍正之两朝[20]，而电扫于乾隆之中叶。夷烟流毒[21]，罪万准夷。吾皇仁勤[22]，上符列祖。天时人事，倚伏相乘[23]。何患攘剔之无期[24]，何患奋武之无会[25]。此凡有血气者所宜愤悱[26]，凡有耳目心知者所宜讲画也。去伪，去饰，去畏难，去养痈[27]，去营窟，则人心之寐患祛，其一。以实事程实功，以实功程实事[28]，艾三年而蓄之[29]，网临渊而结之，毋冯河[30]，毋画饼，则人材之虚患祛，其二。寐患去而天日昌，虚患去而风雷行。《传》曰[31]："孰荒于门[32]，孰治于田，四海既均，越裳是臣。"叙《海国图志》。

道光二十有二载，岁在壬寅嘉平月[33]，内阁中书邵阳魏源叙于扬州[34]。

《海国图志》卷首（《魏源全集》第四册）

【注释】

[1]前两广总督林尚书所译西夷之《四洲志》：林尚书，即林则徐（1785—1850），字元抚，一字少穆，清福建侯官（今福州）人。嘉庆十六年（1811）进士。道光十七年（1837），任湖广总督，后以钦差大臣身份前往广东禁烟。道光十九年十二月授两广总督。《四洲志》，林则徐在广东禁烟时为了解西方，主持编译的一部世界地理著作。原书为英国人慕瑞（Hugh Murray）的《世界地理大全》。《四洲志》简要介绍了亚洲、欧洲、非洲、美洲等五大洲三十馀个国家历史地理、政治状况，是当时中国第一部系统的世界地理志。　　[2]夷图、夷语：海外地图和外国语。　　[3]创榛（zhēn 真）辟莽：做前人没有做过的事。创、辟，剪开，摈

除。榛、莽，丛生的荆棘。　　[4]大都：大概。东南洋：是说东南亚海域及朝鲜、日本、大洋洲海域。西南洋：印度洋，即阿拉伯海东部在内的南亚海域及西南亚东南面的阿拉伯西部等海域。　　[5]大小西洋：即今大西洋。此处大西洋指西欧诸国和西班牙、葡萄牙的西南面海域，即大西洋接连这些国家的部分海域及北海的南部和西部。小西洋是指印度洋和大西洋连接的非洲部分海域。北洋：北冰洋，指挪威、俄罗斯、瑞典、丹麦、普鲁士王国的海域及格陵兰岛周围海域。外大西洋：大西洋靠近南北美洲的海域。　　[6]发挥：阐发，把意思表达出来。　　[7]海图之书：有关海外的地理著作。　　[8]中土：中国。谭：同"谈"。西洋：大西洋两岸的欧美各国。　　[9]"以夷攻夷而作"三句：是说用西洋人的方法攻击西洋人，听从其他西方国家的调节和西洋人和议，学习西洋人先进的技术来制约他们。魏源提出的写作本书的目的都是建立在防守的基础之上的。《筹海篇一》说："以守为战，而后外夷服我调度，是谓以夷攻夷；以守为款，而后外夷范我驰驱，是谓以夷款夷。"夷，外国或外国人，此处指西洋人。以夷攻夷，第一个"夷"指西洋人的方法，第二个"夷"指西洋人。"以夷款夷"，第一个"夷"指其他西方国家。款，和，议和，和谈。　　[10]"爱恶相攻而吉凶生"三句：《周易·系辞下》："是故爱恶相攻而吉凶生，远近相取而悔吝生，情伪相感而利害生。"是说对事务的爱好和厌恶相矛盾就会产生吉凶，对远近不同事务的选择就会形成后悔或难舍的心态，真实的情感或虚情假意相互作用就会产生得利和受害的结果。悔，后悔，悔恨。吝，过分爱惜，难舍。情，实情，此处指真实情感。伪，虚情假意。　　[11]"故同一御敌"六句：所以同是抵御敌人，了解形势和不了解形势，得利和受害相差百倍；同敌人和谈，知道他的情况和不知道他的情况，得利和受害也相差百倍。形，形势，情势。情，状况，情况。　　[12]"古之驭外夷者"五句：是说古代驭使外敌的人，了解敌人的形势，宛如熟悉自己的几案和席子；了解敌人的真实情况，如熟悉自己的睡觉和饮食。驭，驾驭，控制。诹（zōu 邹），询问。寝馈，寝食，吃住。　　[13]唯唯，否否：是，也不是。唯唯，回答时表示同意的应声。否否，回答时不顺从别人表示否定。　　[14]兵机：用兵的机谋。　　[15]倭患：自明洪武二年（1369）始，部分日本武士、浪人和商人受到西南部封建主和大寺院主的资助经常乘船到东南沿海武装抢掠，此后，部分商人、海盗和倭寇相勾结，倭寇之患愈演愈烈。　　[16]莠（yǒu 有）民：品质坏的人，坏人。　　[17]"故君子读《云汉》、《车攻》"三句：《云汉》，《诗·大雅·荡之什》之一篇，全诗八章，每章十句，是纪周宣王求神祈雨的诗。《车攻》，《诗·小雅·南有嘉鱼之什》之一篇，全诗八章，每章四句，纪周宣王在东都与诸侯田猎。《常武》，《诗·大雅·荡之什》之一篇，全诗六章，每章八句，赞周宣王率兵亲征徐国平定叛乱。《江汉》，《诗·大雅·荡之什》之一篇，全诗六章，每章八句，纪召伯平淮夷，受周王赏赐。二《雅》，《诗》分为风、雅、颂三部分。雅是宫廷乐歌，又分大雅和小雅。大雅多为贵族所作，是贵族宴享或诸侯朝会的乐歌。小雅多为士大夫个人抒怀。发愤，发泄愤懑。　　[18]卦爻：《易》中的卦和组成卦体的爻。卦，是古代占卜的符号。爻，是组成卦的符号，如"—"是阳爻，"--"是阴爻，每三爻合成一卦，两卦相重，就是大爻。卦的下三爻为内卦，上三爻为外卦。消息：事物的消长、盛衰。　　[19]"天道所以倾《否》而之《泰》"三句：由《否卦》走向《泰卦》，即由厄运转为好运。倾，趋向。违寐（mèi　妹）而之觉，摆脱愚昧而觉醒。寐，入睡，睡着，此指蒙昧无知。革虚而之实，革除虚假不实而任用务实的人。　　[20]"昔准噶尔跳踉于康熙、雍正之两朝"二句：是说清康熙、雍正时期准噶尔部发动叛乱，乾隆中叶平息准噶尔部叛乱。准噶尔，蒙古旧部落名，清厄鲁特蒙古四部之一。跳踉（liáng　良），跋扈，猖獗。电扫，指事情迅速处理完毕，此处是说平息准噶尔部叛乱。　　[21]"夷烟流毒"二句：夷烟，鸦片烟。罪万准夷，罪行超过准噶尔部叛乱万倍。　　[22]吾皇：指清道光皇帝（1782—1850），在位三十年。主政前期勤于政务，平定张格尔叛乱，整治吏治和烟运，严禁鸦片，但《南京条约》签订后无所建树。　　[23]倚伏相乘：互相依存，互相转化。　　[24]攘剔：铲除。　　[25]奋武：动用武力。会：时机。　　[26]愤悱（fěi　翡）：愤恨，愤慨。　　[27]"去养痈（yōng　庸）"三句：养痈，原本误作"养癰"。养痈即不治疗肿疮而任其生长，指姑息。痈，恶性脓疮，毒疮。去营窟，离开藏身避难之所，此处指去除自私的个人谋划。寐患袪（qū　驱），去除愚昧的弊病。袪，除去。　　[28]程：衡量，考核。　　[29]艾：艾草，多年生草本植物，可以用灸法治病，艾愈陈愈好。　　[30]冯河：徒步过河。冯，通"凭"。　　[31]《传》曰：《韩诗外传》载，周成王时越裳氏派使者来献白雉，周公旦为作《越裳操》："於戏嗟嗟，非旦之力，乃文王之德。"　　[32]"孰荒于门"四句：这是韩愈所拟《琴操十首·越裳操》歌词中的四句。越裳，古南海国名，在今越南、老挝一带。　　[33]嘉平月：农历十二月。　　[34]内阁中书：清内阁职官名，正七品，掌撰拟、缮写、记档、翻译等事务。额设一百二十四人，其中满洲七十人，蒙古十六人，汉军八人，汉人三十人。宣统三年（1911）废。魏源曾捐补内阁中书舍人候补。

【解析】

　　1840年，西方殖民者发动鸦片战争，清政府和战不定，最终战败。魏源经历了外国侵略危机，目睹了清政府的无能，激发了强烈的爱国热情，他投笔从戎，但仍无法改变清政府战败的命运。林则徐的虎门销烟极大地震撼了魏源，而林则徐编译的《四洲志》成为他进一步研究西方社会的基础。魏源接受林则徐的嘱托，撰成《海国图志》五十卷，后又吸收了徐继畬《瀛寰志略》等多种中外文史籍，于咸丰二年（1852）撰成我国近代历史上第一部系统介绍世界地理知识的综合性著作——《海国图志》百卷本。魏源指出，《海国图志》的编纂目的有二：一是通过学习和了解西方，使时人去掉伪饰、不畏艰难，消除愚昧，从而觉醒；二是"以实功程实事"，消除虚妄，从而务实。虽然魏源对这部书是否可以驭使外夷不置可否，但他强调这部书对时人的思想觉醒、趋于务实是有价值的。

《海国图志》据西洋文献来探讨西方国家，区别于以往海图之书用中国人的视角来看世界。魏源提出"师夷长技以制夷"的主张，将了解西方提高到关系国家民族安危的高度，强调学习西方先进的科学技术为我所用。这一思想无疑在当时具有划时代的意义。当时中国人认识世界多以中国人的视角，认为世界以中国为中心。明末清初，利玛窦等西方传教士来到中国，带来了西方的新技艺，但仍然没有受到重视。《海国图志》的完成给当时中国人以全新的近代世界的概念，引发了中国人了解世界，向西方学习的新思潮。

《海国图志》所提出的"师夷长技以制夷"的思想一定程度上开启了民智，在当时的社会进步人士中引起了强烈的反响，推动了中国历史的近代化。洋务运动中的洋务派、戊戌变法时的维新派都接受了魏源的这一思想。此外，《海国图志》六十卷完成后便传到日本，对明治维新产生了积极的影响。

养晦堂记

〔清〕曾国藩

【题解】

曾国藩（1811—1872），初名子城，字伯涵，号涤生，湘乡（今属湖南）人。清道光十八年（1838）进士。咸丰二年（1852），奉旨帮办团练，创立"湘军"。五年，授兵部侍郎。同治元年（1862），拜协办大学士，督诸军讨伐太平天国。四年，以功封一等毅勇侯。五年，授武英殿大学士、直隶总督。九年，调两江总督。卒于任，谥文正。曾国藩早年师事理学名臣唐鉴，专究义理之学，兼及词章、考据，且素重修身齐家，留心化育天下人才。著有《曾文正公诗文集》、《曾文正公家训》、《曾文正公奏稿》，并编有《求阙斋日记类钞》、《经史百家杂钞》、《十八家诗钞》等行世。《清史稿》卷四〇五有传。《养晦堂记》作于道光三十年（1850），是为其同乡挚友刘蓉之书斋而作。

凡民有血气之性，则常翘然而思有以上人[1]。恶卑而就高[2]，恶贫而觊富[3]，恶寂寂而思赫赫之名[4]。此世人之恒情[5]。而凡民之中有君子人者，常终身幽默[6]，阍然深退。彼岂生与人异性？诚见乎其大，而知众人所争者之不足深较也[7]。

盖《论语》载，齐景公有马千驷[8]，曾不得与首阳饿莩絜论短长矣。余尝即其说推之，自秦汉以来，迄于今日，达官贵人，何可胜数？当其高据势要，雍容进止[9]，自以为材智加人万万[10]。及夫身没观之[11]，彼与当日之厮役贱卒[12]，污行贾竖[13]，营营而生[14]，草草而死者，无以异也。而其间又有功业文学猎取浮名者，自以为材智加人万万。及夫身没观之，彼与当日之厮役贱卒，污行贾竖，营营而生，草草而死者，亦无以异也。然则今日之处高位而获浮名者，自谓辞晦而居显[15]，光气足以自振矣。曾不知其与眼前之厮役贱卒，污行贾竖之营营者行将同归于澌尽[16]，而豪毛无以少异[17]，岂不哀哉！

吾友刘君孟容[18]，湛默而严恭[19]，好道而寡欲，自其壮岁，则已泊然而外富贵矣[20]。既而察物观变，又能外乎名誉。于是名其所居曰"养晦堂"，而以书抵国藩为之记。

昔周之末世，庄生闵天下之士湛于势利[21]、汩于毁誉[22]，故为书戒人以闇默自藏，如所称董梧、宜僚、壶子之伦[23]，三致意焉[24]。而扬雄亦称[25]："炎炎者灭，隆隆者绝。高明之家，鬼瞰其室。"君子之道，自得于中，而外无所求。饥冻不足于事畜而无怨[26]，举世不见是而无闷[27]。自以为晦，天下之至光明也。若夫奔命于烜赫之途[28]，一旦势尽意索[29]，求如寻常穷约之人而不可得[30]，乌睹所谓高明者哉[31]？余为备陈所以，盖坚孟容之志，后之君子，亦观省焉。道光三十年岁在庚戌冬十月。

《曾文正公文集》卷二

【注释】

[1]翘然：翘首企盼的样子。上人：位居人上。　　[2]恶（wù误）：厌恶。卑：低下。　　[3]觊（jì记）：冀望，希图。　　[4]赫赫：显明、盛大的样子。　　[5]恒：常。　　[6]幽默：幽晦，暗默，这里指深藏不露、低调处世。　　[7]较：计较。　　[8]"齐景公有马千驷"二句：《论语·季氏》："齐景公有马千驷，死之日，民无德而称焉。伯夷、叔齐饿于首阳之下，民到于今称之。"大意是说齐景公有四千匹马，他死后，老百姓不觉得他有什么可以称颂的德行。伯夷、叔齐在首阳山下饿死，人民却至今传颂他们。驷（sì四），古代一车套四马，故称一车所用之四马或四马之车为驷。首阳饿莩，指伯夷、叔齐。他们曾谏止武王伐纣，认为不当"以臣弑君"。殷商覆灭之后，伯夷、叔齐"义不食周粟"，隐入首阳山，最终饿死。事见《史记·伯夷列传》。莩，通"殍（piǎo瞟）"，饿死。絜论短长，度量、评论短长。絜，用绳子计量筒状物的粗细。　　[9]进止：进退举止。　　[10]加人万万：超过常人数万倍。　　[11]没（mò末）：死亡。　　[12]厮役：旧称执劳役供使唤的人。　　[13]贾（gǔ古）竖：对商人的蔑称。旧时认为商贾之人胸无大志，犹如童竖，故称贾竖。　　[14]营营：往来、周旋的样子。这里用来形容商贾、走卒为生计而在市井之中奔走。　　[15]辞晦而居显：告别默默无闻的状态而居于显赫的位置。　　[16]澌（sī斯）：死，尽。　　[17]豪毛：同"毫毛"。　　[18]刘君孟容：刘蓉（1816—1873）字孟容，号霞仙，湘乡（今属湖南）人。清道光十七年（1837），曾国藩过长沙，刘蓉时在省城应试，二人相谈甚欢，遂结为朋友，后入曾国藩幕府，官至

陕西巡抚，著有《养晦堂文集》、《思辨录疑义》等。　　[19]湛默而严恭：外表沉默而内心庄严恭敬。湛，通"沉"。下文"湛于势利"同此。　　[20]泊然而外富贵：恬然淡泊，而不考虑富贵之事。外，置之度外，下文"外乎名誉"同此。　　[21]闵：怜念，亦作"悯"。　　[22]汩（gǔ 古）于毁誉：沉没于毁誉声中。汩，没。　　[23]董梧：吴国的贤人。宜僚：熊宜僚，楚国人。壶子：郑国人，《庄子》中说他是列子的老师。以上三人分别见于《庄子》之《徐无鬼》、《山木》、《应帝王》。伦：辈。　　[24]三致意焉：再三表达这个意思。　　[25]"而扬雄亦称"五句：扬雄《解嘲》："炎炎者灭，隆隆者绝。观雷观火，为盈为实。天收其声，地藏其热。高明之家，鬼瞰其室。"大意是：闪电很亮，但一下就灭了；雷声很响，响过就没了。高明富贵之家，鬼神也会窥望、妒害其室。扬雄（前53—后18），字子云，蜀郡成都（今属四川）人。以辞赋著称。《汉书》卷八七有传。瞰（kàn 看），窥视。　　[26]事畜："仰事俯畜"的略语，指对上事奉父母，对下养育妻子儿女。　　[27]举世不见是而无闷：《周易·乾传》："不成乎名，遁世无闷，不见是而无闷。"本意是因世道不好，避世逃遁，见举世皆非，心中亦不苦闷。后又发展出"虽不为人知，但心中亦不苦闷"的意思，即《中庸》所谓"遁世不见知而不悔"。这里用的是后一种意思。　　[28]烜（xuǎn 选）赫：形容声名或气势很盛。　　[29]索：尽，完结。　　[30]穷约：穷困，俭约。　　[31]乌：何，表示反问语气。

【解析】

"养晦"典出《诗·周颂·酌》："於铄王师，遵养时晦。"用以赞颂周武王虽拥有强大的军队，却能韬光养晦，静待时机，最终获得成功。

曾国藩应刘蓉之请，写这篇记，既是为了坚定刘蓉的志向，也是他"夫子自道"。他主要从三个角度来肯定"遵养时晦"的做法：

第一，他认为舍其显赫、取其晦昧的人，是因为具有更高的道德追求。曾国藩先举了《论语》中的例子：没有德行的齐景公虽然富有，死后很快被人遗忘，而守义饿死的伯夷、叔齐却得到后人的称颂。由此推开来说，不仅是乏善寡德之人，即使是已经建功立业或著作等身的人，如果没有了道德的支撑，死去之后也与贩夫走卒没有什么区别。

第二，懂得"养晦"的人，是因为懂得"察物观变"，因此更能把握有利的时机。所谓"自以为晦，天下之至光明也"，在世道黑暗的时候，退藏自守，致力于道德的修养与提升，这反而是最光明的事；在最没有机会的时候，顺势退守，可能又会迎来最好的机会。

第三，"养晦"还是一种人生哲学与政治经验。文章的结尾说：奔命于烜赫之途的人，一旦失势，会比一般人更悲惨，这时再要想过平常人的生活，也已不可能。秦丞相李斯被腰斩于咸阳，行刑前对他的儿子说："吾欲与若复牵黄犬俱出上蔡东门逐狡兔，岂可得乎？"（《史记·李斯列传》）衡诸历史与现实，类似的例子不胜枚举。

曾国藩所主张的"养晦"，亦非一味深退。"养晦"是等待时机、积蓄力量。即使后来身居高位，曾国藩依然注意"遵养时晦"，不仅其修养值得称道，在为人处世方面也的确有大智慧。

译《天演论》自序

〔近代〕严复

【题解】

严复（1854—1921），初名传初，改名宗光，字又陵，又改名复，字几道，侯官（今福建福州）人。清同治十年（1871），毕业于福州马尾船厂附设船政学堂，派往建威、扬武舰实习。光绪二年（1876），入英国格林尼次海军大学学习。五年，归国。六年，调北洋水师学堂，任总教习。二十年，甲午海战中国失败后，严复开始从事西方名著的翻译。其间曾任京师大学堂编译局总办。1912年任京师大学堂总监督兼文科学长。《清史稿》卷四八六有传。戊戌政变后，他翻译了大量西方名著，继续介绍并倡导西学中的民主和科学，表现出强烈的爱国主义思想。其主要译著有《天演论》（赫胥黎著）、《名学浅说》（耶方斯著）、《原富》（亚当·斯密著）、《群学肄言》（斯宾塞著）、《群己权界论》（约翰·穆勒著）、《社会通诠》（甄克斯著）、《法意》（孟德斯鸠著）、《穆勒名学》（约翰·穆勒著）等八种。赫胥黎的《天演论》由严复于1898年翻译出版，最初由沔阳卢氏慎始基斋木刻，1931年商务印书馆将以上八种译作汇为"严译名著丛刊"问世。"天演论"即"进化论"。赫胥黎原书名《进化论与伦理学》。严复翻译时仅选择了其中的部分内容。"进化论"是赫胥黎书的第一部分内容的名称。本文即严复为所译《天演论》而作的自序，作于光绪二十二年（1896）。

英国名学家穆勒约翰有言[1]："欲考一国之文字语言，而能见其理极[2]，非谙晓数国之言语文字者不能也。"斯言也，吾始疑之，乃今深喻笃信[3]，而叹其说之无以易也。岂徒言语文字之散者而已[4]，即至大义微言[5]，古之人殚毕生之精力[6]，以从事于一学，当其有得，藏之一心，则为理；动之口舌，著之简策，则为词，固皆有其所以得此理之由，亦有其所以载焉以传之故[7]。呜呼，岂偶然哉！自后人读古人之书，而未尝为古人之学，则于古人所得以为理者，已有切肤精怃之异矣[8]。又况历时久远，简牍沿讹，声音代变[9]，则通假难明，风俗殊尚[10]，则事意参差[11]。夫如是，则虽有故训疏义之勤[12]，而于古人诏示来学之旨，愈益晦矣[13]。故曰，读古书难。虽然，彼所以托焉而传之理，固自若也。使其理诚精，其事诚信，则年代国俗无以隔之。是故不传于兹，或见于彼，事不相谋而各有合。考道之士[14]，以其所得于彼者，反以证诸吾古人之所传，乃澄湛精莹[15]，如寐初觉[16]。其亲切有味，较之觇毕为学者[17]，万万有加焉。此真治异国语言文字者之至乐也。

今夫六艺之于中国也[18]，所谓日月经天[19]，江河行地者尔。而仲尼之于六艺也，《易》、《春秋》最严[20]。司马迁曰："《易》本隐而之显[21]，《春秋》推见至隐。"此天下至精之言也[22]。始吾以谓本隐之显者，观《象》、《系辞》以定吉凶而已；推见至隐者，诛意褒贬而已[23]。及观西人名学，则见其于格物致知之事，有内籀之术焉[24]，有外籀之术焉[25]。内籀云者，察其曲而知其全者也，执其微以会其通者也。外籀云者，据公理以断众事者也，设定数以逆未然者也[26]。乃推卷起曰：有是哉，是固吾《易》、《春秋》之学也。迁所谓本隐之显者，外籀也；所谓推见至隐者，内籀也。其言若诏之矣[27]。二者即物穷理之最要途术也[28]。而后人不知广而用之者，未尝事其事，则亦未尝咨其术而已矣。

近二百年，欧洲学术之盛，远迈古初[29]。其所得以为名理、公例者[30]，在在见极[31]，不可复摇。顾吾古人之所得[32]，往往先之，此非傅会扬己之言也[33]。吾将试举其灼然不诬者[34]，以质天下[35]。夫西学之最为切实而执其例可以御蕃变者[36]，名、数、质、力四者之学是已[37]。而吾《易》则名、数以为经，质、力以为纬，而合而名之曰《易》。大宇之内，质、力相推，非质无以见力，非力无以呈质。凡力皆乾也，凡质皆坤也。奈端动之例三[38]，其一曰："静者不自动[39]，动者不自止，动路必直，速率必均。"此所谓旷古之虑[40]，自其例出，而后天学明，人事利者也。而《易》则曰："乾[41]，其静也专，其动也直。"后二百年，有斯宾塞尔者[42]，以天演自然言化[43]，著书造论，贯天地人而一理之，此亦晚近之绝作也。其为天演界说曰[44]："翕以合质[45]，辟以出力，始简易而终杂糅。"而《易》则曰："坤[46]，其静也翕，其动也辟。"至于全力不增减之说[47]，则有自强不息为之先，凡动必复之说[48]，则有消息之义居其始[49]。而"易不可见[50]，乾坤或几乎息"之旨，尤与"热力平均[51]，天地乃毁"之言相发明也。此岂可悉谓之偶合也耶？虽然，由斯之说，必谓彼之所明，皆吾中土所前有，甚者或谓其学皆得于东来，则又不关事实，适用自蔽之说也[52]。夫古人发其端，而后人莫能竟其绪[53]；古人拟其大[54]，而后人未能议其精，则犹之不学无术未化之民而已。祖父虽圣，何救子孙之童昏也哉[55]！

　　大抵古书难读，中国为尤。二千年来，士徇利禄[56]，守阙残，无独辟之虑。是以生今日者，乃转于西学，得识古之用焉。此可与知者道，难与不知者言也。风气渐通，士知弇陋为耻[57]。西学之事，问途日多。然亦有一二巨子，詉然谓彼之所精[58]，不外象数、形下之末；彼之所务，不越功利之间。逞臆为谈[59]，不咨其实[60]，讨论国闻[61]，审敌自镜之道[62]，又断断乎不如是也。赫胥黎氏此书之旨[63]，本以救斯宾塞任天为治之末流[64]，其中所论，与吾古人有甚合者。且于自强保种之事，反复三致意焉。

　　夏日如年，聊为迻译[65]。有以多符空言、无裨实政相稽者，则固不佞所不恤也[66]。光绪丙申重九严复序[67]。

《天演论》

【注释】

[1]名学家：逻辑学家。穆勒约翰：约翰·穆勒（John Stuart Mill, 1806—1873），英国著名的古典自由主义思想家，孔德实证主义哲学的继承者，著有《逻辑体系》、《政治经济学原理》、《论自由》等。　　[2]理极：透彻的道理。极，尽。　　[3]深喻：深切明白，确切知晓。笃信：深信不疑。　　[4]散者：只言片语。　　[5]大义微言：隐藏在简单语言中的深刻道理。　　[6]殚（dān 丹）：竭尽，用尽。　　[7]载焉以传：记载传播。　　[8]切肤：亲身，切身。精忤（wǔ 午）：精思。《广雅·释诂三》："忤，思也。"　　[9]"声音代变"二句：是说古代著作行文中常用同义同音字代替，读音发生了变化，通假字的原义就难搞明白了。　　[10]殊尚：崇尚不同。　　[11]参差：不一致。　　[12]故训疏

义：注解字词，疏通文义。　　[13]晦：昏暗不明，不彰显。　　[14]考道之士：研究学问的人。　　[15]澄湛精莹：清晰，透彻。　　[16]寐（mèi 妹）：睡，睡着。　　[17]觇（chān 搀）毕：即"占毕"，诵读，原指不解经义，仅视简上文字诵读以教人。　　[18]六艺：此处指《诗》、《书》、《礼》、《易》、《乐》、《春秋》六经。　　[19]"所谓日月经天"二句：是说日月每天都经过天空，江河永远流经大地，形容人和事物永恒。　　[20]严：尊敬，推崇。　　[21]"《易》本隐而之显"二句：是说《周易》根据微妙的卜卦来推测清楚人事，《春秋》依据具体的事情推导出精深的道理。见《史记·司马相如列传》。　　[22]至精之言：十分精辟的言论。　　[23]诛意：不论事实，只就其动机好坏、用心善恶而加以责备。　　[24]内籀（zhòu 宙）之术：归纳推理，通过特殊事例总结出普遍规律。穆勒名学有内籀四法（实为"五法"），即统同术（求同法）、别异术（差异法）、同异合术（求同差异并用术）、归馀法（剩馀法）、消息术（共变法）。　　[25]外籀之术：演绎法，根据普遍规律推断特殊事例。　　[26]定数：原则，定律。逆：逆推，预测。　　[27]诏：宣扬，明白地显示。　　[28]途术：方法，办法。　　[29]迈：超过。古初：古时，往昔。　　[30]名理：辨别是非异同的理论。公例：一般的规律。　　[31]在在见极：处处分清。　　[32]顾：不过，表示轻微的转折。　　[33]傅会扬己：牵强附会，炫耀自己。　　[34]灼然不诬：明显是正确的。不诬，不妄，不假。　　[35]质：责问，质问。　　[36]执其例：掌握定理、规律。御蕃变：驾驭事物繁杂的变化。蕃，通"番"，繁杂，众多。　　[37]名：即逻辑学。数：即数学。质：即化学。力：即物理学。　　[38]奈端动之例三：牛顿运动三定律。奈端，即牛顿（1643—1727），英国著名的科学家，提出万有引力定律、牛顿运动三定律，著有《自然哲学的数学原理》等。　　[39]"静者不自动"四句：是说静止的物体在没有外力作用下，总保持静止状态，运动的物体在没有外力作用下，不会自行停止运动，运动的路线必定是直的，运动的速率一定是均等的。此处所指为牛顿的运动第一定律。　　[40]旷古之虑：前所未有的思想。　　[41]"乾，其静也专"三句：《周易·系辞上》："夫乾，其静也专，其动也直，是以大生焉。"是说天静时专一，动时不差。严复以此附会牛顿的运动第一定律。　　[42]斯宾塞尔：即赫伯特·斯宾塞（1820—1903），英国著名的哲学家、社会学家，社会达尔文主义之父。他将适者生存的进化理论应用于社会学，特别是教育学和阶级斗争中，著有《群学肄言》等。　　[43]以天演自然言化：斯宾塞用生物进化理论来阐释人类社会的演化。天演，生物进化理论。　　[44]界说：对事物的特征和概念的外延作精确说明。　　[45]"翕（xī 溪）以合质"二句：是说聚集合成为物质，分解散发能量。翕，聚集。辟，散发。　　[46]"坤，其静也翕"三句：《周易·系辞上》：“夫坤，其静也翕，其动也辟，是以广生焉。”是说地静止时闭合，运动时张开。严复以此来比拟进化论。　　[47]全力不增减之说：是说能量守恒定律。　　[48]凡动必复之说：是说牛顿运动第三定律。物体之间的作用力和反作用力，在同一直线上，大小相等，方向相反。　　[49]消息之义：天地万物的消长、盛衰。　　[50]“易不可见”二句：《周易·系辞上》：“乾坤毁，则无以见《易》。《易》不可见，则乾坤或几乎息矣。”是说变化不存在了，乾坤也就接近停止了。　　[51]“热力平均”二句：是说德国物理学家克劳修斯的“热寂说”。他认为一切运动形式都会转化为热，热逐渐消失，在太空中达到热力平均，一切运动都将停止，世界就要毁灭。　　[52]自蔽：为自己的成见所蒙蔽。　　[53]绪：前人未完成的事业。　　[54]拟：草创。　　[55]童昏：年幼无知。　　[56]徇：谋求。　　[57]弇（yǎn 眼）陋：见识浅薄。　　[58]訑（yí 宜）然：自得的样子。　　[59]逞臆：任意臆测。　　[60]咨：询问。　　[61]国闻：本国传统的学问。　　[62]审敌自镜：审察敌情，对照自己，引以为戒。　　[63]赫胥黎（Thomas Henry Huxley, 1825—1895）：英国著名博物学家，达尔文进化论的代表人物，著有《人类在自然界的位置》、《进化论与伦理学》。严复将赫胥黎的《进化论与伦理学》中的一部分翻译为《天演论》出版。　　[64]救：纠正。任天为治：斯宾塞把自然法则运用到人类社会中，主张治理国家要任其自然。　　[65]迻（yí 移）译：翻译。　　[66]不佞：不才，对自己的谦称。恤：顾及，考虑。　　[67]光绪丙申：即1896年。

【解析】

　　1894年中日甲午海战，中国战败，民族危机空前深重，中国面临亡国灭种的危险。为救亡图存，一批具有爱国精神的有识之士试图寻找救国之道。严复将赫胥黎的《天演论》翻译过来，将进化论介绍到中国，开启民智，希望实现强国保种的目的。

　　如何正确对待西学，是严复在这篇序文中讨论的重点。他阐释了自己对西方学术的认识过程，强调通晓异国语言文字以了解异国文化的必要性。他批评了部分保守人士强调西方学术与中国学术有着种种联系，甚至来源于东方学术的自大言论，指出中西方学术之间确有相通之处，如西方的归纳法和演绎法、牛顿的运动定律和斯宾塞的天演论都与《易经》、《春秋》中的说法相通。

　　斯宾塞将达尔文的进化论应用于社会之中，但他强调治理国家要顺其自然。赫胥黎《天演论》的主要观点是说自然界的生物是不断进化的，原因在于"物竞天择，适者生存"，这一原理同样适用于人类社会。严复强调了赫胥黎《天演论》对斯宾塞理论的发展，"以救斯宾塞任天为治之末流"，指出"物竞天择"的理论对于当时身处民族危机的民众自强保种有深刻的意义。

严译《天演论》面世以后，先后出版数十次，轰动一时，深受时人的欢迎。《天演论》中的"物竞天择"、"适者生存"等词语被广泛使用。维新派的康有为、梁启超都阅读过《天演论》。康有为认为严复为"中国西学第一者"。生物进化的观点目前仍为我国自然科学界所认同。

原 强

〔近代〕严复

【题解】

甲午战争失败后，严复开始提倡变法自强，在天津《直报》上发表了《论世变之亟》、《原强》、《辟韩》、《救亡决论》等四篇论文，翻译了赫胥黎的《天演论》，创办了《国闻报》。《原强》最初发表于1895年3月4日至9日的天津《直报》，全文约8000字。之后严复对此文进行了修订，未重新发表，光绪二十七年（1901）收录于《侯官严氏丛刻》。修改稿较原本文字增加了将近一半，补写了很多内容。本文即节选自《原强》修订稿。

盖一国之事，同于人身。今夫人身，逸则弱，劳则强者，固常理也。然使病夫焉[1]，日从事于超距赢越之间[2]，以是求强，则有速其死而已矣。今之中国，非犹是病夫也耶？且夫中国知西法之当师[3]，不自甲午东事败衄之后始也[4]。海禁大开以还[5]，所兴发者亦不少矣[6]：译署[7]，一也；同文馆[8]，二也；船政[9]，三也；出洋肄业局[10]，四也；轮船招商[11]，五也；制造，六也；海军，七也；海署[12]，八也；洋操[13]，九也；学堂，十也；出使，十一也；矿务，十二也；电邮，十三也；铁路，十四也。拉杂数之[14]，盖不止一二十事。此中大半，皆西洋以富以强之基，而自吾人行之，则淮橘为枳[15]，若存若亡，不能实收其效者，则又何也？苏子瞻曰[16]："天下之祸[17]，莫大于上作而下不应。上作而下不应，则上亦将穷而自止。"斯宾塞尔曰[18]："富强不可为也，政不足与治也。相其宜，动其机，培其本根，卫其成长，则其效乃不期而自立。"是故苟民力已苶[19]，民智已卑，民德已薄，虽有富强之政，莫之能行。盖政如草木焉，置之其地而发生滋大者，必其地之肥硗燥湿寒暑与其种性最宜者而后可[20]。否则，萎悴而已[21]，再甚则僵槁而已[22]。往者，王介甫之变法也[23]，法非不良，意非不美也，而其效浸淫至于亡宋[24]，此其故可深长思也。管、商变法而行[25]，介甫变法而败[26]，在其时之风俗人心与其法之宜不宜而已矣。达尔文曰[27]：“物各竞存[28]，最宜者立。”动植如是，政教亦如是也。

夫如是，则中国今日之所宜为，大可见矣。夫所谓富强云者，质而言之，不外利民云尔。然政欲利民，必自民各能自利始[29]；民各能自利，又必自皆得自由始[30]；欲听其皆得自由，尤必自其各能自治始[31]，反是且乱。顾彼民之能自治而自由者，皆其力、其智、其德诚优者也。是以今日要政，统于三端[32]：一曰鼓民力，二曰开民智，三曰新民德。夫为一弱于群强之间，政之所施，固常有标本缓急之可论。唯是使三者诚进，则其治标而标立；三者不进，则其标虽治，终亦无功，此舍本言标者之所以为无当也。虽然，其事至难言矣。夫中国今日之民，其力、智、德三者，苟通而言之，则经数千年之层递积累，本之乎山川风土之攸殊[33]，导之乎刑政教俗之屡变，陶钧炉锤而成此最后之一境[34]。今日欲以旦暮之为，谓有能淘洗改革，求以合于当前之世变，以自存于佹儴烦扰之中[35]，此其胜负通塞之数[36]，殆可不待再计而知矣[37]。然而自微积之理而观之[38]，则曲之为变，固有疾徐；自力学之理而明之，则物动有由，皆资外力。今者外力逼迫，为我权借[39]，变率至疾，方在此时。智者慎守力权，勿任旁守，则天下事正于此乎而大可为也。即彼西洋之克有今日者[40]，其变动之速，远之亦不过二百年，近之亦不过五十年已耳，则我何为而不奋发也耶！

《严复集》第一册

【注释】

[1]病夫：体弱多病的人。　　[2]超距赢越：跳跃，奔跑。　　[3]西法：西方的制度。　　[4]甲午东事败衄（nǜ　女，去声）：是说甲午中日海战，中国战败。甲午，即清光绪二十年（1894）。　　[5]海禁大开：指光绪年间广开海禁之事。　　[6]兴发：兴起，产生。　　[7]译署：清政府于1861年设立的总理各国事务衙门。　　[8]同文馆：京师同文馆，1862年官方设立的外语学校，主要用于培养外语人材，也供西方人学习汉语。1900年停办，1902年并入京师大学堂。　　[9]船政：左宗棠以富国强兵为目的，在福建马尾所设船政学堂。　　[10]出洋肄业局：洋务运动中创办于上海的幼童公费留美预备学

校。　　　[11]轮船招商：轮船招商局，晚清第一家官督商办的近代企业，1873年创立于上海。　　　[12]海署：总理海军事务衙门，又称海军衙门。光绪十一年（1885）九月设立，以管理全国海军，实权由李鸿章掌握。甲午海战后裁撤。　　　[13]洋操：西式军事和体育方面的操练。　　　[14]拉杂：凌乱，无条理。　　　[15]淮橘为枳（zhǐ 旨）：淮南的橘子移植到淮河以北变为枳树，指事物性质随环境而变化。　　　[16]苏子瞻：即苏轼（1037—1101），号东坡居士，眉州眉山（今属四川眉山）人。北宋著名文学家、政治家。　　　[17]"天下之祸"四句：是说天下最大的祸患莫过于君主有所作为而属下却不响应。如此，君主也将不得已而停止作为。见《苏轼文集》卷九《策别·训兵旅三》。　　　[18]斯宾塞尔：即赫伯特·斯宾塞（1820—1903），英国著名哲学家、社会学家，社会达尔文主义之父。他将适者生存的进化理论应用于社会学，特别是教育学和阶级斗争中。　　　[19]苶（nié 聂，阳平）：疲惫，疲倦。　　　[20]硗（qiāo 敲）：土地坚硬不肥沃。　　　[21]萎：枯萎。矬：变矮小。　　　[22]僵：僵硬，僵死。槁（gǎo 稿）：干枯。　　　[23]王介甫之变法：是说王安石变法，又称"熙宁变法"。宋神宗熙宁二年（1069），神宗皇帝任用王安石主持变法，以发展生产、富国强兵为目的，设立制置三司条例司，施行农田、水利、青苗、市易、保甲、方田均税法等，取得了一定效果。元丰八年（1085），因宋神宗的动摇而结束。王安石（1021—1086）字介甫，临川（今江西抚州临川区）人。北宋著名思想家、政治家、改革家、文学家。　　　[24]浸淫：逐渐蔓延。　　　[25]管、商变法：管仲、商鞅变法。管仲（前723?—前645），名夷吾，颍上（今安徽颍上）人。春秋时期著名的法家代表人物、政治家、思想家。齐桓公时，管仲主持变法，富国强兵，寓兵于农，施行"相地而衰征"的赋税政策，发展商业，使齐桓公成为春秋五霸之首。商鞅（前390—前338），又名公孙鞅、卫鞅，卫国人，战国时期法家代表人物。公元前361年，商鞅由魏入秦，受到秦孝公的重用，开始主持变法，实施开阡陌、重农桑、奖励军功、统一度量衡等措施，使秦国迅速成为强大的国家，为后来秦统一六国奠定了基础。　　　[26]敝：败坏，失败。　　　[27]达尔文（Charles Robert Darwin, 1809—1882）：英国著名生物学家，生物进化论的奠基人。著有《物种起源》。　　　[28]"物各竞存"二句：是说生物互相竞争，最能够适应生活环境者生存下来。今译作"物竞天择，适者生存"。　　　[29]自利：自己获得好处。　　　[30]自由：指在法律规定范围内，可以按自己的意志行动。　　　[31]自治：自行管理。　　　[32]统于三端：总起来有三个方面。　　　[33]攸殊：不同。　　　[34]陶钧：陶冶，造就。炉锤：亦作"炉槌"，锤炼。　　　[35]恇儴（kuāngráng 匡瓤）：惶急不安的样子。　　　[36]窒：阻塞不通。　　　[37]计：谋划。　　　[38]微积之理：微积分理论，主要包括函数、极限、微分数、积分学及其应用。　　　[39]权借: 政府部门暂时向企业借用大件资产。　　　　[40]克: 能够。

【解析】

1894年甲午海战后, 西方列强掀起了瓜分中国的狂潮, 中国面临亡国灭种的危险。严复认为要救亡图存, 就必须学习西方, 近者可以"保身治生", 远者可以"经国利民", 而西学之中, 尤为关键者是达尔文的"物竞天择"理论和斯宾塞用进化论来阐述社会人伦的社会学思想。严复十分推崇斯宾塞的社会思想, 认为斯氏的社会思想"以浚智慧、练体力、厉德行为纲"。他试图将斯氏的理论与中国相结合, 以求强国保种。他认为中国为避免丧权辱国, 就要富强, 百姓要强壮体力, 健全民智, 推崇民德。在他看来, 中国民众民力疲惫、民智未开、道德沦丧。西方的自由平等观念、社会制度较之中国都处于优势, 其学术上追求真理, 政治上"自由为体, 民主为用", 使西方有了积极的面貌, 而"物竞天择, 适者生存"是双方消长的原因。但他也认为双方的实力相差并非遥不可及, 反对夸大西方的力量。他指出中国的积贫积弱是社会发展所致, 简单地学习西方社会制度并不能使中国富强。为此, 他提出当时国家施政的要点在三个方面: 鼓民力、开民智、新民德。所谓鼓民力, 是说全国人民要有健康的体魄, 禁绝鸦片和女子缠足; 所谓开民智, 是说学习西方的自然科学, 废除科举; 所谓新民德, 是说要强调信仰, 强化道德教育, 倡导平等、信用, 提倡君主立宪。三者是图强的根本所在, 而问题的关键在于朝廷除旧布新, 采取相应的变革措施, 以实现强国御辱。

从节选的这一部分内容可以看出严复强国之路的主要旨趣。他强调强国和强身既有相同之处, 又有差异。当时中国宛若一介病夫, 要强壮但不能超出自己能力, 否则只会加速死亡。中国人知道要变法图强, 学习西方, 并不始于甲午战败。光绪年间开海禁之后, 中国就效法西方兴办了很多实务。这些措施中, 大多数都是西方得以富强的基础, 但是中国行之, 反而未能达到富强的效果。这与当时民力凋敝、民智卑微、民德沦丧的社会有关。政治制度也当遵循达尔文的"物各竞存, 最宜者立"的社会发展理论。他认为当时中国要富强就是要让人民得到好处。民众只有自利、自由, 乃至实现自治, 才能最终实现国家富强。

　　斯宾塞将达尔文"物竞天择，适者生存"的进化理论推广到社会学中，严复则把斯宾塞的社会学理论与中国实际相结合，客观地分析了中国所面临的问题，以及中西方之间存在的差距，进而强调中国朝廷应该鼓民力、开民智、新民德，而并非简单地学习西方的科技和政治制度，从而逐步实现强国保种。这一思想对当时所处的近代社会有着振聋发聩的作用，对当今我们提高民众素质，实现中华民族伟大复兴也有启发。

少年中国说

〔近代〕梁启超

【题解】

梁启超（1873—1929）字卓如，号任公，别署饮冰室主人、哀时客、中国之新民等，新会（今属广东）人。家贫，有志于学。初学于广州学海堂。清光绪十七年（1891），入万木草堂，拜康有为为师。二十一年，赴京会试，协助康有为发动"公车上书"，要求清政府拒签《马关条约》。二十二年至上海，主编《时务报》，呼吁维新变法。二十四年入京，参与新政。戊戌变法失败后，流亡日本，在横滨创办《清议报》。辛亥革命后，梁启超提出"虚君共和"方案，并为之奔走。1912年，由日本归国。1917年，任段祺瑞政府财务总长。1918年，赴欧洲考察。1925年春，任清华大学国学研究院导师，致力于国民教育，对中国古代文化作了较为系统的研究整理，著有《墨子学案》、《中国佛教史》、《中国近三百年学术史》、《清代学术概论》等。1929年病逝。其著作由后人编成《饮冰室合集》一百四十八卷。

本文作于1900年，于当年2月10日发表在《清议报》第35册。文章写于戊戌变法失败之后，外不得攘，内尚未安，国家政局一片混乱，作者对中国处境表现出了无限的焦灼感，故文章中强烈地表达了建立新型"少年中国"之希望。

日本人之称我中国也，一则曰老大帝国[1]，再则曰老大帝国。是语也，盖袭译欧西人之言也。呜呼！我中国其果老大矣乎？梁启超曰：恶[2]，是何言！是何言！吾心目中有一少年中国在。

欲言国之老少，请先言人之老少。老年人常思既往，少年人常思将来。惟思既往也，故生留恋心；惟思将来也，故生希望心。惟留恋也，故保守；惟希望也，故进取。惟保守也，故永旧；惟进取也，故日新。惟思既往也，事事皆其所已经者，故惟知照例；惟思将来也，事事皆其所未经者，故常敢破格。老年人常多忧虑，少年人常好行乐。惟多忧也，故灰

心；惟行乐也，故盛气。惟灰心也，故怯懦；惟盛气也，故豪壮。惟怯懦
也，故苟且；惟豪壮也，故冒险。惟苟且也，故能灭世界；惟冒险也，故
能造世界。老年人常厌事，少年人常喜事。惟厌事也，故常觉一切事无可
为者；惟好事也，故常觉一切事无不可为者。老年人如夕照，少年人如
朝阳。老年人如瘠牛[3]，少年人如乳虎。老年人如僧，少年人如侠。老年
人如字典，少年人如戏文。老年人如鸦片烟，少年人如泼兰地酒[4]。老年
人如别行星之陨石，少年人如大洋海之珊瑚岛。老年人如埃及沙漠之金
字塔，少年人如西伯利亚之铁路。老年人如秋后之柳，少年人如春前之
草。老年人如死海之潴为泽[5]，少年人如长江之初发源。此老年与少年性
格不同之大略也。梁启超曰：人固有之，国亦宜然。

　　梁启超曰：伤哉，老大也！浔阳江头琵琶妇[6]，当明月绕船，枫叶
瑟瑟，衾寒于铁，似梦非梦之时，追想洛阳尘中春花秋月之佳趣。西宫
南内[7]，白发宫娥，一灯如穗，三五对坐，谈开元、天宝间遗事，谱《霓
裳羽衣曲》。青门种瓜人[8]，左对孺人，顾弄孺子，忆侯门似海珠履杂
遝之盛事。拿破仑之流于厄蔑[9]，阿剌飞之幽于锡兰[10]，与三两监守
吏，或过访之好事者，道当年短刀匹马驰骋中原，席卷欧洲，血战海
楼，一声叱咤，万国震恐之丰功伟烈，初而拍案，继而抚髀[11]，终而揽
镜。呜呼，面皴齿尽，白发盈把，颓然老矣。若是者，舍幽郁之外无心
事，舍悲惨之外无天地，舍颓唐之外无日月，舍叹息之外无音声，舍待
死之外无事业。美人豪杰且然，而况于寻常碌碌者耶！生平亲友，皆在
墟墓；起居饮食，待命于人。今日且过，遑知他日。今年且过，遑恤明
年。普天下灰心短气之事，未有甚于老大者。于此人也，而欲望以挈云
之手段[12]，回天之事功，挟山超海之意气，能乎不能？

　　呜呼！我中国其果老大矣乎？立乎今日以指畴昔[13]，唐、虞三
代，若何之郅治[14]；秦皇、汉武，若何之雄杰；汉、唐来之文学，若何
之隆盛；康、乾间之武功，若何之炫赫。历史家所铺叙，词章家所讴
歌，何一非我国民少年时代良辰美景、赏心乐事之陈迹哉！而今颓然
老矣。昨日割五城，明日割十城，处处雀鼠尽，夜夜鸡犬惊。十八省之
土地财产[15]，已为人怀中之肉；四百兆之父兄子弟[16]，已为人注籍之

奴[17]，岂所谓"老大嫁作商人妇"者耶？呜呼！凭君莫话当年事，憔悴
韶光不忍看。楚囚相对[18]，岌岌顾影，人命危浅，朝不虑夕。国为待
死之国，一国之民为待死之民。万事付之奈何，一切凭人作弄，亦何
足怪！

　　梁启超曰：我中国其果老大矣乎？是今日全地球之一大问题也。如
其老大也，则是中国为过去之国，即地球上昔本有此国，而今渐渐
灭，他日之命运殆将尽也。如其非老大也，则是中国为未来之国，即地
球上昔未现此国，而今渐发达，他日之前程且方长也。欲断今日之中
国为老大耶？为少年耶？则不可不先明"国"字之意义。夫国也者，何
物也？有土地，有人民，以居于其土地之人民，而治其所居之土地之
事，自制法律而自守之；有主权，有服从，人人皆主权者，人人皆服从
者。夫如是，斯谓之完全成立之国。地球上之有完全成立之国也，自
百年以来也。完全成立者，壮年之事也。未能完全成立而渐进于完全
成立者，少年之事也。故吾得一言以断之曰：欧洲列邦在今日为壮年
国，而我中国在今日为少年国。

　　夫古昔之中国者，虽有国之名，而未成国之形也。或为家族之
国，或为酋长之国，或为诸侯封建之国，或为一王专制之国。虽种类不
一，要之，其于国家之体质也，有其一部而缺其一部。正如婴儿自胚胎
以迄成童，其身体之一二官支[19]，先行长成，此外则全体虽粗具，然未
能得其用也。故唐、虞以前为胚胎时代，殷、周之际为乳哺时代，由孔
子而来至于今为童子时代。逐渐发达，而今乃始将入成童以上少年之
界焉。其长成所以若是之迟者，则历代之民贼有窒其生机者也。譬犹
童年多病，转类老态，或且疑其死期之将至焉，而不知皆由未完全未
成立也。非过去之谓，而未来之谓也。

　　且我中国畴昔，岂尝有国家哉？不过有朝廷耳！我黄帝子孙，聚族
而居，立于此地球之上者既数千年，而问其国之为何名，则无有也。夫
所谓唐、虞、夏、商、周、秦、汉、魏、晋、宋、齐、梁、陈、隋、唐、宋、
元、明、清者，则皆朝名耳。朝也者，一家之私产也。国也者，人民之公
产也。朝有朝之老少，国有国之老少。朝与国既异物，则不能以朝之

老少而指为国之老少明矣。文、武、成、康，周朝之少年时代也。幽、厉、桓、赧，则其老年时代也。高、文、景、武，汉朝之少年时代也。元、平、桓、灵，则其老年时代也。自馀历朝，莫不有之。凡此者谓为一朝廷之老也则可，谓为一国之老也则不可。一朝廷之老且死，犹一人之老且死也，于吾所谓中国者何与焉。然则吾中国者，前此尚未出现于世界，而今乃始萌芽云尔。天地大矣，前途辽矣。美哉我少年中国乎！

玛志尼者[20]，意大利三杰之魁也。以国事被罪，逃窜异邦。乃创立一会，名曰"少年意大利"。举国志士，云涌雾集以应之。卒乃光复旧物，使意大利为欧洲之一雄邦。夫意大利者，欧洲第一之老大国也。自罗马亡后，土地隶于教皇，政权归于奥国，殆所谓老而濒于死者矣。而得一玛志尼，且能举全国而少年之，况我中国之实为少年时代者耶！堂堂四百馀州之国土，凛凛四百馀兆之国民，岂遂无一玛志尼其人者！

龚自珍氏之集有诗一章，题曰《能令公少年行》[21]。吾尝爱读之，而有味乎其用意之所存。我国民而自谓其国之老大也，斯果老大矣；我国民而自知其国之少年也，斯乃少年矣。西谚有之曰："有三岁之翁，有百岁之童。"然则，国之老少，又无定形，而实随国民之心力以为消长者也。吾见乎玛志尼之能令国少年也，吾又见乎我国之官吏士民能令国老大也。吾为此惧。夫以如此壮丽浓郁、翩翩绝世之少年中国，而使欧西、日本人谓我为老大者，何也？则以握国权者皆老朽之人也。非哦几十年八股，非写几十年白折[22]，非当几十年差，非捱几十年俸[23]，非递几十年手本[24]，非唱几十年诺，非磕几十年头，非请几十年安，则必不能得一官、进一职。其内任卿贰以上，外任监司以上者，百人之中，其五官不备者，殆九十六七人也。非眼盲则耳聋，非手颤则足跛，否则半身不遂也。彼其一身饮食、步履、视听、言语，尚且不能自了，须三四人在左右扶之捉之，乃能度日，于此而乃欲责之以国事，是何异立无数木偶而使之治天下也！且彼辈者，自其少壮之时，既已不知亚细、欧罗为何处地方[25]，汉祖、唐宗是那朝皇帝，犹嫌其顽钝腐败之未臻其极，又必搓磨之，陶冶之，待其脑髓已涸，血管已塞，气息奄奄，与鬼为邻之时，然后将我二万里山河，四万万人命，一举而畀于其手[26]。呜呼！老大帝国，诚哉其老大也！而彼辈者，积其数十年之八股、白折、当差、捱俸、手本、唱诺、磕头、请安，千辛万苦，千苦万辛，乃始得此红顶花翎之服色，中堂大人之名号[27]，乃出其全副精神，竭其毕生力量，以保持之。如彼乞儿拾金一锭，虽轰雷盘旋其顶上，而两手犹紧抱其荷包，他事非所顾也，非所知也，非所闻也。于此而告之以亡国也，瓜分也，彼乌从而听之[28]，乌从而信之！即使果亡矣，果分矣，而吾今年既七十矣，八十矣，但求其一两年内，洋人不来，强盗不起，我已快活过了一世矣！若不得已，则割三头两省之土地[29]，奉申贺敬[30]，以换我几个衙门；卖三几百万之人民作仆为奴，以赎我一条老命，有何不可？有何难办？呜呼！今之所谓老后、老臣、老将、老吏者，其修身齐家治国平天下之手段，皆具于是矣。西风一夜催人老，凋尽朱颜白尽头。使走无常当医生，携催命符以祝寿，嗟乎痛哉！以此为国，是安得不老且死，且吾恐其未及岁而殇也。

梁启超曰：造成今日之老大中国者，则中国老朽之冤业也。制出将来之少年中国者，则中国少年之责任也。彼老朽者何足道，彼与此世界作别之日不远矣，而我少年乃新来而与世界为缘。如僦屋者然[31]，彼明日将迁居他方，而我今日始入此室处。将迁居者，不爱护其窗棂，不洁治其庭庑，俗人恒情，亦何足怪。若我少年者，前程浩浩，后顾茫茫。中国而为牛为马为奴为隶，则烹脔鞭箠之惨酷[32]，惟我少年当之。中国如称霸宇内，主盟地球，则指挥顾盼之尊荣，惟我少年享之。于彼气息奄奄与鬼为邻者何与焉？彼而漠然置之，犹可言也。我而漠然置之，不可言也。使举国之少年而果为少年也，则吾中国为未来之国，其进步未可量也。使举国之少年而亦为老大也，则吾中国为过去之国，其渐亡可翘足而待也。故今日之责任，不在他人，而全在我少年。少年智则国智，少年富则国富；少年强则国强，少年独立则国独立；少年自由则国自由，少年进步则国进步；少年胜于欧洲则国胜于欧洲，少年雄于地球则国雄于地球。红日初升，其道大光。河出伏流，一泻汪洋。潜龙腾渊，鳞爪飞扬。乳虎啸谷，百兽震惶。鹰隼试翼，风尘吸张。奇花初胎，矞矞皇皇[33]。干将发硎[34]，有作其芒。天戴其苍，地履其黄。纵有千古，横有八荒。前途似海，来日方长。美哉我少年中国，与天不老！壮哉我中国少年，与国无疆！

"三十功名尘与土，八千里路云和月。莫等闲、白了少年头，空悲切。"此岳武穆《满江红》词句也。作者自六岁时即口受记忆，至今喜诵之不衰。自今以往，弃"哀时客"之名，更自名曰"少年中国之少年"。作者附识。

《饮冰室合集》文集卷五

【注释】

[1]老大帝国：1840年鸦片战争之后，外国人说中国是"老大帝国"，有两种意思：一是中国已经有几千年历史，是个老牌国家；二是中国思想保守落后，国家岌岌可危，是一个衰老的国家。 [2]恶（wū 乌）：感叹词，表示惊讶。 [3]瘠（jí 集）牛：瘦弱的牛。瘠，瘦弱。 [4]泼兰地酒：即白兰地酒，意为"烧制过的酒"，多为葡萄酿制，酒精浓度较高。 [5]潴（zhū 朱）：聚积的水流。 [6]"浔阳江头琵琶妇"六句：唐白居易的《琵琶行》中说他在浔阳江头碰到一位弹琵琶的女性，自陈过往，曾做过歌女，后"老大嫁作商人妇"。 [7]"西宫南内"六句：白居易《长恨歌》所写唐玄宗与杨贵妃的故事。说安史之乱后，白头宫女闲谈此事，不免唏嘘凄凉。唐元稹《行宫》说："白头宫女在，闲坐说玄宗。"西宫，太极宫。南内，兴庆宫。唐明皇由蜀返京后，先居兴庆宫，后迁至西宫。《霓裳羽衣曲》，本名《婆罗门曲》，源出印度，开元中传入中国。一说是唐玄宗梦中所得，令乐工谱就。 [8]"青门种瓜人"四句：《史记·萧相国世家》："召平者，故秦东陵侯。秦破，为布衣，贫，种瓜于长安城东，瓜美，故世俗谓之'东陵瓜'，从召平以为名也。"这里"青门种瓜"代指归隐田园。孺人，古代士大夫之妻称孺人。珠履，用珠子装饰的鞋子。杂遝（tà 沓），杂乱。 [9]拿破仑之流于厄蔑：十九世纪初，拿破仑一世曾经在欧洲称霸，不可一世，后欧洲各国攻破巴黎，他被流放到厄尔巴岛。厄蔑，即厄尔巴岛，在意大利半岛和法国科西嘉岛之间。 [10]阿剌飞之幽于锡兰：埃及爱国将领阿拉比带领埃及人民进行民族解放运动，结束了英法"双重监督制度"。后遭到镇压，失败后被俘，流放到锡兰岛上。阿剌飞，即阿拉比（1839—1911）。 [11]抚髀（bì 蔽）：《三国志·蜀书·先主传》裴注引《九州春秋》："（刘）备住荆州数年，尝于（刘）表坐起至厕，见髀里肉生，慨然流涕。还坐，表怪问备，备曰：'吾常身不离鞍，髀肉皆消；今不复骑，髀里肉生。日月若驰，老将至矣，而功业不建，是以悲耳！'"这里是为岁月流逝而悲叹。髀，大腿。 [12]挐（ná 拿）云：凌

云。亦喻志向高远。　　[13]畴昔：往昔，过去。　　[14]郅（zhì 至）治：至治，把国家治理得太平昌盛。郅，极。　　[15]十八省：清初全国分为十八个省。光绪末年增至二十三个省。　　[16]四百兆：即四亿。一兆为一百万。　　[17]注籍之奴：被列入奴隶户籍的人。这里指失去自由者。　　[18]楚囚相对：比喻遇到强敌，窘迫无计。《晋书·王导传》载，晋元帝时，国家动乱，中州人士纷纷避乱江左。"过江人士，每至暇日，相要出新亭饮宴。周顗中坐而叹曰：'风景不殊，举目有江河之异。'皆相视流涕。惟（王）导愀然变色曰：'当共戮力王室，克复神州，何至作楚囚相对泣邪？'"　　[19]官支：五官和四肢。　　[20]玛志尼：玛志尼（1805—1872）和加里波第、加富尔并称为"意大利三杰"。曾组织意大利资产阶级革命，推翻奥地利帝国的统治，统一意大利。　　[21]《能令公少年行》：龚自珍所写的杂言诗，句如："应客有玄鹤，惊人无白骢。相思相访溪凹与谷中，采茶采药三三两两逢，高谈俊辩皆沉雄。"借隐逸主题抒发怡情放旷的胸怀。这里指借此情怀而永葆青春之意。　　[22]白折：朝廷应制书之一种。因由白纸折叠成册而得名。清代朝廷大考，或御史军机中书教导诸生，皆用白折。康有为《广艺舟双楫·原书》："应制之书，约分二种：一曰大卷，应殿试者也；一曰白折，应朝考者也。"　　[23]俸：这里指官吏任职的年资。　　[24]手本：明清官场中下级见上级时用的名帖。　　[25]亚细、欧罗：指亚细亚、欧罗巴，即亚洲和欧洲。　　[26]畀（bì 必）：给予。　　[27]中堂：明清时对大学士的称呼。明代大学士实际掌握宰相的权力，在内阁办公，中书居东、西两房，大学士居中，故称"中堂"。清代包括协办大学士均用此称。　　[28]乌：何，哪里。　　[29]三头两省：闽粤方言，三两个省。　　[30]奉申贺敬：送礼单上的套语，以表达敬贺之意。　　[31]僦（jiù 就）屋：租赁房屋。僦，租赁。　　[32]脔（luán 峦）：小块的肉，这里用作动词，宰割。箠（chuí 垂）：捶打。　　[33]煜（yù 玉）煜皇皇：指繁荣昌盛、富丽堂皇。《太玄经·交》："物登明堂，煜煜皇皇。"　　[34]"干将"二句：这里指刚磨了锋刃的宝剑。干将，春秋时期，吴人干将、莫邪夫妻善铸剑，曾铸二剑，一名干将，一名莫邪。这里指宝剑。发硎（xíng 型），刀刃新磨。硎，磨刀石。

【解析】

维新变法失败之后，梁启超流亡日本，接触了当时日本译介过来的西方的新思想、新知识，更加深感祖国和自身处境都极为窘迫，加之异国人对中国直呼"老大帝国"、"东亚病夫"的轻蔑态度，使他万分激愤。于是，他以"老大"为创作切入点，希望以"少年"之气，来唤起从国民到国家政体的蓬勃发展之力。

他说："朝有朝之老少，国有国之老少。朝与国既异物，则不能以朝之老少而指为国之老少明矣。"于是，他推翻了中国历史上王朝更迭盛衰的历史循环论，希望建立一个新型的民主政权国家。他也深知，这种新型国家的建立，离不开新的"国民"的培养，所以他呼吁中国的年轻人不要再做"老大帝国"的改朝换代之民，不要再汲汲于旧王朝的功名利禄，而应具备世界的眼光和视野，树立新的国家观念，奋发向上，担起家国的责任，"少年独立则国独立，少年自由则国自由，少年进步则国进步"。

在这里要注意的是，由于特殊的写作语境，梁启超在文末提到的"中国如称霸宇内，主盟地球，则指挥顾盼之尊荣，惟我少年享之"一句中的"称霸"，应当是指发奋努力，独立自强，使国家富强，并非现在国际政治意义上的霸权主义。在本文中，"少年"也不仅仅是指我们一般所说的青春少年，而是广泛意义上的能够担负国家社会责任的青年人。

本书引用参考书目

　　本书目分为两部分，前一部分是引用书目，翔实胪列入选诸文所依据的古籍版本（即底本），后一部分则是参考书目，择要说明撰稿中曾参考过的当代学术著述。两部分的细目，大体按照经史子集四部分类法编次。

周易注疏　〔三国魏〕王弼　〔东晋〕韩康伯注　〔唐〕孔颖达等正义　中华书局1979年影印清阮元校刻《十三经注疏》本

周易略例　〔三国魏〕王弼撰　〔唐〕邢璹注　吉林大学出版社1992年影印《汉魏丛书》本

尚书注疏　〔西汉〕孔安国传　〔唐〕孔颖达等正义　中华书局1979年影印清阮元校刻《十三经注疏》本

毛诗注疏　〔西汉〕毛公传　〔东汉〕郑玄笺　〔唐〕孔颖达等正义　同上

礼记注疏　〔东汉〕郑玄注　〔唐〕孔颖达等正义　同上

春秋左传注疏　〔西晋〕杜预注　〔唐〕孔颖达等正义　同上

春秋公羊传注疏　〔东汉〕何休注　〔唐〕徐彦疏　同上

楚辞补注　〔东汉〕王逸章句　〔北宋〕洪兴祖补注　中华书局1983年版

论语注疏　〔三国魏〕何晏等注　〔北宋〕邢昺疏　中华书局1979年影印清阮元校刻《十三经注疏》本

孝经注疏　〔唐〕唐玄宗注　〔北宋〕邢昺疏　同上

孟子注疏　〔东汉〕赵岐注　〔北宋〕孙奭疏　同上

四书章句集注　〔南宋〕朱熹撰　中华书局1983年版

说文解字注 〔东汉〕许慎撰 〔清〕段玉裁注 上海古籍出版社1988年版

史 记 〔西汉〕司马迁撰 〔南朝宋〕裴骃集解 〔唐〕司马贞索隐 〔唐〕张守节正义 中华书局点校本

汉 书 〔东汉〕班固撰 〔唐〕颜师古注 同上

后汉书 〔南朝宋〕范晔撰 〔唐〕李贤等注 同上

三国志 〔西晋〕陈寿撰 〔南朝宋〕裴松之注 同上

晋 书 〔唐〕房玄龄等撰 同上

旧唐书 〔五代后晋〕刘昫等撰 同上

新五代史 〔北宋〕欧阳修撰 同上

明 史 〔清〕张廷玉等撰 同上

国 语 〔三国吴〕韦昭注 国家图书馆出版社2006年《中华再造善本》影印宋刻宋元递修本

战国策 〔西汉〕刘向集录 上海古籍出版社1985年版

贞观政要 〔唐〕吴兢撰 〔元〕戈直集论 商务印书馆1934年《四部丛刊续编》影明本

史通通释 〔唐〕刘知幾撰 〔清〕浦起龙通释 王煦华校点 上海古籍出版社1978年版

读通鉴论 〔清〕王夫之撰 舒士彦点校 中华书局1975年版

畴人传 〔清〕阮元等撰 中华书局2011年重印《丛书集成初编》本

文史通义校注 〔清〕章学诚撰 叶瑛校注 中华书局1985年版

荀子集解 〔清〕王先谦撰 中华书局1986年重印《诸子集成》本

张载集 〔北宋〕张载撰 中华书局2014年版

传习录 〔明〕王守仁撰 中华书局2015年《王文成公全书》本

十一家注孙子校理（增订本） 〔三国魏〕曹操等注 杨丙安校理 中华书局1999年版

管 子 〔唐〕房玄龄注 商务印书馆1919年《四部丛刊》影宋本

商君书　〔清〕严万里校　中华书局1986年重印《诸子集成》本

韩非子集解　〔清〕王先谦撰　中华书局1986年重印《诸子集成》本

齐民要术校释　〔北朝魏〕贾思勰撰　缪启愉校释　中国农业出版社
　　1998年版

黄帝内经素问　〔唐〕王冰注　〔北宋〕林亿等校正　人民卫生出版社
　　2012年版

几何原本　〔意大利〕利玛窦译　〔明〕徐光启记　王红霞点校　上海古
　　籍出版社2011年《徐光启全集》本

天演论　〔英〕赫胥黎撰　〔近代〕严复译　商务印书馆1981年版

墨子閒诂　〔清〕孙诒让撰　孙以楷点校　中华书局1986年版

吕氏春秋　〔东汉〕高诱注　中华书局1986年重印《诸子集成》本

论衡校释　〔东汉〕王充撰　黄晖校释　中华书局1990年版

颜氏家训集解（增补本）　〔北朝齐〕颜之推撰　王利器集解　中华书局
　　1993年版

日知录集释　〔清〕顾炎武撰　〔清〕黄汝成集释　栾保群、吕宗力校
　　点　上海古籍出版社2006年版

老子注　〔三国魏〕王弼注　中华书局1986年重印《诸子集成》本

庄子集释　〔清〕郭庆藩撰　王孝鱼点校　中华书局1961年版

庄子注疏　〔西晋〕郭象注　〔唐〕成玄英疏　曹础基、黄兰发整理　中
　　华书局2011年版

陶渊明集笺注　〔东晋〕陶渊明撰　袁行霈笺注　中华书局2003年版

陆贽集　〔唐〕陆贽撰　中华书局2006年版

韩昌黎文集校注　〔唐〕韩愈撰　马其昶校注　上海古籍出版社1986
　　年版

柳宗元集　〔唐〕柳宗元撰　中华书局1979年版

樊川文集　〔唐〕杜牧撰　陈允吉校点　上海古籍出版社1978年版

王黄州小畜集　〔北宋〕王禹偁撰　国家图书馆出版社2006年《中华再造

善本》影印宋刻本

范文正公集 〔北宋〕范仲淹撰 中华书局1984年《古逸丛书三编》影印
宋刻本

嘉祐集笺注 〔北宋〕苏洵撰 曾枣庄、金成礼笺注 上海古籍出版社
1993年版

欧阳修全集 〔北宋〕欧阳修撰 李逸安点校 中华书局2001年版

元公周先生濂溪集 〔北宋〕周敦颐撰 国家图书馆出版社2006年《中
华再造善本》影印宋刻本

温国文正司马公文集 〔北宋〕司马光撰 商务印书馆1919年《四部丛
刊》影印宋刻本

临川先生文集 〔北宋〕王安石撰 国家图书馆出版社2006年《中华再造
善本》影印宋刻元明递修本

苏轼文集 〔北宋〕苏轼撰 孔凡礼点校 中华书局1986年版

文山先生全集 〔南宋〕文天祥撰 商务印书馆1919年《四部丛刊》影印
明刻本

遗山先生文集 〔金〕元好问撰 同上

伯牙琴 〔元〕邓牧撰 清鲍廷博辑刻《知不足斋丛书》（第十一集）本

宋学士文集 〔明〕宋濂撰 商务印书馆1919年《四部丛刊》影印明刻本

宗子相集 〔明〕宗臣撰 上海古籍出版社影印文渊阁《四库全书》本

七录斋诗文合集 〔明〕张溥撰 上海古籍出版社《续修四库全书》影印
明刻本

夏完淳集笺校 〔明〕夏完淳撰 白坚笺校 上海古籍出版社1991年版

黄宗羲全集 〔清〕黄宗羲撰 浙江古籍出版社2005年版

方望溪先生全集 〔清〕方苞撰 商务印书馆1919年《四部丛刊》影印清
刻本

汪容甫文笺 〔清〕汪中撰 古直选注 人民文学出版社1958年版

龚定盦全集 〔清〕龚自珍撰 清光绪万本书堂刻本

曾文正公文集　〔清〕曾国藩撰　商务印书馆1919年《四部丛刊》影印清刻本

魏源全集　〔清〕魏源撰　岳麓书社2005年版

严复集　〔近代〕严复撰　王栻主编　中华书局1986年版

饮冰室合集　〔近代〕梁启超撰　中华书局2015年版

文　选　〔南朝梁〕萧统编　〔唐〕李善注　中华书局1977年影印清胡克家刻本

六臣注文选　〔南朝梁〕萧统编　〔唐〕李善、吕延济、刘良、张铣、吕向、李周翰注　中华书局2012年影印《四部丛刊》宋刻本

周易译注　黄寿祺、张善文撰　上海古籍出版社2004年版

周易译注　周振甫译注　中华书局1991年版

尚书校释译论　顾颉刚、刘起釪著　中华书局2005年版

白话尚书　周秉钧译注　岳麓书社1996年版

诗经译注　周振甫译注　中华书局2002年版

礼记译解　王文锦著　中华书局2001年版

春秋左传注（修订本）　杨伯峻编著　中华书局1990年版

左氏会笺　〔日〕竹添光鸿著　巴蜀书社2008年版

春秋公羊学讲疏　段熙仲著　南京师范大学出版社2003年版

论语本解（修订版）　孙钦善著　三联书店2013年版

论语译注　杨伯峻译注　中华书局2009年版

孟子译注　杨伯峻译注　同上

孟子研究　董洪利著　江苏古籍出版社1997年版

史记会注考证　〔日〕泷川资言考证　〔日〕水泽利忠校补　上海古籍出版社1986年版

史记斠证　王叔岷著　中华书局2007年版

国语集解　徐元诰集解　中华书局2002年版

战国策集注汇考　诸祖耿著　江苏古籍出版社1985年版

管子集校　郭沫若、闻一多、许维遹撰　科学出版社1956年版

管子校注　黎翔凤校注　中华书局2004年版

商君书锥指　蒋礼鸿撰　中华书局1986年版

传习录注疏　邓艾民注　上海古籍出版社2012年版

孙子译注　李零译注　中华书局2009年版

论衡校读笺识　马宗霍著　中华书局2010年版

老子道德经注　〔三国魏〕王弼注　楼宇烈校释　中华书局2008年版

老子注译及评介　陈鼓应著　中华书局2006年版

帛书老子校注　高明校注　中华书局1996年版

屈原集校注　金开诚、董洪利、高路明校注　中华书局1996年版

王弼集校释　楼宇烈校释　中华书局1980年版

吕氏春秋注疏　王利器著　巴蜀书社2002年版

观堂集林　王国维著　中华书局1959年版

说文解字通论　陆宗达著　中华书局2015年版

黄帝内经研究大成　王洪图总主编　北京出版社1997年版

国故论衡疏证　章太炎撰　庞俊、郭诚永疏证　中华书局2008年版

先秦文学史参考资料　北京大学中国文学史教研室选注　中华书局1962
　　年版

两汉文学史参考资料　同上

魏晋南北朝文学史参考资料　同上

中国通史参考资料（古代部分第一至二册）　何兹全主编　中华书局
　　1962年版

中国通史参考资料（古代部分第三册）　唐长孺主编　中华书局1965
　　年版

中国通史参考资料（古代部分第四册）　董家遵主编　中华书局1965
　　年版

中国通史参考资料（古代部分第五册）　邓广铭主编　中华书局1982年版

中国哲学史资料选辑（魏晋隋唐之部）　中国社会科学院哲学研究所中
　　国哲学史研究室编　中华书局1982年版

中国哲学史资料选辑（宋元明之部）　中国社会科学院哲学研究所中国
　　哲学史研究室编　中华书局1982年版

中国哲学史教学资料选辑　北京大学哲学系中国哲学史教研室选注　中
　　华书局1981年版

周易古史观　胡朴安著　上海古籍出版社2005年版

尚书学史（订补本）　刘起釪著　中华书局1996年版

春秋学史　赵伯雄著　山东教育出版社2004年版

王禹偁事迹著作编年　徐规著　商务印书馆2003年版

中国思想通史　侯外庐主编　人民出版社1960年版

宋明理学　陈来著　华东师范大学出版社2004年版

中国近世思想史研究　陈来著　三联书店2010年版

后 记

2015年春，李克强总理在国务院参事、中央文史馆馆员座谈会上，倡议编纂一部关于中国传统文化的文选，这个倡议得到馆员们热烈的响应。参事室党组将这项工作确定为当年的重点工作，召集馆员和馆外专家就此进行深入研讨，并迅速成立了组委会和馆内外专家共同组成的编委会。

编委会确定了选文的范围、读者对象、时限、体例等等。经过会上和会下的反复研究，最终确定了101篇作品。

此后，编委们指定了一些助理，这些助理都有博士学位，他们在编委的指导下起草初稿，编委审阅后，主编和副主编再逐字逐句地反复修改，最后由主编会议定稿。承担出版任务的中华书局接到稿件后，又认真加以审校，连同编委和主编，本书前后共经九审三校才付印。

所选文章的内容不仅包括哲学、社会科学，还涉及科学技术、中外关系、军事思想等诸多领域，尤其注重那些关乎修身立德、治国理政、申张大义、嫉恶刺邪，以及亲情伦理的传世佳作。

前人的文选中流行较广的《古文观止》编成于康熙三十四年（1695），是为当时的学童编纂的带有启蒙性的读物，所选文章到明代为止。《古文辞类纂》编成于乾隆四十四年（1779），选文以唐宋八大家为主，代表桐城派古文学家的观点。《经史百家杂钞》编成于咸丰十年（1860），所选文章绝大部分都是宋以前的，明代以后只有两篇清人的文章。就《经史百家杂钞》而言，从编成至今已经超过一个半世纪。这段时间，中国和世界都发生了巨变，需要一部新的文选，以当代的眼光，汲取传统文化的精华，藉以育人、资政。此书选文截止到1911年，不仅弥补了前人选本之所缺，而且我们注意到，在这段时间里出现了不少面向世界、倡导改革的文章。我们从中选了若干今天读来仍有现实意义的文章，如徐光启的《几何原本序》、《明史·郑和传》、严复的《原强》等。本书中有一些以往选本忽略的作品，如司马迁的《史记·货殖列传序》、班固的《汉书·张骞传》、阮元的《畴人传序》等。当然，我们并没有忽视那些历来受到重视的文章，如《尚书》入选三篇，《诗经》入选四篇，《老子》入选九章，《论语》入选二十六章。唐宋古文家的作品也入选不少。

我们力图用当代人的眼光重新审视传统文化，对选文加以新的阐释，启发读者从中汲取古人的智慧和历史的经验，以加深对中国特色的认识。我们既立足于现实的需要，追求学术的高水准，又坚守学术的规范，并兼顾读者的需要，对每一篇文章都做了详细的注释和解说。在当前流行浅阅读和碎片化阅读的局面下，尤其需要提倡和帮助读者潜心阅读原典，全面理解中华文化的精髓。

编纂助理共12人，他们是王贺、方韬、申祖胜、冷卫国、张丽娟、张芬、张志勇、张国旺、林嵩、凌丽君、袁媛、曾祥波，特此向他们表示感谢。

限于我们的水平，书中定有疏漏谬误之处，诚恳欢迎读者批评指正。

袁行霈

2016 年 8 月 30 日